本书受国家社会科学基金重点项目
“中国刑法立法现代化:理论基础与路径选择”资助

中国刑法再法典化研究

童德华 著

法律出版社 LAW PRESS·CHINA
北京

图书在版编目（CIP）数据

中国刑法再法典化研究 / 童德华著. -- 北京 : 法律出版社, 2025. -- ISBN 978-7-5244-0584-9

Ⅰ. D924.04

中国国家版本馆 CIP 数据核字第 20253GR014 号

中国刑法再法典化研究
ZHONGGUO XINGFA ZAI FADIANHUA YANJIU

童德华 著

责任编辑 柯　恒
装帧设计 鲍龙卉

出版发行 法律出版社
编辑统筹 学术·对外出版分社
责任校对 王晓萍
责任印制 胡晓雅　宋万春
经　　销 新华书店

开本 A5
印张 20.5　**字数** 497 千
版本 2025 年 10 月第 1 版
印次 2025 年 10 月第 1 次印刷
印刷 河北虎彩印刷有限公司

地址:北京市丰台区莲花池西里 7 号(100073)
网址:www.lawpress.com.cn
投稿邮箱:info@lawpress.com.cn
举报盗版邮箱:jbwq@lawpress.com.cn

销售电话:010-83938349
客服电话:010-83938350
咨询电话:010-63939796

书号:ISBN 978-7-5244-0584-9　**定价**:128.00 元

凡购买本社图书,如有印装错误,我社负责退换。电话:010-83938349

推荐序

中南财经政法大学童德华教授的国家社科基金项目结项成果《中国刑法立法现代化:理论基础与路径选择》即将在修改后以《中国刑法再法典化研究》为名公开出版,他邀请我写个推荐序。我借此机会谈一点学习心得体会。童德华教授著作等身,是我国70后刑法学人中的著名刑法学者,在《中国法学》等杂志发表论文百余篇,早期致力于比较刑法学、规范刑法学研究,他所著的《刑法中的期待可能性论》(中国政法大学出版社2004年版)、《规范刑法原理》(中国人民公安大学出版社2005年版)和《外国刑法原论》(北京大学出版社2005年版)是我读研、读博期间经常阅读的著作。后期他开始关注刑法立法及其现代化问题,研究视野开阔,研究领域广泛。

基于个人的研究兴趣,我把规范层面的刑法学研究区分为三个维度:刑法立法论、刑法解释论(或刑法教义学)、刑法合宪论。当下的中国刑法学研究,一方面在法解释上空前活跃,将刑法解释学(或刑法教义学)研究不断推向深入,形成了大量研究成果;另一方面在立法论上又迎来新一波的活跃期,正如日本学者松原芳博所指出:“由于‘立法时代’的到来,长期关闭在解释论里的刑法学者,再次将目光转向了立法论。”国内刑法学界近年来又开始关注刑法立法问题,刑法立法研究进入复兴与繁荣期,刑法再法典化、刑法立法现代化成为热议的主题。

推进国家治理现代化、建设法治中国这一重大战略任务的提出,为我国刑法立法现代化提供了强大动力。新中国成立以来,刑法立法获得了“革命性”的重构。1979 年颁布的《刑法》开启了中国刑法立法现代化征程,1997 年《刑法》取代 1979 年《刑法》,算是中国刑法立法现代化的推进。1997 年《刑法》颁布后,我国逐步采取刑法修正案的修法模式。截至目前,我国已经颁布了十二部刑法修正案。鉴于刑法修正案与刑法典之间的体系性矛盾,刑法再法典化成为我国刑法立法现代化的重要内容。据我所知,童德华教授是国内最早提出“刑法再法典化”观点的学者,非常富有前见。

如何认识刑法立法现代化,不是一个简单问题,而是需要多方面考虑。在当代中国社会转型与变革的新的历史条件下,犯罪结构、司法理念、民众对刑法公正的期待等已经或正在发生深刻的变化,推进刑法立法现代化的任务日益繁重艰巨。正如童德华教授所指出:“在当前的社会的背景下,面对新出现的各种风险,为了更好地发挥刑法的事前预防功能,实现刑法立法的安全价值,维护国家和社会安全,刑法就不可避免地要进行频繁的修改和立法。”刑法立法现代化是关系国家安全、关系法益保护、关系人权保障的重大法治战略问题,是完善和发展中国特色刑法制度、推进犯罪治理体系和治理能力现代化的重要维度,需要学界同仁持续研究、深入研究。

童德华教授的专著《中国刑法再法典化研究》是在其社科基金项目的《中国刑法立法现代化:理论基础与路径选择》的基础上修改完

成的。全书分“现代刑法立法的道路”“当下中国刑法立法的三大理念”“机能性预防刑法立法观之确立”“机能性预防立法的理论支柱”“总体国家安全观视域下刑法立法价值定位”“《刑法》分则内容立法完善”等六章，涉及刑法立法理念、刑法立法观、刑法立法价值等重要维度，对刑法立法的传统与现代、理念与技术、规范与价值等进行了系统梳理，对保守型刑法立法理念、一般积极预防刑法立法理念、安全刑法观等进行了深刻反思，并提出了稳健型立法理念、机能性预防立法理论等新思想、新学说。

本书的最大特色在于，作者从宏观与微观角度详尽论证我国刑法立法现代化，并将“法益保护与人权保障平衡”的现代刑法理念通贯全书。从宏观上，作者指出：“在总体国家安全观的视域下，为了更好地实现刑法立法的安全价值，充分发挥的刑法的功能和作用，刑法立法的发展不应单一地采取修正案的模式，保持单一的法典化道路。当前单一的法典化道路并不是明智、理性或者科学的选择，要破除单一法典化的立法方式，使刑法立法表达方式呈现多样化，有必要确立以刑法典为中心，以单行刑法为例外，以附属刑法为补充的立法、修法思路。”从微观上，作者详细论证了立法理念与刑法立法、刑法观与刑法立法、刑罚目的论与刑法立法、不法论与刑法立法、责任论与刑法立法等之间的复杂关联问题。这种宏观与微观相结合的分析路径，体现了作者深厚的刑法法理学、刑法教义学功底。

一扇崭新的学术之窗是从不同角度看待事物。童德华教授将刑法范式、刑法理念、刑法观、罪刑规范等复杂的学说纳入刑法立法现代化思考的激荡论辩当中，精准把握书稿的问题意识与论述脉络，精心梳理浩如烟海、纷繁复杂的中外文献资料，讲究“回归本土”之脉络，凸显“古说新解”之潮流，为读者提供了一个观察刑法立法现代化的崭新视角。书稿的写作就如同开了场文字与思想的演唱会，每一章节都是演唱会主题的精细编排，从中能感觉到童德华教授始终自由且开心地沉浸在学术殿堂里,这种研究的执着令人印象深刻,且并没有产生令人难以接近的陌生感。因此,期待本书能够成为读者心中的“金曲奖”,隆重推荐大家一读。是为序。

中国刑法学研究会常务理事、
华东政法大学刑事法学院教授、博士生导师
姜　涛

自　序

本书是在2018年度国家社科基金重点项目《中国刑法立法现代化：理论基础与路径选择》结项报告基础上修改而形成的，也是《刑法法典化：历史逻辑与现实思考》一书研究的继续。

建设社会主义法治国家，要坚持“良法善治”。良法是善治的基础，没有良法很难实现善治。因此，党和国家领导人对包括刑法在内的立法工作寄望很高。

刑法因其规制的广泛性、处罚的严厉性和作为“第二次调整法”的多重特殊性质，刑法立法较其他部门立法往往要求具有更高的严肃性、科学性和合理性。为此，刑法立法及其完善要不断适应民主立法、科学立法的要求，用新的思维、新的方法、新的方式探索符合我国现实结构和要求的刑法规范体系。毫无疑问，刑法立法必须以科学的立法理论为指导。

当前，我国刑法立法已经进入到一个极为活跃的时期。学界针对立法问题与立法实践，产出了很多有价值、有深度的研究成果。我们也可以发现在我国刑法立法理论中存在许多不同的观点，有些观念之间的分歧不仅明显而且对立。可以说，刑法立法的科学性与自然科学有所区别，它不仅要建立在完整的体系性之上，还必须融入现实的合理性考量。

我关注刑法立法问题由来已久。早在2000年前后，我当时在武汉大学攻读博士学位，期间有幸参与了国家社科基金《中国刑事立法研究》的课题研究工作，并且在研究中形成了个人的一些看法，后来有感而发，写了一些文章发表在有关期刊上，如2000年和2001年先后发表了《现行刑事立法技术"六维"评价》(《法学》2000年第11期)和《论妨害社会管理秩序类罪立法结构存在的问题》(《江西公安专科学校学报》2001年第1期)。2002年参加工作后，我还是对立法问题较为关注。2006年，我发表了《完善反商业贿赂犯罪立法之思考》(《山东警察学院学报》2006年第3期)。但在这段时期主要是基于研究的偶然性，对相关立法问题思考较为零散，缺乏完整的体系。2007年之后，我开始注意到刑法典修正问题，由此开启了我从形式到内容的较为全面的思考过程。我于2008年在华中科技大学作了一个报告，在报告中提出了"后法典时代"概念。在2011年重庆刑法学年会上，我又作了一个关于"后法典时代刑法修订的若干问题的实证分析"的报告。之后正式开启了以刑法典为研究中心，兼顾特别刑法的理论研究。2013年，我在德国马尔堡大学的一个国家级学术会议上作了《产品质量犯罪的立法与司法》的学术报告。为了准备这个报告，我专门分析了存在于我国刑法典与附属刑法之间的不衔接问题的一个样本。之后，又连续发表了《新中国刑法立法方式的知识路径选择及其反思》(《暨南学报》(哲学社会科学版)2017年第1期)、《主体间性理论对刑法现代化的再造》(《当代法学》2017年第3期)，在这些研究中，我试图用刑法哲学的研究方法反省法典化的方法。在法律哲学中，我立足于主体间性理论，选择以类型化思维评估刑法形式多样性，先后发表了《当代中国刑法法典化批判》（《法学评论》2017 年第 4 期）、《我国刑法立法模式反思》（《法商研究》2017 年第 6 期）。虽然我在这些论文中反对单一法典化的刑法立法方式，而主张多样化的立法方式，但是，现实迫使我进一步思考法典化的意义。基于对自我观点的反省，我认为从终极意义上看，再法典化是必要的且不可避免的，但是从现实要求看，它依然要基于对特别刑法的依赖和总结，所以，我又发表了《刑法再法典化的知识路径及其现实展开》（《财经法学》2019 年第 1 期），这篇文章在我国刑法学界较早区分了"解法典化"与"去法典化"的概念差异，并在刑法学界最早提出"再法典化"的构想。2018 年，我在前期研究的基础上，以"中国刑法立法现代化的理论基础与路径选择研究"为题目，申报了当年的国家社科基金，并有幸获得资助。

本研究就是基于以往的成果所做的再研究。一是突破过去只研究立法形式不研究立法内容的局限。本研究注意到立法形式理论和立法内容理论的内生性、互动性关系，从基本立法理念的提炼出发，对当前理论进行了评说和分析。二是将刑法教义学的理论成果纳入立法理论中来。刑法教义学和刑法立法学应该有很大区别，刑法立法学需要借助刑法社会学和刑法哲学的理论，而刑法教义学在很多时候是对刑法立法的"背书"。但是，事物之间的关系并非绝对，我们不能否定刑法教义学对于刑法立法的积极作用。在当前形势下，特别是在刑法立法被诟病为具有"情绪化""象征化"等问题的背景下，我们尤其需要运用刑法教义学的方法提升刑法立法的科学性、系统性和合理性。例如在创新违法性理论与责任理论的基础上，对我国刑法分则的立法立场和表述方式给出立法建议。

我尤其要感谢姜涛教授为本书写序。姜涛教授理论功底深厚，也曾经在吉林大学法学院从事博士后研究，与我属于有缘人。他在序言中对我有很多褒奖,我受之有愧。但我还是愿意将其视为对我的激励。我还要感谢国家社科基金的支持,使我完成了一个有很大困难的课题。我也要感谢其他对本研究给予了很多支持的国内法学同行、编辑老师和研究生。

缩略语表

缩略语	全称
《刑法》	《中华人民共和国刑法》
《1981 军职条例》	1981 年 6 月 10 日《中华人民共和国惩治军人违反职责罪暂行条例》(已失效)
《1981 重犯决定》	1981 年 6 月 10 日《关于处理逃跑或者重新犯罪的劳改犯和劳教人员的决定》(已失效)
《1982 经济决定》	1982 年 3 月 8 日《关于严惩严重破坏经济的罪犯的决定》(已失效)
《1983 治安决定》	1983 年 9 月 2 日《关于严惩严重危害社会治安的犯罪分子的决定》(已失效)
《1988 贪污规定》	1988 年 1 月 21 日《关于惩治贪污贿赂罪的补充规定》(已失效)

续表

缩略语	全称
《1988 走私规定》	1988 年 1 月 21 日《关于惩治走私罪的补充规定》(已失效)
《1988 泄密规定》	1988 年 9 月 5 日《关于惩治泄露国家秘密犯罪的补充规定》(已失效)
《1988 动物规定》	1988 年 11 月 8 日《关于惩治捕杀国家重点保护的珍贵、濒危野生动物犯罪的补充规定》(已失效)
《1990 国旗决定》	1990 年 6 月 28 日《关于惩治侮辱中华人民共和国国旗国徽罪的决定》(已失效)
《1990 治淫决定》	1990 年 12 月 28 日《关于惩治走私、制作、贩卖、传播淫秽物品的犯罪分子的决定》(已被修改)
《1990 禁毒决定》	1990 年 12 月 28 日《关于禁毒的决定》(已失效)
《1991 文化规定》	1991 年 6 月 29 日《关于惩治盗掘古文化遗址古墓葬犯罪的补充规定》(已失效)
《1991 惩拐决定》	1991 年 9 月 4 日《关于严惩拐卖、绑架妇女、儿童的犯罪分子的决定》(已被修改)
《1991 禁淫决定》	1991 年 9 月 4 日《关于严禁卖淫嫖娼的决定》(部分失效)
《1992 税罪规定》	1992 年 9 月 4 日《关于惩治偷税、抗税犯罪的补充规定》(已失效)
《1992 航空器决定》	1992 年 12 月 28 日《关于惩治劫持航空器犯罪分子的决定》(已失效)
《1993 商标规定》	1993 年 2 月 22 日《关于惩治假冒注册商标犯罪的补充规定》(已失效)

续表

缩略语	全称
《1993商品决定》	1993年7月2日《关于惩治生产、销售伪劣商品犯罪的决定》(已失效)
《1994越境规定》	1994年3月5日《关于严惩组织、运送他人偷越国(边)境犯罪的补充规定》(已失效)
《1994著作权决定》	1994年7月5日《关于惩治侵犯著作权的犯罪的决定》(已失效)
《1995公司决定》	1995年2月28日《关于惩治违反公司法的犯罪的决定》(已失效)
《1995发票决定》	1995年10月30日《关于惩治虚开、伪造和非法出售增值税专用发票犯罪的决定》
《1998外汇决定》	1998年12月29日《关于惩治骗购外汇、逃汇和非法买卖外汇犯罪的决定》
全国人大	全国人民代表大会
全国人大常委会	全国人民代表大会常务委员会
最高法	最高人民法院
最高检	最高人民检察院
“两高”	最高人民法院、最高人民检察院

目录

第一章　现代刑法立法的道路

第一节　外国刑法立法现代化

一、外国刑法现代化的实景

现代性改造了人类社会，它既造福了人类，也给人类带来了麻烦。刑法现代化是现代性与法律制度结合的产物，刑法现代化有其共同特征，如普遍奉行罪刑法定主义、刑罚人道主义和刑法平等主义，无论是大陆法系还是英美法系的刑法都具有这种伦理属性。除法律本身的特质之外，法律形式也是刑法现代化的结晶。但是在这个方面，大陆法系与英美法系则表现出了差异，大陆法系奉行法典化立法路径，英国法则奉行另外一套与之完全不同的立法路径，美国法试图克服两者之间的对立，在不同层面采取英国传统立法模式或者大陆法系的法典化模式。至于具体犯罪和刑罚内容，各国刑法明显受到本国政治、经济、社会现代化发展水平的影响,从而呈现出不同的节奏和方案。

现代化是全球化裹挟刑法发展的必然潮流。如何正视刑法现代化进程及应对它所面临的难题,既是一个需要根据时代的发展不断加以检验的现实课题,同时也是一个需要通过对历史的解读加以深入检讨的理论课题。以下我们从“近代刑法的摇篮”意大利刑法的发展开始,就一些重要国家的刑法发展进行介绍。

(一)意大利刑法现代化

我们有足够的理由将意大利刑法在19世纪开启的现代化进程作为一个主要考察的样本。

19世纪对于意大利刑法具有非凡的意义:其一,这是意大利史上的一个政治巨变的时代,意大利在此期间得以统一,进而正式开创了统一意大利刑法的先河;其二,这是大规模的刑事法典化时代,启蒙运动的一些原则逐渐在刑事法典中得以实现,并且在欧洲和意大利的刑事制度中得以普及;其三,这是意大利刑法史上承上启下的时代,意大利刑法完成了对传统的蜕变和弘扬,并实现了现代转型;其四,这个时期的意大利刑法为世界刑法现代化奠定了基础。

这段历史的刑法发展生动展现了一种与现代性密切关联的信念,即“现代性的各个方面不可分离地相互联系在一起”〔1〕。在这段时期,意大利基于启蒙时期的现代理想,塑造一种具有确定性和人道性的刑法,并根据罪刑法定、罪责均衡和刑罚人道等观念形成一套体系化的刑法理论和实践模式,以别于擅断和残酷的封建专制刑法。而这一切在19世纪似乎已经水到渠成,因为启蒙刑法思想不仅在19世纪之前很长一段时期已经得到了普及,而且在19世纪即将来临之际绽放出了炫目的刑法“花朵”;在意大利城市国家早期,现代的刑法

---

〔1〕 [巴西]R. M. 昂格尔:《现代社会中的法律》,吴玉章、周汉华译,译林出版社2001年版,第132页。

理念已经随着启蒙运动的发展而萌芽了,一些现代刑法中较为重要的原则,经由当时思想家的传播,逐渐在法律和宪法中被确定下来,罪刑法定原则在那时也受到了理论关注。[1] 这些政治法律思想不仅在意大利生了根,而且开出了"刑法之花",那就是我们熟知的贝卡里亚的《论犯罪与刑罚》(1764 年出版)。该书被誉为"现代刑法理论的奠基著作",[2]它根据启蒙时期的社会契约论和自由观念,专门并且较为系统地阐发了罪刑法定、罪刑相适应、刑罚人道等刑法思想。[3] 这部伟大的作品使刑法发展跃上了一个新的台阶。

如何根据启蒙时代的理念促进刑法的现代化,正是 19 世纪意大利刑法史上的主题。而以这一时期为中心检视意大利刑法的现代化进程,也为刑法理论的发展提供了深入思考的历史视角,为正在走向现代化的中国刑法立法提供了助益发展的比较眼光。

刑法理论的现代性不仅是刑法现代化运动的一个标志,而且也是一个"风向标",如果没有现代性刑法理论的指导,我们无法想象刑法现代化运动还能开启。现代刑法理论在"现代性"上,展现了启蒙思想中的知识理性主义和政治普适主义双重要求,[4]其实质则是,为刑法实践提供一个确定性能得以保证的完整知识体系,从而积极消除罪刑擅断的历史影响。因此,刑法理论的体系化、科学化和普适化发展成为意大利早期刑法现代化的三个基本维度。

---

[1] 在 1328 年出版了 Luis C. Cabral 的小册子,即 Ubicacion Historica Del Pricipio "Nullum Crimen Nulla Poena Sine Lege",这个小册子不是意大利文,但根据欧洲和意大利当时的社会形势,可以肯定推测它的研究内容对意大利具有影响。

[2] 参见马克昌:《比较刑法原理:外国刑法学总论》,武汉大学出版社 2002 年版,第 23 页。

[3] [意]切萨雷·贝卡里亚:《论犯罪与刑罚》,黄风译,北京大学出版社 2008 年版,第 17-19 页。

[4] 相关内容参见姚大志:《现代之后——20 世纪晚期西方哲学》,东方出版社 2000 年版,第 4-6 页。

1. 刑法理论的体系化

现代刑法理论的体系化必须解决两个问题:一是学科体系要有独立性,二是学科方法必须具有实用性。前者要求刑法理论形成自己的话语系统,后者要求刑法的话语系统要面向实践难题。早在城市国家时期,自罗马法时代产生的传统刑法思想就为刑法的理论化和体系化积淀了丰富的历史资源,刑法的范畴、一些基本原理、概念在当时已经具有非常明晰的形态了,特别是在贝卡里亚的影响下,刑法学作为一种独立学科已经没有障碍了。此时最关键的问题是,刑法理论如何切入到刑法实践问题中去?这也是罗马法专注务实与古希腊偏好形而上的根本区别。

无疑,面向刑法理念和立法的讨论是无法使刑法学从政治法律思想中脱颖而出的。而基于罪刑法定原则的确立,最广泛、最复杂并且最实际的刑法问题主要是刑法的司法适用,所以经由对司法问题的思考建构刑法理论体系成为当时的最佳方案。刑法教义学也正是在此意义上形成和发展起来。不过需要指出,早在 19 世纪之前,刑法教义学已经在城市国家时期得到了较长时期的运用和发展,刑法专家花了数个世纪的时间,致力于研究刑法分论部分的具体犯罪形态,如杀人、诈骗、抢劫、强奸等,而且自 16 世纪起,刑法学家就开始形成了纯粹的刑法总论研究,并且出版了一些有影响的作品。例如提贝里奥·戴奇阿尼(Tiberio Deciani),他被视为现代刑法总论研究的奠基人,其杰作《刑法专论》(Tractatus Criminalis,1590 年)中已经涉及现在刑法总论的教材中作为原理的论题,如故意、过失等,他还自觉地分析了分论中的一些具体犯罪。总之,现代刑法的基础,或者至少它的架构,在这个伟大的世纪已经形成了,我们正是在这个意义上说,意大利此时已经成为“刑法学的摇篮”了。[1]

在此基础上,刑法教义学通过焦万尼·卡米尼亚尼(Giovanni Carmignani)、朱塞佩·朱利亚尼(Giuseppe Giuliani)、尼古拉·尼科利尼(Nicola Nicolini)与桑托·罗伯蒂(Santo Roberti)等诸多学者的努力建构,在19世纪初就显示出了现代体系的端倪。如焦万尼·卡米尼亚尼在1808年出版了Elementa Iuris Criminalis,这本书后来被翻译为意大利文,标题为《刑事法基本理论》。1831年他又出版了《社会保安法律理论》。这些作品在刑法科学的舞台上展示了一种较为成熟的古典学派的思想和研究方法。他明确反对绝对正义的理论和以恶制恶的报应刑罚,认为刑罚不是根据道义正义建立的,而是根据政治需要建立,所以刑法不外乎是“政治屏障”。关于犯罪论,他采取了客观构成与主观构成的“两分法”,或“物理力”与“精神力”的“两分法”。在其理论中,虽然作为主观成分的“精神力”在很多时候与“道德”的界限不明,但是他还是在错误、法的无知以及罪过等主观因素上作了较为具体的说明。[2] 卡米尼亚尼的作品为刑法学的学科体系发展奠定了实质性根基。

卡米尼亚尼的学生弗朗切斯科·卡拉拉(Francesco Carrara)推动并发展了老师的理论。在卡拉拉一生数目繁多的作品中,论题涉及“刑法学”的各个方面。如他的不朽之作《刑事法教程》,由多卷组成,内容涵盖总论和分论。重要的是,他发展了卡米尼亚尼的理论方法,并试图吸收一种有关犯罪的绝对化理论,该理论具备科学的比较,能在不同时期长期有效,根据这种理论,犯罪成为“司法实体”。《刑事法教程》特殊贡献在于,它以一种明确的方法发展了刑法教义

[1] Alberto Cadoppi-Paolo Veneziani, Elementi Di Diritto Penale: Parte Generale, terza edizione, CEDAM, 2007.

[2] Giovanni Carmignani, Teoria Delle Leggi Della Sicurezza Sociale, Pisa, 1832, p. 88_90; Fausto Costa, Delitto E Pena Nella Storia Del Pensiero Umano, Torio, 1928, p. 161_162.

学,不但触及总论部分,而且触及分论部分。这本书自1862年到20世纪前10年多次出版,今天依旧还是意大利刑法学家的文化知识的基础,以至于有人赞誉卡拉拉“或许是迄今为止最伟大的意大利刑法学家(即使他在外国或许不像其他人那样有名)”[1]。

尼科利尼是博学的刑法学家,他曾从事司法工作,因此能充分地感受到司法的现实需要。他专注于从《那波里法典》中研究诸多刑法基本原理之根源,甚至用词源学方法研究他们的古老渊源。至于罗伯蒂,是今天较为通行的“文字”式,即(《那波里法典》)“评注”的创始人,在他所出版的多卷文本中,充满了理论和判例参考。

佩西纳(Pessina)也是值得一提的杰出法学家,虽然他的研究没有达到一定深度,他也未曾获得交流的能力,未曾习得伟大的卡拉拉的特殊品质,但他的作品也十分重要,因为它能生动描述那个时代的法律,还有它们的历史渊源,以及它们的发展趋势。对于那些想在18世纪以来的意大利刑法近代史研究中确定方位的人来说,佩西纳至今仍是一个基本的参照点。

2. 刑法理论的科学化

在19世纪上半叶之前,现代刑法是根据理性主义和人道主义构建起来的,它缺乏科学的有力佐证。不过从19世纪开始,这种情形得到了改变,在科学主义助推下,刑法学的科学性成为一个划时代的课题。对此,“意大利学派”的代表人物,如切萨雷·龙勃罗梭(Cesare Lombroso)、恩里科·费里(Enrico Ferri)和拉斐尔·加罗法洛(Raffaele Garofalo)等,提出了与贝卡里亚迥然不同的理论根基。

龙勃罗梭利用自己的医学研究成果,发表了“天生犯罪人”的论调,主张犯罪是遗传变异的产物,可通过犯罪人的面相特征加以识

---

[1] Alberto Cadoppi-Paolo Veneziani, Elementi Di Diritto Penale: Parte Generale, terza edizione, CEDAM, 2007.

别。今天很少有人承认他的观点，而且迄今为止，龙勃罗梭理论在我国遭到的批评通常遮蔽了其值得肯定的地方。如果我们以"当时的观点"[1]来评述他的理论成就，那么他无愧是"新刑法运动的真正创始人"[2]，因为他的理论为刑法发展开辟了一条科学化的道路，由此，我们意识到犯罪具有"被决定性"的一面；同时，他也为刑法方法提供了科学化的思路，即科学实证的研究方法。

在19世纪后半叶，经由费里和加罗法洛的发展，新派的刑法理论在意大利完全形成了，所以它又被称为意大利学派。新派理论的中心思想主要是：犯罪人实施犯罪不是根据他的选择，确切说是由于遗传、生理、社会等因素。新派代表否定自由决定以及相同类型的责任，即报应责任论，他们的想法基本上与古典学派的拥护者相左。他们认为，在排除自由决定后，相同的刑罚，除了与"古典"观念相一致，没有再多的意义，因此，不如适当地规定安全、有效或者矫正的方法——如果可以的话，甚至要令不可救药的犯罪人永远和社会隔离开。意大利学派推动了的刑法科学性变革，在19世纪的后半叶不可避免地为古典学派和实证学派之间的论争埋下了伏笔。在当今的刑法舞台上，我们能依稀看到当年学派之争的痕迹，也能清晰看到新派理论引导的刑法革命性变革的功绩，正如日本学者评价的，"但是另一方面，如下的功绩也不能忽视，即由于认为以特别预防为中心改善犯人是刑罚最重要的使命，如何执行刑罚的问题就成为值得关心的重大事情。在此不定期刑或累进处遇等新的行刑制度被引进，教育刑思想被展开，进而还可以列举短期自由刑限制、缓执行制度、

---

[1] 这是一种中肯的历史评价方法，参见[美]梯利：《西方哲学史》(增补修订版)，葛力译，商务印书馆1999年版，序论部分。

[2] Alberto Cadoppi-Paolo Veneziani, Elementi Di Diritto Penale: Parte Generale, terza edizione, CEDAM, 2007.

缓宣告制度、少年犯或累犯的特殊处遇、保安处分、缓起诉制度等功绩”[1]。

3. 刑法理论的普适化

启蒙思想中隐含着普适主义的要求。对于刑法而言,这种普适主义倾向以开放态度去拥抱和学习法治发达国家的一切理论和制度,它为刑法理论研究提出了一个重要任务,即比较刑法研究。反过来,我们可以认为比较刑法研究是普适化发展的重要表现。

对于意大利刑法学者而言,比较并不是问题,如何比较才是问题。事实上,19 世纪初期的意大利刑法理论在两个层面上已经表现出比较研究的特质,一是在意大利尚未完成为统一之前,各个公国的学者需要就相互间的法律进行研究,自然不免比较;二是意大利人与其他国家相互进行刑法知识的交流,一方面向外传播意大利的刑法知识,另一方面学习外国刑法知识。如佩莱格里诺·罗西于 1829 年在巴黎以法文出版了一部刑法论著,该论著名声遍及意大利和阿尔卑斯山以北,并很快被译介到这些地方。再如弗朗切斯科·安东尼奥·莫尔,他不仅是 1853 年《托斯卡纳法典》的主要编撰者之一,还从事多种法律的翻译工作,包括《日耳曼刑事成文法》一书,表现了在某个大公国进行刑法改革的重要开端。到了后期,比较研究越发突出。最后,在意大利 19 世纪的刑法学家中,还应当记住路易吉·卢奇尼(1847—1929 年),他是一个长寿的人,一直活到《洛克法典》被通过。卢奇尼做了与刑法学学科有关的、最为重要的意大利杂志——《刑法杂志》(1874 年创办)——40 年的负责人。他还是《扎纳尔代利法典》(1889 年)的主要编撰人。依仗这两种身份,他运用古典学派的原理,奋勇地反对那些他认为是简单处理刑法问题的做

---

[1] [日]正田满三郎:《刑法体系总论》,良书普及会 1979 年版,第 21 页。转引自马克昌:《比较刑法原理:外国刑法学总论》,武汉大学出版社 2002 年版,第 42 页。

法,即新派的支持者们。[1]

比较研究还体现出现代化进程中如何回应历史传统的问题。无疑,对于任何国家或任何民族的历史的彻底否弃或者绝对捍卫,都不符合刑法现代化的要求,但是,在历史与现代之间,毕竟存在一个关于本国刑法传统文化的认识尺度的问题,我们在刑法现代化的道路上必须避免两种极端做法,即对历史传统的过度依赖或者对历史传统的过度轻视。

公元6世纪至公元19世纪的意大利王国,是个封建割据、四分五裂的国家,没有统一的刑法。早期的意大利刑法沿袭了罗马刑法规定,虽然后来外族入主意大利,并颁布了一些敕令,但罗马刑法还是有效力。

公元774年,意大利成为查理曼帝国的一个自治王国,颁布了《意大利法律汇编》,公元11世纪该法律汇编与公元830年的《伦巴第国王法律汇编》融为一体。但公元10世纪至13世纪,由于整个意大利是"德意志神圣罗马帝国"的组成部分,所以德意志查理五世制定的《加洛林纳刑法典》对意大利全境都有效力。此外,各个王国也颁布了自己的刑事法律。公元12世纪,罗马法复兴运动开始,意大利各自治城市,如米兰、佛罗伦萨等先后通过了适应本城市的刑事法律规定。公元14世纪之后,受启蒙时期思想的影响,意大利各王国纷纷制定刑法典。

法典化是19世纪意大利刑法现代化的显著标志。这个刑事法典化的伟大时代,于1803年拉开了序幕。这一年诞生了世界首部刑法典——《奥地利刑法典》。有意思的是,该法典以意大利的朱塞皮诺理论为模型,除用整整一章作为总则部分之外,还具备如Pessina

---

〔1〕 Alberto Cadoppi-Paolo Veneziani, Elementi Di Diritto Penale: Parte Generale, terza edizione, CEDAM, 2007.

所说的“相当的教育形式”特征。在这种时代背景下，在现今意大利领土上的一些城市国家怀着启蒙时期的勃勃雄心，着手进行现代法典化的拟定工作。需要说明的是，法典化的苗头其实出现在18世纪末期到19世纪初期，如1797年《维罗纳法典》、1807年《卢凯塞法典》，不过因为它们笨拙地仿效了1791年法国大革命时期的法典，因而充其量只算“近乎法典”。

最早的、真正规范意义上的刑法典是1808年《皮翁比诺刑法典》和稍晚几个月颁布的《那波里刑法典》。二者之所以被认为是真正规范的刑法典，不仅在于其各罪部分得到了发展，而且在总则部分真正沿袭了现代奥地利的刑法典。尤其是后者，体现了19世纪早期立法对于城市国家法律中罗马法传统的连贯性。在18世纪末到19世纪初，意大利处于法国统治下，所以1810年的《法国刑法典》被扩张适用于意大利各王国。[1]

早期的刑法法典化运动受多种因素的影响，其中包括理论家的参与和政治家的决定。最有名的、自1806年在米兰开始拟定的刑法典草案，在法典编撰的不同阶段，先后有一些著名的法学家参与其中。同样，在伦巴第，贝卡里亚诞生地的一个委员会拟订出了首部草案雏形。这个草案于1807年在布雷西亚被公布，后来又在1809年被修正，因而获准成为《意大利王国（拿破仑）刑法典》。可惜的是，此时1810年《法国刑法典》已经准备好了，巴黎决定在意大利也要推行《拿破仑刑法典》。但是，米兰草案并非徒劳无益，它对后来的、统一前的意大利的法典化产生了影响。

毫无疑问，1810年《法国刑法典》是一部对世界、对欧洲和对意大利刑法历史都具有特别重要意义的法典。在为法国所征服的欧洲

---

〔1〕 参见马克昌等主编：《刑法学全书》，上海科学技术文献出版社1993年版，第571页。

广大地区,该法典事实上都得到了实施,即使拿破仑倒台之后,它的基本模式,在随后的数十年之内,对于欧洲大多数的国家的法典编撰依旧具有启发意义。但是在一些欧洲刑法学者看来,1810年《法国刑法典》与《奥地利刑法典》有很大的差异:一是"科学性"不足,其总则部分的实质内容不多,禁止或者命令规范专横,而且带有规范用语生硬和有效的特征;二是在内容方面,1810年《法国刑法典》是十分专横的,它没有废除名誉刑和酷刑;三是没收从以往古老制度的昏暗中得以恢复;四是死刑比1791年《法国刑法典》更为泛滥地被采用。[1]

在1814年之后,在意大利政治上出现了复辟的逆流,一些地方着手草拟新刑法典,以取代18世纪编撰的旧法或者1810年《法国刑法典》,1810年《法国刑法典》突然失去了效力。两西西里王国第一个推出了刑法典,即1819年法典。这部法典被认为受到了法国模式的启发,但在技术和内容上明显要完善些,尤其是它再度恢复了先前以启蒙理论为渊源的人道主义刑罚,还特别具有意大利刑法传统。

一年之后,即1820年,帕尔玛、瓜斯塔拉公国推出了自己的刑法典。[2] 它共计100条,援引了1810年《法国刑法典》的模式,1820年《帕尔玛法典》事先就公布了许多明显修改的规定。《帕尔玛法典》虽然与《法国刑法典》相一致,但是它参照了1806年的《米兰刑法典》草案,其规范内容与惩罚制度十分宽和,故此受到了来自诸如佩莱格里诺·罗西这些当时的学术权威的赞誉。

此时,教会国也开始编撰刑法了,并于1832年以教皇格里高利十六世之名颁布了《格里高利刑事规则》。该法典依据了多种不同范本,其首要特点是宗教色彩强烈,而且刑罚严厉,因此,其判决很少能

---

[1] Alberto Cadoppi-Paolo Veneziani, Elementi Di Diritto Penale: Parte Generale, terza edizione, CEDAM, 2007.

[2] 这个法典在作为法律之前就于1819年2月得以颁布了,因此在某种意义上它比《那波里法典》颁布得早。

顺利保留到刑法史书中去,就不足为奇了。

在撒丁王国,直到1839年才又有新刑法典颁布,即以卡洛·阿尔贝托国王命名的《阿尔贝托法典》。该法典以1810年《法国刑法典》为模式,同时充分援用《那波里法典》和《帕尔玛法典》的优点。其结果也是十分积极的,即便《阿尔贝托法典》的规范内容在世俗性方面有所欠缺,但它对于"教宗国"的特别尊重是一直重要的。

在托斯卡纳大公国,1853年颁布了第一部真正的刑法典。与意大利其他地方的法典不同,这部法典被认为主要借鉴了一种德国模式——巴登大公国的1846年刑法典。无论如何,托斯卡纳开始拥有了一个重要的法典,而且它或许是半岛统一之前的法典中最好的,因为它开创了技术性的解答方式,采用了合适的立法用语,给与人道诉求以特别的关注。

1855年,刑法法典化运动似乎有所衰退。在摩德纳和雷焦公国出台了一部刑法典,可是,由于整个国家为外国统治,当权者也不是很开明,所以刑法立法并没有明显的巨大进步。它虽然主要以法国法典为模式,但是对于帕尔玛、撒丁还有托斯卡纳刑法典中值得肯定的地方置之不理,对自由作了更多限制,同时保留对政治犯和违反宗教犯罪的死刑制度。

1859年,都灵萨伏伊(Torino Sabauda)为了替代1839年《阿尔贝托法典》,对它进行零星修改形成了1859年法典。这个法典后来随着统一而遍及意大利其他地方,因此被称为《撒丁王国法典》(1861)。1861年意大利王国宣告独立。为了编撰统一后的意大利的首部真正的刑法典,意大利刑法立法开启了新的征程。原撒丁王国以1810年《法国刑法典》为蓝本制定的1859年刑法典成为意大利统一刑法典的基础。但是托斯卡纳对此予以保留,原因有二:其一,撒丁王国刑法典有不少关于死刑的规定,而托斯卡纳的确在1859年就通过法令废除了死刑;其二,1853年《托斯卡纳刑法典》无论在立法技术上还是在内容上都更为先进,更符合时代精神。为此,意大利期盼真正统一的刑法典早日出台。由此伊始,并随着《扎纳尔代利法典》的通过而在1889年就完成了。1889年法典以1859年的《撒丁王国法典》和1853年的《托斯卡纳法典》为范本,虽然该法典没有摆脱专制制度的痕迹,但是它还是比较充分地反映了自由时代的精神,代表了当时意大利刑法理论与实践的最高成就,特别是古典学派的。在诸如卡拉拉、彼得罗和埃莱罗这些重要的法学家早先发起的一场运动的助推下,废除了死刑,规定了取代短期自由刑的措施,采用了假释制度等。它关于国家自由——民主的新整理在刑法范畴中被表述,因此被当作是具有国际水准的先锋。它成为一个有代表性的范本,影响了许多外国法典。由于当时的司法部长(兼首相)扎那尔德礼在制定法典时作出了突出贡献,人们称该法典为《扎那尔德礼法典》。

法西斯在意大利取得政权后,1930年,意大利通过了新刑法典。当时的司法部长是洛克,所以该法典被称为《洛克法典》。《洛克法典》是“法西斯时代”的产物,它重新规定了死刑,扩大监禁的适用范围,大大加重惩罚的严峻程度,扩大累犯的范围,采用了类推的制度。法西斯倒台后,有关维护法西斯统治秩序的条款被取消,死刑再次被废除,但这些都是修补性的,1930年刑法依然被适用。虽然“二战”后有人主张用《扎那尔德礼法典》取代《洛克法典》,但是,意大利很多学者认为,1930年刑法典也是刑法科学成就的结晶,不应将其简单归结为法西斯思潮的产物,也不应当让刑法退回到19世纪立法的水平。[1] 时至今日,意大利还在沿用1930年刑法典,但是该国根据时代发展对于其中一些条款作了必要修正。

---

[1] 参见[意]杜里奥·帕多瓦尼:《意大利刑法学原理》,陈忠林译,法律出版社1998年版,第6-8页。

法典化是刑法现代化的产物,它源自这样的一种理论范式,即“人类感觉的确定性代替了神法的确定性”[1]。刑法形式的大统一,以及刑法内容的大一统,是刑法法典化的重要表现。总之,意大利19世纪的刑法现代化的基本规律值得我们学习和借鉴,笔者认为,政治上的统一构成意大利统一刑法典的强大政治动力;古典人文主义刑法观奠定了意大利刑法典的坚实价值基础;现代人文社科知识成就了意大利刑法典的理论基础。在这个时代,很多著名法学家投身社会实践,他们根据古典主义的刑法理想和追求,创制了符合现代精神品质和价值追求的法典草案,做出了辉煌历史成果,为法典化发挥了积极作用。19世纪的意大利刑法立法表现为文明化与一体化交织发展,一体化又包含着刑法的法典化和统一化两种进程。

（二）德国刑法现代化

1. 德意志刑法

德意志刑法与日耳曼刑法具有密切的历史传承性。古代日耳曼民族被称为“蛮族”,如德国诗人歌德所说,当东方文明古国中国已经产生了许多辉煌的文化成就的时候,德国人的远祖——古代日耳曼人还生活在野森林里。[2] 在同罗马帝国的斗争中,日耳曼人虽然摧毁了繁华的罗马建筑,但是,他们的蛮性为罗马文化所涤荡,“罗马人的政治观念、法律意识、国家管理艺术、文化模式和社会制度都开始成为日耳曼人的楷模”[3]。于是他们尝试着用罗马文化构建自己的制度,从而开创了欧洲的封建社会。

在封建社会早期,日耳曼刑法最初反映在《日耳曼习惯法汇编》中,当时尚未将侵权和犯罪区别开,但他们的对象和后果是不一样

---

〔1〕 [加]大卫·莱昂:《后现代性》,郭为桂译,吉林人民出版社2004年版,第10页。
〔2〕 参见马桂琪、黎家勇:《德国社会发展研究》,中山大学出版社2002年版,第3页。
〔3〕 马桂琪、黎家勇:《德国社会发展研究》,中山大学出版社2002年版,第21页。

的。关于犯罪,主要的是叛逆、逃兵、懦夫、放火、暗杀、大批的败坏等。刑罚就是死刑和“处于法律保护之外”。所谓“处于法律保护之外”,是犯罪者得不到法律的保护,它与死刑无异。而且犯罪构成采取“客观归罪”方式,既不要求主观意图,也没有故意和过失的区分。[1] 另外,日耳曼刑法中残留着明显的原始习俗。在公元6世纪至公元843年《凡尔登条约》颁布这段时期,也称为法兰克时期,随着国家权力的扩大,刑罚结构发生了变化,刑罚权越来越集中到政府手中,自卫权受到限制,出现了定额赎金,宗教在刑法中的影响得到了加强。

843年,查理帝国崩溃,根据《凡尔登条约》,德意志王国从查理帝国分裂出来。公元962年,鄂图一世获得罗马教皇加冕,德意志从此获得“德意志神圣罗马帝国”的称号。该国早期沿用习惯法,后来习惯法被汇编成《萨克森法鉴》,这是德国封建前期的刑法。

2.《加洛林纳刑法典》

中世纪晚期,德意志人热衷于对意大利法学的学习,加之意大利城市法和伦巴第人的文化传统获得了德意志人的认同,制定统一的帝国刑法的要求变得较为迫切,在此基础上,1532年,德意志帝国用德文制定了《加洛林纳刑法典》。《加洛林纳刑法典》是德国刑法从中世纪习惯法过渡到当代刑法典的重要法规范。法典共219个条文。但是在形式上还很不完善,没有总则和分则的区分,缺乏章节的分化,程序法和实体法混在一起,也没有完整的概念与体系。其中包含刑法的实体内容和程序内容。法典规定了总则部分的基本内容,并使用了较为规范的概念,如责任原则、具体的合法化事由、犯罪未

---

[1] 但是也有学者提出,在日耳曼早期已经划分故意行为与过失行为了。参见[德]汉斯·海因里希·耶赛克、[德]托马斯·魏根特:《德国刑法教科书·总论》,徐久生译,中国法制出版社2001年版,第113页。

遂、帮助犯、共犯等。

该法典所规制的犯罪行为类型主要是:(1)亵渎宗教或者追索女巫或魔术行为。施展魔法的行为在16、17世纪的德国地区可以被处以死刑。有关对于魔术行为或者女巫追索的处罚,在德国地区直到18世纪才逐渐消失。(2)与性有关的犯罪。违反自然的性行为,如人与畜的性行为,同性间发生的性行为,应该依据古老的习惯被烧死;违背伦理的性行为依据祖先及帝国所书写的法律处罚;诱拐有配偶或未婚的女性,如果违反女性的配偶或未婚女性父亲的意思,加以诱拐,纵使该位有配偶之女性或未婚女性是出于自愿的,其配偶或未婚女性的父亲均可提出控诉;对于强制性交行为,可用剑分尸执行死刑。除了前述几种跟性行为有关的处罚规定,对婚外性行为、让自己的配偶或子女从事性行为者、做皮条客的都可以处罚。(3)伪造行为。主要有三类,即伪造铜币、伪造文书、伪造度量衡。对于犯罪者处以身体刑或生命刑,但关于处罚的刑度均未很明确地加以规定。如果情境严重,可以处以用火烧的死刑。另外,对于伪造度量衡者,严重且恶意的行为者,也可能判处死刑;情节不严重的可能将他逐出该地区或者处以其他身体刑。(4)各种杀人的规定。《加洛林纳刑法典》对于杀人罪作了很多细微的规定,包括毒药谋杀人、堕胎、以药物杀人、自杀行为、动物伤人等。同时还规定了因不可归责的事由杀人行为的处罚。(5)有关窃盗行为。《加洛林纳刑法典》关于窃盗的行为,包括秘密的窃盗、公开的偷窃、潜入他人住所窃盗、在田野的窃盗行为、窃盗木材的行为、池塘或溪水中鱼类的窃盗行为、在教堂的窃盗行为、对教堂中被祝祷的器物的窃盗,等等。[1]

《加洛林纳刑法典》刑罚残酷,既表现在刑罚种类上,更表现在刑

---

〔1〕 参见陈惠馨:《1532年〈卡洛林那法典〉与德国近代刑法史——比较法制史观点》,载《比较法研究》2010年第4期。

罚的执行方式上：(1)死刑。法典中确认的死刑执行方式多达7种，包括：①用火活活烧死；②用剑活活刺死；③将身体分成四份切割并将四份肢体分别放到四个地方街道上，挂在公共的地方示众；④将人绑在大轮子上，透过转动让身体粉碎，并将身体部位挂在公共场所；⑤将人用锁链吊死；⑥将人活活淹死；⑦将人活埋。拉德布鲁赫教授在他的导论中提到，由于当时的人生活在死刑经常公开执行的情境中，再加上生活的恶劣状况，他们对于挂着的尸体或者公开陈列的尸体基本上没有特别的感受，几乎是习以为常。(2)身体刑。身体刑的执行方式主要方式也多达4种，包括：①割舌，即割舌的执行外，还有所谓用热的铁器在身体烙印的刑罚；②断指，切断两只手的指头，处罚行为人并让他赎罪；③割耳朵，割两只耳朵；④杖刑。上述4种身体刑在执行完毕后，被处罚的人都可能被驱逐离开该地区。(3)监狱刑。为了避免犯罪人继续进行犯罪，在他们没有交出保证金之前，为了保障一般人民及地区的安全，要将他们关在监狱。这个简单的规定，显现出当时监狱刑显然还不是一种重要的刑罚方式。

但是，在《加洛林纳刑法典》的规定中，可以看到其与中世纪其他法律的区别。中世纪法律普遍奉行赔偿金及罚金制度，或通过私人之复仇及和解的方式来处理杀人、伤害等犯罪行为。从条文的结构与内涵看，今日很重要的自由刑(监狱刑)，在当时并非重要的刑罚。自由刑仅是一种在犯罪者是危险时，对犯罪者暂时加以管制的制度或者仅具有代替其他刑罚的功能。[1]

《加洛林纳刑法典》在适用中不是简单以法律为根据，还会征求法学家的意见，以表明法律的公正，所以其影响深远，在18世纪中叶之前，在神圣罗马地区的共同刑法主要受《加洛林纳刑法典》影响。

---

〔1〕 参见陈惠馨：《1532年〈卡洛林那法典〉与德国近代刑法史——比较法制史观点》，载《比较法研究》2010年第4期。

该法典在德意志法中占据 200 多年的主宰地位，对西方刑法产生了重大而深远的影响，被认为是“中世纪和近代交替时期接受外国法的无与伦比的德国立法史上的巨大的转折点”[1]。

3. 1751 年《巴伐利亚刑法典》

受启蒙运动的影响，德国刑法学发生了变化。重要的学者克理斯扬·托马修斯已经在 1704 年及 1705 年提出两份重要的文件批评当时在德国地区存在的对魔术或女巫追索的审判及拷讯制度。另外，意大利的法律人西萨·贝加利亚在 1764 年出版的《犯罪与刑罚》一书中提出反对酷刑与死刑的观点，该书被翻译成多国语言并得到那个时代很多统治者的响应。这样的时代趋势显然没有被克莱特迈尔所理解或掌握。也因此他无法脱离当时的社会一般人的观点，在面对巴伐利亚刚刚结束长年战争，人民在面对增加的犯罪现象及困苦的生活处境时，他并没有能力去订定一部超越时代的刑法。

1751 年《巴伐利亚刑法典》将程序规定和实体规定分不同部分规定，开启了程序法和实体法规范在同一法律中分离的第一步。其中实体部分设计到犯罪与刑罚总则性规定 44 个条文。在总则中对犯罪作了定义，体现了罪刑法定的某些特色；而且将犯罪分为较轻、较重或者加重三个等级。区分故意和过失，确定了归责能力。刑罚对象包括身体、名誉、财产甚至生命。另外有包括盗窃、强盗、杀人等在内的分则规定 150 余条。

1751 年《巴伐利亚刑法典》是 19 世纪到 20 世纪之间德国近代刑法的第一部重要刑法典。它是德国尝试将法律体系化、法典化的典范之一。这部法典中出现了许多当代刑法概念，如未遂、帮助犯。它是德国进入启蒙时期的非常主要的刑法规范，高桥直人教授认为这

[1] [德]汉斯·海因里希·耶赛克、[德]托马斯·魏根特：《德国刑法教科书·总论》，徐久生译，中国法制出版社 2001 年版，第 116 页。

部法典是一部接续启蒙与传统的立法。[1]

当时最著名的刑法学者费尔巴哈(1775—1883年)的刑法理论影响广泛。费尔巴哈还参与了1813年《巴伐利亚刑法典》的起草工作,因此是德国刑法在19世纪的立法先驱,他主要"推动一个自由化、理性化的刑法观。这个刑法观在19世纪的刑法立法发展中被接受,也成为德国帝国刑法典的核心价值,并被20世纪继受德国刑法体系的国家的刑法典所接受"[2]。1751年《巴伐利亚刑法典》在运作了将近62年后,在1813年,由费尔巴哈参与制定的《巴伐利亚刑法典》所取代。[3]

受法国、英国和意大利等国启蒙时期刑法思想的影响,德国在18世纪末19世纪初诞生了许多伟大的刑法学家,他们提出了许多影响刑法立法的主张。如F.K.霍默尔提出了罪刑相适应原则,费尔巴哈提出了罪刑法定原则思想基础的"心理强制说",并开创了现代刑法理论体系,这意味着刑法中启蒙运动的终结。在刑法立法方面,1794年颁布的《普鲁士普通法》,其中的刑法部分(第2部分第20章)和1751年的《巴伐利亚刑法典》、1768年的《特蕾西亚刑法典》一起,标志着启蒙运动时期专制制度的结束。而1810年的《法国刑法典》和1813年由费尔巴哈起草的《巴伐利亚刑法典》是19世纪欧洲大陆刑法立法的典范。当时的立法普遍接受了罪刑法定原则。

1813年《巴伐利亚刑法典》之后,德国各州制定的刑法典包括《萨克森王国刑法典》《汉诺威王国刑法典》《普鲁士刑法典》等。其中1851年的《普鲁士刑法典》深受1813年《巴伐利亚刑法典》影响,

---

〔1〕 参见陈惠馨:《1751年德国〈巴伐利亚刑法典〉——德国当代刑法的起源》,载《比较法研究》2012年第1期。

〔2〕 陈惠馨:《1532年〈卡洛林那法典〉与德国近代刑法史——比较法制史观点》,载《比较法研究》2010年第4期。

〔3〕 参见陈惠馨:《1751年德国〈巴伐利亚刑法典〉——德国当代刑法的起源》,载《比较法研究》2012年第1期。

并成为1871年《德意志帝国刑法典》奠定了立法基础。1871年,在扩充《北德联邦刑法典》适用的领域范围的基础上,[1]形成了1871年统一的《德意志帝国刑法典》。1871年刑法典的立法理念和方法达到了当时的最高水平,不过,该法典颁布不久,就在刑事政策方面不适应德国社会形势发生的需要了。但是,它最终经历了两次大战,并一直适用到1974年12月31日。1975年,当时的西德修订刑法典生效,其中总则内容较过去有彻底性的修改,分则内容也有广泛的修改。如扩充国际刑法内容、扩大经济刑法和环境刑法的内容等。[2]1990年,德国重新获得了统一,联邦德国没有重新开始刑法的统一性创制工作,而是针对民主德国加入后的犯罪形势,结合欧盟立法和国际刑法的发展新动向,对德国刑法典进行修订。

4. 1871年《德意志帝国刑法典》

1871年《德意志帝国刑法典》是德国历史上第一部统一的刑法典。该法典以古典主义刑法思想为基调,具有时代的进步性,但也有很大的现实局限性。自该法典生效一直到1945年"二战"结束这段时期,因为受威权主义特别是后来的纳粹主义影响,该法典的古典主义情怀并没有得到真正体现,相反它成为纳粹推行恐吓、极权统治的工具。其中罪刑法定原则甚至一度被法西斯政权废除,如1936年德国统治当局发布文告,规定:"任何人,如其行为依法律应处罚者,或依刑事法律的基本原则和人民的健全正义感应处罚者,应判处刑罚。如其行为无特定的刑事法律可以直接适用者,依基本原则最适合于该行为的法律处罚之。"[3]

---

[1] 该法典是《普鲁士刑法典》的翻版。参见[德]汉斯·海因里希·耶赛克、[德]托马斯·魏根特:《德国刑法教科书·总论》,徐久生译,中国法制出版社2001年版,第120页。

[2] 参见[德]汉斯·海因里希·耶赛克、[德]托马斯·魏根特:《德国刑法教科书·总论》,徐久生译,中国法制出版社2001年版,第1编第2章;《德国刑法典》(2002年修订),徐久生、庄敬华译,中国方正出版社2004年版,绪论部分。

[3] 郑伟:《德国刑法的最新发展》,载《法学》1997年第4期。

恢复民主和法治是战后德国最主要的政治任务。1949 年,德国在基本法中确立了罪刑法定原则;1953 年在基本法中废除了死刑,最终死刑也从刑法中消失了。

从 1871 年的刑法典颁布到 1975 年的刑法典颁行,德国的刑法典共进行了 94 次修改,到 1987 年之后又进行了 29 次修改。德国的刑法典分别于 1953 年 8 月 25 日、1969 年 9 月 1 日、1975 年 1 月 2 日和 1987 年 3 月 10 日,颁布了 4 个新版本。其中 1975 年的版本,有一个新编写的总则和修改过的分则,是真正意义上的新刑法典。修改范围大、次数多、涉及内容重要。1871 年《德意志帝国刑法典》仅仅具有观念上的有意义,其内容早已不可同日而语。为了对德国刑法传统表示尊重,为了新修订的刑法保留 1871 年《德意志帝国刑法典》的适用范围,也就是使新刑法在包括德意志民主共和国在内的全德国境内得以实现,每一新版刑法的正式全称为《1871 年 5 月 15 日德意志帝国刑法典的×年×月×日版本》。采用这样的名称使得 1871 年《德意志帝国刑法典》在观念上得以延续。〔1〕

5. 德国经济刑法

在很长一段时期内,经济刑法都被视为重要的领域。德国创设了专门的经济刑法。这种立法肇始于 1877 年反不正当竞争的法律。“经济刑法”概念于 1910 年正式出现在《德国钾盐贩卖法》中。也有学者认为,经济刑法规定在 1871 年《德意志帝国刑法典》颁布之前就已出现,如 1869 年《德国商业秩序法》和《德国统一关税法》中就存在类似条款。〔2〕“二战”后,经济刑法得到了新的发展,1949 年出台了《德国经济刑法统一法》,但它内容庞杂。1954 年又颁布了简化的

〔1〕 参见郑伟:《德国刑法的最新发展》,载《法学》1997 年第 4 期。

〔2〕 参见[德]汉斯·阿亨巴赫:《德国经济刑法的发展》,周遵友译,载《中国刑事法杂志》2013 年第 2 期。

经济刑法法令。1954年的关于进一步简化经济刑法的法令几经修改并更名为《德国经济刑法典》,涉及的罪名主要有房租、工资、物价等方面的妨害管理行为。

20世纪60年代社会变革激发了经济犯罪改革,并将其提到了科学和政治的议程中来。但考虑到"起诉经济行为可能会损害经济发展",因此经济犯罪被视为违反秩序法的行为。1972年,德国开启了经济刑法改革。当时的目标旨在减少刑法对经济秩序的规制,但是结果却有激烈争议。一派观点主张,鉴于经济犯罪,尤其是生态方面的经济犯罪全面危害了社会的经济法律秩序,因此有必要在1975年刑法典内设立专门的经济犯罪章节。另一派观点认为,经济犯罪的客体均可归入传统的侵犯财产权范围,没有必要造成刑法分则体系的多元化。这场争论最后以第二派观点获胜而告终。在现行刑法典中,没有经济犯罪的专门章节,有关的两种经济犯罪行为,被纳入固有的第22章欺诈罪及背信罪,即第264条的津贴救济欺诈和第265条的保险欺诈。至于其他的经济犯罪行为,则载入单行的经济刑法规范。〔1〕 1976年和1986年出台了两项重要的旨在打击经济犯罪的立法。这两个法律设立了诸如补助金欺诈的新犯罪以及新型的计算机犯罪。〔2〕

20世纪80年代,贝克的"风险社会理论"已经在刑法学界产生了广泛影响,1986年发生的切尔诺贝利事件对此作了很现实的注释,环境问题引起了刑法学界的重视,最终导致了1994年《德国环境刑法》修改。此外没有组织犯罪被认为是现代社会的主要威胁,所以20世纪90年代,德国的几部法律与反有组织犯罪有关。但是20世

---

〔1〕 参见郑伟:《德国刑法的最新发展》,载《法学》1997年第4期。

〔2〕 参见[德]马克·恩格尔哈特:《德国经济刑法的发展和现状》,徐剑译,载《刑事法评论》2016年第2期。

纪90年代经济刑法有象征意义。1992年7月15日,德国颁布《惩治有组织犯罪的非法毒品交易与其他表现形式法》,简称"反有组织犯罪法"[1]。此外,德国在《专利法》《著作权法》《反不正当竞争法》《破产法》《股份公司法》《商法典》等经济法中,都创设了经济犯罪规定。20世纪90年代,经济合作与发展组织《反腐败公约》针对海外贿赂的犯罪化规定,对德国产生了新的影响。而且欧盟的立法也为德国提供了动力。

以开放性的要件进行罪状设计,当犯罪行为处于可罚和可允许的边界时就采用这种立法方法,这意味着立法机关在很大程度上允许法条决定某个行为是否是犯罪行为。德国背信罪的立法就是一个很好的例子。背信罪规定如下:"根据法律、官方委托或法律行为有权处分他人财产或替他人订立有约束力协议的人滥用此项权利的,或者基于法律、官方委托、法律行为或信托关系有义务管理他人财产利益的人违反其职责,并导致该财产利益被管理者损失的,处五年以下自由刑或罚金。"德国法学理论中"损失"的扩展,不仅包括实际经济损失,而且还包括可能发生的损失。[2]

(1)皮革喷剂判决

直到20世纪90年代,德国法院才开始研究针对管理层的合适规则。转折点就是1990年联邦最高法院的皮革喷剂判决。一家公司生产了一种用于保护皮鞋的喷剂,但是却导致了严重的健康问题。尽管如此,管理人员还是决定边继续销售该喷剂边深入调查此案。在更多的人受伤后,公权机关停止了该喷剂的销售。对于管理人员过失导致他人身体伤害的行为,联邦法院支持判管理人员有罪,允许

---

〔1〕 但是有学者认为它属于修正案,而不是单行刑法。郑伟:《德国刑法的最新发展》,载《法学》1997年第4期。

〔2〕 参见郑伟:《德国刑法的最新发展》,载《法学》1997年第4期。

危险产品仍留于市场的公司的管理人员要承担刑事责任。为了确立因果关系和归责,法院采用了两步法:首先,查明公司是否有作为义务或是有义务制止某些危险活动;其次,查明涉案管理者是否对采取行动或制止采取必要行动的决定起了作用。法院明确表示参与此种管理决定的每个管理者都是有责的,最高管理层的决定将受到刑法的严格审查。法院还强调参与集体决定的监管者仅能在积极采取措施避免任何进一步损害的情况下免责。

(2)管理人员的作为义务

皮革喷剂判决已经表明,联邦最高法院将详述管理人员的作为义务。尽管德意志帝国最高法院已在19世纪初言明公司所有者和主要管理人员有义务防止其员工犯罪,但几十年来该义务的具体内容仍不清晰。从20世纪90年代起,联邦最高法院在许多判决中开始阐述一些重要的内容。例如,如果公司所有者和主要管理人员事实上负有防止损害的义务——就是说仅仅他们的正式职位尚不能使他们承担责任——并且有防止这种损害的可能性,那么他们就是有责的。他们有作为义务(保证义务),这使得他们须对任何不作为所导致的损害承担刑事责任。一个明确的限制就是他们仅对员工的与公司相关的犯罪行为负责,不包括那些发生在工作场所的但是与公司无关的犯罪。

(3)作为间接正犯的管理者

除了作为义务,联邦最高法院将管理者的刑事责任建立在间接正犯参与犯罪规则的基础之上。罗克辛独创性地发展了"通过使用组织权力间接犯罪(通过组织控制的间接正犯)"的概念,比如让官僚机构一像第三帝国的行政机构中的非直接参与实施的战略家承担责任。在1994年联邦最高法院为了让前民主德国的高级别官员对以前两德边界的杀戮行为承担责任就采用了这种方法。法院强调这些幕后参与者——允许杀害逃亡者的那些人——的重要作用使得有必要让他们作为正犯而不仅仅是作为直接正犯(杀害逃亡者的士兵)的教唆犯承担责任。

在这个判决里,法院清楚地表明,间接正犯的概念并不限于政治犯罪,也可适用于经济案件。因此,在接下来的案件中,法院将间接正犯的概念适用于公司,并认为管理者故意利用公司机构让雇员犯罪的应承担责任。这就使得管理者须对滥用管理权行为负责;他们不能躲在直接正犯的背后。与法院相反,许多法律学者批判将间接正犯的概念扩张适用至经济领域的做法,因为公司机构对员工通常并不具有和一些管理权被滥用的国家机构,比如第三帝国或前民主德国,对其工作人员一样的影响。法院既不要求超越法律的组织机构,也不要求实施犯罪行为的雇员是可以替换的,但根据罗克辛的观点,这两点却是间接正犯成立的基本要求。但是,由于公司常常培育某种企业精神并且工作场所对个人的影响是很大的,所以法院让滥用这些企业机制的管理者承担责任是合理的。在这些情况下,雇员会比通常更愿意实施犯罪。就此而言,联邦最高法院的做法使得起诉管理者成为可能,其依据是他们是关键人物。

(4)追缴

近些年《德国刑法典》关于追缴的条款变得越来越重要。尽管《德国刑法典》一般适用于自然人,但追缴规则也适用于公司。追缴保证了公司可以像自然人一样被对待,它不能从任何非法收益中获利。因为不存在法人刑事责任规则,所以将追缴规则适用于公司就可在刑事上"惩罚"公司是符合公共利益的。法律执行机构如今经常追缴公司所获得的财产。[1]

(三)法国刑法现代化

法兰西王国是日耳曼人建立的"蛮族"王国中的一个。墨洛温王

〔1〕 参见郑伟:《德国刑法的最新发展》,载《法学》1997年第4期。

朝延续到751年,为加洛林王朝所取代。加洛林王朝在查理大帝统治下达到鼎盛时期。查理大帝颁发了一系列具有刑法性质的赦令,如《军事赦令》《关于偷窃的赦令》等。这些赦令反映在《萨利克法典》之中。[1]

843年,法兰西王国根据《凡尔登条约》获得了独立,但11世纪到13世纪的法兰西事实上是分裂的,国王只在巴黎等少数地方行使权利,而其他封建领主是名符其实的独立王国,各自有自己的习惯法和法庭。13世纪初,路易九世进行司法改革,设立"巴列门"即巴黎高等法院,限制和缩小地方封建领主的司法权。后来的国王则发布了许多单行的刑法规定,逐渐使习惯法适应王室法令、诏书和法律公告。16世纪,法国进入君主专制时期,此后国王提出"朕即国家",成文法逐渐取得了绝对地位。早期的法兰西刑法保留着日耳曼法的特点,认为犯罪是侵犯个人的行为。封建王国固定后,开始认为犯罪是破坏社会秩序的行为。这一时期的刑罚规定比较残酷,体现了报复和威慑的色彩。

在16世纪至18世纪,法国的刑法渊源比较复杂,罗马的法律《学说汇编》以及有关法典的规定、法学家的各种著作、学说等,始终被认为是有效的,只有当习惯法或成文法有极为明确的规定时,才有例外情形,但是,当时的一些权威法学家的学术观点以及法院判例的法理主要依据的是罗马法。这些学术观点和判例法理在法国被当作"活的法律",并得到王权的承认,查理五世就在其制定的《加罗林宪法》中将这些"活的法律"法典化。[2]

法国现代刑法,起源于1791年7月19日至22日有关城市治安

---

〔1〕 参见马桂琪、黎家勇:《德国社会发展研究》,中山大学出版社2002年版,第31页。

〔2〕 参见[法]卡斯东·斯特法尼等:《法国刑法总论精义》,罗结珍译,中国政法大学出版社1998年版,第72-74页。

与"矫正(轻罪)警察"的法律和1791年10月6日有关"刑事(重罪)警察"的法律。这两项法律初步实现了法律的统一与法典的编撰。它们受到了贝卡里亚刑法思想和《人权宣言》的影响。法国于1808年完成了刑事诉讼的法典之后,在1810年颁布了《刑法典》。

1810年《法国刑法典》受边沁的功利主义刑法思想影响,突出刑法的威慑作用,比如恢复打烙印、带铁项圈、捆绑示众等肉刑;维持法国大革命的罪分三类、罪刑法定、采用自由刑和处罚平等原则。强化处罚,如将犯罪未遂视为犯罪既遂、规定大量的加重情节。后来随着法国社会的变革,受各种刑法思想的影响,1810年《法国刑法典》的内容发生了许多变化。从1931年起,法国就考虑修正1810年《刑法典》。但修正提案因为落后于社会发展而被放弃。1974年10月,法国又开始着手刑法典的修改。新刑法典经过20年时间的无数次讨论、修改,才于1992年7月22日通过,1994年3月1日生效。〔1〕

1810年《法国刑法典》对当时大陆法系的刑法立法产生了重大影响。它在被法国所征服的欧洲地区得到了广泛实施,〔2〕即使在拿破仑倒台之后的数十年之内,其基本模式对于欧洲大多数国家的法典编撰依旧发挥着启发作用。它还曾一度影响到东方国家,如中国和日本。正因如此,它在法国延续了180余年。1992年,法国新刑法典经过20年的修订,终于获准通过,终结了1810年的《刑法典》。有学者认为,这"标志着一个旧时代的终结和一个新纪元的肇始"。〔3〕

(四)英国刑法现代化

英国刑法由普通法和制定法组成。普通法是英国刑法最重要的

---

〔1〕 参见[法]卡斯东·斯特法尼等:《法国刑法总论精义》,罗结珍译,中国政法大学出版社1998年版,导言第3节部分。

〔2〕 当时西班牙、葡萄牙分别于1848年、1852年仿效1810年《法国刑法典》制定了本国刑法;而比利时、荷兰等国当时是法国的属国,适用法国当时的刑法。参见谢兆吉、刁荣华:《刑法学说与案例研究》,台北,汉林出版社1976年版,第38-39页。

〔3〕 郑伟:《法国新刑法评述》,载《法学》1997年第2期。

渊源。

在11世纪之前,英吉利处于封建割据状态。各地封建主根据自己的情况适用日耳曼民族的习惯和法律,并开始出现类似现代刑法的罪名、刑罚等。1066年诺曼第公爵威廉征服英吉利后,实行中央集权,威廉一世改革刑法,大量减少死刑,并沿用日耳曼的习惯法,建立"国王法庭"。后来亨利二世创设巡回法庭。巡回法庭最初只受理涉及国王利益的案件,巡回法官最初须负责检查行政、财政和司法等事务,但后来逐渐改为专司司法职责。巡回法官定期到全国巡回区办理案件,其依据是国王的诏书、赦令和当地习惯。巡回法官回到伦敦后,相互磋商和研究,承认彼此的判决,一些被援引的习惯法和判例得以普遍适用,久而久之形成为普通法。从12世纪到14世纪,王座法院的法官们详尽阐述了关于重罪的规定,14世纪,关于轻罪的规定也逐步成型,之后,法官在判决中依据解释和先例不断创设一些轻罪罪名,也通过扩展已有犯罪的范围创设新的罪名。英国普通法的法源包括三种:一是一般习惯,即通行全国的习惯;二是特别习惯,即通行于某一地区或某种社会的习惯;三是罗马法与教会法的规定中为法院所采用的部分。[1]

制定法也是英国刑法的另外一个渊源。制定法,是将普通法的原则用文字规定下来的形式,是由上院和下院正式通过并得到国王批准的议会法令。制定法可以创设罪名。现代绝大多数罪名是由制定法创设的,也有部分是修改普通法而形成的。1215年《英国大宪章》颁布后,议会陆续制定了一些单行刑事法令,如1351年《叛逆法》、1381年《强行闯入法》、1494年《夜间偷袭法》等。这些法令是将习惯法、判例加以整理、补充、发展而形成的。在英国资产阶级革

〔1〕 罗马法和教会法之所以能成为普通法一部分,始于1066年诺曼第公爵征服之后。特别是罗马法对欧亚各国法律都产生了深远的影响,在英国也不例外。

命时期，制定法明显增多，并具有高于判例法的法律效力。

在亨利一世颁布的《亨利法》中，出现了重罪与轻罪的区分。16世纪，英国出现了一类新的刑事罪，即比轻罪更轻微的罪行，由治安法官进行简易审判。英国刑法中的罪行因此可以分应予起诉罪和简易审判罪，原来的轻罪和重罪的划分就退居其次了。

19世纪，英国社会急剧转型，当时英国刑法的混乱、不确定性和矛盾现象普遍存在，大量过失的规范没有被废除，制定法缺乏系统性，可否对法律进行理性、系统地创制成为当时英国法律面临的一个问题。传统观点认为，制定法可以改变普通法，但不能取代普通法。但是，边沁则致力于为英美刑法探索法典化体系。边沁认为普通法是可知的。他将普通法称为“狗的法律”，因为其具有事后性。

边沁提出，是法学家导致普通法不可知的现状，法学家受利益驱使，故意使法律模糊，为司法设立一道道技术障碍。边沁以功利主义为指导，试图推动法典编纂运动。边沁主导的法典化运动毫无悬念受到了抵制。萨维尼的理论为反法典化提供了依据。该理论认为，一个民族的法律与其民族精神相联系，不能被创设为法典条文。反法典化的观点认为，法典会破坏普通法的可理解性和弹性，而且法典不具有完整性。〔1〕

19世纪，一些边沁的信徒在保守理论面前开始妥协，他们转而通过对制定法和判例法的汇编来逐步推动法典化。1823年，英国开始尝试用统编的法令改造制定法。1827年，英国废止了137个过失的法令，并补充了新的法令。法令的统编和摘要，迈开了法典化的第一步。1833年，布罗厄姆大法官的一项动议获得实施。政府任命了一个皇家委员会，其职责之一就是研究对全部刑法进行汇编的可能性

---

〔1〕 王磊、曹瑞臣：《19世纪英国刑法法典化改革探析》，载《菏泽学院学报》2014年第4期。

和可行性方案。1833 年到 1859 年,该委员会提交了 20 份关于刑法法典汇编的报告。虽然这些报告受到了来自保守派的批判,但是 1861 年《英国统编和修改法》获得通过,表明委员会的工作还是取得了实效。该法令共 7 个法令组成。第一个是关于从犯的制定法。第二个是废除了已经被统编的 106 个法令或法令的一部分。第三个是关于盗窃罪及其他类似犯罪的制定法。第四个是关于故意伤害财产罪的制定法。第五个是关于伪造罪的法令。第六个是关于伪造货币罪法。第七个是关于侵犯人身罪法。但是在 19 世纪末,因为英国缺乏法典化的环境和法典化本身也存在缺陷,所以英国法典化进程并不顺利。[1] 最终获得通过的制定法有 1907 年的《犯人检查法》、1908 年的《犯罪预防法》,等等。[2]

1959 年英国成立了刑法改革委员会。旨在对既有刑法进行审查、整理并提出改革建议,但很长时间并无太大动静。[3]

1965 年,英国颁布了 1965 年《法典编纂委员会法》,标志着英国法律改革运动走上正轨。[4] 20 世纪 80 年代以来,英国刑法系统化成效明显。1989 年,英国颁布了关于《英国刑法典》的最后报告和《刑法典草案》(以下简称 1989 年草案)。1989 年草案分总则和分则两部分,共 220 条,颇具大陆法系特色。德国学者耶塞克对此评论道,"这是英国走向未来欧洲法秩序相统一道路的重要的第一步"。1989 年草案第一编为总则规定,内容包括罪刑法定原则的基本规定、追诉与刑罚、证明、犯罪的外部要件、责任要件、犯罪参加者、无责任能力与精神障碍、抗辩事由、未完成犯罪。在第二编分则部分,内容

---

〔1〕 参见王磊、曹瑞臣:《19 世纪英国刑法法典化改革探析》,载《菏泽学院学报》2014 年第 4 期。

〔2〕 参见谢兆吉、刁荣华:《刑法学说与案例研究》,台北,汉林出版社 1976 年版,第 36-37 页。

〔3〕 参见何荣功:《英国刑法的法典化改革之路述评》,载《中国审判》2013 年第 1 期。

〔4〕 参见赵秉志、党剑军编译:《英国刑法的新走向——法典化》,载《国家检察官学院学报》1995 年第 3 期。

包括:对生命、身体的犯罪、性犯罪、盗窃罪与诈欺罪、其他财产犯罪、对公共稳定与安全的犯罪。1989 草案提出来之后,面对庞大的刑法条文,议会一致不愿意对其进行讨论。刑法改革委员会也认识到激进方式并不符合英国法的习惯,所以他们改变策略,探索微型法典化方式,采取循序渐进方式,先对具体领域的犯罪进行成文化。可惜这种思路收获不大。[1] 1992 年,英国再次公布了修订后的《刑法草案》。(以下简称 1992 年刑法草案)。该草案共 32 条,在第二编的一般原则中规定了犯意的确定和抗辩事由。[2]

2008 年,法律改革委员会正式宣布:"考虑到普通法的复杂性,当前立法步伐的增加和欧盟法影响的日益扩大……刑法法典化工作正式从当前法律任务十大计划中剔除,法律委员会当前任务主要是集中力量改革具体项目和简化刑法,以服务于将来刑法的法典化。"暗示数年来的刑法法典化以"阶段性失败"告终。[3]

(五)美国刑法现代化

美国和英国都是不成文法国家,其法律体制世称英美法系,有别于大陆法系。美国大体上沿袭了英国法例,但并不是全部接受。当 1620 年"五月花"抵达北美新大陆时,移民仅仅以圣经为法源,而且对法律和律师比较嫌恶。这种情形持续到 1776 年,由于社会需要,英国法律才开始被接受。到独立战争时,在反英情绪的驱使下,美国法有接受法国法的倾向,加上美国当时的法学家研究法国、荷兰等大陆法系国家法律,以至于今天美国虽然仍旧属于不成文法国家,但形成了独特的体系。[4] 美国法是二元的,有联邦法和州法两种体制,

---

〔1〕 参见何荣功:《英国刑法的法典化改革之路述评》,载《中国审判》2013 年第 1 期。

〔2〕 参见赵秉志、党剑军编译:《英国刑法的新走向——法典化》,载《国家检察官学院学报》1995 年第 3 期。

〔3〕 参见何荣功:《英国刑法的法典化改革之路述评》,载《中国审判》2013 年第 1 期。

〔4〕 参见谢兆吉、刁荣华:《刑法学说与案例研究》,台北,汉林出版社 1976 年版,第 37-38 页。

除联邦宪法具有优越性之外，它们之间不是上下关系，而是各自为法。19 世纪末 20 世纪初，美国掀起法典化运动，虽然最终未能制定全国性的刑法法典，不过许多州制定了刑法典或有关刑法的法规、条例，除将普通法中的罪名包括在内以外，还增添了新的犯罪种类。

美国独立到 19 世纪末是美国刑法发展的重要时期。在独立之前，美国刑法基本上是英美刑法的翻版。独立后，围绕是否要取消英国法，在美国展开了讨论。结果英国法得以保存，同时大陆法系的理念也被吸收。〔1〕

独立之前的刑法主要功能是维护宗教与道德。因此刑法所规定的罪名多于道德有关。如渎神、饮酒、四通、强奸等。独立之后，刑法的道德保护功能发生了转变，有学者认为这是因为独立后美国刑法完成了保护道德和宗教的功能，需要向以保护财产和公共安全为主要功能的现代刑法的转型。有学者则认为道德保护功能并没有消失，只不过刑法更加关注发生在公共领域的违反道德的行为。〔2〕首先，这个问题和法与道德的关系有联系。耶利内克说："法律是伦理的最小限度。"〔3〕在不能彻底区分道德和法律界限的前提下，后一种看法显然更有道理。其次，这个问题和刑法的社会功能有关，美国独立后到 19 世纪末，工业化和城市化解构了传统的道德观念，财产和公共秩序的重要性凸显出来。

刑法的主要法源包括：

(1)宪法。当时宪法是刑法的重要法源。其表现在于：第一，宪法划分联邦与州的刑法立法权，一些犯罪，如伪造货币、叛国等，必须

---

〔1〕 参见夏菲：《传统与现代之间——论独立后至 19 世纪末美国刑法的特征》，载《外国法制史研究》2005 年第 0 期。

〔2〕 参见夏菲：《传统与现代之间——论独立后至 19 世纪末美国刑法的特征》，载《外国法制史研究》2005 年第 0 期。

〔3〕 [日]吉川经夫、高作宾：《日本的刑法和刑法学》，载《国外社会科学》1983 年第 7 期。

由国会予以规制，其他罪名可由各州自己规定；第二，宪法规定了刑法的一般原则，如不能褫夺公权、法不溯及既往、罪行相适应、刑法人道、平等保护原则，这些规定对州的条文构成宪法限制性条款；第三，宪法中大量关于刑事诉讼程序的规定保障了刑法的正确实施。

(2)制定法。制定法也是刑法的主要法源。由于美国自身传统，加之大陆法的影响，以及三权分立思想的影响，导致制定法在美国有更为显著的地位，也构成美国19世纪末法典化的基础。由于社会工业化和现代化的发展，这个时期创设了很多经济犯罪规定，并颁布了一系列铁路、银行、公司、食品市场、能源市场、税收以及选举活动的行政法规，这些法规大多会规定刑事处罚的内容。“刑法的目的在这里是为了保障行政法规得到切实的遵守。”[1]

值得注意的是，在这个时期，美国已经出现轻刑化趋向，在多个州死刑适用的罪名缩减，这体现在：第一，限制了谋杀的死刑适用范围。如1794年宾夕法尼亚州通过一项关于谋杀罪的法律，将谋杀分为一级谋杀和二级谋杀，只有一级谋杀才会被判处死刑，从而有效减少了死刑的适用范围。第二，死刑只有一级谋杀才可适用，其他犯罪都被处以监禁刑。20世纪前几十年，因为正式的司法的运行效率低下，所以“保安运动”、私刑法律日益兴盛，形成对正式刑法的有力补充。这种做法显然违背了刑事法治的基本时代潮流，说明当时美国刑法制度较为混乱。

刑罚的目的是威慑，包括特殊威慑和一般威慑。罚金和监禁是主要惩罚方式。最初，对监禁罪犯的改造主要是苦役，后来出现了隔离沉默的惩罚方式，即犯罪人彼此隔离，让犯罪人在独自思考中反省自己的罪行。这种惩罚方式实际上比肉刑更残酷，往往会使犯罪人

---

〔1〕 夏菲：《传统与现代之间——论独立后至19世纪末美国刑法的特征》，载《外国法制史研究》2005年第0期。

发疯。19 世纪中后期的实践表明,苦役、隔离沉默并没有收到预期改造效果,由此出现了新的改革,缓刑、不确定刑和假释制度。“美国刑法 18 世纪末和 19 世纪的发展构筑了美国刑法的基本体系,也规定了此后美国刑法发展的走向。”[1]

1. 制定《美国模范刑法典》

为了规范各州的刑法立法,美国法学会于 1923 年着手统一刑法典草案的起草工作。最初的方案由判决发布人草拟,哥伦比亚大学法学院的 Herbert Weshsler 是首要发布者。这些条款被一个综合惩戒的咨询委员会和美国法学会理事会修订,之后,暂定方案提交法学会全体成员进行评价、讨论和表决。这些暂定方案(一共有 13 个)中被提议的条款经过了广泛讨论而获得了承认。暂定方案也由非官方的草案发展成为官方的草案。1962 年,《美国模范刑法典》正式公之于世。它分 4 部分,共计 176 条。《美国模范刑法典》比美国各州的刑法在体系结构上更系统,在概念和术语上更明确,但它却不具有直接的效力。

自 20 世纪 60 年代初到 80 年代中期,美国发生了广泛修订实体刑法制定法条款的运动。修订制定法的动力和修订条款的内容主要受到美国法学会的引导。法学会对《美国模范刑法典》进行了修订和扩充性注解。1980 年出版了一个三卷本的版本,它由原来的文本和对法典第二部分(处理具体犯罪的界限)进行修订的注解组成。1985 年,另一个三卷本也出版了,它由原来的文本和对法典第一部分(处理一般性问题)进行修订的注解组成。在这项工作的进展中,美国学者发现,出版一个最终的、官方的、包含全部文本的《美国模范刑法典》将是有价值的。在哥伦比亚大学法学院教授肯特·格里纳沃尔

---

[1] 夏菲:《传统与现代之间——论独立后至 19 世纪末美国刑法的特征》,载《外国法制史研究》2005 年第 0 期。

特(R. Kent Greenawalt)的指导下,这个版本得以开始编制并在 1985 年出版。在提议的草案中的最终方案、提议方案和注解依旧成为关于美国实体刑法问题进行学术讨论的主要资源。《美国模范刑法典》具有如下特点:

第一,它更强调有关具体刑事犯罪界限的基本原则问题。基本原则关注行为和承担刑事责任所必要的心理态度,另外在某些论述中还提出辩护性问题。这和传统制定法条款是相反的,后者常常强调或者阐述具体犯罪的存在和界限。

第二,它试图全面而细致地阐述所涉及的问题,而不是使用带有假定含义的传统术语。《美国模范刑法典》试图具体而完整地阐述刑事责任是否存在所面临的全部问题,既包括具体犯罪的要件,也包括那些可能阻却责任的事实。不同犯罪和不同辩护事由为具体术语所限定,草案还通过区别不同的要件以减少它们之间相互混淆的可能。

第三,它的一个重要内容是对刑罚体系的架构。《美国模范刑法典》不仅针对单个犯罪提供刑罚,而且设计了重罪、非行的类别,进而针对每种犯罪类型确定刑罚。例如重罪有三级,分别可处以最低不少于 1 年以及不超过 10 年的监禁和死刑。

第四,《美国模范刑法典》的一个主要的实质性贡献是,提供了称为"犯罪意图"(criminal intent)的条文。这足以说明,法典的设计者们再次证明了心理态度(mens rea)是刑事责任的中心这种传统观念。而且,他们提供了系统的框架,来分析不同的犯罪以及与之相关的辩护事由的责任所需要的心理态度。或许《美国模范刑法典》使用了"可罚性"概念指称刑事责任所必要的心理态度,在通常的惯例中这个概念指称"责难价值"这一更为广泛的概念,但是,这种用法有助于强调《美国模范刑法典》设置心理要件在不断准确和不断分类的刑事责任中的重要性。[1]

2.《美国模范刑法典》之后的制定法修订

无论《美国模范刑法典》的价值如何，它实际上已经成为美国1962年以后广泛的刑法立法运动的一个主要资源。威克斯勒在1985年指出，大约34个实体刑法的立法修订活动发生在1962年到1983年这一期间，并且在不同程度上受到了该法典的影响。在该法典草拟之时，更多的修订活动就为一些州的立法机关所考虑。

另外值得一提的是，尽管《美国联邦刑法典》未能获得通过，但是，美国国会已经为此目标采取了行动。1966年，国会组成了联邦刑法改革全国委员会（the National Commission on Reform of Federal Criminal Laws），该委员会受埃德蒙·G. 布朗（Edmund G. Brown）领导。埃德蒙·G. 布朗曾经担任过旧金山地区律师和八年的加利福尼亚州州长。1970年，一个包含评论的修订性研究草案出版了，[2]与此同时，委员会出版了一个关于咨询报告和研究草案发展备忘录的汇编。[3] 1971年，一个包含提议《美国新联邦刑事法典》和有关评价的最终报告出版了，[4]该报告提议修改《美国联邦刑法典》第18篇（title），该篇包括大多数联邦犯罪，因此为联邦实体刑法所涵盖的广泛的制定法提供了类型。

立法机关为联邦制定法寻求如此广泛的改革，这被介绍到国会并引发了有意义的学术讨论。议员们的观点明显不一样。国会后来

---

[1] George E. Dix & M. Michael Sharlot, *Criminal Law: Cases And Materials*, West Publishing co., 1987, p. 11-13.

[2] See National Commission on Reform of Federal Criminal Laws, Study Draft of a New Federal Criminal Code, 1970.

[3] See National Commission on Reform of Federal Criminal Laws, Working Papers of the National Commission on Reform of Federal Criminal Laws, 1970.

[4] See National Commission on Reform of Federal Criminal Laws, Final Report of the National Commission on Reform of Federal Criminal Laws, 1971.

没有就立法进行表决,在很大程度上是因为对具体条款产生了争议。1982 年,刑事法典修改法令的支持者们放弃了立法计划,对此,斯特罗姆·瑟蒙德(Strom Thurmond)议员解释道,因为其中涉及死刑和枪支管制的法令,在选举年进行此类表决是生不逢时。

1984 年,国会通过了《美国综合控制犯罪法令(1984)》(the Comprehensive Crime Control Act of 1984),该法令反映了早期《美国联邦刑事法典》改革的一些特征。1984 年的立法被认为是"一个在联邦刑事法典中经过为期 11 年的努力而获得改观的转折点"。但是和许多早期不成功的努力不同,立法机关并没有遵循《美国模范刑法典》的路数,也没有如 Brown 委员会的提议那样广泛修改《美国联邦法典》第 18 篇。因此,联邦实体刑法没有如《美国模范刑法典》在许多州那样推动刑法修订和汇编。[1]

(六)日本刑法现代化

"法律的各种概念和各种制度,是历史经验的积累,这些历史经验对现行法的解释也起着作用。"[2]

明治维新之前,日本的刑法主要是以中国《唐律》为蓝本制定的。当时,虽然天皇制一直存在着,但在封建时代里,天皇权力逐渐弱化,政治权力基本上被分散到地方上,产生了统领地方政治权力的武将,武将通过世袭,形成了与天皇制并存的中央集权性的武士阶层的政治势力。德川家族在封建时代末期建立了这种政治形态,这种政治形态自 1603 年始,一直持续了 250 余年。因政府设在现在的东京,即当时的江户,故这段时期在日本被称为"江户时代"。德川家族在很长时期奉行锁国政策,与外国中断交流。但在江户时代末期,自

[1] See George E. Dix & M. Michael Sharlot, *Criminal Law: Cases And Materials*, West Publishing co., 1987, p. 14-16.

[2] [日]吉川经夫、高作宾:《日本的刑法和刑法学》,载《国外社会科学》1983 年第 7 期。

"黑船事件"起,以美国为首的发达国家,以坚船利炮相威胁,迫使日本打开了国门。[1] 当时一些有学识的武士认为,为了抗制日本沦为殖民地,国家必须团结起来,政权应返还天皇。最终在没有流血的情形下,日本实现了封建体制解体的历史大业。1868 年的这一政治变革,历史上称为"明治维新"。

明治维新使日本迎来了现代化的黎明,并且避免了日本沦为欧美等发达国家的殖民地。维新之初,采取的是"王权复古"的方式,即将政权奉还天皇,并一度将所有的国家制度、法律制度都恢复到封建时代以前的王制时代。其中首先制定的是替代封建法的刑法,即《假刑律》(1868 年)、《新律纲领》(1870 年)、《改定律例》(1873 年)。这些都是王朝时代以中国《唐律》为基础制定的具有传统特点的法律,保持了强烈的封建色彩。[2]

但是,当时的有识之士意识到,为彻底避免殖民地化,日本必须要建立能够与欧美法律相匹配的近代法律制度、裁判制度。因为当时作为殖民地化的手段所使用的领事裁判权规定,外国人犯罪由该外国裁判。采用领事裁判权的理论依据是认为欧美以外的国家没有保障人权的法律制度和裁判制度。有鉴于此,当时被视为欧洲大陆诸国近代法典范的法国法,自然备受明治政府重视,于是,他们改变复古方针,以翻译法国法为契机,制定重要的法律。这样一来,在 1810 年《法国刑法典》的影响下,1880 年,日本制定出了现代意义上的第一部刑法。不过,1880 年《日本刑法》具有法兰西色彩,以保障人权和自由为重点,当时因其过于超前而难以实施,被认为不符合日本的实际情况,在审判工作中遭到了批判,政府不得不开

[1] 参见浙江大学日本文化研究所编著:《日本历史》,高等教育出版社 2003 年版,第 160-163 页。

[2] 参见张淼:《日本近现代刑法发展研究》,载《外国法制史研究》2005 年第 0 期。

始修改刑法。

当时的时代潮流发生了大变化,因为明治维新后,几次政变使日本关于国家的基本思想明确起来。当时政府的目标是富国强兵。所以,大多数人认为必须建立以天皇制为中心的强有力的官僚国家。按照这种现实要求,与其采纳法国的总统制,不如采纳德国承认的帝制,即从宪政体制上,"我国方今将制定宪法,首先必须巩固皇室之基础,以期在今天防止千秋万载之后大权发生动摇之弊"[1]。为了顺应当时的潮流,第一任内阁总理大臣伊藤博文,准备以《德意志宪法》为蓝本制定宪法,并于 1882 年初去澳大利亚、德意志进行了考察。1889 年制定了具有上述性质的《大日本帝国宪法》,确定了明治时期的国家结构。同时改变以前所计划的刑法修改工作的基本方针,集中到以 1871 年《德意志帝国刑法典》为蓝本进行修改的方向上来。1907 年,日本新刑法制定出来后,基本上体现出上述特点。

1945 年,日本战败,以美国为主的"盟军"占领日本,盟军总司令部成为日本的最高决策机构。在盟军司令部的压力下,日本被迫进行一系列的政治、经济、法律制度改革。1946 年《日本国宪法》的颁布,昭示 1907 年《日本刑法典》的修改势在必行。1946 年,日本通过了《修改部分刑法法律案纲要》。其修改的主要内容是:放宽了缓刑条件。删除了危害皇室罪一章。1952 年,美国占领结束,日本法制建设走上自主和独立道路。

在日本刑法中,未遂只有在有规定的场合才处罚。未遂,在有处罚规定的场合,原则上要和既遂受到同样的处罚。减轻处罚只是酌定处罚而已。"如果说处罚未遂是例外的话,则未遂原则上和既遂同

---

[1] 浙江大学日本文化研究所编著:《日本历史》,高等教育出版社 2003 年版,第 195 页。

罚的规定当中,就有若干矛盾之处。"[1]通奸罪在战后被废除。重婚尽管在刑法上要受到处罚,但是,婚姻只有在户口登记本上登记在册时才成为法律上的婚姻,具有法律效力,因此,即便实施事实上的重婚,也不符合构成要件。[2]

根据科学技术与经济发展的形势变化,日本开始着手刑法典的全面修订。在刑法中不断增设新的罪名,如斡旋受贿罪、不动产侵夺罪以及电子计算机的犯罪等。1971 年日本法制审议会刑事法特别部完成了"改正刑法草案",并于次年连同理由说一起发表。1974 年,法制审议会通过了该草案。1980 年,日本又通过了一个修正草案。但是,由于反对意见众多,而最终没有实现,该草案受到反对原因主要是,1907 年《日本刑法典》本身是用当时官方使用的汉文式的古问题进行编撰的,很多用语已经难以被人理解,影响了国民对刑法内容的了解。[3] 所以日本决定先就这个问题进行修改。

从 20 世纪 90 年代起,日本刑法立法进入"活性化时期",立法机关频繁修改刑法典。甚至在 2013 年、2017 年出现一年之内多次修改的现象。[4] 1995 年法务省提出了修改草案,并经审议通过。1995 年刑法改革的内容有三:一是文字表达现代化;二是删除有关针对尊亲属犯罪加重处罚的规定;三是删除关于聋哑人行为的规定。"法律文体的口语化也是法律民主化的标志之一。"[5]2000 年以后,日本又

---

〔1〕 [日]平野龙一:《日本刑法的特色》,黎宏译,载《贵州民族大学学报(哲学社会科学版)》2015 年第 5 期。

〔2〕 参见[日]平野龙一:《日本刑法的特色》,黎宏译,载《贵州民族大学学报(哲学社会科学版)》2015 年第 5 期。

〔3〕 参见张继良、赵立新:《20 世纪日本刑法的三次变革及其启示》,载《外国法制史研究》2005 年第 0 期。

〔4〕 参见张明楷:《日本刑法的修改及其重要问题》,载《国外社会科学》2019 年第 4 期。

〔5〕 张继良、赵立新:《20 世纪日本刑法的三次变革及其启示》,载《外国法制史研究》2005 年第 0 期。

多次修改刑法。除刑罚的内容之外，日本的刑法修改所涉及的内容还包括修改性犯罪的规定、增加破坏计算机信息系统犯罪规定、增设共谋罪规定。日本刑法渊源除刑法典之外，还包含大量特别刑法，如单行刑法和附属刑法。不少严重的犯罪被规定在特别刑法中，而不是刑法典中。

从刑罚角度看，自2000年以来，日本出现了重刑化的趋势。如2004年的《日本刑法修正法》对1907年的《日本刑法典》的法定刑幅度进行了重大修改：有期徒刑的上限普遍地从15年上升至20年；在加重处罚和数罪并罚的场合，有期徒刑的上限从20年上调至30年；在致人死亡的犯罪中，重刑化的趋势表现得尤为明显。对于故意杀人罪的行为人，法院总是倾向于判处更为严厉的刑罚。死刑和无期徒刑之间的界线朝着不利于后者的方向偏移。针对导致他人死亡结果并且刑法规定可适用死刑的犯罪，2010年的《日本刑法和刑事诉讼法修正法》取消了追诉时限。值得注意的是，对于道路交通领域的过失致死行为，也出现了重刑主义倾向。2001年，立法者制定了一条新的罪刑条文。据此，对于（故意）驾驶机动车危害交通安全的行为（例如，在严重醉酒状态下驾车），如果该行为（非故意地）引起了他人的死亡，最高可判处20年有期徒刑。在司法实践中，对于这种犯罪（比如，在与肇事后逃逸罪进行数罪并罚后）判处行为人20年以上有期徒刑的现象并不罕见。很明显，日本人对于生与死的看法，对上述重刑化趋势的出现有了决定性的影响。[1]

（七）韩国刑法现代化

在封建时期，中国《唐律》对于东亚周边国家的政治具有直接影响。大约在7世纪，高丽国原原本本地接受了中国《唐律》，在14世

---

〔1〕 参见［日］井田良、陈璇：《走向自主与本土化：日本刑法与刑法学的现状》，载《刑事法评论》2007年第1期。

纪的朝鲜接受了《大明律》。韩国现代刑法是1953年公布实施的。由于之后韩国的政治、社会结构和形态发生了急剧变化,所以韩国近代意义上的刑法典被称为《刑法大全》,它制定实施于1905年。其特点是实体法与程序法混为一体,而且采用韩文和汉字。1910年韩国被日本殖民后,于次年实行日本刑法,"二战"结束后,韩国摆脱了长达36年的殖民统治,再次适用1905年《刑法大全》,直到1953年,韩国颁布了现行刑法。1953年《韩国刑法典》共372条,分总则和分则。

1953年以来,韩国的社会经历了急剧变化,对此,韩国采用特别法进行补充,导致重刑主义的泛滥,20世纪80年代之后,韩国民主政治发展趋于缓和,经济实现了腾飞,国民道德观念也发生了变化。韩国刑法也历经了第一次全面的修正,修正主题是适应现代宪政的要求,确立和深化罪刑法定原则及其具体内容。之后,随着韩国经济飞速发展,韩国刑法经历过多次修正,但是修正的重点内容体现为适应技术和经济发展的要求。[1]

(八)俄罗斯刑法现代化

俄罗斯帝国在10世纪之后形成了一系列刑法规范。早在10世纪,拜占庭就和罗斯人签署过一系列民法和刑法规范的条约,说明古罗斯国家有成文法存在,并和拜占庭法有一定的渊源关系。11世纪,为了适应封建关系的发展,罗斯人制定了《罗斯真理》。《罗斯真理》民、刑不分,一切"损害",无论是物理的还是精神的,都被视为犯罪;另外,刑罚因受害人的社会地位、身份贵贱而不同;对于犯罪有恶意、疏忽和偶然之别,并作出了既遂、未遂之分,据此适用不同的刑罚。另外,封建王公原封不动地搬用《教会法汇编》,作为教会法庭的审判

---

[1] 参见[韩]金日秀、[韩]徐辅鹤:《韩国刑法总论》,郑军男译,武汉大学出版社2008年版,第87-93页。

依据。

在俄罗斯封建中央集权制实施的过程中，全罗斯大公伊凡三世和贵族会议于1497年批准、颁布了《律书》，共68条，其特点是加强中央司法机关的权力，用死刑和当众惩罚，替代原来刑罚体系中的罚金，对列为"众所周知的歹人"一律处以死刑。1550年的《律书》进一步消除了封建割据的残余势力。俄罗斯帝国时期，彼得大帝通过了一系列学习西方的改革性法律。1833年的《俄罗斯帝国法律全书》告成，并于1835年元旦生效。其后多次被补充。此外在刑法立法方面，1844年制定、1885年修订的《刑罚与感化法典》也很有影响。但是《刑罚与感化法典》没有完全法典化。[1]《俄罗斯帝国法律全书》和《刑罚与感化法典》依然实行等级刑罚制而且刑罚体系复杂，刑罚分11种37个等级，对犯罪适用刑事处分和感化处分。

20世纪的俄罗斯刑法立法是独一无二的，它是带着1845年制定、1885年修订的《刑罚与感化法典》进入20世纪的。这是一部无论从形式上还是内容上都具有封建君主制特点的法律，还不是现代意义上的刑法。其保守性和落后性在19世纪中叶就表现出来了。所以，自亚历山大二世起，就酝酿取代该法的法律起草工作。1903年，尼古拉二世批准了历经三代沙皇起草工作的《刑法典》，它的成功在于规定了"总则"，"《刑法典》的许多原理至今也没有失去其现实意义，在进一步完善1996年《俄罗斯联邦刑法典》的过程中完全可以加以利用"，[2]但不久之后的苏维埃革命胜利，使这部法典没有来得及在俄罗斯帝国全境生效，只有拉脱维亚、立陶宛和爱沙尼亚才完全适用了该法典。

---

[1] 参见[俄]Н. Ф. 库兹涅佐娃、[俄]И. М. 佳日科娃主编：《俄罗斯刑法教程·总论》（上），黄道秀译，中国法制出版社2002年版，第22页。

[2] 参见[俄]Н. Ф. 库兹涅佐娃、[俄]И. М. 佳日科娃主编：《俄罗斯刑法教程·总论》（上），黄道秀译，中国法制出版社2002年版，第22页。

1917年苏维埃政权成立后,刑法渊源开始是政府告公民书、苏维埃代表大会的决议、法令、工农兵地方苏维埃指令、司法人民委员会内部的工作细则以及审判实践。当时认为最严重的犯罪是反革命罪和投机倒把、贿赂犯罪。值得一提的是,当时的刑罚体系中没有规定死刑,在1917年10月26日还通过了一个《关于废除死刑的法令》。由于特殊的历史原因,苏联人民委员会1918年在《关于红色恐怖》的决议中恢复了死刑。1920年死刑一度又被废止。但很快就因为武装入侵和推翻苏维埃制度的情形而被恢复。

1922年苏联通过了第一部苏维埃刑法典。法典共227条,总则的规范占1/4。在极大的争议中,类推被该法典第10条规定下来。[1] 1924年通过了《苏联和各加盟共和国刑事立法基本原则》,各加盟共和国依据该原则,制定了刑法典。1960年制定了《苏俄刑法典》。1996年俄罗斯颁布了《俄罗斯联邦刑法典》。

二、现代之后刑法立法反思

法典根源于对司法结论刑法确定性的引导、约束和保证,可是,正如恩格斯在《路德维希·费尔巴哈和德国古典哲学的终结》所说:"这种辩证哲学推翻了一切关于最终的绝对真理和与之相应的人类绝对状态的想法。在它面前,不存在任何最终的、绝对的、神圣的东西,它指出所有一切事物的暂时性;在它面前,除了发生和消灭、无止境地由低级上升到高级的不断的过程,什么都不存在。"[2]这说明确定性的思维本身并不是绝对不可靠的,进一步说,法典化的理论假设

---

〔1〕 条文内容:"个别种类的犯罪行为,如果是本法典没有明文规定的,它的刑罚或者社会保卫方法,可以比照在犯罪的重要性和犯罪的种类上同刑法最相似的条文,并遵照本法典总则的规定来决定。"

〔2〕 中共中央马克思恩格斯列宁斯大林著作编译局编:《马克思恩格斯选集》(第四卷)(上),人民出版社1972年版,第213页。

还有待证明。另外,在现代化早期,知识等同于真理、真理意味着权威,可是,今天似乎已经不存在这样的行动的逻辑基础,这意味着法学家已经丧失了法典化时期主导法律生活的地位。

首先,在思维范式上,风险社会已经将不确定性问题提升到一个重要高度。确定性思维形成于人们寻求安全的过程之中。现实世界是一个充满危险的世界,为了克服诸多危险,人们基于本能"便不得不寻求安全"[1]。在美国学者杜威看来,人寻求安全的途径不过两种:第一种是和解。在人类社会早期,人们试图用祈祷、献祭、礼仪和巫祀等方式,收买他们四周决定他们命运的各种力量。后来,人们发现这些拙劣的方法几乎没有用,他们由此认为奉献一颗忏悔的心灵,较之奉献牛羊更能取悦于神祇。因此他们用虔诚与忠实的内心态度表现对于神祇的臣服。人若不能征服命运,他就只能心甘情愿地和命运联合起来,人希冀在极端悲苦中顺从支配命运的力量,避免失败,并有机会获得胜利。第二种是抵御。后来人们发明许多技术,通过它们来利用自然的力量,消除险恶;或者通过改变世界的方法,如建筑房屋、缝织衣裳、利用火烧,形成共同生活的复杂技巧;或通过在感情和观念上改变自我的方法,增加对周围的认识,进而利用行动改变命运。在此意义上,我们必须承认确定思维对于社会安全和个人安全的积极意义。但是20世纪晚期,风险社会理论已经有效论证出一个结论,"不确定性和不可预见性既是人类独面的东西,也是人类生活固有的消极特征"[2]。在此背景下,确定性思想的基础就显示出其较为脆弱的一面。尤其是,不安全因素在今天已经成为一个全球性问题,人类对安全的担忧已经成为无法否定的事实,古典主义的

---

[1] [美]约翰·杜威:《确定性的寻求——关于知行关系的研究》,傅统先译,上海人民出版社2004年版,第1页。

[2] [德]沃尔夫冈·波恩斯、张大川:《风险与应对现时代的不确定性》,载《国际社会科学杂志》(中文版)2017年第2期。

自由情怀屡屡被抛弃也是不得不正视的现实,未来刑法应该如何取舍,还有很大争议。

其次,在理论基础上,立法者缺乏对犯罪问题的全景认识。刑法立法落后于犯罪的异化速度。很多时候,立法者都试图追求立法的前瞻性。如当前有学者提出的"在人工智能时代,我们应秉持前瞻性的刑法理念"〔1〕。但是,刑法立法的前瞻性不过是在现有认识基础上的推理,它往往不能突破我们关于犯罪的既有认识。但从犯罪的历史谱系中,我们发现很多时候犯罪犹如病毒一样不断异化,其方式不断突破我们的想象极限,所以立法的滞后性成为法典最大的缺陷。鉴于犯罪方式是无法预测的,我们无法为犯罪提供一个全景的认识,所以"完美法典"终将停留于我们的信仰之中,而不可能付诸实践。特别是在犯罪治理体系和方式中,有些手段或许是有效的,但是否是真正有效的呢?纵观历史发展,我们可以看到太多的想象的成分和错误的意识促进了我们对确定性观念的信念。在古代社会,对神灵信仰的确定来自人们缺乏技术保护和一定的知识认知,一旦遭遇到生、老、病、死、战争、饥饿、灾荒、瘟疫等困境,他们就将能想象的可以作为救命稻草的任何东西,用于预测和控制自然事物。这样的确定性依据更多来自偶然事件或者臆想,在今天何尝不存在这类问题呢?

再次,在立法方法上,立法理性无法超越立法经验,更不能超越立法基本共识。确定性有赖于理性的穿透力和洞察力,如果我们不能为认识添加强大的理性的翅膀,那么将无法为现实提供准确的预测。但是我们的知识不是先验的,也不是什么神秘的力量赋予的,它形成于实践,是经验发展的结果。同犯罪的斗争实践和理念限制了我们的立法理性,现代刑法理念为刑法立法的随意性套上了"紧箍",

〔1〕 刘宪权、房慧颖:《涉人工智能犯罪的前瞻性刑法思考》,载《安徽大学学报(哲学社会科学版)》2019 年第 1 期。

哪些方式属于肆意立法，哪些方式属于必要立法，本身的界限并不明晰。犹如有的学者对预防主义刑法立法观予以批判，但还有一些学者对预防性立法观予以肯定。这是理性的不足，也是各个不同学者的经验使然。对人工智能犯罪问题的泰然和惶恐，也是不同经验的结果。理性是用理性论辩的逻辑学解释宇宙，并试图排除一切主观想象。作为理性科学的逻辑学，其认为最高的实在是符合逻辑要求的，逻辑的构成对象因此获得了必然和永恒的特征。所以理性立法注定要排斥特定时代的精神品质，排斥特别的确的本土化传统。这种理性注定无法获得立法动力。因为刑法立法是国民参与的政治行为，刑法立法内容获得民众的授权和认可是至关重要的，所以关于某个现象的犯罪理性分析必须通过国民经验上的检验。危险驾驶罪虽然在司法适用中成为第一大罪，但这不是否定该罪的理由，因为总有一个犯罪会是第一大罪。哪种犯罪不应该成为第一大罪，估计是可以预设的，例如杀人罪如果成为第一大罪就暴露出很大的问题。但是哪些犯罪应该是第一大罪？这估计是不能预设的。理性无法为刑法立法提供确定性保障，相反，常识可以为相对的确定性提供有实效性的保证。常识不仅是得到历史检验并得到肯定的经验，而且是得到共识的经验认识，所以，在很多时候，常识更易于被接受和认可。在未被证伪之前，常识可以拥有近乎客观规律性的地位，常识更有助于将文化因素积极纳入到立法体系中，赋予刑法以时代的精神和本土化的特质。

最后，在立法价值上，理性的诉求是将刑法锻造为一个客观的封闭的自控体系，但是这种理性本身是非理性的。因为刑法立法不能脱离现实，不能回避立法上的社会情感需求、国民价值偏好和立法者博弈。有学者认为，“但近几年来我们看到，有些所谓的‘民意’或‘舆论’似乎有过度介入或影响刑事立法倾向之嫌，由此导致不理性的情绪性刑事立法现象频频发生”，并且认为《刑法修正案（九）》属于情绪性立法的典型。[1] 这种观点本身就是不符合法律生活基本要求的。刑法是国民的刑法,不是立法者的刑法,更不是法学家的刑法。刑法有义务回应和以立法方式慰藉国民的社会恐慌心理,立法者有义务关切民众的生活困难和法律需求,法学家有义务对民众情绪作理性分析。国民不可避免地会受非理性情绪的影响,这本身就是一个必须为理性所清醒意识到的事实,所以立法所依仗的国民诉求不仅包括理性诉求而且包括具有非理性的诉求。在法治建设的过程中,理性公民的培养或许有助于减少刑法对社会生活的介入机会和成本。但是当缺乏良知和诚信的引导时,理性也可能成为冲动的恶魔,这是已经为历史所证明的事实。立法者和法学家是否具有超越国民的科学认识能力?答案是否定的,当我们正面临诸多社会不确定性问题时,普通国民和立法者、法学家的认识总体上是一致的,所以当一些法学家认为普通国民的认识是有缺陷的时候,他们又是通过何种方式和途径保证自己认识的客观性和真实性呢?在这个问题被有效解决之前,所谓理性的法律态度和方式恰恰是不理性的。需要重申,法学家已经失去古典时期的历史地位,权威观念都是可以怀疑的,都是值得检验的,我们不能以所谓的威权体制或者权威理论压制国民接受法律的规范。

长期以来,人们试图根据知识的确定性思维建构科学范式,并试图对客观外部世界进行价值无涉的科学证明。这种认识范式具有相当的历史传统。依照这种文化传统观点,人们通过理性可以把握普遍性的存在,而普遍性的存在却是固定不变的。可是这个传统的信念恰恰建立在错误的假设之上,"实践活动有一个内在而不能排除的

---

〔1〕 参见刘宪权:《刑事立法应力戒情绪——以〈刑法修正案(九)〉为视角》,载《法学评论》2016年第1期。

显著特征，那就是与它俱在的不确定性”[1]。本书之所以特别论及立法指导思想的确定性思想的不可靠性，其中的原因不外乎两个方面：其一，犯罪总是与特殊时代背景、社会空间具有独特情境性联系的现象，这些情境性因素永远都不可能以确定方式重复，因而我们也不可能确定它们的发展方式和结果，在刑法实践中，试图以刑法典方式确定立法方式和结果的做法不值得提倡。其二，一切法律活动常常是变化不定的，形形色色的自然力和无法预见的诸多条件，共同叠加交织在一起，合力推动最终犯罪基本趋势和具体态势的形成。[2]法学无法为立法提供现成答案，更无法为立法提供标准答案。唯有在法律生活的时代潮流中，我们才能去探索犯罪的应对之道，才能完善犯罪的治理之道。

第二节　中国刑法立法现代道路的开启

一、新中国成立初期的刑法立法

在某种意义上，中国刑法现代化道路开启于 19 世纪 40 年代之后，或者 20 世纪之初，但从当代刑法的延续看，则开启于 20 世纪 50 年代之后。1949 年，新中国成立伊始，就宣布废除了国民党统治时期的“六法全书”。虽然我国新民主主义革命时期共产党领导的革命根据地也进行过一些刑事立法活动，但革命根据地的刑事立法不宜作为我国现代刑事立法的一个历史时期。

为了应对当时的社会治安和复杂政治形势，新中国在成立初期

---

[1] [美]约翰·杜威：《确定性的寻求——关于知行关系的研究》，傅统先译，上海人民出版社 2004 年版，第 4 页。

[2] 参见[美]约翰·杜威：《确定性的寻求——关于知行关系的研究》，傅统先译，上海人民出版社 2004 年版，第 4 页。

先后制定并颁布了一系列单行刑法法规,这些单行法规的主要任务就是要维护和巩固当时新生的政权,它们包括大量为维护新生政权而制定的刑事法律,如 1951 年 2 月 21 日公布施行的《惩治反革命条例》(已失效),这是新中国成立后颁布的第一个单行刑法;为巩固革命政权而颁布的《妨害国家货币治罪暂行条例》《惩治贪污条例》等。

新中国成立后,中央就开始着手刑法典立法。在学习苏联刑法理论和刑法的基础上,草拟新中国的刑法,构建刑法司法的模式,使中国刑法理论和现在的俄罗斯刑法理论有相似之处。

但是,立法过程稍显漫长。从 1951 年到 1963 年,较为权威的刑法草案已经拟定了 33 稿。是什么原因导致了这种情况呢?在刑法史上,这个问题似乎很少引起关注,因为很多人理所当然地认为当时的立法基础较为薄弱。但根据有关文献,我们认为其中原因大致有二:一是彻底废除国民党统治时期的"六法全书"客观上导致新政权立法基础薄弱;二是由谁立法的问题没有得到很好解决。在此期间,一些曾经在国民党统治时期从事过法律工作的学者和法律工作者要求由专家立法,并迫切要求加快立法进程,有学者甚至放言如果由他们立法,数个月就可以完成任务。但 20 世纪 50 年代后期的社会形势已经开始出现对于立法不利的苗头,上述要求和主张被斥为"右派"言论,他们的立法主张也被归结为立法工作中的"资本主义路线"。[1] 可见,在阶级斗争的时代背景下,立法承受了额外的负担和包袱,导致立法的进程举步维艰。我们完全可以得出这样的结论:当时刑法典立法之所以推动缓慢,是因为法典立法要求较高的专业水准,加快刑法典工作,势必就要依赖老专家和学者,而新中国自己培养的法律人才在当时还没有成熟起来,那么立法到底要倚重谁?或者说过去的专家可否倚重无疑是立法主体要考量的重要问题,这导

〔1〕 参见孙亚明:《立法工作上两条路线的斗争》,载《政法论坛》1957 年第 6 期。

致了当时法典立法进程缓慢。结果亦如众所知,“四清”运动和接踵而至的“文化大革命”中断了法典立法的进程,刑法草案也被丢弃在一边。

“文化大革命”结束不久,法律不完善、法制生活差的现象受到了正视,法制工作相应受到了必要的重视。但是刑法典的制定还需要突破以往的思想观念的束缚。“文化大革命”之后,社会上存在社会科学的政治风险比自然科学的大,在社会科学中,政法研究的风险又是最大、最多的。对于这个问题,首先学界采取了较为有效的文献考证方法。有些学者根据党史文献的记载,指出毛泽东同志对于法律的重视及其实践。〔1〕其次,还有学者开始提出,刑法是一类和广大人民“切身利益密切的法”,据此立法的急迫性被提出来了。〔2〕最后,也是最为关键的是,理论呼吁得到了中央的认同。邓小平同志在1978年10月的一次讲话,提到了之前的刑法草案,它促使中央有关部门成立专门班子,重新修改原来的刑法草案。刑法立法发展到新的历史阶段,原来的刑法草案不仅重见天日,而且大放异彩,成为1979年《刑法》的重要基础。1979年《刑法》的诞生是中国法治史上的重大事件,它标志着成立了30年的中华人民共和国有了自己的刑法典。“1979年刑法典从总体上说是一部保护人民、惩罚犯罪、维护社会秩序、保障改革开放和现代化建设的好法。”〔3〕我们认为,1979年《刑法》之所以推动顺利并得到好评,得益于如下因素:一是中央对法制工作的重视,“有法可依”是当时法制建设的重要任务;二是当时政治风向转为重视科学进步和经济发展,专家的意见相对容易受到重视;三是学界的意见较为务实,容易得到中央的重视。

---

〔1〕参见于浩成:《解放思想　冲破禁区》,载《法学研究》1978年第0期。

〔2〕参见于光远:《关于社会主义立法和法制的几个问题——在北京“关于社会主义立法和法制问题座谈会”上的发言(摘要)》,载《法学研究》1978年第0期。

〔3〕参见高铭暄:《中华人民共和国刑法的孕育诞生和发展完善》,北京大学出版社2012年版,第3页。

二、刑法典的完善

1979年《刑法》出台之际,我国正开始改革开放,因此这部法典的局限性也是显而易见的。同时,美国、德国、日本等国法学成果被译介到大陆,扩大了法律学人的视野,也使中国学者正确地意识到"任何一部刑法都不可能把纷繁复杂的危害社会的犯罪行为概括无遗",因此刑法改革如同其制定一样,都极为必要。[1] 正是在这种背景下,我国开始制定单行刑法和附属刑法规范。基于对现实状况的思考,我国学者注意到:首先,特别刑法弥补了社会现实需求,又符合刑法典稳定性的要求,对于打击某些特定犯罪具有直接作用,但是,单行刑法不宜制定过多、过细;其次,特别刑法是刑法典的必要补充和修改而且是立法的"有益形式",它为刑法典提供立法经验和实践根据;[2]再次,因为刑法立法已经顺利放弃了以往的许多思想包袱,加之社会主义法治建设提上政治日程,因此,立法发展进程较快;最后,刑法作为促进社会发展的工具所面临的新任务繁多,非1979年《刑法》所能包容。为此,最高立法机关先后通过了25个单行刑法,并在107个非刑事法律中设置了附属刑法来补充和修改1979年《刑法》。

但这造成了刑法规范分散、凌乱的情况。刑法学者意识到:一方面,特别刑法并非常态之法,它存在诸多问题,其大量、长期存在会阻却刑法典适用,影响形式法制的质量;另一方面从科学化、现代化要求出发,应重视刑法典的效能。[3] 刑法法典化又被提出来。最终,

---

〔1〕 参见赖宇:《论当代资本主义国家的刑法修改——兼谈刑事立法的新趋势》,载《法学评论》1983年第Z1期。

〔2〕 参见高铭暄、姜伟:《刑法特别法规的立法原则初探》,载《法学评论》1986年第6期。

〔3〕 参见赵秉志、郝兴旺:《论特别刑法与刑法典的修改》,载《中国法学》1996年第4期。

最高立法机关在1997年重新修订刑法,并通过了1997年《刑法》。这部法典被视为新中国最完备、最系统、最具有时代特色并具有里程碑意义的法典,它基本实现了刑法的统一性和完备性。[1] 改革开放之后,越来越多的学者开始研究日本、德国等大陆法系国家以及英美法系的刑法理论,为我国刑法理论的进一步完善提供了大量的资料,也促进了现代刑法基本理念的转型与发展。

我国社会在1997年《刑法》发布之后的发展变化也是十分显著的。因此,1997年《刑法》不适应时代需要的漏洞也逐渐显露出来,如对公共卫生、贪污腐败、经济犯罪等一系列问题的刑法规定都存在不足。所以,1998年,最高立法机关专门出台单行刑法弥补其不足。但是1997年之后,刑法立法最引人注意的不仅包括其内容,也包括其形式,刑法修正案几乎已经成为唯一的刑法立法方式。迄今为止,立法机关已经颁布了12个刑法修正案。

以刑法修正案方式进行立法,体现的是法典中心主义。它表明专家的意见和知识结构对于立法的重大影响。但是,理论上在围绕是否坚持法典中心主义的问题上存在很大争议。坚持法典化的学者是在科学理性的基础上提出立法的时代使命,在他们看来,法典化是立法体系化和科学化的必然要求,而且中国刑法体系的规范化、统一化和科学化程度都将得到进一步发展。

三、刑法法典化的实践问题

我国立法机关已经对1997年《刑法》进行了多达14次的修改,包括12个刑法修正案,特别值得关注的是,《刑法修正案(八)》一改往昔主要修改分则规定的一贯做法,对刑法总则内容作了较大篇幅

---

[1] 参见高铭暄:《中华人民共和国刑法的孕育诞生和发展完善》,北京大学出版社2012年版,第4页。

的修改。虽然历次刑法修改不乏可圈可点之处,但综观其形式和内容,结合社会管理创新的实践需要,尚有值得我们注意和反省的地方。

(一)刑法修正方式单一

刑法修正形式单一是非常明显的事实:从 1999 年之后,最高立法机关修正刑法的方式突然发生了转向,不再采用单行刑法和附属刑法,而是直接对刑法典进行修正。那么,这种单一的刑法修正案方式是否毫无弊病呢?

有学者业已指出了刑法修正案所存在的两方面局限性:一是在适用功能上并非万能;二是在适用效果上并非完美。[1] 这些局限性与特别刑法的没有本质差异。此外,笔者认为我们还应当意识到刑法修正案方式的以下缺陷:

其一,损及法典内在的完整性。这点在我国刑法修正案中已经有所表现。首先从形式上看,出现了刑法条文之下的“第××条之一”,甚至还有“第 162 条之二”之类的情形。其次,法典完整性遭到破坏,导致条文衔接与刑罚均衡性上的冲突与矛盾。如 1997 年《刑法》第 161 条和第 162 条规制的是提供虚假财务文书和分配财产或者制作虚假财务报表妨害清算,刑法修正之后的第 162 条之一和第 162 条之二规制的分别是拒绝提供财务文书和转移财产或者制作虚假财务报表逃避债务,从内容上看,第 161 条和第 162 条之一相关,第 162 条和第 162 条之二相关,如果根据公司法律或者会计法的规定,公司转移财产必须编制虚假的财务文书,那么从形式上看,第 162 条与第 162 条之二的规定不过是在第 161 条的基础上增加了主观要件。可是,令人费解的是,为何刑法典将联系密切的事项加以分割规定。另外,提供虚假财务文书比拒绝提供财务文书的处罚要重的法

---

〔1〕 参见黄京平、彭辅顺:《刑法修正案的若干思考》,载《政法论丛》2004 年第 3 期。

理并不明确。

其二,危及刑法典的权威性。自1997年《刑法》生效以来的刑法修正,平均频率约为1.8年,短的相隔不到5个月就修正一次,如2001年8月底发布的《刑法修正案(二)》和2001年12月底的《刑法修正案(三)》。较之于法治发达国家上百年不易或者修正极少的刑法典而言,我们应反思如下问题,即法律不完善,需要通过立法和司法两种方式加以弥补。事实上,如果我们注意到立法过程中不可避免的利益博弈,那么我们不可仅指望通过立法来完善我们的法律生活。

笔者认为,在完善刑法的过程中,单行刑法、附属刑法以及刑法修正案各有利弊,不可偏执于其中任何一种。其中,单行刑法适用于紧急和迫切需要的情形,附属刑法适用于特殊事项,而刑法修正案应当是在考虑极为成熟、所涉事项具有长期性、普遍性的基础上才能加以采用的方式。

(二)重刑思想依然较为严重

虽然宽严相济的刑事政策近年来在立法中受到重视和贯彻,但是,重刑思想依然比较严重。刑法立法是否必要,首先不能简单地看它是否满足社会现实需要,而要看当前的法律体系是否能适应社会现实需要。刑法是"社会最后的保护屏障",故此,在启动刑法规制之前,应当充分考虑发挥民法和行政法的作用。考察自1997年《刑法》颁布之后刑法立法与社会现实需要是否具有协调性,可以发现,当前"刑法崇拜"和"刑法万能主义"思想仍有存在,它不仅表现在社会日常生活中,[1]同样反映到刑事立法规划中:一是刑法不当介入民法、行政法的规制空间,二是刻意突出刑法的部分机能,使之失去和民法

---

〔1〕 参见吴情树:《我国刑法修正指导思想的检讨》,载《云南大学学报(法学版)》2009年第4期。

或行政法的衔接。

刑法不当介入民法、行政法的规制空间，存在立法权滥用的问题，表现为：有些事项由民法或者行政法规制即可，而刑法加以不必要的干涉。比如《刑法修正案（四）》增加的第244条之一规定，“违反劳动管理法规，雇用未满十六周岁的未成年人从事超强度体力劳动的，或者从事高空、井下作业的，或者在爆炸性、易燃性、放射性、毒害性等危险环境下从事劳动，情节严重的……”笔者认为，虽然刑法规定可以达到遏制不法雇用未成年人的效果，但是通过完善其他相关法律应当可以取得相同的效果，比如一方面强化相关劳动法对于违规单位以及单位责任人的违法责任（如吊销营业执照等），另一方面强化国家劳动监管部门工作人员失职的责任（包括刑事责任），换言之，惩治不法雇用未成年人的关键并不在于施加刑事处罚。

这类问题在《刑法修正案（七）》中也有所表现，其中有2个条文都不乏可商榷之处：一是第224条之一的组织、领导传销组织罪，客观而言，传销组织近年来的确造成了一些恶劣影响，[1]但是，传销组织与通常的违法犯罪组织具有本质的不同。对于传销组织进行的各种形式的犯罪活动，在刑法中已有相应惩罚规定，对于组织者也可以按照共同犯罪中的组织犯加以严惩；如果传销组织没有实施犯罪活动，而国家为了消除传销组织导致的社会问题，应当首先考虑由相关部门通过教育的方式使大家免除蒙蔽，[2]而没有必要在刑法典中设立这样的专门规定，而且假定传销行为一旦不再盛行，相关立法不免形同虚设。二是第253条之一的出售、非法提供公民个人信息罪，虽然有一定的必要性，但笔者认为，此类问题之所以频繁发生，并不是

---

〔1〕 参见黄太云：《〈刑法修正案（七）〉解读》，载《人民检察》2009年第6期。

〔2〕 笔者认为，工商管理部门只重视对于参与者的后期教育，而忽视向社会公众进行有效的事前宣传，这是传销蔓延的一个重要原因。

由于法律中欠缺刑事手段,而是由于行政处罚不到位,如果完善相关行政性法律或者法规来加大行政性处罚,比如取消违规者的从业资格,可能比刑事处分更有效,对此类行为并无必要通过刑法进行规制。类似争议在《刑法修正案(八)》对于醉酒驾驶是否应当入罪的讨论中依旧存在。

刻意突出刑法的部分机能,使之失去和民法或行政法的衔接,其表现是在刑法立法中规避了对一些已经非民法或者行政法所能规制的事项,使刑法不能承担必要的保护任务。以修正后的第 201 条最后一款为例,"有第一款行为,经税务机关依法下达追缴通知后,补缴应纳税款,缴纳滞纳金,已受行政处罚的,不予追究刑事责任;但是,五年内因逃避缴纳税款受过刑事处罚或者被税务机关给予二次以上行政处罚的除外"。该款内容似乎很好体现了对于初犯从宽处罚的精神。但是,这种规定的理据却很值得思考。因为虽然国家在很久以来就一直呼吁依法纳税,而且人人皆知这是每个公民的义务,但是偷税、漏税现象在我国较为普遍,特别在某些行业或者人群中较为集中,因此要求借鉴国外严厉打击偷税的立法例严惩偷税的呼声很高。在此背景下,国家相关立法却慎之又慎,在刑法中从"数额较大并且占应纳税额百分之十以上"两方面限定了该罪的条件,而且在此次刑法修正中,不仅进一步强化初犯不罚的做法,而且规定五年之外另行计算是否属于初犯。这种方式难以让人理解,也容易造成错误认识。

法律是一个文本化的制度体系,刑法在这个体系中并不具有优先性,这正暗含着刑法是预防犯罪的"最后手段"的法理,因此,刑法只能是在无法通过其他法律手段完成对于社会秩序的有效管制的时候才被启动的一种法律制度。对此的全面理解应当是:一方面,刑法不应当无条件妥协到丧失自身地位的程度,在真正必要的时候应当根据社会需要守住社会秩序的最后防线,该问题在下文还将被具体分析;另一方面,刑法有必要适当弱化自己的存在感,在我国立法史上则应当致力于改变这样一种现象，就是刑法立法在许多方面走在相关行政性法律之前，比如我国目前还没有制定较为完备的反腐败法、食品安全保护法等，而这些法律制度对于预防相关犯罪是十分重要的，这使得刑法规制的范围不是根据专门行政法律的需要，而是基于个别热点社会事件被确定的，它无法从根本上解决问题，且承载了过多的期望，最终易被树立为威慑性的法律，而不是具有真正预防和惩治功能的法律。

（三）刑法的社会效用不高

从表面现象上看，当下的刑法修正可谓次数多、规模大，笔者看来，就当下刑法修改与社会现实需要之间的差距而言，其立场在整体上过于保守，欠缺前瞻性，难以有效应对社会的实际问题。

在大陆法系国家，在后法典时期对刑法加以修改，主要起因于刑法典的具体规定完全不能通过有效的法律适用方式因应社会现实需要，其具体的原因主要在于：刑法规范在法典公布之初就滞后于社会需要；刑法规范在法典公布之初是适应当时的社会需要的，但随着社会的变革，它开始滞后于社会需要。为了维持法典以及法律秩序的稳定性，刑法修正必须同时着眼于两个时期的社会现实需要：一是能适应当下的需要；二是能适应或者基本适应今后较长时期的需要，故此，它还必须具有一定的前瞻性。

在1997年《刑法》的具体规定中，不适应社会现实要求之处并不鲜见，[1]这些都有待通过刑法修正案加以完善。可是，现行的刑法修正案不仅没有有效改善这个问题，而且自身在很多地方也没有很好地克服这个问题，结果，刑法修正案之规定依然滞后于社会现实需要的问题也较突出。

---

〔1〕 相关论述可参见童德华：《现行刑事立法技术“六维”评价》，载《法学》2000年第11期。

首先,这个问题表现为刑法修正对于关联性事项的修改反反复复。我国历次刑法修正的主题相对比较集中。比如,第一次刑法修正主要涉及金融秩序。第二次专涉环境资源保护。第三次主要涉及公共安全。第五次涉及金融秩序、金融诈骗和危害国防利益的行为。第四次和第六次涉及点较分散,但大体上涉及公共安全、产品质量、公司和金融秩序管理和环境保护。而第七次涉及的部分内容与之相同或相关联外,还针对贪污贿赂犯罪进行了修改。第八次涉及国家安全和公共安全。第九次主要针对公共安全和社会管理秩序。第十次则主要针对国歌和国旗。第十一次涉及公共安全和金融管理秩序等。第十二次则主要涉及贪污贿赂犯罪。可见,公共安全、经济秩序和职务廉洁等内容是刑法修正的重中之重。如果仔细分析,我们还可以发现,除个别修正案之外,其他的修正内容基本上都关系到维护经济秩序的健康和可持续发展,即便关于贿赂的规定也不例外。相同规定在十年时间内反复修正达数次。如果不是有关方面的工作不细致、不认真,就只能说明立法缺乏前瞻性的考虑。

其次,就是对个别条款的修正不能一步到位。多个条文,如《刑法》第 162 条、第 180 条、第 182 条、第 185 条、第 191 条、第 399 条等,先后被修正不止 1 次。以第 191 条为例:该条以较为具体的方式规定了洗钱罪的构成要素,在修正之前,就有学者直陈其上游犯罪的范围过于狭隘,不利于发挥刑法预防犯罪的功能。但是,这些意见没有被立法所采纳。不久之后,这个问题就暴露出来,以至于立法机关不得不于 2001 年扩大洗钱罪的上游犯罪,将恐怖犯罪列为其上游犯罪。然而,当时刑法学界已经有很多学者主张将贪污贿赂等犯罪也增列为洗钱罪的上游犯,但这个意见依旧没有被重视,以至于刑法在实践中处于被动地位。为了扭转这种情形,2006 年的刑法修正不得不再次增列贪污贿赂犯罪、破坏金融管理秩序犯罪、金融诈骗犯罪为洗钱罪的上游犯罪。在一些学者看来,我国现在关于洗钱罪的立法规定已经较为完善,可是,考虑到我国现在所面临的国际形势和今后要担当的国际责任,该修正依然是不到位的,因为《联合国反腐败公约》规定缔约国应寻求将洗钱罪适用于最为广泛的上游犯罪。再如对巨额财产来源不明罪的修正。由于1997年《刑法》对于该罪的刑罚偏轻,以至于该罪非但没有充分发挥打击贪污贿赂犯罪的功效,反而被诟病为"贪官的避风港"或者"贪官的护身符"。这迫使立法机关不得不考虑提高该罪的刑罚幅度。《刑法修正案(七)》将其最高刑罚幅度规定为"五年以上十年以下有期徒刑"。这样的修改似乎"加重了对这类犯罪的惩处,在量刑上又与贪污贿赂犯罪有所差别"〔1〕。其实不然,它和原来的规定都无法很好地实现设置巨额财产来源不明罪的立法目的。笔者认为,在立法中区别巨额财产来源不明罪与贪污贿赂罪有一定道理,但是,针对我国贪污贿赂犯罪的情形和惩治这类犯罪的社会要求,比照有关国家的立法先例,我们不仅有理由在立法中设立该罪,而且有理由为该罪确立和贪污罪、受贿罪一样严重的刑罚。〔2〕

最后,刑法立法修正缺乏对于社会热点事件的问题严重性和复杂性的必要关注。以新型经济犯罪或者因为经济纠纷导致的社会重大治安事件为例,一些地方和部门将许多经济犯罪当作经济纠纷解决,积压了大量社会隐患。与此同时,一些人借助经济纠纷之名实施损害他人利益的事件发展范围越来越广,发展程度越来越深,导致了新的重大社会治安隐患。如现实中不乏一些企业主利用各种手段(如暴力、逃匿或者欺诈等),不向员工支付本来就微薄的薪金;再如一些债务人恶意拖欠、逃避履行债务;等等。此类问题表面上看似乎

〔1〕 国家立法机关有关人士关于《刑法修正案(七)草案》的说明。

〔2〕 就如有的学者所说:"以贪污受贿给'来源不明的巨额财产'入罪,肯定冤枉不了贪官"。参见童大焕:《刑法应废止巨额财产来源不明罪》,载凤凰资讯,http://news.ifeng.com/opinion/200808/0826_23_746690.shtml。

属于当事人之间的民事纠纷，但是，它们已经产生了严重的社会危害，不仅助长了社会不良风气，侵害了社会的基本伦理，而且破坏了社会诚信，还导致被雇用者铤而走险使用暴力杀害企业主，或在公共场合自杀，或者联合起来进行“打砸抢”等问题。但是第八次刑法修正仅仅解决了消极不支付劳动报酬的行为，对于以暴力或者利用社会闲杂人员恐吓、殴打“讨薪者”的行为缺乏应有规制，对于行为人恶意逃跑不履行债务的行为也没有作出相应规制。

四、结论：一个不可忽视的法律问题

新中国刑法立法经历数十年的沧桑变换，逐渐形成了具有特色的道路选择。新政权建立伊始，就废除了国民党统治时期的旧法，为了应一时之需，所以当时制定了若干单行刑法。事实上，中央政府于1950年已经开始着手制定我国的刑法典。之后因受到法律虚无主义的影响，使国人越发感觉到制定刑法（准确说是刑法典）的重要性和紧迫性。正是在这种背景下，我国1979年《刑法》出台。

此后，我国社会进入新的发展阶段，民主政治逐步完善，政治态势较为稳定；经济步入改革开放时代，开始出现社会价值多元的状况，社会秩序和治安形势出现了和以往完全不同的新情况和新问题。面对这些新的社会问题，1979年《刑法》这一“杀手锏”成为刑事法治的辅助方式。从1979年《刑法》生效到1997年《刑法》颁布，刑法很快就难以应对时代提出的新任务。这迫使立法者再次祭出单行刑法，我国立法机关一共制定和通过了25部单行刑法。在此期间，附属刑法也获得了很大发展。共有100余部行政、经济法律中设有刑事条款，一些附属刑法规范甚至是创新性的。如果说行政法、经济法中的有关规定可以称为附属刑法的话，那么，可以说我国刑法立法在守望法典化的同时，并未抛弃单行刑法和附属刑法。

在这一时期，刑事法治精神在我国刑法学界和实务部门日渐浓厚,罪刑法定原则更加深入人心,最高立法机关以此为精神依托,大规模地规整以往单行刑法的条文,以制定新的刑法典。1997年,刑法典最终以一种全新的面貌登上了历史舞台。然而,1997年《刑法》并未也不可能终结我国刑法立法法典化的道路。1998年12月29日,全国人大常委会制定通过了《1998外汇决定》,这似乎表明立法机关又开始以单行刑法完善刑法体系,然而,1999年12月25日全国人大常委会通过了《刑法修正案》,对于1997年《刑法》内容进行修改完善。这在刑法立法史上委实是一件值得记载的事件。

对此我们要看到,重视刑法立法是传统中华法系的一大特点,以至于很多人认为中国具有罪刑法定的传统和习俗,这种文化心理借助西方的罪刑法定的思想得到了发展和发挥。但我们更要看到,中国古代的"法治"观和西方罪刑法定思想及其理论根据的双重影响基本上定格了我国刑法立法的基本情态,它一方面要求刑法立法表现出谦抑性,另一方面又不得不面对急剧变动的社会发展,因此,在非常广泛的层面上追求完美无缺的立法体系的同时,要排斥司法中不可避免的造法机能,追求法律文本的法典化、法律条文的具体化,以尽可能减少司法适用中可能的争议和困惑。此时,我们可以发现,在我国刑法立法中弥漫着一股非常浓厚的、属于19世纪末20世纪初期的古典自然法和实证主义的混合气息:一方面是法典主义,另一方面是将法官定格为"法律的奴仆",认定司法无立法创制功能。

只要我们知道现代社会科学的发展脉络,就能马上意识到上述做法中隐含的缺陷。所以,现代法理学提倡人们摆脱法秩序的全备性与无漏洞性的信条,并且赋予法官填补法律漏洞的创造性任务。[1] 基于这个理由,笔者认为,今后在刑法修正中,我们不能坐在20世纪初甚至是19世纪的门槛上观望21世纪的时代变革,立法机

---

〔1〕 参见[德]考夫曼:《法律哲学》,刘幸义等译,法律出版社2004年版,第87页。

关应当重视司法人员在法律适用中的实质的“造法”效果，并在此基础上寻求修正刑法的新思路，使之能适应社会客观需要，而不能为了限制司法而限制刑法规范在空间和时间上的适用范围。

第三节　中国刑法法典化之反思

迄今为止，我国最高立法机关已经用这种方式对刑法进行了12回次的修正。而且刑法修正案已经成为当前立法机关修改刑法时唯一采用的形式，它俨然标志着今后刑法修改的唯一途径就是刑法修正案方式。这种立法方式强化了我国刑法立法法典化的色彩，标志着我国“以刑法典为单一形式的大一统的刑法格局”的形成。[1] 据此，笔者提出，我国刑法立法步入了单一法典化的道路。

但是有一些数据说明当前的单一法典化存在一些问题：一是立法周期短。从1999年至今已经通过12部刑法修正案，现行刑法修正的平均周期接近2年，其中短的相隔甚至不到半年，如2001年8月底发布的《刑法修正案（二）》和2001年12月底的《刑法修正案（三）》。二是立法调整的范围过于广泛。据粗略统计，以刑法修正案方式完善刑法，先后涉及刑法条文200余条，可见有将近1/2的条文在20余年间被重新修订。三是新增罪名较多。迄今为止，新增罪名约70个，约占1997年《刑法》的1/7。

鉴于此，一些学者呼吁立法机关应当停止造法运动，[2] 这显然是不可行的。因为社会的发展必然促使刑法不断更新完善，一方面

---

〔1〕 参见刘之雄：《单一法典化的刑法立法模式反思》，载《中南民族大学学报（人文社会科学版）》2009年第1期。

〔2〕 参见杨柳：《释法抑或造法：由刑法历次修正引发的思考》，载《中国法学》2015年第5期。

刑法立法不能停止,另一方面又要有效保全以法典为中心的刑法体系之完整。在此背景下,值得思考的问题显然是刑法立法应当采取何种路径或形式。基于对这个问题的思考,我们还必须澄清法典化路径是否具有合理性,是否具有现实性。为此本书将研究法典化背后的科学范式和体系性,以及这种科学范式和体系性所衍生的其他刑法立法问题,并根据对这些问题的分析提出刑法立法在路径上和技术上应该加以改进的方案。

一、单一法典化的科学范式及其反思

(一)单一法典化的理论范式

在大陆法系国家或者地区,刑法形式(或刑法渊源)并不限于刑法典,还包括单行刑法和附属刑法。放眼大陆法系国家或者地区,将法典作为刑法唯一表达形式的几乎没有。缘何我国选择了单一的法典化模式呢?其背后是否有何特别理由呢?另外,立法是否应当充分考虑到我国国土面积大,社会文化、经济发展状况不一致的事实?

毫无疑问,重视法典建设在大陆法系国家或者地区具有悠久的历史传统。首先,法典在人类历史上也有着悠久的历史。人类社会在其历史长河中经历了几次法典化运动。在每次法典化运动的背后,都存在着某种特殊的时代需要和创作冲动。最早期的法典化运动发生在奴隶制早期,当时的人们为了追求法律恒定,创造了诸如《十二铜表法》这类法典,从而有效地瓦解了祭司们对于法律的垄断。其次,法典化与唯理主义理性观也有很大联系。法典化主要出现在大陆法系而不是英美法系,之所以如此,是因为中世纪时期的欧洲大陆受教会法汇编思想的影响(特别是历经启蒙运动的洗礼后),相信理性可以建构完美法律。当时盛行于欧洲大陆的唯理主义理性观念推动了法律变革,导致了理性与罗马法传统的结合,近代的法典编撰是它们的产物。随着法学的繁荣,地方法学和自然法学著作不断问世,接受罗马法传统的大陆法系日趋坚定了法典化的观念。〔1〕 最后,法典被赋予了反封建的符号意义。为了抵制封建社会法官在审判中的擅断,分权思想渐入人心,创设完美的法典成为当时的一种政治理想。人类社会由此迎来了现代意义上的法典化的时代。在启蒙运动的背景下,很快产生了两部现代意义上的刑法典,即1803年《奥地利刑法典》和1810年《法国刑法典》。两部刑法典都是以人的绝对理性为逻辑根据的。其中1810年《法国刑法典》对当时大陆法系的刑法立法产生了重大影响。它在被法国所征服的欧洲地区得到了广泛实施,〔2〕即使在拿破仑倒台之后的数十年之内,其基本模式依然启发着欧洲大多数国家、法国殖民地国家和地区的法典编撰,日本、中国现代刑法立法多多少少都受到了这部法典的影响。

在现代化和全球化浪潮中,西方法典化的法治思路很容易得到那些曾深受西方殖民统治之苦,并致力于走现代化和法治化道路的东方国家的高度认同。我国刑法立法之所以选择单一法典化的道路,可能与如下几个方面的原因有关:第一,不可否认西方国家的经济实力和法治文明一度是刑法现代化的"榜样";第二,东方的现代化和法治化总体上还处于对西方进行学习和模仿的阶段;第三,在西方的法治模型成为世界当前主要的法律理想图景的背景下,法典因其是一种法治的象征或者符号,也是一种极其重要的治理手段,"法典和法典编纂更是治国和治法的要途要径"〔3〕,所以容易受到关注,也便于学习;第四,中国古代并不乏类似立法典籍,具有大陆法系极为相似的传统属性,借助于复兴传统法律文化的呼吁之声,法典化活动

〔1〕 参见董茂云:《法典法,判例法与中国的法典化道路》,载《比较法研究》1997年第4期。

〔2〕 当时西班牙、葡萄牙分别于1848年、1852年仿效法国刑法典,制定了本国刑法;而比利时、荷兰等国当时是法国的属国,适用法国当时的刑法。参见谢兆吉、刁荣华:《刑法学说与案例研究》,台北,汉林出版社1976年版,第38-39页。

〔3〕 周旺生:《法典在制度文明中的位置》,载《法学论坛》2002年第4期。

也易于得到较为普遍的承认和效仿。

正因如此,我国学者坦承:“当代中国刑事立法的单一法典化努力,一定程度上也是大陆法系传统的法治思想和形式理性精神影响的结果。”[1]也有学者提出:“中国既要借鉴国外,特别是与中国法律传统相近的大陆法系国家立法的成功经验,走刑法法典化的道路,又要结合中国自身的文化传统和法律需求,立足于法典的价值,逐步推进刑法的法典化。”[2]这种将法典化成为我国刑法立法唯一选择的观点毫不令人意外,因为大多数刑法学者都强烈地意识到,“中国现代法治的历史,实际上也是一部伴随着刑法法典化的历史”[3],刑法典可以以其客观的存在作为中国法治进步的最好证明。

(二)单一法典化的理论范式反思

当下简单依循西方过去历史经验的立法思路无疑是值得反思的。鉴于“现代性范式”支配了中国法学的发展,也为中国法律、法制发展提供了一幅“西方法律理想图景”,[4]所以我们不妨依据对现代性范式的反思检讨有关问题。

如前所述,“现代性范式”在法典化背后隐含着这样一个前提:人具有高度的科学理性,人可以借由这种理性发现真理、创设完美世界。这种范式促使“随同19世纪精神科学实际发展而出现的精神科学逻辑上的自我思考完全受自然科学的模式支配”[5],也终于成就了法典在法律体系中的权威性。但是,这种引导法典化运动的理论

---

[1] 刘之雄:《单一法典化的刑法立法模式反思》,载《中南民族大学学报(人文社会科学版)》2009年第1期。

[2] 赵秉志:《当代中国刑法法典化研究》,载《法学研究》2014年第6期。

[3] 赵秉志:《当代中国刑法法典化研究》,载《法学研究》2014年第6期。

[4] 邓正来:《中国法学向何处去——建构“中国法律理想图景”时代的论纲》,商务印书馆2006年版,第112页。

[5] [德]汉斯·格奥尔格·加达默尔:《真理与方法——哲学诠释学的基本特征》(上),洪汉鼎译,上海译文出版社1999年版,第3页。

范式本身也具有以下先天缺陷。

第一,科学理性的立法思维并不符合现代科学常识。自 20 世纪 60 年代开始,后现代主义者对科学进行了全面的反思和批判,指出所谓现代的科学与真理根本并不具有等价性质。相反它带有诸多的片面性,也不是真理唯一的载体和形式。而且在科学之中不可能排除人类的权术和其他一些非理性因素。科学的世界观有时不过是一种结构或计划,在解释观察现象方面,只是非常好地完成了一种对神秘的探求,根本不是对事物本来面目的思考和发现。科学的目标不是追求科学真理,而是追求科学的实用性、解释的有效性,以及理论与实际的适合度。[1] 这不仅要求法律人以理性的方式对待和处理立法和司法中的不理性问题,如利益博弈、冲动性立法等,而且还应当正确对待经验、习惯和常识在法律科学中的地位。这在法学研究中也很重要。

第二,立法科学思维的局限性要求立法评估方式也要变化。根据现代的科学常识,人类的理性认识始终有局限性。为此,在 20 世纪 70 年代发生了哲学转向,很多哲学家放弃了对世界"真理"的研究,转为关注"合理性问题"。既然如此,我们就不得不承认,人类凭借自己的理性能力永远无法创设出包罗万象、"垂范永久"的法典。一部法典好与不好、完美不完美具有很大的历史相对性,在此意义上,盲目致力于编撰法典的理性根据已然不复存在。因此,我们可以得出如下两个结论:首先,不能认为单一法典化形式是最佳立法方案,其他立法形式也应当得到重视;其次,不能认为单一法典方式最能回应刑法的社会需求,一些超法规的因素,如法治的习惯问题、需求问题等,自然也应当得到承认和关注。

第三,现代科学证明我们缺乏绝对科学理性来建构一部完美无

[1] 参见张之沧:《对科学研究中的经验主义批判》,载《求是学刊》2002 年第 4 期。

瑕的法典,法典无论其形式选择还是内容设定,都不可避免地存在这样或者那样的缺陷。相反,科学理性的立法思维塑造了畸形的“立法—司法”的关系。法典化的思维使法学在很长一段时期里陷入了“完满体系的演绎思维”中,并认为这样的思维才是科学的。根据这种思维,法官应该受到“严格的、赤裸的法律文本”的拘束。法官的判决被认为是“制定法的精确复写”,因此,法官“他所需要的只是眼睛”,法官只是“宣告及说出法律的嘴巴”。[1] 应当说,这种思维及其引发的问题在我国法治实践中表现得较为突出。在理论上,今天还有很多学者明确否定法律中的漏洞,还有很多学者反对法官续造法律的权能,结果“立法万能”的思想在法治思维中占据主导地位。在司法实践中,法官们不是寻求通过对法律的全面理解或者造法适用法律,法律适用依赖于实际上的立法指导。法律条文在理解中稍遇到分歧,刑法典就被认为是不明确的。很多人都以这样或者那样的理由认为我国刑法典中存在很多不明确的规定。中国刑事法官在刑事裁判中受到严重束缚,法官的自由裁量权并未充分发挥作用。

结果,很多本来可以通过司法解决的问题最终不得不需要经由刑法的宣告。如《刑法修正案(九)》对《刑法》第 290 条第 1 款完善的一点内容是明确将“医疗”作为保护对象,这似乎为解决愈演愈烈的医闹问题提供了依据,可是,在《刑法修正案(九)》出台之前,司法机关也完全可能通过聚众扰乱社会秩序罪或者与之关联的其他犯罪规定对这种情况进行惩罚。也就是说,这类问题不是因为刑法不能予以惩罚,而是因为刑事执法环节和刑事司法环节缺乏有效衔接。虽然立法机关似乎作了必要的补充规定,但是,它不过是以宣告的方式明确将“医疗”作为保护对象。试想一下,随着社会分工不断细化,各个工种之间的性质界限越来越难以界定,对此,是否今后还需要在

[1] [德]考夫曼:《法律哲学》,刘幸义等译,法律出版社 2004 年版,第 72-73 页。

医疗之后再额外明确增加一些需要刑法特别提示的保护对象呢？

二、单一法典化的体系性之反思

由于法典化思维的理论范式存在先天不足，而我们没有正视这个问题，结果导致我们在刑法修正时，在选择刑法的表现、内容以及技术时，采取了很多不恰当的方式。归纳起来，单一法典化导致的体系性问题有如下几点值得关注。

（一）单一法典化阻隔了刑法典与其他法律体系的外在关联性

我国当前存在行刑不衔接问题，这个问题既有执法体制方面的原因，也有法条规制范围不一致的原因。这与单一法典化有很大关系。因为只采用刑法典，放弃了附属刑法，容易造成刑法典规范与附属刑法规范不衔接的问题。仅仅以《建筑法》（因为这部法涉及公共安全，和《刑法》关系密切）和《刑法》相关规定进行考察就可以窥豹一斑。我国《建筑法》多个条款规定了建设单位、建筑设计、施工、监理单位对于建筑工程质量安全所应承担刑事责任的情形，[1]《刑法》第134条、第135条、第137条对于上述若干问题予以了规制，可按照强令他人违章冒险作业罪、重大劳动安全事故罪和工程重大安全事故罪进行处理。但是《建筑法》的上述规定在《刑法》分则中并未得到全部确认或明确确定。例如，《建筑法》第72条规定：建设单位违反《建筑法》规定，要求建筑设计单位或者建筑施工企业违反建筑工

---

〔1〕 这些规定包括：(1)工程监理单位与建设单位或者建筑施工企业串通，弄虚作假、降低工程质量的（第69条第1款）；(2)建筑施工企业违反《建筑法》规定，对建筑安全事故隐患不采取措施予以消除的，以及建筑施工企业的管理人员违章指挥、强令职工冒险作业，因而发生重大伤亡事故或者造成其他严重后果的（第71条）；(3)建设单位违反《建筑法》规定，要求建筑设计单位或者建筑施工企业违反建筑工程质量、安全标准，降低工程质量的（第72条）；(4)建筑设计单位不按照建筑工程质量、安全标准进行设计的（第73条）；(5)建筑施工企业在施工中偷工减料的，使用不合格的建筑材料、建筑构配件和设备的，或者有其他不按照工程设计图纸或者施工技术标准施工的行为的（第74条）。

程质量、安全标准,降低工程质量的,责令改正,可以处以罚款;构成犯罪的,依法应追究刑事责任。该规定在《刑法》中很难找到相应的犯罪和刑罚规定。有些问题则难以根据危害公共安全罪的相应罪刑解决,如工程监理单位与建设单位或者建筑施工企业串通,弄虚作假、降低工程质量的,只有在"造成重大安全事故"后才承担刑事责任。参照2007年"两高"《关于办理危害矿山生产安全刑事案件具体应用法律若干问题的解释》(已失效)的规定,"重大伤亡事故或者其他严重后果"应当出现如下情形之一:(1)造成死亡1人以上,或者重伤3人以上的;(2)造成直接经济损失100万元以上的;(3)造成其他严重后果的情形。而当这些特定的后果没有发生时,就不能追究相关人员的刑事责任了。笔者认为,《刑法》第134条、第135条和第137条规制的不是建筑工程质量问题,而是安全问题。这一点在《刑法》第137条规定中体现得较为明显。《刑法》第137条规定:"建设单位、设计单位、施工单位、工程监理单位违反国家规定,降低工程质量标准,造成重大安全事故的,对直接责任人员,处五年以下有期徒刑或者拘役,并处罚金;后果特别严重的,处五年以上十年以下有期徒刑,并处罚金。"显然,在工程质量问题和重大安全事故事故之间存在因果关系,该罪是过失犯,可见立法者更多关注的是建筑工程的安全问题而不是质量问题。建筑工程的安全和质量是有所区别的,建筑质量达标,可以说它在某种意义上是安全的,但建筑工程安全并不意味着其质量完全合格。因此,从刑法规范的目的看,《刑法》第134条、第135条、第137条等条文是为了保护安全问题,而质量不是其保护目的。据此,应当对于建筑质量的刑事责任问题寻求其他途径解决。可是,《产品质量法》第2条第2款规定:"本法所称产品是指经过加工、制作,用于销售的产品。"第2条第3款规定:"建设工程不适用本法规定;但是,建设工程使用的建筑材料、建筑构配件和设备,属于前款规定的产品范围的,适用本法规定。"在此意义上,很多学者认为建筑工程不属于《刑法》第140条规制的对象。并称如果将建筑工程纳入《刑法》第140条的规制范围之内，将导致罪刑不均衡问题。[1]

这种法律之间的不衔接问题并不仅仅存在于上述两个法律之间，在很多行政法与刑法之间都有类似问题。这样一来，刑法负担过重的现象就很明显，附属刑法进一步被虚化，最终导致了所谓的行政法和刑法不衔接问题。行政法和刑法不衔接问题不仅发生在执法环节，在立法环节也有表现，那就是行政法规定应当追究刑事责任的规定在刑法典中得不到明确规制和体现。

（二）单一法典化冲击了刑法典内在体系的完整性

这点在我国刑法修正案中已经不断表现出来。首先从形式上看，出现了刑法条文之下的“第××条之一”，甚至还有“第××条之二”之类的情形。结果，刑法典内在体系的完整性遭到冲击，条文衔接与刑罚均衡性出现冲突与矛盾。比如《刑法》第161条和第162条规制的行为是联系密切的事项，却被加以分割规定，而且存在法理不明确的问题。

刑法完整性受到冲击，减弱了刑法典的权威性。虽然法典不是衡量法治的重要标志，但是必须承认的是，一旦将法典置于法治的中心地位，那么法典具备了作为法治重要标志的核心条件。为了确保法治的连续性和可预见性，此时就应当重点考量维持法典的稳定性。当前有学者认为，单一法典化立法模式具有如下优点：第一，灵活性、及时性和针对性；第二，便于人们知法；第三，维护刑法典的完整性、连续性和稳定性；第四，有现成经验借鉴。[2] 笔者认为这种论断是

---

〔1〕 参见郭立新：《论生产、销售伪劣产品罪的几个争议问题》，载《法学评论》2001年第1期。

〔2〕 参见汪斌、姚龙兵：《论我国刑法渊源》，载《安徽大学学报（哲学社会科学版）》2014年第2期。

经不起推敲的，理由在于：首先，从现实情况看，当前我国刑法修正周期短，涉及面广，相关立法数据已经说明了这一点。其次，从理论上看，上述说法明显自相矛盾，因为它一方面说当前的立法方式具有灵活性、及时性和针对性，另一方面又说它有利于维系刑法典的完整性、连续性和稳定性。最后，我们不能否定刑法典的稳定性（含连续性）和完整性（也可理解为体系性），非但如此，为了法治的发展，还应当努力维系法典的稳定和完整性。如法典本身是不稳定的，朝令夕改，那么它的权威性就难以得到社会的体认。当前刑法立法的一个严重问题正在于，刑法典的稳定和完整性都受到明显的破坏。从第一部刑法修正案到第十部刑法修正案，刑法修正案共修改刑法典条文上百条次；新增法条将近 40 条，接近 1997 年《刑法》的 10%。这组数据是惊人的。如果说刑法条文修改多达上百条次，何来刑法典稳定之说，刑法典新增条文将近 40 条，可见，当前的刑法修正已经造成对刑法典多频次、大范围修改的事实，我们很难说刑法典现在就有完整性、稳定性和连续性。最后，在我国当前刑法立法的过程中，出现了多个条文被数次修订的情况。所以，上述论点显然是经不起推敲的，正因如此，我们也就很难认为当前的刑法修正已经有现成经验可言。

（三）立法规定过于具体

单一刑法法典化以绝对理性为范式，其前提是认为人可以制定最全面和完善的法律。一旦受制于这种思路，那么立法者的技术选择就会出现问题。考虑到“法典具有高度的普遍性、确定性和完整性，需要有较高的立法技术予以支持”[1]，立法者为了追求罪刑法定原则，破除“宜粗不宜精”的弊害，而在刑法立法以及刑法修正过程中刻意体现罪刑法定原则的明确性要求。这种追求主要体现有三：

---

[1] 赵秉志：《当代中国刑法法典化研究》，载《法学研究》2014 年第 6 期。

其一,关于行为主体。以《刑法修正案(六)》为例,其将《刑法》第 187 条第 1 款修改为:"银行或者其他金融机构的工作人员吸收客户资金不入账,数额巨大或者造成重大损失的……"很明显,银行也属于金融机构,在此完全可以把"银行或者其他金融机构的工作人员"概括为"金融机构的工作人员",这样规定不仅明确,而且周延。可是囿于对"粗疏"的误解,我们在这使用了过于日常化的表述。而更为"具体化"的例子则是第 185 条之一规定的"商业银行、证券交易所、期货交易所、证券公司、期货经纪公司、保险公司或者其他金融机构,违背受托义务,擅自运用客户资金或者其他委托、信托的财产……"它基本上已经囊括了现在所有的金融机构,最后还加兜底的"其他金融机构"。显然,我们完全可以用"金融机构"来涵盖前面列举的机构,而且在实践中,类似"其他……"兜底性规定不仅没有发挥兜底效果,而且在很多时候被一些学者作为规定不明确的例证加以批判。如果考虑到金融工具的不断衍生和发展,今后很可能出现新的金融机构,如此一来,该条规定到时候又将面临新的修改。

上述做法不过有点迂腐,而真正的问题是,由于行为主体规定过于具体,形成了大量的法律漏洞。如《刑法修正案(六)》在 1997 年《刑法》第 163 条的行为主体中增列"其他单位的工作人员",主要是弥补 1997 年《刑法》文本规定过于具体的缺陷。但是,修正之后的《刑法》规定的对象似乎只能是中国国家机关、国内的公司、企业、其他单位及其工作人员。考虑到我国加入了《联合国反腐败公约》,有义务依据联合国的指导完善打击商业贿赂犯罪的刑法规定,因此,我国应当将贿赂外国政府工作人员和外国有关部门工作人员的行为纳入到立法规制的范围内。这个问题直到《刑法修正案(八)》才得以例外解决。

其二,关于行为对象。如洗钱罪的上游犯罪的规定,《刑法》第 161 条至第 162 条之二中区分财务会计报告、会计凭证、会计账簿等,

《刑法》第114等条中的“毒害性、放射性、传染病病原体等物质”，第152条中的“固体废物、液态废物和气态废物”等，都详细列举了犯罪的行为对象。同样明显的是，类似第152条所规定三种常态废物，本来不需要进一步划分，以“废物”即可涵盖之。另外，在以上所引述的规定中，因为犯罪的行为对象规定很具体，使得刑事法网的适用面受到极大限制，例如第114等条中的三类物质是否涵盖了全部具有造成公共安全隐患的生物或者化学物质呢？在此可否用“危害公共安全的物质”或者“危险物质”[1]来替代它呢？毕竟这类犯罪构成不以行为人是否明确追求危害公共安全为要件，所以没有必要明确限定危险物质的属性。

另外，《刑法》第131条至第139条从宏观上也是基于具体的行为对象不同而构成的不同的犯罪及其刑事责任。但从总体上看，这些犯罪行为所危害的大部分属于安全生产、经营的范畴，本来可以考虑用一个罪名来规定这些犯罪，即便一个罪名的确不堪其繁杂，那么3个罪名也足以解决相关问题。但由于1997年《刑法》规定作了具体的区别，使得一些对象不能为具体罪名所包含，因此《刑法修正案(六)》的增补规定，迄今在这方面的罪名多达10个。假如按照这样的思路，那么笔者认为肯定会出现一些情形不能为刑法所规制，譬如与教育设施类似的医院、商场、酒店等公共建筑设施存在非消防方面的安全隐患而依旧开业或者经营，最终导致垮塌的情形。

其三，关于行为方式。行为方式的具体列举，在刑法和刑法修正案中也是很普遍的。迄今为止，除《刑法修正案(二)》因为只对一个简单的事项加以修改而没有采取列举行为方式的做法之外，其他历次修正案中都可以见到以叙明方式列举行为方式的现象。这同样可能导致因为有些行为未被刑法明确规制而不能得到刑事上的惩罚。

---

[1] 司法机关在此用“危险物质”来涵盖上述三类物质。

这种做法固然体现了刑事法治化的进步,但是也不免矫枉过正,使刑法的“明确化”要求僵化为“具象化”苛求。它无形中使刑事法网漏洞百出,因此出现一而再、再而三的修正呼求。以行为主体为例,因为行为主体规定过于具体,导致了大量的法律漏洞。

刑法在修订中不能一味追求具体化,对于许多犯罪要件可以考虑简化对行为主体、行为对象和行为方式的具体区分,尽可能以简要、明确的方式进行概括式的规定,比如《刑法》分则第9章,就可以考虑用3到5个罪名进行进一步简要的规定,而不必依据具体公务作特别的划分。同样,《刑法》分则第三章也有大幅度概要和精练的必要。

综上所述可见,当前单一的法典化道路并不是唯一明智、理性或者科学的选择。我们应当破除有关法典在法治建设中具有巨大作用的幻象。长期以来的法律训练要求法官在判决的时候必须以法律文本作为依据,同时人们也可以借助法律文本的指导,对于未来生活方式的法律结果有准确预判。但是,现代哲学已经削弱了法典形式的完整性及其内容的科学性、正当性,如果立法和司法实践片面依赖于法典,反而会引起很多争议,产生许多现实问题。所以,在现阶段,司法能动性比立法具有法治发展序列上的优先性,要引导法官有效地弥补法的漏洞和滞后性,尽可能地改变法律形式上的不合理,缓解刑法条文过于理性、缺乏现实性等一系列问题。[1]

三、多样化:刑法再法典化的必由之路

由于单一法典化是现代中国刑法立法若干问题中的核心所在,所以要破除单一法典化的立法方式,以刑法典为中心,综合运用特别刑法和附属刑法,使刑法立法表达方式呈现多样化。

---

〔1〕 参见严存生:《对法典和法典化的几点哲理思考》,载《北方法学》2008年第1期。

(一)多样化表达方式的一般理据

多样化表达方式是由刑法在法律体系中的地位所决定的。在法律系统中,法律有不同层次,这导致法律体系划分存在困难。如在我国学界,曾先后提出过多重法律体系的划分方案,但是根据全国人大常委会对中国特色社会主义法律体系的目标设定,我国法律体系可划分为七个主要的法律部门:宪法及宪法相关法、民法商法、行政法、经济法、社会法、刑法、诉讼与非诉讼法。[1] 显然,在我国法律体系中,刑法是一个重要的法律部门,在某种意义上,它和民法商法、经济法、社会法等部门法具有同等重要的地位。但是,刑法又不是一个简单的部门法,犹如宪法和其他法律的关系一样,刑法和其他法律之间也并不是简单的并列关系。我们都习惯称宪法是根本法,是母法,刑法、民法、行政法等都是基本法,基本法的内容派生于宪法,或者说,基本法是对宪法内容进一步的、更为具体的声张和规制,宪法是基本法规定的起点。与之类似,刑法则构成基本规定的终点,因为刑法是一个与其他部门法有广泛关联的部门法。刑法具有的保护范围广泛的法律属性,清楚地表明刑法的特殊之处。这种关系甚至体现在刑法对于宪法的坚强维护上,也体现在刑法对于其他法律规定的必要保障方面。

上述关系表明,在整个法律体系的建设工程中,刑法是重要项目,但不是优先项目。这个要求在刑法理论上派生出了刑法的谦抑性原则或要求。一方面,应当注意刑法规制的可替代性措施,因为"最好的社会政策是最好的刑事政策"(李斯特语),注意运用其他法律制度的完善减少犯罪的发生,不能将刑法当作抑制犯罪的唯一手段;另一方面,鉴于犯罪法律后果的刑罚包含剥夺人的生命、自由和

---

〔1〕 参见张文显主编:《法理学》,高等教育出版社、北京大学出版社 2018 年版,第 104 页。

财产的内容,是极为严厉的制裁,所以,刑法务必被作为预防犯罪的“最后手段”,补充其他法律措施,只有在维持社会秩序的过程中确有必要的时候才考虑启动刑法,并且应在尽可能小的范围内运用刑法,最后在运用刑法的时候,也应当体现现代刑法的宽容精神。[1]

根据上述要求,在刑法立法中必须考虑刑法立法内容是否确有必要。这个问题可以从两个方向进行把握:一是刑法的前置法是否完善,如果前置法不完善,那么首先应当考虑通过对前置法的完善来解决相关问题,在没有前置法的情况下贸然启动刑法,无法保证刑法规范目的和规范内容的明确,也无法真正做到刑罚适用符合比例原则;二是前置法是否得到了有效贯彻和执行,在法治建设中,我们遇到的真正问题或者棘手问题往往不是缺乏法律根据,而是法律没有得到遵守和执行。但是这个问题却没有得到重视,所以相关刑法立法也很多。以危险驾驶为例。现在有一种观点认为,危险驾驶罪的立法表明刑法的威慑效果远远比其他法律明显,因为在立法之前较长时期,醉酒驾驶行为十分普遍,因为醉酒导致的交通安全事故较多。但是自从立法上规定了危险驾驶罪之后,这个犯罪的发案数直线下降。笔者承认危险驾驶罪发案数的下降,但是认为将这个数据变化归因于刑法是不全面的。是否实证调研过农村和城市的变化,以及不同人群的变化?笔者认为发案数变化背后的一个可能原因是,醉酒驾驶很容易入刑,一旦因醉酒驾驶而被定罪处罚,很多人又将因此而不能从事一定业务活动,如不能担任公务员、教师、律师等。所以,与其说是刑法威慑了醉酒驾驶,倒不如说是业务禁止威慑了醉酒驾驶。如果这个判断是真实的,那么就可以考虑刑法立法是否必要以及刑法规定的自由刑是否必要等问题。

在司法实践中还有一种相反的情形也是值得考虑的,因为这个

---

[1] 参见[日]大谷实:《刑法讲义总论》(第4增补版),成文堂1996年版,第6页。

情形表明了刑法的不可替代性。在现实中,如果每种情况都可以通过其他法律加以解决,那么刑法显然是没有存在的余地的,刑法学科就无立足之地,刑法学者自然也无安身立命之本。但问题恰恰是有许多社会问题必须辅以刑法,而不能单纯冀望其他法律。例如,经济纠纷和经济诈骗,前者是民事问题,后者能触发刑事问题,当民事问题难以获得解决,而且问题普遍存在的时候,刑法不能因为其是民事问题而漠不关心。毕竟在这个时候,当事人通常希望通过刑法途径解决。我们不能指责当事人混淆是非,假公济私,事实上,在这类事件中,有时候的确很难排除当事人一方具有非法占有的目的,这个时候,刑法如果不能介入此类事件、不发挥必要的作用,那么社会影响和效果并不好,例如在讨还工资款的过程中就发生了杀人、自杀事件。奇怪的是,对此类问题,我国理论界与立法机关鲜少关注。事实上,通过刑法并不是完全不能介入,也不是没有介入的先例,如拒不支付劳动报酬的,还有拒不执行判决或者裁定的行为都可以入刑。

（二）多样化的表达方式的现实基础

首先,应看到多样化表达方式的选择符合世界法律版图发展的态势。我们应当注意到法典化运动和法律体系的世界版图现实情形之间的差异。法典并不是唯一有效的法治符号或者象征。法律人永远面对这样的一个问题:如何协调法律的抽象性和个案的具体性。我们都知道,大陆法系法官倾向于用抽象的法律条文涵摄具体的个案,但是,英美法系奉行的是判例法,而不是法典。霍姆斯所说的“一般命题不能决定具体案件”[1]体现出两大法系之间的区别。同时,世界法律发展的趋势也表明,法典不是我们追求的唯一方式。在法

〔1〕 原文出自霍姆斯 1905 年审理洛克纳诉纽约一案时提出的反对意见。转引自[英]P. S. 阿蒂亚:《英国法中的实用主义与理论》,刘承韪、刘毅译,清华大学出版社 2008 年版,第 24 页。

律体系的世界版图上,存在着成文法与判例法两大板块。毋庸置疑,判例法实践所展示的魅力已经充分表明它是一种重要的法治方式和表现形式,判例法和成文法一样也具有预测可能性。特别是在很多场合,公民的预测可能性并不取决于行为前是否存在明文的法律规定,而且取决于行为前法院对相同或类似的行为处理结论。[1] 这固然无法得出判例法应当成为我们选择的法律形式这样的结论,但是它至少表明法典编撰并不是通往法治的唯一路径,甚至可以说法治建设不能仅仅冀望于通过法典的编撰、确保法典规定的内容全面得到贯彻和落实。

其次,刑法法典化运动的内在逻辑和刑法基本理论也有很大差别。刑法主要有三种表现形式,这些法律形式应当说各有利弊,彼此之间无法互相替代,只能相互补充。大陆法系国家和地区的刑法表现形式就是这个结论的最好证明。其一,在瞬息万变的时代背景下维护刑法典的稳定是法治发达国家刑法立法的首要特征。一般而言,除非有重大的政治事件,如政权变化,法治发达大陆法系国家轻易不会修改刑法典。如现行《德国联邦刑法典》是基于"二战"后德国统一的政治形势应运而生的,"二战"后《意大利刑法典》因基于"它反映了当时的科学成就"而在"二战"后保全下来,现行《日本刑法典》是 1907 年制定的,迄今已经超过百年。在这些国家,为了适应社会发展的需要,刑法的发展主要是经由对附属刑法或者单行刑法的发展来实现的。所以,刑法立法要着眼于尽可能维系刑法典本身的稳定性,最大限度减少立法对于法典形式和内容的破坏。其二,单行刑法和附属刑法具有刑法典所不具有的优势。如下文将论述的,单行刑法能解决刑法发展中的时效性问题,附属刑法能有效缓解刑法的衔接性问题,而且它们在解决相关问题的时候基本上可以维系

---

[1] 参见张明楷:《法治、罪刑法定与刑事判例法》,载《法学》2000 年第 6 期。

刑法典体系的稳定。

最后,多样化表现形式的选择与我国法治建设中的一些经验和做法具有方向上的一致性。如果从法治建设的通盘考虑的话,它显然有优于单一法典化的实践基础:第一,司法解释在我国司法实践中起到了切实有效的指导作用,但是很多学者对此视而不见,反而简单按照西方的分权理论对这种制度建构予以批判,这种做法不仅不合实际的做法和需要,而且阻碍了我们对于司法解释的研究。司法解释可能存在这样那样的问题,但很多重要问题并不是不能解决的,例如,可以减少司法解释的频率,明确司法解释的事项,恰当处理司法解释和法官解释之间的界限等。笔者相信司法解释机制的完善有助于减缓立法压力。第二,我国司法改革的一个重要方案是加强最高法的指导案例建设。根据有些学者的理解,指导性案例构成了将一般性的立法与日常处理具体案件的司法实践连接在一起的制度装置。因此,指导性案例制度在我国的法治建设进程中,具有作为法治微观基础和技术性条件的重大意义,除此之外,它和司法解释都在实际上产生了补充刑法典的作用。〔1〕 在笔者看来,和司法解释一样,这种观点依然没有明确指导性案例的法律属性,指导性案例制度到底是解释的使者还是判例法的使者抑或都不是呢? 如果都不是,那么它到底可以产生什么影响。笔者的理解是,指导性案例制度是在我国立法体系中无法接受判例法的背景下的一种立法尝试,〔2〕不过其表述和立法有很大差别罢了。总之,无论是司法解释体制还是指导性案例制度,哪怕是作为一种司法造法的机制,都并不是无中生有的现象,其实用性和合理性值得进一步研究而不是简单否定,但刑法

〔1〕 参见周光权:《刑事案例指导制度:难题与前景》,载《中外法学》2013 年第 3 期。

〔2〕 参见汪斌、姚龙兵:《论我国刑法渊源》,载《安徽大学学报(哲学社会科学版)》2014 年第 2 期。

法典化显然与这两种做法在旨趣上存在不同。

(三)多样化表现形式的优势

在单一法典化思路的支配下,我国学者可以很好地讨论单行刑法和附属刑法的优点和缺点。根据部分学者的初步看法,单行刑法和附属刑法的问题主要在于内容分散,不便于掌握和学习。[1] 另外,有学者认为单行刑法或者附属刑法立法随意性大,会对法典造成冲击。[2]

笔者认为,这种看法固然有一定道理,但是尚不能成为排除特别刑法的理由。在我们看来,刑法之所以分为普通刑法和特别刑法,就在于特别刑法是普通刑法的必要的补充形式,具有刑法典本身不可替代的功能。这些功能主要体现为:

其一,对刑法典的稳定性造成最小限度的冲击。稳定性是刑法修正过程中必须始终考量的向度,但当前的刑法修正起因于紧急的或者一时之需的情形不少见。比如《刑法修正案(三)》中增列的"传染病病原体"和"恐怖活动犯罪"、《刑法修正案(四)》中增列的第244条之一、《刑法修正案(六)》中所涉及生产安全的条文,都与突发事件有关联,其中有些应当通过完善法典的方式来修改,但是有些是否有必要借助于修正法典来实现,则是值得商讨的。以安全生产的有关问题为例,在笔者看来,其中的一些矛盾并不是长期的和根本性的,因此,没有必要修改刑法典,如果采用单行规定或者附属刑法的方式,就可以在不拆分法典的基础上达到相关目的。

其二,对由于社会变革而提出的迫切需要作出迅速反应。对于刑法典的修正,不仅要考虑到条文适应社会现实需要的时空界限,还

---

〔1〕 参见王晓楠:《论我国刑法修正方式之利弊》,载法律图书馆2007年10月28日,http://www.law-lib.com/lw/lw_view.asp?no=8608。

〔2〕 参见赵秉志、郝兴旺:《论特别刑法与刑法典的修改》,载《中国法学》1996年第4期。

要顾虑刑法规范体系之间的完整性，因此刑法修正工作必须十分慎重，这势必影响到刑法应对社会紧急事务的时效性。而特别刑法对此顾虑较少，有效发挥刑法积极干预社会的作用，在此后因时因势而废时也不至于再次伤及法典的完整性。

其三，有效协调刑法和其他部门法律之间的关系。刑法是社会秩序的最后屏障，对于特定的、不具有普遍社会意义的事务，与其由刑法典加以规制，还不如由专门法律以附属刑法条文的方式加以规定，从立法和司法两个层面上减少刑法和其他部门法律规范之间的脱节现象。

上述情况说明，法典化本身具有一定的社会现实基础，但是不应以一种极端的方式推广这种立法模式，甚至否定单行刑法和附属刑法。

四、刑法再法典化的基础与思路

选择多样化的刑法表现形式，就是要改变单一法典化的路径，重视单行刑法和附属刑法的建设。但是，刑法作为一个较为封闭的体系，其内在关系必须得到重视，应当改善以往存在于刑法典和单行刑法、附属刑法之间的问题。因此，有必要确立以刑法典为中心，以单行刑法为例外，以附属刑法为补充的立法、修法思路。

（一）协调法典和单行刑法之间的关系

应该承认，在我国和世界其他国家和地区，单行刑法都曾经发挥了巨大的作用，在公元前 149 年，古尔潘尼斯·披梭颁布了一个制定法，该法名为《古尔潘尼斯亚贪污律》，适用于有关盗用金钱的案件。它被梅因誉为“真正的犯罪法”。[1] 新中国成立之后，当时作为打击各类犯罪根据的就是各种单行刑法。1979 年之后，为了迅速适应社

---

〔1〕 参见［英］梅因：《古代法》，沈景一译，商务印书馆 1959 年版，第 216 页。

会形势的发展变化,满足时代的需求,很多有效的刑法规范也是以单行刑法的形式表现的。可惜单行刑法的好景不再。1998 年之后,单行刑法被使用的情况更加稀少。但这种做法明显忽视了单行刑法可取的一面。单行刑法有如下几点好处:一是它能针对特殊、急迫事件进行刑法规制,减少因立法仓促导致的法典不稳定情况;二是它能针对特殊工作的需要,克服刑法典不能解决的一些问题;三是单行刑法规定可为刑法典积累经验,一旦单行刑法规定成熟稳定,再将其纳入刑法典的内容。

(二)协调刑法典与附属刑法的关系

如果说刑法立法时机的选择体现了刑法价值理性的思考,那么接下来还需在刑法体系中对立法方案进行经济理性的分析。

经济理性分析并非一个必然的视角,却是一个很重要的视角。它可以改变立法方式的纯经验性质,使得立法获得经济性和可取性的论据。经济性是一个经济学上的概念,意指如何把有限的资源(收入)分配在各种商品的生产(消费)上以获得最大限度的利润(满足)。经济性分析在立法和司法中具有特殊意义。20 世纪 60 年代,美国一些学者才将经济分析开始全面运用于法律制度之中,包括宪法、法理、民法、刑法、程序法以及惩罚的理论和实践领域,并因此形成了法律经济学。显然,这种分析是十分有意义的。首先,它将立法视为一个生产过程,并根据经济学原理考虑立法资源的配置及其效益,在视角上是非常独到的;其次,经济性分析可以克服经验上的盲动倾向,有助于提高立法者的素质,有助于完善立法技术。简言之,刑法立法经济性原则主要是指在刑事立法中,立法者应对有限的资源加以配置,争取以最少的成本实现惩治和预防犯罪的最大效益目标。[1] 经济性原则对于刑法立法具有重要指导意义。首先,经济性

〔1〕 参见李希慧主编:《中国刑事立法研究》,人民日报出版社 2005 年版,第 152 页。

原则是刑法谦抑原则的一个重要向度。[1] 正如某些学者所说,刑事立法变革史,其本质就是人追求、争取更多的刑法效益的奋斗史。[2] 刑事立法必须以这样的方式去思考这样的目标:立法者如何通过投入一定量的时间、人力、物力、财力设置刑法规范,使该规范在现实生活中发挥最大的作用,并达到其以最小代价换取最大可能的社会和平与和谐的目的。其次,刑法立法的经济原则可以借助多重现实因素考量刑法立法。如立法程序启动、立法调研和文本编撰、法典完善等程序性支出,以及犯罪化立法所导致的后续性成本支出,如犯罪(罪犯)增加、刑罚成本开销增加以及监狱建设和维护费用还有司法警察的工资收入。

有些学者认为附属刑法有助于我们对刑法条文的理解,这个观点也是无据可查的。第一,刑法具有保障法的属性,其他法律必然得到刑法有效保证的一个要求是刑法的适用必须和其他法律的要求相契合。如果刑法和其他法律不能契合,就会削弱其他法律的适用,刑法也有滥用之嫌。由此派生出两个要求,一是刑法条文和其他法律条文之间必须具有衔接性。刑法与其他法律缺乏衔接性,表明法律系统存在漏洞,法治有危机。二是刑法适用中对于特定概念的理解,必须和其他法律规定保持一致,如果理解有偏差,就意味着刑法保护方向出现偏差,刑法的保护目的就无从实现。例如,如果我们无法区别增值税专用发票,就难以将虚开增值税专用发票的行为和其他涉税犯罪或者诈骗犯罪区别开。第二,仅仅为了追求刑法易于理解,就难以保证刑法被准确理解。因为一旦脱离其他法律文本的限制,刑法解释就容易望文生义,或者简单地照搬照套,最终使得相关解释无从把握。这种情形并非虚构,在我国司法实践中还是有例可查的。

---

〔1〕 参见陈兴良:《刑法的价值构造》,中国人民大学出版社1998年版,第353页。
〔2〕 参见陈正云:《刑法的精神》,中国方正出版社1999年版,第112页。

1995年颁布的《票据法》中增设了金融票据诈骗犯罪,如伪造、变造票据罪。当时刑法学界关于伪造、变造金融票据行为的认定就明显和票据法的规定有出入。故此当时不乏这样的观点:盗窃尚未签名的金融票据的行为可构成盗窃罪。[1] 但是根据票据法有关规定,票据的伪造包括两种情况:一是伪造发票人的签名或盗盖印章进行的发票,二是假借他人名义而进行发票以外的行为,如背书签名的伪造、承兑签名的伪造等。票据变造是指无票据记载事项变更权的人,以实施票据行为为目的,对票据上除签章以外的记载事项,如时间和数额进行变更,从而使票据权利义务关系内容发生改变的行为。显然刑法人和经济法人在理解上的差异来自刑法规定和票据法规定的分离。

分离还反映在行政法、经济法对刑法的诉求得不到刑法立法的回应。

行政法和刑法不衔接体现了立法资源的浪费。从理论上看,第一,刑法典是不可能通过简单的囊括方式将行政法规一一归并进来的。因为这样一来,刑法典条文很可能多达成千上万条。这已然是一种立法表述上的浪费。第二,如果刑法典可以再次明文约定其他法律已经申明的内容,就存在二次立法及开销问题。因为在制定前置法的时候有开销,后来又将前置法内容规定为刑法的时候,势必需要进行新的调研、审查,人力、物力都需要重新支出。而这种开销完全是可以避免的。如果开销支出后,法律条文之间却存在漏洞,那简直就是不划算的,因为后期投入基本上失败了。事实上,漏洞往往不是人为的,很难避免。笔者认为,解决这个问题的简单思路有两条:一是在行政法立法时,赋予附属刑法规范真实的效力;二是在刑法立

---

[1] 参见周道鸾、张军主编:《刑法罪名精释:对最高人民法院关于罪名司法解释的理解与适用》,人民法院出版社1998年版,第271页。

法时，应当对附属刑法的内容进行总结和归类，将存在共性的内容以法典方式确定下来，后面的立法可以直接确定违反相关规定构成犯罪追究刑事责任的刑法条款。有学者担心行政法规定繁多，如果采取充实附属刑法的方式将增加司法人员审查的困难。[1] 笔者认为这是不用考虑的问题。即便没有附属刑法规定，司法人员为了准确适用刑法，也往往会在行政法中寻求相关规定的规范目的，因此无论如何也不能忽视行政法，所以不可能增加司法人员的审查内容。恰恰相反，附属刑法有助于促进司法人员准确理解法律条文。[2] 放弃附属刑法立法不仅造成二次立法资源上的浪费，而且同样造成了刑法典就一个条文多次修正的严重浪费现象。这个问题已经引起了很多学者的异议。

我国自 1998 年之后偏好以刑法修正案方式完善刑法典。刑法立法明显受到一种单一法典化的立法思维定式之限制。这种思维所产生的问题可以从多个维度得到证明。而在该问题的背后反映了我国刑法立法理论研究的严重不足，[3] 当然，这也显示出立法话语权对立法实践的明显制约。但是，法治发达国家的刑法典都相对比较稳定，并不是因为法典完美无缺，这表明法典发达与否并不是判断一个国家法治发达与否的标准表征。据此我们应当意识到，当前立法路径依赖是存在问题的。如果这个问题得不到重视和解决，我国刑事法治道路势必会遭遇不可预测的坎坷。

---

[1] 参见高铭暄、吕华红：《论刑法修正案对刑法典的修订》，载《河南省政法管理干部学院学报》2009 年第 1 期。

[2] 在 20 世纪 90 年代中期，很多刑法学者依据伪造货币罪理解解释伪造票据，和《票据法》中的伪造票据全然不同。这个现象说明，适用和理解行政法对于刑法适用十分必要。

[3] 但从研究文献上可以发现，关于刑法典研究的论文十分少，与民法界关于《民法典》如火如荼的研究呈很大反差。

第二章　当下中国刑法立法的三大理念

第一节　中国刑法立法现代化的背景与时代课题

一、中国刑法立法现代化研究的背景

刑法在我国法治建设中具有不可替代的作用，故此刑法立法工作历来受到高度重视。党的十八届四中全会提出了“建设中国特色社会主义法治体系”的重要命题，强调法治体系建设，必须抓住“立法先行，发挥立法的引领和推动作用，抓住提高立法质量这个关键”。党的十九届四中全会通过了《中共中央关于坚持和完善中国特色社会主义制度　推进国家治理体系和治理能力现代化若干重大问题的决定》，再次将“完善立法体制机制”作为提升国家治理体系和治理能力的重要内容，其中明确提到要“不断提高立法质量和效率”，“加强重要领域立法”。2020 年 11 月，在中央全面依法

治国工作会议上，正式提出“习近平法治思想”，强调坚持依法治国。“科学立法”是依法治国的重要基础，这说明中央对法治建设的决心在不断加强，对立法的重要性的认识也在不断深化。习近平总书记在党的二十大报告中强调，要“加强重点领域、新兴领域、涉外领域立法，统筹推进国内法治和涉外法治，以良法促进发展、保障善治。推进科学立法、民主立法、依法立法，统筹立改废释纂，增强立法系统性、整体性、协同性、时效性。完善和加强备案审查制度”。随着国际形势和国内形势的变化，中国刑法立法的现代化刚刚起步，它还将根据我国社会发展长期、持续、不断推进。

刑法具有调整范围的广泛性、处罚方式的严厉性、法规范层次的保障性（第二次调整法）等基本特征，刑法立法的科学性具有其他法不可比拟的严格要求。刑法立法的科学性首先表现为立法形式的科学性，其次表现为立法内容的体系性及其合理性。科学性是刑法立法的未竟使命，随着我国学者关于刑法立法理论研究的不断深化，在研究领域首先出现了立法观念或者理念的多样化现象，该现象提出了刑法立法科学性在新时代的新课题。

刑法立法理念是关于刑法立法应当采取的形式，刑法立法所应奉行的基本立场，刑法立法内容的态度或者观念。立法理念无疑是立法实践的思想基础。在人类历史上，刑法在静态上有自由和秩序两个基本向度的价值诉求，为此，刑法立法不仅要寻求对国家公民权利与自由的有效保障，而且还应当兼顾对社会安全的有力保护；在动态上，由于犯罪始终存在结构性变化的趋势，即不同种类的犯罪发生的情势总在不断变化，因此刑法保护的重心需要随之不断调整和完善。刑法应最大限度地实现自由保障和社会保护两种机能，尤其是要有效协调和处理两种机能之间的对抗和冲突，这决定了刑法必然具有鲜明的时代性，必须着眼于社会发展而不断修正和完善。

在我国现阶段，如何进一步完善刑法的立法内容无疑是刑法立法的时代课题,但不同的立法内容需要在同一理念下选择与之匹配的立法形式并表现出来,恰如中国山水画和西方油画在形式上有区别一样,不同的艺术形式呈现给我们的内容和意境是完全不同的。这一判断在刑法立法上大抵是可以适用的,即不同的立法形式展示不同的立法任务和价值追求。简单说,刑法立法形式与刑法立法价值存在密切联系:刑法立法价值是刑法立法形式的先导,刑法立法形式是刑法立法价值的表现。刑法立法形式有助于体现刑法立法价值、有利于实现刑法立法价值,其与刑法立法内容的体现及其功能的发挥有直接影响,所以刑法的根本性完善和发展必须从形式与内容两方面有机推动,不能顾此失彼。就刑法立法的内容而言,需要讨论的问题很多,但是总体而言包括两个方面的问题:第一个方面的问题是,当前刑法立法价值是否聚焦于刑法的基本任务和机能;第二个方面的问题是,当前立法的内容设计是否存在过度超前的问题。

参与立法无疑是每个时代的学者实现自己学术理想的最高追求,贝卡里亚、费尔巴哈等西方古典主义刑法学者为我们做出了表率,在中国当代也不乏这样的刑法学大家,如高铭暄教授等。中国学者如何评价上述问题,如何把握中国刑法立法现代化的理想方式和现实道路,无疑是每个中国刑法学者、实务工作者应当从法治高度上重视的时代课题。

二、中国刑法立法现代化

自 1949 年以来,我国刑法立法经历了 70 多年的不平凡和曲折发展。在前 30 年,即从 1949 年到 1979 年,我国刑法实践面临过缺乏刑法典,简单依靠单行刑法甚至依赖刑事政策办案的法制窘境,直至 1979 年《刑法》通过并实施,新中国法治建设才进入到一个相对有序的刑事法制状态。众所周知,1979 年《刑法》颁布之际正是我国开启改革开放之时,随着我国改革开放历史序幕缓缓拉开,社会经济、文化等事业迅猛发展,以往的很多价值观念和生活方式被改变,传统犯罪不断增加,走私、逃税等新型社会问题发展态势也越发严峻,在当时环境下,社会秩序亟待通过刑法加以规制和强化,所以,1979 年《刑法》实施不久就暴露出其应对现实犯罪问题乏力的诸多短板。为了弥补 1979 年《刑法》遗留的大量旧“漏洞”或者社会变化后出现的新“漏洞”,立法机关不得不再次大量启用单行刑法,并通过附属刑法的立法方式予以补充。从 1979 年《刑法》颁布到 1997 年《刑法》全面修订这段时期,我国立法机关先后通过了 25 个单行刑法。[1]

除此之外,立法机关在《海关法》《票据法》《森林法》《传染病防治法》等 100 多部法律中规定了附属刑法,进一步弥补刑法典的不足。大量运用单行刑法与附属刑法对刑法典进行修改和补充也存在明显的弊端。单行刑法与附属刑法广泛存在于刑法典之外,已然出现反客为主的态势。具体表现为:其一,在司法实践中,单行刑法的规定往往比刑法典更加具体详细,造成刑法典中的部分刑法规范因单行刑法的存在而在司法实践中无效化;其二,刑法典之外的刑法规范大量增加,1997 年《刑法》颁布之前,1979 年《刑法》中的罪名由 129 种增加到 263 种。

此外,值得注意的现象还包括司法解释立法化。在我国,法律解释具有准立法的形式。其中,刑事司法解释的目的是通过解释法律使其更加适应社会的需要、解决法律冲突、填补立法空白,对于促进

〔1〕 这些单行刑法包括:(1)《1981 军职条例》;(2)《1981 重犯决定》;(3)1981 年 6 月 10 日《关于死刑案件核准问题的决定》;(4)《1982 经济决定》;(5)《1983 治安决定》;(6)1987 年 6 月 23 日《关于对中华人民共和国缔结或者参加的国际条约所规定的罪行行使刑事管辖权的决定》;(7)《1988 贪污规定》;(8)《1988 走私规定》;(9)《1988 泄密规定》;(10)《1988 动物规定》;(11)《1990 国旗决定》;(12)《1990 治淫决定》;(13)《1990 禁毒决定》;(14)《1991 文化规定》;(15)《1991 惩拐决定》;(16)《1991 禁淫决定》;(17)《1992 税罪规定》;(18)《1992 航空器决定》;(19)《1993 商标规定》;(20)《1993 商品决定》;(21)《1994 越境规定》;(22)《1994 著作权规定》;(23)《1995 公司规定》;(24)1995 年 6 月 30 日《关于惩治破坏金融秩序犯罪的决定》;(25)《1995 发票决定》。

社会秩序稳定、维护公平正义有重大意义。有学者将 1997 年之前刑法解释的情况形容为“立法解释十分薄弱，司法解释异常繁荣”[1]。据统计，自 1978 年起至 1997 年《刑法》修订之前，最高法单独发布以及其与最高检联合发布的刑事司法解释共计 254 件，同时还大量制定规范性文件以指导刑事审判工作，而立法解释机关则没有制定一部立法解释。

除司法机关之外，中国刑法学者在刑事法治建设中也发挥了学术共同体的作用，为刑事法治化的开启、罪刑法定原则的确立、刑法立法的完善、刑事执法和司法的进步提供了极其有价值的理论贡献。如 1994 年，我国刑法学者和实务工作者在南宁举行专题学术研讨会，集中研讨当时的刑法如何修改与完善。[2] 得益于中国实务界和学界人士在理论层面的积极推动，立法机关于 1997 年全面修订刑法，正式废止类推制度并确立罪刑法定、罪责刑相适应和刑罚适用平等三大原则，并根据三大原则的要求化解“口袋罪”，最大限度地对犯罪罪状作出明确的规定。可以说，1997 年《刑法》凝聚了新中国新生代和改革开放新生代两代刑法学者和刑法实务工作者的共同智慧，[3]是一部在立法技术方式和立法价值理念上都具有高度现代化品质的法典。

当然，任何立法都不可能止步不前，它总要随社会发展的变化而变换。唯一不同的是，各国基于对本国现实问题的考察和考量，在如下方面存在各自的特点和差异，如刑法采取何种方式立法、立法的内

---

[1] 李国如：《罪刑法定主义原则视野中的刑法解释》，中国方正出版社 2001 年版，第 134 页。

[2] 参见《中国法学会刑法研究会 1994 年学术研讨会在南宁举行》，载《中央政法管理干部学院学报》1994 年第 6 期。

[3] 新中国新生代学者主要指 1930 年前后出生并于 1949 年之后接受社会主义法学教育的学者；改革开放新生代是指 1960 年前后出生，并且于 1978 年之后接受法学教育的学者。

容有哪些以及立法完善的节奏有多快。1997 年《刑法》通过后，我国立法机关在较短的一段时期内还是习惯性地使用原来的立法方式完善刑法，典型范例就是《1998 外汇决定》。但在此后不久，立法机关一改先前的立法传统，开始尝试采取刑法修正案的方式直接对刑法典具体内容进行增加、删除或者修改。由于这种方式比较新，因此受到了学界和舆论界的赞许。此后，立法机关将刑法修正案作为修改现行刑法的常态方式，甚至也可以说是唯一方式。迄今为止，立法机关先后发布的刑法修正案包括：

（1）1999 年 12 月 25 日《刑法修正案》，该修正案在第 162 条中增加一款，规定了财务会计方面的犯罪，将国有事业单位人员失职及滥用职权的行为纳入到第 168 条的规制范围内，以及加强对证券、期货交易的管制等。

（2）2001 年 8 月 31 日《刑法修正案（二）》，该次修正扩大了占用耕地罪的处罚范围。

（3）2001 年 12 月 29 日《刑法修正案（三）》，该次修正提高了恐怖活动犯罪的法定刑，增设了资助恐怖活动罪，以及扩大了危害公共安全罪的处罚范围等。

（4）2002 年 12 月 28 日《刑法修正案（四）》，该修正案新增了雇用童工从事危重劳动罪，执行判决、裁定失职罪以及执行判决、裁定滥用职权罪等罪，并扩大了走私罪等犯罪的处罚范围。

（5）2005 年 2 月 28 日《刑法修正案（五）》，该次修正增加了妨碍信用卡管理秩序罪，窃取、收买、非法提供信用卡信息罪等。

（6）2006 年 6 月 29 日《刑法修正案（六）》，该次修正新增了违法运用资金罪，虚假破产罪，强令违章冒险作业罪，背信运用受托财产罪，枉法仲裁罪等罪。

（7）2009 年 2 月 28 日《刑法修正案（七）》，该次修正新增了九种新罪名，涉及逃税罪的修订而且降低了绑架罪的法定刑。它被誉为

“注意入罪与出罪相结合、从严与从宽相协调，较好地体现了宽严相济的刑事政策”的修正案。[1]

(8)2011 年 2 月 25 日《刑法修正案(八)》，该次修正废除了部分犯罪的死刑，但其中还是有半数条文提高了刑罚或是新增了罪名，增设了饱受争议的危险驾驶罪，对外国公职人员、国际公共组织官员行贿罪，虚开发票罪，持有伪造的发票罪，组织出卖人体器官罪，拒不支付劳动报酬罪，食品监管渎职罪等。

(9)2015 年 8 月 29 日《刑法修正案(九)》，该次修正增设准备实施恐怖活动罪，煽动实施恐怖活动罪，使用虚假身份证件、盗用身份证件罪以及虚假诉讼罪，组织考试作弊罪，代替考试罪等罪名。

(10)2017 年 11 月 4 日《刑法修正案(十)》，该次修正将侮辱国歌的行为纳入刑法规制范围，目的在于切实维护国歌奏唱、使用的严肃性和国家尊严。

(11)2020 年 12 月 26 日《刑法修正案(十一)》，该次修正增设妨害安全驾驶，危险作业，妨害药品管理，为境外窃取、刺探、收买、非法提供商业秘密，负有照护职责人员性侵，冒名顶替，高空抛物，催收非法债务，侵害英雄烈士名誉、荣誉，非法采集人类遗传资源、走私人类遗传资源材料，非法植入基因编辑、克隆胚胎，非法占用农地，非法引进、释放、丢弃外来物种，妨害兴奋剂管理等罪，另外完善了多条犯罪立法。总体而言，该次修改一是加大力度预防惩治安全生产犯罪；二是完善有关惩治食品药品犯罪、破坏金融秩序犯罪的规定；三是强化企业产权、公共卫生、环境保护领域的刑法保护；等等。

(12)2023 年 12 月 29 日《刑法修正案(十二)》，该次修正完善了行贿犯罪和民营企业内部人员腐败相关犯罪的规定。

---

[1] 参见刘艳红：《我国应该停止犯罪化的刑事立法》，载《法学》2011 年第 11 期。

三、中国刑法立法理念分歧的缘起

立法形式的变化总是有迹可循的,它取决于立法变化背后的某种要求。而立法变化又总是缘于特殊时期的立法理念,包括我们如何评价立法也受特定立法理念的影响。综合已经实施的刑法修正案颁布时间及其内容可见,我国刑法修改有如下四个较为明显的特点:一是修订方式单一,即只采用刑法修正案方式;二是修订节奏较快,自 1997 年《刑法》颁布以来,我国以平均每两年一部刑法修正案的速度对其进行修改;三是修正内容广泛,至今为止,已经实施的 12 个刑法修正案共增加约 70 个罪名,合并性地废除了 2 个罪名,并对大量条文加以修改,涉及条文数多达 100 余条;四是刑法修正的基本趋势明显,即多以增加新罪名与加重刑罚处罚为基本态势。

纵观当前的十余部刑法修正案,可以清晰地看到,我国的刑法立法一直处于活跃及能动的状态之中。近 20 年以来,我国经济和科技不断攀升,国民的社会生活环境和方式发生了巨变。与之相伴,诸多科技型犯罪、技术型犯罪等新型犯罪形态出现,新型技术与传统犯罪结合,呈现出大幅增长的趋势。社会发展以及犯罪类型的变化,加之技术发展导致犯罪查处难度加大等一系列问题,已经对刑法理论与实践产生了深刻的影响,刑法立法如何从传统走向现代是各国都不得不正视的问题。在我国,由此构成的现实写照是,"刑法立法已成为我国立法活动中最积极、最活跃的一个方面。这种积极的立法不仅表现为立法活动的频繁,还表现在立法内容的取向上,在历次对刑法的修改中,基本上是增加罪名或加重对某些犯罪的刑罚"。[1]

上述现状基本上简单明了地概括了我国刑法修订的大体面貌,

---

〔1〕 参见郎胜:《在构建和谐社会的语境下谈我国刑法立法的积极与谨慎》,载《法学家》2007 年第 5 期。

也反映了我国立法机关对社会时代变迁中的刑法如何发展所表现的基本态度。大体而言,这个态度是务实的。其一,其与社会风险化及其管控相适应。如果考虑到风险社会这个特定的社会情境,改变传统法益观念的历史原貌,使其从具体的、物质的、个人的法益概念转向抽象的、精神的、超个人的法益概念,有其必要性,[1]这种认识可以说是刑法学界的基本认识。其二,其揭示了更深层次的立法需求。因为它将一些在以往没有被关注到的、更深层法益的重要性凸显出来,并由此预设了扩大犯罪圈的立法调整方向和犯罪圈的调整范围,犯罪化、犯罪圈扩大仅仅是刑法立法应有的表现样态,我们无法否定它的现实性。从较为微观的层面看,刑法立法犯罪化与犯罪圈扩大还可以通过如下现象表现出来:

一是法定犯增多。传统刑法是在"田园牧歌式"的时代形成的,所以传统刑法预设的主要犯罪类型是自然犯,而风险刑法形成于风险化的社会,风险刑法预设的犯罪是基于技术管制的必要,通常属于法定犯。结果,"随着风险社会的到来以及新型安全需要的扩展,刑法日益关注风险控制,并因此出现了犯罪形态结构由自然犯占绝对优势转向法定犯占绝对优势的变化"。[2] 刑法修正以来的十多个修正案中,所增设的或者被修订的犯罪,除侵犯公民人身权利、民主权利犯罪,侵犯财产犯罪这类典型的自然犯之外,主要还是行政犯或法定犯,这些犯罪主要集中在经济犯罪和网络犯罪领域,在公共安全领域也有一些涉及生产、运输安全管理的犯罪,这些犯罪与传统放火犯等完全不同。

法定犯集中体现了预防型刑法立法理念,这种立法理念虽然是

---

[1] 参见舒洪水、张晶:《法益在现代刑法中的困境与发展——以德、日刑法的立法动态为视角》,载《政治与法律》2009 年第 7 期。

[2] 参见储槐植:《要正视法定犯时代的到来》,载《检察日报》2007 年 6 月 7 日,第 3 版。

着眼于法定犯而进行的，但其合理、务实的做法也回溯性地关照到传统自然犯中，并对自然犯的处理提供了新的思路。如基于风险控制的考量，有学者认为对某些自然犯应当将刑法介入的时间提前，以彰显立法者对风险社会的回应。德国学者乌·金德霍伊泽尔就曾指出，“强奸犯的罪责也许可能很轻微或者由于心理性疾病的原因而根本不能承担责任。但是，他又会造成极大的不安，这种不安不仅是对他自己，更多的是对他人乃至社会的整体。如果说等到他的行为实施完毕、等到这种危害结果出现了再做出反应，显然已为时过晚。对他处以严重的处罚，益处又有多大呢？按照以前的刑法理论，刑法只能等到行为发生危险的后果时才做出反应，然后对犯罪分子处以重刑”〔1〕。此种理解绝非没有道理，除强奸之外，在我国，盗窃罪和敲诈勒索罪在立法上也存在这种转型迹象。然而，由于诈骗罪还维持传统的数额要求，在实践中出现了司法机关难以处理的现象，一定程度上导致各种新型诈骗活动猖獗。

二是抽象危险犯（含行为犯）增多。在以往很长一段时期，我国刑法学界包括实务界对实质违法性的评价，主要立足于结果无价值论之上。因此，犯罪结果往往成为犯罪成立的主要客观要件。这造成刑法立法中呈现以实害犯为基本的犯罪类型、以具体危险犯为例外的犯罪类型、抽象危险犯或者行为犯则是例外中的例外犯罪类型的现状。但是，这并不意味着结果无价值论就是唯一正确的理论，事实上，关于实质违法性评价还存在着与结果无价值相对立的行为无价值论，而且在风险社会中，刑法立法与刑法理论在进行实质违法性评价时，更倾向于行为无价值论。如刑法介入早期化导致实害结果的决定作用下降，且大有让位于抽象危险犯或者行为犯的趋势。危

〔1〕 薛晓源、刘国良：《法治时代的危险、风险与和谐——德国著名法学家、波恩大学法学院院长乌·金德霍伊泽尔教授访谈录》，载《马克思主义与现实》2005 年第 3 期。

险犯增多的方式有三种:其一将原来的结果犯类型中的构成结果删除,使之简化为抽象危险犯或者行为犯类型。如将“足以严重危害人体健康的”要件从原生产、销售假药罪中删除,使得仅有生产、销售假药的行为就足以入罪。其二设立提前性介入罪名,如在交通肇事罪之外创设危险驾驶罪。其三将行为次数或者情节作为入罪条件,稀释了结果在犯罪构成要件中的垄断地位,修正性地将结果犯构造为行为犯,如前所述的盗窃罪和敲诈勒索罪,因为增设了其他补充性的客观构成要件,如“多次”或者“入户”等,因此在很多时候,导致这两个犯罪从较为典型的结果犯演变为行为犯或情节犯。总之,“风险刑法不像传统刑法那样以实害犯为刑法的核心,而是以危险犯为刑法的核心,从而使传统的罪责刑法转变为风险刑法;并且刑法必须要走出罪责刑法的界限,对一些特定的情况施加一些并非依据罪责的反应,这种反应针对的仅仅是犯罪人的人身危险性而不是它的责任”[1]。

上述现象从局部表现了刑法修正案不断扩张的事实。其所引发的许多问题亦受到刑法学界关注,进而引起了下文将要介绍的广泛争议,这些问题所涉及的内容十分多,如危险驾驶罪、拒不支付劳动报酬罪等具体犯罪的立法必要性。但是从宏观上看,主要包括两个层面:其一立法形式层面;其二立法价值层面。立法形式层面的最大争议在于,究竟是要坚持单一法典化的立法道路还是要选择多样化或者多轨制的立法路径;立法价值层面的分歧则在于,是要维系古典主义刑法保障人权的理想,抑或要面向现实社会风险选择预防性的立法。至于对具体犯罪罪状或者刑罚的合理性的对立,则不过是由立法价值观的分歧中派生出来的。总之,基于研究者的经验判断,我国刑法学界在对上述问题的讨论中表现出了具有相当明显的差异性

---

〔1〕 薛晓源、刘国良:《法治时代的危险、风险与和谐——德国著名法学家、波恩大学法学院院长乌·金德霍伊泽尔教授访谈录》,载《马克思主义与现实》2005年第3期。

的三种态度。可以认为，有的学者采取的是保守型的立法理念，有的学者选择折中的立法理念，还有的主张能动或者预防型的立法理念。

毫无疑问，我国当前的主流刑法立法理念塑造着我国现行刑法立法模式、立法基调和立法内容，但是，随着刑法文明的进步和刑法理论探讨的不断深入，所谓非主流的刑法理念也将或多或少地对主流的刑法理念产生一些影响。在刑法立法的将来，主流刑法立法理念也好，非主流刑法理念也罢，既不存在一种绝对正确的立法理念，也不存在一个完全没有现实合理性的立法理念。今天的非主流理论完全有可能成为明天的主流理论。因此，中国刑法立法研究迫切需要通过不同立法理念、不同立法观点的交织论辩寻求更多的共识，进而推动立法理论和立法实践的发展。着眼于这种趋势和要求，我们必须首先讨论在刑法研究中存在的各种不同立法理念。该问题“不仅会涉及我国刑法立法今后的发展方向，还关系到我国公民基本权利的行使范围与界限”[1]。具体而言，就是要划分当前我国刑法的立法存在哪些有代表性的理论或者理念，以及它们究竟表现出了哪些基本特征和要求，进而在共识的基础上确定未来的刑法立法形式，明确当下刑法的立法立场以及具体内容的完善。

第二节　保守型刑法立法理念

一、保守型刑法立法理念概述

保守型刑法立法理念立足于古典主义刑法理论之上，通常将刑法谦抑主义作为逻辑前提，突出刑法的最后手段性。据此，保守型刑法立法理念的代表认为，我国近些年来的刑法修正有违刑法谦抑主

---

〔1〕 黄云波、黄太云：《论稳健型刑法立法观》，载《中国刑事法杂志》2019年第3期。

义,展示出过度刑法化、过度犯罪化的倾向。[1]

在笔者看来,上述论调还不足以全面囊括保守型刑法立法理念的特征。因为它仅仅评价立法内容,而缺乏对立法形式的必要分析。在笔者看来,保守是与激进相对的。何为保守抑或何为激进必然是相对于某个参照对象而言的,那么保守型刑法立法理念与其他刑法立法理念的参照对象是什么呢?在相关研究者的论述中,我们可以发现,近代的古典主义刑法理想实际上不知不觉充当了评价保守型刑法立法理念和激进型刑法立法理念的参照对象。古典主义刑法理想,主要是指近代以来人文主义思想家所提到的刑法思想。这些思想中不乏对立法形式的要求,其中包括由罪刑法定主义所派生的形式规则,该规则对于立法的要求演化为了 19 世纪初的法典化运动。如卢建平教授所言,"1997 年刑法之后的刑法修正之初仍旧依循着古典刑法的路径,恪守罪刑法定,试图竭力修补刑法法网的漏洞"[2]。在此之上,罪刑法定主义还派生出实质规则,如刑罚明确性、刑罚妥当性、人道性等,在立法内容上,它们表现为刑法谦抑主义、刑法的人权保障思想、刑法人道主义、刑罚宽容主义等。

综上,保守型刑法立法理念主要是指遵循古典主义刑法思想,在立法形式上要求或者赞同刑法法典化,在立法内容上强调公民权利保障的理论和观点。

二、保守型的立法形式论

(一)刑法法典化及其根据

形式是内容的呈现,立法表现方式在很大程度上与立法价值和

---

〔1〕 参见黄云波、黄太云:《论稳健型刑法立法观》,载《中国刑事法杂志》2019 年第 3 期。

〔2〕 卢建平:《刑法法源与刑事立法模式》,载《环球法律评论》2018 年第 6 期。

立法内容有密切关联,立法表现方法的法典化是保守型立法论者最基本的主张。而且必须注意到,这种观点是当前中国刑法立法的主流观念,它不仅在理论上具有很广泛的话语权,而且在实践中亦深受立法机关重视。

1999 年以来,我国主要是通过 12 个刑法修正案对刑法进行修正,从而维持了刑法典"一统天下"的格局,并使得刑法法典化似乎成为"一种不可逆转"的趋势。如有学者指出,"97 刑法典颁行后,刑法修正案逐渐成为刑法立法完善的基本方式"〔1〕,甚至说"通过刑法修正案已经成为我国立法机关对刑法典进行立改废的唯一完善方式"〔2〕。至少有三个事实可以对此加以印证:其一,单行刑法逐渐消失。我国立法机关自《1998 外汇决定》之后,再未颁布单行刑法。其二,附属刑法趋于虚化。近些年来的附属刑法基本上以宣示性的方式表现,既无刑罚内容,更无罪状规范,所谓的附属刑法规范不仅缺乏"本法"的明文性,也缺乏对刑法的指引性,处于被"虚化"的状态。〔3〕 其三,刑法修正案"一支独大"。刑法修正案是 1999 年到现在我国立法机关对刑法进行修改的唯一方式。这种现象之所以能发生,主要是因为强调刑法法典化的观点和主张与我国当下现代化治理思路很贴切。

1. 刑法法典化与我国的政治体制具有高度契合性

我国是人民民主专政的政治体制,《宪法》第 3 条第 1 款规定,"中华人民共和国的国家机构实行民主集中制的原则",这是我国政府管理的基本原则。应该看到,民主集中制是我国社会不断发展进

〔1〕 高铭暄、孙道萃:《我国刑法立法的回顾与展望——纪念中国共产党十一届三中全会召开四十周年》,载《河北法学》2019 年第 5 期。

〔2〕 高铭暄、孙道萃:《我国刑法立法的回顾与展望——纪念中国共产党十一届三中全会召开四十周年》,载《河北法学》2019 年第 5 期。

〔3〕 参见童德华:《附属刑法:实现刑法参与国家治理的有效形式》,载《时代法学》2020 年第 1 期。

步的有力保障,特别是在我国这样一个社会结构复杂的国家,它保证集中力量办大事的制度优势已经得到了充分彰显,因此,如何建立高度集中的有效工作体制往往成为各个政府部门关注的焦点。另外,法典化在历史上亦曾发挥过“统一国家”的政治功能,与这种需求之间存在天然的亲近关系。[1] 这或许成为我国当前刑法立法选择法典化模式的政治因素,就如赵秉志教授所说的那样,“我国应当发挥刑法法典化之优势,继续坚持统一的刑法典模式”,因为“晚近 20 年来我国刑法立法的经验表明,统一的刑法典模式是一种成功的刑法立法模式,应当予以坚持”,而且我国现实国情要求我国刑法立法应采取统一的刑法典模式。[2]

2. 刑法法典化理论得到了有效的回应

第一,刑法法典化理论主张保障人权,更能体现传统刑法价值的正确性。形式是观念的载体和体现,因此立法形式必须服务于立法内容。如我们所知,古典主义刑法理想的主要诉求是对人权予以明确、有力的保障。这一主张是针对封建时代罪刑擅断的弊端而提出来的。为了保证这一理想能落到实处,近代思想家纷纷提出了罪刑法定的思想。这一思想和当时的社会思想、科学思想相结合,从而掀起了当时的法典化运动。总之,刑法法典化应当以人权保障为逻辑根据,即“人权保障是刑事法治理念的基础要求,也是当代刑事法治体系中的基础理念,更是当代刑法机能的基础内容,刑法典是这一切的规范依据之起点所在”[3]。在全球结构下,人权保障不仅具有高度的普适性,而且在我国当前的法治环境下无疑还是具有广泛吸引

〔1〕 参见童德华:《刑法再法典化的知识路径及其现实展开》,载《财经法学》2019 年第 1 期。

〔2〕 参见赵秉志:《中国刑法立法晚近 20 年之回眸与前瞻》,载《中国法学》2017 年第 5 期。

〔3〕 高铭暄、孙道萃:《我国刑法立法的回顾与展望——纪念中国共产党十一届三中全会召开四十周年》,载《河北法学》2019 年第 5 期。

力的概念,特别在日常生活中,它与公民的生活和发展息息相关,更容易为民众所体认。诸多与公民自由、权利相关联的刑事案件,尤其是一些具有重大影响的错案表明了人权保障观念在我国当下法治建设的可贵性,甚至稀缺性。刑法法典化无疑有助于强化人权保障意识。

第二,刑法法典化理论主张立法体系的完整性和协调性,更能表现社会科学的现代化要求。科学主义是早期法典化的根据,也是现代法典化追求的目标。今天这种思想还可以进一步借助"科学立法"的政治要求,获得权力机关的青睐。所谓法典的科学性,主要体现为规范的周延性、体系的完整性和内容的协调性,在这种以形而上为标志的科学观念之下,单行刑法、附属刑法很容易被误解为是刑法典的异端或者敌人,进而被排斥在刑法的科学体系之外。如有学者提出,"单行刑法、附属刑法立法模式不易协调与统一法典之间的关系、容易造成刑罚权所及范围的极度扩张、容易造成法律适用中的混淆,容易导致罪名过滥、具文横生等问题也依然存在"[1]。在形而上的科学观念下,一部内容包罗万象且体系完整、协调的大一统的法典是唯一具有科学品质的立法方式,它必然具有"垂范永久"的可能性,立法者可能因此流芳百世,故也是任何立法者都乐见其成的一种立法方式。

第三,刑法法典化理论主张通过立法的单一性,展现立法的稳定性,从而有助于实现刑法的基本机能。一个法律形式,无论其多么理想,如果它无法有机嵌入现代社会,无法实现法律对于社会的自由保护和安全守护两种基本价值向度的目标,也不过废纸一张。因此评价某种立法形式是否可取,最终必须落脚到它是否能有助于充分发挥法律的基本机能上来。对此,赞同者认为从立法演变的轨迹看我

---

〔1〕 黄云波、黄太云:《论稳健型刑法立法观》,载《中国刑事法杂志》2019年第3期。

国法典化的方式是成功的，所以应该得到维护和坚守。还有学者认为刑法立法的稳定性与犯罪的态势平稳性之间具有联系，换言之，犯罪的平稳性决定刑法立法的稳定性。无疑，考察中外刑法立法的历史与现实情形，社会稳定与刑法立法模式之间具有高度的关联性。社会结构急剧变化的时代，社会阶层分化严重，社会个体的行为往往容易失范，犯罪也因此会大量滋生和蔓延。而这些犯罪往往具有一定地域性或者阶段性的共同特征，为了应对这些具有共同特点的犯罪，立法者必然选择以类型化的方式进行规制，以应对具有共性的时代矛盾和冲突。无疑，单行刑法或者附属刑法的集约性特征，能快捷地实现类型化规制的目标，即特殊刑法的立法方式因其具有较好的社会适应性而容易被采纳。反之，在社会发展平稳的时期，社会结构较为稳定，社会阶层分化问题已经得到了有效解决，社会规范日渐健全，个体行为失范的情况并不普遍，犯罪态势因此相对平稳。此时，单行刑法或者附属刑法已经失去其实践的优势而容易被立法者淘汰，统一的刑法典模式得到广泛应用。故而，基于"当前我国社会总体平稳，统一的刑法典立法模式不仅能够较好地保证刑法立法的统一性、完整性，而且完全能够适应我国刑法修法的灵活性、及时性需要。未来，我国刑法立法应当进一步采取统一的刑法典立法模式"。也就是说，"统一的刑法典立法模式更应该得到坚守"〔1〕。

第四，刑法法典化理论主张刑法修正案立法方式的灵活性与刑法典的统一性结合，有助于表现法治的有效性。相较于法律的理想而言，有效性才是法律最坚实的基础。为了论证当前立法方式的有效性，有些学者依据我国刑法实践强调统一刑法典蕴含积极价值，并提出其根据在于确保法治实践的多种有效性。一是认为刑法修正案

---

〔1〕 赵秉志：《改革开放40年我国刑法立法的发展及其完善》，载《法学评论》2019年第2期。

保障了立法的灵活性和统一性，进一步提升了刑法适用效率。二是认为刑法典有助于公民学习刑法，如有学者认为，“我国是成文法典化的国家，刑法修正案通过直接注明修改和补充的内容在刑法典中的位置，不打乱原有的刑法典排列体系，有利于保持法典结构的完整性和内容的统一性。这种方式可以妥当地将新罪名增补进刑法典中，防止修正案与刑法典脱节，便于公民平稳地接受和学习”[1]。

（二）刑法法典化的问题

刑法法典化由于其蕴含的伟大时代理想以及显著的实际运行效果，获得了保守型刑法立法论者的赞许。但是，晚近以来，越来越多的学者对保守型的刑法立法观点和理由进行了批判。就批判者的视角，刑法法典化的主张涉及如下问题：

1. 刑法法典化所依赖的科学方法是否科学

笔者认为，刑法法典化论者所采取的科学方法具有很大局限性。其一，刑法法典化所沿袭的是一种唯理主义的科学逻辑；其二，刑法法典化以“人具有高度的科学理性”为假设前提，因此在实践中，它排斥常识、排斥经验，重视同质性问题，轻视异质性问题，忽视非常态性问题；其三，刑法法典化思维必然限制司法者能力，必然扭曲立法与司法的关系；[2]其四，刑法法典化迎合了法学中的概念思维，其目的与技术未必具有一致性。因为，“立法者往往会自觉或不自觉地将个人的经验、价值观念等内容建构性地掺和进立法活动中”[3]，在立法过程中发挥立法者个人的经验、价值观念的建构性作用未必是坏事，但是，它也未必是好事，至少我们无法担保这种立法者个人诉求在制

---

〔1〕 涂龙科、周兰曲：《光荣与期许：40年刑法立法现代化之路》，载《犯罪研究》2019年第5期。

〔2〕 参见童德华：《当代中国刑法法典化批判》，载《法学评论》2017年第4期。

〔3〕 童德华：《刑法再法典化的知识路径及其现实展开》，载《财经法学》2019年第1期。

度性建构中，不会脱离现实的要求，不会脱离“良法”的内在含义。

2.刑法法典化是否契合当前的社会发展

任何立法必须与时代的发展相协调，这一点即便刑法法典化主张者也不例外，关键的问题是我国现在的犯罪是否呈现出平稳发展态势。犯罪具有两面性，有些犯罪如自然犯具有原发性，有些犯罪具有标签性，如与自然犯相对应的行政犯。自然犯具有历史观念的累积性，因此，其结构较为稳定，这些犯罪的出现在现代社会难以用“标签理论”予以解释，所以说，自然犯在犯罪学意义上具有原发性特征。从当前许多此类案件的统计看，这类犯罪并没有减少，反而在数量上有所上升，在侵犯公民人身权利的犯罪中，由于社会问题导致人际关系紧张，激情杀人、伤害的案件增加较为明显。[1] 在侵犯公民财产权利的犯罪中，尤其要注意，借助现代经济交往方式和技术手段的各类新型诈骗犯罪（如电信诈骗、集资诈骗、合同诈骗甚至诉讼诈骗）呈现出明显增加的势头。总而言之，传统社会常见的自然犯的发展并非平稳进行，而是通过技术变异的方式迅猛增加。司法机关在立法阙如的情况下不得不应急性地颁布一些司法解释应对此类问题，如较为集中地出台了一些关于电信诈骗、集资诈骗的司法解释。而就行政犯而言，因为这类犯罪是根据特定的政策形成的，其犯罪原因可以根据“标签理论”进行解释。由于社会结构变化，当下刑法立法增设的大量犯罪都属于此类犯罪，如拒不支付劳动报酬罪、危险驾驶罪等。这类犯罪的发展，与社会高度风险化、技术化密切相关，而且还应当看到，“在科技革命的推动下，中国社会在步入后工业社会之后将长期在风险社会的侧面。科技发展和社会变迁会使人们活动空间扩宽，同时在新的社会领域还可能出现新的严重越轨行为、新的法不

---

[1] 参见《故意伤害犯罪案件数量为何居高不下?》，载法制世界网，https://baijiahao.baidu.com/s?id=1690000967763882483&wfr=spider&for=pc，2021年1月27日访问。

容许的风险,在较长的一个时段内(比如25年到30年)适度的犯罪化将适应社会发展的实际要求"[1]。在此境遇下,我们很难认为当前中国的犯罪呈现的是平稳发展的态势,也就不能认为单一的刑法法典契合中国现代社会的发展实际需要。

3. 刑法法典化是否实现了体系上的周延与协调

刑法法典化的科学蕴含表现为其具有规范上的周延与协调,但总的来看,这种体系性的目标是难以实现的。笔者认为,当前的体系性目标非但没有实现,而且实际上还受到了不同程度的侵蚀。基于立法者认知能力的局限性,法典永远无法实现周延的目标。另外,立法认知的有限性在个别条文的设计上也表现得十分刺眼,例如关于洗钱罪上游犯罪的多次刑法修正。最后,其他规定也没有真正实现刑法体系上的协调性,反而还破坏了其协调性。高铭暄教授就曾坦诚说道:"历经了十次修正后,涉及的刑法条文数量很大,直接导致97刑法典的条文规定错综复杂,一定程度上打乱刑法典的原有条文格局与体例。加之刑法修正案发布后的刑法典条文未能及时更新版式,导致刑法条文的表述缺乏体系性和适用不便。同时,刑法修正案通过后,罪名确定工作相对滞后,导致司法适用一时陷于被动。"[2]《刑法修正案(十一)》加剧了刑法典协调性被破坏的程度,如妨害驾驶员驾驶的行为以及高空掷物的行为,在以往可通过具体情况的分析分别以现行刑法规定的犯罪予以处罚,司法实践中也没有发生过大的争议,现在立法却将其单独入刑定罪,可以预料到问题将会不期而至。因为司法的确定性是相对的,定罪是根据特定情境进行的选择,司法实践不能为其指定唯一选项,立法更不能为其确定唯一选

---

〔1〕 焦旭鹏:《回顾与展望:新中国刑法立法70年》,载《江西社会科学》2019年第12期。

〔2〕 高铭暄、孙道萃:《我国刑法立法的回顾与展望——纪念中国共产党十一届三中全会召开四十周年》,载《河北法学》2019年第5期。

项。如果行为人怀着报复社会的心态抢夺汽车操纵装置,就为了与他人同归于尽,此时不得依据较轻的罪名处罚;又或者行为人怀着取乐的动机从高空掷物,造成小区行人重伤成为“植物人”,也不能依据以危险方法危害公共安全罪或者故意伤害罪处罚。退一步说,在此场合可以根据想象竞合犯原理从一重论处,这样一来,立法的意义将付之东流,它会造成以危险方法危害公共安全罪与故意伤害罪、过失致人死亡罪、过失致人重伤罪、危险驾驶罪、交通肇事罪等罪之间的协调性问题更加明显。这些现象足以令立法者反省当前法典化的弊端。

4. 刑法法典化是否具有更明显的有效性

任何立法,只要其内容符合实际情况就肯定会取得实际的社会效果。刑法典也不例外地具有有效性。但是,以刑法的实际运行时间来证明其运行效果,却不是一个可取的方式。我们需要解决的问题是在当下的立法体系中,刑法典相较于单行刑法和附属刑法而言是否呈现出更大的优势。必须注意,即便是在赞同刑法法典化的观点中,也有学者承认“统一刑法典的立法模式的确存在一些问题,如在立法的及时性、灵活性方面存在不足”[1]。在单行刑法与附属刑法事实上阙如的情况下比较,这依然不足以说明刑法典的有效性较强或者较弱。笔者认为,我们只能从两个角度对此加以比较:一是立法事项及其立法要求;二是域外立法发展的参照。从立法内容看,单行刑法和附属刑法具有特定性、针对性,可以化解紧急状态下刑法支持不力或供给不足的窘境,因此在理论上应该有比刑法典更明显的有效性。从国外立法发展史看,当前解法典化已经成为一种新的法律潮流。特别是自 1978 年意大利学者那塔里诺 · 伊尔蒂发表了《解法典的时代》一文后,许多学者对本国解法典的过程进行了剖析。事

〔1〕 黄云波、黄太云:《论稳健型刑法立法观》,载《中国刑事法杂志》2019 年第 3 期。

实上，早在学者关注这个现象之前，大陆法系很多国家和地区就掀起了解法典的浪潮。如在刑法法典化的代表国家法国，自 20 世纪 40 年代以来，就先后颁布了规制未成年人犯罪的专门法律，并在行政法中规定保安处分；意大利也出台了多部单行刑法；德国则将附属刑法改造为一种重要的刑法渊源。[1] 此外，如日本、韩国等国也是重点发展附属刑法。笔者认为，上述法、意、德、日四国是大陆法系法典化非常有代表性的国家，而且也是发达国家的代表，其社会现代化、工业化起步较大多数国家早，对许多现代社会犯罪问题的认识也比大多数国家早、认识更深刻，这些国家的立法发展在某种意义上足以成为全球化背景下其他国家刑法立法发展的“风向标”。这些国家的立法实际似乎暗示了法典应对现代社会的无力和特殊刑法应对新型问题的效力。最后，公民知法守法的对象是否限于刑法规范，这无疑构成一个具有实践意义的问题。答案是否定的。原因是：其一，除少数法律职业者和对法律有着非同寻常的热爱者会在立法时主动了解法律规定之外，公民对法律的规定在很多情况下是在法律条文运用的过程获得的，具体而言，只有当特定事件发生之后，公民基于需要才会自觉或不自觉地了解相应的法律规定。其二，缺乏对前置法的了解，不利于公民真正知法守法。刑法具有保障法的属性，其规制目的与范围在很多时候与前置法的立法目的有关，脱离对前置法的理解，不仅公民无法准确理解刑法规范的范围，而且刑法学家也可能犯“隔行如隔山”的错误。特别是其中所涉及的法定犯规定，难以在立法过程中展现出实际价值。故此，无论对普通公民还是司法人员而言，如果在适用与法定犯有关的刑法规定时，对相关行政法律规定的立法目的与规制范围有较为合理的理解，将更有助于他们理解刑法规范

[1] 参见童德华：《刑法再法典化的知识路径及其现实展开》，载《财经法学》2019 年第 1 期。

的规制目的与范围,从而更有利于守法和司法。

刑法在立法完善的过程中必须包容并妥当处理多种社会价值需求。首先,要充分考虑到刑法在国家治理中的特殊地位和使命。其次,要遵循刑法的性质,将刑法作为法治体系的一部分。刑法和其他法律规范内包含保障与被保障、衔接与被衔接的关系,因此,还应当突破刑法典在形式上的自我束缚,突破刑法体系局部性的限制而追求刑法体系的完整性,更大限度地在刑法实践中实现良好的社会效果以及犯罪治理的实效追求。最后,应全方位权衡刑罚的预防机能。立法者不仅要注意通过刑法打击和惩罚已经发生的犯罪及其行为人,还要善于以有效的方式预防其他犯罪的发生,防患于未然。通过立法,既要取得针对特殊人群予以预防的效果,也要取得对普通民众进行法治宣传和教育的效果,让普通民众成为刑法规范的真正创制者和遵从者,从而更好实现行为规范的引导功能。总之,在现行立法格局下,或许应以刑法典为统领,充分发挥单行刑法、附属刑法、立法解释、司法解释、指导性案例、会议纪要等正式的或非正式法律渊源的作用。〔1〕

三、保守型的立法价值论

(一)保守型的立法价值选择

保守型刑法立法理念是基于古典主义刑法理想所产生的立法理念,而古典主义刑法理想则架构了刑事古典学派的基本主张。概言之,古典主义具有历史启迪意义的重要刑法思想包括:(1)反对罪刑擅断,主张罪刑法定主义。(2)反对重刑主义,提倡罪刑相适应原则;反对刑罚残酷,呼吁刑罚人道主义。(3)反对对思想用刑,坚持客观

〔1〕 参见卢建平:《刑法法源与刑事立法模式》,载《环球法律评论》2018年第6期;童德华:《司法解释纳入刑法的调整思路》,载《上海法治报》2020年7月22日,B06版。

危害论，主张道义责任论和报应的刑罚观。通过进一步的分析，我们还可以发现古典主义刑法思想的目标是保障人权和自由，其所建立的基础是“客观主义”，客观主义反对对思想用刑，为达此目标，客观主义刑法理论以行为而不是行为人为中心，行为也因此成为整个刑法理论体系的核心元素，即“由于有自由意志者的精神状态所有的人都是一样的，所以犯罪的大小轻重依所实施的犯罪行为（客观的事实）的大小轻重而定”〔1〕。除确立了罪刑法定主义原则之外，这种客观主义的刑法理论在我国1997年《刑法》中获得了广泛表现。例如，对犯罪行为的明确性要求被人为拔高成为对犯罪行为主体、行为方式和行为对象的具体性要求，另外基于我国特殊的刑法结构，对犯罪行为后果的要求也极为广泛。据此，有学者指出，“1997年修订后的刑法在犯罪论部分基本贯彻了客观主义立场：禁止以类推来填补刑法漏洞；在犯罪成立条件方面，尽量明确各罪的构成要件，特别是对侵犯财产犯罪、经济犯罪的构成要件要素的描述较为详尽、清晰。如此一来，刑法坚持了法治理想——使公民的行为和自由不受司法的过多干预”〔2〕。

这种立法固然维系了对犯罪人权利和自由的保护，但却束缚了刑法社会机能的发挥。例如对行为主体、行为方式和行为对象采取一一具体列举的方式，具象化列举固然具有极为鲜明的指示性，但是，它却使司法陷入僵化和教条化的困境，导致司法实践机能受到不必要的限制，司法人员也因而普遍欠缺司法能动性。1999年之后的立法修订固然有适应社会发展的需要增补犯罪的情况，但也不排除这种情形，即它是为了扭转1997年《刑法》客观主义色彩过浓的问题

---

〔1〕 马克昌主编：《近代西方刑法学说史》，中国人民公安大学出版社2016年版，第96页。

〔2〕 周光权：《法治视野中的刑法客观主义》，法律出版社2013年版，第247-248页。

而出现的。如对财产犯罪“数额”要求的淡化，行为的“多次”也成为决定犯罪的重要根据；再如一些新兴犯罪的构成条件极少再要求行为必须造成“严重后果”或者“后果严重”，“情节严重”或“严重情节”在更多情况下成为立法者青睐的甚至是首选的犯罪构成条件。上述做法无疑形成了刑法预防色彩逐渐增强的态势，预防主义的刑法观正在不断成熟且产生积极的影响。

（二）保守型立法价值的展开

面对预防主义的立法观在立法实践中不断扩大影响的局面，持保守型刑法立法理念的学者发起了反击和批评。他们主张，立法者应当保持充分的理性与克制，应将刑法教义学所主张的法律解释作为适用法律的常态，从而适应社会的变革与转型，以维护法的安定性的立法观念。[1] 此外，他们还具有如下几个方面的明显主张：

1. 主张刑法作为事后法和保障法的特征

近代刑法倡导客观主义和刑法的谦抑性，根据近代刑法思想家的观点，无行为则无犯罪，而行为必须是对社会造成了实际危害或者可能造成危害的身体举动。根据费尔巴哈的权利侵害说，犯罪行为一般应对他人的权利构成侵害或者威胁。反过来看，如果行为对他人的权利不构成侵害或者威胁，那么就不应将其作为犯罪，行为人也就有行动自由。此外，刑法应保持谦抑性，充分发挥事后法和保障法的属性，作为“社会最后一道保障”的刑法，只有在迫不得已的情况下才能介入社会生活，而不能僭越前置法。刑法的前置法包括规定公民平等的人身关系和财产关系的民法，以及规定国家与行政相对人权利义务关系的行政法等。在社会有效的规范体系中，前置法规范相较于道德规范、文化规范而言属于正式的强制性规范，它们在社会

〔1〕 参见童德华：《古典主义刑法理想在积极预防立法中的坚守与发展》，载《荆楚法学》2021 年第 2 期。

生活中发挥着最广泛和最基础的作用。刑法只有在前置法可能面临失灵的情况下才能适用,所以刑法又被认为是其他法律的保障法,其目的在于强制违法行为人遵守前置法规范,确证前置法规范在社会生活中的强制力。有些学者将其总结为,“刑法是民法等第一次法的担保法,是一部事后的制裁法”〔1〕。这不无道理。

2. 遵循法益的立法评价功能

在“二战”之后的数十年间,法益保护主义一直被作为刑事立法的基本指导原理。毫无疑问,这种情况与“二战”后法益概念的理论探讨密不可分。“二战”后,基于对义务违反说的清算和对权利侵害说的反省,各国刑法学者更加重视法益概念在保障人权和自由中的地位,法益成为刑法理论中几乎可以和行为并驾齐驱的重要概念。在这种背景下,张明楷教授提出了一个为保守型刑法理念奉行者所共同接受并赞同的命题,即“法益概念成为确定刑法处罚范围的价值判断标准”〔2〕。可是,“二战”之后的社会变化是巨大的,在此前不到100年的时间里,一些西方国家刚刚完成现代化任务,而在“二战”后不到20年的时候,“现代之后”引发的问题又在这些国家接踵而至。法益概念范围不断被突破,它面临着时代的三重困扰。第一是出现了法益精神化、抽象化现象;第二是出现了超个人法益概念;第三是法益保护出现了前置化现象。这种现象同时提出了一个问题:法益概念是否还具有立法评价或者批评的现实意义?与之相呼应,随着战后科学技术的发展,风险社会悄然降临,科学主义观念日渐淡薄和没落,不同国家在是要坚持自由刑法还是要采取安全刑法之间出现了徘徊。即便如此,仍有一些学者坚守法益对立法的限制功能。在

---

〔1〕 储陈城:《刑法立法向法益保护原则的体系性回归》,载《刑法论丛》2018年第2期。

〔2〕 张明楷:《法益保护与比例原则》,载《中国社会科学》2017年第7期。

他们看来,并非所有的法益都值得或者需要刑法保护,至于哪些法益应当受或者不受刑法之保护,则必须以宪法保障人权与自由的原则为前提,同时,必须严格遵循罪刑法定主义在实质上的基本要求,即处罚应当在合理性和适当性的基础上进行架构。除此之外,刑法只能在其他前置法难以发挥法益保护机能的情况下才能发动起来,并且必须采取对行为人造成最低限度损害的方式。总之,在这些学者看来,无论法益如何变化都不应影响其在立法中的核心地位,否则,"作为体现法治国精神的重要理论标志的法益概念,很难说是风险社会的到来为法益理论的嬗变提供了坚实可靠的基础,相反只会削弱法治国的原则精神"〔1〕。

3. 强调刑法的权利保障功能

基于对现代刑法理想的憧憬,保守型刑法立法论者对立法的权利保障功能做了最大限度的坚守,他们坚决反对将刑法作为社会治理法。首先,基于古典主义刑法理想,有学者认为我国存在"刑法过度化"的问题,而且认为"刑法过度化是对现代刑法观念的背弃,势必引起社会治理的巨大风险"〔2〕。其次,保守型立法论者反对刑法的工具化,其理由在于,"改革开放以来,在旺盛社会需求的驱动下,我国的刑事立法明显呈现单向犯罪化的特点。刑法条文和罪名数量一直处于增长中,特别是近年来刑法修正案频繁颁布所呈现出的刑法立法异常活性化,使得当前的社会治理明显染上了'刑法浪漫主义'色彩,进一步强化了具有根深蒂固历史传统的政策导向型工具刑罚观"〔3〕。还有学者直言,"今后我国的刑事立法,设'立'新罪制定新规,均需更加谨慎而谦抑,不宜过快过激与过急地创设罪名,要在恪

〔1〕 张凯:《法益嬗变的困境与坚守》,载《中国刑事法杂志》2017年第2期。
〔2〕 何荣功:《社会治理"过度刑法化"的法哲学批判》,载《中外法学》2015年第2期。
〔3〕 何荣功:《社会治理"过度刑法化"的法哲学批判》,载《中外法学》2015年第2期。

守刑法谦抑主义的前提下,有效地使用刑法同犯罪作斗争;避免将刑法沦落为‘社会管理法’而不是最后保障法”[1]。根据以上理由,刑法立法要做的不仅仅是增设新的犯罪,而且还应当废止一些犯罪。“立改废释是指对于新型违法犯罪行为要及时入罪,对于不合理的刑法规范要及时修改,对于不使用的刑法规范要及时废除,对于不明确的刑法规范要及时解释。”[2]

4. 反对刑法的工具化

在一些学者看来,刑法立法已经使得刑法渐渐沦为社会治理的工具,而这是值得高度警惕的现象。在他们看来,当前的刑法立法逐步抛弃了规范的实用性与可行性标准。或者说,“刑法立法貌似华丽,但实践中并不存在可适用的机会,由此形成了刑法立法中由立法的实体性扩张向形式性扩张的‘刑法新工具主义’取向”[3]。保守型立法的论者对刑法的工具化还普遍存在如下两种担忧:其一,刑法工具化会破坏刑法的法益保护功能。因为刑法工具化使刑法的目的从保护法益的轨道上偏离,而屈从于规范背后的隐性目的,因此便会造成一种恶性循环,即当立法因隐性目的的需要而肆意扩张时,便会造成刑法越界干预国民的生活,贬损了刑法的法益保障机能,从而导致立法的正当性根据不足。而保守型的立法理念正是与这种批判相契合。他们认为,为了避免刑法过分干预国民的生活,在面对社会变迁时,立法者应当保持充分的克制,这种克制并非什么都不做,而是通过解释的途径,使旧法条与新的社会现象相适应,从而避免刑法工具主义的滋生。其二,刑法工具化会导致立法实用主义或者立法功利主义的泛滥。因为随着罪刑法定主义的确立,法治进程不断推进,人

---

〔1〕 刘艳红:《以科学立法促进刑法话语体系发展》,载《学术月刊》2019年第4期。
〔2〕 刘艳红:《以科学立法促进刑法话语体系发展》,载《学术月刊》2019年第4期。
〔3〕 魏昌东:《新刑法工具主义批判与矫正》,载《法学》2016年第2期。

们认识到刑法的正当性不在于其工具性,而在于其具有的独特价值。哈特指出,“真理注定不会存在于这样一种学说之中,这种学说将集体或一般公共福利的最大化当作其目标;相反,真理存在于尊重基本人权的学说中,这种学说要求保护特定的基本自由与个人利益”〔1〕。因此,无论是“强调刑法作为统治阶级统治工具”,还是强调“刑法应作为调控经济手段的工具”,或者是“刑法是实现国家治理的工具”等诸如此类的刑法实用主义思想都受到了前所未有的批判。

5. 克服立法的情绪化

近年来所颁布的刑法修正案中不可避免存在一些立法理由牵强的条文,有些条文的出台也似乎受社会舆情的促动,因此,有学者认为当前立法存在情绪化,从而暴露出立法理性不足的问题。在持类似观点的学者看来,情绪性立法问题在《刑法修正案(八)》和《刑法修正案(九)》两部修正案中,表现得尤其明显。其例证包括危险驾驶罪。“根据最高法统计,2009 年 1 月起至 8 月止,全国就发生酒后和醉酒驾车肇事多达 3206 起,造成 1302 人死亡。其中,酒后驾车肇事 2162 起,造成 893 人死亡;醉酒驾车肇事 1044 起,造成 409 人死亡。”〔2〕另外,杭州的胡斌案等代表性案例更是引起舆论的一片哗然。面对因危险驾驶机动车行为造成的家破人亡惨案,将该类行为“入刑”受到了社会各界的广泛呼吁。为了回应民意,2011 年颁布的《刑法修正案(八)》中新增了危险驾驶罪的规定。该罪在刑法立法上的脉络很清晰,即经由了从个案揭发到民意沸腾,再从舆论助推到法院裁量,最后形成立法动议的阶段,其立法过程展示了舆论压力下立法机关的趋从与无奈。所以,此举遭到了刑法学界中不少学者的

---

〔1〕 [英]H. L. A. 哈特:《法理学与哲学论文集》,支振锋译,法律出版社 2005 年版,第 212 页。

〔2〕 陈银珠:《〈刑法修正案(八)〉的保守与激进:立法、民意和理论》,载《湖南大学学报(社会科学版)》2012 年第 4 期。

批判,认为这是立法者与汹涌的民意及舆论妥协的结果。不得不承认,立法规制危险驾驶罪在技术运用上存在诸多值得商榷的情形。首先,危险驾驶罪的刑罚只有拘役,这不仅与行政处罚并无太大的程度差异,反而模糊了刑法与行政法之间的界限;其次,危险驾驶罪作为抽象危险犯,并未采取以法益侵害结果为传统入罪的条件的立法范式,转而确立以危险行为作为入罪根据的新范式,有支解传统立法理念的重大危险;最后,该罪属于典型的法定犯,但却是在欠缺前置法充分运用的基础上出台的,即在相关行政部门没有做出尝试和努力的情况下,而将危险驾驶行为匆匆入刑,没有坚守刑法的"事后法"性质。因此,在秉持保守型立法理念的学者看来,情绪性立法还与重刑主义牵连在一起,所以应当被限制。如有学者主张:"情绪性立法往往伴有严重的重刑主义色彩,这与刑法的谦抑性相背离,必须予以杜绝。如果仅仅因为刑法适用的效果更加直观、明显,却不考虑由此可能带来的刑法膨胀、动辄入罪、侵犯人权的负面效应,实际上无异于饮鸩止渴,从而导致刑法的公正和权威受损。"〔1〕

依据早期古典主义刑法理想的立场与方法,上述主张无疑是正确的,但是,这些理由或者观点由于具有过度的绝对化,以至于其在当下的时空结构下往往难以获得实践的有力支撑。以刑法的事后法属性为例,保守型立法理念仅仅注意到刑法立法积极的表象,而忽视了触动刑法积极发展的深层社会原因。再以法益的评价功能而言,保守型立法理念如果不能否定法益概念的发展,就不可能否定法益对立法的现实评价功能,但它如果否定了法益概念的发展,就很难坚持法益对立法的现实评价功能。再就刑法的权利保障功能看,世界上绝对不存在只保护犯罪人不保护善良国民权利的刑法。至于工具

〔1〕 刘宪权:《刑事立法应力戒情绪——以〈刑法修正案(九)〉为视角》,载《法学评论》2016年第1期。

性特征,法治本来就是国家进行社会治理的手段,刑法亦不例外。柏拉图曾言道:“我们建立这个国家并不是为了某一个阶级的单独突出的幸福,而是为了全体公民的最大幸福;因为,我们认为在一个这样的城邦里最有可能找到正义,而在一个建立得最糟的城邦里最有可能找到不正义。等到我们把正义的国家和不正义的国家都找到了之后,我们也许可以作出判断,说出这两种国家哪一种幸福了。”〔1〕可见,实现美好生活才是人类的生活目标,保守型立法理念并不能为现代刑法立法提供有现实意义的指导。但是其表明的立法情绪化问题却不得不引起我们的认真思考和理性对待。

第三节 预防型刑法立法理念

一、预防型刑法立法理念概述

法典化固然拥有显著的理论魅力,但是其现实缺陷也是较为明显的。围绕法典化与去法典化的道路选择,今后的刑法立法究竟应当何去何从呢?陈兴良教授为此提供了现实的思路。他在对于刑法修正案方式表示肯定的同时,也对其可持续性表示了疑虑。他认为,“随着刑法不断修改,增补的罪名日积月累越来越多,刑法典规模越来越大,总有难以容纳之时”。所以,“对于我国刑法来说,目前这种统一刑法典的方式如果能够维系当然可以继续保留,如果将来立法突破了目前的刑法框架结构,则另外开辟单行刑法和附属刑法的形式,不失为一种合理的选择”〔2〕。这种思路无疑预示着刑法立法不

〔1〕[古希腊]柏拉图:《理想国》,郭斌和、张竹明译,商务印书馆1986年版,第133页。

〔2〕陈兴良:《回顾与展望:中国刑法立法四十年》,载《法学》2018年第6期。

得不面向的预防目的如何有效实现的问题。

预防一般分为一般预防和特殊预防。但是,在立法层面,预防不可能针对任何具体的个人或者行为,因此,立法中的预防就是一般预防。在一般预防中,消极一般预防以理性人为预设前提,通过适用犯罪与刑罚的规定,发挥威慑一般人的效力。但是,理性人这一前提毕竟是理想化的预设,不具有现实性,且研究表明,环境、情绪等因素同样对犯罪有重要影响。可以看出,犯罪并非利益权衡的后果,消极一般预防的观点与事实不符。[1] 同时,由于消极一般预防理论过度重视刑罚的威慑作用,往往导致重刑主义泛滥。并且,消极一般预防理论忽略了人的主体性地位,将对犯罪的刑罚处罚作为一种防卫社会的手段,有违人权至上的法治国原则。[2] 因此,消极一般预防理论已经鲜有人提倡了。

积极一般预防是指国家通过制定和适用刑罚,教育潜在的犯罪人和一般人,培育民众的法忠诚意识。其核心在于,犯罪预防目的的实现不是建立在公民被动守法基础之上,而是建立在公民主观规范意识的内在强化之上。积极一般预防之所以是积极的,是因为它主张立法者不应期望通过事后的刑罚来震慑具体的犯罪人,也不应期待通过事后的刑罚来威慑社会上的一般人;相反,他应努力超越简单的威慑论实现犯罪预防的目的,即通过增强民众对法的忠诚度来达到事前预防犯罪的目的。积极一般预防论相对于消极一般预防论,其优势在于避免了以威慑为基础的消极一般预防对人的主体尊严的侵犯:其一,强调公民是刑法规范的参与者与践行者,基于对法的忠诚义务,他们应当自觉遵守行为规范,防止实施犯罪行为;其二,它在

---

〔1〕 参见徐伟:《论积极一般预防的理论构造及其正当性质疑》,载《中国刑事法杂志》2017 年第 4 期。

〔2〕 参见张道许:《风险社会的刑法危机及其应对》,知识产权出版社 2016 年版,第 120-121 页。

科处刑罚的同时,还强调裁判规范的使用具有唤醒和再造民众规范意识的作用;其三,在风险社会,我们不能把法律的作用只限于对危险的事后的消极补偿机能,还应承认法律具有事前的积极干预与预防性机能;其四,社会要求刑法保护机能前置化,并采取缓和的法益保护,将犯罪行为的非法性置于行为规范的不履行上。这些都是为了强化刑法的事前预防性质,通过刑法的积极干预与处置,把社会的危险始终控制在安全的范围和幅度之内。[1]

与保守型刑法立法理念相对的就是激进型刑法立法理念,在更多时候,激进型刑法立法理念又被称为预防型刑法立法理念,或者就是一般积极预防的刑法立法理念的代名词。激进型刑法立法理念并不能完全表明预防型刑法理念的时代意义,用预防型刑法立法理念作为对保守型刑法立法理念的进一步回应,并不失其恰当性。根据一些学者的观点,所谓预防型刑法立法理念,是与建立在启蒙思想之上的传统古典主义刑法理念相对应的一种刑法立法观点或者立场。这种立法理念不再严格强调以既成的法益侵害结果作为追究刑事责任的基础,而是着眼于未来,基于对社会安全的关注,强调防范潜在的法益侵害危险,从而实现有效的社会控制。[2]

二、预防型的立法形式论

与预防型刑法立法理念相匹配,持该种理念的学者强烈反对单一刑法法典化的立法进路,主张多样化的立法方法。特别是,他们基于对法律现代化之后立法使命的重塑,以及对解法典化理论范式的研究,或者秉持比较研究方法,为新的立法方式提供理论根据。尽管

---

〔1〕 参见张道许:《风险社会的刑法危机及其应对》,知识产权出版社 2016 年版,第 126 页。

〔2〕 参见何荣功:《预防刑法的扩张及其限度》,载《法学研究》2017 年第 4 期。

保守型的刑法立法理念具有更大的学术话语权，更为立法机关所青睐，但是理论界不得不承认，“越来越多的学者主张中国的刑法立法模式应告别集中立法模式，而要像德国日本等大陆法系国家那样采取分散立法模式”[1]。

1. 多样化立法具有更为现实的科学根据

刑法法典化所依赖的科学根据是唯理主义的科学实在观、形而上的方法论。知识不仅来自实践，也来自想象，想象“是以感性事物的影像为对象，想象是对此种影像的认识能力”[2]。多样化立法体现了对经验知识甚至常识的尊重，具有更扎实的科学根据和现实基础。首先，它通过对经验知识和常识的吸纳，弥补法学家和立法者的知识的不可靠。其次，法学家和立法者一般通过想象的方式预定犯罪的类型。但是，立法想象必须建立在社会生活经验之上，法律生活经验为法律知识提供了最切实的保障。无疑，单个人的生活经验总有这样或者那样的不足，法学家或者立法者的想象远远比不过民众想象的总和，这就是为什么法律实践中的犯罪方法远比立法规定的方法多，为什么立法总存在“漏洞”而不可能十全十美的原因。再次，多样化立法更好地回应了立法的现实合理性问题。“合理性是当代世界哲学的主题之一”[3]，社会科学不仅有真理性问题，而且还涉及合理性问题，也就是贝克所谓的科学理性与现实理性问题。法典化主要立足于真理性的认识论之上，但对于法律实践，真理不仅是可争辩的，而且也是不充分的。法学家和立法者必须在客观真实的基础上合理地解释其现实价值和未来意义，从而界定、引导和规范人们的行为，就如对危险驾驶罪的立法，出现了少数法学家批评而绝大多数

---

〔1〕 焦旭鹏：《回顾与展望：新中国刑法立法 70 年》，载《江西社会科学》2019 年第 12 期。

〔2〕 张世英：《哲学导论》，北京大学出版社 2002 年版，第 51 页。

〔3〕 欧阳康主编：《社会认识方法论》，武汉大学出版社 1998 年版，第 52 页。

民众一致叫好的局面,应该说民众的需要是不可忽视的因素。最后,多样化立法有助于避免法典化实践缺陷。法律的合理性具有更为明显的社会实践意义,法律为了获得社会民众的响应,有时候不得不考虑习惯和传统,这就是社会常识有时候在法律实践中也会产生重要作用的缘由。其结果就是法学家和立法者所设计的法律条文可能会因为受到社会观念的抵制而被搁置或者存而不用,例如"禁酒""禁鞭"等行政性取缔措施,最终因为与文化、习俗格格不入而不了了之。总之,在科学立法中首先要摒弃精英主义的立法思路,而且在民主政治中,立法本身所不可避免的利益博弈也不可能成就专家的理想蓝图。一言以蔽之,单一刑法法典化既无科学根据,也不具有现实可能性。而单行刑法和附属刑法由于其明显的针对性,有利于民众及时地对立法诉求做出积极的回应。

2. 多样化立法有助于维系刑法典的体系性和稳定性

实践表明,刑法法典化并没有很好地处理刑法典的稳定性和系统性问题,在立法稳定性方面的问题主要有二:其一,刑法典修正频繁,节奏太快太仓促,前十个刑法修订案平均周期 2 年左右,其中最短的间隔时间不到 6 个月;其二,一些条文至少被修订两次或者两次以上,如洗钱罪关于上游犯罪的规定。这些问题说明立法者理性明显有局限,对立法体系欠缺充分考虑。在系统性方面的问题也表现在两个方面:其一,刑法与外部法律体系不协调,众所周知,刑法体系与行政法体系不衔接的问题十分突出,诸多行政法中明确应追究刑事责任的规定在刑法中找不到对应的条文;其二,刑法内部条文之间也存在不协调问题,如按照一般立法例,故意犯罪是立法原则例,过失犯罪规定是例外例,所以故意犯罪规定在过失犯罪之前,但是,这种关系在《刑法》第 133 条的交通肇事罪和第 133 条之一的危险驾驶罪之间完全颠倒了,一定程度上也造成了司法适用中的困难。再如《刑法》第 286 条之一属于监督责任者犯罪,将其放在行为责任者犯罪之后表述可能更为妥当,但是,它却规定在非法利用信息网络罪、帮助信息网络犯罪活动罪之前,这不利于对条文关系的理解,也不利于罪刑的确定。多样化的立法完全可以避免此类问题的发生。首先,通过单行刑法和附属刑法修订刑法,可以避免法典被频频修改的情况发生,从而维系法典的稳定。现行《日本刑法典》颁布于1907年,迄今已经有100多年的实践历史。《日本刑法典》之所以能保持如此稳定的状况,就在于该国对法典本身修正并不频繁,主要通过单行刑法和附属刑法及时填补法典的不足,从而在《改正刑法草案》未能获得通过的情况下依然保持现实效力。[1] 其次,通过单行刑法和附属刑法修订刑法,可以避免因事态紧急而对立法内容考虑不周全的问题,也可以进一步避免刑法典稳定性受到冲击的问题,而且也不用过多关注法条的体系性问题,一旦启动刑法再法典化的程序,需要将相关内容吸纳到刑法典中去的时候,可以最大限度避免因立法时限紧迫造成的立法体系不科学的问题。总之,我国越来越多的学者意识到我国刑法在发展道路上首先需要解法典化,但是在目标上仍然要积极探寻再法典化之路。[2] 只不过刑法再法典化的路径如何实现,在理念、模式与方案上还有进一步研究的空间。

3. 多样化立法有助于释放刑法的功能

一元化的刑法立法模式很难适应司法实践的要求,更不符合社会发展的规律。该模式下需要不断改动刑法典,不仅是对刑法安定性的侵蚀,还会给刑法的权威性和可靠性带来重大负面影响。[3] 特别是刑法典修订的程序无疑更为复杂,要求更高,因此其立法周期自

---

〔1〕 参见[日]大塚仁:《刑法概说(总论)》(第3版),冯军译,中国人民大学出版社2003年版,第45-49页。

〔2〕 参见张明楷:《刑法的解法典化与再法典化》,载《东方法学》2021年第6期;姜涛:《现代刑法的立法转型与再法典化》,载《中国刑事法杂志》2023年第2期;刘艳红:《我国刑法的再法典化:模式选择与方案改革》,载《法制与社会发展》2023年第3期。

〔3〕 参见何群:《论我国刑法立法的科学化发展》,载《学术论坛》2016年第9期。

然较特殊刑法长，但在特殊情况下，刑法典特定社会功能却可能无法得到彰显，因为它被其他规范所淹没。而以刑法典为中心的多样化的立法体制，一方面通过刑法典维系对传统核心犯罪的基本规制，伸张现代刑法的基本理念，依旧能有效维护公民的个人法益，实现保障自由、人权的价值诉求；另一方面，借助特别刑法特事特办，有针对性地回应社会非常态问题，用单行刑法对特别事务进行应急性规制，用附属刑法对新兴问题加以衔接性规制，不仅能最大限度化解社会风险，维护社会秩序和安宁，保护社会和国家法益，还能节约立法资源，严密刑事法网，减少立法漏洞。总之，多样化立法既能表现刑法的传统理念，又能及时填补刑法典中存在的漏洞，甚至安抚民众的情绪性恐慌，可以最大限度地释放刑法的人权保障机能和社会保护机能。

4. 多样化立法是时代的潮流

在解法典化思潮的推动下，多样化立法已经成为一种世界的立法潮流，这种立法思潮影响所及，在世界法律版图中已不再限于大陆法系国家和地区，还包括英美法系国家和地区；在法领域中不限于刑事法领域，还包括民事法领域。在大陆法系的典型国家，如德国、日本、韩国、意大利无不采取多样立法。而且，今天多样化立法在刑法中已经不再限于传统的刑法典、单行刑法和附属刑法，还包括司法解释、司法判例等。

5. 多样化立法格局在我国已现雏形

在我国，传统刑法观点认为，刑法渊源包括刑法典、单行刑法和附属刑法。但是，从实质角度看，立法解释、司法解释以及指导性判例也都发挥着立法上的指导功能，在此意义上，应当说多样化的立法雏形不仅在我国出现了，而且是以特殊方式呈现出来的。一是立法解释。关于立法解释的地位或者性质在理论上不乏争议，但至少有一种观点表明，法官并非立法解释的主体，立法解释也不以裁判方式为表现形式,其效力与法律相同,因此立法解释属于立法的表现形式。[1] 除此之外,还可以看出立法解释可能对立法产生了事实上的影响。如有人指出,“立法解释不仅频繁,而且致使刑法立法解释与刑法规范的创设之间界限发生模糊,进而出现刑法立法权虚置的现象”[2]。二是司法解释。近些年来,司法解释的立法化已经成为一个十分明显的事实。学界认为,司法解释的立法化说明司法解释对刑法规范的阐释、说明已与立法活动无异,实质上是创设刑法规范的活动。只要某一活动是为了一般性地确定抽象的行为规则,都可以视为实质的刑事立法权。[3] 三是指导性案例。指导性案例是近些年司法改革的新生事物。2010 年下半年,“两高”分别发布《关于案例指导工作的规定》,此后两大司法系统分别发布了多个批次的指导性案例。在实践中,指导性案例的效力经历了从无到有、从弱到强的变化。如 2010 年最高检《关于案例指导工作的规定》(已失效)第 15 条规定,“指导性案例发布后,各级人民检察院在办理同类案件、处理同类问题时,可参照执行”,但在 2019 年的修订版第 15 条第 1 款中规定“各级人民检察院应当参照指导性案例办理类似案件”。关于指导性案例的性质或者地位,也有学者认为,“我国指导性案例的效力来源更接近法律拘束力”,也即“准法律拘束力”。[4] 还有学者认为,人民法院的指导案例必须经由最高法审判委员会讨论通过,“其效力当属于类似司法解释的‘硬指导’,下级法院裁判时也就应当加以援

---

〔1〕 参见李希慧、廖梅:《我国刑法立法解释性质问题探讨》,载《法学》2004 年第 8 期。

〔2〕 项婷婷:《刑法解释僭越刑事立法的危害与规避》,载《湘潭大学学报(哲学社会科学版)》2018 年第 5 期。

〔3〕 参见项婷婷:《刑法解释僭越刑事立法的危害与规避》,载《湘潭大学学报(哲学社会科学版)》2018 年第 5 期。

〔4〕 参见邹兵建:《两高指导性案例效力新论》,载《时代法学》2014 年第 3 期。

引了"[1]。总之,上述学者均倾向于认为指导性案例具备了法律规范的属性。

在笔者看来,刑法立法解释、刑法司法解释和指导性刑事案例实际上都已构成刑法新的渊源。首先,从法律规范的本质上看,它具有事实和法律后果两方面的拘束性,一般而言,刑法立法应当同时包括罪状和法定刑两部分,但这是典型的《刑法》分则条文规定,事实上刑法条文并不完全都是关于罪状和法定刑的规定,在很多条文中体现了条文事实上的拘束力,如《刑法》总则第 5 章的解释性规定。即便在《刑法》分则中,也存在类似规定,如第 141 条第 2 款关于"假药"的补充性规定,再如第 243 条第 3 款关于诬陷与错告的提示性规定,等等。可见关于犯罪法律后果的拘束性并不限于以显性方式在法律规范中表现出来,它完全可以通过隐性的方式为典型刑法规范所援引适用,进而发挥其普遍性的行为指导、行为制裁的效果和价值。其次,和类似条文比较,有关立法解释、司法解释和指导性案例与之并无实质差异。最后,司法本身具有续造法律的功能。解释和判例的指导性既可以在一定程度上弥补立法活动中存在的缺陷,同时还可以促进立法活动进一步完善。

三、预防型的立法价值论

(一)预防型立法价值论的出发点

总体而言,预防型刑法立法理念在理论上更受青睐,获得了大多数学者尤其是青年学者的赞同。简言之,"现代的刑法立法明显具有功能性,从消极立法变为积极立法"[2]。事后报应的治理意义不适应风险社会,树立积极干预、积极治理的刑事立法思维已然成为共

---

[1] 牟绿叶:《论指导性案例的效力》,载《当代法学》2014 年第 1 期。

[2] 周光权:《积极刑法立法观在中国的确立》,载《法学研究》2016 年第 4 期。

识。面对社会的不断发展，应不忘刑法对社会基本秩序的保护，慎重对待一般积极预防理念的崛起，力求以谦抑态度适用刑罚，探索轻缓化的刑罚道路；要严密刑事法网，以慎重的态度积极发挥调整社会的功能。故而，既要避免刑法的必要犯罪化与谦抑精神之间无谓的对立，也不需要丧失对刑法保障自由的古典情怀的向往，丧失对立法科学性、司法理性等法治力量的信心。

（二）预防型立法价值论的基本特点

关于预防型刑法立法理念的表现方式，存在不一致的表述。[1]综合正反两方面的观点，我们认为，预防型刑法立法理念具有如下几个层面的特征：

1. 立法动因方面高度关注刑法立法的现实效用

立法不可能与现实相脱离，脱离现实的立法就是无根之木、无本之水，只能喧嚣一时，不可能长久维系下去。笔者认为，保守型刑法立法理念之所以响应者不多，其中最根本的一个问题是，它试图根据早期古典主义刑法理想建构理性的刑法，而无视刑法作为实践性很强的法律的根本特性，忽视了法律所生成的现实世界的变迁与发展，其在大力弘扬刑法立法的自由价值时，忽视了秩序也是一个重要的立法价值，而且是一个和自由既具有对立性也具有统一性的立法价值。就刑法的现实任务看，它必然包含古典主义刑法精神与保障人权、保障自由的价值追求，至少在今天，我们看不到哪个现代化国家或者地方的刑法不重视立法中的自由价值，甚至毁灭或者破灭自由价值。现代法律的本质不容许刑法立法在价值考量时，仅仅片面维护自由的保障或者仅仅片面保护社会秩序。作为民主政治的刑法立

---

〔1〕 代表性的论述请参见周光权：《积极刑法立法观在中国的确立》，载《法学研究》2016 年第 4 期；何荣功：《预防刑法的扩张及其限度》，载《法学研究》2017 年第 4 期；劳东燕：《风险社会与功能主义的刑法立法观》，载《法学评论》2017 年第 6 期；储陈城：《刑法立法向法益保护原则的体系性回归》，载《刑法论丛》2018 年第 2 期。

法，必须在利益博弈之间寻求各种社会利益能最大限度共存的平衡点，这样才能取得最大公约数的立法共识，从而实现立法的任务。

但是，立法者显然不能以骑墙的态度在自由价值和秩序价值之间作出精准的中间选择。刑法立法的需求不同，其完善方式也不一样：一是非犯罪化立法，这种立法往往出现于政治与社会结构、社会观念历经了重大变化的国家和社会，所以这种立法方式本身具有高度的危险性。最为稳妥的非犯罪化立法就是遵循自发进化的过程，将一些过时的条文存而不用，逐步消亡。二是犯罪化立法，它实际上是对既定法律秩序之状态的不满和突破，因此也表现出对自由的必要牺牲和对秩序的坚定维护，基于这种缘由，追求秩序是刑法立法的天性，立法者制定刑法必然是为了更好地维护社会的整体秩序。[1]所以，对预防型刑法立法理念而言，最重要的问题是，它所提出预防的结论是否具有真实的社会需要。这涉及对真实的社会需求的评判标准、真实的社会需求的基本形态及真实的社会需要对立法重心可能造成的制约等三个主要问题。

第一，在真实社会需求的评判标准上，预防型刑法立法论者反对理想主义的推理分析，主张现实主义的经验分析。保守型刑法立法论者的主张带有明显的建构主义色彩，即遵从古典主义刑法价值的理论预设，批判当下的立法举措，进而提出理想化的立法建议。这种观点不仅不为稳健型刑法立法论者所赞同，而且更为预防型刑法立法论者所批判。诚如黄云波博士所说，保守型刑法立法论者“对刑法修正的宏观社会背景与我国刑法原有规定本身之不足缺乏足够的重视，因而他们对我国刑法修正工作的批判是失之偏颇的。他们是在忽略时代发展、刑法发展的情况下，过分执着于古典主义刑法立法

---

〔1〕 参见赵秉志：《改革开放 40 年我国刑法立法的发展及其完善》，载《法学评论》2019 年第 2 期。

观,因而在一定程度上带有一定的保守主义色彩,如果以之指导我国今后的刑法立法工作,可能会导致刑法难以适应社会"[1]。保守型刑法立法理论忽视了立法背景,没有对现实予以必要考虑,仅仅为了实现理论的自洽性,不惜将刑法立法置于一个理想的真空环境予以理性建构,另外它还存在隔绝刑法体系与政治体系、道德体系、经济与社会等分支体系之间的交互关系的问题,最终建构的不过是一个特殊的封闭系统。因此,也如周光权教授所说,"目前对刑法修正案的许多批评,其立足的刑法观以及对批评工具的使用,未必都与当下中国的时代特色和时代精神相契合,有很多经不起推敲的地方"[2]。理性主义立法观不仅在科学性上是值得质疑的,而且对当前中国刑法发展(包括立法完善)并无裨益。当前中国刑法法治建设最为稀缺的理论资源不是法治国的理想图景,而是实现法治国理想图景的有效途径。立法是一个逐步摸索的漫长过程,而且立法不可能终结,它永远都在持续进行中。一项规定不可能一步到位,也可能如洗钱罪等罪的立法那样出现反复。这种现象并不可怕,可怕的是对这种现象熟视无睹、欠缺反省的研究态度,对此问题进一步要反对的是,将刑法教义学原理与方法无差别地运用于刑法立法的习惯性意识,且将其视为理所当然之做法。立法完善意味着对既定规则的反思,虽然刑法教义学可以为刑法立法提供明确化和体系化的帮助,但相较于刑法教义学,刑法立法更依赖刑法哲学和刑法社会学的指引。刑法哲学和刑法社会学可以为立法者提供经验性的分析,为立法社会需求之客观性提供科学根据。周光权教授提出,当前的刑法观要"从形而上学的理性思考适度转向更为现实的具体考量、经验判断"[3],

[1] 黄云波、黄太云:《论稳健型刑法立法观》,载《中国刑事法杂志》2019年第3期。
[2] 周光权:《积极刑法立法观在中国的确立》,载《法学研究》2016年第4期。
[3] 周光权:《积极刑法立法观在中国的确立》,载《法学研究》2016年第4期。

这个论断是正确的，如果要表述得更为积极一点的话，那就是，我们需要的不仅仅是刑法观念上的转向，更需要的是依循刑法的实践道路实现刑法观的转向。在刑法实践的社会范式已经明显变化的情况下，抱守旧的刑法教条的态度是不合时宜的。

第二，社会风险化再加剧，构成预防型刑法立法理念产生和增强的社会土壤。从全球视角看，“二战”以后，西方发达国家的经济与科技得到迅猛发展。现代化虽然造福了人类，其带来的负面因素也是无法低估的。“在现代化进程中，生产力的指数式增长，使危险和潜在威胁的释放达到了一个我们前所未知的程度。”〔1〕交通安全、环境和核安全问题成为重点性问题。社会呈现出的风险化趋势重构了犯罪形态和犯罪预防的观念，并在20世纪70年代引发了刑法立法“活性化”景象。〔2〕“立法活性化”较为共同的特征就是刑法处罚范围扩大化、刑法干预的早期化、立法目标的预防性。例如，在德国，刑法立法不仅扩大了处罚范围，而且广泛设置抽象危险犯，法益概念不断被抽象化和模糊化，逐渐泛化为一个可以容纳所有东西的概念。在处罚上，德国刑法也表现出更多和更严厉的倾向。〔3〕在日本，一方面，立法机关对刑法典与相关法律进行了频繁的修改，犯罪化趋势明显；另一方面，刑法介入范围扩张化、刑法介入或者法益保护提前化也是较为通行的办法。但是，现代性风险并没有因为有关国家的干预和调控而被减缓，在人类社会刚刚迈入21世纪的时候，犯罪化的浪潮随着全球化而席卷世界各地。一是美国2001年发生了恐怖袭击事件，随后，恐怖主义犯罪在全球不断发生，对此，全球性的反恐怖应对

---

〔1〕［德］乌尔里希·贝克：《风险社会》，何博闻译，译林出版社2004年版，第15页。

〔2〕参见童德华：《古典主义刑法理想在积极预防立法中的坚守与发展》，载《荆楚法学》2021年第2期。

〔3〕参见［德］托马斯·魏根特、张志刚：《德国刑法向何处去？——21世纪的问题与发展趋势》，载《刑法论丛》2017年第1期；张旭：《社会演进与刑法修改——以德国为视角的研究》，载《法制与社会发展》2003年第2期。

机制日趋强化，各国应付恐怖主义犯罪的标准更高、措施更强、立法更为严密、打击更为严厉。二是互联网技术的飞速发展以及大数据技术和人工智能的广泛应用，使得传统犯罪手段变异，新技术也被犯罪分子广泛采用，犯罪对象更广泛，犯罪结果更严重。三是公民信息的安全受到史无前例的威胁，网络刑法因此成为一个全新的重点研究领域。[1] 在全球化浪潮之下，没有一个国家或者地区可以幸免于现代风险之难。从国内视角看，我国自改革开放之后，就坚定不移地走向了全球化、现代化道路。客观而言，我国历经了新中国建设初期、富国时期，并正在向强国的道路前进。西方发达国家曾经出现过的问题，我们或多或少都有经历。现在，我国金融市场的发展已跨过了新兴金融的巩固阶段，进入了以金融创新为驱动的深化阶段，传统的金融管理制度面临失效的风险，新的管理制度还没有建立，[2] 这导致金融安全面临新的威胁，“蚂蚁金服事件”在某种意义上已经为我们敲响了警钟。[3] 我国是电信诈骗的主要受害国，网络上的集资、套路贷问题层出不穷。我国不仅面临现代化的风险，而且这种风险丝毫不亚于其他国家。这就是我国刑法立法无可否认且必须正视的现实。

第三，立法价值偏重于刑法对社会安全和秩序的保护。有学者指出，“以犯罪规定而言，目前我国刑法中的犯罪圈较小，因此在将来很长一个时期，立法上的犯罪化是刑法立法的主旋律”[4]。犯罪化

---

〔1〕 参见张家铭：《美国恐怖主义犯罪规制探析》，载《长春师范大学学报》2018 年第 7 期；林广：《20 世纪 90 年代美国治理犯罪研究》，载《社会科学家》2017 年第 11 期。

〔2〕 参见梅传强、张永强：《金融刑法的范式转换与立法实现——从“压制型法”到“回应型法”》，载《华东政法大学学报》2017 年第 5 期。

〔3〕 2020 年 11 月 3 日，上海证券交易所“暂缓”蚂蚁集团上市，此前一天，国家多部门约谈了蚂蚁集团实际控制人及多名高管，原因在于蚂蚁集团的融资方式存在重大金融安全隐患。

〔4〕 陈兴良：《回顾与展望：中国刑法立法四十年》，载《法学》2018 年第 6 期。

存在两种原因，一种起因于原发性问题，另一种起因于继发性问题。刑法中存在的原发性问题在于，我国刑法立法在方法上有两大传统问题：一是采取“宜粗不宜细”的粗犷型技术路径；二是以重刑显示刑罚威慑机能的价值指导。结果，刑事法网存在“厉而不严”的情况，即处罚严厉，但规制不周严。此类问题突出表现在如下领域：一是规制公共安全的罪名依旧存在一些漏洞，如危险物品是否仅仅限于三类物质，危险驾驶或者危及交通安全的因素是否还有其他情形等。二是涉及社会管理秩序的罪名也不完善，妨害公务行为的规范存在散乱局面，导致司法裁判不一致。随着法治意识和权利意识的提高，一些涉及民生领域的问题，如环境、公共卫生等领域的立法规制问题也将不断扩大，其地位也将随之提升。三是在涉及公民自由权利和财产权利的刑法规制中，也存在不足，如个人信息安全与公民个人法益分置，似乎个人信息安全成为单纯应由国家保护的客体，而与公民法益毫无关联。四是《刑法》总则与分则规定契合度不够的问题，如刑法所规定的违法阻却事由过少，如对人大代表在人大上的发言、医疗等业务行为、被害人承诺、福利博彩、体育竞技等都没有予以必要规制，导致实践中对类似问题进行违法阻却判断时不得不参考国外立法例或者外国刑法理论，还有对防卫过当的规定与故意伤害罪的规定难以照应，对非身份者参与有身份者的犯罪如何处理也缺乏必要的规定等。

刑法立法中的继发性问题主要是因为，风险社会的特质决定了立法价值的重新预设和立法保护重心的重新调整。当前，我国刑法在经济犯罪、网络犯罪（如电信诈骗犯罪）、恐怖犯罪与生态犯罪（含危害公共卫生的犯罪）等领域的立法不能适应形势的变化和发展，存在很多立法中的短板，亟待弥补和进一步完善。依据劳东燕教授的主张，“刑法无疑必须要承担起风险社会下的风险抗制责任，避免社会系统崩坏的危机，同时，也必须避免与法治国刑法分道扬镳的极端的发展趋势,基于此,刑法理论的发展有必要兼具法治国与风险理性的双向特征"〔1〕。笔者较为赞同这个意见,但认为该观点有"两面讨巧"之嫌。从通常情况看该观点是符合辩证法的,也是符合刑法基本原理的。但是,根据机能主义的刑法观,我们不仅要重视刑法所具备的机能,更要重视当这些机能发生冲突的时候如何从立法上加以协调。也就是说,当立法价值存在矛盾的时候,机械的"辩证法"是难以产生效用的。2020年全球爆发了重大公共卫生事件,在防控之初,很多人在家隔离。在此背景下,一个好心的法学家对民众宣讲自由的重要性,这不但于现实的防控无益,甚至会招致关爱生命的民众的反感。倒不是说宣扬自由的言论是错误的,而是这些言论的表达时机显然不合时宜,因为在特定时候,自由只有为安全让路,才能为日后争取到更为广泛的自由。所以,在类似的具体情境下更为合理的观点是,刑法必须承担起抗制现代化风险的责任,重点保护其他控制系统免于崩溃,但是,刑法所采取的手段必须限定在对个人自由最小的限制之内,必须是真正出于保障民众普遍自由这一法治动机。刑法立法要充分关注社会问题,对社会问题要从积极介入、追求预防、灵活三个导向予以积极回应。〔2〕

2. 犯罪化路径主张法益保护早期化与抽象化

第一,行为无价值论逐步取代结果无价值论的立法指导功能。从立法现象看,我国开始放弃"结果导向"的做法。周光权教授认为,这是一个当代国际上的共性做法,现代各国刑法立法的转向之一,就是从结果导向转向行为导向。〔3〕这种做法在诸多领域都有明显的表现,如将生产、销售伪劣商品类罪中的某些犯罪从结果犯降格为行

〔1〕劳东燕:《风险社会与功能主义的刑法立法观》,载《法学评论》2017年第6期。

〔2〕参见劳东燕:《风险社会与功能主义的刑法立法观》,载《法学评论》2017年第6期。

〔3〕参见周光权:《积极刑法立法观在中国的确立》,载《法学研究》2016年第4期。

为犯,再如在财产犯罪中,将行为的“多次”作为与“数额较大”并列的选择性构成要件,在新增犯罪中,更多使用特定情节而不是特定结果作为基本犯罪构成要件,这种情况在《刑法修正案(九)》中表现极为突出。

从理论上看,上述立法变化反映出我国立法指导性理论的转向,即从结果无价值论转向行为无价值论。在我国学界,关于行为无价值论和结果无价值论的评价存在很大分歧,但是在立法实践中,囿于时代的需要,客观主义立法观一度在我国成为支配性的理论,它在无形中会根据结果无价值论对犯罪的本质或者实质的违法性进行解释,也会无形中将结果导向传导到立法中来,并进一步传递到司法中去。结果导向是一种典型的着眼于事后的裁判评价。据此,刑法仅仅限于发挥报应功能或者安抚功能,其一般预防的功能极为有限。与之相反,行为导向是一种着眼于事前防控的行为评价。据此,刑法不仅能有效发挥特殊预防功能,也能积极发挥一般预防的功能。现代性风险的特征包括事后结果评估的不确定性,而且是“不稳定和不可预测”的,〔1〕一旦风险实害化(结果发生),由于现代科学方法难以证明行为和结果之间的关系,难以确定结果的范围和程度,因此裁判评价往往无从着手,更不用说实现刑法的报应功能。另外科学方法也容易被当作责任者推卸责任的借口,就如贝克所说,“那些发现自己作为风险的制造者而处于公众声讨中心的人,竭尽全力通过在工业中逐步制度化的‘反科学’的帮助来反驳对他们的指控,并且试图提出其他的原因和祸根”〔2〕。因此事后评价本身蕴含着极高风险性和不确定性,在现代社会中无法实现其维护社会安全的任务,在很多

---

〔1〕 参见[德]乌尔里希·贝克:《风险社会》,何博闻译,译林出版社 2004 年版,第 28 页。

〔2〕 [德]乌尔里希·贝克:《风险社会》,何博闻译,译林出版社 2004 年版,第 32-33 页。

方面必然被时代所淘汰。

第二,抽象危险犯立法占比增加,结果犯与具体危险犯立法占比减少。为积极实现法益保护,刑法不免向抽象危险犯和预备犯方向进行扩张。〔1〕理论上应该对这种趋势具有高度共识。在以结果为导向的立法框架下,实害犯是立法的原则例,具体危险犯是立法的例外例,行为犯或者抽象危险犯则是立法上例外的例外。根据行为导向的指引,情况就完全不同,立法框架的结构也会发生很大变化。如为了扩大刑法的规制范围,立法者往往会改造原有犯罪构成要件,最直接和有效的办法就是通过对原有犯罪中的实害结果要件的消解,把实害结果要件改造为危险要件,又或者取消危险要件,使原有犯罪在客观上仅仅需要行为要件。〔2〕在这种背景下,具体危险犯将不再是例外例,且大有与实害结果犯并驾齐驱之势。而且在危险犯的立法中,具体危险似乎已经不再具有典型性,抽象危险犯也有后来居上的架势。由于抽象危险犯在某种意义上消除了危险与行为之间的界限,所以很多学者干脆认为所谓抽象危险犯就是行为犯。但是,无论抽象危险犯立法还是行为犯立法,它们共同的特征在于,对可能导致法益受到实际损害或者给法益造成威胁的行为进行提前规制,防止行为偏离符合规范的轨道,从而防止犯罪后果的发生,因此抽象危险犯或者行为犯的立法预设及其增长趋势,是行为无价值立法指导理论的必然结果,其初衷就在于通过刑法在行为引起抽象性危险阶段的早期介入,有效防止危险的具体化与实害化。

第三,非正犯行为的正犯行为化。正犯是德、日、韩刑法学中通

---

〔1〕 参见储陈城:《刑法立法向法益保护原则的体系性回归》,载《刑法论丛》2018 年第 2 期。

〔2〕 参见姜敏:《刑法预防性立法对犯罪学之影响:困境与出路》,载《政治与法律》2020 年第 1 期。

用的概念,一般是指行为人亲自实现构成要件的行为。[1] 因此所谓正犯一般是指实行行为的直接实行者,也就是所谓的实行犯。在刑法立法中,非正犯行为的正犯行为化现象近来较为明显。如将预备行为实行化、帮助行为正犯化等。[2] 有学者对此现象也提出了疑义。不过需要注意的是,非正犯的正犯化不是我国的特有现象,在德日亦不例外,实践中的典型就是间接正犯、共谋的共同正犯和继承的共同正犯。正犯在我国刑法学中虽然不是法定化概念,但是它对于实践具有重要影响。就共同犯罪而言,我国采取的主—从犯分类体系,依据《刑法》第 27 条第 2 款,对于从犯"应当从轻、减轻处罚或者免除处罚"。对从犯进行处罚,其参照之一是共同犯罪所涉及的具体犯罪的法定刑幅度,参照之二是对主犯的处罚。非正犯行为正犯化主要有两种情况,其一是帮助行为正犯化,主要是基于如下原因:首先,作为共犯所必要的共同犯罪意思联络难以查证,如果不查证,就意味着对帮助者无法进行必要惩罚;其次,立法处罚幅度过大,容易造成从犯处罚畸轻甚至不被处罚的实际问题;最后,就某些犯罪而言,帮助行为对犯罪的实现具有很大帮助作用,甚至是完成犯罪不可缺乏的条件,如恐怖主义犯罪和网络犯罪的帮助行为需要向恐怖行为提供资金、在网络中为犯罪提供交易平台等,如果对这些行为不处罚或者处罚过轻,就达不到惩戒犯罪人和预防犯罪的目的。其二是预备行为正犯化。就犯罪完成形态而言,传统理论认为只要行为人

---

[1] 参见马克昌:《比较刑法原理:外国刑法学总论》,武汉大学出版社 2002 年版,第 623 页;[日]前田雅英:《刑法总论讲义》,曾文科译,北京大学出版社 2017 年版,第 287 页;[韩]金日秀、[韩]徐鹤辅:《韩国刑法总论》,郑军男译,武汉大学出版社 2008 年版,第 537 页。

[2] 参见姜敏:《刑法预防型立法对犯罪学之影响:困境与出路》,载《政治与法律》2020 年第 1 期。

的行为实现了构成要件就构成犯罪既遂。[1] 所谓犯罪实现至少要求行为人开始着手实行犯罪，对法益造成了实质性的威胁。[2] 但是和共同犯罪的立法演化相同，有些犯罪一旦发展到行为人着手实行犯罪，对于特定法益的保护就具有滞后性，不利于刑法预防功能的发挥，如为了从源头上消除恐怖主义、极端主义思想的散布，立法需要对穿戴宣扬恐怖主义、极端主义服饰、标志等行为加以明确惩罚，从而形成了预备行为正犯行为化的情况。总之，帮助行为和预备行为的正犯行为化立法，是对积极预防的刑事政策的贯彻。[3]

3. 刑法目的转为一般的积极预防

刑法介入提前的最根本原因，是刑法立法为了实现刑法目的向一般预防方面的积极转向。这种一般预防的积极转向是通过如下技术方法实现的：

第一，扩大刑法规制范围。犯罪化是积极立法的一般表征，它具体表现为刑法干涉范围的扩大。现代化风险、因果关系的不确定性、社会安全的焦虑及预防的社会预期等因素的交织共叠，推升了预防型立法的地位，促进立法坐标的调整。刑法从事后处断到事前处断的新理念扩大了实行行为的范围，其具体表现为多个层面：一是在一般层面上通过非正犯行为的正犯行为化方式；二是在诸多领域，增设或完善了许多罪名，如危险驾驶罪的增设与补充、洗钱罪的完善、网络犯罪的补充与完善；三是通过转变治理方式，进一步夯实监管者的刑事责任，扩大义务犯类型，如增设拒不履行信息网络安全管理义务罪。

---

〔1〕 参见高铭暄、马克昌主编：《刑法学》（第10版），北京大学出版社、高等教育出版社2022年版，第146页。

〔2〕 参见郭栋磊：《形式的法益之理论基础、功能及其解释效力——从形式的法益与实质的法益之关系中展开》，载《中国政法大学学报》2021年第1期。

〔3〕 参见曾粤兴：《我国刑法立法的回顾与展望》，载《法治研究》2019年第6期。

第二，增设新的处罚手段。基于早期主观主义的刑罚预防和后来的社会防卫理论，犯罪的法律后果在20世纪之后呈现出多元化的态势，其中，保安处分成为一种新的法律后果，获得了和刑罚近乎同等重要的地位。但是，风险社会的犯罪情势和预防要求，与传统犯罪的情势和预防要求完全不可同日而语，为此，增设新的处罚手段成为立法新动向的一个维度。[1] 在我国，这方面的表现有如下几点：一是第十三届全国人大常委会第十五次会议通过的《社区矫正法》正式将社区矫正确定为非监禁性刑罚执行方法。[2] 该法不仅是刑罚轻缓化的结果，而且有助于教育矫治轻罪犯罪人，有助于监狱更有针对性地对重罪犯罪人进行矫治，其实也是为了更有效地实现预防犯罪的功能。二是在2015年8月29日通过的《刑法修正案（九）》中，增设了第37条之一，在该条第1款中正式吸纳了从业禁止的做法。[3] 三是与死刑限制改革相匹配，在《刑法》第383条第4款的补充规定中确立了终身监禁的执行内容，有效弥补了无期徒刑执行中的"宽、松、软"问题。[4] 四是调整了数罪并罚的规定，特别是在第50条第1款中延长了执行期限。[5]

随着预防政策的发展，相信未来刑法处罚方法还会有重大调整，

---

〔1〕 参见张志钢：《改革开放40年来中国刑法立法检视》，载《学术探索》2018年第10期。

〔2〕 《社区矫正法》第2条第1款规定：对被判处管制、宣告缓刑、假释和暂予监外执行的罪犯，依法实行社区矫正。

〔3〕 《刑法》第37条之一第1款规定：因利用职业便利实施犯罪，或者实施违背职业要求的特定义务的犯罪被判处刑罚的，人民法院可以根据犯罪情况和预防再犯罪的需要，禁止其自刑罚执行完毕之日或者假释之日起从事相关职业，期限为3年至5年。

〔4〕 《刑法》第383条第4款规定：犯第1款罪，有第3项规定情形被判处死刑缓期执行的，人民法院根据犯罪情节等情况可以同时决定在其死刑缓期执行2年期满依法减为无期徒刑后，终身监禁，不得减刑、假释。

〔5〕 《刑法》第50条第1款规定：判处死刑缓期执行的，在死刑缓期执行期间，如果没有故意犯罪，2年期满以后，减为无期徒刑；如果确有重大立功表现，2年期满以后，减为25年有期徒刑；如果故意犯罪，情节恶劣的，报请最高人民法院核准后执行死刑；对于故意犯罪未执行死刑的，死刑缓期执行的期间重新计算，并报最高法备案。

特别是恢复性司法理念、社会矫正制度将会成为与刑罚处罚有机结合的犯罪预防措施,一些刑罚处罚手段也将随着社会发展而改变:其一,重视对有组织犯罪的“断血”措施,从经济上斩断其发展的财力根基。这种做法催生社会对财产刑的重视,今后,如何追踪犯罪所得、厘定犯罪工具,如何正确区分犯罪人的个人财产和其他人的合法财产,都将导致刑法现有的追缴和没收制度的重构。其二,随着反腐败斗争的深入,如何提高追赃追逃的效率也将引起更多关注,它将在立法上促进我们进一步思考配合劝返并归国投案行为以及主动退赃行为在刑罚制度中的地位。其三,根据生态保护的需要,修复生态环境、补偿性惩罚,也可能作为新的刑罚制度方式受到关注。

第三,积极回应重大社会问题,即重点领域重点关注。预防型刑法立法总是从个别犯罪现象中引发的,因此对重点领域的关注、对重大社会问题的积极回应成为预防型刑法立法的原始驱动性因素。毫无疑问,近年来的预防型刑法立法也与立法者对重点领域出现的重大社会问题的积极回应有关。我们颁布的单行刑法与刑法修正案充分显现了刑法的民族性特征和时代性特征。因此在将来,刑法立法依旧会紧盯重点领域、重大问题,由(重)点带(基本)面地进行修改和完善。今天不少学者已经意识到,“刑法作为社会治理的一环,对于经济犯罪、金融犯罪、环境犯罪、网络犯罪、恐怖犯罪等新兴犯罪领域,必须进行适度的介入或在必要时提前介入”〔1〕。在犯罪化层面,持预防型刑法立法理念的学者基本上已经对立法上的一些重点领域达成共识,这些领域主要是经济犯罪(含金融犯罪)、网络犯罪(含电信诈骗)、恐怖主义犯罪和生态犯罪。

---

〔1〕 张志钢:《改革开放40年来中国刑法立法检视》,载《学术探索》2018年第10期。

第四节　稳健型刑法立法理念

一、稳健型刑法立法理念概述

必须注意到，在我国刑法立法的理论分野中，在保守型刑法立法观与预防型刑法立法观之间，还有一种可称为稳健型的刑法立法理念。正如有的学者所说，“在我国现阶段，人权保障依然不可松懈，但社会发展的新需求也须兼顾，所以刑法立法应当稳健”〔1〕。稳健型刑法立法理念的特点表现为，它既不赞同保守型刑法立法理念，也不赞成预防型刑法立法理念，但是，这种理念也并非对两者简单的折中。它具有两面性，一是在立法形式上具有保守性，与保守型刑法论者保持一致，主张维持当前单一法典化的立法方式；二是在立法内容上具有积极性，与预防型刑法论者在总体方向上有基本一致的看法，但其积极性却有明显的保留，即主张适度的犯罪化。

二、稳健型的立法形式论

稳健型刑法立法论者持单一法典化观点，但其理论根基与保守型刑法立法论者有着明显的区别。保守型刑法立法论者的法典化理想是建立完美的法典，该理想建立在唯理主义的理性观之上；而稳健型刑法立法论者试图将理想与现实加以必要的结合，故此，他们主张单一法典化并不是因为法典是理性的完美产物，而是建立在立法现实需要的基础之上。在这个前提上，可发现他们的理由与保守型刑法立法论者还是有一定区别的。即保守型刑法立法论者之所以坚持刑法法典化，是因为他们内心坚信现代科学和知识足以让立法者建

---

〔1〕 黄云波、黄太云：《论稳健型刑法立法观》，载《中国刑事法杂志》2019 年第 3 期。

构出完美无缺、体系完整的刑法法典;而稳健型刑法立法论者更多的是从我国刑法立法的历史,以及现实实践之历程和经验中对法典化进行现实合理性的论证,其中的主要理由如下:

第一,刑法典在我国法律文化中具有悠久的历史传统。毫无疑问,我国自秦代以来就确立了法典在法律实践中的中心地位,自近代清末修律到新中国成立后,制定刑法典无不是政治上的重大事件,所以,说我国是具有法典化传统的国家并不夸张。[1]

第二,刑法典在现实法律实践中发挥了重要作用。无论是1979年《刑法》还是1997年《刑法》都具有显著的现实作用,1979年《刑法》结束了新中国"无刑法典"的时代,对于结束此前那十年因法律虚无主义所产生的社会劫难起到了不可磨灭的历史贡献。1997年《刑法》更是将现代化刑法典立法价值理念和技术方法发挥到极致,不仅体系内容已经相当完整,而且对于进一步发展刑事法治、推动经济体制改革、深化对外开放发挥了保驾护航的作用。正因如此,有学者认为,"二十多年来的立法与司法实践已经充分证明,97刑法典是一部史诗级的现代刑法典佳作,至今仍葆有生命力"[2]。

第三,对刑法典本身的完善具有较为直观的好处。通过刑法修正案对刑法典进行点对点、条对条的直接修改和补充,一是不至于打乱原有的刑法典排列体系,有利于保持法典结构的完整性和内容的统一性;二是维护刑法典,便于公民平稳地接受和学习刑法。[3]

第四,在当前维系单一法典化,有利于避免刑事法治被人为破坏的潜在风险。考虑到我国刑事法治建设起步较晚,法治基础依然薄

〔1〕 参见涂龙科、周兰曲:《光荣与期许:40年刑法立法现代化之路》,载《犯罪研究》2019年第5期。

〔2〕 高铭暄、孙道萃:《我国刑法立法的回顾与展望——纪念中国共产党十一届三中全会召开四十周年》,载《河北法学》2019年第5期。

〔3〕 参见涂龙科、周兰曲:《光荣与期许:40年刑法立法现代化之路》,载《犯罪研究》2019年第5期。

弱,刑法立法在民主性、科学性等重要因素上还不尽成熟和完善,如果贸然放弃单一法典化立法方式,将触发不可预测的不良后果:一是可能重蹈1979年至1997年期间刑法立法表现形式混乱的覆辙;二是可能削弱传统刑法的人权保障机能;三是可能引起政治上的不稳定事件。总之一句话,“贸然对刑法立法模式做出重大变革,应当是一种不明智的冒险”[1]。

三、稳健型的立法价值论

研究者的个人经验决定了其对当下立法价值结构和内容的一般观点,也决定了其对未来立法价值选择和内容发展的构思。基于对现有立法价值构成的分析,我们可以发现稳健型刑法立法理念与保守型或者预防型刑法立法理念之间存在一些较为微妙的差异,以下逐一评说。

(一)平衡论及其评价

平衡论者主张我国现有的刑事立法价值从总体上看是平衡的。“1997年刑法典及之后的立法改变了既往只注重秩序而忽略自由的立法理念与实践,开始注重保持刑法秩序价值与自由价值的平衡。”[2]据此,我国未来刑法要进一步维系这种立法价值之间的平衡性。那么,未来的立法平衡性的根据何在?有学者主张以理性的立法观回应社会需要,并秉持一种更容易获得认可的观念:适度的犯罪化和刑罚的轻缓化。[3] 之所以认为这种平衡论属于稳健型刑法立法观,主要是因为这种理论以积极的方式表示,刑法必须回应社会的

---

[1] 黄云波、黄太云:《论稳健型刑法立法观》,载《中国刑事法杂志》2019年第3期。

[2] 赵秉志:《改革开放40年我国刑法立法的发展及其完善》,载《法学评论》2019年第2期。

[3] 参见赵秉志:《中国刑法立法晚近20年之回眸与前瞻》,载《中国法学》2017年第5期。

"重大关切",如对于恐怖主义犯罪、极端主义犯罪、毒品犯罪、信息网络犯罪、环境犯罪、金融犯罪、腐败犯罪等重点犯罪等的关注。可见其初心并非保守。但是,这种观点又属于偏向保守的稳健型刑法立法论,因为它依然具有较为强烈的古典主义刑法思想的色彩。

不过,立法平衡性的根据是否可行值得商榷:第一,理性刑法是古典刑法思想家为现代理论赋予的最具诱惑力的字眼,但是,究竟如何评价刑法实践中的理性及其程度,恐怕并无一致意见,而且理性刑法观是否必然会给人类社会带来福利?西方社会发展的历史已经为我们给出了否定性的答案。所以,理性刑法虽然在观念上具有诱惑性,但是在实践中却存在诸多不确定因素,刑法立法不能对其有过高和过度的期许。第二,刑法立法必须回应社会要求,但并不等于立法回应只能立足于传统的刑法基本原则和原理。从法律理论和法律实践的关系看,二者存在互动,理论在一般情况下引导法律实践,据此可以说刑法立法回应应当遵循恐怖主义犯罪、极端主义犯罪等重点犯罪的实践发展规律,与之相关的法学理论也需要不断创新和发展。刑法理论的创新和发展部分是根据理论分析得来的,但主要还是源自对立法和司法经验、教训的不断总结。如期待可能性理论源自德国司法,该理论对德国关于正当防卫、紧急避险的立法也存在一定的指导意义。[1] 第三,适度犯罪化或者非犯罪化、刑罚轻缓化并不是理性刑法观点的成果,而是人类法律发展中不断实践所得出的经验选择。之所以立法要"适度"而不是"超前",主要是因为我们现有的经验不足以把握未来犯罪的形势和形态,我们也缺乏足够的理性去推理未来犯罪的形势和形态。今天我们关于 AI 犯罪的认识和 20 年前关于计算机犯罪的认识就存在极大悬殊,可以说明人类理性极其有限,我们无法超前实现对刑法立法的周全规划和理性设计。

---

〔1〕 参见童德华:《外国刑法导论》,中国法制出版社 2010 年版,第 216-223 页。

（二）滞后论及其评价

滞后论认为，我国现行立法的问题主要在于立法者自身认识上的缺点导致了立法的前瞻性不足。据此，未来立法还是应当开展犯罪化。“未来我国刑法的修法频率总体上应当受到一定的限制与调控，坚持犯罪适度化、谨慎入罪。”〔1〕

这种看法貌似简单，没有对社会发展造成的立法动因给予必要的关注，但是，它对于立法问题的原因分析，采取了一种回溯性的视角，和很多学者的前瞻性视角不一样，它认为立法问题主要是因为“立法者自身认识不足”，有助于我们对立法问题的原因作更好的分析。前文对理性刑法观的检讨，其实也表明了立法者主体因素的“先天性缺陷”对于立法可能构成的问题。据此，笔者认为，对当前立法理念的评价和未来选择，不仅应关注社会外部环境造成的客观性压力，还应关注立法主体的内在因素造成的主观性不足。我们还可以据此将刑法立法问题分为原发性问题与继发性问题。立法的原发性问题主要是指刑法在立法时，因为认识不足而留存的立法旧问题；立法的继发性问题则是随着社会的发展，立法因为无法适应预防和惩罚犯罪的社会需要而形成的新问题。

（三）犯罪情势二分论及其评价

还有学者则是从犯罪化与非犯罪化的互动关系中表述稳健立法的观点。有学者提出，中国当下立法从总体趋势上看“是渐次的犯罪化过程”〔2〕。

应该说，这种认识基本上符合刑法立法的历史经验和现实情境，总体上值得肯定。其一，犯罪在本质上是违反了行为规范的行为，法

---

〔1〕 涂龙科、周兰曲：《光荣与期许：40 年刑法立法现代化之路》，载《犯罪研究》2019 年第 5 期。

〔2〕 付立庆：《平衡思维与刑法立法的科学化》，载《法学》2018 年第 3 期。

益的确证在很多场合有赖于社会伦理观点。[1] 因此社会伦理观点往往会对法益评价起到决定性作用。如受古代家庭伦理观点影响，通奸是不可饶恕的犯罪,因此受中华法系影响的国家、地区的刑法都将通奸作为犯罪对待。但是在这些国家或者地区现代化之后,通奸在伦理观念中得到了宽恕。因此,上述国家、地区的刑法先后废除了通奸构成犯罪的规定。这种非犯罪化立法情形的确存在。但是社会伦理观点的形成具有自发性,不可能一蹴而就,说明这类犯罪的非犯罪化将是一个漫长的过程,而且并不会多见。如在南京"聚众淫乱事件"发生后,有社会学者提出聚众淫乱不为罪的主张,[2]但是这种主张基本上没有获得太多的响应。笔者认为其主要原因在于,主张聚众淫乱不为罪的理由主要认为聚众性交在西方是一种屡见不鲜的"性聚会"。这个观点在我国将面对的问题恰恰在于,西方社会的伦理价值观在我国是否具有可通约性。至少在现在,我们还看不到这种开放的性的伦理价值观在我国具有可通约性。因此在当前提倡聚众淫乱不为罪过于超前,不符合我国现阶段的社会伦理观点。其二,社会发展主要体现为社会政治、经济、文化等事业的发展。从发展的过程看,发展是对现有情势的突破,容易导致公民的行为失范。国家必须通过立法"予以规制"。在此意义上,犯罪化是立法者的偏好,是立法的常态。

(四)刑法机能平衡论及其评价

也有学者从社会结构的视角切入,从刑法两大基本机能,即人权保障机能和社会保护机能的平衡性要求出发,对刑法立法趋势作类型化的分析。在相关学者看来,首先,要充分考虑我国现实社会的复

---

〔1〕 这个论点将在下文专门讨论。笔者认为,犯罪的实质违法性不是法益侵害,而是行为规范的违反,法益不过起到了限制作用。

〔2〕 参见李银河:《建议取消聚众淫乱罪》,载中国新闻网,http://www.chinanews.com.cn/gn/news/2010/03-05/2154699.shtml。

杂情况，一方面要关注世界外部环境的影响，另一方面要摸准国内的现实的真实立法需求；其次，国内存在二元立法需求结构，一是社会现实发展必须摒弃保守的立法理念，二是顾及法治建设水平处于初级阶段的事实，需要进一步加强刑法的人权保障制度建设，“确保刑法对社会生活介入的适度性”；最后，针对社会发展的需要，刑法立法不仅不能缺位，而且必须及时补位。总之，“在我国现阶段，人权保障依然不可松懈，但社会发展的新需求也须兼顾，所以刑法立法应当稳健”〔1〕。

刑法机能平衡论的确有诸多值得肯定的理据和观点。首先，它具有更为客观全面的现实分析，对社会发展需要的论述较为中肯。它从国内环境和国际环境多层面多视角分析中国现实问题，既看到了保守论者忽视现实的不足，又注意到了因为“强调风险社会、全球化、网络社会”而可能形成的过度恐慌；既看到了社会发展对刑法的必然影响，又留意到我国刑事法治刚刚起步、人权保障意识薄弱的严峻现实，如“因刑法选择性忽视平等原则，致使当下之刑法欠缺标签退出机制”〔2〕。这是传统刑法在我国面临的现实问题。其次，它既兼顾刑法对现实的必要回应，又不放弃古典主义刑法的理想追求。如论者对人工智能的认识，“基于信息网络技术形成的人工智能，已处在下一个互联网时代的风口浪尖，对人类生产生活与交往方式产生颠覆性影响。具有超人类属性的人工智能隐藏不可估量的重大制度性风险，甚至直接危及人类的自身安全与主体地位”〔3〕。这种观点不仅关注到人工智能在现实中的和可能的影响，还注意到它对未

〔1〕 黄云波、黄太云：《论稳健型刑法立法观》，载《中国刑事法杂志》2019年第3期。

〔2〕 朱建华、谷超：《论我国刑法平等原则之实质欠缺及立法规制》，载《河南警察学院学报》2019年第5期。

〔3〕 高铭暄、孙道萃：《我国刑法立法的回顾与展望——纪念中国共产党十一届三中全会召开四十周年》，载《河北法学》2019年第5期。

来社会可能造成的“制度性风险”,在当前无疑是一种具有超前性的刑法观点。所以它主张刑法学界为了应对新型犯罪,应当打造新的刑法知识结构。但是,论者依然主张刑法立法应“以限制国家权力、保障公民权利为主要目标”[1]。

不过,笔者认为这种稳健的刑法立法理念还是存在一些认识上的问题,制约了其对预防型刑法立法理念的分析和评价,因此也有失之偏颇之处。首先,就与刑法立法有关的社会基本形态而言,毫无疑问,在我国还有强化传统的、重要的刑法价值的必要性和空间,故此,古典主义的刑法理想依旧有其现实价值。但是,这种价值在当前更多依赖于现有司法方法解决。就目前一些错案或者有争议的案件看,问题更多是由司法理念和技术问题造成的,与立法的关系并不密切。当然,由于刑法文明的发展,刑罚轻缓化似乎成为一种趋势,只是这种趋势主要集中在死刑规定的不恰当、重刑规定过多两方面。然而,由于民众的态度,还无法确定轻缓化趋势能走多远。但是在犯罪预设方面,鉴于中国当前复杂的社会结构现实,如南北差距大,东、中、西部发展不平衡,城乡结构性差异突出,农业社会、工业社会和后工业社会都可以在我国找到其对应的缩影,所以犯罪化是基本趋势。此外,发展构成各个地方的时代主旋律,导致了各类矛盾和冲突,因此犯罪化在较长时期内具有持续性。稳健立法观与积极立法观之间的差别或许就在“五十步或者一百步”之间,两者在内容上并不存在必然的对立性,甚至还具有目标方向上的一致性。至少从现有情况看,刑罚轻缓化是作为“严密法网”、犯罪化的配套制度,在这种意义上,刑罚轻缓化不过是预防立法观的附属产品。

---

〔1〕 黄云波、黄太云:《论稳健型刑法立法观》,载《中国刑事法杂志》2019年第3期。

四、稳健型刑法立法理念评价

(一)稳健型刑法立法理念的保守性

稳健型刑法立法理念奉行的是一种中庸之道,即它试图将保守型刑法立法理念与预防型刑法立法理念的利弊采取取长补短的方法加以有机结合。稳健立法值得肯定。正如英国著名政治家埃德蒙·柏克所言,“在国家发生的所有变革中,中庸是一种美德,这种美德不仅和平友善,并且强大有力”〔1〕。这种立法理念不仅其出发点是可取的,而且也并非毫无实践之基础,毕竟各种立法理念之间并不存在绝对对立的紧张关系,它们相互之间完全可以相互渗透、相互弥补、相互统一。早在20世纪初的德国刑法学派之争开始之际,李斯特就说明了统合立法理念的必要性和可能性。〔2〕但是,立法的时代背景和社会情势都对立法形式及其内容有限制性影响,如果仅仅在保守论与预防论之间进行简单折中,是难以实现中庸之道的;选择中庸之道不仅需要因时因势,而且需要对各种可能的争议点、对立点有充分考量,且在逻辑上进行了最为自洽的论证,并在利益上进行了最充分、最接近现实的权衡。据此,我们可以发现稳健型刑法立法理念的保守性与不彻底性,以及其面临失效之可能。究其原因,在于秉持稳健型刑法立法理念的学者犯了三个常规性的错误:一是思维方法具有一定程度的保守,具体而言就是以常态思维应对新型社会问题;二是处理问题的方法与目标的一致性具有一定程度的保守,缺乏问题导向且机能化理论运用不够;三是其理论前提带有早期现代化的特色,具有保守型刑法立法理念的痼弊。

---

〔1〕[英]埃德蒙·柏克:《自由与传统——柏克政治论文选》,蒋庆等译,商务印书馆2001年版,第304页。

〔2〕参见童德华:《国外现代刑法学中主、客观主义源流论》,载《浙江社会科学》2001年第3期。

1. 常态思维无法应对新型问题

稳健型刑法立法理念的学者们认为,立法应当表现出时代性,对社会的转型应当及时作出回应,将附随社会发展而滋生的新的危害行为及时立法,对法益的保护节点应适当提前;与此同时,立法也不能突破刑法基本原则的范围,不得违反罪刑法定、刑法谦抑性等刑法基本原则。"立法者在制定相应的刑法规范时,既要顾及社会生活中已有犯罪的立法,又要充分考虑未来犯罪变化发展的趋势。"[1]

显然,稳健型刑法立法论者的最大不足在于,没有充分意识到立法形式的重要性和实效性。将形式的东西归于形式,实质的东西归于实质,是理论上的传统"二分法",它也将形式与内容割裂为"此岸与彼岸"。但是,形式与内容是有机统一的,立法内容决定立法形式,立法内容外化于立法形式。其中,立法内容需要借助恰当的立法形式才能得到最充分的表现。在古典主义刑法观下,刑法典与早期的刑法谦抑性价值能得到高度契合,主要原因在于刑法典具有高度的稳定性、系统性,足以压制立法的肆意性和随意性,从而维护刑法的安定性。但是,在侧重安全刑法的时代,刑法典就构成立法内容得以全面表现的障碍。因为刑法典的容量毕竟有限,而且刑法典制定具有高度的体系性和协调性考虑,立法周期势必较长。在犯罪手段不断翻新、犯罪后果越来越严重的背景下,越来越广泛和强烈的犯罪预防观必然动摇刑法典的地位。此时,立法者既要维系刑法典一枝独秀的地位,又要最大限度发挥刑法典的预防机能,这是近乎不可能实现的任务。可选的方式有二:要么为了达到犯罪预防效果放弃刑法典的稳定性和体系性要求;要么为了达到犯罪预防效果放弃单一刑法典的立法模式。这就意味着,稳健型刑法立法观注定无法实现刑法立法与社会发展的协调。

---

〔1〕 赵秉志:《刑法修改中的宏观问题研讨》,载《法学研究》1996 年第 3 期。

2. 刑法机能的调整无法做到有的放矢

当下,刑法发展体现出机能化趋势,机能主义刑法以问题导向的思考方法为工具,极力消除体系性思考方法的弊端,并把握现实矛盾的重点和重心,不断调整刑法的规制方向和治理方法。稳健型刑法立法理念却很难显现这种机能化的态度。稳健型刑法立法论者一方面认识到了社会风险化问题,但另一方面,在社会风险化问题面前却表现得畏手畏脚,似乎不能正面解决问题。

如有学者认为,各项风险明显增加的现实背景下,“我国刑法也应加强对危险犯特别是抽象危险犯的立法,以预防风险转化为实害”〔1〕。但是,他们还是坚持认为,立法应坚持刑法的基本原则,坚守刑法谦抑性原则,即使社会再怎么发展和转型,也不足以撼动刑法最后适用性的原则,更不能改变刑法限制公权力、保障私权利的实质品格。也就是说,他们认为刑法立法的扩张应受到必要限制,而不能过分扩张。如有学者认为“当前抽象危险犯在我国刑法中存在立法不足的问题,为了应对逐渐增加、增大的各类风险,我国应进行抽象危险犯的立法扩张……当然,为了避免抽象危险犯的过度扩张,我国在进行抽象危险犯的立法时应遵循一定的立法限缩原则”〔2〕。该观点主张刑法立法是对公权力的限制,似乎没有问题,但是,在民主社会,立法是国民普遍意志的体现,我们可以将立法处罚范围的扩张理解为是国民的普遍要求,是国民对公权力的授信,此时,立法至少放松了对公权力的限制,如此看来,立法限缩在逻辑上缺乏基础。

所以,当面对风险社会带来的挑战以及附随社会转型所产生的问题时,立法者不得不依循机能立法的思路与模式,扩大刑法的适用

〔1〕 苏彩霞:《“风险社会”下抽象危险犯的扩张与限缩》,载《法商研究》2011 年第 4 期。

〔2〕 苏彩霞:《“风险社会”下抽象危险犯的扩张与限缩》,载《法商研究》2011 年第 4 期。

范围,提前刑法的介入时间,将预备行为、帮助行为正犯化,增设抽象的危险犯等。问题在于,在民主社会中,立法的合理性限度何在?正如有些学者认为刑法存在过度化之虞,但也有学者认为刑法应当继续奉行积极预防理念一样,就个罪而言,或许我们很容易对此提供实证性分析结论,但是就立法整体构想而言,"过度"与"不及"这个问题很容易陷入无意义的文字性辩论之中。所以就具体犯罪的立法分析其是否过限或许更有意义,但是就刑法立法的总体立场看,骑墙主义的态度未必是好的态度,它更容易陷入毫无生活内涵的选择之中。

3. 理论前提具有保守型刑法立法理念的痼弊

稳健型刑法立法理念者在诸多表述方面与保守型刑法立法理念者如出一辙,如指出应当注重三个方面的问题,这也与上述其立法的基本思路保持一致。其一,保守型刑法立法理念与其他刑法立法理念最大的差异在于,始终没有打破刑法基本原则对立法实践的限制,特别是认为要在刑法谦抑性原则的指导之下进行立法活动,这也是保守型刑法立法理念的实质特征所在。在这一点上,稳健型刑法立法理念与保守型刑法立法理念保持了一致,即认为虽然立法应当对社会转型时期出现的新问题、新挑战作出迅速的回应,但不应当以牺牲刑法的精神为代价,"突破刑法原则的最后保障"这种高昂的代价远比没有法律更加危险。其二,保守型刑法立法理念也并不是要求刑法处于永远静止的状态,而是强调解释与立法的顺序问题,也即在社会转型时期,应当先通过解释的路径使法条与社会变迁相适应,只有当无法给予适当的解释,或者解释违反罪刑法定成为类推解释才能解决问题时,才认为有立法的必要。可见二者的立法路径基本相似,只是表述不同。其三,秉持两种立法理念的学者之观点呈趋同之势。因此,基于上述的考量,稳健型刑法立法理念与保守型刑法立法理念一样,都彰显了古典主义刑法观的色彩,二者并无太大不同。综上,一般预防型刑法立法观在总体态势上更为可取。

(二)稳健型刑法立法理念的启发

虽然稳健型刑法立法理念总体上不可行,但是其对一般预防型刑法立法的担忧并非全然没有道理。它有助于一般预防型刑法立法论者将立法的负面影响控制在最小范围内,并最大限度地实现刑法承载的社会使命。必须承认,稳健型刑法立法理念在思想的出发点、基本态度以及它所指出的积极立法问题上,都为一般预防型刑法立法的改造和完善提供了有意义的启示。

1. 稳健型刑法立法理念出发点的启示

稳健型刑法立法论者的如下观点表明了其出发点的稳健型取向:一是主张采取科学社会治理模式,警惕功能主义在风险社会背景下的极端异化;二是坚持理性立法,在科学化、正当化的轨道上发挥刑法预防功能;三是合理统合治理资源,确保刑法在积极回应社会的同时,澄清其与谦抑性的合流关系。[1] 毫无疑问,稳健的立法取向始终是值得赞赏的,它至少有利于防止积极预防型立法走得太快、走得太远,以至于以一种积极的方式与社会脱钩。这种情形并非不能发生。在新近的研究中,有一种观点就主张人工智能具有刑事责任,这将彻底解构 19 世纪以来以意志自由为基础的人文社会科学的根基。

2. 稳健型刑法立法理念的态度的启示

稳健型刑法立法理念的出发点是求稳,但是其方法上还是有积极的一面,这些有助于增强一般积极预防型立法理论,并有助于明确积极预防的进路。

其一,它阐明了刑法基本原则的发展性。任何刑法的基本原则都不具有严格的普适性,它的内涵总是随着时代的发展而不断被修

[1] 参见高铭暄、孙道萃:《预防性刑法观及其法教义学思考》,载《中国法学》2018 年第 1 期。

正。例如,责任主义是刑法的基本要求,但是责任的内涵却在不断演变,从古典主义刑法时代至今,责任主义本质理论历经了道义责任论、社会责任论、规范责任论和机能责任论,今天,一种以商谈理论为根据的新责任理论正悄然兴起。[1] 再如刑法的谦抑性原则,它一方面意味着减少国家通过刑法介入市民生活,但在另一方面却意味着,市民将不得不承受因为刑法介入机会被削减后的安全风险,为自我的安全保护直接“买单”。这也将造成一种潜在的社会不公平,即富人可以通过雇用保安等方式来实现自我防卫,而穷人不得不承担被犯罪侵害的风险。所以,刑法的谦抑性原则在运用中也应与社会发展相协调,过与不及的问题都会导致刑法谦抑性原则的失败,且有背离古典主义刑法理想之可能。[2]

其二,它验证了刑法基本概念的发展性。法益似乎是保守型刑法立法论者批判一般积极预防型刑法立法论者的主要武器之一。不得不承认,法益是刑法中不可或缺的概念,但是如何理解法益的含义,如何对法益进行评价以及如何发挥法益的评价功能,与这些问题相关的理论也在不断发展变化。现代刑法学很难将法益限定为与个人有关的实体,超个人法益、法益精神化等现象与其说是一种理论预设,不如说是一种法律事实,对此事实在理论上的消极抵制远不及在理论上的正面解释有意义。

其三,它展示了目的性刑罚理论的发展性。刑法立法朝着一般预防方向积极发展,既是刑法实践的已然选择,也是刑法理论的应然选择。“二战”后,不同法系之间出现了相互移植的现象。大陆法系的传统理论根基也或多或少受到了英美刑法的影响。英美刑法中的

---

[1] 参见[德]乌尔斯·金德霍伊泽尔:《刑法总论教科书》,蔡桂生译,北京大学出版社 2015 年版,第 211 页。

[2] 参见[日]井田良:《近期刑事立法的活跃化及其评价:以与德国的比较为中心》,载《刑法杂志》2004 年第 2 期。

功利主义思想以及实用主义态度，对大陆法系传统的报应主义刑罚观具有一定的冲击，目的合理主义的刑法思潮中就吸纳了功利主义与实用主义的因素，从而奠定了刑事政策与刑法融通的理论基础。

其四，尤其是全球化过程中出现的一些新的犯罪，如恐怖主义犯罪、有组织犯罪、职务犯罪、环境犯罪、经济犯罪等借助于新的技术手段以新的面貌示人，其危害更为严重和广泛，社会期待刑法发挥积极预防的作用也就顺理成章。[1]

3. 稳健型刑法立法理念所提供的问题的启示

稳健型刑法立法理念具有趋向于保守的色彩，其认为一般积极预防立法论存在一些现实问题，如法益概念难以承担立法的批判功能。在这些学者看来，法益概念很重要，而且其本身必须是明确的，他们一般将法益理解为人与事实的中介，在经验上必须是可以把握的“实体”，同时该实体对人具有价值。法益概念通过人与物的连接、价值与事实的连接，为刑法立法赋予事实的基础与价值的正当性。凡是不能满足这种经验的现实性及与人的关联性的存在，都不能认为是刑法所保护的法益，都不能以此为由使刑事立法正当化。据此，他们批判晚近以来的积极预防型刑法立法，不当将“平稳”“信赖”“人的尊严”“公众的感情”等作为法益，导致了法益概念的“稀薄化”，这无异于将立法蜕变为对社会舆论的追认，而失去其应有的立法批判机能。再如，晚近刑法立法具有浓厚的报应色彩，且似乎仅仅满足报复感情的朴素报应思想。在一些学者看来，交通安全立法是表明这个问题的典型，这类犯罪体现了强烈的满足报复感情的意图。但是，满足报复感情不是刑罚的目的。还如，近年来的重刑化将犯罪行为人视为“社会公敌”，否定其与“善良市民”之间立场交换的可能

〔1〕 参见［日］井田良：《近期刑事立法的活跃化及其评价：以与德国的比较为中心》，载《刑法杂志》2004 年第 2 期。

性,容忍对犯罪行为人适用超出其责任范畴的刑罚,结果并不能带来"最恰当的预防效果",从目的合理性上难以正当化。[1]

法益概念具有发展性,否定这一点就无法把握现代立法的律动。而且法律本身对法益具有制度上的塑造性,所以夸大法益对刑法立法的批判机能亦不可取。但是,法益概念作为刑法教义学的产物,它对立法具有一定的引导作用和作为立法评价的参照作用。在这一点上,可以说有些立法可能存在过于激进的问题。而且重刑主义的色彩在部分条文中有泛化趋势,特别是犯罪之后的从业禁止范围过于宽泛,缺乏一定限制,妨碍了恢复性司法理念的实现,对犯罪人回归社会产生了明显的消极影响,这个问题是不争的事实。

所以,一般积极预防型刑法理论有必要作一些完善和调整,从大的方面看:

一是有必要探索替代法益保护原则的刑事立法指导原理,即将法治中的比例原则运用到刑法立法过程中,以引导国家刑法立法权力的合理行使。由于法益概念对刑法立法的评价功能极其有限,所以试图通过法益概念对刑法立法的必要性和正当性进行证成或者证伪,最终会陷入语义上的无意义论争之中。例如,刑法学界近期对受贿罪的法益进行了高度关注,发表了一系列在理论界具有重要影响的文章。这种论争的景象表明一个基本事实,即寄望于通过法益概念的明确性达到限制立法的目的,明显会限制立法发展,甚至会将立法导向死胡同。所以,其在实践上是不具有可行性的。但是比例原则相对容易操作,它着力于行为样态的分析,并借助行为结果进行辅助评价,不仅有助于从行为样态中实现犯罪与行政不法的协调性配置,明确行为犯罪化的方式,而且有助于实现罪刑的均衡,有效控制

〔1〕 参见陈家林:《外国刑法理论的思潮与流变》,中国人民公安大学出版社 2017 年版,第 11 页。

重刑主义泛滥。

二是有必要重新检讨刑法典与特别刑法的关系,摆脱刑法典单兵突进的现象,提升刑法整体的预防效果,减少象征性立法。象征性立法之所以存在,除立法本身缺乏现实针对性之外,还有一个主要原因是刑法典与特别刑法不衔接,甚至将一些特殊性事件当作常态事件采取刑事对策予以法典规制。但是,特殊性事件往往可能有两种发展态势,其一成为常态事件,其二成为偶发性事件。刑法条文业已制定,其是否会沦为象征性立法,在很大程度上取决于特殊性事件的发展结果。对于发展为常态的事件而言,一般不太可能出现象征性立法问题,但是对于偶发性事件而言,出现象征性立法的概率就很大了。此时,由于相关事件具有偶发性,所以适应刑法规范的机会并不多,刑法规范往往就被搁置起来甚至演变成"沉睡条款"。但如果采取特别刑法立法的方式,特殊事件特别对待,特殊情由消失后立法随之调整,就会减少象征性立法。

三是有必要对社会风险化中的风险进行充分的科学评估,特别是在出现社群性的心理恐慌后,对于导致恐慌的事由的真实性与虚构性进行及时和准确的区分,从而降低社会对刑法立法的虚假依赖,杜绝情绪性立法。现代立法是民主政治的产物,它要受理性的引导,但却常常不免受到非理性的影响。甚至有时候立法缘起于非理性的恐慌,所以需要对其中的非理性诉求运用理性知识进行有效祛魅。在风险社会中,风险是由人为因素造成的,但也不排除社会成员因为缺乏专业知识而人为地夸大风险,并通过新媒体造成社群性恐慌的情况。所以,立法过程中不能完全受制于社群性恐慌的压力,而应采取有效的方法,例如通过专家普及相关知识,积极减缓社会压力和负面情绪,在立法上增强科学理性的引导,避免情绪性立法造成的法律构想不成熟、体系性欠缺等诸多隐性问题。

四是有必要协调事前的刑法预防与事后的刑罚处罚之间的关系。对于预防犯罪的效果而言,事后的刑罚处罚终归是间接的、非建设性的,因此应采取事前的刑法预防措施。从经济学上进行成本核算的话,无论事前的预防还是事后的处罚,都有成本投入,但无论如何,事前预防与事后处罚都必须控制在国家可以承受的范围之内,且可以获取最佳的收益。所以必须最大限度地控制不必要的成本。其一,事前的刑法预防过早,无疑会扩大犯罪的惩罚范围,将一些本可以通过其他方式处理的行为当作犯罪人处理,这不仅导致对普通市民权利与利益的侵犯,而且社会亦要为犯罪人的扩大投入更多的监禁、矫正的财政开支。因此理性的立法者会基于功利性考量,尽可能采取行政性措施解决相关问题,避免将行为人当作犯罪人对待,或者在必须采取刑事处罚措施时,也会对轻罪犯罪人采用更多的罚金刑,保证国家和社会从中受益,避免对犯罪人处以教育功能无从发挥的自由刑,减少无意义的财政支出。其二,事前的刑法预防必须真正有助于减缓事后处罚的不利结果,即当事前预防是必要的时候,就不应该投鼠忌器,该采取刑法预防措施就必须制定刑法预防规范。有些场合,节省事前预防的必要成本,很可能导致事后的报应性处罚和补偿性成本呈倍数级增加,亦会令社会陷入不可逆转的灾难性境地,这就不免适得其反了。所以,在这种场合,事前的刑事预防规范就是极其必要的。〔1〕

五、刑法谦抑与稳健立法

在立法活性化的背景下,学界注意到刑法谦抑性原则在实践中

---

〔1〕 参见[日]井田良:《近期刑事立法的活跃化及其评价:以与德国的比较为中心》,载《刑法杂志》2004年第2期。

出现了所谓的消减现象，如法益保护前置化、统制管理功能多样化。[1] 有学者认为，我国刑法立法中存在背弃谦抑性原则的危险或者事实。基于这种认识，学界就如何消解问题提出了多种不同建议，如有学者主张“民法要扩张、刑法要谦抑”，[2]还有学者提出“立法扩张，司法谦抑”的建议，[3]也有学者认为，司法不能假口刑法谦抑随意入罪、出罪。[4] 这些分歧表明理论上对刑法谦抑性原则地位、含义、作用以及适用方式等的理解，远未形成共识。观点有分歧是正常的，但有一种较为普遍的做法却是值得警惕的，即将谦抑性原则作为刑法实践之分析工具，简单套用它批判立法和司法实践。以至于“在我国刑法学研究中，刑法谦抑主义则出现了被当作批判刑法立法的‘万金油’式口号化的倾向”[5]。基于此，还有学者认为，不应将刑法的谦抑性原则作为反对增设必要新罪的借口。[6] 可见，理论上还有深入研究谦抑性之必要。从理论本身与现实维度看，笔者认为，这些问题可以集中为如下三个层面：

一是谦抑性原则的效度。谦抑性原则具有哪些作用，取决于谦抑性的含义及其地位。如果谦抑性本身的含义不明确，较为抽象，那么就很难运用它对刑法实践进行有效合理的评价。

二是谦抑性原则的实践向度。这个问题最终无法脱离刑罚目的与刑法功能的实现方式。刑罚目的与刑法机能是明确的，但在刑法运行中，由于传统社会的结构，刑罚目的必须经由刑法机能化的合法

[1] 参见陈璐：《论刑法谦抑主义的消减》，载《法学杂志》2018 年第 9 期。

[2] 参见王利明：《民法要扩张　刑法要谦抑》，载《中国大学教学》2019 年第 11 期。

[3] 参见田宏杰：《立法扩张与司法限缩：刑法谦抑性的展开》，载《中国法学》2020 年第 1 期。

[4] 参见简爱：《一个标签理论的现实化进路：刑法谦抑性的司法适用》，载《法制与社会发展》2017 年第 3 期。

[5] 黄云波、黄太云：《论稳健型刑法立法观》，载《中国刑事法杂志》2019 年第 3 期。

[6] 参见周光权：《积极刑法立法观在中国的确立》，载《法学研究》2016 年第 4 期。

调整才能得以实现，所以对主要刑罚目的的预设与刑法机能的协调必然导致与古典谦抑主义观的不匹配。

三是谦抑性原则的限度。轻视或者夸大谦抑性原则的价值，都是应当受到批判的，它们容易造成谦抑性原则实践的过度与不及问题。当前更应关注的是轻视谦抑性原则出现的问题，并为之提出积极对策。

笔者拟依据上述思路，重新审视相关争议及其问题，并对民法与刑法、立法与司法等有关的一些有重要影响的论点予以评析，期待在此基础上推进对谦抑性原则的理论与实践运用的认识。

（一）谦抑性原则的效度

谦抑性原则的含义既涉及如何理解谦抑性，也涉及如何理解原则。在很多时候，学界只注意到了对谦抑性含义的理解，而很少有学者对其作为一种原则的根据和实践价值进行阐述。

1. 谦抑性的含义

正如简爱博士所言，“现阶段我国的刑法谦抑性理论还局限于概念性的描述，尚缺乏可具体运用于实践的路径”[1]。这与谦抑性本身作为法律理念的属性有关，它也说明对谦抑性的概念性描述无助于我们认识谦抑性的含义。所以从谦抑性的含义着手更为现实。

我国学者一般采用日本、德国刑法理论表述谦抑性的含义，但在内容上存在三特性说与一特性说的分野。如大谷实认为，刑法不是抑制犯罪的唯一手段，而且刑罚剥夺人的生命、自由和财产，是极为严厉的制裁措施，所以，它只能被当作预防犯罪的“最后手段”（刑法的补充性），且只有在维持社会秩序确有必要之时，才能在尽可能小的范围内适用（刑法的片段性），它还应当体现出现代法的宽容精神

---

〔1〕 简爱：《一个标签理论的现实化进路：刑法谦抑性的司法适用》，载《法制与社会发展》2017年第3期。

(刑法的宽容性)。可以说,刑法的谦抑性以刑法的补充性、片段性和宽容性为内容。[1] 近来,还有学者将其表述为必要性、不可替代性和社会适应性。[2] 在我国,马克昌教授接受了大谷实的三特性观点。[3] 陈兴良教授则将其表述为刑法的紧缩性、补充性和经济性。[4] 还有学者认为其含义包括刑法的补充性、宽容性和经济性等方面的要求。[5] 但最近有学者提出了一特性说,认为紧缩性、补充性和经济性只是表达的视角不一样,但它们的含义是一样的,所以只需补充性就足以说明谦抑性的含义。[6]

首先,补充性、片段性和宽容性含义不同,承载了不一样的理论机能。补充性,又称刑法的第二次性,目的在于将刑法作为防控犯罪的最后手段;片段性,又称为刑法的不完整性,旨在将刑法作为法益保护的一种手段,只有当行为具有严重的社会危害性(严重侵犯了法益或者侵犯了重要法益)时才动用刑罚;宽容性强调的是行为虽然导致了严重的社会危害性,但不需要动用刑罚时,就不动用刑罚,不需要动用重的刑罚时,就不判处重的刑罚。[7] 可见,补充性不能完整表达谦抑性的含义。例如甲实施了杀人的不法行为,但因为情有可原,不具有期待可能性,可以认为其不具有责任,从而不给予刑罚处罚,这是宽容性的体现。再如乙盗窃了他人现金 1000 元,侵犯了他

〔1〕 参见[日]大谷实:《刑法讲义总论》(第4增补版),成文堂1996年版,第6页。

〔2〕 参见[日]关哲夫:《讲义刑法总论》,成文堂2015年版,第20-21页。

〔3〕 参见马克昌:《我国刑法也应以谦抑为原则》,载《云南大学学报(法学版)》2008年第5期。

〔4〕 参见陈兴良:《本体刑法学》(第2版),中国人民大学出版社2011年版,第60-65页。

〔5〕 参见李洁、孔祥参:《刑法的扩张对谦抑性的悖离》,载《社会科学辑刊》2020年第2期。

〔6〕 参见苏永生:《刑法谦抑主义的西方图景与中国表达》,载《法学杂志》2016年第6期。

〔7〕 参见马克昌:《我国刑法也应以谦抑为原则》,载《云南大学学报(法学版)》2008年第5期。

人的财产法益,依据一般观念,其行为没有严重的社会危害性,所以不构成刑事上的不法,这是片段性产生的效果,不能将其归功于补充性。而丙在妻子来例假的时候,多次违背妻子意愿强行与其发生性关系。但刑法一般不会以婚内强奸追究丙的责任,这是因为婚内强奸起因于婚姻失败,这个问题可以通过婚姻法得到彻底改正,可以认为这是补充性的价值之所在。总之,这三个要求各有其所,不能互相取代。

其次,经济性是分析的工具,而不是分析的内容。依据经济分析原理,一个制度的合理性在于其以最小投入取得最大收益。宽容性是一个具有道德色彩的概念,难以用经济分析证明它的合理性。经济分析可以论证补充性、片段性的部分价值,却也有不足。如婚内强奸及其产生的消极后果,必然导致社会不必要的成本投入,但是这个问题之所以发生,与其说是一个利益问题,不如说是现代社会基于女权主义而产生的权利意识问题。再如甲盗窃了他人 1000 元,在合理的经济分析时,要考虑盗窃犯罪的黑数、行为地域、行为对象以及行为动机等因素,这些因素往往超出了盗窃犯罪经济分析的框架。所以经济性不适合作为刑法谦抑性的特征。

最后,仅仅重视补充性、片段性和宽容性并不能充分发挥谦抑性的精神。上述特征赋予刑法谦抑性以形式上的、道义上的要求,但却可能忽视社会转型对刑法发展变革的塑造力。刑罚是一种恶害,刑罚的发动必然招致部分社会成员的反感和抵触;但刑罚同时是一种必要的恶害,刑罚的不发动也必然会招致部分社会成员的不满和批判。教条式的实践方式可能存在两种极端:一是过度渲染刑法谦抑性,弱化刑法的社会保护机能;二是对谦抑性认识不充分,导致刑法不当干预社会。当前,如何用法治方法营造良好的营商环境,是一个系统性的社会问题,刑法介入时不能不重视社会的适应性。刑法介入过度将直接破坏地方的经济发展,但刑法介入过晚、手段过轻也容易造成间接性的社会不良后果。这个问题不能用补充性、片段性和宽容性予以消解，作为前提，还必须考虑刑罚发动的背景以及尺度。所以，还应当将社会适应性作为判定刑法谦抑性的一个内容。

2. 谦抑性原则的存在方式

当前，学界大多数接受并采取"谦抑性原则"这个表述，也有学者使用谦抑主义或者谦抑精神。这些表述有无区分的必要呢？个别学者注意到了这个问题，如简爱博士认为，"谦抑性既不是刑法的特征，也不足以成为刑法的原则……在性质上更倾向于有关刑法的法律理念"[1]。这绝非表述习惯问题，它涉及我们在何种场合以何种方式适用谦抑性。

无疑，谦抑性是现代刑法实践的重要范式，将其作为法律理念具有一定指导意义，但是并不准确：其一，法律理念存在多义性，如果不能较为明确地定义它，我们甚至可以将它等同于法律本质、法律目的、法律原则、法律方法等。这样的法律理念具有指导意义，但却失去其分析的意义。其二，根据一些观点，法律理念有其专属的含义。如李双元教授等认为法律理念是对法律本质、根本原则及其运作规律的理性认知和整体结构的把握。它是一种方法、一种态度，是认识论、方法论和本体论有机结构的产物，甚至接近于哲学上的"范式"概念。由此可见，法律理念与法律本质、法律原则、法律目的不同。[2]其三，理念具有高度抽象性，它最早可见诸柏拉图的理论。柏拉图的"理念论"试图表明，在"现象"之后，屹立着一个"理性世界"，[3]即理念是形而上的结果，也是演绎方法的逻辑出发点，它与本体论、方

---

〔1〕 简爱：《一个标签理论的现实化进路：刑法谦抑性的司法适用》，载《法制与社会发展》2017 年第 3 期。

〔2〕 参见李双元等：《法律理念的内涵与功能初探》，载《湖南师范大学社会科学学报》1997 年第 4 期。

〔3〕 参见[德]阿图尔·考夫曼、[德]温弗里德·哈斯默尔主编：《当代法哲学和法律理论导论》，郑永流译，法律出版社 2002 年版，第 54-55 页。

法论和认识论有关。其四，将法律理念与法律原则等概念加以区别是必要的。法律理念与法律原则的区别在于：法律理念的内涵丰富，法律原则相对简单；法律理念既是法律原则产生的实在根据，也是法律原则行动的根据；它们在法律体系中的地位不同，法律理念无疑具有最高的地位，而法律原则的地位相对较低。

谦抑性不具有法律理念的理论地位。如上所述，法律理念具有最高的体系地位，甚至法律价值也从属于它。我们通常可以将正义作为法律理念。考夫曼曾指出，“法律理念是一法律最高的价值。而此最高的价值则是正义”[1]。根据这种观点，在法律理念之下还应当隐含着若干法律行动的重要价值。拉德布鲁赫将它们表述为正义（平等）、合目的性与法律安定性三个层面。[2] 显然，法律价值决定了法律实践的一切内容，包括法律机制、法律机能及其内容等。法律理念的地位明显高于法律原则，法律原则的内容派生于法律理念，但最直接的实体根据则是法律的价值。谦抑性无法获得法律理念的地位，定位为刑法原则较为妥当，理由如下：第一，谦抑性虽然表现为一种法律精神，但是它很难对法律实践提供工具分析的作用。但理念不同，基于理念差异，法律实践可采取大陆法系的法律推理方式，也可以采用英美法系基于经验归纳的判例法模式。第二，原则和理念的理论地位不同，原则更接近于实践，更有利于对实践的指导，将刑法谦抑性拔高为法律理念，最终会削弱其实践意义。第三，刑法原则以多种方式存在，不必然要为立法所确认。我国刑法虽然规定了三大原则，但是理论上有观点认为可将主客观统一等也作为刑法原则。[3] 在此意义上，一切具备刑法基本原则含义的思想和要求都可

---

[1] [德]考夫曼：《法律哲学》，刘幸义等译，法律出版社2004年版，第228页。
[2] 参见[德]考夫曼：《法律哲学》，刘幸义等译，法律出版社2004年版，第229页。
[3] 参见付立庆：《刑法总论》，法律出版社2020年版，第47页。

以成为刑法原则。“刑法基本原则是具有纲领性、全局性以及贯穿性的基本思想、理念等在立法层面的反映。”〔1〕在古典主义刑法体系之中，谦抑性对于立法、司法和刑罚执行各个环节都具有这样或者那样的指导价值，所以将其作为理论上的刑法原则并不为过。此外，将谦抑性作为理论上的刑法原则，更有助于有效发挥其理论批判功能。当前对谦抑性采取的“万金油”运用方法，很大程度上是因为批判者忽视了刑法原则有效运用的方式。

3. 谦抑性原则的有效运用

有学者认为：“刑法的谦抑性精神就自然演变为刑法的价值目标，契合了人类社会控制刑法的良好诉求。”〔2〕这种观点显然没有注意谦抑性原则实践上的复杂性。谦抑性原则虽然具有指导作用，但是其指导毕竟还是宏观性的，难免会出现理解上的多义性。如果这个问题不能被有效解决，必然会出现谦抑性原则被滥用和随意使用的问题，反而降低了该原则的效度，也容易导致其出现被搁置的结局。所以，对谦抑性原则的要求要进一步予以明确。

笔者认为明确的方向就是进一步区别原则和规则，为谦抑性原则的实现提供必要的判断规则。根据我国法学界的一般观点，法律原则与法律规则不同，“法律规则是规定法律上的权利、义务、责任的准则、标准，或是赋予某种事实状态以法律意义的指示、规定”。而“法律原则是法律的基础性真理、原理或是为其他法律要素提供基础或本源的综合性原理或者出发点”〔3〕。与法律原则相比，法律规则有三大特点：一是具有微观的指导性；二是可操作性较强；三是确定

〔1〕 高铭暄：《刑法基本原则的司法实践与完善》，载《中国检察官》2019 年第 13 期。

〔2〕 孙道萃：《反思刑法保障法》，载《国家检察官学院学报》2012 年第 5 期。

〔3〕 张文显主编：《法理学》（第 4 版），高等教育出版社、北京大学出版社 2011 年版，第 69、74 页。

性程度较高。[1] 可以说,原则是一种应然性要求,其直接适用情况很少,如从实践情况看,"鲜有刑事判决书援引刑法基本原则作为定罪量刑依据的做法"[2]。法律规范是一种实然性要求,法律规则介于法律原则与法律规范之间,以更清晰的方式对原则的实现提出较为具体的内容。但是,它又不像规范那样设定了具体的命令性或者禁止性内容。例如,立法者设定了一项刑法禁令,试图用刑罚手段处罚利用特定关系与被监护的未成年女性发生性关系的行为。当我们运用谦抑性原则来对该禁止性规范进行判断的时候,必然从若干方面作进一步分析,例如,是否可以通过其他法律禁止这种行为;该禁令是否确有必要;在一般处罚情形之外,是否存在一些不需要处罚的情形;处罚内容的设定是否合适;等等。围绕这些判定要求,必然会形成一些所谓的下位原则或者附属原则。但为了准确起见,将这些定义为规则似乎更合适。当前理论批判在很大程度上直接将该原则不当作为评价立法与司法的规则,而且在理解时对谦抑性原则的内容采取了保守的立场,以至于根据传统的形式定义运用该原则,导致其在实践中成为理论批判的"万金油"。

为了保证谦抑性原则的有效运用,需要提供哪些规则呢?陈兴良教授主张刑法的保障法属性应成为犯罪化的标尺。[3] 可以说,从一般情势看,刑法的最后手段性似乎更受重视。如张明楷教授也提出刑法必须是保护法益的最后手段。[4] 如果考虑到谦抑性具有多重含义的事实,上述观点都存在缺陷。对保障法的重视,不过是将刑法作为第二次法的另外一种表述,其坚守的还是最后手段性。虽然

---

[1] 参见张文显主编:《法理学》(第4版),高等教育出版社、北京大学出版社2011年版,第69、70页。

[2] 高铭暄:《刑法基本原则的司法实践与完善》,载《中国检察官》2019年第13期。

[3] 参见陈兴良:《刑法谦抑的价值蕴含》,载《现代法学》1996年第3期。

[4] 参见张明楷编著:《外国刑法纲要》(第2版),清华大学出版社2007年版,第7-8页。

补充性得到了认可，但是问题在于：其一，不能直接将补充性适用于刑法解释与司法裁判；其二，补充性的适用归结于法律的合理适用；其三，法律的选择适用并不直接以补充性为方法论指引。[1]

围绕刑法谦抑原则的意义和内容，可以从多个方面对它进行诠释和规则建构。比如：一是认为它是对干涉主义或必罚主义的限制；二是将它作为对刑罚限定于必要的场合的需要；三是将它作为保护法益的最后手段或者辅助原理；四是基于刑法不干预琐碎之事的初衷；五是根据排除比刑罚大的恶害的考量；六是将它作为立法与司法解释的原理。[2] 结合前述对谦抑性内容的理解，有必要建立如下规则。

（1）规范创设的不可替代性规则

依据个别观点，过于坚持把刑法作为法律治理的最后手段，法益保护就会出现迟滞。[3] 然而，必要性规则的作用还是不容否定的，仅侵犯重要法益或严重侵犯法益的行为才能被规定为犯罪。[4] 但是，这种实质意义上的判断往往容易出现争议，如哪些法益较为重要，何种行为属于严重侵犯了法益。但是，根据形式解释就简化了上述问题。

还要倡导的是规范创设的最后性规则或者形式意义上的必要性规则。具体而言，在创设新的罪刑规范时，要考虑到所要规制的行为是否具有不可替代性。具体应考虑三种情况：其一，该行为是否可以

---

〔1〕 参见简爱：《一个标签理论的现实化进路：刑法谦抑性的司法适用》，载《法制与社会发展》2017 年第 3 期。

〔2〕 参见马克昌：《我国刑法也应以谦抑为原则》，载《云南大学学报法学版》2008 年第 5 期。

〔3〕 参见简爱：《一个标签理论的现实化进路：刑法谦抑性的司法适用》，载《法制与社会发展》2017 年第 3 期。

〔4〕 参见张明楷：《增设新罪的原则——对〈刑法修正案十一（草案）〉的修改意见》，载《政法论丛》2020 年第 6 期。

由其他法律规范加以有效处理。在以往,对这个问题的判断往往出自立法者的观察和调研,最终不一定能反映犯罪的实际情形。但这并不等于这个问题不重要或者无法解决,随着大数据技术的发展,今后的立法完全可以运用行为对社会造成危害的数据证明立法必要性。其二,该行为在刑法规范中是否存在规制的漏洞,如果行为规制可以经由刑法解释得以适用,那么就不宜盲目创设新的罪刑规定。其三,除考虑规范的可替代性之外,还应当考虑规范的事实是否存在可替代性问题,即规范事实是否具有普遍性或者常见性。如果规范事实不具有普遍性,甚至极为罕见,那么规范的一般预防作用就具有事实上的可替代性,也就没有增设新罪或者新条款的必要。典型的立法例如驾驶人员与他人互殴,《刑法修正案(十一)》将其予以刑法规制(《刑法》第 133 条之二)的必要性很难得到证明:首先,这种情况一般不会发生。通常,驾驶员在驾驶过程中与人互殴前会采取驻车模式,这时,行为缺乏公共安全的危害性。其次,这种情况即便存在公共安全危害性,也可以通过其他罪名予以解决。最后,如果立法者意图通过新的创设来实现明确性原则也缺乏依据,因为驾驶者与他人之间的行为属于对向性的行为关系,而不是同一性质的行为关系,将其补充到危险驾驶罪中可能更合适。

(2)违法评价的必要性规则

在不具有规范替代性的情形下,不存在发动刑法的形式束缚。但为了实现实质合理性的要求,必须进一步对行为的实质违法性进行评价。根据犯罪的实质违法性要求,犯罪化必须限定在行为具有严重社会危害性的场合,或者说限定在行为严重侵犯了法益或是侵犯了重要的法益的场合。迄今为止的违法性理论似乎还没有解决这个问题,有的采取结果无价值理论,有的采取行为无价值理论,但它们都存在一些缺陷。

如对互联网金融的刑法规制是否突破了谦抑性原则,无疑是一个具有理论价值的研究视点。有学者认为刑法规制妨碍了金融创新,但有学者反对这种观点。[1] 显而易见,谦抑性原则在逻辑上的形式推理无法澄清立法规制的必要性。金融安全、融资效率、金融市场的法治化程度等都是必须考虑的因素。2015 年之前,互联网金融一度得到了政策的允许,金融市场也对小额网络贷款公司予以局部开放。很多地方和中央部委出台了网络小额贷款管理办法,如 2013 年赣州市人民政府办公厅发布了《关于印发赣州市网络小额贷款公司监督管理暂行办法的通知》(已失效),2015 年中国人民银行、工业和信息化部、公安部也联合下达了《关于促进互联网金融健康发展的指导意见》。但是,随着"套路贷"、暴力催收等问题的出现,互联网金融中的不正常现象引起了社会的广泛关注,而且其与电信诈骗、黑恶势力违法犯罪有合流的趋势。有鉴于此,2016 年国务院办公厅下达了《互联网金融风险专项整治工作实施方案》,这也导致今天司法通过扫黑除恶专项斗争,对互联网金融的治理采取了极其严密的刑事措施,从个人信息、经营范围等方面肃清互联网金融中的违规现象。

笔者认为,统合结果无价值和行为无价值两种理论,分别从结果和行为两方面判断实质违法性,相当于在结果的基础上增设了行为规范性的要求,或者说是在行为的基础上增加了结果限定性的要求,这显然更能广泛地限制犯罪的成立,也更容易契合谦抑性原则的要求。结合刑法一般观点,结果无价值评价内容包括:一是行为造成法益实际损害的大小;二是行为造成法益侵害的具体危险性可能的大小;三是对重要法益造成威胁的大小。行为无价值评价内容包括:一

[1] 分别参见刘宪权、金华捷:《论互联网金融的行政监管与刑法规制》,载《法学》2014 年第 6 期;宋盈:《互联网金融刑法规制谦抑说之反驳——兼与刘宪权教授商榷》,载《学术界》2017 年第 7 期。

是行为方式明显逾越常规,不具有社会相当性;二是行为次数较多,足以显示行为人人身危险性较大;三是行为对象有不特定性,间接性社会后果严重。互联网金融犯罪化,如果仅仅从个人法益进行评价的话,很难得出妥当的结论,因为此类犯罪个体造成的结果都不严重,但是其具有行为的多次性和对象的广泛性,特别是行为方式明显不具有社会相当性,所以作为犯罪并无差池。

(3)刑事责任的不得已规则

"存疑有利于被告人"是刑法的一个规则。英美学者认为,"涉及刑事制定法范围的可做多种解释的语言应当根据宽容来解决"[1]。这也可以视为宽容的体现,但宽容却不限于此。犯罪的成立,不仅要求行为是不法的,而且还要求不法行为可以受到谴责。谴责的根据在于刑事责任。那么在责任评价中如何实现宽容呢?

刑事责任是最能体现刑法宽容的领域。所谓责任就是对违法行为的责难可能性。作为对"违法是客观的,责任是主观的"的一种新的解释,笔者认为,违法意味着对具体行为进行与法定不法类型合致性的判断,其方法通常是同质的分析。例如甲故意不为自己哺育的婴儿喂奶,导致婴儿饿死,违法性评价的根据是,这种行为在一般人看来是否具有其他特定情由可以阻却违法性,如果没有阻却违法性事由存在,那么就可以肯定该行为是违法的。但是责任却是差异化分析,其根据是一般人在行为的具体情境中,是否会作出和行为人不一样的行为选择。如果一般人会,则可以谴责行为人;反之,则不应谴责行为人。如果部分人会作出或不作出这种选择,意味着选择可能性降低,可谴责性也随之降低。从本质上看,责任源自国民一方所

---

[1] Rewis v. United States, 401U. S . 808, 812, 91 S. Ct. 1056, 1059, 28 L. Ed. 2d 493 (1971).

表露的处罚情感,[1]它的内容受宽容性精神的不断推动而发展。

从刑法史看,早期的责任采取客观归责的方式,很难体现刑法的宽容性。但随后出现了主观责任主义,要求责任评价关注行为人的心理情况,为宽容精神提供了发展空间。可以说,要求罪过是宽容在刑法中获得的第一次胜利,将责任要素明确规定为故意、过失以及责任能力是宽容以理性方式获得进步的表现。而在20世纪早期形成的规范责任论,摆脱了心理责任论沦为形式判断的不足,丰富了责任评价的内容,提升了宽容在责任中的地位,其核心概念期待可能性被一些学者认为是对行为人倾注的"同情之泪"。

宽恕性评价是实现宽容的内在根据。宽恕性评价可更直观地见之于英美刑法结构之中。众所周知,英美采取抗辩式结构,在犯罪事实充足之后,进行抗辩事由评价。但抗辩事由分为两种,即正当化事由和宽恕事由。英美刑法中的宽恕事由是指,一个行为虽然不值得法律赞同,但因为行为时的特殊缘由,为了彰显处罚的合理性,所采取的对行为人免予处罚或者减轻处罚的根据。[2] 在大陆法系刑法中,虽然很难将宽恕事由在刑法体系中予以定位,但是并不表明这种评价是缺位的。因为,一般在责任评价中存在期待可能性事由,期待可能性评价和宽恕事由评价具有相同的机能。[3] 在我国刑法中,虽然期待可能性的理论地位极不明确,但是,根据罪责刑相适应的原则,我们在犯罪构成之后的责任评价中,既要根据类型化分析确定责任与不法的均衡性,还要在责任的分析中确定宽恕事由的必要地位,

---

[1] 参见[日]松原芳博:《刑法总论》,日本评论社2013年版,第199页。

[2] See George Mousourakis, *Criminal Responsibility and Partial Excuses*, Athenaeum, 1998, p. 13－14; Nicola Padfield, *Criminal Law*, Butterworths, 2000, p. 91; Jonathan Herring & Marise Cremona, *Criminal Law*, 2nd ed., Macmilllan Press Ltd., 1998, p. 270－271.

[3] 具体论述请参见童德华:《外国刑法导论》,中国法制出版社2010年版,第222页。

运用期待可能性理论，进一步体现谦抑性原则的宽容性要求。例如长期被家暴的受害妻子，在一次异常痛苦不堪的家暴之后，趁施暴丈夫酣睡之际，用铁锤将其砸死。实践中对这类案件的女性判处重刑的情况不少见。但是这种判决并不合理，因为它只评价了行为的不法类型，而没有对行为人的行为情境进行充分评价，未能明确其责备性的有无或者大小。应该说类似案件的行为人是值得社会同情的，刑法必须以有效机制来回应和化解社会同情。

(4)刑罚处罚的社会适应性规则

刑罚处罚的社会适应性是刑罚轻缓化的要求，它体现了刑罚人道主义，也是刑法谦抑性所作的理性选择。在公众普遍守法意识薄弱的背景下，如果刑事法网存在较多疏漏，就容易导致社会治安出现较多问题。尽管较为苛重的刑罚可能有一时之效，但不可持续为继，它容易刺激民众的暴戾心理，从而引发恶性暴戾犯罪。[1] 所以刑罚必须采取与犯罪预防要求相适应的种类和制度。

总而言之，规范的不可替代性规则是谦抑性原则的形式要求，必要性规则是谦抑性原则的实质要求，不得已规则要体现宽容性要求，社会适应性规则要体现刑罚的人道主义要求。

(二)谦抑性原则的实践向度

犯罪是社会的产物，犯罪化和去犯罪化也是社会发展的产物，立法者或者司法者可以通过理性建构的方式，适度加快犯罪化或者去犯罪化的进程，但却不能违背犯罪化或者非犯罪化的社会要求去建构与现实格格不入的行动方案。刑法谦抑性在实践中需要恪守法治原则，随意出罪或者入罪都不可取。为了倡导古典主义的刑法价值观，法律专家可以根据对刑罚目的的合理预设引导社会民众，以推动

〔1〕 参见储槐植、何群：《刑法谦抑性实践理性辨析》，载《苏州大学学报(哲学社会科学版)》2016 年第 3 期。

谦抑性原则的实践。但是如果对刑罚目的的预设有误，必会凸显刑法“双刃剑”中的弊端，反而伤及刑法的谦抑性。刑罚目的的合理预设应始终将刑法的发动控制在一个合理的范围之内。每个人都不能断言一项刑法规范是对的或者是不对的，但我们可以说在某个范围之内的刑法规范是对的或者是不对的。该合理范围实际上也预设了刑法机能化的道路。在这个意义上，谦抑性原则的理性实践还受刑罚目的的引导与刑法机能的控制。

1. 刑罚目的与谦抑性原则

刑罚目的在总体上由刑法的目的决定。耶塞克教授认为“刑法的任务是保护人类社会的共同生活秩序”[1]。付立庆教授认为，我国刑法的任务是“保护国家、社会和公民个人免受犯罪的侵害”[2]。社会是个人的集合，因此刑法在保护社会共同生活秩序的同时，不能忽视对个人利益维度的保护。相对而言，付立庆教授的表述既符合刑法规定，也较为全面。但是刑法的目的往往通过刑罚实践体现出来，刑罚的目的及其实现无疑是谦抑性原则可否得到贯彻的重要条件。

刑罚的目的理论，大致可分为报应刑论与预防刑论。古典主义刑法采取的是报应刑论。依据刑法谦抑性主张，似乎也应当采取报应刑论，因为报应刑是基于事后的立场，对行为人采取的惩罚性措施。为了增强刑法的预防机能，晚近越来越多的学者转而赞成积极的一般预防论。囿于篇幅，笔者在此仅分析一般积极预防论并不必然违背刑法谦抑性原则。

一般积极预防论是指，立足于社会风险化的实际情况，着力加强

---

〔1〕［德］汉斯·海因里希·耶塞克等：《德国刑法教科书（总论）》，徐久生译，中国法制出版社 2001 年版，第 1 页。

〔2〕付立庆：《刑法总论》，法律出版社 2020 年版，第 8 页。

风险现实化的防控。为此必须扩大刑法保护范围,具体方法包括保护措施前置化、法益抽象化、非实行行为正犯化等。这些方法的目的在于重塑民众对刑法规范的主动参与感,以及公民对法规范的忠诚义务和信赖。根据传统刑法的规定,刑法的打击范围显然有扩张之势,因此似乎违背了刑法的谦抑性原则。

但是在风险社会背景下,基于刑法谦抑性原则的基本精神和规则,我们认为现有立法和司法中的确存在一些背离谦抑性原则的现象,但是,有些现象则未必如论者所夸大的那样严重,它们至少没有明显突破谦抑性的合理范围。目前较有代表性的立法批判包括危险驾驶罪和反恐怖主义犯罪的立法。如学者关于危险驾驶罪有赞成和反对的不同声音,但有两点不容忽视:一是反对者更多时候是批判司法实践采取了过于绝对和简单的量化标准作为入罪条件;二是社会民众赞成犯罪化的现象呈现出"一边倒"的趋势。[1] 再如,关于反恐怖主义犯罪立法,认为其违反刑法谦抑性的观点不少,但也不乏有学者认为,我国反恐刑法立法前瞻性不足,甚至未将某些已出现且较为严重的恐怖主义犯罪行为纳入规制范围。[2] 可以说,贴标签是轻松的,正因为其轻松才存在被滥用的问题。[3] 这类标签不仅将复杂的问题简单化,而且还因其脱离现实情景,带有很大的理论偏见。

最关键的是,我们在分析刑罚目的的时候,必须从社会与个人的权利—义务法律关系中进行均衡性判断,不能失之偏颇。如提倡谦抑性原则,一方面意味着减少了国家通过刑法介入市民生活的机会,但在另一方面却意味着,市民不得不承受因刑法介入机会被削减而

---

〔1〕 参见张淼:《危险驾驶罪的立法与司法省思》,载《南京大学法律评论》2014 年第 2 期。

〔2〕 参见詹红星:《我国反恐刑法立法:轨迹、缺陷与展望》,载《广西警察学院学报》2019 年第 6 期。

〔3〕 参见黄云波、黄太云:《论稳健型刑法立法观》,载《中国刑事法杂志》2019 年第 3 期。

产生的安全风险，并要为自我安全的保护直接"买单"，造成了一种潜在的社会不公平。所以，刑法的谦抑性原则在运用中也应与社会发展相协调，过与不及的问题都会导致刑法谦抑性原则的失败，且又形成新的不平等。[1]

2. 刑法机能与谦抑性原则

一般积极预防刑法观并不违背刑法谦抑性原则，但是因为一般积极预防的具体操作，使得刑法背离谦抑性原则的可能性增加。反过来看，刑法谦抑性原则在风险社会中的意义更明显。刑法是国家和社会实现治理的主要法治手段，为了发挥好谦抑性原则在风险社会中的指导价值，必须对个体自由与社会秩序的发展现状、公民的法治素养、立法方式、司法与执法现状等法治现实情境进行科学评估，确保在特定的法治现实情境中，刑法社会保护和自由保障两种维度的机能可以适时得到协调发展。

首先，在经济领域、技术领域需要投入并凸显社会保护机能。刑法必须适应我国政治体制与经济体制的现实架构，对立体式的体制改革、高速运行的经济结构、日新月异的技术进步所引起的社会风险及其已经出现的问题征兆加以必要的管控。例如，随着网络技术与金融产品创新的融合，P2P 融资模式在网络上很流行。该模式推广运用得很迅速，可是它却缺乏与之匹配的监管制度，结果就出现一些人利用监管漏洞从事明显不合法的贷款业务，在较短时间内就能导致借款人所应支付的本息明显不合理。这些人还利用其他威胁性手段催收贷款，致使一些借款人由于无法偿付本息而自杀。在这种情境下，刑法充分发挥其法益保护机能实现对风险的适时主动应对是十分必要的。

---

[1] 参见[日]井田良：《近期刑事立法的活跃化及其评价：以与德国的比较为中心》，载《刑法杂志》2004 年第 2 期。

其次，应根据社会发展的实际情形进行刑法机能的结构性调整。所谓刑法机能的结构性调整，是指刑法机能应与社会发展保持同步，应为适应犯罪预防的需要而及时采取动态的调整。动态调整的依据是刑法价值重心和刑法重点机能的转变。社会发展必然以不均衡的方式推动，由此产生了不同时期、不同阶段刑法价值的变化。从历史角度看，在客观主义刑法学派时期形成了以自由为重点的价值追求，而在主观主义刑法学派时期则形成了以安全为重点的价值追求；从现实角度看，我国刑法立法和司法面临的价值诉求也是双重性的。

最后，刑法机能化需要刑法在不断的选择中维系谦抑性原则。长期以来，我国刑法教义学都是根据静态的方式描述刑法价值和刑法机能，而没有根据动态的要求重视自由价值与安全价值之间的矛盾，更没有对保障机能与保护机能的冲突展开协调性研究。所以，自由与安全价值之间、保障与保护机能之间，基本上是以价值等同的方式出现的。这也形成了一种需要注意的理论怪象：很多学者对于这两种价值或者机能的认识，采取平均主义态度，建立在二者并重的前提之上，而不太愿意关注重点问题和主要诉求。这种方式看似理性但其实是不理性的，其态度貌似公允但其实是不公的，根据这种态度的司法裁判也不可能是公正的。以惹起型的防卫案件为例，此类事件引起了社会的广泛争议。笔者认为其原因是，司法人员试图用“各打五十大板”的做法兼顾人权保障和社会保护机能，但因没有区分纠纷形成的主次责任，对不该处罚的进行处罚，因此其不公正性为民众所诟病。刑法立法也是如此，它必须关注社会问题的总体性和局部性，既不能将刑法理想化，也不能简单地充当“和事佬”，必须深刻感受民众的诉求，该犯罪化的必须犯罪化，该早期介入的就应当早期介入，该加重处罚的就应当加重处罚。总之，“宽严相济刑事政策”是刑法立法的基本方针，而预防性刑事政策是“宽严相济刑事政策”的现实写照，也是刑法实践的现实指南。

（三）谦抑性原则作为规则的立法限度

刑法的谦抑性也被认为是刑法的最后适用性。刑法谦抑性原则试图将刑法控制在最低限度的适用范围内，以确保对公民自由给予最大限度的保障。有学者提出，刑法谦抑性始终是预防型刑法立法理念应秉持的“刑法介入早期化”所无法逾越的鸿沟。的确，刑事制裁具有严厉性、刑法具有事后保障法的性质等，这些刑法所特有的法律特性决定了立法者要谨慎发动刑罚权。但是，这并不意味着一般预防型刑法立法理念就违背了谦抑性原则。

1.“民法要扩张，刑法要谦抑”并非刑民关系的科学定位

在通常情况下，这种观点是适用的，但是它无法解释法律实践问题的关键性原因，因为刑法有其内在的独立属性。可以说，主张刑法是“第二次调整之法”的学者多是“民法要扩张，刑法要谦抑”观点的支持者。与此类似的观点很多，如主张“刑法是民法等第一次法的担保法，是一部事后的制裁法”[1]。还有学者提出，其他部门法是第一次调整，刑法是第二次调整。[2] 但是，这种观点过于理想，不符合刑法的法律属性。

刑法的法律属性是由理论图景与实践图景共同决定的，如果仅仅根据理论图景不免失之偏颇。从理论上看，近代刑法倡导客观主义和刑法的谦抑性，根据近代刑法思想家的观点，无行为则无犯罪，而行为必须是具有对社会造成了实际危害或者有可能造成危害的身体举动。根据费尔巴哈的权利侵害说，犯罪行为一般应对他人的权利构成侵害或者威胁。反过来看，如果行为对他人的权利不构成侵害或者威胁，那么就不应将其作为犯罪，行为人也就有行动自由。此

---

〔1〕 储陈城：《刑法立法向法益保护原则的体系性回归》，载《刑法论丛》2018年第2期。

〔2〕 参见孙道萃：《反思刑法保障法》，载《国家检察官学院学报》2012年第5期。

外,根据刑法谦抑性中充分发挥事后法和保障法的属性的要求,作为"社会最后一道保障"的刑法,只有在迫不得已的情况下才能介入社会生活,而不能僭越前置法。刑法的前置法包括规定公民平等的人身关系和财产关系的民法,以及规定国家与行政相对人权利义务关系的行政法等。在社会有效的规范体系中,前置法规范相较于道德规范、文化规范而言属于正式的强制性规范,它们在社会生活中发挥着最广泛和最基础的作用。刑法只有在前置法面临失灵的情况下才能适用,所以刑法又被认为是其他法律的保障法,其目的在于强制违法行为人遵守前置法规范,确证前置法规范在社会生活中的强制力。

然而,从实践效果看,刑法最后保障法性质的发挥,不仅依赖于前置法的体系性规定,更依赖于前置法的有效施行。但是,由于调整广度和深度的特征,刑法的扩张性实践成为一种必要的选择。

第一,从立法根据上看,"刑法要谦抑"不能与社会脱节。有学者将当前的预防型刑法立法归咎于风险社会,认为在缺乏坚实理论根基的情形下容易导致概念的空洞化并造成了刑法的扩张问题。据此,原本属于社会学领域的风险社会概念被植入刑事法领域之后,概念不精确下的可操作性让其早已失去了应有的概念形象,取而代之的是一种纯粹的且具有强烈情绪性的社会不安全感,以此种不安全感所建构出来的刑法规范系统也就无法避免偏离既有的法治国基础。[1] 这种分析的出发点是不正确的,它纯粹是为了理论上的自圆其说,而对其他科学知识采取视而不见的态度。尽管风险社会概念可能有争议,但是绝不能掩饰风险社会理论本身的价值。我们不仅从诸多学科中感受到了这种理论的强大张力,而且在生活经验中也越来越感受到了社会风险化的问题。可以说,正因为还有相当一些

---

〔1〕 参见古承宗:《风险社会与现代刑法的象征性》,载《科技法学评论》2013 年第 1 期。

学者对风险社会采取抵制的态度，导致了在理论上对社会风险的认识存在争议，而理论争议则影响了立法者和司法者的判断，最终出现预防型刑法立法也就在情理之中。刑罚积极预防功能在社会治理中具有正向价值，积极预防是刑事法治积极回应国家治理的必然反应，特别是在紧急状态下，国家必定会采纳包括刑罚在内的一切方法，进行积极性预防。[1]

第二，从调整范围上看，刑法是最后的保障法，具有广泛参与国家治理和社会治理的使命。刑法立法的任务也明确表明刑法应对广泛的国家事务、社会事务甚至个人事务（如家庭暴力、劳资纠纷）进行必要的干涉。我国在社会现代化转型期间，由于传统社会结构和社会观念发生了变化，所以对国家治理体系和治理能力现代化建设提出了时代任务之迫切要求。刑事法治必须根据我国国家职能的演变，特别是根据新时代的任务，积极协助各种社会性事务治理模式的调整。事实上，我国刑法所规定的绝大多数犯罪都是为前置法所规制的，至少在形式上并没有逾越第一次法的规制范围。

第三，从调整深度上看，刑法具有第二次立法的色彩，但其他法律也不可能为刑法提供体系化的前置规范。因为其他法律的立法本身是有漏洞的。以对网络虚拟财产的保护为例，当前虚拟财产交易量大，但因为民事诉讼和技术性封锁措施的规制效果有限，不能有效遏制侵权行为频频发生，所以需要采取刑法规制措施。[2] 而且其他法律规定明显不可能都构成刑法规定的前置规范，这势必依赖其他法律提供的附属刑法规范。受制于立法理念与体制，其他部门立法与刑法渐行渐远，因此出现了三种趋势：一是行政法先定，刑法跟进；

---

〔1〕 参见魏昌东：《刑法立法“反向运动”中的象征主义倾向及其规避》，载《环球法律评论》2018 年第 6 期。

〔2〕 参见孟璐：《网络虚拟财产的刑法保护——以谦抑刑法观为分析视角》，载《法学杂志》2017 年第 11 期。

二是行政法与刑法并行;三是刑法先定,行政法跟进。其原因在于,我国附属刑法虚置,不能为刑法提供实际指导,加之立法实践中行政部门对立法草案具有主导性,即便有法律专家参与,但刑法专家参与的广度与深度都不够,这导致行政法与刑法立法体系上具有独立性。立法实践不排除刑法专家学者根据社会现实进行立法创制的情况。所以,刑法先定、行政法跟进的情况也在情理之中。

第四,刑法立法并不是基于程序的考虑而对立法进行人为排序,主要是出于对保护人权、维护正义及限制公权力的滥用之古典主义刑法思想的考量。但是,社会问题并不完全由行为人自主实行,还可能因执法问题而自发生成。如在懒政的情况下,公权力出现了消极滥用的危险,或者公权力运行不规范引起了行为规范的失序。在这种情形下刑法被动性地型构为社会"最后的守望",由此引发的刑法立法问题绝非没有意义。以危险驾驶罪为例,在交通安全管制性的行政法律没有作出努力与尝试的情况下,便过早地介入刑法,可能存在违背刑法谦抑性之嫌。但是,这种顾虑并不重要,重要的是,刑法在欠缺其他手段的情况下,其运行是否有效,如果有效,那么立法就值得肯定。所以在否定危险驾驶罪的立法时,应综合机动车保有量增加的事实,选择某个路段,评估法律实施前后因同类行为所造成的损害比例。如果损害比例下降,那么可以证明立法是有效的。再如行政犯无疑是行政刑法规制的结果,行政犯的规制前提是行政刑法的属性。有学者基于行政刑法兼具刑法和行政法的特性,主张通过行政刑法规范实现行政法律规范和刑事法律规范的对接。这种观点通常是没有问题的,但是,必须看到,通过行政刑法规范只能实现两种不同属性的规范在形式上的对接,而无法处理它们在实质意义上存在的对接问题。因为行政法执行机制和刑法执行机制不同,形式对接的刑法规范完全可能因为两种执行机制的差异而出现制度上的漏洞,造成规范实施中的漏洞。[1]

2. “立法扩张,司法谦抑”亦非立法与司法关系的合理逻辑

在刑法学界,“立法扩张,司法谦抑”观点的影响力很大。另外也有学者认为,以谦抑性原则为工具批判我国刑法立法有失公允,相反刑法立法应向活动化、功能化的积极刑法观转型。[2] 还有学者提出“备而不用或少用”的刑法谦抑性,认为刑法立法谦抑的实现,不能超越前置法第一保护性规制划定的第一保护性法益和一般不法行为的范围,又必须为刑事司法谦抑的实现奠定基础。“我国刑事法治坚守传统刑法观,践行谦抑性的现代化之路,同样在于立法扩张和司法限缩两者并行不悖、张弛有度。”[3]笔者认为,这种观点之所以有影响,是因为它似乎符合类型化思维,并为刑法提供了两种不同的逻辑根基。但是这种观点是有害的。

首先,在立法扩张背景下,采用司法限缩容易导致象征性立法问题。象征性立法表明刑法规范仅仅具有宣示性意义,而无打击和预防犯罪的实效。有学者认为,自 1999 年以来的前九个刑法修正案都具有该特征,且恐怖犯罪、网络犯罪与环境犯罪是 20 年来我国象征性刑事立法的典型代表。[4] 还有学者认为,在腐败犯罪、民生犯罪、社会管理秩序犯罪、经济犯罪和金融犯罪领域,均存在象征主义立法。[5] 从当前研究看,得出此类观点的主要依据是在公开的裁判文书网上存在某个罪名在司法实践中零适用的现象。根据笔者于 2020

---

[1] 参见李晓明:《行政刑法属性的论争及其定位》,载《北方法学》2008 年第 4 期。

[2] 参见付立庆:《论积极主义刑法观》,载《政法论坛》2019 年第 1 期。

[3] 田宏杰:《立法扩张与司法限缩:刑法谦抑性的展开》,载《中国法学》2020 年第 1 期。

[4] 参见刘艳红:《象征性立法对刑法功能的损害——二十年来中国刑事立法总评》,载《政治与法律》2017 年第 3 期。

[5] 参见魏昌东:《刑法立法“反向运动”中的象征主义倾向及其规避》,载《环球法律评论》2018 年第 6 期。

年2月8日在威科先行法律信息库对《刑法修正案(九)》的检索,以“资助恐怖”为关键词检索到案件25件;以“准备实施恐怖活动”为关键词检索到案件161件;以“恐怖主义、极端主义物品”为关键词检索到案件125件;以“恐怖主义、极端主义服饰、标志”为关键词检索到案件1件,且与相关罪名无实质联系。可见,象征性立法的确存在,但是并不普遍。另外,象征性立法的结论不能以司法零适用为根据,因为司法适用取决于司法者的态度和能力,特别是在司法适用中,因为立场决断导致事实选择和表述上的异化,司法者就同一事实可能作出不同的司法裁判。以传染病防治失职罪为例,这个罪名显然是极为重要的,但是,其在实践中的应用是个别性的。可见,司法限缩可能是产生象征性立法的主要根源。

其次,在立法扩张背景下,采用司法限缩容易背离法治原则的基本要求。司法要以立法为依据,既不能随意入罪,也不能随意出罪。在立法采取扩张化的背景下,要求司法机关保持谦抑态度是极其困难的,它可能破坏法律体制权限,如司法机关可以谦抑之名行立法之实。所以容易导致法律适用个案不统一,并制造制度化的不平等问题。司法解释对于立法条文的合理限制性解释并非不存在,但是,一旦司法限缩不当、限缩幅度过当,也会触发法治原则的危机。如面对利用职务便利骗取的公共财物的数额超过了诈骗罪的构罪标准,但未达到贪污罪构罪标准的情形,如何适用法律就存在难题:如果不按照贪污罪处理在情理上不合适;如果按照诈骗罪处理,又会出现对特定身份的人骗取公共财物的处罚比普通诈骗罪轻的问题。这无疑是司法限缩造成的问题,它违背平等原则的地方还是较为明显的。

最后,在立法扩张背景下,采用司法限缩不符合刑法机能化趋势。预备(帮助)行为正犯化以及抽象危险犯的刑法规定无疑具有宣示作用,但如果实践止步于此,那就是典型的形式主义做法,它夸大了刑法立法的行为规制机能,而忽视了司法判例的行为规制机能。

事实上，司法判例行为规制机能发挥的效果可能要明显大于刑法立法的行为规制机能。20世纪中期之后，机能主义刑法理论的兴起和刑法机能化现象崭新的态势，显示出刑法适应风险治理的新动向。将司法限缩作为一种风向标，完全可能抛弃立法者的立法意图，并以更为保守和封闭的态势，将刑事司法运行机制和其他社会运行体系割裂开来，从而无法实现团结社会所必要的理性交往和对话。刑法研究及其实践最终只是理论的自洽，而不能成为解决某种社会问题的一个理性方式和根据。

3. 我国当前刑法立法的总置评

我国刑法谦抑性原则在立法形式上得到了充分贯彻。在古典主义刑法观下，刑法典与早期的刑法谦抑性价值能得到高度契合，主要原因就在于刑法典具有高度的稳定性、系统性，法典化足以压制立法的肆意性和随意性，从而维护刑法的安定性。但是，在侧重安全刑法的时代，刑法典就构成立法内容得以全面表现的障碍。因为刑法典的容量毕竟有限，而且刑法典的制定需要高度的体系性和协调性考虑，立法周期势必较长。在犯罪手段不断翻新、犯罪后果日益广泛的背景下，越来越广泛和强烈的犯罪预防观必然动摇刑法典的地位。此时，既要立法者维系刑法典一枝独秀的地位，又要其最大限度地发挥刑法典的预防机能，这是近乎不可能完成的任务。可选的方式有二，要么为了达到犯罪预防效果而放弃刑法典的稳定性和体系性要求；要么为了达到犯罪预防效果而放弃单一刑法典的立法模式。这就意味着，以古典主义刑法理想为基调的立法观，对预防型刑法立法做了积极的控制。

另外，就立法内容看，当前立法基本上遵循了谦抑性原则。尽管当前我国刑法立法可能存在这样或者那样的问题。但是其最大的问题可能在于刑法是否越线，即是否背弃了谦抑性的原则。这个问题可以从多种视角进行评价，如从司法角度和执法角度看，刑法立法是否必要？显然，从司法表象看，有些立法确属多余，例如一些条文成为沉睡性条文，一些条文仅仅发挥了宣示性效果。

但笔者认为，对于这个问题，积极的刑法立法理论面临的最大挑战，尚不在于立法试图对司法进行全面性的指引，而在于刑法在前置法阙如的情况下是否应该以及如何去承受来自外部的制度化压力。在系统论视域下，行为主体被型构为规范的积极参与者，刑法任务在一定程度上需要依赖行为主体在社会参与中的角色定位。[1] 立法的外部制度化压力有两个成因：一是前置法在形式上的阙如；二是前置法在实质上的阙如。前一种问题表现为，在缺乏前置性的行政法律规范或者民事法律规范的情况下，刑法如何保守事后法的品质？后一种问题表现为，在并不缺乏前置性的行政法律规范或者民事法律规范的情况下，因行政执法不严格或者民事司法不公正的情况诱发了对刑法参与必要性的呼吁，刑法是否跟进一步以及如何跟进的问题。如在大量的民刑交叉案件、行刑交叉案件中，这个问题表现得极为普遍。

但应注意，立法上的形式主义做法，引发了我们对刑法谦抑性原则实践的不满。前述情况凸显了刑法一般预防型刑法立法中存在的形式主义做法，即立法者对立法诉求采取了广泛性回应，即要什么提供什么的做法，形象地说就是“头痛医头、脚痛医脚”，而未能针对社会的实质性需要，提供真正有效的立法资源。所以，一般预防型刑法立法要根据社会的需要、法律制度的实质化需要进行再构。

从最近20多年来颁布的刑法修正案的立法内容来看，我国刑法立法确有介入时点早期化、规制范围扩大化的态势，具体表现为预备行为实行化、既遂形态前置化、帮助行为正犯化以及大量增设抽象危

---

〔1〕 参见王钰：《功能刑法与责任原则　围绕雅科布斯和罗克辛理论的展开》，载《中外法学》2019年第4期。

险犯。在风险刑法背景下，这些立法举动在给社会民众带来安全感的同时，也造成了刑法谦抑性原则的贬损以及立法和司法资源的浪费，其表现有二：一是“从总体上看，当前立法与司法呈恶性循环之象，许多本来可以通过司法解决的问题，最终却不得不经由刑法的宣告才得以解决”[1]。也就是说，很多可以通过解释适用法律的途径去解决的问题，却刻意上升到刑事立法的高度才得以解决，这种法律适用的逻辑是“病态”的。二是通过立法程序确立的法，要通过司法程序回归到个案当中，但“刑法的触手伸得过长，将民法、行政法及治安管理处罚法纳入到刑法的轨道，使得法院、检察院不堪重负……司法确实很重要，但司法不是解决纠纷的唯一机制，有时还未必是最有效的机制”[2]。上述问题表明，对刑法与其他部门法关系的不科学表述，以及对刑法立法与司法关系的不合理定位，都可能成为刑法扩张的内在动因。

刑法谦抑性原则与一般预防刑法立法理念并不矛盾和冲突，其问题源于实践中对一般预防立法的操作陷入了形式主义的泥潭。形式主义刑法立法的优点在于坚守立法程序的合法性，而且奉行罪刑法定主义的形式要求。可是，这并不足以不证自明地认为，立法程序的合法性和正当性能互相呼应，罪刑法定主义的形式要求和实质要求可以兼顾。根据刑法发展史，立法程序合法性和立法程序正当性的差距同罪刑法定主义的形式要求和实质要求一样，在二元模式下是无法统一协调的。所以在很多时候，我们需要对立法文本的实质合理性进行评价。为了从立法形式上满足司法需要或者社会需要，必须充分评估司法需要和社会需要是否客观、真实和普遍，是否有真实的材料予以支持。

---

[1] 童德华：《当代中国刑法法典化批判》，载《法学评论》2017年第4期。

[2] 朱苏力：《中国司法的规律》，载《国家检察官学院学报》2009年第1期。

第三章　机能性预防刑法立法观之确立

第一节　一般积极预防刑法立法理念的反思

一、一般积极预防刑法立法理念的理论基础反思

受现代古典主义刑法理念的影响，一些学者对预防型立法的价值基础、方法都提出了一些疑问。质疑是不可避免的，这也符合现代刑法学者的宽容性精神气质。那么，我们应当如何看待这些质疑呢？以下总结几个基本问题进行回应。

（一）一般积极预防刑法立法理念有背离刑法基本品质之嫌

有学者认为预防型立法观背离了刑法的基本品质，认为刑法存在“过度化”问题，过度化立法在《刑法》分则中的体现在于：一是抽象危险犯的增设和处罚的早期化；二是恐怖主义犯罪中的预备行为正犯化等；三是网络犯罪中将拒不履行网络信息

安全管理义务行为入罪,将帮助行为正犯化等。据此认为,预防刑法偏离了传统刑法。其表现有四:一是偏离了犯罪属性;二是偏离了法益机能;三是偏离了刑法机能;四是偏离了刑法的法律地位。[1] 还有学者认为,因为立法上的犯罪化可能会导致司法上更大程度的犯罪化,所以"积极刑法立法观将法益侵害程度较低的越轨行为规定为犯罪违背了法益理论的精神"[2]。

笔者认为上述理由并不成立。法治国家治理的手段和方式是政治博弈的结果,所以它必须符合两个基本面向:

国家本身的功能。国家也是社会发展的产物。国家历经了历史的演变,最初国家以"守夜人"的面貌出现,但随着社会分工的细化,国家已经逐渐成为一个庞大的大量社会事务的管理者,并且,国家对社会的管理职能有由消极向积极转变的态势,因此法律也需要同步向积极方面转变。

法治在国家治理中的政治功能。任何法律包括刑法都不可能在法律实践中只维护博弈一方的利益,而漠视另外一方或者几方的利益,这造成了刑法实践的一些鲜明特点,即刑法从来都是在自由与秩序两种价值诉求中寻求平衡。事实上,刑法对秩序的维护并不是为了限制自由,而是为了发展自由,是为了更大限度地保护大多数人的自由得到最大限度地行使,可以说,刑法立法对秩序价值的保护不过是为社会自由的发展创设最低限度的条件。

如果将自由奉为刑法的最高目标,这种极端做法反倒忽视了刑法功能的有限性及其保障法的属性,其实是变相地赋予刑法不能承受的社会使命。社会发展不断解构社会秩序,同时就要求刑法不断

---

[1] 参见何荣功:《预防刑法的扩张及其限度》,载《法学研究》2017 年第 4 期。

[2] 叶小琴、刘彦修:《积极刑法立法观的司法检视与反思——基于组织考试作弊罪 158 个案例的实证研究》,载《贵州大学学报(社会科学版)》2019 年第 4 期。

再构新的社会秩序。所以针对新的问题，刑法只能将有限的资源投放到新秩序的再构工程中去，即创设新的犯罪及刑罚，因此，刑法立法表现出扩张性。扩张刑法的处罚范围并不违背刑法的价值属性和本来性质。此外，刑罚具有报应和预防两种本质。近代以来，预防性目的刑主张加强，预防型立法也不违背刑罚的本质；预防型立法是否导致了刑法的去附属性问题，则应考虑刑法是否具有附属性以及所谓的去附属性产生的根源。如果还是以明显的古典刑法理想为立场，那么就会将预防性的社会需求屏蔽掉。但是，“可以确定的是，风险社会中刑法立法所面临之挑战，并非单纯将古典刑法理论的知识之水引入并灌溉到风险规制之田的问题。简单照搬古典刑法理论的立法观念于事无补，而只会加剧法学的保守性”[1]。

笔者认为，刑法的事后法或者保障法属性不能成为其作为附属性法律的理由，刑法与受其保障的法律本质上的区别在于，前者属于对法规范设置道德规范的“担保性”规范，后者一般属于对行为人的行为规范；刑法的谦抑性特征并不能阻却刑法立法的创制。在实践中，不可能因为其他法律有规定而阻却刑法立法，也不可能因为其他法律没有规定而阻却刑法立法。在没有其他法律规定的情况下予以刑法立法的情况并不少见，例如故意杀人罪、放火罪等自然犯。所以，刑法立法的基础不必然要求前置法。即便存在其他法律规范，且可能对刑法立法有重大影响，也未必构成决定性影响因素。重要的是其他法律是否能得到普遍化的遵守和执行。如果其他部门法律执行不到位或者执行不力，造成了实质性的“法规范空白领地”，此时很难通过其他部门法进行自我修复和改正，就会出现立法体系的梯次性超越，会形成对刑法立法的社会需求。例如，依据民事或者劳动合同，雇主应当向雇员支付劳动报酬。如果雇主不向雇员支付劳动报

---

〔1〕 劳东燕：《风险社会与功能主义的刑法立法观》，载《法学评论》2017 年第 6 期。

酬,民法规范在运行中形成的体系性缺陷导致有意或者无意拖欠劳动报酬成为普遍社会现象自然会出现社会秩序隐患,所以依据法治原则,需要依赖刑法规范对恶意拖欠工资者采取制裁措施。

(二)一般积极预防刑法立法理念有破坏刑法谦抑性原则之嫌

当下,相当多的一些学者在批评现行立法和司法时,特别习惯于利用刑法的谦抑性思想,批评立法或者司法违反了谦抑性原则,例如危险驾驶罪、拒不支付劳动报酬罪以及为反恐怖主义犯罪而新设犯罪的立法都面临此类指责,导致其逐渐成为批判刑法立法的"万金油"式的口号。[1] 为此,学者认为,不应将刑法的谦抑性原则作为反对增设必要新罪的借口。[2] 标签往往具有宏观性,基于不同政治立场和不同法律立场的人,都可以从标签中找到有利于己方的根据。

应该说,刑法谦抑性作为标签被随意使用的情况是客观存在的,而且具有一定的普遍性。之所以出现此类问题,主要是因为我们在立法评价时采取的是刑法教义学的推理方法,没有遵循立法理论。刑法教义学重视推理方法的自洽性,很少考虑到现实的情况和实际需要。对此,我们可以从其对立的观点中发现其自身的不足。如学者关于危险驾驶罪有赞成和反对的不同声音,如果认真分析,反对者更多时候是批判司法实践采取了过于绝对和简单的量化标准作为入罪条件。毋庸置疑的是,社会民众赞成犯罪化的现象却呈现出了"一边倒"的趋势。[3] 又如,关于反恐怖主义犯罪立法,认为刑法违反谦抑性的观点不少,但也不乏学者认为,我国反恐刑法立法仍然缺乏一定的前瞻性,甚至遗漏了一些已经出现且较为严重的恐怖主义犯罪

---

〔1〕 参见黄云波、黄太云:《论稳健型刑法立法观》,载《中国刑事法杂志》2019年第3期。

〔2〕 参见周光权:《积极刑法立法观在中国的确立》,载《法学研究》2016年第4期。

〔3〕 参见张淼:《危险驾驶罪的立法与司法省思》,载《南京大学法律评论》2014年第2期。

行为。[1] 可以说,贴标签是轻松的,正因为其轻松所以存在被滥用的问题,需要谨记,"标签与口号从来都是容易让人忽视其本质,忘记标签与口号所表达之真实内容的"[2]。可以说,这类标签不仅将复杂的问题简单化,还因其脱离现实情景,带有很大的理论偏见。

(三)一般积极预防刑法立法理念有导致法益保护原则崩溃之虞

有学者认为,预防型立法导致了法益保护原则的崩溃。理由有三,一是刑法的一般积极预防化,二是法益保护的早期化或者法益的抽象化,三是立法的象征化。[3] 前两个理由在前面已经作了反驳,后一个理由将专门论述。在此笔者要分析的是,法益保护原则是否崩溃。

1. 法益保护原则的地位变化

法益保护原则很重要。法益理论是刑法现代化以来新古典主义刑法学转型中取得的最耀眼的胜利。这个概念提出之后,它的理论地位就不断提升,成为和行为概念具有等同价值的概念,且不限于在大陆法系刑法理论中被使用,即便在英美法系中,它也有一席之地,如英美法系中的危害原则,其地位与大陆法系中的法益保护原则相当。[4] 早期的法益理论处处散发着保护人权的迷人气息,尤其是"二战"之后,迎合刑法在历史转折时期的价值转向的时代要求,从中派生出了法益保护原则。可见法益保护原则是在历史的选择中形成的理论。毋庸置疑,该理论在今天依旧具有不可否定的价值,如立法上的指导功能、司法上的解释功能等。但是,既然法益概念是历史选择的结果,它就必然会受到历史变迁的影响。在现代社会实现了风

---

〔1〕 参见詹红星:《我国反恐刑法立法:轨迹、缺陷与展望》,载《广西警察学院学报》2019年第6期。

〔2〕 黄云波、黄太云:《论稳健型刑法立法观》,载《中国刑事法杂志》2019年第3期。

〔3〕 参见储陈城:《刑法立法向法益保护原则的体系性回归》,载《刑法论丛》2018年第2期。

〔4〕 参见史令珊:《不作为犯新形态与公民积极义务的限制》,载《法学》2022年第5期。

险转型之后,它的内涵与地位必然会受到明显的影响甚至冲击。根据德日刑法违法性理论的现状,如果说犯罪的本质建立在一元理论的基础上,要么是法益侵害,要么是行为规范之违反,那么法益保护原则理论要么极其重要,要么一点也不重要。如果采取二元理论分析犯罪的本质,法益保护原则就还有其现实意义,但如何阐发法益的现实意义,还取决于我们如何重构法益保护原则的内涵,并将其与行为规范结合起来。

2. 法益保护原则的含义变化

应将法益保护原则理解为对社会法益的保护。依据法益保护原则的本来要求,刑法必须坚守法益保护的最低限度,犯罪必须以法益侵害或者威胁为本质。但因为法益先天被赋予的"物化"属性,所以犯罪应以行为造成特定的实害或者具有实害发生的现实可能性为前提,因此犯罪一般要求具有实害结果或者至少有具体危险结果。根据这种法益保护原则,预防型立法大幅度设定行为犯或抽象危险犯显然是不合时宜的。显然,这种法益保护原则有利于实现对个人法益的保护,因而会削弱对社会法益的保护。如果我们依旧奉行早期的法益保护原则,势必将限制风险社会中刑法犯罪防控的应有机能的实现。此外,法益在刑法理论上并不限于个人法益,还包括社会法益和国家法益,在优先序列性的考量中,个人法益并不必然比社会法益或者国家法益具有优先性,这需要从一个国家的政治背景和社会情境中以更高和更宽泛的视野去进行正当性论证。如果坚持个人法益的保护原则,那么究竟如何理解这种个人法益保护的必然性和恰当性也将是一个问题,因为它难以摆脱依据个人价值主观设定法益之可能。[1] 在我国传统的社会情境和现实的政治背景下,个人法益

---

〔1〕 参见贾健:《人类图像与刑法中的超个人法益——以自由主义和社群主义为视角》,载《法制与社会发展》2015 年第 6 期。

的优先性更是难以找到其存在的现实环境。这种情况并不是个案，而且为很多学者所承认，“所以法律的最终目标是保护人们的普遍自由，而不是牺牲多数人的自由以排除对少数人的行动限制”[1]。正因如此，有学者提出，在主张法益保护原则时应当兼顾比例原则。[2]这种观点对于早期的法益保护原则作出了更现实的理解，有助于化解预防型立法中的争议。

3. 法益的立法评价功能有限

法益保护原则在刑法中并不具有作为基点的地位，这说明法益在刑法运行中还需要依赖其他原则的辅助。一元化的违法性理论在建构理想的刑法理论方面固然有助于更深入地评价犯罪本质，但是其在现实面前往往会遇到更大的挑战或挫折。原因主要是一元理论本身存在片面性，如何应对和克服这些问题取决于一元论者的态度和方法。有些学者追求理论的深度，宁可追求片面的深刻也不愿苟同肤浅的全面。从理论的实践功能出发，笔者并不打算认同这种态度。在人文社会科学中，理论的深度离不开视野的广度，它更多是在广泛性的认识和论辩中实现的。囿于经验上的局限性，我们很难区分片面与深刻，甚至容易将片面等同于深刻或独特，这种做法对法律实践是极其有害的。法律实践更应建立在经验进化的基础上，且应有衡平性的考量，所以二元论似乎更为可取。据此，将法益保护原则奉为圭臬并不可取。而将比例原则作为限制的原理自然就具有一定的纠偏效果，因为比例原则回应了社会对宪法、行政法以及刑法的现实需要。而这种需要很大程度上弥补了法益保护原则的不足，有助于实现对自由与安全价值的双向选择，实现事前与事后的双重预防，

---

[1] 顾肃：《自由主义基本理念》，译林出版社2013年版，第56页。

[2] 参见储陈城：《刑法立法向法益保护原则的体系性回归》，载《刑法论丛》2018年第2期。

实现报应刑与预防刑的深度融合。

二、一般积极预防刑法立法理念的实践现象反思

（一）一般积极预防刑法立法与象征性立法

近年来，刘艳红教授、程红教授和魏昌东教授等人指出，在刑法立法中存在象征性立法问题。尽管上述学者对象征性立法存在并非完全一致的看法或者意见，但是其基本内容区别不大，并不会妨害我们对象征性立法的基本评判。当前的研究说明刑法的象征性立法问题应当且已经引起了学界的重视。但以下三个问题值得进一步讨论。

1. 我国刑法象征性立法的程度

根据上述学者的意见，象征性立法的最大特点存在于立法条文的现实效用中，即它仅仅具有宣示性意义，而无打击和预防犯罪的实效。那么这些象征性立法体现在哪些方面呢？有学者认为，1999 年以来的前九个刑法修正案都具有该特征，且恐怖犯罪、网络犯罪与环境犯罪是 20 年来我国象征性刑事立法的典型代表。[1] 有学者认为，在腐败犯罪、民生犯罪、社会管理秩序犯罪、经济犯罪和金融犯罪领域均可能存在象征性立法。[2] 显然，如果参考其他学者的观点，我们还将发现更多不同的看法。由此也提出了一个前提性的问题，即我国刑法中的象征性立法是否已经成为一种较为普遍的现象？

问题源于经验。从当前研究看，得出此类观点的主要依据是公开的裁判文书网上存在某个罪名在司法实践中零适用的现象。由于论者并未明确指出哪个具体规定属于象征性立法，所以我们只能结

---

〔1〕 参见刘艳红：《象征性立法对刑法功能的损害——二十年来中国刑事立法总评》，载《政治与法律》2017 年第 3 期。

〔2〕 参见魏昌东：《刑法立法“反向运动”中的象征主义倾向及其规避》，载《环球法律评论》2018 年第 6 期。

合这些观点所指的大致范围,选择恐怖主义活动相关规定进行考察。根据笔者于2020年2月8日在威科先行法律信息库对《刑法修正案(九)》的检索,以"资助恐怖"为关键词检索到案件25件;以"准备实施恐怖活动"为关键词检索到案件161件;以"恐怖主义、极端主义物品"为关键词检索到案件125件;以"恐怖主义、极端主义服饰、标志"为关键词检索到案件1件,且与相关罪名无实质联系。这个发现有助于我们更好地认知所谓的象征性立法论据。

我们的结论是:首先,象征性立法的确存在,但是并不普遍;其次,象征性立法结论不能以司法零适用为根据,因为司法适用取决于司法者的态度和能力,特别是在司法适用中,立场决断导致事实选择和表述上的异化,司法者就同一事实可能作出不同的司法裁判,以传染病防治失职罪为例,这个罪名显然是极为重要的,但是,其在实践中的应用是个别性的,但不能由此否定其立法意义。

决定象征性立法论题成立的唯一根据只能是某个刑法法条的确不可能具有现实效用,哪怕这个条文只能在一个特殊时期才有发挥效用的可能性,即便该可能性并不大,我们也不宜认为这就是象征性立法。如以暴力、胁迫等方式强制他人在公共场所穿着、佩戴宣扬恐怖主义、极端主义服饰、标志的行为。笔者认为,由于立法上的科学性不充分,一是立法过于超前,二是立法已经显著滞后,存在某些刑法法条在实践中并未得到适用的情况,但是这种情况极少,不具有普遍性,所以,对我国刑法立法中存在象征性立法的意见应持谨慎态度。

2. 我国刑法象征性立法形成的主要原因

从理论层面上看,象征性立法存在的原因较为复杂,其形成原因在于:其一,满足民众的立法期待,即向公民宣示国家已经开始采取相应的行动；[1]其二，表达立法者的某种姿态与情绪、态度与立场；[2]其三，对风险控制的现实需要，即通过将公众公认的风险纳入法规范的规制范围内来控制风险。[3] 显然，这种分析具有表象性，就是用此现象说明彼现象，而没有洞悉象征性立法的内在原因。

为了分析个中原因，笔者认为应当从两种立法结构上进行分析。一是在一元化的立法结构下，立法者和民意之间具有高度的同质化，法律本身就是民意的体现，在民主政体下，很难想象立法者可以无视民意。立法者应该遵循民意要求立法，无论民众基于何种原因提出了何种立法需求，都是值得立法者慎重对待和回应的。据此，前两个原因不能作为象征性立法形成的深层次原因。二是在二元化立法结构下，立法者与民意之间具有相当的异质化，法律并不必然真实体现立法者的立法意图。因此，在法律实践中就不能排除立法者以技术性方式回应民意的可能性。当立法者并不认同民意，且明知立法不具有现实效用时，为了缓冲民意对立法的舆论压力，可能违心作出立法规制。显然，在这种结构中，立法者和民意之间似乎出现了认知性断裂。这种假设本身具有一定的危险性，它构想了“立法精英主义”和“草根主义”的对立，无法阐释民主政治运行的内在逻辑，而且表现出了“立法精英主义者”们对自身理性的高度自负。假定“立法精英”们能运用自身的知识消解“草根”们的焦虑，问题将得到妥善处理，但如果“精英”们的知识依然不能令“草根”们释怀，那么就要考虑到“在风险的界定中，科学对理性的垄断被打破了”。[4] 进而，还

---

〔1〕 参见刘艳红：《以科学立法促进刑法话语体系发展》，载《学术月刊》2019 年第 4 期。

〔2〕 参见刘艳红：《象征性立法对刑法功能的损害——二十年来中国刑事立法总评》，载《政治与法律》2017 年第 3 期。

〔3〕 参见魏昌东：《刑法立法“反向运动”中的象征主义倾向及其规避》，载《环球法律评论》2018 年第 6 期。

〔4〕 [德]乌尔里希·贝克：《风险社会》，何博闻译，译林出版社 2004 年版，第 28 页。

要正视如下事实，即科学至上不仅被破解，科学、理性的可靠性也受到了怀疑，为此，社会将不再对“立法精英者”们抱有太多不切实际的期待。此时只能回到一元立法结构中去，从社会理性的外部压力中寻求更深层的原因。

有学者将象征性立法归咎为风险社会，认为风险社会概念的提出造成了刑法的象征性立法，在缺乏坚实理论基础的情况下，这容易导致概念的空洞化。据此，原本属于社会学领域的风险社会概念被植入刑事法领域之后，概念不精确下的操作性问题让其早已失去了应有的概念形象，取而代之的只是一种纯粹的且强烈情绪性的社会不安全感，以此种安全感建构出来的刑法规范系统也就无法避免偏离既有的法治国基础。[1] 这种分析的出发点是不正确的，它纯粹是为了理论上的自圆其说，而对其他科学知识采取视而不见的态度。尽管风险社会概念可能有争议，但是绝不能掩饰风险社会理论本身的价值。我们不仅从诸多学科中感受到了这种理论的强大张力，而且在生活经验中越来越感受到了社会风险化的问题。可以说，正是还有相当一些学者对风险社会采取抵制的态度导致了理论上对社会风险的认识存在争议，这些理论争议影响了立法者和司法者的判断，最终出现象征性立法也就在情理之中。

综上，本书倾向于认为，所谓的象征性立法是在风险社会下造成了社群性焦虑，科学对此也束手无策，在无力向民众提供有效的问题分析框架和处理对策的情况下，基于风险抗制的现实需要，立法者不得不将解决问题的方式诉诸民主系统，并通过一般性的立法论辩与表决求得解决问题的制度。

---

〔1〕 参见古承宗：《风险社会与现代刑法的象征性》，载《科技法学评论》2013 年第 1 期。

3. 我国刑法象征性立法的正反作用

如果说象征性立法是基于风险控制的现实需要,从立法的角度看,还有一个问题需要澄清,即立法者制定象征性立法究竟是无心之举还是有意而为呢? 这与象征性立法究竟有无现实意义和价值密切相关。

有学者认为,刑罚积极预防功能在社会治理中具有正向价值,积极预防是刑事法治积极回应国家治理的必然反应,特别是在紧急状态下,国家必定会采纳刑罚在内的一切方法,进行积极性预防。[1] 这种观点表明,象征性立法是立法者自主选择的结果。从理论上看,立法者会根据特定社会事态的发展趋势,进行必要的立法评估,提出立法规划,之后经过多个场合的论辩形成刑法规范,这说明对每个条文的选择都具有较为充分的考量,因此,不存在自发性立法条文,理论上很难认为有象征性立法存在的可能性。

由此看来,是其他原因造成了象征性立法的印象。有学者认为,对于一些象征性立法的罪名,刑事司法实践应杜绝法条虚置现象,发挥刑事立法规定的实效。[2] 如果理解不错,那么可以说,论者认为某些象征性立法并不是起因于立法,而是司法者的无心之举。这种观点表明,至少有些象征性立法源于司法原因而不是立法原因。的确,"徒法不足以自行",法律的实践效力主要是从立法中延续到司法中去的,没有司法上的应用,再好的立法也不过是一纸具文。所以从司法实践中把握所谓象征性立法存在的原因并从司法能动的角度改变困局是值得肯定的。

此外,象征性立法之所以是象征性的,是因为其更多的只是为了

---

〔1〕 参见魏昌东:《刑法立法"反向运动"中的象征主义倾向及其规避》,载《环球法律评论》2018 年第 6 期。

〔2〕 参见刘艳红:《以科学立法促进刑法话语体系发展》,载《学术月刊》2019 年第 4 期。

表达立法者的某种姿态与情绪、态度与立场。为此，立法机关在立法之前应当尽可能地进行实证调研，转变过于强调事后惩罚的刑事立法理念，在注重立法的预防性的同时注意法律实施的实效性，避免刑法单纯沦为安抚民众恐慌情绪的工具。

（二）一般积极预防刑法立法与情绪性立法

还有一些学者认为，我国的预防型立法中存在情绪化问题。对此，周光权教授作了回应。[1] 在其分析的基础上，笔者提出如下看法：

首先，情绪化是立法中的客观现象。从立法本质看，立法要反映民意，但民意是个体意见的集合，个体意见中的情绪化因素也可能成为情绪化的民意。而从风险社会的特质看，贝克表明风险其实和大众的忧患意识有关。所以情绪化不仅是立法中的客观现象，而且是风险社会立法的最重要驱动因素。根据风险理论，我们难以用通常的科学和技术手段评价行为后果，所以在恐慌之下，人们希望用科学和技术手段制约行为。对科学和技术的依赖既是理性的选择，也是情绪性的选择，同样，对法治的依赖，也是理性与情绪化的混合产物。

其次，立法往往是理性交往的结果，情绪化因素通常会受到立法程序的极大限制。在风险社会中，人们意识到很多东西具有不确定性，意识到自我认识的不足，但是为了生活的需要，人们不得不寄希望于通过理性交往的方式从事社会生活。理性交往主要是通过对话和商谈的方式取得最大限度的共识，共识成为行动的起点。理性交往中的对话和论辩是进行合理性论证的过程，其既有助于剔除成见和偏见，又有利于消除谬误，还有益于克服情绪性因素。而在立法过程中，立法者或许存在极为激烈的情绪干扰，但是受限于程序规定，其必须以较为充分的理由对他人的主张进行批判，或者对受反对的

[1] 参见周光权：《积极刑法立法观在中国的确立》，载《法学研究》2016年第4期。

己方主张进行更充分的说理。在此过程中,情绪化立法已经受到极大限制。

最后,情绪化诉求并非一无是处。在传统的理性主义理论中,情绪总是和非理性结合在一起,处处示人以粗鄙、低端、不入流的形象。这或许也是用“情绪化”标签评价预防型立法的动机。但这种理论意识也不正确。情感是情绪的孪生姊妹,所罗门说,“并不是所有情感都是非理性的”,而且,“情感给予我们洞见甚至知识”[1]。总结其观点,我们可以说,在情绪中往往隐藏着正义最为朴素的影子。可见情绪性诉求也有其合理性。如果说情绪性要求往往是常识、常理及常情的综合表现,那么情绪化诉求更应该被合理地证明,而不是被简单地否定。

第二节 机能性预防刑法立法观的形成根据

一、机能性预防刑法立法观的社会基础

(一)风险社会的形成

刑法是社会之法、时代之法。刑法立法必然体现特定国家或地区的时代之需、现实之需。就立法而言,首先需要捕捉的无疑是时代的基本需求和现实的基本需求,其次才是个性化的需求。

现代社会是依托科技发展促进的社会,科技正逐渐成为现代生活的核心,人们身处现代科技形成的生活环境之中。在现代化早期,人们将科技当作改造世界的工具,但在现代化之后,人们才意识到现代科技在某种意义上已经发生了异化,它不仅没有按照人们预设的

---

[1] [美]罗伯特·所罗门:《大问题:简明哲学导论》,张卜天译,广西师范大学出版社2011年版,第224-225页。

方向发展,还使人类社会反过来受到操纵与支配。科技发展对社会生活日渐显现出其两面性。鉴于这种境遇,德国学者乌尔里希·贝克在其《风险社会》一书中提出了风险社会的概念,在社会学领域上引起了广泛关注。对此,也有学者怀疑风险是否真实存在。那么,风险究竟是一种客观实在还是一种主观建构的产物呢?

风险建构主义认为,风险是人类认知的产物。[1] 这种风险建构主义又被称为风险文化理论,目前在我国刑法学界具有一定的影响力。

风险客观主义认为,风险是一种客观实在,因而风险是可以被客观衡量的。我们认为,如何界定"风险"取决于我们对科学理性和社会理性两个维度的评价,这也是现代哲学普遍承认的方式。从科学理性的维度来看,风险是风险专家借助科学工具和理论,通过实验逻辑加以确证的。从科学理性的判断来看,风险的确是一种客观的已经普遍存在的事实。从社会理性的维度来看,风险是公众认知和建构的产物。科学理性尽可能地追求客观性,而社会理性是在问题客观化之后,进一步对其"可接受性"作出的合理性分析,并由社会公众来作出风险决策。因而,认为风险是主观建构的产物,过于理想化,无论在科学理性层面上还是社会理性层面上都是不可取的。现代性风险无疑是一种兼具客观事实基础和社会合理建构的综合体。

就个人经验看,风险具有较为明显的主观性。在一般情况下,客观事物的危害与特定人的关联性越大,人就越能感觉到有风险;但是在具体场合中,不同的人对相同事物的风险的敏感性和意识不尽相同,即风险社会的成立不以客观存在的风险为唯一认定标准,民众主

---

[1] 参见郝艳兵:《风险社会视域下产品犯罪的刑法规制》,法律出版社 2017 年版,第 40 页。

观认识的风险也可被认定为风险社会的风险。[1] 但值得注意的是,我国刑法学者对社会风险的判断存在客观性不足、主观性过强的论点,一方面是风险否定论,有些学者受风险建构主义理论支配,认为是否存在风险是一个尚待讨论的问题;另一方面是风险夸大论,该理论对风险进行夸张性描述,片面强调风险预防并保护民众的主观感受将导致刑法泛滥。总之,风险既是客观存在的,又有主观构建的成分。

迄今还有学者对风险社会理论持抵制态度,个别秉持保守立法理念的学者对"风险社会"的概念、内涵及其对风险刑法观的影响提出了十分具有代表性的疑问。有学者认为,"风险的评定标准到底是什么?由于工业化所导致的危险增加,是否就意味着人们处于风险社会之中?"甚至认为,"'风险刑法'理论与主观擅断主义是多么的相似"[2]。存在前述质疑不足为怪,但笔者认为,风险社会概念及其对刑法的塑造意义是明显的,原因如下:

1. 社会风险化是一个具有客观性的事实。对外部世界的感知是形成内心信念的根据。无视社会的风险化是保守立法论者在经验上的普遍缺点,当然即便在社会学领域,对整个风险也有不同认识,如风险文化论者就认为,风险是人类认识发展的结果,而不是客观增加的结果。风险在以往也是潜在的,风险意识增强并不是因为风险增加了,而是因为人们对风险的认知程度提高了。[3] 对此我们很难要求其他人的经验和自己的经验具有高度一致性。在此意义上,贝克所谓的科学理性和社会理性问题也表明了其对这个问题的重视,即

---

〔1〕 参见李林:《危险犯与风险社会刑事法治》,西南财经大学出版社 2012 年版,第 141 页。

〔2〕 刘艳红:《"风险刑法"理论不能动摇刑法谦抑主义》,载《法商研究》2011 年第 4 期。

〔3〕 参见李惠斌主编:《全球化与公民社会》,广西师范大学出版社 2003 年版,第 300 页。

真是一回事,合理是另一回事。在预防型立法观不断增强的时代,理性主义的立法者要对立法诉求表示否定或抵制,他就必须以充足的科学证据解释社会问题与社会行为之间的因果关联性不足,而不是以空洞的说教安抚立法诉求者。

问题恰恰在于,立法诉求者感知到了理性立法论者没有感知到或者不愿意承认感知的社会问题。如果说空气污染是潜在的风险,在古代就存在,这样的观点估计不会有多少人认同。如果说古代也存在交通危险,所以对现代的交通风险不用过度紧张,这样的措辞也不知道有几个人相信。古代也有瘟疫,但今天的"瘟疫"由于交通的便捷性而更易传播,传统的控制手段更难产生实效,如果要在确定因果关系的基础上再去制订合法控制方案,防控注定会失败。诸如此类的问题表明,社会风险化在一般经验上是现代化进程中的一个客观结果。"人们处于风险社会"是不可否定的社会认知。在立法政治中,不应允许"立法精英者"以个人并不可靠的感知对抗民众的一般感知甚至专业人士的经验。

2. 接受风险刑法理论必然动摇传统刑法理论和实践模式。基于对风险化事实的否定批评现行立法,至少存在两个前提性问题:

其一,风险刑法理论必然导致传统刑法理论和实践模式的变化。基于对风险防控行为模式的调整,从事后评价转向事前规制是目前普遍认为的防控风险较为稳妥的办法,因此,扩大刑法的处罚范围,或者刑法对法益进行提前保护,由此出现所谓的法益抽象化、帮助犯正犯化或者预备行为实行行为化现象,都是必然的结果。我们一方面承认风险社会,另一方面却反对风险刑法理论,反对风险刑法的实践模式,反倒是不可理喻的逻辑分析。

其二,即使某种实践模式由风险刑法理论引发,全面风险化的可能性也并不必然存在。风险社会所衍生的预防刑法实践模式必然会限制人们的某些自由,如交通驾驶,过去必须出现严重后果才被追究刑事责任,但是,现在在四种特定情形下,即便没有严重后果的出现,也将承担刑事责任,但不能由此就认为这种立法欠妥。毕竟法律要兼顾自由和安全。没有社会安全的保证,一切自由都是不可靠的。在风险社会中,立法者致力于对风险进行积极防控以提升社会的安全系数,最终是为了确保社会自由、个人自由能得到真正的实现。当然,如果将积极预防理解为非理性的盲动,可能导致“全面风险化”,可是立法具有自身规律,不可能出现非理性的盲动,所以对“全面风险化”的担心是多余和不必要的。

3. 风险刑法观与封建时代的主观擅断具有不同的背景和价值,二者之间不可画等号。一方面,风险刑法理论或者实践模式都没有放弃客观主义,虽然行为无价值论的色彩由于刑法提前介入而加强,但行为无价值论这一理论也并非由主观主义刑法学派独自拥护,很多客观主义学者对行为无价值论也情有独钟。另外,主观主义学派重视行为是为了根据行为确证行为人的人身危险性,风险刑法理论重视行为却并非有意从行为中建构行为人的人身危险性,而是为了对行为人的行为操作流程和方式加以规范,避免出现不可控的实际损害。如果对醉驾不加以必要限制,很难保证醉驾者在驾驶时能避免重大交通事故的发生,对此,肯定有数据可以支持。对醉驾的入刑打击虽然限制了生活中的某些自由,但是这将有效保护更多无辜者的人身安全和家庭幸福。所以二者的理论旨趣完全不同。

另一方面,即便在法益侵害理论的框架下,也不能认为不考虑法益侵害的结果意味着对法益侵害理论的背弃。法益侵害具有两种情境,一是对法益的损害,二是对法益的威胁。因此,法益侵害理论并不限于将违法性的本质理解为对法益的实际损害,还包括行为虽然没有引起法益损害,但是对法益损害具有现实威胁的情形。行为会不会造成法益侵害结果,不能还停留于过去的观念,须等到行为结果切实发生再作判断,这不符合风险控制的模式。但是根据科学常识和一般社会经验,这种行为一旦失控将造成难以估量的法益侵害,即可对行为进行犯罪化评估,不能认为这是根据行为人的动机、想法、观念等主观层面的因素进行的评价,更不能将这理解为“极端的行为无价值和刑法的伦理主义结果”[1]。

(二)风险社会刑法的时代特征

相较于传统社会,风险社会具有独特的时代特征,并据此塑造风险社会刑法以新的特征。根据对风险社会理论的研究,我们认为在风险刑法理论生成的过程中,尤其应该注意现代性风险对刑法立法可能带来的如下特征。

1. 风险的内生性因素与预防刑法立法观念

风险的内生性因素是风险形成的内在原因。首先,风险发生是人为性结果。在现代化进程中,人们不遗余力地利用更高、更新的技术创造更现代的文明,创造更多财富,但忽视科技发展带来的副作用。结果,在现代化过程中,生产力的指数增长使危险和潜在威胁的释放达到了一个我们前所未知的程度。[2] 进而,风险与人的决定紧密相关。[3]

其次,风险范围具有不确定性,结果具有难以估量性。在传统社会中,危险局限于一定地域,并且可以被直接感知,因此是可计量、可预测和可控制的。但在现代社会中,由于复杂的风险关联性,其表现出不可预测与控制的特性。对于人为形成的风险,历史并没有为我们提供必要的参照物,人们亦不知晓这些风险的结构及发生方式,更遑论对风险结果的精确计算。

---

〔1〕 刘艳红:《“风险刑法”理论不能动摇刑法谦抑主义》,载《法商研究》2011 年第 4 期。

〔2〕 参见[德]乌尔里希·贝克:《风险社会》,何博闻译,译林出版社 2004 年版,第 15 页。

〔3〕 参见薛晓源、周战超主编:《全球化与风险社会》,社会科学文献出版社 2005 年版,第 3-4 页。

在现代风险社会中,人们已经不可能利用概率、统计乃至保险计算来应对风险,处理风险的传统已然失效。纵观之,面对风险问题,不但无法厘清其因果关系,甚至没有机会透过反复的经验、观察,来积累资料判断事件发生之概率。还有一些传统的消极性思维影响了我们对风险的决策:一是如我们常常看到的那样,甚至在有些场合,人们对风险是否存在都存有疑问;二是受传统知识束缚,特别是当风险包含的灾难越多、危险越大时,人们据以冒险的真实经验就越少;三是人们普遍担心,技术和制度的发展在为控制风险提供越来越完美的解决办法的同时,可能会带来新的、更大的风险。客观上,这个问题的确值得注意,因为在风险控制中,新的社会风险确实已经在控制制度或控制行为中被制造出来,并且变得更难以控制,人类受到的威胁更为严重。

2. 风险全球化与刑法立法中法定犯的创设

风险社会中的"风险"不是指对个人造成的危险,而是对整个人类的一种全球性的威胁,比如随核裂变和放射性废料储藏而出现的问题。新的危险摧毁了常规安全计算体系的基石,"我们几乎无法找到制造损失的'罪犯',因此'谁污染,谁赔偿'的原则也失去了效用,损失不再能用金钱来补偿了——保证个人不受迅速增长的全球风险的最糟糕后果影响的想法变得毫无意义。与之相应,一旦最糟糕后果发生了,也不再有什么后续的解决方案"[1]。

走现代化道路是任何一个国家、民族,乃至任何一种社会制度终将选择的发展主题,最终形成的将是一种全球性的"风险社会"。贝克坚信风险具有"飞去来器效应",即生产风险或从中得益的人既是制造风险的罪魁祸首,也终将是受害人,迟早会遭到风险的报应,即

---

〔1〕[英]芭芭拉·亚当、[英]乌尔里希·贝克、[英]约斯特·房龙编著:《风险社会及其超越——社会理论的关键议题》,赵延东、马缨等译,北京出版社2005年版,第320页。

使是富裕和有权势的人也不会逃脱。在现代化风险的屋檐下,罪魁祸首与受害者迟早会同一起来。[1] 这些风险并没有限于某种时间、空间或人种,这就意味着,承担风险侵害的并不是一部分人,而是人类社会这个整体。无人是旁观者,无人可以独自踏上"诺亚方舟",所以,刑法立法应加强对这种具有全员性侵害风险的重视。

3. 风险的政治化与国家安全的刑事保护制度

风险社会理论最初是基于对科学技术引用的问题而提出来的,所以很多学者主张将风险限定在技术风险这个原始的概念中,提出风险仅包括技术性风险而不包括制度性风险的观点。如陈兴良教授认为,贝克所提出的风险社会的风险是指后工业社会的技术风险。由于这种风险不可预知,难以甚至不可能被控制,不可能进入刑法调整的范围。[2] 这种观点典型性地将风险社会中的风险限定为技术性风险。但是,任何理论都具有发展性,以贝克等人的观点和现实情况看,风险至少应包括三个层面的风险,即技术性风险、制度性风险和政治性风险,而且必须看到技术性风险存在向政治性风险发展的趋势。

贝克认为现代性风险本质上是一种制度性风险。我国也有学者提出,科技发展、社会化程度提高、社会面临的不确定因素增多,需要国家制定更多的制度防范风险,风险的制度化越多,制度化的风险也就越多。制度化风险只存在多少的问题,不存在有无的问题。[3]

贝克后来还承认政治性风险。在早期,贝克所论述的风险主要

---

〔1〕 参见[德]乌尔里希·贝克:《风险社会》,何博闻译,译林出版社 2004 年版,第 39-40 页。

〔2〕 参见陈兴良:《风险刑法理论的法教义学批判》,载《中外法学》2014 年第 1 期。

〔3〕 参见李林:《危险犯与风险社会刑事法治》,西南财经大学出版社 2012 年版,第 136 页。

是围绕技术性风险展开的,所举事例也围绕由技术性风险产生的事故,如核风险、基因工程风险、生态灾难风险等,但并不能由此认为,贝克的风险中并不包含政治性风险。事实上,贝克并没有直接对风险下过定义,它采取描述性和列举性的方式对风险社会的风险特征、风险种类进行归纳概括。但是,随着研究视野的扩大,贝克关注的风险议题也在不断扩充,他提出了三个层面的风险:生态危机、全球经济危机、跨国恐怖主义网络所带来的危险。[1]

笔者认为,恐怖主义和全球经济危机都是与政治性风险具有直接联系的因素,因为它们都与"不平等"这个政治核心基础有切实关系。贝克认为,在极端的贫困和极端的风险之间存在系统上的吸引力。在风险分配的过程中,经济不发达地区更受恐怖主义风险的"青睐",所以恐怖主义多滋生于贫穷的地区。[2] 除此之外,不平等体验的加强往往成为反腐败政治运动的导火索。毫无疑问,坚持风险的多层次观点有助于我们增加反恐怖主义、反腐败刑事立法的权重。

4. 风险事件常态化与应急措施的法治化

很多时候,我们反对风险刑法不是因为风险本身,而是担心应对风险的方法产生次生风险。持这种观点的学者在潜意识中认为风险不可能具有普遍性和持续性,所以在防控风险时,不必为了 1% 的风险而大动干戈,以至于影响社会的正常生活状态,影响我们都习以为常的法治模式。其实这种观点本身是危险的。

贝克明确指出,"紧急状态有变成常规状态的危险趋势"[3]。这

---

〔1〕 参见[德]乌尔里希·贝克:《"9·11"事件后的全球风险社会》,王武龙译,载《马克思主义与现实》2004 年第 2 期。

〔2〕 参见[德]乌尔里希·贝克:《风险社会》,何博闻译,译林出版社 2004 年版,第 45 页。

〔3〕 [德]乌尔里希·贝克:《风险社会》,何博闻译,译林出版社 2004 年版,第 95 页。

并不是危言耸听。从现代性发展的进程中,我们很难接受人类社会已经从工业时期过渡到了风险时期的观点,因为在很多时候,我们会有意或者无意地忽视它、否定它,但是,这是典型的"鸵鸟策略"。现代工业制造的副产品的消极性不会因为我们的喜好态度而召之即来、挥之即去,它就在我们身边,甚至可以说,我们已经生活在风险阴云的笼罩之下。只要我们对科技崇拜的过度自信和依赖不转变,风险就会源源不断地被制造出来。[1] 这意味着更多的紧急性事态也被制造出来,在某一个时点之后,我们会发现屡屡出现的紧急状态已经成为一种经常性的事态,这样,紧急状态就成为常态了。这有可能改变我们应对紧急事件的刑事法治模式。在我们认为紧急事态不具有常规性的时候,我们惰于用积极的态度和方式去应对它;但是一旦事态发生的频率上升至我们将其评定为常态事件时,以往被我们视为非常规的、紧急性的措施就有可能被认定为常规的、长效性的措施,因此,立法的行动模式也将发生深刻的变化,即潜在性地向预防型立法方向转变。

总之,风险社会使人们更重视安全,毕竟安全是自由的保障,没有安全,人们将失去一切自由。没有治安安全保障,个人很难自由地行走在街道,自由欣赏夜灯的璀璨;没有卫生安全保障,个人最好的自由状态就是在封闭的环境中生存;没有交通安全保障,个人出门时总不免提心吊胆、颤颤巍巍;没有食品安全保障,人们都不知道该吃什么不该吃什么。在现代性风险下,人们在心理上的受威胁感也由此提升,1%的事件概率对于很多人而言就可能意味着100%的事件,安全价值的需求在此背景下无疑需要凸显出来。

---

〔1〕 参见[德]乌尔里希·贝克、[英]安东尼·吉登斯、[英]斯科特·拉什:《自反性现代化:现代社会秩序中的政治、传统与美学》,赵文书译,商务印书馆2001年版,第9页。

二、机能性预防刑法立法观的制度基础

(一)法律制度强化风险防控的必要性

由制度引发的风险里的“制度”不仅指政治制度、经济制度,还包括法律制度。任何制度的拟定都与特定的社会背景相联系,一旦社会背景发生变化,附着于社会背景的制度也得发生相应的变化,否则制度就可能禁锢社会发展,从而引发社会风险。因此,风险的产生并不必然是坏事,风险中可能蕴含着机遇。一旦风险出现,国家及民众就应该及时地审视造成风险的制度,并对制度进行相应的完善。其中法律制度有助于强化风险防控,其要旨如下:

第一,通过立法为风险治理法治化提供制度性保障。在法律的制定过程中,应对立法体制的建立健全、部门利益防范法制化工作机制的建立完善予以重点关注,制定政策时应坚决维护大多数人的利益,提高立法的科学化、民主化水平。

第二,利用立法健全风险防控的法律责任。目前我国已然建立了严密繁复的各类问责体系,但仍存在叠床架屋和交叉冲突的问题。当前,国家立法规范的缺失、相关法规的科学性和地方规范效力较弱等问题需要着力解决。贝克认为,虽然当前已然建立了高度发达的现代社会制度,人类活动的所有领域得到制度性覆盖,但规避风险和风险治理的责任仍无法被承担,造成“有组织的不负责任”的状况。“有组织的不负责任”的根源在于责任主体不清、责任追究机制不明。因此,要明确责任主体,将“主动治理、事要解决”作为矛盾源头治理工作的硬性要求,建立健全矛盾排查调处、应急处置等规范化体制机制。

第三,利用立法强化公民的风险防控意识。贝克指出,不能忽视社会公众“风险意识启蒙”的重要性,其目的在于着重说明风险意识对有效治理风险社会的重要意义。相较于西方发达国家,我国民众

的风险观念较为淡薄,风险知识和应对举措也不够科学合理。风险文化氛围的单薄弱化了社会风险规避机制,导致了风险恶化的不良结果。因此,政府治理风险社会的首要工作就是,在全社会范围内培育风险文化气氛,提升全民族的风险意识。

第四,利用刑法立法反推风险防控的预警机制。长期以来,由于社会环境总体平稳,“重事后处置轻事前预防”成为政府应对和处置突发事件的惯常逻辑。为此,应当完善突发事件信息监测、预报和披露机制,完善风险预警的保障机制,如此才能为后续的事后处置工作赢得时间和机遇,进而取得事半功倍的效果。

(二)刑法立法完善风险的共同治理体系

当前,中国关于社会治理制度的建设任务仍然艰巨。我国处在从工业社会向现代社会迈进的进程中,法律精神的现代化洗礼仍在进行。在当前风险社会的背景下,既要承认自身存在的不足,又要有充分的理性,建立风险预防的长效机制,协调好国家、市场和公民社会的关系,实现社会治理长治久安。切忌急于求成,试图以手忙脚乱的临时性举措代替科学合理的社会治理制度安排。

第一,确定国家机关及其工作人员在风险监管与防控体系中的中心地位。当前,中国社会处于复杂的社会转型期,充斥着大量性质各异的风险类型。在市场经济背景下,政府尤其是某些具体部门治理社会风险时,也会基于自身利益推卸责任,从而为自己开脱。其中,很重要的一个理由有可能就是将风险责任推卸给市场或社会。据此,应当明确政府的社会治理中心地位,明确各方责任,防止推诿扯皮现象的发生,推进协同治理的有效实现。

第二,确定社会机构和组织在风险防控体系中的辅助地位。随着社会主义市场经济的快速发展,社会和市场有意愿、有能力成为社会总体治理体系的组成部分,但受限于众多因素,政府代替社会和市场承担了某些本可以由社会和市场完成的风险治理任务。需要承认的是,政府自身也有能力的局限之处,不能很好地完成本不应由其承担的任务。这种单一化的主体治理格局缺乏社会主体的有效参与,严重缺失社会力量,容易引发一定程度和一定范围的治理效率与效能低下的社会结构型风险问题。应建立多元化的风险治理模式,发挥政府、市场以及公民个人的各自优势。为此,需要树立民主平等的理念,每一个治理主体都要依照自身的优势来处理风险现象,当然,必须充分发挥政府对社会组织的监管和引导作用。

第三,明确公民在风险防控体系中的自主地位。刑法规制的对象最终是自然人或者公民。根据社会团结的需要,公民是否具有对社会行为规范的参与意愿和能力,直接决定着社会规范是否可以通过行为的理性交往得到确立,行为规范是否具有科学合理性和社会合理性,公民是否具有遵从行为规范的忠诚态度,行为规范是否可以得到遵守,能否形成社会合力去应对各类社会风险。

第三节 机能性预防刑法立法的基本思路

一、一般积极预防刑法立法完善的方向

理论上有学者将“风险刑法”称为“机能刑法”,意在突出刑法的一般预防功能,特别是一般积极预防功能,强调刑法通过立法创设禁止性规范或者命令性规范,明确行为对法益的威胁及风险控制的起始点,来确保人们采取符合规范的方式避免行为的实害化。一般积极预防理论更符合民主政治的构想,它建立在市民作为法规范的创设者对刑法具有忠诚义务的基础上。传统理论则建立在犯罪和潜在犯罪人的基础上,其依然将犯罪人作为异类对待。相对而言,一般积极预防理论具有以下全新的理论创新:其一,传统刑法的目的,即报复、特殊预防和威慑刑罚观在今天已退居幕后,而借规范的适用进一

步强化国民的法忠诚意识的一般积极预防思想逐渐发展成为流行的学说。其二,刑法立法的一般预防观更为明确。在刑法立法过程中,我们无法预设哪些人会成为犯罪人,会实施犯罪,会实施何种特定犯罪,甚至可以说,每个善良人都可能因为行为不当而面临刑事处罚的风险。所以刑法立法是为了确保大多数国民远离刑事处罚的风险,而不是为了针对特定之人。其三,立法目的实现不仅取决于立法、执法与司法,还取决于公民的守法意识和素养。仅有立法尚且不够,还需要国民对刑法规范进行主动回应,养成遵守规范的意识和习惯。其四,刑法具有全新的制度逻辑。在风险社会中,刑法立法不再立足于对侵害事实的被动反应,而是积极承担防卫社会的任务,主动转为对一般人的社会、生产行为进行积极干预。刑法的反应根据在于防止人为更大风险的实现,刑罚对犯罪予以惩处的目的不再聚焦于消极的一般预防,而是通过事后的积极反应确证规范的必定性,进而强化一般的积极预防思路。

从总体上分析,一般积极预防刑法立法理念还是可取的。问题在于,对于其触发的情绪性立法和象征性立法现象,如果不能妥善处理,必然招致刑事法治化受损的不利结果,即一般积极预防刑法立法理论在实践中如果操作不当,容易导致预防目的被异化。一般积极预防旨在维持与强化公众对规范的信赖。但是,刑法实践最终表现为通过刑罚的适用来安抚被犯罪侵扰的公众心理,刑罚最终的实践趋势偏离了既定方向。根据传统理论,刑罚首先是对犯罪的报应,但不得突破“等量报应”的限度。一般积极预防刑法立法理论在实现安全价值时,如果不能区分真实的不安全因素与虚构的不安全因素,也必然导致安全的观念化与纯粹精神化,进一步诱发法益观念的过度抽象化、精神化以及超个人法益范畴的扩张。如果最终在经验上无法对一般积极预防刑法立法理论进行证立与证伪,该理论就容易成为形而上学的自我满足的理论。象征性刑法立法建构在一般积极预防刑法立法理论上,是这一负面效果的具体表现。

既然一般积极预防刑法立法理念的基本思路是可取的,那么何以出现这些问题呢？笔者认为,问题从根本上看还是起因于早期古典主义刑法传统的限制:一是对谦抑性原则的理解过于保守和僵化;二是对刑法立法明确性原则的理解过于绝对;三是对不安全进行评价时的标准过于泛化。上述三种因素导致了刑法立法的形式化发展,即用形式概念掩盖实质问题。立法过程在面对立法现实问题时,一是在机制上采取消极方式化解和应对争议,不能积极回应立法中的批判声音,即便采取了一定公开的方式征求民意,但是究竟有哪些不同意见,那些有意义的建议是否被吸纳了,也无从所知,在时间上也缺乏争论的余地。很多立法研究不过是事后的评价,难以发挥事前的指导效果。二是在立法过程中,对于谦抑性质疑回应不及时、不充分,特别是在大数据时代,没有充分有效运用相关数据展示立法的必要性和意义。三是对罪刑法定主义中的明确性原则有绝对化的理解,不是通过类型化方式有效对行为主体、行为方式或者行为对象进行一定程度的归纳,很多时候采取简单列举的方式,导致刑法规范不断被打补丁却又不断留下新的漏洞。四是体系性解释不足,造成新刑法规范与其他旧刑法规范存在竞合,如《刑法修正案(十一)》新设的高空抛物罪与故意伤害罪、以危险方法危害公共安全罪等犯罪存在竞合问题,又如抢夺机动车操纵装置的犯罪与以危险方法危害公共安全罪、交通肇事罪也存在类似问题。五是不能有效进行安全评价,无法及时消除社群性恐慌心理,如反恐立法中的争议就在于恐怖主义犯罪造成的安全威胁究竟有多大,这似乎是一个秘不可宣的问题,但这个问题如果不能被证明,那么立法正当性就不免始终被质疑。为此,一般积极预防立法在现代化语境下必须根据目的理性的要求进行实质性改造,本书将这种发展概括为机能预防立法理论。

二、机能性预防刑法立法理论的特点及基调

(一)机能性预防刑法立法理论的特点

机能性预防立法力图避免一般积极预防立法中的形式化,采取实质理性方式修正其中的一些规定。首先它不回避传统问题,对传统问题采用保守型立法理念,同时积极回应新问题,对新问题采用一般积极预防观,机能性预防理论在处理预防需要的时候,有三个核心特征。

1. 对安全因素的实质性评估

着眼于自由刑法向安全刑法过渡时期的传统惯性,对不安全因素进行实质性评估。预防型立法容易陷入两难境地,即如何平衡自由与安全。针对风险可能造成社群性恐慌的事实,以及一般积极预防型立法实践中存在的大量非真实性不安全因素,采取更为务实的方法发现并确定非安全因素,尽可能消除虚假的安全幻象,从而实现对立法是否存在真正现实社会需求的实质性评价。为了更有效地确定其必要性,一是要依据总体国家安全观建立体系化的安全事项;二是要对各类安全事项进行必要的分层和分类;三是要对不安全因素进行经验性分析。在大数据时代,要善于利用数据说话,利用大数据进行安全事故模拟以及安全防范体系模拟。

2. 立法必要性的实质性审查

对立法必要性进行实质性审查,旨在消除象征性立法的机制。在刑法的刑事政策化动向、刑法的功能主义趋势、社会经济发展的现实需要等诸多立法因素的共同作用下,刑罚早期化、适当的犯罪化、立法的预防性倾向呈现出抬头趋势。[1] 但是,这并不意味着刑法立

---

[1] 参见高铭暄、孙道萃:《预防性刑法观及其教义学思考》,载《中国法学》2018年第1期。

法是将刑法谦抑性主义去而不用,将犯罪化的“最后手段”搁置起来。因为这些传统刑法思想不仅具有强大的历史惯性,而且其并不乏合理性值得我们继承和发扬。问题是我们应当如何在新的时代坚守并发扬其合理性。

应当对立法的必要性进行分类评估。一是评价规范是否存在真正的立法漏洞。立法漏洞无疑是启动立法完善的有力根据。但该漏洞是否可以通过其他方式弥补是必须考虑的。如果刑法漏洞可以通过司法解释的方式解决,就不能认为这个漏洞是有意义的立法漏洞,应当运用体系性解释进行论证。二是评价规范是否不明确容易导致解释上的分歧。规范条文不明确必然会导致刑法解释上的争议。可以说,解释上的争议越大,越能说明规范的不明确,应当运用文理解释、伦理解释、客观解释进行论证。三是评价规范是否具有滞后性,可以从规范确立之时的社会现实与当下的现实情境的比较中,运用法律社会学的方法考察社会变迁以及立法发展的趋势。

3. 对条文科学性的实质性评价

情绪性立法诉求本身是值得重视的,但是对情绪性立法额外产生的不理性因素进行检讨始终是必要的,如情绪性立法容易忽视刑法立法科学性、体系性,所以,需要对条文涉及的科学性进行实质性评估。对规范设计进行科学性评估,一是评估罪状是否完整;二是评估罪刑配置是否均衡,罪刑配置如果不均衡,也会导致刑法条文被弃用;三是评估兜底性规范是否必要。

提出这三重改造因素是基于自由刑法向安全刑法过渡这一特殊背景下稳妥推进刑法变迁的必要性考虑。

(二)机能性预防刑法立法的基调

第一,预防刑法立法理论必须增强经验上的可验证性(或者经验理性)。从自由刑法向安全刑法的立法重心的转向有其现实的社会基础,预防立法转向不是立法者自觉设计的结果,而是刑法适应社会需求所作出的自发性调整的结果。就预防立法的核心内容来看,其变化是结构性的调整。在结构性调整的过程中,如果基础结构不发生改变,预防功能就无从体现和实现,调整必将从基础性结构着手展开。刑法立法结构性调整取决于社会现实这一基础性结构的变化,如果构成风险社会的社会基础没有变化,刑法立法的预防走向是无从实现的。对此必须从两个方面把握社会的基础性结构调整的时机。一是社会传统性结构和风险性结构的权重;二是传统意识与风险意识的对抗。前者为预防立法提供科学理性的客观基础,后者为预防立法提供社会合理的主观基础,它们都是重要的,亦都是不可或缺的。技术具有两面性,其进步引起了包括不确定性在内的诸多负面问题,但是人们在应对这些问题的时候无法抛弃技术进步,而是寻求技术的新的进步或者以其他技术来解决问题,因此预防性选择必然不会减少,而是会增加。对于刑法体系的预防型立法走向而言,任何保守的立场与过度激进的预防立场一样,都带有过于主观建构的色彩,既缺乏科学理性的态度,也难以得到社会理论的赞同。预防型刑法立法之转向并非洪水猛兽,其针对实践中出现的问题,运用法律的实践经验,提出有针对性的措施,可以很好地达到将危险扼杀在萌芽状态的效果,而不会从根本上制造对人权保障的冲击,反而在现实语境下更有利于积极地保障个体自由。

第二,预防型立法必须促使传统刑法理论采取开放和发展的态势。预防型刑法立法中潜在的犯罪扩大化危险,成为维护法治国的基础价值所应思考的问题。刑法立法体系和内容发展的当务之急应限定为,如何在确保足够开放性的同时,又不至于从根本上危及自由的价值,甚至说有利于自由的发展。对于现代刑法立法而言,这样一种既要确保立法开放性又要顾及古典主义理想公正性的任务,为当代的风险社会所特有。进一步说,我们不能因为社会有变而认为古典的刑法理想已经终结了;相反,这种理想已经由来已久且深入人心，它指明了法治建设前进的方向，在当代依然保有其不可替代的价值。当然，如果对这种刑法理想进行泛滥化的宣传，罔顾实际，照搬古典理论，不仅解决不了当下的问题，还妨碍了对这种理想的重新构想。维护社会的安全成为风险刑法的核心思想。将对古典自由理想的追求作为刑法的首要价值选择或许也不可取，它应该是宪法立法的首要价值。刑法具有自身的特性，如果我们坚持认为刑法是"一种不得已的恶"，那么怎么可能指望这种"恶"的法实现一个善良的愿望？或许刑法的第一要务就是维护安全，维护安全旨在实现和发展自由。这是其他法所难以具备的特点。因此，刑法具有维护社会秩序和社会稳定的天然使命。

第三，预防型立法必然导致刑罚制度的改革。刑法的预防是通过扩大处罚范围和提前介入实现的。在社会、政治不断现代化的过程中，刑法越来越强调其预防功能。但是要注意到，这样一来，刑法的打击面就扩大了。如果我们继续维系以自由刑为中心的刑罚制度，可以想象，现有的监禁场所是否具有容纳能力，现有的财政是否能支撑日渐庞大的刑罚执行队伍和机构，现有社会如何消化刑罚执行完毕后亟待重归社会的犯罪人等都将成为问题。我国很多职业对有犯罪记录的人员采取禁止从业的做法，使很多犯罪人在刑罚执行完毕后会面临生计问题，这无形中加大了犯罪人和社会的成本。所以，犯罪基本面的扩张势必要调整现有刑罚体系，未来的趋势是，提升财产刑的地位，完善财产刑的执行制度，使之在单位犯罪、经济犯罪和轻罪中具有更广泛的运用空间，减少犯罪人的监禁率，使犯罪人能从财产处罚中感受到犯罪不利后果的痛苦。

三、机能性预防刑法立法的根据

（一）坚持刑法谦抑性原则

刑法的谦抑性也被认为是刑法的最后适用性。刑法谦抑性原则试图将刑法控制在最低限度的适用范围内,以确保对公民自由给予最大限度的保障。有学者认为,刑法谦抑性始终是预防型立法理念所应秉持的"刑法介入早期化"所无法逾越的鸿沟。的确,刑事制裁具有严厉性,刑法具有事后保障法的性质等,这些刑法所特有的法律性质决定了立法者要谨慎发动刑罚权。但是,这并不意味着一般预防型立法理念就违背了谦抑性原则。

第一,刑法最后保障法的性质,表明刑法具有参与国家治理、社会治理的使命。刑法立法的任务也明确表明刑法应对广泛的国家事务、社会事务甚至个人事务(如家庭暴力、劳资纠纷)进行必要的干涉。我国在社会现代化转型期间,由于传统社会结构和社会观念发生了变化,所以对国家治理体系和治理能力现代化建设提出了时代任务之迫切要求。刑事法治必须根据我国国家职能的演变,特别是根据新时代的任务积极协助各种社会性的事务治理模式的调整。

刑法最后保障法性质的发挥,不仅依赖前置法的规定,更依赖前置法的有效施行。刑法立法并不是基于程序的考虑而对立法的人为排序,主要是出于保护人权、维护正义及限制公权力的滥用之古典主义刑法思想考量。但是,社会问题并不完全由行为人自主实行而产生,还可能因执法问题而自发生成。如在懒政的情况下,公权力出现了消极滥用的危险,或者公权力运行不规范引起了行为规范的失序,在这种情形下刑法被动性地型构为社会"最后的守望",由此引发的刑法立法问题绝非没有意义。以危险驾驶罪为例,在交通安全管制性行政法律没有作出努力与尝试的情况下便过早地介入刑法,可能存在违背刑法谦抑性之嫌。但是,这种顾虑并不重要,重要的是,在欠缺其他手段的情况下,刑法运行是否有效,如果有效,那么立法就值得肯定。所以在否定危险驾驶罪的立法时,应综合机动车保有量的增加事实,选择某个路段,评估法律实施前后同类行为造成的损害比例。如果损害比例下降,那么可以证明立法是有效的。

第二，刑法的双重价值诉求和二元机能要求刑法参与国家和社会治理具有两种面向，就安全价值和社会保护机能方面的面向而言，它又必须适应我国政治体制与经济体制的现实架构，对立体式的体制改革、高速运行的经济结构、日新月异的技术进步所引起的社会风险及已经出现的问题征兆加以必要的管控。例如，随着网络技术和金融产品创新的融合，一度在网络上很流行P2P融资模式，因缺乏与之匹配的监管制度，结果就出现一些人利用监管漏洞进行明显不合法的贷款业务，在较短时间内就能导致借款人所应支付的本息明显不合理，这些人还利用其他威胁性手段催收贷款，导致一些借款人由于无法偿付本息而自杀。在这种情境下，"刑法适时主动应对风险是非常必要的转变"〔1〕。

从近20年来颁布的刑法修正案的立法内容来看，我国刑法立法确有介入时点早期化、规制范围扩大化的态势，具体表现为预备行为实行化、既遂形态前置化、帮助行为正犯化以及大量增设抽象危险犯。在风险刑法背景下，这些立法举动给社会民众带来安全感的同时，也造成了刑法谦抑性原则的贬损以及立法和司法资源的浪费，其表现有二：一是"从总体上看，当前立法与司法呈恶性循环之象，许多本来可以通过司法解决的问题，最终却不得不经由刑法的宣告才得以解决"〔2〕。也就是说，很多可以通过解释适用法律的途径去解决的问题，却刻意上升到刑事立法的高度才得以解决，这是因为法律适用的逻辑是"病态"的。二是通过立法程序确立的法，要通过司法程序回归到个案当中，但"刑法的触手伸得过长，将民法、行政法及治安管理处罚法纳入到刑法的轨道，使得法院、检察院不堪重负……司法

〔1〕 高铭暄、孙道萃：《预防性刑法观及其教义学思考》，载《中国法学》2018年第1期。

〔2〕 童德华：《当代中国刑法法典化批判》，载《法学评论》2017年第4期。

确实很重要，但司法不是解决纠纷的唯一机制，有时还未必是最有效的机制”[1]。

笔者认为，上述问题并不能证明一般预防立法理念的错误，抑或一般预防立法理念在操作上陷入了形式主义的泥潭，形式主义刑法立法的优点在于，一是坚守立法程序的合法性，二是奉行罪刑法定主义的形式要求。可是，立法程序的合法性和正当性是否能互相呼应，罪刑法定主义的形式要求和实质要求是否可以兼顾？答案显然是否定的。根据刑法发展史我们可以说，立法程序的合法性和立法程序的正当性差距犹如罪刑法定主义的形式要求和实质要求一样，在二元模式下是无法统一协调的。所以在很多时候，我们需要对立法文本的实质合理性进行评价。为了从立法形式上满足司法需要或者社会需要，必须充分评估司法需要和社会需要是否客观真实和普遍，是否有真实的材料予以支持。如刑法介入早期化、规制范围扩大化、预备（帮助）行为正犯化以及抽象危险犯是否具有现实需要？有些刑法规定仅仅具有宣示作用，这就是典型的形式主义做法，它夸大了刑法立法的行为规制机能，而忽视了司法判例的行为规制机能，事实上，司法判例的行为规制机能发挥效果可能要明显大于刑法立法的规制机能。

当前我国刑法立法可能存在这样或者那样的问题。但是最大的问题可能在于刑法是否越线，从而背弃了谦抑性的品格。这个问题可以从多种视角进行评价，如从司法角度和执法角度看，刑法立法是否必要？显然，从司法角度看，有些立法确属多余，例如一些条文成为沉睡性条文，另一些条文仅仅发挥了宣示性效果。但笔者认为，对于这个问题，积极的刑法立法理论面临的最大挑战，尚不在于立法试图对司法进行全面性的指引，而在于刑法在前置法阙如的情况下是

[1] 朱苏力：《中国司法的规律》，载《国家检察官学院学报》2009年第1期。

否应该以及如何去承受来自外部的制度化压力。这种外部的制度化压力有两个成因,一是前置法在形式上的阙如,二是前置法在实质上的阙如。前一种问题表现为,在缺乏前置性的行政法律规范或者民事法律规范的情况下,刑法如何保持事后法的品质?后一种问题表现为,在并不缺乏前置性的行政法律规范或者民事法律规范的情况下,行政执法不严格或者民事司法不公正的情况诱发了对刑法参与必要性的呼吁,刑法是否跟进以及如何跟进?如在大量的所谓民刑交叉案件、行刑交叉案件中,这个问题表现得极为普遍。

但无论如何,上述三种情况凸显了刑法一般预防型立法中存在的形式主义做法,立法者对立法诉求采取了广泛性回应,即要什么提供什么的做法,形象地说就是"头痛医头、脚痛医脚",而未能针对社会的实质性需要,提供真正有效的立法资源。所以,一般预防型刑法立法要根据社会的、法律制度的实质化需要进行再构。

(二)克服情绪性立法

1. 社会心理紧张化对预防型立法的催化作用

根据主客体的认知模式,社会风险化从外部看是客观风险的增加,但是从主观因素上看还包括社会主体对风险威胁的认知以及所产生的社会心理紧张化过程。风险已经引发了多种多样的灾难,如澳大利亚的森林大火、多地的恐怖袭击事件等。仅仅在公共卫生领域就多次爆发风险性事件,如2009年墨西哥暴发的H1N1流感病毒、2020年全球暴发的新型冠状病毒疫情,呈现出事故多发性、事发突然性、病毒传播的发散性、传播原因的不确定性、传播危害的难评估性等特征。这些现象都足以导致普罗大众对专家及各种解释产生怀疑,这种现状足以使社会民众产生受到风险威胁的心理,价值防控措施究竟在多大程度上有效?无人可以给予明确回答,所以社会心理的紧张化不仅在现象上是不可否定的事实,在立法价值预定上也是不容否认的政治力量。

对风险的普遍感受而形成的紧张心理，将各个阶层的民众团结在一起，无论是社会精英还是草根大众，无论是国家还是社会个体，为了对未知的未来提供更具有确定性的保证，必须合力防止风险的不期而至。

2. 立法情绪化问题

诚然，在社会各领域转型的背景下，立法理念的转向是必然的选择。但是，预防立法可能存在的情绪化立法问题是值得警惕的课题，正如有学者指出，从社会控制角度来说，(刑法)只是一种辅助治理手段，避免犯罪圈的不当扩张不容忽视，防范公民陷入“刑法陷阱”的恐慌。〔1〕

一些学者认为，情绪性立法屡见不鲜。情绪具有一时性，待舆论所导向的情绪平息之后，所立之法却保留下来，大多成为“无用之法，静置之法”，造成“刑法过剩”，不仅浪费了司法资源，更破坏了刑法的权威。由此可见，情绪性立法与象征性立法之间可能存在互动关系。象征性立法的目的在某种程度上具有随意性，存在被情绪性立法支配的可能，还有可能就是用象征性立法堵住情绪性立法诉求的舆论之口。

如果这种情况属实，那么无论是情绪性立法还是象征性立法，都背叛了刑法立法之初衷。即便忠诚于预防立法的理念，也当采取务实立法的态度，选择可行的方法，在进一步强化刑法立法的犯罪化的同时，有效防止“刑法过剩”的负面结果，从而排除随意的“象征性立法”以及“刑法万能化”的错误思想与尴尬局面。毕竟“刑法过剩”不仅浪费立法资源，还可能浪费司法资源。按照经济学的理论，过度犯

〔1〕 参见刘宪权：《刑事立法应力戒情绪——以〈刑法修正案(九)〉为视角》，载《法学评论》2016年第1期。

罪化必定会造成国家刑事法律资源的高投入低产出。[1] 如果不加以防止，立法者将在花费大量人力、物力之后，创设出备而不用进而被搁置无用的法条，除了立法时的激情澎湃与立法后稍微缓和了大众的情绪之外，其潜在的危害是巨大的。立法者通常被认为是最聪颖的法律人，创设毫无实际效果的立法则会降低民众对立法者能力和威信的评价。

"刑法万能化"是值得高度警惕的行动模式，但是如将"刑法万能化"当作抵制预防型立法的根据，那就大错特错。孟德斯鸠曾言："一个国家只有使用武器才能机械地让人们在棍棒下屈从，还能有什么荣誉可言呢？"[2]它表明刑法不宜将任何社会问题都进行刑事化处置，事实上，刑法也不可能将任何社会问题都纳入刑法的规制范畴。孟德斯鸠时代古典主义思想家所关注的犯罪和刑罚问题和今天现实主义学者关注的犯罪和刑罚问题不一样，这注定其出发点和行动模式存在差别。或许风险社会提升了法治发展刑事化的风险，但在实践中，我们应该防止的是司法实践中的"刑法万能化"观念，提升行政法及其他法律的实际运行效能，杜绝出现"民事司法靠运气，行政执法看心情"的现象，这种现象造成了民事纠纷久拖不决、选择性行政执法怪相突出、社会矛盾激化、犯罪化风险提升的问题，客观上助长了社会民众的"刑法万能化"意识，如普通民众倾向于将民事纠纷作为犯罪案件报案。

（三）风险与安全的合理评估

自从近代确定罪刑法定原则以来，保护个人自由的价值已经型构为刑法的重要价值追求。自由被很多理论家置于刑法若干价值的

---

〔1〕 参见齐文远：《修订刑法应避免过度犯罪化倾向》，载《法商研究》2016年第3期。

〔2〕 [法]孟德斯鸠：《论法的精神》（上册），张雁深译，商务印书馆1961年版，第127页。

首位。自由还成为刑法中具有高度政治正确性的概念。古典主义刑法理论强调刑法对自由的保障,但并非忽视刑法的预防机能,不过这种预防观与威慑主义观念的界限很模糊。换言之,对古典刑法理论而言,法律威慑论之根据在于,立法层面罪与刑的对称或适应,也是其通过刑罚实现预防效果的基本手段。

风险社会的来临向古典主义刑法思想提出了挑战。如前文所述,风险社会的风险具有不可预测性和极大的破坏性,风险一旦转化为现实,必然给社会、国家甚至是全球造成无法弥补的损失,故而安全与自由之间的关系日渐紧张。随着风险社会的来临,国家的职能和任务也发生了转变,过去,国家是消极的“守夜人”;今天,国家被迫充当防控风险的“消防员”。在刑法立法上,国家的任务不再拘泥于事后制裁,而是强调事前的防控与遏制,事后制裁成为预防不得而动用的补充手段。[1] 因此,在风险社会中,人们更注重对安全的保护。但是,风险降临导致刑法向安全刑法转向并不能罔顾自由刑法的深厚历史底蕴和现实基础,所以安全刑法必须对社会风险作出有力的证明。

从现代社会安全的角度来讲,犯罪标准前移是刑事立法历史发展的必然,但必须满足顺应经济发展需求的底线。现代社会的风险一旦现实化,可能导致人类不能承受之后果,正因为如此,公众才会对现代社会风险具有强烈的反应。尽管根据传统刑法理论,刑法规制可能性以行为的社会危害性大小为标准。然而,精神务实的做法更为可贵,一方面立法者阐明立法目的的正当性,讲清规制手段的必要性,另一方面还要遵循罪刑设计的合比例性以及刑法谦抑性,即立法并未违背犯罪具有严重社会危害性的本质要求,并未违背将刑罚

〔1〕 参见劳东燕:《风险社会中的刑法:社会转型与刑法理论的变迁》,北京大学出版社 2015 年版,第 62-63 页。

作为最后的规制手段的一般原理。这些都是现代法治国家对刑法的基本要求,即便是风险社会也不能例外。唯有此才能不至于淡化刑法保障公民自由的任务和机能。所以,对风险进行严格鉴定是必要的。总体要求主要有三:一是应将那些为了社会的发展必须容忍的风险排除在刑法规制之外;二是对公认的高度风险行为或超出容许风险范围的行为进行规制;三是对存有争议的风险,通过多种科学方法进行正反两面的验证,尽可能明确风险的程度,合理决定是否采取刑法规制措施。社会风险化对预防型立法有决定性影响。对风险进行合理评估虽然有限,但它还是可以有效地消除社会中部分非理性的心理,为理性立法提供更多实质化的论辩空间。

立法的滞后性是刑法立法不可根治的"顽疾"。如果司法过度依赖立法,必将造成司法功能萎缩。事实上,也有较多滞后性的规范并不会发展为必然切除的"肿瘤",通过司法能动性的发挥完全可以改变司法教条主义和机械主义问题。在此过程中,刑法教义学为克服立法的滞后性做了积极的辅助性工作,无论是法官个人司法能力的发挥,还是特定机构颁布和制定司法解释或者提供指导性案例,都较好地解决了立法中遗留的某些问题。但是这并不能彻底解决立法和司法之间的矛盾,这种矛盾其实是现实需要和立法不足矛盾的变身,社会发展对立法的期待性需要,在应对具体问题的诉讼阶段转变为民众对司法者法治意识和能力的期待。但是司法者也会遇到一些新的问题,导致其不能突破司法传统和法律暗含的底线去迎合民众的期待。最典型的事例如,社会经济的发展以及互联网时代的到来在给人类带来更多便利的同时,也制造了等量的"风险",未知的、预料之外的因素可能成为事件的主宰力量,结果,立法预想的罪状无法被援用。此时,刑法教义学所提供的理论和方法无能为力。在这种背景下,改正立法无疑是法治建设中的有效方式。从立法创设拒不履行信息网络安全管理义务罪的合理性论证中,[1]我们可以看到风险时代立法积极创制犯罪的一般动向。

可以说,风险评估不仅已经成为风险社会中刑法的立法原则,还是所有法律普遍的立法原则。风险评估的内容具体包括以下几个方面。

1. 风险防控立法评估合理化

在传统理论中,法律的权威性和普遍性要求立法必须谨慎,要恰当地运用科学的方法理性决策。在风险社会中,虽然人们对科学决策产生了怀疑,但这丝毫不影响科学理性在预防型立法中的地位。对未来不确定的事情的决策需要科学理性提供更全面的信息,并运用科学的方法进行客观性分析。同样,立法决策也需要准确、全面的信息作为判断和决定的客观依据,这内在地要求立法决策者更善于利用科学和科学工具搜集立法信息,促进立法决策。因此,风险立法评估要坚持合理化原则。

具体而言,为了做到立法的科学理性,必须从以下几个方面改进立法工作。第一,立法决策内容的客观性。风险社会中的决策观念,一是要求回应民众的立法需求,二是需要分析风险,根据风险的实际情况进行实事求是的立法。移植性立法或者借鉴性立法是提高客观性分析效率的有效方法。因为域外国家、地区的立法是应对风险的法律经验的结果,它本身表明立法内容具有客观性。但是照搬域外立法也是不可行的。因为风险无论如何还有特殊性问题,所以,风险社会下的立法决策应当注意风险的地方性特性,在立法决策时,注重全面的信息收集,在对立法事由的全面分析上考察社会对立法需求的真实性和客观性,从而作出科学的立法决策。第二,立法决策程序

[1] 本书将在后面专门讨论这个问题。请见第六章第四节“三、个人信息安全刑法保护的立法完善建议”。

的规范化。科学理性往往会根据经验对决策程序提出规范性要求。程序的价值在于确保客观性评价到位,不被忽略。因此,立法决策过程要按照风险评估、风险管理和风险沟通的程序依次进行,通过科学的方法完整地对与健康、安全、卫生、环境等因素有关联的风险进行量化,同时评估决策方案可能带来的负面影响,以便立法时进行利弊权衡和得失判断,从而为最终的理性选择提供客观依据。而且客观化的风险评估可以充分发现风险立法控制将引发的新风险,便于立法上确定减少或限制风险的有效措施,实现社会风险的管理。

科学理性还需要辅助社会理性。在立法决策中引入协商民主原则进行积极的立法论辩是社会理性参与立法的体现。为此,在立法决策中要创造公众参与决策的机会,形成由上率下、由下呼上的双向互动机制,最大限度发动公共参与立法。一方面最大限度地控制住立法中存在的部门利益、行业利益、地方利益,实现立法利益的均衡化;另一方面降低信息不对称导致的不确定性风险,从而促进政府更有效地进行风险规制。[1] 总之,吸纳更多的民众参与立法决策和论辩不仅是民主的要求和表现,而且是最大限度发挥社会理性的方式,有助于从整体上为抵抗风险社会提供多元的渠道和途径,提高风险社会决策的合法性、合理性和有效性。

2. 风险防控立法规范透明化

风险防控立法规范的透明化是风险防控中往往不被重视的因素,而这个因素其实十分重要,规范透明化有助于风险防控的受益者——普通民众——理解风险防控的急迫性和必要性,促使他们以必要的方式参与防控,遵守防控规范,从而提高整体防控效率。

相反,不透明的防控规范是不合时宜的控制手段。现代发达的

---

〔1〕 参见成协中:《风险社会中的决策科学与民主——以重大决策社会稳定风险评估为例的分析》,载《法学论坛》2013 年第 1 期。

通信技术帮助更多的人意识到风险及后果,但不透明的防控规范在一定程度上肢解了风险信息,导致民众获得的信息往往不完整。此外,不透明的管控为虚假信息的编造和传播提供了滋生、发酵的时间和空间,结果非但不能宽抚社会恐慌心理,反而引发或者加剧恐慌心理的蔓延,加剧事态的严重性。实践中发生的很多情况都足以证明不透明防控机制的低能、无效和有害。道理很简单,当特定的风险事件发生后,民众往往会自发选择趋利避害的方式止损。一旦缺乏有效的信息交换,风险的发展趋势就会出现难以判断的局面,恐慌随之出现并以“涟漪效应”跌宕开来,人们会倾向于以更为极端的方式应对风险,如采取极端方法进行彻底的物理隔离,但殊不知风险因素可能已经注入其内部,物理化的隔离手段不仅无法抵御外部的风险,反而因将风险封锁在内部而无法获得外部救助,导致风险扩大化。[1]

风险防控立法规范透明化还意味着信息公开具有了强制性保证,一方面是对公职人员行为的规制提供了明确的标准,另一方面也对普通民众的行为提供了明确规制,可大大减少因违法性意识阙如出现的不必要犯罪。

3. 风险防控立法标准全球化

风险的弥散具有全球性,需要采取全球治理和管理方式,规避风险和通过促进民主进程来创造一个更具人道主义的世界。[2] 无疑,风险社会背景下任何国家和个体都不可能独善其身,风险传播也类似于病毒传播,我们不明其传播方向、传播机制和传播范围。所以无论是西方社会还是非西方社会,无论是南半球还是北半球,无论性别和年龄、肤色与种族,都共同受到弥漫全球的世界风险的威胁,其风

〔1〕 参见李林:《危险犯与风险社会刑事法治》,西南财经大学出版社 2012 年版,第 147 页。

〔2〕 参见[英]大卫·丹尼:《风险与社会》,马缨、王嵩、陆群峰译,北京出版社 2009 年版,第 185 页。

险后果的影响范围有愈演愈烈的趋势。所以在大气保护、环境治理以及核安全反恐等领域都已经出现了风险防控标准全球化的基本趋势。

我国刑法立法在这方面存在两种发展方向,一是作为发展中国家,应切实维护和遵循全球化标准,并在传统落后领域加快立法步伐,尽快与国际法接轨;二是作为经济发展成效显著的国家,作为"一带一路"倡议的倡导者,还应倡导和引领风险防控标准全球化。总之,我国在应对国内事务的同时,还应发挥"负责任大国"的作用,总结我国的经验和需要,积极参加并号召世界各国政府建立和完善世界风险的共同治理机制,提升世界风险的协同治理能力。

(四)刑事政策的指引

刑事政策就是治理犯罪的策略,所以,它对刑法立法也有指引作用。德国著名刑法学家李斯特曾作过一个著名论断,即"刑法是刑事政策无法逾越的鸿沟",并认为刑法不应当被刑事政策过分干涉。根据这种观点,刑事政策对刑法立法虽然有一定影响,但是影响力受到了极大限制。

但是在现代,李斯特的"鸿沟理论"已经被悄然填平,罗克辛在《刑事政策与犯罪体系》中明确批判了"鸿沟理论"导致的刑法和刑事政策的紧张关系,并开创性地将刑事政策引入犯罪构成要件各个阶段的判断,由此开创了刑法和刑事政策在刑法适用中的新景象。"刑事政策与刑法学中的犯罪论体系开始彼此有意识地相互强化:一方面,刑事政策思想渗透到刑法体系中,影响着刑法理论的动态走向,使其变得更加抽象化,更符合新时代的要求;另一方面,刑法学的发展,特别是犯罪论体系的发展,也适当缩限着刑事政策的边界,并为其运用提供了合理的依据。"[1]在我国,学界一般奉行"刑事政策是刑法的灵魂"这一论断,[2]仅仅看到刑事政策对刑事司法的指导关系是不够的,还需要发挥刑事政策对刑事立法的指导功能。马克昌教授在遗作中提出了"作为刑事立法政策"的概念。[3] 笔者认为这个概念为我们深入认识刑事政策和预防型立法提供了依据。所谓刑事政策,是国家政策的一部分,其总体上是倾向于预防犯罪的,如何有效预防犯罪是一个国家制定刑事政策的焦点,预防与刑事政策是如影随形的两个概念,预防是其内涵,刑事政策是其表现形式。在此意义上,我们认为预防性刑事政策是宽严相济基本刑事政策的体现。所以立法必然在预防性政策的指引下展开。如果作更精细化的分析,我们还可以发现刑事政策对立法和刑法适用指引程序不同,甚至是相反的,但是其旨趣是相同的。立法需要将具体的事实抽象为概念,司法则是用抽象的概念涵摄具体的事实,即规范从事实中来,再回到事实中去。预防性的刑事政策,在立法环节倾向于将尽可能多的具体事实统摄到一个更为宽泛的概念中去,如受贿的对象究竟是"财物"还是"财产性利益"就体现出这种立法态度;在司法环节则倾向于用扩大解释使一个概念能涵摄更多具体事实。总之,他们都试图使刑法条文能规制尽可能多的犯罪。

在我国,党的政策是刑事政策的"风向标",刑事政策又是刑事立法的"风向标"。我国的政治制度和中国共产党的执政地位决定了政策在国家治理过程中的重要性。党的政策往往先于立法而存在,采取什么样的治理体系和方式,是否需要刑法立法的及时跟进,也往往取决于党的政策的导向。"党的领导"是我国法治的重要特色之一。

---

〔1〕 劳东燕:《罪刑规范的刑事政策分析——一个规范刑法学意义上的解读》,载《中国法学》2011 年第 1 期。

〔2〕 马克昌主编:《中国刑事政策学》,武汉大学出版社 1992 年版,第 14 页。

〔3〕 参见马克昌:《宽严相济刑事政策研究》,清华大学出版社 2012 年版,第 94 页。

刑事政策直观地影响了刑法的制定和运行,其也在一定程度上激活和弥补了刑法本身所具有的封闭性和非自足性。党的领导地位和执政方式保证政策是在开放的结构下根据及时接收的社会变化和社会需求制定的,所以刑事政策通常具有很明确的重大现实针对意义。刑事立法在刑事政策的指导下保证了立法根据的敏感性和现实性。而且刑事政策对立法方向及内容的塑造功能总体而言是积极的。例如"少杀慎杀"刑事政策的指导在我国确立了限制死刑的立法理念。之后的"宽严相济刑事政策"也是根据党的文件提出来的。党的十八大以来,在"总体国家安全观"的政策导向下,我国刑事政策也面临安全性转向的趋势。刑法既要保障人权的实现,也要有效地维护社会秩序与国家安全,我国刑事领域在保障人权方面持续作出努力,并已经取得良好成果。现阶段在"总体国家安全观"的政策指导下,面对种种非传统安全问题给人民生命财产安全、社会与国家运行秩序带来的风险和挑战,如何在法治轨道上推动刑法对于安全价值的维护,推动刑事政策的安全性转向,成为当今时代要解决的重要课题。

四、机能性预防刑法立法的路径

(一)刑法立法形式多样化

首先,坚守法典在立法体系中的中心地位。其次,激活单行刑法。"作为一种刑法的立法方式,单行刑法具有其存在的根据与边界,只有妥当地运用才能合理地发挥其功能。""立法机关对刑法采取决定的方式进行修改补充,属于单行刑法。因此,立法机关实际上是延续了在1997年《刑法》修订之前的习惯。"[1]单行刑法可以分担刑法典罪名,防止刑法典多次修改导致的架构不稳问题,符合刑法渊源

---

〔1〕 陈兴良:《回顾与展望:中国刑法立法四十年》,载《法学》2018年第6期。

多样化的世界潮流。再次,充实附属刑法。刑法修正案是一种处于刑法之内且比较综合、简便的刑法修正方式,但从国家治理体系和治理能力现代化的角度审视,不能忽视附属刑法的重要作用。最后,还应兼采实质性立法手段。除上述完善刑法典、激活单行刑法与充实附属刑法之外,还应当利用其他实质性立法手段推进机能性预防刑法立法。利用司法解释手段,弥补法律与事实之间的缝隙,在保证实现法治统一性的目标下体现法律适用的灵活性。[1] 利用指导性案例制度对于社会的新生风险作用下产生的新型案例作出法律上的回应,确立新的审判模式、思维模式来处理新问题,解决中国社会的发展对法治或者说对司法提出的迫切需求。[2] 发挥立法解释、司法解释与指导性案例的作用,促进不同立法形式之间的协调与互动,从多元的角度构建能够应对风险的机能性预防刑事法律体系。

(二)合理的犯罪化

1978 年以来,我国社会发生了巨大变迁,经济飞速发展,技术不断进步,观念不断开放。在这一现代化进程中,也衍生出大量社会问题,亟待法律调整。由于刑法在法律制度的建设性规划中具有明显的先发性,行政法建设规划在时间上相对落后,所以形成了刑法立法与前置法不匹配的现象,很多罪名的确是在欠缺前置法的基础上设立的。这在客观上也造成了刑法具有"先发性优势"的假象,加之行政法治化建设起步时间晚,封建极权主义遗留的"权力意识"还具有文化上的惯性,还有待时代的消解,因此,刑法立法与司法更受社会关注,网络热点中涉及刑事案件的事件更受关注也可侧面反映这种现实情况。在此情势下,传统的刑法观念受到了来自外部的巨大压

---

[1] 参见姜保忠:《法律解释及其在法律适用中的作用》,载《法学杂志》2011 年第 6 期。

[2] 参见刘作翔:《我国为什么要实行案例指导制度》,载《法律适用》2006 年第 8 期。

力,并形成了保守型立法理念与社会发展的三个矛盾:(1)经济发展与刑法不能有效规制新型经济犯罪的矛盾。在经济空前繁荣的背后,蕴藏着伴随经济发展不平衡而产生的新型违法犯罪问题,如外汇犯罪,证券、期货犯罪,信用卡相关犯罪,走私犯罪,生产、销售伪劣产品犯罪以及侵犯知识产权犯罪等。但因为对法定犯问题重视不够,法定犯规制意识、理论技术也具有滞后性,往往导致立法的进程跟不上社会经济发展的脚步,刑法立法中对诸多经济领域的规范存在"漏洞",使刑法在规制人们经济交易行为、维护社会主义市场经济秩序的需求上显得力不从心。非法经营罪出现"口袋化"的趋势其实与刑法供给不足、管制口径较狭窄有关。(2)科技发展与刑法不能有效规制利用科技手段从事的犯罪的矛盾。如近年来,自然犯出现了向法定犯逆向发展的动向,主要表现为行为人借助新技术手段实施传统自然犯,电信诈骗、网络传销等犯罪猖獗,网络贩卖、销售违禁品等。以电信诈骗为例,行为人以大数据、互联网+等新兴科技为平台,窃取被害人隐私并利用网络电话实施诈骗。虽然电信诈骗从形式上符合诈骗罪的构成要件,但是其犯罪成本低、成功率高、破案成本高、侦破难度大等特点,使其在社会危害性上较之普通的诈骗犯罪存在实质性的差别。正因如此,司法机关在有关司法解释中以"电信诈骗"这个概念来指称这种原本就属于诈骗的犯罪行为,不能不认为是犯罪形态逆向发展的态势。(3)思想观念开放与不能有效规制因观念变化而滋生出的犯罪之矛盾。新近以来,人们的思想得到解放,对男女之间、尊卑之间等一系列关系的看法发生了转变。此外,在市场经济繁荣发展的影响下,"以利益为中心""金钱至上"等观念随之产生。众多思想观念的转向使人们的行为模式也发生改变,一些基于旧观念产生的刑法条文甚至面临冲击的窘境。如"约会强奸"已经成为一种较为普遍的司法现象。在此类案件中,男女通过互联网或者其他方式约会,约会中不免发生亲吻,之后双方到男方处或者女方处或者酒店同床休息,男性在休息时对女方实施了性行为,而后男方被控强奸。在刑法教义中,这种情况下推定女性是否“同意”有很大困难。但问题产生的原因可能并不是证据性的,而是观念性的。

刑法和刑法学是社会发展的产物,回顾刑法的历史发展,社会变迁是犯罪发生或者此消彼长的根本性原因,因此也决定了刑法在国家管理中的地位以及刑法修改的方向、方式和内容。在风险时代到来后,为适应社会情势的巨大变迁,各国立法调整了刑法立法理念,强化了刑法预防色彩,日本学者将这种现象泛称为“立法活性化”,欧陆国家学者称之为所谓的“立法灵活化”,但其基本含义一致,是指立法应当契合时代的要求,适应社会的发展,这无疑是一种预防型立法理念的理论表征。

实际上,在国内刑法理论界大举推进犯罪化立场的场合下,国际上却悄然出现了非犯罪化的思潮。“法律不管琐事”,如果刑法对社会意义不大的违法行为一概作为犯罪处理,不仅浪费司法资源,而且犯罪标签化情况过于普遍,并不利于犯罪预防。所以这种问题应当引起注意。事实上,西方学者很早就也已关注到这类问题并未解决,并对这类问题作了有益的探索。如在日本,司法机关对“一厘”等案件的处理,就是为了限制立法定量缺乏导致的犯罪处罚范围过大问题。为此,日本学者提出了“可罚的违法性”概念,以期进一步推动犯罪评价欠缺程度性考量的问题。在德国,虽然不是从“违法性”视角切入的,但是,为了限制类似的问题,理论上也作了积极改正,如对因果关系的评价,特别是对条件的“合法则”“重要性”的设定,在一定意义上也是为了纠正这个问题。但在我国二元违法结构下,上述看法不具有现实可取性。我国刑法立法一般采取“定性+定量”的方式,已经将一般违法行为排除在犯罪评价范围之外。西方犯罪法网比我国细密。故此,我国并不存在违警罪,大量西方国家的违警罪在我国是依据《治安管理处罚法》进行行政处罚的。另外还有一个不曾为我国学者所注意的问题是,西方国家传统的细密型刑法立法结构决定了刑法在规训民众方面具有广泛影响,经过长期的实践,这或许成为其国民规范意识较强的原因。而我国采犯罪与违法的二元结构,违法后果过于宽松,犯罪后果则过于严厉,加之执法不严格,导致公民对违法行为的后果较为轻视,这未尝不是我国公民规范意识较差的成因。

(三)实质违法性理论的坚守

实质的违法性是刑法立法的现实根据。在我国,它表现为社会危害性评价。目前,社会危害性理论面临新的挑战。在现代的刑法理论与实践中,社会危害性一度是一个重要的概念。但随着法益概念理论地位的提升,社会危害性概念逐渐从刑法理论领域中消失了。但是,在我国刑法学中,虽然社会危害性概念曾经受到过批判,而且被有意忽视,但是在主流刑法理论中,社会危害性概念的地位还是得以保留。社会危害性概念尽管存在一些问题,但是这并不能说明这个概念缺乏现实评价机能。通过新概念的建构,的确可以达到清楚社会危害性概念的理论预期,但是从根本上讲,这终究是"新瓶装旧酒"的手法,它无法否定社会危害性实质评价的地位。社会危害性如何进行实质评价,从哪些角度切入,考量哪些因素,哪些因素又应该作为重点考量的对象,这才是社会危害性评价的应有之义,而且社会危害性概念不是一成不变的,它也需要根据社会发展对刑法功能性转向的要求进行适时调整。

社会危害性评价不可能不受到社会观念变化的影响。社会观念的变化会解构我们对于一个行为事件的性质的认识,也能对一个行为社会危害性程度的认识产生影响。具体结果有四种:一是过去认为没有犯罪化社会危害性的行为,现在可能被认为有犯罪化社会危害性,如伤害动物的行为,或者在网络中窃取他人虚拟物品的行为,以及侵犯他人的个人信息和拒不支付劳动报酬的行为。二是过去认为有犯罪化社会危害性的行为,现在不认为有犯罪化社会危害性,或者有这种去危害性的发展趋势。如关于非法吸收公众存款的行为以及其他一些涉及金融犯罪的行为都可能面临这种影响,又如聚众淫乱,虽然目前是犯罪行为,但或许今后会去犯罪化。三是过去认为是犯罪社会危害性较大的行为,现在认为犯罪社会危害性程度降低,如绑架罪的社会危害性认识就经过了这种转变。四是过去认为是犯罪社会危害性不大的行为,现在认为犯罪社会危害性程度增加,例如资助恐怖主义犯罪的行为,等等。这种变化一般和社会观念认知的深入而连锁引发的观念变化有联系。它必将引起犯罪化和非犯罪化、重刑化和轻刑化等不同维度的变化。

可见,刑法立法是否应当继续保持克制或者说应在何种幅度内保持克制,是因刑法具有的作为社会规范最后调整手段的特性而必然形成的问题。社会发展决定立法变迁。据此,刑法立法应当对社会的变革作出回应,其有效的方法则是通过立法理由、立法目的和立法内容的论证,保证刑法规范与社会发展的需要具有呼应性和匹配性。根据这种考虑,必须摒弃以古典刑法思想为支撑的保守型立法理念,并瞄准社会重大现实问题,采取预防型立法理念。

当下的社会发展迫切需要预防型立法的有力保证,我们还需要破除对刑法教义学功能过度拔高的幻想。刑法教义学面对当下社会发展的需要,现有的刑法早已力不从心,以刑法教义学所秉持的解释方法并不能有效地规制伴随社会变革所产生的新问题,立法者应当以更强烈的欲望去实现对社会的管控。为此,刑法的工具性、功能性等再次被确证:刑法的控制范围应当扩大化,渗透到更多的领域当中,刑法的介入时间应当提前等。为实现对社会发展背景下出现的新问题、新挑战的有效把控,能动立法理念成为新的"宠儿"。所谓能动的刑事立法理念,是指刑事立法应当与社会情势保持高度的一致性和统一性,从而保证刑法的功能性。这便要求立法者跟随社会发展立法,甚至是前瞻性立法。具体表现为在风险社会的影响下,刑法介入的早期化、立法的犯罪化以及刑事立法与刑事政策的紧密关系。

(四)刑法介入早期化控制

刑法介入早期化是一般积极预防刑法必然的表现,它的表现方式很多,如行为犯或者抽象危险犯的出现,预备行为正犯化甚至帮助行为正犯化都可视为刑法介入的早期化。预防型立法理念要求刑法更早地介入大众的生活,造成了“结果本位”的传统立法模式向“行为本位”的风险型立法模式转向的境况。概言之,当行为人实施了某种不被允许的行为,或者该行为引起了抽象的危险时,刑法就应当对其进行否定性评价,而不须保持克制以待危害结果的发生。自由是相对的社会概念,而且自由并不意味着必然的善行,所以,过度鼓吹个人自由而非社会自由的价值理念是危险的。在刑事法治中,自由应限定为不仅行为人具有行为选择的可能性,而且这种选择不至于妨碍他人的自由,更不应对他人的自由或者利益造成侵害。显然,行为人在醉酒后可以选择驾驶机动车辆或不驾驶机动车辆,此时的行为人是自由的。如果行为人选择驾驶机动车,由于其行为增加了风险实害化的可能性,实际上对其他路人或者驾驶者的安全通行的自由造成了“不被允许的危险”,妨害了他人自由,所以应受到特定方式的规制。由于行政规制手段对于醉驾面临制度性崩溃或者缺失的可能性,所以在特定环境下将这种行为作为犯罪规制就成为一种不得已的立法选择。所以,在风险社会下的立法不能采取“守株待兔”或者“刻舟求剑”的教条方式,在一些非常规领域或者非常规事态下,当具体法益已经受到侵害时再对其行为进行事后的报复性评价,不仅算不上是亡羊补牢,而且对已被侵害的法益来说没有丝毫意义。

(五)刑罚轻缓化

刑罚的轻缓化和一般积极预防刑法的构建并不矛盾。积极预防立法的构建必然导致的是犯罪圈的扩大,从而对刑法的谦抑性原则造成冲击。而在犯罪圈扩大的情况下主张刑罚的轻缓,则是在刑法的谦抑性本质与积极预防功能之间寻求了一种平衡。从世界刑事立法的现状来看,刑罚轻缓化已成为各国刑事立法的基本指导思想和刑事司法的理性选择。[1] 为了同时保证刑法谦抑性和积极预防刑法的实现,以及坚守罪责刑相适应的基本原则,必须在扩大犯罪圈的同时推动刑罚的轻缓化。具体而言,可以从以下几个角度推进:其一,推动刑罚种类轻缓化,限制死刑,减少自由刑,重视财产刑、资格刑作用的发挥;其二,下调刑罚的幅度,适度降低预防型立法的法定刑上限与下限;其三,完善社区矫正制度,设立科学合理的配套制度,促进社区矫正制度作用的实际发挥,推动刑罚非监禁化。[2]

刑罚轻缓化体现出人权保障事业的进步与人道主义文明的发展,也切合了我国当前宽严相济的刑事政策,与我国社会主义法治国家建设路径相合。在推动预防型刑事立法的过程中,坚持刑罚的轻缓化进程,其一有利于对国家刑事司法资源的节约,其二有利于保障改革过程中的社会稳定,其三有利于罪刑相适应原则的贯彻和坚守。可见,刑罚轻缓化是预防型积极刑法的必然路径之一,我国应当合理有序地推进刑罚轻缓化的实现。

---

〔1〕 参见赵秉志、金翼翔:《论刑罚轻缓化的世界背景与中国实践》,载《法律适用》2012 年第 6 期。

〔2〕 参见赵秉志、金翼翔:《论刑罚轻缓化的世界背景与中国实践》,载《法律适用》2012 年第 6 期。

第四章　机能性预防立法的理论支柱

第一节　一般预防的刑罚目的理论

一、报应刑之否定

在刑法史上，人类关于刑罚的观念经历了从报应主义到预防主义的转变，但这仅仅是一种表象。刑罚的核心是预防犯罪，报应主义刑罚观在本质上也不过是将刑罚作为实现预防的手段。

（一）报应主义刑罚的本质

在世俗社会中，报应起源于报复，报复借助神灵、国家等权威力量获得正当性根据之后，报应就成为其规范化的表述，报应的最原始形态就是同态复仇或报复。[1] 所以，报应是世俗政治体系化的结果。我们注意到，学界试图将报应退回报复，并

[1] 参见金翼翔：《报应主义的历史梳理》，载《刑法论丛》2016年第3期。

在此基础上对其概念展开反驳，且有学者提出报应和报复不具有同一性，支持报应论。[1] 我们认为，如果将报应与报复作同义理解，未必有助于我们对报应主义刑罚观的认识，理由如下：

第一，报应具有政治社会的属性。在原始社会中，犯罪对公共利益的侵害性还没有显现出来，人们认为犯罪仅仅是对私人利益的侵害。所以，报复不具有政治社会的属性，纯属受害人与施害人之间的私人事务；但在国家建立后，犯罪对公共利益侵害的危害性显现出来，对个人利益的侵害被认为具有危害公共利益的特性，为此国家需要运用公共的力量对犯罪作出反制，并限制私力救济方式，所以，报应就不再是受害人与施害人之间的个人事务，而是国家和犯罪人之间的社会事务或国家事务。

第二，报应是人类理性的选择。在原始社会中，报复是个人针对施害人自发发起的反击，在反击中，报复者受自己的情绪支配，不仅是犯罪的受害者，还充当了犯罪的裁判者和执行者，因此其反击往往会过限，造成循环性报复，危及社会的秩序。正因如此，国家取代或者限制私力救济，并对反击的时机、条件和限度加以理性限制，以此防止复仇情绪的蔓延。

第三，报应方式和报复未必相同。在原始社会中，报复通常是同态复仇，这是最直接、最简单的方法。而在政治社会中，报应可以采用同态复仇的方式，也可以不采用这种方式，又或者认为，报应既可以是康德所说的等量报应，它在本质上属于同态复仇，但也可以是黑格尔所说的等质报应。[2] 例如，大约公元 600 年颁布的《埃塞尔伯特法典》为各类伤害规定了非常详细的价目表，伤害他人一条腿、一

---

〔1〕 参见金翼翔：《报应主义的历史梳理》，载《刑法论丛》2016 年第 3 期。

〔2〕 参见马克昌主编：《近代西方刑法学说史》，中国人民公安大学出版社 2016 年版，第 157-206 页。

只眼、一颗牙，若对方是自由民要多少钱，奴隶要多少钱，教士又要多少钱。还有比《埃塞尔伯特法典》更复杂的法律规定，如公元 643 年颁布的《罗撒里敕令》，363 个条文中有 149 个条文是关于刑罚量刑标准的。[1]

综上所述，报应主义刑法是政治社会形成之后的一种理性选择。报应主义或称绝对主义或报应刑的代表性观点认为，报应理论不是追求任何对社会有用的刑罚存在价值，而是通过公平正义的途径，使违法犯罪者痛苦的方式使其弥补过错得到救赎。[2] 这种观点其实否定了报应主义刑法蕴含的选择理性。我们需要看到，国家的发展经历了从小到大的社群化过程，原始社会个人复仇的思想观念和行动方式在一定程度上不可避免地被国家承袭。早期刑罚所具有的血腥和残暴表明其存在现代人看来不合理的做法，但这并不能否定其是社会理性选择的结果；这种观点还以“报应、弥补和赎罪”等显性功能否定了报应主义刑罚观背后的预防机能。伯尔曼在总结西欧封建早期的刑罚制度后提出，当时解决犯罪问题并不是为了对犯罪者施加某种报应和惩罚，更多的是出于维护受害方荣誉的需要。因而，对当时日耳曼社会中的血亲复仇制度以及取代血亲复仇的金钱赔偿制度，都只有借助珍惜荣誉这种社会心理才能得到很好的解释。对日耳曼人来说，荣誉意味着“相互扯平”，只有通过相互扯平，一个人才能征服包围其生命的黑暗势力。[3] 虽然伯尔曼的观点主观臆断的可能性较为明显，但是这并不足以掩饰报应主义刑罚背后潜在的预防意识。由施害人向受害人支付“赎罪金”，旨在通过损害的方式平

---

〔1〕 参见[美]伯尔曼：《法律与革命——西方法律传统的形成》，中国大百科全书出版社 1993 年版，第 62-64 页。

〔2〕 参见[德]克劳斯·罗克辛：《德国刑法学总论》(第 1 卷)，王世洲译，法律出版社 2005 年版，第 36 页。

〔3〕 参见[美]伯尔曼：《法律与革命——西方法律传统的形成》，中国大百科全书出版社 1993 年版，第 65 页。

息事态的恶化,这种制度在当时可能同时包含国家强制性要求和共同体成员的自发接受的双重色彩,但是,赔偿或者报复并不是目的,目的是预防犯罪再次发生。此外,作为上述目的之外的备选项,如果通过金钱赔偿能恢复荣誉,进而也提供了预防犯罪的有效路径。所以,报应主义刑法观在表面上是追求对事后结果的惩罚,实际上是为了实现预防受害人反向犯罪的目的。

(二)报应主义刑罚观与刑法预防观的同步变迁

由于报应的观点和思想基础不一样,所以与之相伴生的刑罚观念也不断演变。

1. 同害报应论中的刑罚预防

顾名思义,同害是指实施的犯罪与遭到的刑罚具有等量性。该理论起源于"同态复仇"。犯罪危害公共化之后,这种报应其实慢慢消失了。政治社会以来,这种报应论主要源于圣经中摩西律令的文字表述。对同害报应论给予更多的文字研究或许是没有意义的,简而言之,笔者认为,这种观点在寻求报应如何提供制度保障的时候,隐含着通过施加身体痛苦的报应方法,从心理上威慑试图作奸犯科者,具有恐吓性的一般预防色彩。

2. 神意报应论中的刑罚预防

神意报应论认为,犯罪是违背神意的行为,刑罚报应来源于神的意志。这种观点在今天常常被现代人嘲笑。但在当时的历史条件下,它何尝不是一种有效的选择呢?众所周知,早期人类受困于对外界自然的不解与好奇,便创造出主宰着人类幸福与痛苦的超自然的神的形象,由此获取维系社会秩序的根据。统治者宣称,自己被神授权统治国家,神要求自己对违背神意的犯罪予以回击严惩。在人类早期发展阶段,由于认识水平不足,所以古代国家普遍奉行神意报应论。我国古代就有过“天罚有罪,五刑五用哉”[1]和“天地有司过之神,随人所犯轻重,以夺其筭”[2]的记载。从中我们看出中国较为典型的神意报应思想。在欧洲,古希腊、古罗马以来,神意报应论以不同的形式延续了很长时期,即便到了中世纪,受神学意识形态的统治,神意报应论在当时的世俗中地位极高。[3]

神意报应论对刑法的正当性论证发挥了重要的积极作用。但是,不得不承认,随着社会现代化的发展,神意论色彩渐渐淡出了视线。但亦应看到,神意报应论利用了当时知识贫瘠的事实和人们对社会生活的向往,通过神之形象塑造了人们对神之权威的忠诚和法律规范的认同,其预防犯罪的机理不是着眼于恐吓式的外在压迫方式,而是从人的内心深处获取犯罪预防的信念之源。

3. 道义报应论中的刑罚预防

道义报应论是西欧封建社会没落、资产阶级新兴时期古典主义刑法学者的主张,认为犯罪是一种恶的行为,人拥有的理性可以判断是非善恶,行为人犯罪就是对违反道义的恶行的理性选择,犯罪人选择实施犯罪行为,就表明其愿意承担犯罪带来的否定性后果。[4] 神意报应论借助“理性”的形象替代神灵或者上帝的形象,对神秘主义的预防观作了“去魅化”处理,使之契合近代科学的发展,有助于形成个人自由意识,正所谓“自由使得具有选择的机会并承受选择的重负,而且还以为这是他必须承担现代的后果”[5],最终树立了基于公

---

〔1〕《尚书·虞书·皋陶谟》。

〔2〕(宋)佚名:《太上感应篇》。

〔3〕参见[英]J. W. 塞西尔·特纳·肯尼:《刑法原理》,王国庆等译,华夏出版社 1989 年版,第 6 页。

〔4〕参见马克昌主编:《近代西方刑法学说史》,中国人民公安大学出版社 2016 年版,第 179 页。

〔5〕[英]弗里德利希·冯·哈耶克:《自由秩序原理》,邓正来译,三联书店 1997 年版,第 83 页。

民理性的、责任自负的世俗性的犯罪预防观。

哈耶克还发现了一个我们没有关注的关联性问题。这个问题其实对刑罚本质的研究而言是极其主要的,即"自由与责任(responsibility)实际不可分"[1]。在意志自由的观念里,个人自由与责任可以说是一个事物的正反两面。但是,随着实证研究的新发现,如新派刑法学者对犯罪原因的分析,导致意志自由的观念受到了严重冲击。犯罪决定论的新派学者开始对持犯罪为理性所决定的古典学派的学者予以强烈批评,新派的决定论侵蚀了道德的自由信念和政治的自由信念的基础。在此意义上,"不管意志是自由还是非自由,二者并无本质区别"[2]。但还必须看到,否定意志自由最终否定了自由的基础。在意志自由状态下,对人确定责任,是以人具有采取理性行动的能力为前提,追究其责任的目的"与使他们的行动比他们在不具备责任能力的情况下更具有理性"[3]。但依据意志自由否定的观点,我们已经无力建立自由责任之间的关系而不得不提出社会责任的概念,社会责任最终变为国家任性的工具。

4. 法律报应论中的刑罚预防

部分学者因感到道义报应的基础过于道德化,无法区分道德和法律的关系,而主张将刑法收缩到其本来的体系中,因此提出了法律报应论。法律报应论认为,犯罪是违反法律的行为,对犯罪人科以刑罚,是对犯罪人的违反行为给予的法律报应。

刑罚从刑法中来,再回到法律中去,刑法学因唯理主义建构而形成,却因法律实证主义而发展,这是刑罚观从道义报应论向法律报应

---

〔1〕[英]弗里德利希·冯·哈耶克:《自由秩序原理》,邓正来译,三联书店 1997 年版,第 83 页。

〔2〕[英]弗里德利希·冯·哈耶克:《自由秩序原理》,邓正来译,三联书店 1997 年版,第 85 页。

〔3〕[英]弗里德利希·冯·哈耶克:《自由秩序原理》,邓正来译,三联书店 1997 年版,第 90 页。

论转变的前提,也是古典刑法学家主张道德与法律分开的结果。这种转变对预防观的决定意义在于,在道义报应论中,人们根据行动的后果承担责任进而实现预防,它导向的是结果无价值的违法观;但是,在法律报应论之后,人们根据对法律的忠诚与否而承担责任进而实现预防,它导向的是行为无价值的违法观。

(三)报应主义刑罚观之预防机能检讨

那么,通过报应的方式可否实现犯罪预防或者在多大程度上可以实现犯罪预防呢?这无疑是刑法立法者应该关注的问题。不然,刑罚前提的不科学创设将妨害刑法功能的发挥。从以下几个方面看,报应主义刑罚观是不完全可取的。

第一,报应主义刑罚观在字面上强调报应、清算与赎罪,容易偏离现代刑法的基本思想,助长重刑思想。除了客观上存在的这个问题之外,报应刑在进行等量或等质性判断时,往往会倾向于从事件本身解决问题,而不是从未来事件的防控中聚焦问题和解决问题。在很多时候,预防功能的目的性丧失,其在报应主义刑罚实践中反倒成为附带性功能。

第二,报应主义刑罚观并不能解释罪刑相称原则。报应刑在技术上需要考虑以何种标准衡量刑罚是否实现了报应,即罪刑是否相称。从康德的等量报应到黑格尔的等价报应最后到赫希的该当报应,其标准越来越抽象化,这固然有助于刑罚摆脱同态复仇阴影,但也使其标准难以捉摸而导致不公正的处罚。同态报应引申出两个观点,一是惩罚应以和犯罪行为同样的方式实施;二是惩罚的严厉程度应与行为的错误程度相等。可是,刑罚的形式是有限的,而犯罪形态、危害方式与程度是无穷的,等量的报应论显然缺乏有效性依据,等质报应论也有陷入相对主义困境之可能,而且不符合刑法的实际情况。正如有学者指出的,“报应理论所确认的错误与惩罚之间的正确比例被说成是单一的。其理由在于并不存在一种天然的标准能经常把错误行为转换为应受的惩罚……由于伤害和惩罚之间的实际比例在不同时代和社会有很大的不同,答案就不可能来自于我们的经验或者一致同意(即使这些因素都被报应理论考虑到了),即使在当今社会,伤害与惩罚之间的比例在不同犯罪之间也有很大的不同。我们也注意到,如果一个行为的惩罚与错误之间的比例在不同犯罪事件中能够随意改变,报应主义的正义惩罚观将会是无意义的"〔1〕。

第三,报应主义刑罚观并无明显的现实可行性。一是在具有文明导向的社会发展系统中,刑罚机能具有多样性,人们难以理解并支持一种不追求目的的刑罚理论。报应主义刑罚理论难以满足理论解释和论证的需要。〔2〕根据现实的刑罚实践原则,对犯罪人的惩罚应产生实际增益。但是报应主义刑罚观着眼于对已经发生的犯罪进行报应,对于新生犯罪的反应略显滞后。其刑罚的适用具有较明显的被动性,其所承载的潜在预防犯罪的功能几乎微不足道。二是无法协调犯罪黑数导致的刑法功能演化。众所周知,公检法实际上参与到的犯罪行为也仅仅是实际犯罪行为的冰山一角而已。犯罪黑数的存在往往成为刑罚成本增加的原因,这会导致犯罪预防成本的增加,波斯纳公式认为,在侵犯财产犯罪中损害赔偿的公式是 $D=L/P$。其中 D 是最佳损害赔偿额,L 是行为人在查获的案件中所造成的损害,P 是被查获和使其支付最佳损害赔偿的概率。如果 $P=1$,那么 L 与 D 是等量的;如果 $L=1$ 万美元,$P=0.1$,即意味着 10 次同类侵权行为中有 9 次逃脱了法律制裁,那么 $D=10$ 万美元。只有这样,潜在的侵权行为人的预期成本才能等同于其行为的损害。〔3〕可见,犯罪黑数

〔1〕[美]路易斯·卡普洛、[美]斯蒂文·沙维尔:《公平与福利》,冯玉军、徐永前译,法律出版社 2007 年版,第 342-344 页。

〔2〕参见孙立红:《论报应主义刑罚的积极价值》,载《环球法律评论》2015 年第 5 期。

〔3〕参见[美]理查德·A. 波斯纳:《法律的经济分析》(上),蒋兆康译,中国大百科全书出版社 1997 年版,第 289-291 页。

往往导致有罪必罚的报应主义刑罚观实际上不可能实现。三是国家职能的扩张，社会需要国家权力对社会生活进行更广泛的干预，以维持共同的生活。[1] 在这一背景下，报应刑只强调报应、清算和赎罪，而不追求任何目的的做法就显得与时代脱节。

二、特殊预防主义的立法观

（一）特殊预防主义立法观概述

受科学实证主义的启发，19 世纪末 20 世纪初，主观主义刑法理论开始形成。主观主义刑法理论认为犯罪是基于心理、自然和社会等原因而产生的。在这一时期，龙勃罗梭提出了“天生犯罪人理论”、加罗法洛提出了“犯罪饱和理论”、菲利提出了犯罪社会原因论等。基于这些发现，新派刑法学者主张对犯罪人开展特殊预防。

特殊预防主义也称个别预防主义，是相对主义刑罚目的观的分支理论。这种理论认为，刑罚的目的在于预防被科处刑罚的犯罪人将来再实施犯罪。[2] 可见，特殊预防的对象很明确，是被科处刑罚的犯罪人，而不是社会上的一般人。它强调对特殊群体的犯罪再预防作用。

特殊预防主义是刑法适应社会发展的产物，其一，19 世纪后半期西欧社会安全压力大。当时正是自由竞争的资本主义向垄断资本主义过渡的时期，人口大量流向城市，贫富差距不断拉大，各种社会问题不断凸显，社会治安状况日益恶化。在这种情况下，各种犯罪尤其是财产犯罪急剧增加，累犯、常习犯增多，少年犯和青少年违法状况也激增。在这种犯罪情势下，刑事古典学派的报应主义刑罚理论显得捉襟见肘。其二，19 世纪前后科学和技术发展迅猛，哲学、物理学、

---

〔1〕 参见陈金林：《积极一般预防理论研究》，武汉大学出版社 2013 年版，第 39 页。

〔2〕 参见马克昌：《刑罚通论》，武汉大学出版社 1999 年版，第 56 页。

化学、医学和工程技术都已经取得了令人瞩目的成果,如细胞学说、生物进化论、能量转化守恒定律等,在古希腊时代,人们就期望从自然法则中探寻到社会生活的法则,因此自然科学的方法无形中成为了人文社会科学的支配范式。19 世纪前后科学发展所取得的成绩也吸引了一些学者的兴趣,他们试图将自然科学的发现与刑法学进行结合。主观主义学者就是在这种氛围下形成的。犹如医生救治病人的原因,他们基于犯罪形成的"机理"提出了针对具体犯罪人的"救治方案",他们不太关注犯罪人做过什么(犯罪行为),而是试图根据其犯罪原因对症下药,防止其今后再做什么。基于龙勃罗梭、菲利等人的思想,李斯特系统地提出了特殊预防学说,将刑罚的焦点从行为转向行为人,根据李斯特的观点,犯罪被理解成一种社会现象,相应地,刑罚应被赋予社会功能。根据不同类型的犯罪人,刑罚具有不同的针对性功能:其一,对有改善可能和改善必要的罪犯进行改善;其二,对没有改善必要的罪犯进行威慑;其三,对没有改善可能的罪犯进行无害化处理。[1]

上述特殊预防主义的刑罚观很可能摧毁近代古典主义刑法学大厦的理论根基,因此受到了旧派学者的批评,而且 20 世纪初的社会出现新的景象导致了特殊预防刑罚观的改良,并分化为改善主义和防卫主义。(1)前者认为,罪犯本人才是刑罚的针对主体,目的在于使其改过自新。因为国家对犯罪人有改善之责,刑罚只应成为引导犯罪人向善的手段,不应成为恐吓和报应的工具。[2] 改善主义与教育刑观点如出一辙,但根据它们的观点,无法对死刑进行解释和说明,因为死刑实际上已经无法实现对犯罪人的改善了。(2)后者认

---

〔1〕 参见[美]路易斯·卡普洛、[美]斯蒂文·沙维尔:《公平与福利》,冯玉军、徐永前译,法律出版社 2007 年版,第 41-42 页。

〔2〕 参见孙立红:《论报应主义刑罚的积极价值》,载《环球法律评论》2015 年第 5 期。

为,刑罚的目的不仅仅是犯罪,国家也在其中具有一席之位,毕竟犯罪行为对国家也造成了不可小觑的危害,不可将此忽略。[1] 防卫主义虽然可以说明国家实施刑罚权的根本目的,却没有在方法论上进行详细的说明,且有向客观主义叙事方式回头的态势,所以其现实意义大打折扣。当前,基于改善主义的特殊预防刑罚观更受肯定,并且它本身包含防卫主义的色彩,即"新派的追随者要求,刑罚不仅要包含现行刑法所赖以存在的基础的威慑思想,而且还要将犯罪人的矫正,如同防卫社会免遭犯罪人的危害一样,涵盖进刑罚概念中……刑罚制度应通过一个特殊的'处分'制度来加以补充:一方面是对罪犯的矫正和帮助;另一方面保护社会免受犯罪人的危害"[2]。在国外刑事法领域发展起来的保安处分和后来在我国兴起的社区矫正制度都是该理论的实践样本。

(二)基于改善主义的特殊预防理论的功能缺陷

当前在我国蓬勃发展的社区矫正制度充分印证了基于改善主义的特殊预防理论具有强大的理论诱惑力和吸引力。可惜的是,由于其理论准备本身不足,加之现实的实践条件还不充分,以及现行科学方法尚未形成,这种理论目前还只能是一种中看不中用的理论。

1. 理论准备不足

目前,保安处分、社区矫正和刑罚权的关系与定位在理论上还欠缺合理论证。理论上存在一元论和二元论之分。前者以近代新派的理论为基础,重视行为人的人身危险程度,认为刑罚和保安处分存在统一性。最早试图在制度层面上贯彻一元论的,是1921年意大利学者菲利起草的意大利刑法草案和1926年《苏联刑法典》,它们都用制

---

〔1〕 参见孙立红:《论报应主义刑罚的积极价值》,载《环球法律评论》2015年第5期。

〔2〕 [德]弗兰茨·冯·李斯特:《德国刑法教科书》,徐久生译,法律出版社2000年版,第26页。

裁和社会保卫取代刑罚。可是,意大利政府并没有采纳菲利的草案,而苏联刑法后来也废止了一元论的做法,恢复了刑罚的基本观念,并将刑罚和保安处分并置。不过 1962 年《瑞士刑法典》将刑罚和保安处分统一在一起,彻底采用了一元主义的理论。[1] 当前,我国将社区矫正作为刑罚执行方法,其要点在于,克服早期一元论中将人身危险性作为主要判断标准的潜在危险性,而且,聚焦于犯轻罪的人,使社区矫正的有效性获得了较为充分的保证。此外,将社区矫正这一原本属于保安处分的做法兼容到刑罚体系中,维系传统的刑罚地位,具有发展一元论的旨趣。后者以客观主义刑法学派的基础理论为出发点,认为刑罚应以报应的方式体现,和保安处分不具有同一性。因此,刑罚和保安处分具有不同的性质。一些国家在立法中确定了保安处分,如《德国刑法典》采取"双轨制",刑法制裁分为刑罚和矫正及保安处分;1930 年的《意大利刑法典》也采取类似的原则,在刑法典第一编第五章规定了"行政性"措施,即保安处分,因此其刑事制裁是在刑罚之外辅之以保安处分;而法国新刑法中虽然没有"保安处分"的概念,但是一些具体的规定被看作"保安处分"。

现在,采用刑罚与保安处分并轨的二元制是世界各国刑法的倾向性做法,即在刑法立法中同时规定刑罚和保安处分。正如法国学者所说的:很少有哪一个国家的立法制度仅仅规定刑罚,或者仅仅规定采用保安处分。世界上大多数国家的立法是将刑罚与保安处分结合起来加以规定的。[2] 出现这种情况与如下理论问题没有在实践层面上澄清有关系:

第一,无法解释国家刑法配置法定刑的原因及方式。在一般生

---

〔1〕 参见[日]大塚仁:《刑法概说·总论》,冯军译,中国人民大学出版社 2003 年版,第 507-508 页。

〔2〕 参见[法]卡斯东·斯特法尼等:《法国刑法总论精义》,罗结珍译,中国政法大学出版社 1998 年版,第 440 页。

活中,每个人都存在自我发展和自我改善的需要。刑法实践中,一切政治上的反对者、社会的不适应者都有受刑法处罚的可能性,根据这两个前提,只要是犯罪之人,都有接受改善的权利,只要是受刑之人,都必须达到有效改善才能结束刑罚。那么,根据改善犯罪的必要性,其具体刑罚执行时间应取决于他的改善程度,而不是社会危害性大小。换言之,就不应存在针对具体的犯罪法定刑。对所有的犯罪人而言,其刑期是完全不确定的。但是,绝对不确定刑违背了现代刑法最坚实的基石——罪刑法定原则。由此可见,改善主义的特殊预防刑罚观与以罪刑法定主义为基础的现代刑事法治观具有根本性对立,难以被当下法律体系容受。

第二,无法解释法律实践中刑罚机能多样化的根据。现代刑罚的机能具体而言包括威慑、报应、预防和改造,而不同机能间存在冲突,由此司法人员常常为应根据哪个机能实现惩罚所困扰。如在典型的反家暴杀夫案中,妻子因常年遭受家暴,在不堪忍受的情形下将丈夫杀死,而且手段可能较为凶残。在类似案件中,很难评价该名妇女具有再犯的危险性。如果根据改善主义预防刑罚观,对该名妇女就无施加刑罚之必要。比这种案件更明显缺乏再犯危险性的就是父母替天行道帮杀自己的逆子。可是,司法实践中,绝对不可能因为行为人没有再犯危险性就不对其给予刑罚处罚。相反的事例则是对那些屡教不改的常习犯,他们已经形成了犯罪的习性,很难对其进行有效的改善,这些人的社会危害性往往不严重,如小偷小摸,对小学生进行敲诈勒索等,如果对这些人采取改善主义的做法,其实际执行的刑期将可能很漫长。这一点显示改善主义的预防刑罚观与罪刑相适应原则冲突,也难以为实践所采纳。

第三,特别预防理论中的再社会化的机理不明,其究竟是刑罚的目的还是反映社会政策有效的方案,这个问题还有分析的余地。到今天为止,我们还没有充分论证将特别预防思想作为刑罚理论基础的正当性,因为它似乎呈现出两面性。特殊预防所使用的方式不同于传统刑罚,或许我们可以认为它是用一连串专门术语的表象大力提倡以其他类型的法律制度来取代刑罚。在此情形下,特别预防不具有刑法的属性。而且所谓的再社会化无论是目标还是方法,都缺乏操作上的可行性。

2. 特殊预防功能实现机制还不成熟

对于特殊预防的功能,理论上存在多种认识。在名称上,有学者称之为特殊预防的直接目的。目的与功能是有关联的,但是二者也有不同,目的是静态的,机能是动态的。机能尤其要处理目的达成中不同机能之间出现的冲突。

特殊预防既是刑罚目标也是设定,具有刑罚机能之性质。作为目标,其下显然还隐含着实现它的具体机能。这些机能又包括哪些具体内容呢?日本学者认为,特殊预防是通过刑罚的保安、威慑与再社会化功能实现的。〔1〕陈兴良教授认为,特殊预防的功能主要体现为剥夺、改造、感化、个别威慑以及个别鉴别。〔2〕从比改善主义更为宽泛的角度看,特殊预防可以根据犯罪人的实际情况,借助多种方式来实现,如对罪行极其严重的犯罪人处以死刑。通常也因为此类犯罪人的行为不仅具有极其严重的社会危害性,而且本身实施犯罪的个体具有严重的人身危险性,意味着犯罪人难以被改造,所以剥夺其生命,达到彻底预防其犯罪的效果。又如对具有性瘾癖的强奸犯处以物理或者化学阉割的办法,也是为了彻底消除其再次犯强奸罪的可能性。但是在刑法人道化的发展趋势下,死刑和身体刑已经在一些国家被废止,死刑在越来越多的国家受到司法或者立法上的限制,

---

〔1〕参见[日]城下裕二:《量刑基准研究》,成文堂1995年版,第133页。转引自张明楷:《责任刑与预防刑》,北京大学出版社2015年版,第44页。

〔2〕参见陈兴良:《刑法哲学》,中国人民大学出版社2015年版,第377页。

使用死刑和阉割等所谓实现特殊预防的方式是否恰当显然是不无争议的。所以还是从改善主义的角度更加宽泛地考虑其具体机能更为务实。但是在此视角上可能有如下问题有待商榷：其一，再社会化究竟是作为特殊预防的目标还是手段，如果它是目标，就不可能作为机能，如果我们将其作为机能，那么它和致力于再社会化的保安处分之间属于什么关系也就不明确了。其二，就威慑而言，有观点认为，其是指犯罪人在遭受刑罚处罚之后，意识到刑罚的严厉性，不敢犯罪，害怕再次遭受严厉处罚，重受痛苦的处遇。[1] 显然，这种威慑仅仅指个别威慑（特殊威慑），而威慑在理论上一般包括特殊威慑和一般威慑，那么二者和特殊预防、一般预防之间具有何种关系，进而，是否可以将一般威慑涵盖到特殊预防中来就有待研究了。当然，个别威慑作为特殊预防的机能没有问题，但是，对于有些犯罪而言，个别威慑应该是极为困难的，如经济犯、信仰犯、常习犯等。其三，改造和感化是中国法治语境下较为常见的概念。改造是指试图通过改变犯罪人的价值观念和行为方式实现对犯罪人行为模式的改正。问题在于对犯罪人的价值观和行为方式的矫正还受犯罪率的影响，并为矫治的成本和效率所制约，所以对其呈现的效果要谨慎评价，特别是对我国当前社区矫正实践中出现的不服管教现象应予以正视。感化旨在通过区别对待、宽大处理等一系列的优待性政策与制度，使犯罪分子对刑罚产生心理上的认同感，进而自觉接受矫治训练，积极回归社会。感化无疑是最具有效果的方法，因为它足以促进犯罪人对法律规范的认同，并真正回归社会。可是在实践中，感化同样面临周期长、成本大的问题，对某些犯罪人可能是必要和有价值的，但是对大多数犯罪人则难以落实。

---

〔1〕 参见张明楷：《责任刑与预防刑》，北京大学出版社2015年版，第45页。

3. 特殊预防的方法依据不足

基于改善主义的特殊预防观，为了避免彻底落入主观主义的泥潭，对特殊预防的对象条件作了必要限定，其条件要求：首先，行为人具有刑事责任能力；其次，行为人实施过犯罪行为；最后，行为人具有再犯的可能性。

刑事责任能力是指行为人构成和承担刑事责任所必需的条件，由辨认能力和控制能力共同构成。依据生理学与心理学研究成果，刑事责任能力条件对于改善主义的实践具有基本保障作用。一般而言，辨认能力就是辨别和认识的能力；控制能力是具备选择自己实施或不实施为刑法所禁止、制裁的行为的能力。前者属于知的能力，后者属于欲的能力。除了因为目前无法理解的生理原因形成欲的能力可能不需要后天习得之外，在绝大多数时候，这两种能力是会随着人的年龄增长以及社会阅历的丰富而逐渐培养起来的，具有习得性。而且知的能力对于欲的能力存在必然的理性上的指导性，也就是我们通常所说的辨别能力是控制能力的前提。提高人的知的能力，改善其社会认知结构，并对人的行为模式进行规范化训练，有助于人适应社会生活，避免违法犯罪。现代犯罪学理论普遍认为，犯罪的原因主要是社会性的，如贫富分化、亚文化影响等，改变这些原因，消除犯罪人对社会规范的错误认识，有助于其回归社会，今后不再犯罪。

但是，这种预防条件也存在现实问题。当行为人的刑事责任能力下降或者丧失（如精神病人或者未成年人的情形）时如何处理和应对？根据社会防卫理论，只要行为人具有人身危险性，无论其是否具有刑事责任能力，无论其是否属于精神状况健全之人，都可以对其采取包含保安处分在内的防卫措施。但是按照上述条件就无法适用改善主义预防刑罚措施。如精神病人的情况很复杂，有的是先天的；有的是后天发生功能性损害或者器质性病变而形成的；有的是因为缺乏知的能力，有的则是缺乏欲的能力；有的是刑事责任能力缺乏，有的还具有一定的责任能力，对这些人是否放弃改善，又或者应如何进行改善，显然上述理论对此还有改善的余地。又如未成年人的刑事责任能力显然更值得适用改善主义方法，因为其生理和心理发育都不完善，所以这类人本身也有改善和教育的必要。就我国当前未成年人犯罪形式而言，存在两种矛盾性看法，一是认为未成年人犯罪形势好转了，二是认为现在未成年人犯罪形势恶化了，甚至主张降低未成年人刑事责任年龄。〔1〕我们认为，目前未成年人犯罪形势是否好转，在解释上存在分歧，取决于两种视角，一是刑法学视角，二是犯罪学视角。从刑法学视角看，由于犯罪必须是符合刑法规定的且被司法机关宣判的行为，所以这种意义的犯罪有严格限制。实践中，我们对未成年人采取了特殊的刑事政策，因此从统计数据看，未成年人犯罪数据的确有大幅度下降的趋势；但是从犯罪学上看，犯罪还包括具有涉罪的严重违法行为，它并不考虑行为人的身份、年龄等因素，所以其范围较宽。在此意义上，不能说明犯罪的情况有所好转，而且未成年人犯罪手段恶化的态势已经出现苗头。可是，刑法学和犯罪学的隔阂，导致亟须采取改善主义预防措施的未成年人因为其行为在刑法上无法被认定为犯罪，即便其社会危害性很大，人身危险性也不小，亦很难进入改善矫治的程序。

具有再犯的可能性。作为基于改善主义特殊预防的对象，不仅仅需要满足存在已经犯罪的犯罪人这一条件，还有另一个很重要的条件是，其必须具有再犯的可能又或者说是人身危险性。这个条件不仅是改善主义特殊预防观的核心内容，而且是该理论面临的最大挑战性的条件。因为，迄今为止的犯罪学理论还很难为司法实践甄别潜在犯罪者提供一套行之有据的科学手段。在一个忠实于科学导

---

〔1〕参见王登辉：《降低未成年人刑事责任年龄的基本问题研究》，载《西南政法大学学报》2020年第4期。

向的时代,不能为每个判断过程提供科学方法的理论注定是不成功的。所以这种理论还有待在实践中不断探索经验和总结经验。

可见,特别预防理论缺乏经验和科学上的充分根据。特殊预防理论的观点必须考虑犯罪人再犯罪的危险性的有无及其程度,为了对此予以证明,还需要进一步确定犯罪人对刑罚感受的有无及其程度。但是,对再犯危险性的判断目前只能依赖个别化的有限经验,也就是说,对再犯危险性还缺乏能上升为科学依据的整体判断经验,至于犯罪人对刑罚感受力的判断,在当前几乎是不可能实现的任务。

三、一般预防与刑事立法

(一)消极的一般预防理论

1. 消极的一般预防理论的基本主张

消极的一般预防和稳健立法观有关系。消极的一般预防是相对主义刑罚观的一个分支,其着眼点是将刑罚效果的接受对象设定为一般公众,其作用方式是通过刑罚设置及对特定人的刑罚适用来威慑社会上的其他人,以防止其他人犯罪。

在传统刑法理论中并不缺乏强调这种刑罚观。我们认为费尔巴哈的心理强制说为消极的一般预防刑罚观奠定了理论基础。根据其心理强制说,行为人有趋利避害的本性,会根据犯罪的结果确定犯罪是否值得。这种机理并不限于立法上的提示,还包括刑罚适用的影响。[1]

2. 消极的一般预防理论存在的弊病

我国学界较为重视消极的一般预防理论,有这种倾向的原因很复杂,不仅有历史的遗留因素,还有社会发展因素等多重因素。客观

---

〔1〕 参见[德]安塞尔姆·里特尔·冯·费尔巴哈:《德国刑法教科书》,徐久生译,中国方正出版社2010年版,第25页。

上看,中国当前不是对消极的一般预防观强调得不够,而是过分地依赖消极的一般预防,甚至对它有不切实际的幻想,以至于消极一般预防论与古代刑罚思想结合并异化为一种值得我们重视的重刑主义行为模式:司法实践中不是通过案件的平等适用追求一般预防效果,而是采取"杀鸡儆猴"的做法,选择式地对某个案件从重从严进行打击,以期对其他具有潜在犯罪可能的人进行心理上的压制。消极的一般预防刑法理论具有明显的缺点。

第一,从消极的一般预防理论中不难推导出事后报应和重刑的结论。如果在立法层面采取消极的一般预防而不对其加以限制,消极的一般预防方法难免会沦为报应刑的结果,犯罪人则仅仅是一般预防的工具,对其适用的刑罚也必然趋于严厉,甚至违反比例原则和平等原则,刑罚的正义性终将受到侵害。

第二,消极的一般预防观的有效性处于难以确定的状态。每个人的价值观不是完全统一的,因此,每个人对犯罪的价值反应也不是完全一致的,价值体验将会是彻底不同的。对于有些人而言,其犯罪甚至是不计成本的,如毒品依赖者为了能购买毒品而实施盗窃甚至强奸杀人,对这类人而言,无论惩罚的概率有多高,处罚的力度有多重,其实施犯罪都具有不可避免的因素。[1]

第三,消极的一般预防理论难以获得社会理性的接受。在现代社会中,即便我们不能彻底承认人具有目的理性,也不能将人彻底贬低为国家实现社会治理的手段。通过威慑来预防犯罪的有效性即便可以得到验证,但因为其不符合比例原则和平等原则,所以其社会合理性无法得到证成。在事件发生很长时间之后,再追究犯罪人的刑事责任,除了表明刑法的原始报复本性之外,别无更多的用益。但

[1] 参见陈金林:《刑罚的正当化危机与积极的一般预防》,载《法学评论》2014 年第 4 期。

是,上述条件也远远无法使刑法产生有效性。因为刑法如果不能获得认同,其及时性和必定性的做法不过是司法作秀。刑法获得有效性,一是在立法时体现民意,二是在获得时平等适用。如果刑法追究一些人的责任,不追究另一些人的责任,或者是不公平对待行为人,同案不同判等,必将损害刑法的权威。在刑法适用缺乏平等性保障的前提下,犯罪数量的增长不可避免。所以,提高刑罚的严厉性将成为消极一般预防最后不得不承认的选择。

第四,消极的一般预防观在预防对象选择上具有盲目性。这种理论将关注的焦点投放在潜在犯罪人身上,似乎具有明晰的目标。但问题在于,哪些人属于潜在犯罪人很难在实践中被印证,最终容易造成选择性执法。如美国治安执法中倾向于考虑种族因素,黑人和有色人种往往被假想为潜在的犯罪人。可以说,理论上所谓的潜在犯罪人一旦为事件所采纳,它要么成为一个助长执法歧视态度的理论,要么成为一个缺乏真正目标导向的概念。

(二)积极一般预防理论

1. 积极一般预防理论的基本主张

20 世纪 70 年代,积极一般预防理论在德国被提出,并逐渐获得发展和支持,如今被大多数学者支持,他们接受了积极一般预防理论,当前日本“立法活性化”在很大程度上与积极一般预防理论的扩张有关。积极一般预防理论内部观点很多,故有学者将这种情形称为“积极一般预防理论群”。[1] 虽然积极一般预防理论支脉众多,但还是有其共同的基本特征。积极一般预防理论大致认为,法律必须被遵守,而不能打破其权威。

很明显,积极一般预防主义刑罚观与消极的一般预防主义刑罚观不同。首先,从对象设定看,前者关注全体民众,后者关注潜在犯

---

〔1〕 参见张明楷:《责任刑与预防刑》,北京大学出版社 2015 年版,第 58 页。

罪人;其次,从理论机理看,后者试图从心理上对潜在犯罪人进行心理压制实现一般性预防机能,而前者试图通过公民对法律规范的规训方法进行心理教化实现一般性预防机能。应该说,前者超越了后者中的威吓主义成分,并积极发挥刑罚的道德教化机能,通过树立公民法律意识、培养公民对法律规范的认同、形成自觉遵守法律的社会氛围,以及无差别对待的全民性刑法立法与刑法司法惩戒,确保法律规范的有效性。因此,其更具实质功能。[1]

2. 对积极一般预防观质疑的回应

毫不意外,积极一般预防刑罚观也会受到质疑,事实上,它的确面临着一些质疑。那么,这些质疑是否有道理呢?我想必须在对积极一般预防观的核心要旨进行明确的基础上讨论这个问题。如前所述,一般预防观有如下关键词:一是无差别对待;二是事前规训;三是心理教化。

(1)积极一般预防理论是否会导致重刑主义倾向

有观点认为,刑罚可能完全成为满足国民处罚感情、确保规范效力的手段,因此毫无疑问会走向重刑主义。[2] 从理论上讲,积极的一般预防理论的确有向重刑主义发展的可能性,但是还有一种可能性,它也可能促成刑罚的轻缓化。受此理论影响,刑罚目的预定为恢复犯罪行为破坏的法律秩序以及公民对法治的信赖程度,实践中通过刑法立法和刑法适用综合确证某种违法规范的行为具有惩罚的必然性。在立法层面,与之配套的往往是“厉而不严”的技术模式,虽然犯罪圈扩大了,但是法定刑的严厉程度却下降了。在行为指导层面,这种方法容易获得民众的认可,所以并不必然会导致案件量的上升,

---

〔1〕 参见孙道萃:《积极一般预防主义的理论逻辑与中国话语》,载《河南财经政法大学学报》2016 年第 2 期。

〔2〕 参见[德]格吕恩特·雅科布斯:《罪责原则》,徐玉秀译,载《刑事法杂志》1996 年第 2 期。

即便存在特定类型案件量的上升,但在司法层面上,因为不再奉行选择性的从重处罚方法,刑罚平等适用,避免了执法造成的“破窗效应”。所以,无论是定罪数量还是处罚力度都有下降的可能性。

(2)积极一般预防理论是否会混淆与报应刑的界限

有一种观点认为,积极一般预防刑罚理论与绝对的刑罚理论之间的界限很快就会消失。[1] 我们认为,这个论断的基础是脆弱的,论者的担心也是多余的。这个观点基于犯罪预防的效率性问题而产生。首先,犯罪预防效率是任何国家都必须面临的问题。犯罪预防效率不能从根本上改变两种理论的性质差异。报应刑评价的基础是基于犯罪事实产生的后果,其刑罚适用最大限度内只能表现行为的必定性。而由于其评价与犯罪人对法律规范的态度没有关系,所以它不可能起到“增强刑事法律(或者社会的、道德的或者法律的)规范的效力”[2]。其次,犯罪预防效率的降低还会反过来弱化这种效力。但积极一般预防刑罚观通过心理教化,有助于改善和提升公民的守法意识,从主观上增强国家刑罚权的权威性,避免实施犯罪行为,所以它本身就有助于降低犯罪率。

(3)积极一般预防理论是否符合刑法的伦理标准

理想化的刑法必须奉行将人作为目的而不是手段或者工具的伦理标准。次优的方式是公民在刑法中既具有目的属性,又具有工具属性。应当反对的最差的方式,就是将公民视为刑法目的的手段。如前所述,有不少学者认为积极一般预防刑罚观有堕落为工具主义的危险。这种担心是完全没有必要的。因为积极一般预防刑罚观建立在“理性交往论”上,在民主社会中,当行为人作为规范的缔造者

[1] 参见[德]克劳斯·罗克辛:《德国刑法学总论》(第1卷),王世洲译,法律出版社2005年版,第43页。

[2] 陈家林:《外国刑法理论的思潮与流变》,中国人民公安大学出版社2017年版,第667页。

时,他和其他人的交往只能以“交谈”的方式进行。行为人作为人格自治体可以谋求各种规范的改变,但是必须关照他人的权利。如果行为人破坏了规范,就否定了规范赖以存在的交往根基。行为人不按照他人理解的方式行事,就是通过自己犯罪的形式表现出对本人的不诚实,从而形成实质的责任。刑事责任的实现就在于试图建立责任和规范的合法性之间的关系。行为人不仅是法律上受责难的(规范)接受者,还是缔结这种被他破坏的规范的主人。〔1〕 所以犯罪人意志是作为刑法的目的之所在,而不是手段。

(4)积极一般预防刑罚观的基础是否缺乏科学理性

积极一般预防刑罚观的基础缺乏科学理性这个问题可能的确存在,但并非完全如此。首先,对立法进行科学评估还是可以进行的。例如对危险驾驶罪的立法效果的检验,可选定某个具体的路段和时间段测试两种情况,一是比较立法实施前后醉酒驾驶引发的交通事故的结果是否有下降趋势;二是比较立法前后人们饮酒后的行为模式。后一种情形可能受限于实践样本的获得。但是也可以作其他类似的测试,如拒不支付劳动报酬罪,在执法宽松和执法严格两种环境下,雇佣者拒不支付的态度和情况是否存在变化。其次,不能因为一个方法存在问题就否定它。正如前所述,假定每个理论都无法实现科学理性的验证,那么只能退而求其次,进行利弊分析,如果利大于弊,就表明其可以获得社会理性的支持,弊大于利一定不能被民众接受。至少从日常经验上(包括域外立法)可以看到危险驾驶罪是现代风险型社会中一个较为普遍的罪名。

从刑法实施效果看,面对具体犯罪时,法官可能无法获悉怎样的刑罚可以训练民众对法的忠诚,什么样的刑罚能够使国民知道法律

---

〔1〕 参见[德]乌尔斯·金德霍伊泽尔:《刑法总论教科书》,蔡桂生译,北京大学出版社 2015 年版,第 211 页。

正在得到贯彻实施。[1] 但是,这并不是一般预防的初衷之所在。一般预防的效果主要由立法产生,至于法官应针对行为人的行为如何实施刑罚,恰恰是一般性预防不太关注的问题。从一般预防的要求看,法官只需要注意满足刑罚适用的平等原则和罪刑均衡原则,如此即可在司法中最大限度地达到积极一般预防的目的。

3. 积极一般预防理论立法实现

(1)罪与非罪的界分

积极一般预防理论究竟能在多大程度上运用到具体的刑法制度中,目前仍然存在很大的争议。有一种观点认为刑法归责规范的每个细节都应当结合一般预防理论来理解。不过这种观点被认为是“高要求的”,且被认为已经完全失败了。

但是在决定是否将某种行为作为犯罪处理时,积极一般预防理论起着尤其重要的作用。规范中心主义的观念主张通过法律宣告达成规范内化及规范维持,因而认为将某种行为与刑罚建立联系(犯罪化)这一过程本身就有强化对特定社会规范信赖的意义。这一过程向民众传达了一种“信息”,即这种规范是受重视的,是受刑罚维护的。[2] 当前,多数观点已经认同了在罪与非罪的选择过程中的积极一般预防的地位。罗克辛认为立法者将某种行为规定为犯罪并对其设置刑罚,意味着原则上这类行为是可以也是必须通过刑罚进行预防的。[3] 从他的这一论断可以推导出来,在犯罪与否的抉择过程中,必须考虑一般预防的必要性与可能性。

当然,在决定罪与非罪的过程中,积极一般预防的作用并非排他

---

〔1〕 参见[美]马库斯·德克·达博:《一般积极预防理论与法益理论》,杨萌译,载陈兴良主编:《刑事法评论》第21卷,北京大学出版社2007年版。

〔2〕 参见陈金林:《积极一般预防理论研究》,武汉大学出版社2013年版,第249页。

〔3〕 参见[德]克劳斯·罗克辛:《德国刑法学总论》(第1卷),王世洲译,法律出版社2005年版,第45页。

性的,在该阶段,特殊预防也可能起作用。例如,在有关盗窃罪的规定中,“多次盗窃”这种被客观事实证明的表征人身危险性的因素,体现的就是特殊预防的必要。因而,在决定罪与非罪的过程中,特殊预防当然也能起到一定的作用。不过报应刑观念在决定罪与非罪的过程中基本没有发挥作用的余地,或者说,报应刑观念能够起到的作用都已经涵盖在积极一般预防观念的内涵之中。

既然积极一般预防理论能够在犯罪化的过程中扮演至关重要的角色,就必须考虑在罪与非罪的立法选择过程中充分运用积极一般预防理论的基本原理,以最大限度地实现积极一般预防的效果。

(2)犯罪化与刑罚配置

在考虑刑罚制度的运行成本时,一方面要考虑刑罚制度给受刑人带来的损失,这是当前的刑罚观念经常强调的话题。另一方面,也要考虑到刑事追诉的便宜,尤其是侦查取证的难度。因此,首先要考虑的是,刑事诉讼的取证能力要远高于道德或者其他法律体系,因而在其他制度中取证难度让利益的保护无法实现时,就应当考虑让刑法介入。其次要考虑到,在贯彻刑法规范之际也需要耗费高昂的成本,因而如果需要保护的利益并非非常迫切,而成本又非常高昂,就不宜用刑法来维持这种规范。例如拒不支付劳动报酬原本属于民事纠纷,但由于受害一方举证能力远远落后于加害方的责任逃避能力,所以刑法不得已必须介入以援助被害方自我救济的不力。当然,这里的“举证”不限于狭义的举证能力,还包括其他诉讼条件,例如找到被告、判决执行可能性等方面的内容。与拒不支付劳动报酬类似但方向正好相反的是侵占罪的立法。侵占罪属于亲告罪,因而它的追诉实行不告不理的原则。之所以将其设为亲告罪,是因为在被害人能够通过民事方法获得权利救济的情况下,一般不需要刑法的介入,同时,这种安排可以节省更多的司法资源。但如果被告人不愿意或者无法通过民事诉讼保护自己的权利,刑法就有介入的必要。因为刑法以国家力量推动诉讼进程,对事实的查明和澄清能力远非个人所能比。

考虑到刑罚运行不可欠缺的成本投入,我们必须反对过于积极的犯罪化和刑罚化主张,尤其要合理评估那些与人的本能相关联的行为的犯罪化的问题。因为人的本能具有强烈的心理驱动力,在这种心理驱动力的推动下,再猛烈的回击,哪怕是刑罚,都不一定能带来很好的预防效果。所以,本能的行为必须受制于意思决定的自由,如果人缺乏控制本能行为的意志自由,那么该行为本身很可能就欠缺承担责任的条件。在刑法中必须考虑人的本能受制于意思自由的诸多现实情形及其可能的应答程度,因此,在与人的本能相关的领域,犯罪化的决定尤其要谨慎,至少在所保护的利益对社会而言并不特别重要的前提下,是不宜将某类具有本能属性的行为予以犯罪化的。例如,色情交易就直接与人的本能相关。如果将这类行为界定为犯罪行为,就不免导致人的本能行为可否具备规范的应答可能性问题。一旦人出于本能难以普遍适应规范的应答可能性,对犯罪化的治理措施将导致犯罪大面积标签化问题。故此,我国目前的刑法虽然没有将单纯提供或者接受有偿性服务的行为规定为犯罪,但考虑到该行为对社会主义道德的破坏性影响,所以并非对这些行为放任不管。而是采取分级分类的方式,如将这类行为作为违反治安管理处罚法的违法行为;而组织、介绍、容留他人卖淫的行为与人的本能并无直接关系,这些行为为卖淫嫖娼提供了外部诱因,所以将这些行为规定为犯罪。这种规定的合理性在于,通过这种方式维持外部的良好社会风气,但对单纯卖淫或者嫖娼行为予以行政法上的前置性干预,从而保持成本投入与预防效益之间的正向关系。

德国堕胎行为的犯罪化也曾经经历过这样的尴尬。堕胎罪的规定最初是为了保护未出生的生命,其深层次的原因实际上是为了提高生育率。但由于它直接与怀孕妇女的自由决定权相冲突,而人对自由的向往是非常强烈的，因而堕胎罪的规定也难以真正带来很好的效果。很多人为了堕胎，不得已只能求助非法医疗机构，或者干脆自己从黑市购买堕胎药，这不仅没能保护到未出生的生命，反倒损害了孕妇的健康，对潜在的目的——增长人口——甚至造成了负面的影响。面对这种困境，当前德国堕胎罪的规定一步步退让。实际上今天的堕胎行为基本上已经合法化了，真正被判处犯罪的属极其罕见的例外。[1] 堕胎罪的规定成了类似于美国当年的禁酒法令，只不过在标榜一种世界观而已。现在，鼓励生育的措施有了更新，德国政府通过给予生育子女的父母大量的补助、休假方面的优待，并给孩子提供成长补助，取得的效果显然比刑法更好。因而，在考虑犯罪化的时候，一定要分析规范所要保护的利益的性质、受侵害程度、犯罪化的必要性以及刑罚运行的成本和效果，并在刑罚与其他社会措施之间进行优劣比较。只有经过这种全面的权衡，才能让民众所认同的规范实定法化，才足以让规范的执行既有价值层面的基础，又具有经验层面执行的可能性。在不具备犯罪化前提的情形下，也可以通过非刑法的方式形成对相关利益的保护，并以此达成对规范的维护。

第二节 统合的违法性理论

一、犯罪本质论的转向

（一）犯罪本质的意义及其理论现状

犯罪本质论对刑法立法和司法有不可忽视的限制机能和解释机能。就刑法立法而言，犯罪本质论为立法者树立了立法方向，并提供了衡量犯罪构成要件的技术路径和标准，如根据行为严重程度的不

[1] 参见陈金林：《积极一般预防理论研究》，武汉大学出版社 2013 年版，第 252 页。

同对犯罪进行体系化的分类,并在刑罚配置时确定不同的量刑梯度与幅度。

关于犯罪本质如何理解,我国传统观点主张社会危害性说。在德国或者日本学界则主要有权利侵害说、义务违反说和法益侵害说等。[1]

在我国,社会危害性说受到了一定的冲击。如在《法学研究》2000年第1期上,陈兴良教授和张明楷教授分别发表了题为《社会危害性理论——一个反思性检讨》和《新刑法与法益侵害说》的文章。在文中,两位教授不约而同、旗帜鲜明地提出了一个新的观点:犯罪的本质是对法益的侵害。这种新观点明显借鉴了德日刑法学中的法益侵害说。在《法学研究》千禧年的首刊上出现这种观点,是法益侵害说在世纪之交发出的号角。这种主张不仅意义相当深远,而且令人耳目一新。此后不久,便有数位年轻学者将该讨论加以深化,甚至有学者说:"在新中国刑法史上不存在罪刑法定的知识语境,相反,与罪刑法定存在根本的对立,它是反罪刑法定的,而对此,社会危害性无疑扮演了一个急先锋的角色。"还有的说:"只要社会危害性范畴在我国刑事领域内继续占据帝统地位,刑事法治就永远难见天日,夭折在摇篮里是早晚的事。"[2]必须承认,法益侵害说在20年的时间内已经赢得了广泛的认同,现在运用法益概念对刑法理论进行基础性研究的现象极为普遍。正因如此,随着德日刑法犯罪构成理论对我

---

[1] 参见[日]大塚仁:《刑法概说(各论)》,冯军译,中国人民大学出版社2003年版,第90-91页。

[2] 参见刘为波:《诠说的底线——对以社会危害性为核心话语的我国犯罪观的批判性考察》,载陈兴良主编:《刑事法评论》第6卷,中国政法大学出版社2000年版;劳东燕:《社会危害性的背后——对刑事领域认识论思维的质疑》,载陈兴良主编:《刑事法评论》第7卷,中国政法大学出版社2000年版;梁根林、付立庆:《刑事领域违法性的冲突及其救济》,载陈兴良主编:《刑事法评论》第10卷,中国政法大学出版社2002年版;方鹏:《纠缠于法益与社会危害性之间》,载陈兴良主编:《刑事法评论》第10卷,中国政法大学出版社2002年版。

国学界更全面、更持续的影响,三阶层或者二阶层的构成要件体系分别得到了欢迎,以至于现在一些教科书不再保有犯罪本质的地位,而是用实质违法性理论替代了犯罪本质论。

在此,我们无意对这种理论上的对立采取进一步扩大化的理论分析。恰恰相反,我们试图找到一种更具有现实意义的方式,将社会危害性理论与德日的实质违法性的核心内容进行嫁接,更准确地说,为社会危害性判断找到一个更为现实的、更具有可操作性的理论途径。

(二)犯罪本质论如何转向

在研究的历史长河中,研究者往往对社会危害性说抱有很大的偏见,我们应从根基上予以纠偏。第一,社会危害性说本身和法治并不抵牾,社会危害性说在古典主义刑法思想的著作中是较为广泛使用的概念。第二,法治是否会被破坏取决于形式构成要件的基本内容能得到何种程度的维护,如司法实践中我们可否将气枪解释为枪支,将硫酸解释为武器,此外,还取决于社会危害的现实意义能否得到合理的阐述,换言之,社会危害不过是犯罪评价的目标和方向,至于其内部含义,还需要作更深入和更丰富的探讨。

所以,固守社会危害性概念不变的研究路数是保守的,但其并非站在法治的对立面。一方面其有最大公约数的效果,另一方面它与现代主要的违法性理论,即法益侵害说和伦理规范违反说之间有可通约之处。[1] 违法性理论是犯罪本质论进化的结果。“违法性”是大陆法系刑法理论中的概念。

违法性理论是犯罪成立的重要判断内容。在早期的古代社会中,对抗加害行为一般采取私力救济,因此血亲复仇是人类社会的普遍做法。但随着国家权力的介入,私力救济和血亲复仇受到限制,而

〔1〕 参见童德华:《犯罪本质的新诠释》,载《湖北警官学院学报》2005 年第 3 期。

国家的权力在运行中难以对私人权利提供全方位的保护，为了配合对违法犯罪行为的打击，出现了“正当防卫”之类的概念。[1] 其后随着社会的发展，类似于正当防卫一类的正当化行为越来越多，违法性理论研究遂演变为刑法学中的一个重要范畴。当前，我国学者在借鉴德日理论研究违法性理论的过程中还存在很多争议，本书试图重新梳理大陆法系违法性理论的历史，结合英美法系相关理论，澄清一些错误的观念，并就违法性理论的现实展开简要分析。

二、实质违法性论的分歧

在法上不能得到容许的行为是违法行为，反之是适法行为。这种观点导致刑法学界在理解违法性与构成要件该当性的关系，或者说在确定违法性的地位时，产生了形式违法性论和实质违法性论之分歧。形式的违法性，是指凡行为适合刑法各条的构成要件且没有正当化事由时，就是违法。实质的违法性认为特定的事态违反了社会共同生活的目的就是违法。

早期，有学者主张，形式违法和实质违法可能相互重叠，但也可能分开。[2] 虽然实质不法在刑法教义学中有特殊机能，但近来，为了避免区分上的误导，大陆法系学者一般以“依构成要件该当性之判断而确认之类型的违法性”指称形式的违法，以“以整体法秩序为背景之具体的违法性”指称实质的违法。[3] 有学者把形式违法性与实质违法性之关系理解为事实判断与价值判断的关系，受此观点的影

---

〔1〕 参见[日]曾根威彦：《刑法中的正当化理论》，成文堂 1980 年版，第 4 页。

〔2〕 参见[德]弗兰茨·冯·李斯特：《德国刑法教科书》，徐久生译，法律出版社 2000 年版，第 201-202 页。

〔3〕 参见余振华：《刑法违法性理论》，台北瑞星图书股份有限公司 2010 年版，第 74 页。

响,有学者批判将二者混杂在一起。[1]

划分形式违法与实质违法的做法是“存在”与“现象”理论在刑法学中的一种表现,但今天的社会学理论告诉我们,那种认为真理是某个“存在”物的被动摹写的观念,经过康德、维根斯坦等人的批判,已经土崩瓦解了;[2]与本体论世界相反,经验世界是依赖我们的合理可接受性标准的。我们使用合理的可接受性标准来建立一幅“经验世界”的理论图景,然后,由于这幅图景的发展,我们根据这幅图景来修正我们的合理可接受标准本身。[3] 将违法性分为形式违法性和实质违法性,容易导致概念上的混乱。另外,在罗克辛看来,“这不符合目的的用语,这样一种概念的形成不仅是多余的,而且是误导性的,一种为紧急避险所包含的行为不是形式违法,而是其违法性不仅在形式上而且在实质上都被排除的”[4]。在实践中,当我们判断正当防卫是否成立时,我们通常只能说它在形式上符合某个基本的犯罪构成,而很少说它具有形式的违法性。当存在某种排除违法性的实质根据时,“排除的不仅是实质违法性,而且还有形式违法性”[5]。据此,形式的违法性缺乏合理的理论基础,将形式等同于事实,将实质等同于价值的做法也是毫无根据的。

但所谓实质的违法性概念还是值得肯定的。罗克辛认为它具有三个方面的实际意义:一是对不法进行等级分类;二是为刑法教义提

---

〔1〕 参见陈兴良:《违法性论的重塑——一个学术史的考察》,载《政法论坛》2011 年第 5 期。

〔2〕 参见[美]希拉里·普特兰:《理性、真理与历史》,童世骏、李光程译,上海译文出版社 1997 年版,第 139 页。

〔3〕 参见[美]希拉里·普特兰:《理性、真理与历史》,童世骏、李光程译,上海译文出版社 1997 年版,第 145 页。

〔4〕 [德]克劳斯·罗克辛:《德国刑法学总论》(第 1 卷),王世洲译,法律出版社 2005 年版,第 391 页。

〔5〕 [德]克劳斯·罗克辛:《德国刑法学总论》(第 1 卷),王世洲译,法律出版社 2005 年版,第 392 页。

供解释性根据;三是表述不法的基础确定其边界。[1] 这种观点具有一定的启发意义。第一,针对所谓的"侵害"事实,不能将其简单地定义为对特定的行为客体的损害,应受法规范保护的观念价值亦应对其充分考虑。因此,实质的违法性是立法者制定犯罪构成要件时的衡量标准,它可以根据行为的不同严重程度对不法进行分类,并在量刑时加以不同的评价。第二,当司法裁判者解释构成要件行为的性质时,必须运用实质违法观的考察方法,寻求作为构成要件基础的目的和价值观,以此对构成要件进行解释。如对违法性的实质进行评价,其重要结果是寻求行为合法化的可能性。但实质的违法性比较难以把握。随着违法性理论成为一个构成要件,对违法性本质的研究取代了对犯罪本质的研究。客观主义吸收主观主义的合理观点,重新奠定了客观违法性论在犯罪论中的支柱地位。

在违法性概念没有被提出时,人们必须探求犯罪的本质以满足立法和司法的解释需要。在古典时期,贝卡里亚认为衡量犯罪的真正标尺是"犯罪对社会的危害"。[2] 可以说,这种观点将犯罪的本质解释为一种具有社会危害性的行为。后来随着权利意识的不断增强,我们也可以认为,结果无价值与法益侵害、行为无价值与社会伦理的规范违反之间互为表里关系。

二元论和传统的客观违法性论不同,它是在吸收了主观主义理论内核之后形成的一种新客观主义的理论。但是,在违法性认识中,如何确定二元的违法要素的地位呢?特别是在具体的违法性阻却事由的场合,又是如何运用这些要素的呢?本书对实质的违法性的探讨,就是立足于新客观主义立场的。

---

〔1〕 参见[德]克劳斯·罗克辛:《德国刑法学总论》(第1卷),王世洲译,法律出版社2005年版,第390页。

〔2〕 参见[意]贝卡里亚:《论犯罪与刑罚》,黄风译,中国大百科全书出版社1993年版,第67页。

三、基于法益侵害的伦理规范违反说的展开

基于法益侵害的伦理规范违反说还有一些地方需要进一步说明。对此,结果无价值论对该说提出了以下批判:第一,基于所谓“行为无价值论→刑法的伦理化;结果无价值论→刑法没伦理化”的理解,伦理规范违反说是一种社会伦理主义的理论。〔1〕 第二,将违法性作为以违反命令、决定规范为中心的判断基础是事前的,而在判断对象中广泛地纳入主观因素,和责任判断相重复,接近主观的违法性论。第三,故意、过失等主观要素对法益侵害没有影响,而行为无价值论一般认为既遂犯的故意是违法要素。第四,行为形态应作为法益侵害的特定手段,在结果无价值中消解。第五,如果认为与行为人相关联的性质、目的、心理构造、义务违反等要素对违法性有完全影响,那么这样的人的不法论和结果无价值相互矛盾。假如将人的不法论彻底化,其结论是:仅仅人的违法就认为是违法,法益侵害不过是客观的处罚条件,这违反了罪刑法定主义。〔2〕

但是笔者认为,上述批判都有待商榷。以下是针对上述观点的批判,并进一步展开基于法益侵害的伦理规范违反说的论证。

(一)伦理秩序与伦理主义的界限

笔者认为,将伦理规范违反说当作社会伦理主义的理论的批判,是不能成立的。虽然威尔哲尔当初在违法论中强调了刑法的伦理化,但他关于刑法和伦理间关系的观点,是根据刑法有维持伦理的任务来解释的,而不是其他的理由。行为无价值论认为,刑法有法益保护的任务;而结果无价值也有主张刑法伦理化的可能,说明这不是实

---

〔1〕 参见[日]川端博:《违法性的理论》,成文堂1990年版,第73页。

〔2〕 参见[日]奥村正雄:《结果无价值和行为无价值的对立之构造——自行为无价值的立场》,载日本《现代刑事法》1999年第3期。

质违法性的根本问题。[1] 而且因为基于法益侵害的伦理规范违反说为避免“刑法的伦理化”的诟病,一般以法益保护主义为前提,且其方法和程度,必须是国家、社会的伦理规范所容许或者承认的。这进一步说明,强调伦理秩序并不一定导致社会伦理主义的矛盾。

此外,强调社会伦理自身的保护,并不等于将它理解为刑法的任务。因此,法益侵害说基本上是正确的,但这也并不等于全面赞同法益侵害说,因为为了限制刑罚权的滥用,就不能仅仅只从法益侵害的角度把握犯罪的本质,还必须考虑维护社会秩序的目的。恰如大谷实所说的,“社会秩序是在各种各样的生活领域中形成的,以一般妥当的社会伦理规范为基础予以维持的……法益侵害的行为实行,在不抵触此等社会伦理规范的限度内,不仅不妨害社会秩序,也不会唤起社会的处罚感情,因此,就不用担心放任它会扰乱社会秩序。这样的社会伦理规范,是基于人的睿智,在社会中作为人类的生存方式历史地形成的,并成为社会秩序的基础。准确说,犯罪的本质,应当解释为是违反社会伦理规范的法益侵害行为,违法性、责任以及刑罚都要立足于该社会伦理规范”[2]。假如抛弃伦理规范的基础,刑法解释中的“法益”的概念势必会“精神化”,即便如此,它也不能说明刑法只处罚具有责任能力的人的原因。

(二)主体性要素与责任的分离

违法和责任的区别,应当是“当为”和“可能”的区别。[3] 在这个意义上,它取决于人对法规范的遵守可能性,显示出法规范(评价规范和命令规范)具有违法性和责任两个方面的双重作用。在刑法的第一次规范中,法规范是行为规范,客观上被评价为违反法秩序的

[1] 参见[日]川端博:《违法性的理论》,成文堂 1990 年版,第 73-74 页。
[2] [日]大谷实:《刑法讲义总论》(第 4 增补版),成文堂 1996 年版,第 101 页。
[3] 参见[日]西原春夫:《刑法总论》(上卷),成文堂 1993 年改订版,第 126 页。

行为，这点可视为评价规范，进而对行为人的人格、个别的意思决定之外的社会一般人，产生了抽象的命令或者禁止，将一般人作为被禁止或命令的对象，这点可认为是命令规范。根据行为人的意思违背个别的命令、禁止规范时，被认为有责任。因此，在违法性的阶段，要以一般人为标准判断(当为)，即使是无责任能力者的侵害行为也是违法非难的对象。在具体场合，不仅外部的事实，而且意思、目的等内部事实，都是法规范的内容，例如目的犯中的目的，不法领得的意思、正当防卫的防卫意思、故意、过失等主观要素，都是和外部行为关联的当为的规范的对象，它们对认定行为是否违反了规范、违反了什么样的规范都是必不可少的。〔1〕不考虑行为者的主观方面，是不能正确进行违法性判断的，此时，“判断的对象虽不是客观的，但判断的基础是客观的时候，也可以说不违反客观的违法性论”〔2〕，还是符合“违法是客观的，责任是主观的”命题，它和主观的违法性基本上是不同的。

(三)故意(过失)与违法类型

根据法益侵害说的立场，如用猎枪将他人打死，无论是故意还是过失，在杀人这点上，其违法性是相同的，不过由于责任不同，所以刑罚轻重有别。但是，在故意场合中意图惹起结果的方法，比过失行为具有更高的法益侵害危险性，由于刑法是行为规范，必然要对故意的规范违反性施加比过失更严厉的禁止，因此，从法益保护的立场看，也应当将故意当作违法的要素。〔3〕

但是这种理解比较牵强，因为违法性评价的行为，不是身体的动

---

〔1〕参见[日]西原春夫：《刑法总论》(上卷)，成文堂1993年改订版，第130页。

〔2〕[日]川端博、曾根威彦、日高义博：《结果无价值和行为无价值》，载日本《现代刑事法》1999年第3期。

〔3〕参见[日]井田良：《结果无价值和行为无价值》，载日本《现代刑事法》1999年第1期。

静,而是作为意思的结果和目的的结果的行为,因此,故意和过失对法益侵害并非没有影响。假如根据法益侵害说,就不可能考虑行为违反规范的情形,最后只能根据责任的心理区别故意犯和过失犯,不可能在违法性阶段考虑故意,即故意不可能成为违法的因素,违法性的类型就无从确定。

不过需要指出的是,在违法性论中所谓"主观违法要素",是当作主体性要素而不是主观要素来把握的。以"故意"为例,它在行为时表现为主观上的认识和意欲相结合的心理活动,可以认为是主观的现象,但是在违法性评价中的故意,不是作为故意决定的过程现象,而是行为人当时是否存在这一决定过程的事实,或者说当时的过程现象作为事实是否客观存在。与之相同,就"目的"而言,行为人为了诈骗钱财,他必须有非法占有的目的。在行为人产生诈骗意图的时候,在其心理上存在非法占有目的的形成和强化过程,属于主观的活动。但是在违法评价的时候,不是着眼于行为人的非法占有目的的形成和强化过程,而是行为人是否在行为时具有非法占有这一心理过程的事实。因此,所谓违法性中的主观要素,实际上是主体性要素,或者说是主观性要素。在这个意义上,违法性作为一种客观的尺度,是根据一般的标准被确定的。

(四)行为与结果无价值

所谓"行为形态应作为法益侵害的特定手段,在结果无价值中消解"的观点,是结果无价值的一元论的结论。在结果无价值的一元论看来,违法类型不同是因为法益侵害的形态有区别,行为的形态只是应当被禁止的、侵害法益的特定手段,为结果无价值所消解。这种见地将使行为的特性为结果的特征所掩饰,行为形态的社会相当性最终将会失去被评价的机会。但如前所述,违法性的评价必须是二元的,这不是法益侵害的结果形态所能解决的。

在具体事例上,诸如盗窃、诈骗、敲诈勒索等财产犯罪的区别,它们的法益侵害和法定刑基本上是相同的，但为了说明其犯罪类型，必须突出行为形态在确定违法类型时的重要性。又如，在过失的场合，过失致人死亡和故意杀人的法益侵害的程度即使是相同的，其刑罚处罚也不一样，反映出仅仅结果无价值说难以解释有关问题。再如，刑法中关于伤害罪和伤害在执行公务时的、具有特殊身份的公务员的规定中，后者的处罚比前者重，即便具体的法益侵害、危险的程度相同，但因为后者具有特殊公务员的身份，其行为的规范违反性更受重视而处罚更重。

由此可见，行为是不能为结果所消解的。行为违反规范是违法评价中的先决条件，而这个条件最终的成立，还要受法益侵害程度的限制。换言之，行为无价值的评价是在结果无价值的基础上展开的，如果没有行为无价值，就没有违法性可言。但是，即使有行为无价值作为基础，还不能认为违法，而要进一步确定法益侵害的程度。只有如此理解，才能摆正行为无价值和结果无价值、法益侵害说和规范违反说的位置。

(五)人的不法与违法

认为人的不法论与结果无价值相互矛盾，并认为人的不法论的彻底化结论是违反罪刑法定主义的，这种观点显然是错误的。

首先，就与行为人相关联的性质、目的、心理构造、义务违反等行为主体的要素而言，它们对法益侵害及危险的确能赋予影响，所以对违法性有影响。如在不真正身份犯的场合，非身份者的行为和身份者的行为在刑法上是不一样的。例如日本刑法中的单纯遗弃罪和保护责任者遗弃罪，后者比前者的处罚重的原因是，一方面法律在应当支配被抚养人的生命安全的场合，对保护责任者规定了特别的抚养义务,从法益保护的见地看,其违法性更重。[1] 另一方面,在遗弃有保护必要的儿童的场合,亲人遗弃或者他人遗弃对儿童生命的危险不仅是不一样的,而且亲人的遗弃违反社会伦理规范的程度更高。又如在玩忽职守罪中,就中国共产党各级机关中的工作人员是否构成该罪的主体问题,可以反过来考虑,中国共产党各级机关不承担直接的行政命令,所以他们不会直接导致玩忽职守罪的后果,而只有承担立法、司法和执法任务的各级国家机关的工作人员,其职务才能导致相应的结果。可见人的不法不仅和结果不法不矛盾,而且具有一致之处。

其次,关于人的不法,应当作为主体性违法要素考虑,而作为主体性的违法要素,它不是违法要素的全部,因此不可能绝对贯彻到违法性中,所以也无须担心与罪刑法定原则相悖。

(六)抽象危险犯的实质违法性分析

我们认为积极一般预防必须在理论建构的层次采取相当节制的思考,否则就有可能走向象征立法的困境。简单地说,积极一般预防最起码仍须坚守绝对报应论之不法与罪责衡平的要求,以及与刑法的法益保护有所连结。基本上,现代刑法所呈现出来的规范模式就是一种预防刑法,而犯罪类型大多以抽象危险犯或适格犯为主。因为过度强调犯罪成立不要求具体的利益侵害结果,所谓的危险性完全取代了传统刑法中罪责的地位。[2] 虽然有学者强调,特别是在刑法控制风险的问题上,为了避免刑法过度前置与罪责衡平之要求完全失据,较为适切的犯罪类型设计应以具体危险犯为优先,其次才是抽象危险犯。但是这种观点并没有指出在哪些具体情形下立法才能

---

〔1〕 参见[日]奥村正雄:《结果无价值和行为无价值的对立之构造——自行为无价值的立场》,载日本《现代刑事法》1999年第3期。

〔2〕 参见古承宗:《风险社会与现代刑法的象征性》,载《科技法学评论》2013年第10卷第1期。

够设立抽象危险犯。

危险代表一种“不确定”，这种不确定性只会在一个开放的系统中存在，在一个所有风险因素可以被完全掌握的封闭系统中，理论上不可能有危险犯存在的空间。因为当任何风险都可以被精准、有效控制的时候，实害结果发生的可能性就可以被完全抑制，理论上也就不可能有实害发生。我们本来就生活在一个风险社会中，形形色色的风险混杂其间，为了对法益进行充分的保护，才有创设危险犯的空间与必要。因此，“系统的开放性”这个前提对于抽象危险犯与具体危险犯来说，是一个不需要额外强调的必要条件，是任何危险犯存在的共同前提。[1]

危险程度说认为，具体危险犯与抽象危险犯的区别在于危险程度的差异。如前者是紧迫的危险，后者是缓和的危险。[2] 这种学说认为，抽象危险犯中的危险程度低，具体危险犯中的危险程度高。但是具体危险犯重在处罚行为所造成的具体危险状态（或者危险结果），是一种从被害法益的角度加以描述、在个案中具体法益受到危害的程度的犯罪类型。而抽象危险犯所关注的，是行为本身的典型风险，也就是行为的“危险性”，不管具体个案中到底有没有法益受到危害的状态。二者的危险类别不一样。因此，危险类别说更值得提倡。

四、法益对立法的引导

（一）“立法活性化”背景下的问题

当前，世界上大多数发达国家刑法立法进入了“立法活性化”时

〔1〕 参见恽纯良：《抽象危险犯作为对抗环境犯罪的基本制裁手段——以污染水体行为为例》，载《月旦刑事法评论》2018 年第 8 期。

〔2〕 参见张明楷：《刑法学》（第 5 版），法律出版社 2016 年版，第 167 页。

期。我国刑法立法的活跃性体现在多个层面,包括频繁多次的立法修法活动以及内容的不断充实。由此出现了法益抽象化问题。法益的精神化、超个人的法益概念,都可以视为其表现。其在立法上则表现为抽象危险犯以三种显著方式得以增多:一是将原来的结果犯类型中的构成结果删除,使之简化为抽象危险犯或者行为犯类型。如删除原生产、销售假药罪中的"足以严重危害人体健康的"要件,使之简化为只要具有生产、销售假药的行为即足以入罪的规定。二是设立提前性介入罪名,如在交通肇事罪之外创设危险驾驶罪,或将非实行行为正犯化等。三是将行为次数或者情节作为入罪条件,稀释了结果在犯罪构成要件中的影响力,将结果犯变相地修正为行为犯,如前所述的盗窃罪和敲诈勒索罪,因为增设了其他补充性的客观构成要件,如"多次"或者"入户"等。

有学者认为,以法益抽象化为表象的预防性立法导致了法益保护原则的崩溃。[1] 这个问题旋即引发了法益概念是否具有立法批判机能之争。[2] 争论的焦点在于:法益概念是否具有明确性和实在性?显然,如果法益欠缺了这两个特征时,它自然无法承担起批判立法的功能;只有当法益具备这两个特征时,它才能充当社会科学的评价标准,并对刑法立法的正当性予以客观的检视和批判。这个问题

---

〔1〕 参见何荣功:《"预防性"反恐刑事立法思考》,载《中国法学》2016年第3期;储陈城:《刑法立法向法益保护原则的体系性回归》,载《刑法论丛》2018年第2期。

〔2〕 虽然作者的表述存在明显的差异,但是我们可以将当前的理论大体上区分为肯定论和否定论,其中肯定论的文献参见张明楷:《论实质的法益概念——对法益概念的立法批判机能的肯定》,载《法学家》2021年第1期;姜涛、杨睿雍:《法益理论之立法检视功能的困境与出路》,载《学术界》2020年第4期;储陈城:《刑法立法向法益保护原则的体系性回归》,载《刑法论丛》2018年第2期;陈璇:《法益概念与刑事立法正当性检验》,载《比较法研究》2020年第3期;田宏杰:《刑法法益:现代刑法的正当根基和规制边界》,载《法商研究》2020年第6期;夏伟:《对法益批判立法功能的反思与确认》,载《政治与法律》2020年第7期;等等。否定论的文献参见冀洋:《法益保护原则:立法批判功能的证伪》,载《政治与法律》2019年第10期;等等。

如果不能妥善解决，一般积极预防性立法的推进也始终会受到理论上的牵制或者无法获得合理的方向和方式。但是，迄今为止法益在刑法学中是最具有争议的重要概念。为了更好地解决争议中的核心问题，显然有必要检讨争议背后的理论方法是否得当。本书试图借助于元叙事方式的批判，反省现有研究方法中的不足。所谓元叙事，就是“那些能够为科学立法的哲学话语”〔1〕。对元叙事的批判有助于明晰整体性思辨叙事方式的危机，甄别个人经验（如法律专家）之于整体社会法治目标实现之间的差异，并在社会团结理论的基础上提出新的行动范式，将社会民众的意见融入立法理性论辩的框架。

（二）实体法益概念的型构及抽象化

法益是否具有实在性或者明确性，首先取决于如何界定法益的方式。尽管在社会科学中，对一个概念进行界定是困难的，甚至往往是徒劳的，但是，至少应该为这个概念在认识上提供一个基本的形象。就法益的界定而言，必须注意到其在学术史上曾以多种形象表现出来。

1. 实体法益概念是法益抽象化的根源

理论是随社会发展而发展的。但有时候，理论的发展有多种表象，如理论获得了实质性进步又或者被证伪了。在此意义上，否定论也推动了对某一理论的认识。就法益概念而言，考察“二战”前后法益概念的初始形象是如何形成的，向我们提供了元叙事的价值，因为法益概念的实体化初始形象不仅设定了法益的理论旨趣，还规定了其抽象化发展的必要。

根据今天的一般观点，法益是在与权利侵害说、规范违反说相互争鸣中发展的产物。法益最初由比尔鲍姆提出，并被限定为“在法上

---

〔1〕 秦喜清：《元叙事的危机与知识分子的坟墓》，载《国外社会科学》1996年第2期。

(rechtlich)归属于我们的财(Gut)”,其与利益的基本含义是相同的。[1] 有学者认为法益有助于阐释社会危害性的实质内涵。[2] 无论如何,法益在早期的发展中就确定了其实在意义上的属性,即利益性。但是,冀洋博士提出了反证,即法益概念的初衷不是限制处罚,“而是退回了对共同体宗教道德等价值观念的维护”[3]。这个反证并非没有道理,它预言了利益带有建构性,即它具有主观上的可塑性和精神化可能。从早期法益概念发展看,虽然争议一直是持续且混乱的,但是,大多学者重视法益的实在性。它或被当作一种“作为制度的法益”,或被当作“作为共通的妥当‘力’的利益”,又或被当作“法所保障的生活关系而被固定化、规范化的东西”等,[4] 这些都说明,具有实在意义的利益或者生活利益很明显已经成为法益概念的核心要素,而且为了满足感官上的可经验性,它在更多时候被描述为一种具有实体形象的事物。

但实体化法益概念限制了法益保护范围。众所周知,法益在20世纪初出现了精神化现象。如弗莱堡学派提出刑法理论的对象是社会的文化,保护这些文化财产就是法的目的,由于法的保护,这些文化财产便成为法益。[5] 这个观点与其说有抛弃法益旨趣与初始的具体形象化之嫌,不如说是对实体化法益理论的修正,因为它试图在法律实践中为法益保护提供可操作的对象和方式。可见,文化财产作为法益,拉开了法益精神化、抽象化的序幕。

还需看到,实体化法益观念本身是不可靠的。“二战”之后,德国学者和日本学者不得不在实体性概念思维中小心翼翼地回应法益精

---

〔1〕 参见张明楷:《法益初论》,中国政法大学出版社2000年版,第19页。

〔2〕 参见马春晓:《法益理论的流变与脉络》,载《中德法学论坛》(第14辑下卷),法律出版社2018年版,第116页。

〔3〕 冀洋:《法益保护原则:立法批判功能的证伪》,载《政治与法律》2019年第10期。

〔4〕 参见张明楷:《法益初论》,中国政法大学出版社2000年版,第25、27、35页。

〔5〕 参见张明楷:《法益初论》,中国政法大学出版社2000年版,第69页。

神化和抽象化，结果，法益的研究成果虽然十分丰富，但是观念之间的差异不仅没有弥合，反而有扩大之势。究其原因，是刑法学者为了实现法益概念的明晰性和确定性，继续根据本体论思维，将法益预设为思维之外的一个客观对象。一直到现在，理论研究似乎都没有跳出李斯特的"法律所保护的人的利益"之分析框架。[1]

张明楷教授是我国刑法法益研究的集大成者，他在总结德日学者研究成果的基础上提出，法益以宪法为根本遵循，是一种由法保护的利益。可以说，这个法益概念是当前的代表性表述，他为我们呈现了当下学者对于法益的一般认识。在其表述中，法益以人的生活利益之存在为前提，这是较为典型的本体论上的法益概念。那么哪些利益可以限定为法益呢？他曾经试图以宪法为切入点，在刑法之外寻求答案。[2] 可惜的是，他给我们留下了三个问题：

第一，如果说"公民基本权利的实现以及保障实现公民基本权利的必不可少的现实存在与条件，才是刑法保护的法益"，就不得不注意到这些现实的存在具有极为深远的广泛性，现实的条件也具有明显的时代性，那么哪些现实的存在与条件可以被当作法益就是一个棘手的问题。

第二，探讨刑法上的法益和宪法规定应当保护的法益的二者之间的关系，首先就不得不注意一个问题，这种带有明显德国式的分析思路，是否关注到了德国宪法和我国宪法规定的一般性差别。根据冀洋博士的论述，由于我国学者多依赖德国的理论讨论这一问题，没有顾及我国宪法的实际，所以理论上的说服力也大打折扣。[3] 其

---

〔1〕 参见姜敏：《危害原则与法益保护原则比较研究》，载《比较法研究》2019 年第 6 期。

〔2〕 参见张明楷：《论实质的法益概念——对法益概念的立法批判机能的肯定》，载《法学家》2021 年第 1 期。

〔3〕 参见冀洋：《法益保护原则：立法批判功能的证伪》，载《政治与法律》2019 年第 10 期。

次,即便宪法规定的公民基本权利是明确具体的,它是否可以为我们提供关于哪些利益应当得到宪法的保护的现成答案?进一步说,即便宪法上要保护的利益是明确的,也因为其不能直接转变为刑法上的利益,还有一个问题是如何实现宪法利益向刑法利益进一步限缩?

第三,假定可以承认这种观点,道德规范与法益保护无关,其不在国家强制保护的范围之列,那么,是否还应考虑到如下事实:虽然西方有学者主张法律与道德要区分开来,但是一般是在法教义的层面讨论这个问题,而法律是"最低限度的伦理"是一般的共识。显然最低限度的伦理与个人腐朽思想有本质上的差别,将国家不会用刑法清除一些人腐朽思想当作说理的根据,有偷换概念之嫌。不得不承认,张明楷教授的法益观并没有走出早期法益论争的窠臼,注定无法实现其理论之于实践的抱负。

可见,这种本体性的概念在方法论上是有问题的。本体性的法益概念是依据确定性要求界定的。但确定性思维容易走向机械主义或者相对主义的泥潭。如果机械理解确定性,法益势必不能适应社会发展变化;如果承认确定性具有相对性,那么还有如下问题是棘手的:其一,如果我们承认利益概念可以分为物质利益与精神利益,这种划分不仅突破了利益概念的初衷,还面临着哪些精神利益可以被塑造为法益的问题。其二,如果我们还承认刑法既要保护个人利益,同时要保护超个人利益,那么,就必须直接回答在什么场合、哪些"超个人利益"必须作为法益对待这个问题。可以说,以实在性为基底的本体法益概念出现精神化、抽象化是不可避免的,不能将这个现象当作一个问题。如果一定要认为这是一个问题,那么问题的根源在于,理论上为了追求法益的确定性,采取过于具体的方式建构法益的形象,导致法益的理解方式陷入固化和僵化的境地,从而无法适应社会变化。法益为了保持获利,不得不走向精神化和抽象化道路。

2. 法益抽象化是主体理性交往的结果

与理论预设的情境不同，法益概念在实践中表现出高度的不确定性、空洞性和模糊性特征。[1] 有学者甚至直言肯定法益批判功能者在利用法益的不确定编造理论争议。[2] 但是，无论在大陆法系还是英美法系，法益都已经成为现代刑法中的一个重要的概念，其理论与实践机能不容否定，法益至少能表征刑法价值正确性的方向。

应该看到，在法律所有的形式概念中都无法脱去不确定性、空洞性和模糊性的特征，这亦为概念法学痼疾之所在，因为法律概念的实质含义一般会随着立法者的退隐而消散。但是，这并不意味着法律概念真的就陷入空洞化境地，因为法律实践的重要任务就是对法律含义不断赋予新的内容；也不能说其模糊性或者不确定性问题无法被解决，关键问题有二：一是我们对法律的确定性（含明确性）程度的基本认识；二是为实现此等程度的确定性所采取的方法是否有效。

理论上更多关注的是后一个问题，但不意味着第一个问题不重要。陈璇教授注意到，传统的"法益理论始终拘束于寻找犯罪的'对象'"之弊端。[3] 确实，这种方法将认识主体与客体分隔在彼岸和此岸，但没有提供从此岸到彼岸的有效方法，肯定会有隔空看花的问题。况且其前提存在很大缺陷，即将法益定格为客观的实体，似乎确定性只有存在与否的问题，而无程度之别。殊不知法益概念暗含着认识主体的主观志向性，早在"二战"之前，Wolf 就提出了一个重要的论断，即"法益侵害也跨越价值与实在两个领域"[4]。正如我们通

---

[1] 参见陈璇：《法益概念与刑事立法正当性检验》，载《比较法研究》2020 年第 3 期；夏伟：《对法益批判立法功能的反思与确认》，载《政治与法律》2020 年第 7 期；冀洋：《法益保护原则：立法批判功能的证伪》，载《政治与法律》2019 年第 10 期。

[2] 参见夏伟：《对法益批判立法功能的反思与确认》，载《政治与法律》2020 年第 7 期。

[3] 参见陈璇：《法益概念与刑事立法正当性检验》，载《比较法研究》2020 年第 3 期。

[4] 张明楷：《法益初论》，中国政法大学出版社 2000 年版，第 61 页。

常看到的,确定性程度(如高度确定性)在某种意义上意味着确定性本身。

法益具有实在性和建构性。[1] 可以说,我们对法益的理解不能脱离型构法益的主体性知识。法律实践的主体为了说明概念的确定性,首先必须获得确定性判断的程度标准,进而围绕该程度的实现采取相应手段。但有效的程度标准不是随意给定的,它依赖法律实践主体相互之间的承认。随着主客体认识模式向主体间性认识模式的转化,对作为认识对象的法益形象的明确性,在很大程度上与法律实践主体之间的共识有关。虽然主体间达成共识的成本更大,但由此获得的标准的有效性更大。当然,这不意味着我们要把认识的重点聚焦到主体性上,它仅仅提醒我们注意主体间性理论的价值,[2] 当前还必须维系本体论的基础性地位。

(三)本体论法益的立法批判功能反思

法益的立法批判功能论建立在不可靠的本体论法益概念之上,这种本体论的概念一旦抛弃了主体的建构性,就必然会导致法益形象的固化和僵化,并滋生立法批判功能的冲动。事实上,法益的立法批判功能极其有限。

1. 本体论法益立法批判功能现实基础具有脆弱性

在"二战"之后的数十年间,法益保护主义一直被奉为刑事立法的基本指导原理。毫无疑问,这种情况与"二战"后法益概念的理论探讨不可分。"二战"后,基于对义务违反说的清算和对权利侵害说的反省,各国刑法学者更加重视法益概念在保障人权和自由中的地位,法益成为刑法理论中几乎可以和行为并驾齐驱的重要概念。在

---

〔1〕 参见李琳:《立法"绿色化"背景下生态法益独立性的批判性考察》,载《中国刑事法杂志》2020 年第 6 期。

〔2〕 关于主体间性理论,参见童德华:《主体间性理论对刑法现代化的再造》,载《当代法学》2017 年第 3 期。

这种背景下，张明楷教授提出了一个为我国古典主义刑法理念奉行者所共同接受并赞同的命题，即“法益概念成为确定刑法处罚范围的价值判断标准”[1]。可是，“二战”之后的社会变化是巨大的，在此前不到100年的时间里，一些西方国家刚刚完成现代化任务，而在“二战”后不到20年的时候，“现代之后”引发的问题又在这些国家接踵而至。法益概念含义不断被突破，在实践中引发了精神化、抽象化现象，并形成了超个人法益概念，还导致了法益保护时机前置化等现象。法益概念的立法批评机能就是在这种背景下提出来的。

应该说，刑法立法的实际发展已经一般性地表征出一个基本事实，即法益立法批判功能的现实基础十分脆弱。在很多时候，法益的形象在不断突破刑法学者的预设，甚至被认为屈从于社会实际需要超出了正常范围，尤其是随着“二战”之后科学技术的发展，风险社会悄然降临，科学主义观念日渐淡薄和没落，不同国家在是坚持自由刑法还是采取安全刑法之间开始出现徘徊的景象，法益的固有意义较过去而言已经明显稀薄了。在此背景下，一些坚守法益对立法的限制功能的学者提出，并非所有的法益都值得或者需要由刑法保护，至于哪些法益应当受或者不受刑法保护，必须以宪法保障人权与自由的原则为前提，同时，必须严格遵循罪刑法定主义在实质上的基本要求，即处罚应当依据合理性和适当性进行架构，除此之外，刑法只能在其他前置法难以发挥法益保护机能的情况下才能发动，并且必须对行为人造成最低程度的损害。

总之，在这些学者看来，无论社会如何变化都不应影响法益在立法中的核心地位。但是，这种传统观点忽视了一个重要的事实，即法益并无严格的实体性，它的存在及范畴是多种外部因素与实践主体共同作用的结果。所以，必须坚持用发展的观点审视法益的变化，并

---

[1] 张明楷：《法益保护与比例原则》，载《中国社会科学》2017年第7期。

据此在特定的时空结构中重塑法益的形象。

2. 法益保护原则的地位具有发展性

法益保护原则很重要。法益理论是刑法现代化以来新古典主义刑法学转型中取得的最耀眼的胜利。这个概念提出之后,它的理论地位就不断提升,成为和行为概念具有等同价值的概念,且不限于在大陆法系刑法理论中被使用,即便在英美法系中也有一席之地。早期的法益理论处处散发着保护人权和自由的迷人气息,尤其是“二战”之后,它迎合了刑法在历史转折时期价值转向的时代要求,因此从中又派生出了法益保护原则。可见法益保护原则是在历史的选择中形成的理论。

但是我们不应将法益保护原则局限于对个人法益的保护。有学者提出,刑法的运用必然会剥夺行为人的某些权利,限制其个人自由,所以法益需要坚守维护个人自由的使命。[1] 也有学者认为,要将公共法益的保护还原为个人法益的保护。[2] 这些都是对超个人法益的否定。对超个人法益的否定无疑是将个人自由和社会自由对立起来的理论,它忽视了超个人法益的合理性。因为片面强调对个人法益的保护,就意味着削弱刑法介入社会生活的深度与广度,从个体安全的角度看,它将强化个人的自我保护,并导致强者的自我保护过度而社会弱者的自我保护不足的问题。而且个人自由是在现实的共同社会生活中实现的,其并没有和社会自由处于对立面。明晰个人法益、社会法益、国家法益具有重要的现实价值和理论意义。[3]

---

〔1〕 参见李国庆:《风险社会之法益:样态展望、保护限度与伦理基底》,载《暨南学报(哲学社会科学版)》2017 年第 12 期。

〔2〕 参见房慧颖:《预防刑法的天然偏差与公共法益还原考察的化解方式》,载《政治与法律》2020 年第 9 期。

〔3〕 参见孙国祥:《集体法益的刑法保护及其边界》,载《法学研究》2018 年第 6 期。

主张将集体法益还原为个人法益的做法并不妥当。[1]

还需要看到,超个人法益是个人法益的集合,它是社会主体为了实现交往所作的理性选择。对超个人法益的保护,减少了对个别法益的保护必要性一一进行甄别的麻烦,有助于提高刑法的保护效率,特别是它强化了公民进行共同社会生活所必要的共同信念。从立法结果看,它并未因此减损不法行为人的利益。

既然法益概念是历史选择的结果,其保护方式也必然会受到历史变迁的影响。在现代社会实现了风险转型之后,它的内涵与地位必然要受到明显的影响甚至冲击。根据当今德日刑法违法性理论的现状,如果说犯罪的本质建立在一元理论的基础上,要么是法益侵害,要么是行为规范之违反,那么法益保护原则理论要么极其重要,要么一点也不重要。如果采取二元理论分析犯罪的本质,法益保护原则就还有其现实意义,但如何阐发法益的现实意义,还取决于我们如何重构法益保护原则的内涵,并将其与行为规范有机结合起来,但本体性法益的支配性地位降低已经成为不可否定的事实了。

行为规范说既是对法益保护原则的纠偏,也是对法益保护原则的发展。它所纠正的是在本体论意义上维系法益的固有含义,如坚持从实体论的角度确立法益,从而导致法益在活跃的社会生活中陷入僵化的境地,无力为刑法的自然发展予以合理解释;它所发展的是一种新的有助于更好实现法益保护的理论,在行为规范体系之下,强调行为者作为法律规范创设的参与者,其对法律规范具有忠诚和信赖的义务,这种义务既确保了行为人对个人自由的自我限制,本质上属于其自由选择的结果,也确保了他人自由不受妨碍,因而从总体上增加了社会自由,进而扩展了法益的保护功能,丰富了法益的保护

---

〔1〕 参见马春晓:《现代刑法的法益观:法益二元论的提倡》,载《环球法律评论》2019年第6期。

方式。

3. 法益含义具有时代变迁性

法益保护原则应理解为对社会法益的保护。依据法益保护原则的本来要求,刑法必须坚守法益保护的最低限度,犯罪必须以法益侵害或者威胁为本质。但因为法益先天被赋予的“物化”属性,所以犯罪应以行为造成特定的实害或者具有实害发生的现实可能性为前提,因此犯罪一般要求具有实害结果或者至少有具体危险结果。根据这种法益保护原则,预防性立法大幅度设定行为犯或抽象危险犯显然是不合时宜的。显然,这种法益保护原则有利于实现对个人法益的保护,但在风险社会中会削弱对社会法益的整体保护机能。

有学者指出,“实质的法益观没有处理好如何将外部价值与认知纳入刑法教义学内部运作这一实现法律运作自我限制的关键问题”〔1〕,这是因为理论上普遍忽视了必须用发展的观点界定法益含义。刑法保护底线的确定受制于多种因素,〔2〕所以不能以简单的方式界定法益。如前所述,法益在刑法理论上并不限于个人法益,还包括超个人的社会法益和国家法益,在优先序列性的考量中,个人法益并不必然比社会法益或者国家法益具有优先性,这需要从一个国家的政治背景和社会情境中以更高和更宽泛的视野去进行正当性论证。如果坚持个人法益的保护原则,那么究竟如何理解这种个人法益保护的必然性和恰当性也将是一个问题,因为它难以摆脱依据个人价值主观设定法益之可能。〔3〕在我国传统的社会情境和现实的政治背景下,个人法益的优先性更是难以找到其存在的现实环境。

---

〔1〕 刘涛:《实质法益观的批判:系统论的视角》,载《刑事法评论》2017 年第 1 期。

〔2〕 参见李世阳:《正当防卫中法益侵害急迫性的存立根据与司法认定》,载《中外法学》2021 年第 1 期。

〔3〕 参见贾健:《人类图像与刑法中的超个人法益——以自由主义和社群主义为视角》,载《法制与社会发展》2015 年第 6 期。

这种情况并不是个案，而且为很多学者所承认，“所以法律的最终目标是保护人们的普遍自由，而不是牺牲多数人的自由以排除对少数人的行动限制”〔1〕。正因如此，“法益保护原则保障的是全体国民的自由权利；比例原则保障的是犯罪行为人的自由权利；只有当二者同时运作时，全体国民及犯罪行为人的自由权利才可以得到均衡且妥适的保障”〔2〕。这种观点对于早期的法益保护原则作出了更现实的理解，有助于化解预防性立法中的争议。

但是如果普遍认为这种方式有助于预防更多或者更严重的犯罪，就应该证明这种代价是必要且有意义的。例如，环境污染从违法到犯罪的立法发展足以说明这个问题，它以牺牲少数人的经济自由为代价，换取了绝大多数人健康生存的空间，也为人类代际的延续创造了条件；又如，个人信息一度并不起眼，但今天行使一种权利被一些学者归入刑法法益范畴；〔3〕再如，通奸是违背家庭伦理的行为，禁止通奸的制度会限制通奸者的自由，但这不足以构成通奸行为受刑法制裁的依据。只有在婚姻不自由的时期，且婚姻意味着一方从属于另一方时，通奸因为侵害了所有者的权利而被刑法禁止；但在婚姻自由的时期，通奸成为失败的婚姻的再次自主选择，所以对通奸行为只需要给予保护家庭伦理上的谴责即可，而无犯罪化之必要。这些现象从两面表明了刑法法益含义的发展。

4. 法益的立法批判功能具有有限性

法益保护原则在刑法中并不具有作为基点的地位，这说明法益在刑法运行中还需要依赖其他原则的辅助。一元化的违法性理论在

---

〔1〕 顾肃：《论社会公正与自由的关系》，载《学海》2004年第2期。

〔2〕 储陈城：《刑法立法向法益保护原则的体系性回归》，载《刑法论丛》2018年第2期。

〔3〕 参见赵龙：《个人信息权法益确证及其场景化实践规则》，载《北京理工大学学报(社会科学版)》2021年第5期。

建构理想的刑法理论方面固然有助于更深入地评价犯罪本质,但是其在现实面前往往会遇到更大的挑战或挫折。主要原因是一元理论本身存在片面性,如何应对和克服这些问题取决于一元论者的态度和方法。有些学者追求理论的深度,宁可追求片面的深刻也不愿苟同肤浅的全面。从理论的实践功能出发,笔者并不打算认同这种态度。在人文社会科学中,理论的深度离不开视野的广度,理论的深刻更多是在广泛性的认识和论辩中实现的。囿于经验上的局限性,我们很难区分片面与深刻之间的距离,甚至容易将片面等同于深刻和独特,这种做法对法律实践是极其有害的。法律实践更应建立在经验进化的基础上,且应有衡平性的考量,所以二元论似乎更为可取。据此,将法益保护原则奉为圭臬并不可取。而将比例原则作为限制的原理自然就具有一定的纠偏效果,因为比例原则回应了社会对宪法、行政法以及刑法的现实需要。而这种需要很大程度上弥补了法益保护方式的不足,有助于实现对自由与安全价值的双向选择,实现事前与事后的双重预防,实现报应刑与预防刑的深度融合。

本体概念容易固化法益形象,滋生批判立法的冲动。此外,法益概念是否具有立法批判功能,还取决于对立法批判功能的限定,其次取决于评价的时机和评价者的志向。张明楷教授指出,刑法中的罪刑条文在不符合目的保护的情况下,是不正确的,在对其进行合理限制的基础上还应对立法进行改革。[1] 这明显是事后的批判。而田宏杰教授认为,发挥批判立法的法益概念的目标,是在限制立法者恣意的同时,实现其追求的终极使命,这不仅有利于遵循立法者确立的规则,而且可在一定程度上限制刑罚权的滥用。[2] 这是一种事前或

---

〔1〕 参见张明楷:《论实质的法益概念——对法益概念的立法批判机能的肯定》,载《法学家》2021 年第 1 期。

〔2〕 参见田宏杰:《刑法法益:现代刑法的正当根基和规制边界》,载《法商研究》2020 年第 6 期。

者事中的批判。可见法益的立法批判功能有积极与消极之分,前者立足于事前的批判,后者立足于事后的批判。

如果从事后角度看,可以用法益的合理内涵对立法中的不及与过度现象进行批判,但这种立法批判机能的效果只有在未来的完善性立法中才有可能得以发挥,故其作用和意义是消极的,而且是极其有限的;从事前的角度看,在立法的建构性创设过程中,立法者本身被设定为社会交往的理性主体之一,立法者与其他具有立法资格和诉求的主体的关系,与其说是批评者与被批评者的关系,不如说是论辩关系。基于论辩有效性的需要,它必须运用法益的概念与其他主体对话。此时,法益的观念自然内化为立法者的认识,并引导立法者在立法过程中采取符合社会共识的立法意见。陈家林教授指出,“在21世纪的当下,仍然寄望于用法益来限制立法,只能是镜花水月”[1]。这是因为现代社会的主体诉求是复杂多样的,民众的立法意见也难免受媒体“绑架”。但是,通过理性交往的方式获得法益的社会共识不失为一种新的选择。

(四)法益的可经验性及法定内涵的生成

1. 法益观的塑造依赖主体间性的共识

随着时代变迁,法益已经发展为一种致力于实现个体和社会自由的概念,其理论地位不容否定。但上述情形表明,本体论的法益概念注定要陷入僵化的境地,法益及其保护方式的确定依赖主体间的共识,因此,法益概念获得了开放性和发展性特点。进一步看,法益概念的含义不仅取决于作为评价客体的对象的外在和内在的构造,还取决于作为评价主体的评价动机和认识能力等因素。将法益定格为具有确定性的实体概念,在方法上是将认识主体和认识客体分离开来,并假定对象本身的客观性和可知性,其认识方法的片面性很明

---

[1] 陈家林:《法益理论的问题与出路》,载《法学》2019年第11期。

显。近来的认识论在这个问题上已经出现了新的动向,根据一些学者的观点,认识并非单纯取决于认识对象的本来结构,认识主体的主观因素对于认识也具有很大的主观能动性和塑造性。因此片面强调认识对象的客观性和可知性容易陷入盲目自负的认识泥潭。为了有效纠正认识过程中偏见和错误性前提知识的负面影响,认识模式有向主体间性转向的必要,如何在交往主体之间求得共识,往往成为认识的重要方式和手段。基于主体间性模式,对法益的考察必然适当转为对立法者立法志向、法律解释者解释目的的考察。

以往的理论论辩就法益形成了如下共识:首先,从本体论角度看,刑法上的法益存在于刑法之外;其次,从功能上看,法益必须是能给个人或者社群提供有积极作用或者好处的存在;最后,从经验性上看,一切能为个人和社群带来利益的存在都必须是可经验性的。所以利益本身并不能被局限于实体。田宏杰教授采取了一种与过往研究完全不同的研究思路,她试图为法益的确定提供一套有操作实效的程序机制,即分层进行法益的限制:第一层是根据经验事实评价;第二层经过宪法价值的评判;第三层是获得规范承认。其中第一层是进行事实判断,第二层、第三层则是对事实予以规范评价,即将利益经由宪法评判和规范承认,具体是经过人的主观合目的理性的建构而被塑造为法益。对此,田宏杰教授对环境是否可以称为刑法所保护的利益作了能动性分析。[1] 这是一种带有认识论意义的理论。这三重限制具有实践指导意义,而且吸收了当前诸多研究成果,具有一定的代表性。但是,其不足在于过度聚焦于对外部对象的客观化处理,而对经验事实与规范性限制的生成过程与方式的分析并不充分。

---

〔1〕 参见田宏杰:《刑法法益:现代刑法的正当根基和规制边界》,载《法商研究》2020年第6期。

2. 法益的存在具有经验上的可验证性

法益的功能无论是外部预设的还是内部生成的,都以法益的客观确定性为前提。如果法益概念没有客观性和一定程度的确定性,那么法益就失去了其发挥法益保护原则的作用,遑论对立法产生影响,它取决于法益最具有经验上的可验证性。理论上主要的问题是,法益抽象化或者精神化是否违背了法益具有实现经验上的可验证性这个规则。这个问题大体涉及两点:

第一,民众的经验是否具有评价地位?当前,有很多学者注意到民意对立法的影响,[1]但是大多数学者对此通常持批判的立场,更多学者对民众的参与采取的是视而不见的做法,更多关注的是法益概念如何发挥批判法益的功能。但田宏杰教授明确发现了个中的关键性问题,即对法益的理解主体究竟应该是法律专家抑或普罗大众?[2] 或者说,究竟是法律专家的意见具有优先性还是普罗大众的观点具有优先性?又或者在法律专家之间与普罗大众之间是否具有经验结合的必要和余地?社会观察无疑是实现经验上的可验证性的重要方式,这种方式却并非个性化的主体活动,"社会观察只有深入到社会交往和社会实践之中进行科学的、客观的社会调查才有可能"[3]。社会实践可以是单个主体的活动,而社会交往必须是一种主体间的活动。这种建立在主体间性理论之上的认识方式有利于实现消除附着于认识对象之上的假象和错误观察。但就人文社会知识而言还必须承认三点,一是法律专家的社会认识具有一定的优势,但是法律专家的专业性认识也并非完全可靠;二是在知识平等的时代,

---

[1] 参见姜涛、杨睿雍:《法益理论之立法检视功能的困境与出路》,载《学术界》2020年第4期。

[2] 参见田宏杰:《刑法法益:现代刑法的正当根基和规制边界》,载《法商研究》2020年第6期。

[3] 欧阳康主编:《社会认识方法论》,武汉大学出版社1998年版,第109页。

普罗大众社会知识和情感往往构成社会认识的重要因素,具有不容忽视的作用;三是法益的存在和社会主体的活动都是检验法益的必要条件。针对法益的认识,首先是对民众观察的经验性验证,关键看它是否存在被夸大的成分,其次是法律专家的观察,关键看它是否具有全面性。两类经验具有相互映衬或者相互证伪的效果。无论哪种结果都有益于检验利益的存在性和真实性。

第二,法益抽象化是否不妥当?关于这个问题必须检讨的是,可否根据刑法立法必须以法益保护为中心这个原则,将道德、情感等纯粹精神化、不稳定事物排除在法益之外。[1] 这个问题涉及刑法中直接将某些违反社会公共道德、社会禁忌或者伤害公众情感的行为,如刑法规制聚众淫乱(第301条)、侮辱尸体(第302条)、对烈士名誉进行侮辱诽谤(第299条之一)等是否具有正当性。

如果从法理学对大量道德问题长期的深度争议入手,它很容易使我们迷失在理论丛林之中。而且最关键的是,这套理论分析是法律专家的认识,它们最大的问题是丝毫不顾及民众的认识和感受。好在我们可以为公共道德提供可经验性分析。法益的实体论将可经验性等同于触觉、视觉上的可经验性,限制了法益的范围,不符合刑法目的。殊不知,存在者固然有存在性,思维也有存在性,所以凡是能为人类生活所感知的东西都具有存在性。如气体缺乏物理上的可感知性,但可用化学方法感知;情绪缺乏这种通常的经验感知,但可以用心理学方法感知;道德规范、社会禁忌等可以通过成文字性的东西或者口口相传的东西被感知。

进一步说,我们还承认自然犯概念,那么就有必要承认最低限度

---

〔1〕 参见黄鹏:《刑法法益的学术谱系》,载《西部法学评论》2020年第3期;冯文杰:《法益抽象化、精神化问题的中国型塑》,载《北京理工大学学报(社会科学版)》2020年第4期。

的公共道德规范。社会禁忌与公共道德一样，或许具有某种程度的神秘感，但是，其存在是不以个别人的意志为转移的，如在我国大多数地区，在丧葬的场合嬉笑都是不得体的；又如刨祖坟，虽然不会直接侵害死者后代的利益，但是其明显违背了社会禁忌，对死者亲属的情感伤害是不能否定的。宪法是公民意志的最高体现，我国《宪法》第24条也对社会主义公共公德、社会主义核心价值观进行了明确的规定，由此刑法保护社会公德具有宪法基础，否定社会公德、社会禁忌以及民众情感的刑法法益性明显缺乏现实的论证。另外，超个人法益如社会秩序等，在很大程度上依赖共同社会道德观念和共同社会价值观念的塑造，如环境法益或许只能通过集合性法益才能得到正当化证成。[1] 而且，“价值之减损也并非体现在纯粹的实体改变上，而是体现在经由实体改变而导致的充当自由发展之手段的可能性受限之上”[2]。事实上，为数不少的学者并不反对精神性法益概念。例如对数据的保护就需要结合利益冲突、立法规范、司法惯例和市场竞争等因素进行综合考虑。[3] 虽然我们可以认为社会公德、社会禁忌、社会情感等依附于人类的主观活动，却不能否定其存在性与有用性，所以排除它们的法益属性并不可取，至少在当下不合时宜。

但是，这不意味着意志自由也可以上升为法益。一直以来，学界都认为意志自由是一种假定，我们既不能肯定它，也不能否定它，因为它缺乏经验上可验证性。据此，意志自由不能成为刑法的法益。但是，最近王钢教授提出，“刑法对于法益的保护天然地带有保护意

---

〔1〕 参见侯艳芳：《环境法益刑事保护的提前化研究》，载《政治与法律》2019年第3期。

〔2〕 [德]乌尔斯·金德霍伊泽尔：《刑法总论教科书》，蔡桂生译，北京大学出版社2015年版，第5页。

〔3〕 参见任颖：《数据立法转向：从数据权利入法到数据法益保护》，载《政治与法律》2020年第6期；苏桑妮：《从数据载体到数据信息：数据安全法益本位之回归》，载《西南政法大学学报》2020年第6期。

志自由的理论意义"[1],主张将意志自由作为刑法中的法益。显然,他将作为责任前提的意志自由与作为不法依据的意志自由的外部表征等同起来了。人的意志自由具有内在和外在两重表现。一是内心的认识和选择;二是基于内心的认识和选择,在客观外部表现出可以选择做什么或者选择不做什么。对于他人意志施加的强制会对他人的内在认识或者选择能力造成消极影响,但是它还并不能充分表明这种强制必然具有某种消极影响,例如行为人强制他人杀害第三人,他人可能基于强制实施了杀害行为,也可能他人本来就存在杀害第三人的意思。在刑法上,只有当行为人的强制行为对他们意志自由的实现造成了客观影响时,才可能对强制行为追究刑事责任。所以,意志自由不能成为法益,意志自由的客观实现方式才是刑法上的法益。

3. 法益具有规范的塑造性

"二战"后,越来越多的学者认为法益应受到宪法指导,"在发展的过程中,将法益与宪法相衔接,从根本上解放了法益概念的禁锢,也才为法益概念真正具备立法批评力创造了可能"[2]。今天,我国几乎所有赞成或者反对批判功能的学者都不约而同地将目光投向了宪法限制以及其他规范的限缩,如张明楷教授的从宪法到刑法的进一步限缩、田宏杰教授的前置性规范的限缩等。近期,一些学者推进了宪法控制角度的思考,如陈璇教授提出通过宪法教义学正当性审查的可靠保证。但鉴于宪法具有高度开放性和包容性,"无法对现代刑事立法的扩张进行有效调控",所以他主张从保护对象的正当性转

---

〔1〕 王钢:《论刑法对意志自由的保护——增设强制罪的立法建议》,载《政法论丛》2020年第6期。

〔2〕 陈璇:《法益概念与刑事立法正当性检验》,载《比较法研究》2020年第3期。

向合比例性。[1] 冀洋博士也期望通过宪法的合宪性审查制度，用比例性原则替代法益保护原则。

事实上，很难指望宪法为刑法法益提供现成的法益。宪法之所以不能为刑法法益提供现成的法益，最根本的原因在于宪法的基础性地位。这个地位决定宪法不仅要为刑法而且要为其他部门法提供依据，所以，宪法规定往往具有原则性和高度涵盖性，以保证其适应过程中的必要弹性。在我国法律体系中，它主要采取指示性立法方式标识法益的方向和可能范围；相反，刑法是处罚性法律，而且是最严厉的法律，为此刑法更强调法益的明确性。可见宪法法益在向其他部门法法益，尤其是向刑法法益进行转化的过程中，还将受其他大量外部特殊因素的影响。此外，在吸收德日学者的研究成果时，还必须注意到国家宪法规定与实践的现实差异。在我国，目前宪法的司法适用极为罕见，所以，指望宪法的限制是不切实际的。

如前所述，我们更应重视规范如何获得有效性和合法性的内在机制，重点关注经验事实与规范评价生成的过程和方式。如果忽视社会交往的目的与方式，也难以运用前置性规范塑造刑法法益。用法益保护目的合理引导法益保护的方式，并反证法益侵害的方式，是实践性很强的做法。问题在于，在社会交往视域下，必须解决好两个问题：一是合理定位宪法发展方向对法益保护目的提供评价可能性。二是如何运用比例原则才能实现保护方式合理性的评价。

就第一个问题而言，它最终涉及刑法正当性，因为刑法的正当性意味着刑法法益本身应当具有合法性。这是否意味着宪法或者其他前置法可以为刑法赋予合法性根据呢？

---

〔1〕 参见冀洋：《法益保护原则：立法批判功能的证伪》，载《政治与法律》2019 年第 10 期；陈璇：《法益概念与刑事立法正当性检验》，载《比较法研究》2020 年第 3 期；姜涛、杨睿雍：《法益理论之立法检视功能的困境与出路》，载《学术界》2020 年第 4 期。

结合我国宪法的实际,如下因素将构成宪法对刑法法益赋予合法性的障碍:其一,宪法法益并未明确排除对精神性利益,包括社会公共道德的法律保护,所以,宪法法益的范围十分广泛。其二,宪法在实践中无法实现对其他部门法直接和具体的指导。如预备犯、抽象危险犯等概念,其所保护的法益游离于物质性法益与精神性法益之间,宪法在形式上不会对此作出明确的禁止或命令性规范,它需要其他部门法在立法和实践中根据对宪法发展的实质性理解进行二次加工。其三,宪法的规范性过强,其与刑法的关系会出现两难情况,即如果宪法规范需要刑法的确认和保障,那么就意味着存在宪法危机;反之,宪法不需要刑法的确认和保障,就意味着宪法获得自身效力和权威的方式无从知晓。本书认为,宪法只能指出法律文明发展的基本方向,但对于法律文明理解也会因民主政治的宽容性而受多元社会观点的影响,宪法法益向刑法法益转化,势必面临争议不断甚至转化进程搁浅的情况。

其他前置法预定了其要保护的法律利益,并不意味着可以排除刑法保护。刑法作为最后调整手段的正当性也无法基于宪法的一般性指引寻求其他部门法规范的塑造。其一,在刑法中存在很多犯罪是不需要前置法规范的,例如传统的自然犯。其二,前置性规范的塑造未必是成功的,特别是在当下所谓的法定犯时代,基于行政管制需要,法定犯不断被创制出来,由此说明前置性规范塑造有助于将刑法法益控制在法治范畴之内,而且保证刑法坚守"最低限度规范"之品格。其三,法律实施过程中出现的法益保护原则失灵问题值得关注。法律创制是一回事,法律实施是另一回事,再好的法律如果不能得到普遍的遵守和正确的运用,也就无法解决社会纠纷,甚至会导致纠纷升级为群体性冲突和普遍问题。例如民事司法的不公正,导致当事人合法诉求长期得不到妥善解决,以至于群众信访不信法。在个别地方还出现了法官假手民事司法非法侵占他人合法产权的问题。又如行政执法不严、钓鱼式执法等问题加剧了前置性规范的虚置现象，行政规范有失范态势。来自民事司法和行政执法领域的问题都引发了刑法立法问题。这不是法益概念本身的问题，它表明贬损法益价值的手段也将引发刑法法益侵害范围的扩大化，如抽象危险犯或者行为犯，预设的直接目标并不在于法益保护，而是通过将行为手段置于符合规范的范围内，避免法益被威胁，进而实现法益保护。

刑法法益的合法性无法源于刑法，也不能完全源于宪法或者其他前置法。冀洋博士认为，自然法或许还具有重要影响。有必要"将法益之'法'理解为宪法之前的自然法、理性法"[1]。其进一步指出，我们无法从宪法之前的实质限制中把握法益，也很难从宪法中获得实质性法益。但是如果将目标转向自然法，依旧无法实现有效限缩的目的，而且容易走向两个极端：一是运用自然法，最终其先验性导致社会主体只能依据各自的内心道德情感进行规范评价；二是运用理性法进行引导，又可能将社会民众的立法诉求排斥在规范评价之外。针对此观点的稳妥方法是，采取退缩性策略，将相关标准转向诉求于社会的整体性法理念及整体性法秩序，在这种法治体系中预设法益，并结合生活经验与社会文化，对法益的价值进行证伪和证成。

就第二个问题而言，比例原则提供了判断法益保护方式的合法效度。比例原则"是指国家对公民行为的干预必须在目的与手段之间保持一定的相称性"[2]。尤其值得注意的是，比例原则主要解决的是法益保护手段本身的合理性与合法性问题。手段是实现目的的方式，它未必与目的保持一致。好手段可能被恶目的利用，坏手段也可能实现善目的。在现代法治社会，目的的正当性和手段的合理性与合法性必须保持高度一致，这更应成为刑法立法始终坚守的要求。

---

〔1〕 冀洋：《法益保护原则：立法批判功能的证伪》，载《政治与法律》2019年第10期。

〔2〕 冀洋：《法益保护原则：立法批判功能的证伪》，载《政治与法律》2019年第10期。

刑法立法在具体运用比例原则时要把握四个基本条件：第一，目的的正当性，即法益本身的预设目的是否有助于最大限度地实现自由，增进社会的总体利益或福祉，且这种目的是否能获得大多数民众的承认和认可；第二，手段的适格性，即对个体自由的限制，是因为它对社会其他人实现自己的自由构成了障碍，且该限制在依宪法所确定的公民基本义务的范围之内，与公民依宪法所享有的基本权利不冲突；第三，方法的必要性，即刑法所采取的法益保护措施无法通过其他规范实现，不得不通过刑法予以强制性保护；第四，程度的均衡性，即刑法采取的法益保护方式不至于造成更大的恶害，始终处于与侵害行为在控制措施上具有相当性的限度之内。

以吸毒为例，虽然对吸毒者采取的强制戒毒措施可能会削弱吸毒者的个人自由，但是它对吸毒者家庭及其所在社区的安全是有意义的，无法否定控制吸毒要求的社会正当性。问题在于，刑罚措施并非禁毒的最有效的方法，考虑到吸毒者仅仅是一个未来的潜在的社会利益的破坏者，如果对其进行刑罚处罚，对吸毒者本人、其家庭和社会来说，都需要额外的成本投入，所以，不能将单纯的吸毒行为入刑，这种入刑方式不符合方法必要性和程度均衡性的要求。又如对烈士名誉进行刑法保护，或许并不乏目的的正当性和手段的适格性。无疑，只有当行政处罚失效时才采取必要的入刑方式，才能表明其在方法上具有必要性以及在处罚上具有均衡性。遗憾的是，立法者没有对创设相关条文的立法理由进行更充分的说理。

（五）法益的志向性引导立法功能及其实现

法益如今已经成为法治国刑法中一个具有重要价值标签的实在性概念，其对刑法的功能是多样的。法益在立法实践过程中具有明显的特点：第一，法益概念是立法中不可或缺的实在概念。第二，法益的生成是一种主观的能动活动，它必须依循法益的客观存在性，但如何把握客观存在性，目前尚无可靠和有效的办法。但是，社会民众的立法诉求构成型塑法益的渊源,对此不能视而不见。第三,法益概念具有主观建构的色彩,如何确保主观建构与客观存在的高度合致,目前在方法上还存在主客观模式与主体间性模式两种范式之争,但是采取主体间性模式有利于补充主客观模式的不足。第四,法益生成要从整体性法理念和法秩序中把握。法律本身的科学性问题和法律运行的实效性问题都构成法益塑造的前提。

但还必须看到立法限定了司法,司法也影响着立法。从立法层面看,法益无疑是刑法立法创设的结果,从逻辑上看,立法先于法益而存在,法益很难从外部对立法产生积极意义的批判作用。但不可否定法教义学对立法也有主观上的能动作用。因为法教义学作为刑法文化遗产的概念和观念,已经成为刑法实践的内在因素,在立法过程中,也会对新刑法规范的创制产生积极或者消极的影响,即新刑法规范亦会显示出对传统刑法理论的遵循。那么,教义学对法益以及法益保护原则的阐释自然也会影响立法,立法者也会有意无意地按照传统的理论思路进行立法评价和选择。这种影响存在于立法之际,其与前述基于事后的立法批判的功能不同,本书将这种影响概称为志向性引导功能。

志向性引导功能的要点在于:第一,它试图引导立法者。第二,它是对立法者产生的内在驱动作用。很明显,法益对立法的志向性引导功能和批判功能是全然不同的,从主体上看,前者针对立法者,后者则针对立法者之外的法律专家;从影响机制上看,前者致力于采取的是一种直接的方式,引导立法者如何进行合理立法预设与论辩,后者倾向于采取间接的迂回方式,通过立法者之外的法律专家的意见去影响立法者。如果将社会民众的立法意见作为一种重要的变量因素考虑进来,我们会发现,立法者通常会采取保守的态度,通过对民众意见的吸纳来稀释其他法律专家的意见。

志向性评价功能不可避免会受到刑法教义学的影响,有时候甚至不自觉地受制于法益传统观念。但是它为立法论证提供了令人信服的技术范式，足以将论辩约束在一个立法论辩可以通过商讨和对话的机制内。就当前的立法看，刑法教义学的传统理论为法益的有效论辩提出了如下路径：

第一，它有助于引导立法者以行为无价值论与结果无价值论为焦点开展实质违法性论辩。

在立法中必须兼顾和协调多种价值理论，片面采取某一种价值理论不利于社会稳定，因为它势必会使各种利益诉求失去均衡态势，进而导致更尖锐的利益冲突和对立。但是，社会发展的主旋律也预示了多种价值中存在主导性价值理论。

从立法现状看，我国已经开始放弃立法"结果导向"的做法，周光权教授认为，这是一个当代国际上的共性做法，现代各国刑法立法的转向之一，就是从结果导向转向行为导向。[1] 这种做法在诸多领域有明显的表现，如将生产、销售伪劣商品类罪中的某些犯罪从结果犯降格为行为犯，又如在财产犯罪中，将行为的"多次"作为与"数额较大"并列的选择性构成要件，在新增犯罪中，更多使用特定情节而不是特定结果作为犯罪构成要件，这种情况在《刑法修正案（九）》中表现极为突出。

从理论上看，上述立法变化反映出我国立法指导性理论的转向，即从结果无价值论转向行为无价值论。在我国学界，关于行为无价值论和结果无价值论的评价存在很大分歧。在社会发生重大变迁的时代，理论分歧表明所讨论的问题是真实的，所以是值得进行的。在立法实践中，囿于时代的需要，古典主义刑法思想一度在我国成为支配性的理论，它在无形中会根据结果无价值论对犯罪的本质或实质违法性进行解释，也会无形中将结果导向传导到立法中来，并进一步

---

〔1〕 参见周光权：《积极刑法立法观在中国的确立》，载《法学研究》2016年第4期。

传递到司法中去。结果导向是一种典型的着眼于事后的裁判评价。据此,刑法仅仅限于发挥报应功能或者安抚功能,其一般预防的功能极为有限。但结果无价值论的意义也不容小觑,《刑法修正案(十一)》关于骗取贷款罪的修改,维系了损失结果作为构成要件结果的地位,说明结果无价值论对传统法益的坚守取得了成功。

与之相反,行为导向是一种着眼于事前防控的行为评价。但是因为对这种理论的原理在认识上还不成熟,它必然会受到来自结果无价值论的批判。但是,刑法不仅要有效发挥消极的特殊预防功能,还要积极发挥积极的一般预防功能,它要着眼于社会不断解构的事实,尤其是现代社会风险的处理。现代性风险的特征包括事后结果评估的不确定性,而且是"不稳定和不可预测"的,[1]一旦风险实害化(结果发生),由于现代科学方法难以证明行为和结果之间的关系,难以确定结果的范围和程度,裁判评价往往无从着手,更不用说实现刑法的报应功能。另外科学方法也可以成为责任者推卸责任的借口,就如贝克所说,"那些发现自己作为风险的制造者而处于公众声讨中心的人,竭尽全力通过在工业中逐步制度化的'反科学'的帮助来反驳对他们的指控,并且试图提出其他的原因和祸根"[2]。因此事后评价具有极高风险性和不确定性,在现代社会中无法实现其维护社会安全的任务,在很多方面必然被时代淘汰。所以,行为无价值论绝非没有意义。

总之,根据协调性价值理论的观点,我们不能断言结果无价值论的过时,也不能批判行为无价值论的激进;刑法立法必须既能坚持发展和保障个体自由的功能,又能实现维护社会秩序的功能。因此,如

---

〔1〕 参见[德]乌尔里希·贝克:《风险社会》,何博闻译,译林出版社2004年版,第28页。

〔2〕 [德]乌尔里希·贝克:《风险社会》,何博闻译,译林出版社2004年版,第32-33页。

何统合结果无价值论和行为无价值论进行实质违法性评价，是志向性评价过程中的关键。

第二，在结果向度内，它有助于明晰论辩的限度。

结果无价值论重视的是法益本身，其评价的基点是作为存在的法益，法益表现可以是物质性的，也可以是精神性的；可以是实害结果，也可以是危险结果。但因为危险包含具体危险和抽象危险，所以，抽象危险犯应该是法益保护原则的底线。

抽象危险犯立法占比增加，结果犯与具体危险犯立法占比减少。在法益保护层面，具体危险犯、结果犯有所延迟，由此，预备犯和抽象危险犯有扩张的倾向。[1] 理论上应该对这种趋势具有高度共识。在以结果为导向的立法框架下，实害犯是立法的原则例，具体危险犯是立法的例外例，行为犯或者抽象危险犯则是立法上例外的例外。根据行为导向的指引，情况就完全不同，立法框架的结构也会发生很大变化。如为了扩大刑法的规制范围，立法者往往会改造原有犯罪构成要件，最直接和有效的办法就是通过对原有犯罪中的实害结果要件的消解，把其改造为危险要件，又或者取消危险要件，使之在客观上仅仅需要行为要件。[2] 在这种背景下，具体危险犯将不再是例外例，且大有与实害结果犯并驾齐驱之势。而且在危险犯的立法中，具体危险似乎已经不再具有典型性，抽象危险犯也有后来居上的架势。由于抽象危险犯在某种意义上消除了危险与行为之间的界限，所以很多学者干脆认为抽象危险犯就是行为犯。但是，无论是抽象危险犯立法还是行为犯立法，它们的共同特征在于，对可能导致法益实害或者威胁的行为进行提前规制，防止行为偏离符合规范的轨道，

---

〔1〕 参见储陈城：《刑法立法向法益保护原则的体系性回归》，载《刑法论丛》2018 年第 2 期。

〔2〕 参见姜敏：《刑法预防性立法对犯罪学之影响：困境与出路》，载《政治与法律》2020 年第 1 期。

从而防止犯罪后果的发生，因此抽象危险犯或者行为犯的立法预设及增长趋势，是行为无价值立法指导理论的必然结果，其初衷就在于通过刑法在行为引起了抽象性危险阶段的早期介入，有效防止危险的具体化与实害化。

第三，在行为向度内，它提供了以正犯化为核心的尺度。

行为无价值论重视法益保护原则得以实现的行为方法和手段，其评价的重点是行为和行为人符合规范的态度，亦为比例原则所指导的重心。根据传统观点，只有正犯的行为才能对法益造成侵害或者威胁。但这种情况也出现了异常现象，如非正犯行为的正犯行为化。正犯是德日刑法学中通用的概念，正犯一般是指行为人亲自实现构成要件的行为。[1] 因此所谓正犯一般是指实行行为的直接实行者，也就是所谓的实行犯。在刑法立法中，非正犯行为的正犯行为化现象近来较为明显。如将预备行为实行化、帮助行为正犯化等。[2] 有学者对此现象也提出了疑问。不过需要注意的是，非正犯行为的正犯行为化不仅是我国的特有现象，在德日也不例外，实践中的典型就是间接正犯和共谋的共同正犯。正犯在我国刑法学中不是法定化概念，但是它对于实践具有重要影响。有学者指出，犯罪圈扩大是社会治理使然的，它表明了法益保护手段和方式的必要性。[3]

就共同犯罪而言，我国采取主从犯分类体系，主犯在共同犯罪中发挥主要作用，从犯在共同犯罪中发挥次要作用。对从犯进行处罚，其参照之一是共同犯罪所涉及的具体犯罪的法定刑，参照之二是对主犯的处罚基础。但是，由于立法处罚幅度过大，容易造成从犯处罚

---

〔1〕 参见马克昌：《比较刑法原理：外国刑法学总论》，武汉大学出版社 2002 年版，第 624 页。

〔2〕 参见姜敏：《刑法预防性立法对犯罪学之影响：困境与出路》，载《政治与法律》2020 年第 1 期。

〔3〕 参见付玉明、徐桢清：《犯罪圈划定的实践取向与学理基底——社会治理视角下的法益观》，载《刑法论丛》2019 年第 1 期。

畸轻甚至不被处罚的实际问题，就某些犯罪而言，诸如恐怖主义犯罪和网络犯罪，帮助行为有时候对犯罪的实现具有很大帮助作用，甚至是完成犯罪不可缺乏的条件，如为恐怖行为提供资金，在网络中为犯罪提供交易平台等，如果对这些行为不处罚或者过轻处罚，就达不到惩戒犯罪人和预防犯罪的目的。基于犯罪防控的需要，有必要将一些特殊帮助行为单列出来进行专门处理，因此形成了帮助行为正犯行为化的现象。就犯罪完成形态而言，传统理论认为只要行为人的行为实现了构成要件就构成犯罪既遂。[1] 犯罪实现至少要求行为人开始着手实行犯罪，对法益造成了实质性的威胁。[2] 但是和共同犯罪的立法演化相同，有些犯罪如果发展到行为着手实行犯罪，对于特定法益保护而言具有滞后性，不利于刑法预防功能的发挥。

如根据反恐怖主义犯罪的实践经验，必须从源头上消除恐怖主义思想、极端主义思想的散布，为此，立法可能需要对穿戴宣扬恐怖主义、极端主义服饰、标志的行为，以及非法持有宣扬恐怖主义、极端主义物品的非实行行为等行为加以明确惩罚，从而形成了预备行为正犯行为化的情况。总之，共犯行为正犯化的立法具有预防犯罪的作用体现。[3] 但是，这只是部分人的观点和看法，因为特定的服饰或许只能表明一种穿戴者态度，它未必具有对法益的威胁性，对此完全可以采取其他方法予以谴责而无须动用刑罚。又如持有宣扬恐怖主义、极端主义的物品的行为，不能因为行为人持有该物品就构成犯罪，也不能因为行为人意识到该物品的性质依然持有就构成犯罪，还应当根据行为人持有该物品的主观动机进行深入评价。否则，不仅

---

〔1〕 参见高铭暄、马克昌主编：《刑法学》(第 9 版)，北京大学出版社、高等教育出版社 2019 年版，第 144 页。

〔2〕 也就是举动犯的成立。参见马克昌主编：《犯罪通论》，武汉大学出版社 1999 年版，第 498 页。

〔3〕 参见曾粤兴：《我国刑法立法的回顾与展望》，载《法治研究》2019 年第 6 期。

容易导致打击范围过大,还容易导致立法上的“破窗效应”。[1]

第三节　自主的预防责任论

一、责任论与刑法立法

(一)责任论概述

“没有责任就没有刑罚”是责任主义的基本命题。责任是犯罪构成要件中的重要内容,也是最为棘手的范畴。之所以重要是因为责任主义要求在对犯罪进行评价时,必须放弃唯客观要素归罪的弊端,并合理评价行为人的主观能力和差异。之所以棘手是因为责任要素主要是与主观性因素有关的事实,难以把握。所以,刑法的变革往往是因为责任论的变化而发起的。

所谓责任,在大陆法系学者中虽然有不同的见解,但通说认为,责任是在实施符合构成要件的违法行为的基础上对其施加作为无价值判断的非难或有非难的可能性。[2] 在人类社会的各个时期,人们对于“无价值判断的非难或有非难的可能性”的判断方法和标准,具有不一样的理解和要求。在古代,探究行为人是否应承担法律责任,唯一的准备便是行为人的行为是否造成了危害,并不考虑是故意还是过失。随着社会的快速发展,上述判断方式逐渐显露出弊端,主观责任论因此应运而生。但主观责任中需要评价哪些因素,评价的主体是什么,围绕诸如此类的问题,产生了关于责任本质的不同学说。

我国长期以来严格遵循古典主义刑法理论中的心理责任论,在

---

〔1〕 如有学者呼吁将持有儿童色情制品的行为入罪。参见廖兴存:《法益保护原则视阈下儿童色情制品持有入罪论》,载《当代青年研究》2018 年第 4 期。

〔2〕 参见[日]木村龟二主编:《刑法学词典》,顾肖荣等译,上海翻译出版公司 1991 年版,第 218 页。

立法上一般只就故意、过失、责任能力等心理要素作了强制性规定。这种情况与现代德日责任理论有很大差异。在德日,规范责任理论早已经替代了心理责任理论,表现期待可能性评价的立法较为成熟。如紧急避险、正当防卫,还有关于窝藏包庇罪的免责情形。恰恰相反,我国古代有亲亲相隐制度,但是当下刑法立法反而取消了类似的规定。

在大陆法系刑法理论中,责任理论分流和违法性论一样,十分复杂。根据评价的对象,大体上有行为责任论、性格责任论和人格责任论;根据责任评价的标准,分道义责任论、社会责任论和法的责任论;根据责任评价要素则分为心理责任论、规范责任论和实质责任论。〔1〕 如今一般从责任评价要素着眼对责任展开研究。

(二)心理责任论、规范责任论和实质责任论

根据责任评价要素进行分类,责任论可分为心理责任论、规范责任论和实质责任论。心理责任论强调的是意志自由,着眼于构成要素,并未对责任的本质予以把握。规范责任论突破心理要素,以故意、过失、责任能力为出发点,在评价要素里提出非难可能性。实质责任论是"二战"后在德国以规范责任论为前提展开的理论。规范责任论是以期待可能性为核心的实质性责任理论,但在"二战"之后,有学者提出其只具有形式上的性质,却未回答"这种可谴责性应当取决于哪一些内容上的条件"这一实质性问题,〔2〕从而提出了一些实质的责任概念,包括:(1)为德国联邦法院所接受的"不法"责任论;(2)态度责任论;(3)个性责任论等。〔3〕 不过其中有影响的主要是

〔1〕 参见童德华:《外国刑法导论》,中国法制出版社 2010 年版,第 188-194 页。

〔2〕 参见[德]克劳斯·罗克辛:《德国刑法学总论》(第 1 卷),王世洲译,法律出版社 2005 年版,第 562 页。

〔3〕 有关内容及评价见[德]克劳斯·罗克辛:《德国刑法学总论》(第 1 卷),王世洲译,法律出版社 2005 年版,第 562-566 页。

以下两种:

机能的责任论以预防为目的,寻求责任的根据。行为人一般以责任判断为基础,以期实现此目的:把冲突从一个需要维护的秩序转移到一个可以孤立的下层构造、一个亚系统中,并且采取的方式是,在一个重要的问题上促成亚系统运用其遵守规范的自治能力,稳固与亚系统相对立的外在条件,以致通过富有责任的归属证实秩序必须被坚持。〔1〕 但在期待可能性与不可期待性的法律中,所涉及的不是人们能够期待行为人作出某种决定,因为行为人不是孤立地生活,而是生活在一个被确定的社会和国家中,这就使行为人必须接受某种强制性的或者不能减轻对这种强制所承担的责任。这不仅适用于法律上关于期待可能性和不可期待性所规范化了的规则,它们是法官在量刑时也必须考虑的。〔2〕 规范的应答可能性论强调责任是指虽然存在规范的应答可能性,但仍然实行不法行为。〔3〕 交谈的责任论试图建立责任和规范的合法性二者之间的关系。根据该观点,行为人不仅是法律上受责难的(规范)接受者,还是缔结这种被他破坏的规范的主人,这种缔造规范的活动,存在于依法治国的民主中。因为在一个民主的社会中,自治而有人格的个人对于其利益可能或者应当得到怎样的协调和处理有相应的理解,当这种理解以法律的形式明确表示出来后,就成为了各种规范。当行为人作为规范的缔造者时,就和他人确立了这种理解。因此,他们之间只能以理解("交谈")的方式,与法律规范发生偏离。在民主社会中,每个人都可以谋求各种规范的改变,但是,也必须诚实地注意到他人权利的存在,交

〔1〕 参见[德]格吕恩特·雅科布斯:《行为 责任 刑法——机能性描述》,冯军译,中国政法大学出版社 1997 年版,第 9-13 页。

〔2〕 参见[德]格吕恩特·雅科布斯:《行为 责任 刑法——机能性描述》,冯军译,中国政法大学出版社 1997 年版,第 45 页。

〔3〕 参见[德]克劳斯·罗克辛:《德国刑法学总论》(第 1 卷),王世洲译,法律出版社 2005 年版,第 568-573 页;[日]山中敬一:《刑法总论Ⅱ》,成文堂 1999 年版,第 554-555 页。

往性地参与这种理解的过程。如果行为人破坏了规范，就否定了规范赖以存在的根基——诸参与者的理解。行为人不按照他人的理解行事，就是通过自己犯罪的形式表现出对他的不诚实，缺乏这种诚实，就是实质的责任。[1]

心理责任论的问题在于：其一，它不能充分说明“过失”的责任性，因为在无认识的过失场合，行为人对于犯罪结果的心理关系是完全不存在的，即欠缺心理的事实性，而无责任性可言，这与当今的过失观念不一致。其二，它不能说明哪种心理关系在刑法中是重要的，也不能解释为何构成责任或者在缺少心理关系时阻却责任，如精神病患者或者在紧急避险当中不负责任的理由何在。但值得注意的是，我国无论是在刑法立法还是在刑法司法之中，心理责任论都占主导地位。在立法上，与德日刑法学对称的责任相关评价内容在《刑法》总则中只有责任能力和故意、过失，在分则中对于典型属于一般人欠缺实施合法行为可能性的特殊情境下的行为欠缺特殊的制度安排，例如在类似于窝藏包庇罪的条文中，没有像国外刑法那样对于特定关系人作出不处罚或者不负责任的规定。在司法实践中，基于心理责任论机械追究当事人刑事责任的案例更多，典型的如在正当防卫的场合，只要防卫人造成了伤害结果，一律各打五十大板，基本上对行为发生的时间、场所、受不法侵害的情况不作具体分析，甚至将一些案件作为聚众斗殴或者寻衅滋事处理。

规范责任论是以期待可能性理论为基础建立起来的。关于规范责任论的理论渊源，道义责任论认为它是起源于本派的观念；而社会责任论认为它与道义责任论无关，是社会责任论的成熟形式。[2] 这

---

〔1〕 参见[德]乌尔斯·金德霍伊泽尔：《刑法总论教科书》，蔡桂生译，北京大学出版社 2015 年版，第 211 页。

〔2〕 参见[日]木村龟二主编：《刑法学词典》，顾肖荣等译，上海翻译出版公司 1991 年版，第 211 页。

种争议从侧面反映出，规范责任论无论相较于道义的责任论，还是社会的责任论，都更为科学、合理，否则两派为何要力举规范责任论是源自本派的学说呢？从实质内容上看，就是否承认意志自由而言，规范责任论似乎属于道义责任理论的产物；但从是否承认行为具有被决定性的方面而言，规范责任论似乎是社会责任论的发展形式。如果我们对该理论形成的背景与过程加以通盘考虑，就会得出如下结论：规范责任论作为历史的产物，它是社会责任论自觉演绎的结论。而心理责任论仅仅在责任的结构上与道义责任论有所区别，却没有吸纳社会责任论中的合理内核，所以相对而言，规范责任论比心理责任论在构造上要完整一些。规范责任论较心理责任论而言更具有现实合理性。但是其在我国立法上还没有得到体现，虽然司法上不乏相关的解释和判例（如韩群凤案）有所反映，但是都没有达到明确运用该理论的程度。特别需要反思的是，在我国刑法教义学中，目前也很少对规范责任论的合理性形成共识，主要是很多学者认为这个制度有悖于刑法的整体性要求。

的确，在规范责任论的“母国”——德国，期待可能性理论也曾面临导致法律“软骨化”的指责。为了解决其中的问题，德国学者在“二战”之后提出了实质的责任论，主要是为了回应期待可能性论中采取行为人的标准可能导致法律“软骨化”的批判。实质责任论强调和突出的是国家或者社会在确定行为人是否值得期待时的地位。这个问题与是根据一般人还是行为人标准进行期待可能性评价有关，但最初该问题在德国没有得到合理解决。日本学者佐伯千仞在研究期待可能性时注意到了这个问题，并提出了国家标准说，他的观点在一定程度上扩大了期待可能性的评价视角。但是，我们需要看到，在责任论实质化转向过程中，虽然有所分歧，但是机能责任论、规范应答可能性论、交谈责任论之间还是有共同的基础。这个基础就是责任前提要从法律规范出发，而不是从行为人主体前提出发，所以责任严格上说是法律责任,它仅仅是对法律缺乏忠诚的责难,和道义、伦理标准无关。[1] 规范应答可能性论虽然亦表现了这种取向,但是在贯彻上远不及交谈责任论。规范的应答可能性论的内容和以期待可能性为核心的规范责任论别无二致。而交谈责任论是基于理性交往的理论建构起来的自主责任观。可惜的是,实质责任理论在强化公民对国家、法律的认同时,将责任理解为公民内心对法律的态度,也有过于理想之处。在民主社会中,法律的制定依赖的是"大多数人"或者"多数人"的票决,因此,没有一部法律能获得全体成员的认可,对于反对者而言,他是否拥有不遵照执行法律规范的正当化权利呢?所以,责任评价不仅取决于公民对法律规范的忠诚性,还取决于公民对法律规范的依赖性。笔者认为,责任论在本质上可描述为自主的预防责任论。

在刑法上,责任的本质要从其在犯罪构成中的地位着手分析。在犯罪构成中,违法评价和责任评价无疑是极其重要的内容,而且二者之间存在内在关系。违法是对行为性质的同质化评价。如甲用刀将张三杀死、乙用毒药将李四毒死,甲、乙的行为方式不一样,但是其性质是相同的,都属于故意杀人。而责任是对行为人的异质化评价。它的功能在于对具有相同性质的行为作差异性评价,最终为刑法个别化原则的实现提供依据。例如,在司法实践中绝对不会因为甲故意杀害了张三、乙故意杀害了李四,就对二人进行"绝对公平"的处罚;相反,这种"绝对公平"通常被认为是不公平。如何将甲和乙在同一法律结构下的个别化因素以异质化的方式呈现出来,就是责任论的任务。仅仅凭借故意、过失以及法定的责任能力这些因素是难以实现责任论的任务的,因为故意、过失和责任能力本身就具有高度的

---

〔1〕 参见[德]乌尔斯·金德霍伊泽尔:《刑法总论教科书》,蔡桂生译,北京大学出版社 2015 年版,第 211 页。

同质性。在行为人实施违法行为的时候,能显示他与其他行为人不同的那些因素恰恰是在概念法学形成的过程中被抛弃了的那些情景性因素,如非构成的时间、地点和行为动机等。

依据自主的预防责任论,责任是行为人自主放弃对法律规范的依赖,并因实施了违法行为表明其欠缺对法律忠诚而受到的谴责。责任一方面屈居于公民有信赖法律规范的能力条件。具体而言,包括心理上的认识和控制能力,可以说心理责任论为其提供了心理能力和生理条件的判断根据。另一方面,公民有依赖并遵从法律规范的行动条件。根据这种理论,责任取决于如下因素:国家法律对公民的行动能力在不同情形下提出了程度不同的预防性要求。通常我们认为国家为此提供了统一的要求,事实上并非如此。国家要依据不同的主体、不同的事态对人的行动能力予以不同的约束。例如,刑法将未成年人分为无刑事责任年龄、相对刑事责任年龄、完全刑事责任年龄,就是根据主体的认知和控制能力标准分别设置的法律规定。此外,刑法规定紧急避险、正当防卫等事由,也是结合当时的事态进行具体把握,避免了“一刀切”的不合理责任评价方式。除了上述法律已经明确作了类别化处理的规范之外,我们认为还应注意如下事实,即法治有常态治理和非常态治理之分。在常态社会中,刑法之机能要适应社会发展而动态调整,由此,法治价值的重心也有细微区分。它要求刑法在实践中时而重个体自由,时而重社会安全。总体而言,在常态治理中,对自由的关注应多于和重于对安全的关注,刑法的自由保障机能应多于和重于社会保护机能。但是,在公共事件突发时期,例如战时或者传染病疫情防控处于一级响应级别时,法治的重心就应该进行较为明显的调整,并呈现出同常态治理较为明显的差别。刑法价值的重心是社会安全而不是个人自由,刑法的机能更应该凸显对社会秩序的维护和对社会安全的保护。用常态法治思维讨论非常态法治对策,属于无的放矢,注定会失败,也不可能实现刑法保障自由的价值诉求。

公民否定对法律规范的依赖性从事违法犯罪行为一般基于两种情况,一是因为不认同法律规范而对其根本性进行否定。缺乏规范意识的人往往不愿意遵从规范,过理性公民生活,因此容易从根本上否定法律规范的意义。二是因为失望而对法律规范的机动性进行否定。这种情况主要出现在异常情况下,刑法规范不足以满足行为人对法律的预期,从而失去对法律规范的依赖,依据对客观情形的判断,选择有利于实现自己企划的违法行为。

因为对于法律规范缺乏认同而实施违法行为,例如在公共交通工具上的"霸座行为",是行为人在社会生活中缺乏进行理性交往的意愿或能力的表现。缺乏理性交往意愿的人在实施具有社会意义的行为前,形成其决意的往往不是社会的主流价值,而是个人的利益需要,行为人对于行为是非曲直的判断通常是模糊的,特别是在价值取向多样化的社会中,这种是非观之间的界限变得更为含糊。道义上的谴责在价值取向多样化的社会中其实已经失去了客观基础,它很难对行为人给予有效的谴责。但是这种行为对于"社会团结"具有潜在破坏性,因为法律规范的遵守者会面临因守规则而遭受利益贬损的境况,而法律规则的违反者不仅不会遭受利益贬损,还能从中受益。如果这种现象不被遏制,就无异于鼓励不守法律规范,这势必导致社会倒退至"弱肉强食"的自然状态。所以对这类违法行为人的责任评价,仅仅是在可以预见的未来,强制行为人遵守法律规范,适应社会生活中理性交往的规则,同时,防止法律规范被行为人的违法行为示范性地破坏。

同时如何将"失望者"从犯罪泥潭中有效挽救出来,显然是责任论必须解决的问题。"失望者"并不缺乏对法律规范的忠诚性,也有遵循法律规范的意愿,但是,"失望者"对于法律规范的依赖形成于这样一个判断:守法有助于维护和增加本人利益。当现实情况无法有效提供关于这个判断的佐证时,甚至守法在特殊情境下意味着自己的利益将遭受更大的损失时,“失望者”可能违背忠诚规范的道义要求,采取违法的权宜之计维护个人利益。在此情境下,失望的行为人固然应遭受道义上的谴责,但是,法律规范的执行者也应当为无力向“失望者”提供及时和必要的帮助而遭受法律谴责,所以仅仅依据法律的“当为”规定而不讲条件、不分场合地追究行为人的刑事责任的做法具有很明显的不合理性,在实践操作中应当根据特定主体存在遵守法律规范的“可为”性进行评价。从而实现法律的谴责吸收或者抵消对“失望者”的绝对的道义谴责。

根据上述考虑,我国刑法在进行责任评价时应着眼于三个条件:首先,将不法行为的行为者作为社会中的理性交往主体对待,国家和行为人都有义务适应理性交往的需要采取主体间的行动模式,法律规定是理性交往主体之间的承诺与选择;其次,基于理性交往的规则,法律只能在一般意义上确定公民理性交往的基本规则,而不可能为公民的交往设定绝对的命令和义务;最后,依据理性交往的行动模式,必须为特殊情境下的非理性行为选择提供必要的开放空间,对于在此空间内的事由进行合理性对话和论证。

所以,心理责任论无法适应现代刑法对责任论的理论预期。现代社会对刑法功能的期待从多个角度向建立在“责任主义”之上的刑法责任理论发起了挑战。一方面基于对传统犯罪的合理性评价,迫切需要改变法律实证主义过于绝对的做法,从具体的刑法规范中区分当为的情景和不可为的背景,运用期待可能性理论合理地对行为人的责任进行规范性评价;另一方面,科技的发展构筑了共有和共享的社会,新技术解构了国家直接管理社会的方式,更多的社会事务是通过社会中间组织进行管理的,政府需要打造共同治理的模式。每个社会生活参与者也是社会生活的创造者,其法律地位在得到提升的同时,社会责任和法律责任也相应增加了。但如果严格依照心理责任论追究其刑事责任，法律运行的成本将会增加，达不到共建的目标。因此，对于特殊犯罪，如传染病防治失职犯罪、环境和生态犯罪、网络犯罪等技术要求高的新型犯罪，还需要在简化责任要素评价方面进行必要论证，以确定无过错责任事由的合理性和必要性。

二、严格责任论与刑法立法

（一）严格责任概述

严格责任理论是英美刑法责任理论的重要组成部分，目前在英美刑法中占据重要地位。但是在大陆法系刑法理论中，受古典“责任主义”自然法思想的影响，虽然在理论层面也关注该理论，但是严格责任不仅未得到主流刑法理论的承认，在各国的刑法立法中也鲜有规定。就我国刑法学界的研究而言，对严格责任的研究主要可以分为两个方面：一是严格责任概念的界定；二是严格责任的理论地位。

由于严格责任产生于英美审判实践和判例制度，英美学者对其具有不同角度的理解和界定，主要有以下四种不同立场：第一种观点认为，严格责任是不要求犯意要件的犯罪。持这种观点的学者认为，只要行为人实施了为刑法规范所禁止的行为，即使行为人主观上不存在犯罪故意，也应当承担刑事责任。第二种观点认为，严格责任存在于特殊犯罪中，在行为人对犯罪不存在犯意的情况下，行为人也有可能被定罪并被追究刑事责任。从其含义来看，第二种观点认为在行为人实施犯罪行为时，不论是否有犯意都应当承担刑事责任，类似于我们通常所说的绝对责任。第三种观点认为，犯罪行为无须犯罪意图的情况下，可将此种犯罪认定为严格责任。第四种观点认为，严格责任不需要有犯罪意图，只要有犯罪行为就够了。[1]

---

〔1〕 参见付霞：《论刑法中的严格责任》，中国政法大学2004年硕士学位论文，第6页。

综上可见,关于严格责任的共同特点是,在某个犯罪的犯罪构成中没有对犯意要件作出要求,分歧点在于没有作出要求的原因是什么。从表述上理解,第一种观点和第二种观点是基于事实上的分析,认为行为人行为时不存在犯罪故意;第三种观点和第四种观点则基于规范上的分析,认为犯意缺失仅仅是立法者或者司法者作出的选择。

笔者认为,上述理论分歧是在英美立法与司法经验中出现的。作为我国刑法研究关注的概念,哪种理解更切合我国的实际要求和法律传统恐怕是我们对其进行评价的一个前提。据此前提,我们认为,对于严格责任应作如下限定:

第一,严格责任具有无过错责任的特征。根据英美刑法学界的一般观点,严格责任和代理责任是英美法系刑法责任理论中的两个重要概念,在英美法系中,代理责任与严格责任被认为是无罪过责任领域的两姊妹。[1]

第二,无过错责任与绝对责任并不完全等同。有学者指出,严格责任下尽管行为人不存在过错,但同样要承担刑事责任。[2] 在此情况下,犯罪的成立不以行为人在行为时具有故意或过失为条件。这种观点对于无过错责任的理解并不完全正确。事实上,无过错责任是基于事实上不存在过错还是基于规范上不要求过错进行证明,历来是英美学者争议较多的问题。但是,近年来,这种争议之间的隔阂已经减少,越来越多的学者倾向于采取较为稳健的责任主义的立场。无论在大陆法系还是在英美法系,责任主义都是犯罪评价的核心规则。根据责任主义的要求,行为人在行为时必须具备犯意,否则就无法承担刑事责任。如果行为人在行为时,客观上并不具有过错,对其

---

〔1〕 参见童德华:《刑事代理责任理论介评》,载《法学评论》2000 年第 3 期。

〔2〕 参见陈兴良:《刑事法评论》第 3 卷,中国政法大学出版社 1999 年版,第 276 页。

进行追责就意味着步入了“客观归罪”的回头路，这种情形被定义为“绝对责任”。大多数学者认为绝对责任是违反宪法基本原则的。如果认为无过错责任就是行为人没有过错，由于这种观点与责任主义和我国刑法理论中的主客观相一致原则相违背，所以必然会受到批判和抵制，进而妨碍我国学者合理、客观评价无过错责任，包括严格责任和代理责任。

第三，无过错责任仅仅是基于便利需要，在规范上不要求行为人的犯意要件。赵秉志教授在介绍英美严格责任的内涵时指出，在英美刑法中，严格责任指的是行为人在实施犯罪时虽然缺乏犯罪意图，或者法律规定无须证明行为人的犯罪意图，但只要行为人客观上实施了法律禁止的行为，行为人就构成犯罪，要承担相应的刑事责任。[1] 这种观点有助于我们理解无过错责任的本质。无过错责任并非没有犯意，而是法律实践基于行为人在具体情况下均具有犯意的经验分析，然而某些犯罪具有监护或者监督管理方面的间接性特征，如果遵从“谁主张、谁举证”的原则，严格按照教条的方法要求检诉机关证明犯意要件，证据采集上的不便将会导致检诉失败，不利于社会管理。因此，为了降低证据采集要求和提高诉讼效率，法律规范不要求证明行为人的犯意要件。但是在实践上，这种做法实际上与“举证责任倒置”相关联，即如果行为人能够充分且合理证明具体行为实施时其没有犯意，那么就可以阻却行为人的刑事责任。

（二）严格责任的理论地位

当前我国刑法学界就是否应引入和承认严格责任存在否定说和肯定说之争。

第一，否定说。否定说非当前主流观点，持否定说的学者一般是从罪刑法定原则和责任主义的角度出发的，认为设置严格责任的犯

---

〔1〕 参见赵秉志主编：《英美刑法学》，科学出版社2010年版，第61页。

罪明显违反了责任主义。恰如很多学者所担心的那样，严格责任惩罚无罪过行为人违背了责任主义，这使刑罚起不到任何预防作用。

第二，肯定说。持肯定说的学者多从责任理论的时代适应性角度出发，认为承认和建立严格责任说有助于面对和解决刑事司法实践中出现的新情况。这种观点得到了呼应。有学者认为："严格责任有其优势，我国刑法应在可行的合理范围内确立严格责任犯罪。"[1]还有学者认为："我国刑法有必要确立绝对严格责任与相对严格责任相结合的制度。"[2]

基于上述分析，我们认为无过错责任和责任主义并不矛盾，因为无过错并不等于客观上无过错，基于司法经验可以推定，行为人在实施行为时具有犯意，这恰恰是无过错责任根据之所在。我国有学者认为，严格责任并不是承认行为人成立犯罪，但不要求行为人主观上具有过错，只是在刑事诉讼中免除公诉方的证明责任，推定行为人主观上具有过错。[3] 这种理解既指出了无过错责任的事实基础，也指出了无过错责任的意义，有助于我们以积极的态度思考和借鉴无过错责任中的严格责任和代理责任。

（三）严格责任的立法选择

关于严格责任的立法前景，综合学者们的观点一般建议采取总则和分则相结合的方式。如有观点建议："在总则第二章中，将'严格责任'单独成节，并明确相关概念；明确分则中适用严格责任的个罪，

---

〔1〕 刘霜、任彦君：《论英美刑法中的严格责任及其借鉴》，载《河北法学》2005 年第 3 期。

〔2〕 崔化河：《刑法中严格责任原则的法律内涵及适用》，载《山西省政法管理干部学院学报》2014 年第 3 期。

〔3〕 参见高铭暄、马克昌主编：《刑法学》（第 3 版），北京大学出版社 2007 年版，第 234 页。

例如,在持有性犯罪、奸淫幼女犯罪和醉酒人犯罪适用相对严格责任。”〔1〕

如前所述,我们对严格责任应采取辩证的态度。一方面要看到该制度对于社会治理所具有的保护功能,另一方面还要看到该制度对于传统证明责任制度的冲击力。严格责任在司法实践中存在被滥用的问题,如被告人虽然合理证明自己没有过错但还是受到了处罚。因此应当慎重采用严格责任制度。事实上,英美法系对于严格责任的适用也有极其严格的限制,涉及严格责任的犯罪主要是与民生利益有重大关联且处罚通常限于罚金的犯罪。总之,我们应肯定严格责任在未来刑法立法中的地位,但考虑到严格责任的缺陷,未来刑法立法对严格责任应采用总则和分则共同规制的方式。具体路径展开如下。

1. 严格责任在总则中的确立

在《刑法》总则中确立和新增严格责任条款并不意味着背弃传统罪刑法定主义和责任主义;相反,严格责任原则作为责任主义原则的补充,有助于更好地发挥刑法的规制机能。通过在总则中确立严格责任制度,有助于进一步完善我国刑事责任体系,有助于对严格责任作为责任主义的有效补充方式进行合理定位,特别是随着风险社会的到来,法益面临的风险多样性和不确定性激增,环境犯罪、食品药品犯罪严重威胁到了社会民众的身体健康,为了更好、更全面地实现法益保护机能,彰显刑罚的积极一般预防机能,我们需要通过引入严格责任,助力在特定领域的案件中减轻和转移公诉方的举证责任,提高诉讼效率,通过对犯罪及时和准确的处理,实现刑罚的有效性。

由于严格责任的特征与犯意相联系,加之属于犯罪心理态度的

---

〔1〕 崔化河:《刑法中严格责任原则的法律内涵及适用》,载《山西省政法管理干部学院学报》2014 年第 3 期。

例外性规定,而该规定又和不可抗力或者意外事件相反,所以属于积极性犯罪成立制度,可以在《刑法》第15条之后增设第15条之一作为关于严格责任总则规定的条文。

在内容设计上,要考虑本罪适用的范围不宜过于宽泛,有必要将其限定为特定刑罚之下的轻罪。如"依据法律规定不要求故意或者过失的犯罪,且应受一年以下有期徒刑处罚的犯罪,可以不对犯罪心理态度进行证明。但应采信被告人所做的对本人有力的证据"。

2. 严格责任的分则展开

出于回应社会发展的需要,立法者在特定领域将其引入刑法立法,体现的是功利主义的需求。但是,在分则具体罪名中明确严格责任制度的适用应当在需求的功利性和法的公正性之间找寻平衡。因而,在分则中确立严格责任一方面要严格限定在特定的领域内,另一方面也要对严格责任制度设定限制条件。

首先,严格责任的适用限定于环境犯罪、食品药品犯罪等特定领域。就严格责任的具体适用领域而言,当前刑法学界肯定严格责任说的学者较为统一地将严格责任限定于食品药品犯罪和环境犯罪领域,至于持有型犯罪是否应当引入严格责任,争议较大。

其一,环境犯罪领域的严格责任立法。就当前环境犯罪领域是否应当引入严格责任,存在肯定说和否定说之别。持肯定说的学者指出,我国的环境犯罪应适用严格责任。理由主要有:适用严格责任能更好地实现保护环境的目的;同时从诉讼便利的角度来看,其有助于诉讼活动的顺利开展。如魏汉涛指出,在风险社会已经成为现实、福利社会正快速向我们走来的新形势下,为防卫社会风险、增进国民福利、实现刑罚目的,我们应在环境公害犯罪中接纳严格责任。[1]

---

[1] 参见魏汉涛:《环境公害犯罪适用严格责任的必要性》,载《河海大学学报(哲学社会科学版)》2013年第1期。

曾粤兴等人也持类似的观点,“现代意义上的严格责任属于过错推定责任,污染型环境犯罪中可以适用之”[1]。周兆进博士专门就“我国环境犯罪适用严格责任研究”撰写博士论文,探讨严格责任在环境犯罪中的展开。另有部分硕士选择将环境犯罪中的严格责任作为论文选题展开论述。而否定说的学者主要从严格责任违反罪刑法定原则和侵犯被告人人权的角度展开论述。[2]

环境犯罪一旦发生便会造成极其严重的危害后果,危害的是广大社会民众的利益和后代的生存利益,所以从社会整体利益出发,采用严格责任限定环境犯罪被告人的部分权益,推定其具有主观过错是正当和合理的,也与作为其产生根基的功利主义思想相符合。同时,由于环境犯罪危害后果的严重性和不可逆转性,环境犯罪刑罚的目的主要在于犯罪预防,限定严格责任也有助于环境犯罪预防目的的实现。因而,我们应当在环境犯罪中引入严格责任制度,加强对环境犯罪的打击力度。

其二,食品药品犯罪领域的严格责任立法。食品药品领域的严格责任起源于美国 1906 年的《联邦食品和药品法》以及 1938 年的《联邦食品、药品和化妆品法》。联邦最高法院在 1943 年的托特维茨案中首次确认了国会的这种立法意图,由此建立了食品药品规制的严格刑事责任理论。1976 年的帕克案则进一步完善了该理论。[3] 随着科学技术的发展,特别是“三聚氰胺”“假疫苗”事件的发生,食品药品安全问题越来越引起社会的关注。面对食品药品安全失守这一严峻现实,在食品药品犯罪中引入并规定严格刑事责任的呼声越来越强烈。

---

[1] 曾粤兴、周兆进:《环境犯罪严格责任研究》,载《宁夏社会科学》2015 年第 1 期。

[2] 参见张明楷:《刑法格言的展开》,法律出版社 1999 年版,第 193 页。

[3] 参见班克庆:《论美国食品药品规制中的严格刑事责任及其借鉴》,载《特区经济》2011 年第 11 期。

在严格责任肯定说论者看来,食品药品领域引入严格责任有其合理性。在我国刑事司法实践中,严格责任适用呈现出扩大和加强的趋势,在遏制食品药品安全犯罪方面发挥了巨大的作用。属于公共福利犯罪的包括食品、药品犯罪。[1] 如刘霜等曾指出,“严格责任包括五类,第一类就是违反食品卫生的行为”[2]。

其三,持有型犯罪的严格责任立法。当前学界就持有型犯罪是否应当引入严格责任存在争议,但是在分析反对者的依据之后我们可以发现,反对持有型犯罪属于严格责任的学者大多采取的是类似于论证逻辑的方式,即尽管承认持有型犯罪对行为人的主观予以推定,但是由于严格责任以无过错为处罚条件,所以持有型犯罪不属于严格责任。如梁根林教授认为,“没有罪过不能犯罪化是刑事立法犯罪化的基本政策,举证责任倒置的严格责任也不能成为我国进行非难的依据”“持有型犯罪不是严格责任犯罪,而是内含故意推定的故意犯罪”[3]。陈洪兵等也持类似的观点,“严格责任在我国没有生存土壤,英美的严格责任实际上只是一种推定”[4]。遗憾的是,既然严格责任也是一种行为人主观罪过推定,为何持有型犯罪中对持有人主观推定不属于严格责任,作者并未进一步阐明。

在当前的刑事司法实践中,对于持有型犯罪中持有人主观心态的认定必须进行刑事推定,这实质上就是严格责任的体现。[5] 各国刑法典所规定的持有型犯罪的规制对象大多局限于枪支等特定违禁物品。按照一般人的法律常识,持有此类物品本就与现行法律规定

---

〔1〕 参见刘仁文:《刑法中的严格责任研究》,载《比较法研究》2001年第1期。

〔2〕 刘霜、任彦君:《论英美刑法中的严格责任及其借鉴》,载《河北法学》2005年第3期。

〔3〕 梁根林:《责任主义刑法视野中的持有型犯罪》,载《法学评论》2003年第4期。

〔4〕 陈洪兵、郝建田:《持有型罪群证明责任、立法评析及司法适用》,载《政治与法律》2004年第4期。

〔5〕 参见苗有水:《持有型犯罪与严格责任》,载《法律适用》1998年第5期。

不相符,因而运用严格责任推定持有人持有目的的非法性是合理且必要的。但是,当前的刑法立法尚未对此进行规定。对此,未来的刑法立法中,我们应当在持有型犯罪中明确规定严格责任制度。具体而言,一方面要将对持有人非法持有目的的推定条文化,通过刑法条文进行明确规定;另一方面,借鉴"巨额财产来源不明罪"的立法逻辑,同时配套持有人反证出罪机制。

其四,其他领域的严格责任立法问题。还有学者建议,在醉酒人犯罪场合、奸淫幼女罪中对被害人年龄认识错误场合也应进行严格责任立法。对此笔者认为,我们应具体问题具体分析。尽管存在争议,原因自由行为理论已经可以很好地解决醉酒人犯罪问题,对此再引入严格责任来解决不具有合理性。而奸淫幼女对幼女年龄认识错误的场合,当前司法解释已经明确规定,所以也不存在进行严格责任立法的余地。[1] 此外,限定严格责任确实主张对行为人的主观进行推定,但并不意味着所有的涉及行为人主观推定的情形都应当采用严格责任。

其次,分则立法中严格责任制度的限制。严格责任的分则立法通过将刑事证明责任转移至被告人,在行为人实施基本危害行为并带来相应危害后果时,便可以推定行为人具有主观罪过并承担起相应的刑事责任。但是这一制度与刑事诉讼的证明责任分配规律不一致,因而分则中涉及严格责任的罪名规定需要进行限制。

其中,最主要的便是分则中的严格责任立法须受罪刑法定原则约束。罪刑法定原则是现代刑法的铁则,严格责任作为责任原则的补充,并不是对罪刑法定原则的突破。相反,从保障被告人合法权益的角度出发,其更应当严格遵守罪刑法定原则。按照罪刑法定原则

---

〔1〕 参见 2023 年 5 月 24 日最高人民法院、最高人民检察院、公安部、司法部《关于办理性侵害未成年人刑事案件的意见》第 17 条。

的明确性要求,在分则立法中对于何种犯罪适用严格责任以及哪些构成要件要素可以通过严格责任进行推定都需要明确规定。

此外,严格责任推定行为人具有主观过错,但同时需要保障被告人的辩护权,即在严格责任场合应该同时允许被告人就推定事实进行辩护,在追求诉讼效率和社会公平正义的同时也要注重对个体合法权益的保护。

三、代理责任论与刑法立法

(一)代理责任概念探析

我国学者早已留意并关注代理责任理论,但对代理责任的探讨目前仍处在通过翻译、介绍英美刑法教材和刑法理论展开为主的状态,研究还不够深入。[1]

1. 代理责任的内涵

"所谓代理责任,指的是被告对他人的行为和精神状态,而不是对自己的作为或不作为承担有罪的责任"[2]。代理责任是源于英美刑法理论的一种刑事责任制度,代理责任制度要求被告人对被监督和管理的行为人的行为进行监督和管理。就代理制度的产生来看,英美法系的刑事代理责任制度和大陆法系的转嫁刑罚制度,都是由原始社会的血缘连带责任演变发展而来的替代责任制度的当前表现。在生产力水平低下的原始社会,浓厚而独立的氏族血缘关系有助于维护氏族内部团结和抵御外部侵害。在当时的社会背景下,依托氏族血缘关系而逐渐培育和发展起来的团体意识成为支撑社会运转的重要社会基础。在团体主义的影响下,氏族成员之间出于维护

---

〔1〕 以"刑事代理责任"为关键词在中国知网检索,仅有5篇文献,以"刑事"+"代理责任"检索也仅有16篇文献。访问时间:2020年8月16日。

〔2〕 J. Herring & Marise Cermona, *Criminal Law*, Macmillan Press Ltd., 1998(2nd), p. 185.

团体发展的需要，团体成员之间对彼此的行为负责，替代责任由此产生，可以说，这就是原始的“代理责任制度”。[1] 这种团体成员彼此为他人的行为负责的传统对英美法系代理责任的形成产生了深远的影响。

英美刑法理论中的代理责任也经历了一个从民事法领域逐渐拓展到刑事法领域的阶段。在18世纪末19世纪初，第一次工业革命和第二次工业革命的推动使资产阶级成为一个独立的阶级团体并逐渐稳定下来，加之工商业经济活动的增多，社会公共福利的违法犯罪行为亦呈上升的趋势。[2] 可以说，刑事代理责任是工商业犯罪发展的产物，它是为了便于刑法加强对社会经济活动责任主体管控而形成的一种新型责任制度，代理责任也因此成为英美刑法理论中的一种常见的责任制度。

就代理责任的内涵来看，学者们还存在不同的界定。如有的学者指出“代理责任与严格责任并列为无罪过责任的两种形式，代理责任是指负责某种经济活动的人，由于其他人在其代理活动中的违法行为，而应当承担的刑事责任”[3]。从代理关系看，行为人在行为时是具有责任的，而行为人和所谓的被代理人之间不存在明显的意思联络，其在行为时是否没有过错，这是值得思考的问题，正因如此，有观点认为将代理责任认定为无过错责任的观点值得商榷，因为即便在民事领域的代理责任未对行为人的主观过错作出明文规定，也要求推定被告人对他人的犯罪行为存在过错。我们认为，这种理解是对代理责任的误解。因为被告人在代理责任中承担的并不是行为过错，而是监督管理方面的过错，在所谓的代理人实施犯罪行为时，被

---

〔1〕 参见童德华：《刑事替代责任制度研究》，载《中国刑事法杂志》2002年第1期。

〔2〕 曹金林：《英美刑事代理责任制度在我国适用之否定》，载《西部学刊》2017年第8期。

〔3〕 刘志远、刘丁炳：《试论英美刑法中的代理责任》，载《广西法学》1995年第Z1期。

告人本应基于管理者地位对其犯罪行为进行制止，但是其疏于管理而导致结果发生。由于具体行为人的行为是基于被告人的利益而实施的，按照通常经验，没有被告人授意或者纵容，行为人是不会单纯为了他人的利益而甘愿自陷刑事风险之中，据此可以推定被告人存在主观过错。

2. 代理责任与其他责任形式的区分

为更好地掌握代理责任的内涵，还需将代理责任与其他责任形式进行区分。

(1)刑事代理责任与严格责任的区分

代理责任与严格责任间存在千丝万缕的联系，二者具有很多相同点和不同点。代理责任与严格责任的相同点。其一，二者都是为适应社会的发展而逐渐产生的一种新的责任形式，都是责任主义原则的补充形式。二者都是随着科技发展和社会进步而逐渐从责任主义原则中分离出来的补充形式。其二，二者对被告人的主观过错都实行推定。相较于普通刑事责任制度，为更好地规制某一领域的犯罪活动，二者适度扩张了刑罚权。所以，有的情况下代理责任并不必然与严格责任同时存在。其一，严格责任中，严格责任并不考虑行为人的主观过错，而代理责任采取的是推定监督管理中存在主观过错。其二，虽然大多数情况下，代理责任中的犯罪人的主观过错是推定得知的，但这并不意味着所有的代理责任中行为人的主观过错都可推定，在能够明确证明行为人存在监督过失等主观过错时，仍需承担代理责任。此时，便没有严格责任适用的余地。

(2)刑事代理责任与单位责任的区分

所谓单位犯罪，即从单位利益出发，由单位人员在业务过程中实施的严重危害社会、违反刑法且依法应负刑事责任的行为。[1] 尽管

---

〔1〕 参见赵秉志主编：《单位犯罪比较研究》，法律出版社2004年版，第86页。

当前学界就单位犯罪的称谓还存在很大的争议,但一般认为单位犯罪属于法人犯罪的中国式表达。在英美法系,有时候认为公司犯罪依据的是代理责任。我国单位犯罪的责任承担方式包括单罚制和双罚制,主流观点认为从立法者的原意出发,1997 年《刑法》第 31 条规定了“双罚制为主和单罚制为辅”的单位犯罪处罚模式,即单位犯罪原则上进行双罚制,但是在刑法另有规定时,采取单罚制,只处罚单位。由于单位仅是为了便利经济活动而拟制出来的一个虚拟刑事主体,在双罚处罚单位或单罚单位时,并未实施具体犯罪行为的单位实体却为实施具体犯罪行为的单位组织成员(雇员)承担刑事责任,似乎与代理责任存有相似之处。但依照我国刑法规定,单位犯罪的成立具有严格的限制条件,必须是单位成员为了单位利益,通过单位正常的决策机制形成犯罪决议并以单位名义对外实施的犯罪行为。换言之,仅在单位存在明确的主观犯意时才成立单位犯罪。这一点与主张推定行为人主观犯意的代理责任存在巨大差异。

(3)刑事代理责任与民事代理责任的区分

尽管刑事代理责任源于民事代理责任,但是二者仍存在很大差异。其差别主要在于二者的设立目的不同。民事领域的代理责任是为了更好地弥补受害人的损失,维护受害人的合法权益。一般就经济赔偿能力而言,雇主比雇员赔偿能力更强。在民事侵权案件中,为了更好地保障受害人求偿权的实现,不论行为人主观过错的有无,一律将有监督职责的雇主一同列为被告。而刑事代理责任的设立主要是为了实现刑罚的预防目的,在推定行为人具有主观过错的情况下,便认定其应承担相应的代理责任。另外,二者的责任承担方式也存在差异。刑事代理责任通过科处行为人以刑罚后果实现,而民事代理责任主要通过民事赔偿等方式实现。

3. 代理责任刑法立法的合理性论证

代理责任制度实质上是要求未实施犯罪行为的行为人为他人所

实施的犯罪行为承担刑事责任,与严格责任相似,未来代理责任立法也将面临违反罪刑法定原则、突破主客观相一致原则和冲击责任主义等方面的质疑挑战。首先,对罪刑法定原则的质疑挑战。根据罪刑法定主义,在传统的刑事立法模式中,对犯罪行为的构成要件要明确予以规定。但是按照代理责任制度,推定并未实施犯罪行为被告人具有主观过错,并追究其刑事责任就与罪刑法定主义的明确性要求相违背。因而,从表面来看,在未来刑法立法中新增代理制度貌似违反了罪刑法定原则。其次,主客观相一致原则是刑事法治实践中必须遵守的原则。代理责任的被告人仅在客观上具有基于其监管职责实施不作为的行为,主观上并没有明显过错,但是依据代理责任理论,被告人仍应当承担刑事责任。这一定罪过程与主客观相一致原则不相符。最后,推定行为人的主观过错以及让并未直接实施犯罪行为的行为人为他人的犯罪行为承担代理责任,与主张以主观过错为刑事责任前提和个人责任的责任主义原则相违背。

由于引入代理责任面临着巨大的理论挑战,也有学者提出在我国不宜引入和建立代理责任制度。[1] 笔者认为,对于是否应当在未来刑法立法中引入刑事代理制度,我们应当辩证全面对待。结论先行的话,为合理应对当前刑事法治面临的困境和挑战,我们应在未来刑法立法实践中引入和建立刑事代理责任制度。引入刑事代理责任制度具有理论上的合理性和实践上的必要性。

(1)应对社会风险的必要措施

现代社会科技的进步极大地推动了社会的发展,企业作为重要的社会经济组织,对于经济变革和发展起着重要的推动作用。随着社会进步和科学技术的运用,我们逐渐步入风险社会。传统的责任

---

〔1〕 参见杜平、郭克强:《略论美国刑法中的代理责任》,载《法学评论》1988 年第 6 期。

主义中个人是刑事责任的唯一主体，但在当前和未来的社会发展过程中，风险的制造者扩大至不同的组织，范围呈不断扩充的趋势。[1]传统刑法的责任主义已经无法合理规制经济生活中的企业犯罪，这要求适时突破传统的个人责任原则。在这个前提下，代理责任成为突破传统责任主义的一种重要方式。

代理责任对责任主义和个人责任原则的突破看似是对传统刑法理论的违背和逾越，但从其理论旨趣来看更近乎是为了规制风险应运而生的责任分配上的“负责主义”。[2] 可以预见社会企业和社会团体在未来社会经济生活中将承担起越来越重要的作用，但客观上，其也增加了社会风险。因此，引入和借鉴代理责任制度是应对社会风险的必要措施。

(2)有利于规范社会经济秩序

将代理责任引入刑法理论，便于利用刑事制裁手段规制因雇主未全面合理履行监督责任而带来的犯罪行为。这在客观上能够对雇主起到监督作用，有利于督促其加强对雇员的监督和管理。尽管刑事司法实践难以明确证明雇主对雇员实施的违法犯罪行为具有主观过错，但现实生活中，很多雇主对雇员实施的犯罪行为持有一种明知或放任的心理。因此，如果在该领域的犯罪行为中仍坚持继续适用传统责任主义，无疑是对该类犯罪行为的放纵。如此，既不利于良好社会经济秩序的形成，也与社会公平相违背。

此外，当前我国正处于社会变革和经济转型的关键时期，改革进入攻坚期。从 1997 年《刑法》出台到 21 世纪头 20 年的这段时间既是中国社会结构和经济体制面临快速变迁的转型期，又是计算机技

---

〔1〕 参见郝艳兵：《风险社会中刑法保护机制的转型》，载《南通大学学报(社会科学版)》2013 年第 4 期。

〔2〕 参见郝艳兵：《风险社会中刑法保护机制的转型》，载《南通大学学报(社会科学版)》2013 年第 4 期。

术飞速发展、全球化全面推进的关键时刻。转型期经济失范行为和规范供给之间的矛盾进一步凸显，引入代理责任是缓解规范供需领域不平等不均衡的重要举措。

(3)有助于诉讼便利和诉讼经济

在适用代理责任的案件中，如果按照主客观相一致原则的要求，为追究雇主的刑事责任，必须十分清晰地证明雇主的主观犯意。但是在现实生活中，这一点很少见。另外，我们也很难希冀通过雇主主动承认知晓案件事实来证明其主观过错。以英美刑法代理责任的适用领域的雇主因雇员的行为承担代理责任的情形为例，现实生活中很难说雇主对雇员的行为完全不知情，但也很难直接用证据证明其具有明确的主观过错，欲通过司法人员收集证据予以证明，不仅需要花费大量的人力物力和财力，还会影响诉讼效率。

代理责任制度基于功利主义，出于保障和维护社会经济秩序的功利目的，在个人权利保护和社会秩序维护间有选择地向社会秩序倾斜。在未来刑法立法中引入代理责任制度，有助于节约诉讼成本并保障诉讼活动的顺利进行。这一点也与代理责任制度诞生之初的功利主义思想相符。此外，代理责任主要针对的是经济生活领域的企业犯罪，尽管通过代理责任的应用可以追究企业负责人的刑事责任，但由于其刑罚方式以罚金刑和资格刑为主，所以也不用担心对人权的侵害。

(二)代理责任的立法展望

法律移植是一国法治发展和进步的必要手段，正如有学者所言，“不管是理论还是实践，不管是国内还是国外，也不管是历史还是当今社会，法律移植是一种具有重要意义的法律发展常态”[1]。在全球化浪潮席卷之下的当代中国，法律移植更是中国法治进步和融入

---

[1] 王晨光：《法律移植与转型中国的法制发展》，载《比较法研究》2012年第3期。

世界法治发展潮流的必要手段。如上所述,刑事代理制度在英美法系刑法理论中占据重要地位,对其社会经济的发展也发挥着极大的促进作用。20 世纪 90 年代我国刑法学界就有学者介绍刑事代理制度,但在当时,除少部分学者肯定外,学者们大多反对将代理责任制度引入我国刑法。究其原因,与当时的经济不够发达存在密切关联。如上已述,随着社会发展和企业犯罪的增多,这种情势得到扭转,当前刑法学者们大多肯定将代理责任引入我国刑法立法的合理性。

但是,法律的移植和借鉴需要考量被移植国家法律制度产生的社会背景以及适用环境,承认和借鉴代理责任制度并不意味着对英美法系代理责任制度的全盘吸收和肯定。解决司法实践中的难题仅仅是法律移植的前提,在法律移植过程中要避免过度以自我为中心的"功利主义"目的。为避免强功利主义模式带来的盲目和失衡,为合理建构起一整套完善的代理制度引入机制,应分别在总则和分则中进行代理责任立法,形成完整的代理责任制度体系。

1.《刑法》总则中的代理责任立法

刑事领域中代理责任制度所规定的"行为人为他人的犯罪行为承担责任"的规定,在我国封建社会的法典中也有体现。最典型的便是在"十恶"之罪中,犯罪人的父母祖孙、兄弟姐妹等族亲都要为被告人的行为承担连带责任。不过我国古代封建社会中,行为人为他人承担刑事责任的这种株连制度借由一定的血缘和氏族宗亲关系形成,而非由行为人的业务和职务地位等因素决定。古代中国的这种责任制度属于一种赤裸裸的政治恐怖手段,它和专制集权统治狼狈为奸,互相利用。[1] 从保障人权和推动刑事法治进步的角度出发,我国未来刑法立法应借鉴的是当前英美刑法中的代理责任制度。

未来刑法立法实践中,我们可以在《刑法》总则中增加代理责任

---

〔1〕 参见童德华:《刑事替代责任制度研究》,载《中国刑事法杂志》2002 年第 1 期。

制度与严格责任制度一同作为传统责任原则的补充。代理责任制度的确立，与相对严格责任制度相似，也可能面临着突破罪刑法定主义原则和违反责任主义的风险。从本质上讲，代理责任是为了更好地实现刑罚的社会调控功能从而对责任主义的拓展，其是刑罚权在新领域的扩张。因而，我们在新增代理责任制度的同时也要严格限制代理责任制度的滥用。

首先，罪刑法定主义的明确性原则要求对其进行明确规定。知法是守法的前提和必要条件，为保障刑法规范作用的发挥，立法者必须先通过刑法条文规定刑事代理制度。另外，罪刑法定原则要求刑事立法符合明确性原则，以免刑法成为蛰伏在某个暗处的"陷阱"。[1] 当然任何语言表达都有模糊和明确之分，二者的界限也只是相对的，条文规范规定太过明确也会损害刑法的适用性和灵活性。法明确性有相对明确和绝对明确之分，当前我国刑法立法应采用相对明确规定而避免绝对明确规定。在《刑法》总则条文中明确规定刑事代理责任制度的适用领域和适用条件，还有助于避免规定不明确带来的刑罚权的滥用和对被告人人权的侵害。为此，从立法技术角度来讲，寻求明确性和模糊性之间的平衡点，是发挥刑法条文的规范引导功能和裁判功能的重要手段。

其次，建构刑事代理责任出罪机制。代理责任是一种证明责任推定制度，是在特定情形下推定有监管职责的行为人对他人实施的犯罪行为。刑事代理责任与无过错责任不同，其是出于便利刑事诉讼，为保障社会利益需要而对传统责任主义的一定程度的突破和扩展。从尊重被告人个体自由和人权保障的角度出发，我们应当在总则规定刑事代理制度的同时建构出罪机制，即刑事代理责任是在总

---

〔1〕 参见姜涛：《当代刑事立法应当遵循明确性原则》，载《国家检察官学院学报》2018年第2期。

结审判经验的基础上,在发生雇员实施犯罪行为时的一种原则性推定,在被告人能够明确证明其对雇员实施的犯罪行为无过错的情况下,被告人也就无须再承担任何刑事责任。这既是保障人权的必然要求,也是刑法罪名设置的内在逻辑。

2.《刑法》分则中的代理责任立法

代理责任得以被肯定源于个人正义对社会功利的让步,因此,从保护社会和公众利益出发,应对这种行为采取不可容忍和统一处理的态度,“两者相权取其轻”,从这种程度上讲,刑事代理责任是“不得已而为之”。[1] 与民事领域已普遍适用代理责任不同,严格限制代理责任的适用范围已经成为各国刑事司法实践通行的做法。就英美法系而言,代理责任在普通法上一般仅适用于公共妨害和刑事诽谤,而在制定法上主要适用于雇主对雇佣范围内的特定行为以及持照人对他人利用持照实施的不法行为。[2] 另外,考虑到英美刑法犯罪圈比我们更广,其犯罪门槛也更低,部分被纳入犯罪圈的公共妨害犯罪和刑事诽谤行为在我国属于民事违法或行政违法行为,所以我们在引入代理责任制度时更要严格限制其适用范围。

首先,限定代理责任适用领域。客观地讲,当前我国刑法学界就代理责任的刑法立法问题的探讨还不够深入。结合代理责任产生的社会背景和我国刑事犯罪的现状,我们可以尝试在企业犯罪特别是企业实施的食品药品犯罪和环境犯罪等领域引入代理责任制度。笔者之所以建议在公司实施的这两个犯罪领域引入代理责任制度,是因为以下两点:

其一,企业犯罪行为领域存在雇主与雇员间的监督和被监督关

---

〔1〕 参见钱振林、皮荷芳:《英美刑法中的刑事代理责任》,载《南昌航空工业学院学报(社会科学版)》2005 年第 2 期。

〔2〕 参见赵秉志主编:《英美刑法学》(第 2 版),科学出版社 2010 年版,第 73 页。

系，这一点与代理责任的规制原理相符合。因而将代理责任适用范围初步限定在公司犯罪领域，原则上推定企业主管人员或主要负责人具有主观过错并承担刑事责任，有其合理性。其二，食品药品犯罪和环境犯罪一方面波及范围广、社会危害性大，另一方面调查取证存在极大困难。因而将刑事代理责任进一步限定在食品药品犯罪和环境犯罪领域也是综合考量诉讼难易程度和诉讼效率的选择，有其现实必要性。因而笔者认为，在未来刑法立法中可以考虑将代理责任制度限定在企业实施的食品药品犯罪和环境犯罪领域。

其次，限制刑罚种类。对刑事代理责任的限制不仅体现在其适用范围方面，在具体罪名的刑罚配置上更要体现刑法的谦抑性。由于代理责任仅适用于企业实施的食品药品犯罪和环境犯罪，这一领域的犯罪行为大多属于法定犯，也都表现出逐利性。因而，针对代理责任适用的具体罪名的刑罚配置，我们应限定为罚金刑，并将其纳入职业禁止制度范围，具体原因有二：

其一，科处企业实施的食品药品犯罪和环境犯罪行为以罚金刑，可以有效切断行为人实施该类犯罪行为的经济原动力，更好地彰显刑罚的预防机能。另外，相较于判处企业负责人以自由刑，剥夺其人身自由，这两类案件中的受害者更希冀得到的是经济补偿，况且恢复生态环境也需要大量的资金。其二，剥夺从业人员的从业资格有助于从根源上剥夺行为人的再犯罪条件。作为一种保安处分措施，其对因利用职业便利实施犯罪，或者实施违背职业要求的特定义务的犯罪而被判处刑罚的人，剥夺其犯罪能力，预防其再次犯罪。[1]

---

〔1〕 参见刘志伟、宋久华：《论刑法中的职业禁止制度》，载《江西社会科学》2016 年第 1 期。

第五章　总体国家安全观视域下刑法立法价值定位

第一节　安全价值的立法要求

一、安全与刑法的立法价值

（一）刑法立法价值的概念

所谓立法价值，即表现在立法活动中立法的主体和客体的关系，良法善治是全体社会成员的共同追求。[1] 人类的实践能力是不断发展的，因此我们所处的社会也是不断发展变化的，作为上层建筑的法律就要随着人类社会的需要不断地丰富和完善。因此立法价值并没有固定的界限或范围，而是在不同的时期不同的国家有不同的内容，并根据具体社会情况的不同而有所侧重。法律与道德共同作为上层建筑的重要组成部分，都决定于经济基础

---

〔1〕 参见陈雪平：《立法价值研究——以精益学理论为视阈》，中国社会科学出版社2009年版，第57页。

并对经济基础具有反作用,两者具有密切联系,是相互贯通的。法律中蕴含着道德基础,许多法律的制定是以道德规范为依据的,而法律的规定在不知不觉中也影响了人们内心遵从的道德。因此,刑法的立法价值中必然包含公平、正义、自由、安全、人权等道德方面的价值。同时,作为体现国家意志并作为人们行为规范的刑法,立法价值中又必须考虑保障其科学性和实用性的内容,从而刑事立法必须考察立法时所处的社会背景,以更好地实现刑法的任务。

自1997年《刑法》颁布实施以来,我国刑法在修改完善的过程中颁布了一个单行刑法,经过了14次刑法修正,刑法体系日趋完善,因此可以说已经较好地实现了立法价值中公平、正义、人权等内容。但改革开放后随着我国市场经济的持续发展,社会生产力不断提高,出现了重大的社会转型,在这个过程中,产生了许多新矛盾和新问题。社会中的风险因素不断增多,严重影响了正常的经济秩序和社会的平稳发展,影响传统安全与非传统安全的因素叠加交织,所以,运用整体国家安全观思考刑法立法发展问题势在必行。对于当前风险社会的背景下,根据社会犯罪的结构性变化的情形判断,刑法一方面需要夯实人权保障的基础,另一方面还应重视社会保护机能的发挥,刑法立法在强调自由、安全、制度价值的同时,需要不断弥补法律漏洞,适度扩大刑法的规制范围。显然,立法者必须采取审慎的态度,把握好必要的界限,正确处理好保障公民安全和维护个人自由的关系,即正确合理地协调好立法价值中安全价值和自由价值的关系。

安全是指没有危险或不受威胁。与"平安"不同,"安全"强调没有危险,"平安"强调没有事故。[1] 安全,可以说是人类本能的欲望之一,人类对安全的需求体现在政治经济文化的各个方面,并通过各

---

〔1〕 参见李行健主编:《现代汉语规范词典:缩印本》(第2版),外语教学与研究出版社2010年版,第7页。

种手段和途径以保障安全的实现。近些年,传统重视人权保障的法治国家的刑法立法都体现了对安全价值的重视,出现了刑罚处罚早期化的现象。如德国刑法对于公开的促使犯罪(第 111 条)、建立犯罪团体(第 129 条)以及建立恐怖团体(第 129 条 a)等行为的犯罪化都体现了刑法对于社会秩序维护的提前介入。日本近几年来也展开了积极的立法活动,对比较抽象的法益通过刑法予以保护,如有关器官移植的法律、有关规制克隆人技术的法律等,此外,其立法还表现出明显的"刑法干预的早期化""刑法处罚的严厉化"的倾向。[1]

我国《刑法》在第 2 条就明确规定了我国刑法的任务,概括来说,即惩罚犯罪,保护人民利益,其中惩罚犯罪是手段,保护人民利益是目的,两者密切联系,有机统一。在刑法中,人民应解读为善良公民,所以,从该规定可以看出,我国刑法立法极其重视对善良公民及其群体利益的保护,强调刑法为善良公民及其群体提供充足的安全感,这就决定了,我国刑法在立法时必须尤其重视安全价值。刑法立法的安全价值在我国《刑法》分则体系中有明显的体现,犯罪首先是对单个社会主体(自然人)利益的侵犯,所以,在传统观念中的犯罪主要是侵犯公民人身权利、民主权利罪以及侵犯财产等侵犯个人法益的犯罪。但是,由人与人组成的关系、人与人交往所必要的秩序也十分重要,因此我国还规定了对社会法益和国家法益的犯罪。值得重视的是,我国并没有按照从侵犯个体法益到侵犯社会法益再到侵犯国家法益的顺序建构《刑法》分则体系,而是相反,它将危害国家安全法益放在首位,其次为危害公共安全法益的犯罪。此外,我国《刑法》分则对破坏社会主义市场经济秩序罪、破坏社会管理秩序罪作了较为详细的规定。这种体系本身就反映了我国刑法立法对于强调安全价值优先的立法取向。

---

〔1〕 参见黎宏:《日本刑法精义》(第 2 版),法律出版社 2008 年版,第 17 页。

启蒙时期的思想家卢梭曾提出,“人是生而自由的”,但其紧接着提出,“但却无处不身戴枷锁”[1]。人生而自由,这无疑是一种期望或者说是一种绝对的理想主义。当我们回归社会现实时,却总会发现自由受到了各种各样的限制,其限制之一就是法律规定的义务。安全(含秩序)价值是个人(自由)价值得以实现的基础和前提,没有安全价值,个人价值就无法有效实现。在一个无视国家法律制度、无视社会规范的社会中,一个主张个体自由和权利的人必然会将自己的利益凌驾于善良人之上,所以,作为社会大多数的善良人往往会成为犯罪的牺牲品。所以刑法应首先维护大多数善良人的法益。但是,社会的基本元素是个人,如果个人的权利不被公权力尊重,存在被公权力随时随意侵犯的可能,我们也很难指望大多数善良人的法益不被公权力伤及,所以,刑法还应谨防被公权力滥用的危险,这决定,我们在强调立法的安全价值的同时,也不能忽视与此相对应的个人自由价值。自由是指在宪法和法律范围内公民享有的按个人意愿活动的权利。哲学上指人认识和掌握客观事物的规律性并自觉地运用到实践中去。[2] 综上所述,我们可以得出如下结论:(1)自由价值十分重要,故此它在我国刑法的罪刑法定原则和《刑法》分则中有较为明确的体现;(2)法律的目的不在于限制自由,而在于发展和创设自由;(3)法律制度的创设和贯彻,是为自由的实践提供必要的秩序保障;(4)安全价值只能作为自由发展必不可少的条件出现,在立法目标上,立法者应将自由价值优先于安全价值进行制度设计,且安全价值之现实化必须以充分维护自由的发展为限度。由于在立法中已经对两种价值作出了安排,所以,在执法环节,执法者应将安全价值

---

〔1〕[法]卢梭:《社会契约论》,李平沤译,商务印书馆2011年版,第4页。

〔2〕参见李行健主编:《现代汉语规范词典:缩印本》(第2版),外语教学与研究出版社2010年版,第1749页。

优先于自由价值进行衡量;而在司法环节,司法者应兼顾自由与安全的地位和实际需要,审时度势,决定价值保护的重点。

(二)刑法立法发展与安全价值的映射

1997 年《刑法》颁布实施以来已历经了 20 余年的时间,回顾 20 余年来我国刑法立法的发展阶段,从总体上来讲,刑法规制的范围呈扩大趋势,刑法体系也日渐完善,消极预防的立法转向积极预防的立法。这些趋势都体现了刑法在面对世界经济复苏乏力、局部冲突和动荡频发、全球性问题加剧的外部环境以及我国内部全面深化改革,面临巨大社会风险的背景下,以刑法立法的安全价值为指导,为维护国家安全、社会秩序所作出的不懈努力。

1. 积极预防观念在立法中明显活跃

传统的理念认为,一般的违法行为不是犯罪,刑法要保持谦抑性原则,只有在其他部门法无法保护合法权益时才发动,在整个法律体系中起最后手段的作用。因此对违法行为和犯罪行为进行了严格的界分,只有具有严重危害社会性的行为,具体而言,即只有造成了严重后果或者具有产生严重后果的现实危险性的行为才是犯罪行为,并受到刑法的制裁,对犯罪行为采取消极立法的做法,如对于盗窃金额较小的行为不认定为盗窃罪。但随着社会的不断发展,社会矛盾不断激化,需要刑法主动介入去防范社会风险的发生,因此,我国刑法立法开始从结果预防立法转向行为预防立法。《刑法修正案(十一)》增设了高空抛物罪、妨害安全驾驶罪等罪。《刑法修正案(八)》将近年来频频发生的醉酒驾车、在道路上追逐竞驶等危险驾驶行为正式纳入刑法的规制范围,扩充了危险驾驶罪的行为方式。这些规定都体现了我国刑法从消极立法转向积极立法的发展趋势,也是对当前社会风险增多、人民安全感降低、急需法律予以保护的积极回应,映射了安全价值的重要意义。

2. 刑法规制范围持续扩大

1978 年改革开放后，随着我国经济水平的持续上升、生产力效率的稳步提升，社会处于变革和转型的关键时期，在此期间，新矛盾与旧矛盾相互交织，新问题与旧问题相互碰撞。为了适应经济社会发展的需要，有必要对刑法作出相应的调整，以期更好地发挥刑法的功能和作用。因此，我国刑法的罪名呈现出“滚雪球式”的发展。除了不断增加新罪名的数量，我国刑法立法关于犯罪构成要件的规定在不断完善和细化，分析我国刑法的 12 个修正案，主要通过增加犯罪主体、修改主观要件、增设行为类型、增加行为对象几种方式不断充实犯罪构成要件的内容。[1] 刑法的调整范围不断扩大，体现了刑法立法对于犯罪的预防倾向，这也是风险社会下，预防风险转化为实害、维护社会秩序、保障公民安全的必然选择。

3. 刑罚体系不断完善

随着刑法调整范围的不断扩大，“犯罪化”程度的不断加强，与此相对应，我国刑罚体系也不断完善。通过限制或剥夺一定权益使犯罪人遭受痛苦，是刑罚的本质属性，但不是刑罚的目的。刑罚的目的在于预防犯罪，剥夺或限制其权益以惩罚犯罪人只是实现预防犯罪目的的手段，特别是在当前风险不断增加的社会背景下，我国刑法立法对刑罚体系不断完善，以更好地实现预防犯罪的目的。监禁刑尤其是短期自由刑具有的交叉感染、受刑人刑满释放后难以回归社会，不利于对受刑人进行教育改造等弊端在学界都是予以肯定的。为了更好地预防犯罪，减少自由刑的弊端，关于社区矫正的法律条文的明确规定，代表了我国社区矫正制度的确立。《刑法修正案（八）》《刑法修正案（九）》中增设的禁止令、从业禁止也是预防职业犯罪的有

---

〔1〕 参见徐伟：《改革开放 40 年来中国刑法结构的动态走势和变化规律》，载《深圳大学学报（人文社会科学版）》2018 年第 3 期。

力措施。此外,我国刑法立法对累犯制度、减刑制度、缓刑制度、假释制度等相关规定的细化与完善同样契合了刑罚预防犯罪的目的,保障了社会安全,其体系不断完善。

二、风险社会与安全刑法观

(一)风险社会理论及对我国社会现状的分析

德国学者乌尔里希·贝克在1986年发表的《风险社会》一书中首次提出了"风险社会"的概念。贝克认为风险社会具有和传统社会不同的特征,传统社会的风险主要来自自然,无关人的决定。风险社会具有风险的人造性、不确定性、制度化以及全球化等特征。人类科学技术的发展导致了许多人造风险,而这些风险也是随着时代的发展新产生的,对于这些新的风险,我们无法精准预测和计算,因此具有不确定性。在这些不确定的风险中,我们无法确定风险的责任主体,导致风险具有"制度化"(制度性的不负责任)。[1] 随着经济的发展以及全球化的加强,这些风险不再仅限于某个国家或某个地区,生活在"地球村"的我们无一不或多或少地面临着风险社会下的风险。

近年来,关于"风险社会"理论的争论一直是刑法学界的热点,关于"风险社会"理论的争论方兴未艾,不同的学者有不同的观点,其观点大致可分为三类:第一类对"风险社会"理论持支持的态度,认为风险社会是一个高度分工、匿名化的社会,社会中的安全问题是由一系列环节引发的,无法具体准确地确定究竟是哪一环节引发的,因此我们不能仅对导致风险发生的最后一个环节进行治理与归责,而应当从源头治理,对每一个环节都进行必要的控制与防范,积极防止风险

---

〔1〕 参见林培晓:《风险刑法基本理论研究》,西南财经政法大学2014年博士学位论文,第8页。

的发生。[1] 第二类对“风险社会”理论持反对态度，认为即便当今社会存在大量风险，需要刑法的介入加以规范，其原因也是对法益侵害的危险，必须坚持刑法保护法益的目的。在“风险社会”的背景下，我们更应当坚持结果无价值论，从客观的角度判断，恪守责任主义。[2] 第三类则对“风险社会”理论采取审慎的态度，保持折中的立场，认为在风险社会中，刑事立法正当性问题的实质在于在没有发生法益侵害的情况下，将一个危险行为规定为犯罪或者使刑罚提前到来的依据究竟是什么，刑法立法必须执行好保障公民自由与维护社会安全的双重任务。[3]

需要指出的是，我国当前经济社会中的风险与贝克所提出的“风险社会”中的概念并不完全相同，我国是一个从封建社会直接走向社会主义社会的国家，没有经历国外发达的资本主义国家的资本主义阶段。此外，在西方进入第一次工业革命和第二次工业革命，大力发展科学技术时，我国并未在实质上参与。因此，受我国经济和技术发展程度的限制，我国社会中的风险有其自身独特之处，我们应从自身情况进行分析和判断。但是，由于我国处于任何国家和任何地区都不能摆脱的全球化浪潮之下，不可避免地受到其他国家的影响，也面临着各国所共同面临的风险，如环境污染、能源枯竭、核辐射、恐怖主义、医药化学、转基因食品安全等问题。我国地大物博，幅员辽阔，广阔的国土和众多的人口无疑更加有利于风险的滋生。可以看到，近年来我国风险事故频发，恐怖活动犯罪、毒品犯罪、金融活动犯罪，既存在地域性的特征，又波及范围极广，超越了地区甚至国家的界限，

---

[1] 参见劳东燕：《风险社会与功能主义的刑法立法观》，载《法学评论》2017 年第 6 期。

[2] 参见张明楷：《“风险社会”若干刑法理论问题反思》，载《法商研究》2011 年第 5 期。

[3] 参见高铭暄：《风险社会中刑事立法正当性理论研究》，载《法学论坛》2011 年第 4 期。

特别是随着电子信息技术的发展,互联网的迅速普及,各种新型电子产品快速更新换代,人们在享受电子科技带来的便利生活的同时,由于对相关违法犯罪行为的认知度较低,加之防范意识较弱,不可避免地滋生了相关的违法犯罪行为。同时相关立法未跟上时代步伐,也为风险的滋生提供了充足的“养分”。当前我国的社会管理水平难以应对人们对安全感的渴求,在此基础上,社会公众对刑法的社会管理机能的要求日渐加强。

风险社会概念在更广泛的视角上揭示了人类认知的局限性。在过去,自然科学家、社会科学家往往并不在意不确定问题,因为在他们的研究范式中,社会如同自然一样是确定的,不确定甚至只能作为偶然性现象被认识。而风险社会概念显现社会的不确定性问题,凸显了对不确定问题重视的必要性。今天在世界各地发生的诸多现象也是不断累积着自然不确定现象、社会不确定性事件的证据。不确定问题无疑会加剧社会民众对未来的担忧,并将这种担忧转化为立法的驱动力量。虽然当前我国还有传统社会的痕迹,但也必须承认,我国已经出现了风险社会的典型特质。各种新型风险不断出现,严重危害了我国正常的社会秩序和社会安全,考虑到风险一旦发生,就极有可能带来难以弥补的现实损害。刑法立法应具有现实性,刑法修改应尊重客观实际,但适应现实实际需要并不意味着刑法只是消极地跟在“社会现实的身后”,仅仅发挥事后的调整功能,而应发挥刑法的预测和导向功能,尽力弥补刑法的滞后性缺陷。因此国家的刑法立法就不得不作出调整,即从重视对危害结果的事后报应性处罚,转向重视对危害结果的事前积极预防。积极预防性立法的转向逻辑就在于,重视刑法的社会保护功能,对犯罪行为进行事前规制,重视犯罪后果的预防,增强公民的安全感。刑法立法引导社会向好的方向发展的同时,还必须正确处理好安全价值与自由价值之间的矛盾,保持刑法的谦抑性,在其他部门法能够保障合法权益的情况下,绝不轻易动用刑法。但是,刑法的谦抑性并不意味着刑法要限定处罚范围,抑制刑法的社会保护功能。一般人不可能使犯罪圈的范围完全精准化,因此,犯罪圈的边界究竟在何处,我们必须根据当前的社会现实具体情况具体分析,更好地发挥刑法的上层建筑功能和作用。

(二)安全刑法观的立法具象

1. 域外刑法立法的积极态势

纵观域外刑法立法,契合风险社会的现实需求,积极态势是大势所趋。正如总体国家安全观"五对关系"中自身安全与共同安全之间的关系所反映的,任何国家都不是安全的"孤岛"。近年来,大陆法系的德日刑法立法表现出明显的安全价值倾向,处罚范围不断扩张,具有明显的立法活性化趋势。以德国为例,从20世纪70年代起,德国刑法逐渐从法益保护法转向社会防卫法,以社会控制为主导,刑法立法不断降低入罪标准,处罚范围和力度不断扩大和加重。[1] 刑法作为法律体系中的最后手段这一观念日渐淡薄。据统计,仅2017—2019年三年间,《德国刑法典》先后修改多达6次,涉及多个条文的修正,以满足不断增长的安全需求。[2] 日本亦是如此。20世纪90年代以来,日本的刑法也进入活性化时期,刑事立法频繁修改,特别是2004年后对刑法典进行了多次修订,[3]刑法立法亦显示出处罚早期化、扩大化以及严厉化的特征,刑罚预防机能强化。[4]

---

〔1〕 参见王钢:《德国近五十年刑事立法述评》,载《政治与法律》2020年第3期。

〔2〕 参见程红:《德国刑事立法的最新动态及解读》,载《国外社会科学》2019年第4期。

〔3〕 参见张明楷:《日本刑法的修改及其重要问题》,载《国外社会科学》2019年第4期。

〔4〕 参见高桥则夫、王兵兵:《日本2000年之后的刑事法动向:现状与课题》,载《国外社会科学前沿》2020年第9期。

2. 域内刑法立法对安全价值的追求

对焦国内，通过对我国刑法立法发展历史的考察，基于影响国家安全内部和外部因素日趋复杂的社会现实，近年来我国刑法立法也体现出对安全价值的追求，刑法修订频繁，积极立法趋势明显，内容主要涉及社会安全、经济安全、信息安全、生态安全以及政治安全等内容，蕴含了总体国家安全观的“大安全”理念。

(1)人民安全的立法体现

刑法对安全价值的追求归根结底是保障人民利益，维护人民安全。首先，针对恐怖活动对社会稳定和人民群众人身安全的严重威胁，《刑法修正案(九)》(本节以下刑法修正案采用简称，如《修九》)将“资助恐怖活动培训”的行为纳入帮助恐怖活动罪的范围，并将准备实施恐怖活动的预备行为实行化，增设了准备实施恐怖活动罪。此外，宣扬、煽动实施恐怖活动以及持有相关物品的教唆、帮助以及持有行为也被实行化，设立了独立的罪名。其次，针对直接关系人民群众生命安全的安全生产问题，《修十一》对组织违章冒险作业以及危险作业的行为进行了规制，扩大了安全生产问题的处罚范围。再次，针对社会弱势群体的人身权利问题，《修九》不仅增设了虐待被监护、看护人罪，还对收买妇女、儿童的行为一律作出犯罪评价。复次，生态环境是重要的民生问题，面对当前严峻的环境现状，《修八》和《修十一》先后扩大了污染环境的处罚范围和刑罚力度，将非法引进和处置外来入侵物种的行为纳入刑法的规制范围，并加重了污染环境罪的刑罚。最后，民以食为天，食以安为先。针对直接关系民生的食药安全问题，《修八》将生产销售假药的行为从具体危险犯修改为抽象危险犯，并加重了生产、销售有毒、有害食品罪的处罚力度。《修十一》则将提供假药的行为和妨害药品管理的行为纳入刑法规制范围，加大了对食药安全的保护力度。

(2)政治安全的立法体现

政治安全作为国家安全的根本,与国家的长治久安和人民福祉休戚与共。针对资助危害国家安全犯罪活动的行为,《修八》删除了"境内组织或者个人"这一资助对象的限制,扩大了该罪的处罚范围。针对国家机关工作人员的叛逃行为,《修八》则将该罪由具体的危险犯修订为抽象的危险犯,体现了刑法维护国家安全的积极态势。国家机关工作人员作为国家政治生态的直接参与者,其职能的有效发挥直接影响国家政治安全。针对国家机关工作人员的职务犯罪,《修七》和《修九》先后增设了利用影响力受贿罪和对有影响力的人行贿罪,将利用国家工作人员影响力的行贿和受贿这一对向行为纳入刑法规制范围,扩大了贿赂犯罪的处罚范围。此外,为了进一步遏制具有贪利性的贪污贿赂犯罪的发生,《修九》加大了对贪污贿赂犯罪罚金刑的适用。针对国家机关工作人员的渎职行为,《修六》《修八》和《修十一》先后将国家机关工作人员的枉法仲裁、食品监管渎职以及药品监管渎职行为规定为犯罪,拓宽了国家机关工作人员渎职行为的处罚范围。

(3)经济安全的立法体现

经济安全在国家安全中的重要性不言自明。为充分发挥刑法保障经济安全的作用,主要通过增设新罪,增加行为主体、行为方式和行为对象以及降低入罪条件等方式扩大对经济行为的刑法规制范围。例如《修七》《修八》先后增设了组织、领导传销活动罪和虚开发票罪;《修六》《修十一》先后将"企业""企业的控股股东、实际控制人"规定为违规披露、不披露重要信息罪的行为主体;《修十一》在侵犯商业秘密罪中增加了"电子侵入"这一行为方式;《修六》在对非国家工作人员行贿罪中增加了"其他单位的工作人员"这一行为对象,将"以牟利为目的"这一主观限定条件从吸收客户资金不入账罪中删除。

(4)军事、文化、社会安全的立法体现

军事安全是国家安全的支柱,文化安全是维护国家独立和尊严的精神支撑,社会安全则直接关系到人民生活的满意度和幸福感。关于军事安全的保障,刑法扩大了此类犯罪的主体范围。例如,《修十一》将文职人员规定为军人违反职责罪的主体。关于文化安全的保障,刑法进一步加大了对知识产权犯罪的打击范围和力度。例如,《修十一》对关涉著作权、商标权以及商业秘密等多种知识产权犯罪扩大了处罚范围,并加重了法定刑。基于风险社会的现状,社会安全更是成为当前刑法立法的重点。一方面,刑法不仅针对现实空间的社会风险增设了危险驾驶罪、高空抛物罪等罪名;另一方面,刑法针对当前网络技术的发展,对网络空间安全也进行了积极保障,将以计算机为侵害对象、利用计算机进行犯罪以及相关的帮助行为都纳入刑法的规制范围,充分体现了刑法立法对安全价值的追求。

(5)国际安全的立法体现

尽管我国刑法主要针对本国的违法犯罪行为,但除了属地管辖和属人管辖外,我国《刑法》总则亦规定了保护管辖与普遍管辖原则,对外国人在境外对我国国家和公民犯罪以及我国缔结或参加国际条约所规定的犯罪能够进行管辖,充分发挥刑法对维护国际安全的积极作用。

(三)安全刑法的可行性与必要性证成

总体国家安全观强调加强国家安全法治建设,安全刑法本身具有法治的正当性。[1] 即便认为保障公民自由是法治的核心,作为自由前提的安全价值也应当无可非议地居于重要地位,这是由于在当前风险社会背景下只有重视安全价值才能充分发挥刑法的功能。

---

〔1〕 参见陈文清:《全面践行总体国家安全观》,党建读物出版社、人民出版社 2019 年版,第 105 页。

1. 安全刑法具有合宪性根据

理性审视和公允评价安全刑法的关键在于搭建共同的对话平台。宪法作为“法律之法”,为我们提供了一个解决政治和价值冲突的平台,避免纷争的无休止持续。[1] 我国宪法既表现出自由主义精神,亦具有鲜明的“社会性”特征,即在于超越个体对“公共性”的强调,为平衡“秩序”和“自由”提供了规范框架。[2] 就国家本身的功能来讲,国家已然从“守夜人”面貌逐步转变为一个庞大的“利维坦”,对社会的管理职能也从消极转向积极。[3] 刑法作为宪法的下位法,具有在宪法框架内立法的自由。所有法律命题都是社会性存在,立足于当下社会风险滋生,国家安全的内部和外部因素日趋复杂的社会现状,刑法通过扩大规制范围积极参与社会治理,重视安全价值就是在宪法规范框架内对赋予其立法权力的积极行使。安全刑法通过立法提前介入具有严重刑事风险的行为,有利于预防具有严重社会危害性的犯罪,有利于抵御当前社会背景下累积的刑事风险。尽管在某种意义上一定程度地限制了公民个体的自由,但这种限制具有必要性,符合宪法精神。因此,安全刑法具有合宪性根据,有利于其社会保护机能的发挥。

2. 安全刑法有利于实现刑罚的综合预防目的

随着社会发展进程的快速推进,需要保护的法益逐渐增加,刑罚的处罚漏洞也愈发凸显,[4] 安全刑法通过增设新罪、预备行为实行

---

〔1〕 参见李忠夏:《作为社会整合的宪法解释——以宪法变迁为切入点》,载《法制与社会发展》2013 年第 2 期。

〔2〕 参见李忠夏:《“中国特色社会主义”的宪法结构分析》,载《政法论坛》2018 年第 5 期。

〔3〕 参见童德华:《古典主义刑法理想在积极预防立法中的坚守与发展》,载《荆楚法学》2021 年第 2 期。

〔4〕 参见刘艳红:《化解积极刑法观正当性危机的有效立法——〈刑法修正案(十一)〉生物安全犯罪立法总置评》,载《政治与法律》2021 年第 7 期。

化、帮助行为正犯化等方式扩大规制范围,有利于实现刑罚的综合预防目的。一方面,安全刑法有利于刑罚特殊预防目的的实现。安全刑法根据社会需要将某些具有严重社会危害性的行为设立为新罪,提前介入某些风险极大且一旦发生危害结果就难以弥补的危害行为,对实施此类行为的犯罪人进行惩罚改造,进而实现特殊预防的目的。另一方面,安全刑法也有利于刑罚一般预防目的的实现。就消极一般预防的面向来讲,通过规定犯罪并对犯罪人适用刑罚而对一般人产生威慑作用,使其不敢犯罪。从积极一般预防的面向来说,总体国家安全观已然强调国家安全法治宣传教育的重要性。[1] 由于当前信息媒体发达,立法修法的相关信息可以很快被公众知悉,因而在国家引领的法治教育影响下,公民通过对刑法的学习,有利于形成尊法守法的价值观念,实现积极的一般预防。

3. 安全刑法有利于贯彻宽严相济的刑事政策

宽严相济是党中央在当前新形势下根据我国具体国情提出的,能够最大限度地预防和减少犯罪,对维护社会和谐稳定具有重要意义。根据宽严相济的刑事政策,应审时度势,该宽则宽,应严则严。一方面,安全刑法对社会危害性极大的犯罪,在兼顾“宽”的同时,将“应严则严”作为主基调。如上所述,我国刑法针对恐怖活动犯罪,通过立法实现预备行为实行化,帮助、持有行为正犯化,从而对恐怖活动犯罪“应严则严”。另一方面,安全刑法在积极回应公民不安感的同时,也有利于贯彻“该宽则宽”的刑事政策。例如,在《修十一》增设高空抛物罪之前,司法实践对高空抛物行为适用以危险方法危害公共安全罪的做法具有“泛化”趋势,这不当加重了行为人的刑事责

---

〔1〕 参见江岚:《以总体国家安全观统领国家安全法治教育》,载理论中国网,http://www.china.com.cn/opinion/theory/2019-10/13/content_75296578.htm。

任,[1]而高空抛物罪的设立有利于解决此问题,实现对行为人科学合理的定罪量刑。又如,安全刑法在增设大量经济犯罪的同时也废除了大量经济犯罪的罪名,根据社会需要对经济犯罪采取刑罚趋轻与加重两个修订方向。

三、安全刑法架构的实现路径

鉴于安全价值与自由价值之间的辩证关系,如何科学合理地确定安全刑法的调控范围与力度,最大限度地明晰安全刑法的边界,平衡刑法的安全与自由价值则是亟待解决的问题。实践充分证明,总体国家安全观不仅是认识论,亦是方法论,是新时代国家安全工作科学有效进行的强大思想武器,为安全刑法架构的现实路径提供了基本遵循。

(一)安全刑法的三重面向

在当前社会飞速发展、风险日渐累积的背景下,刑法作为国家安全法治的重要依托,应考虑以总体国家安全观为指导,从三重面向平衡安全与自由,发挥好社会保障功能。

1. 安全刑法的选择立场

战略思维作为贯穿总体国家安全观的思想方法之一,强调以新时代的国情与世情为出发点,统揽全局,把握事物的发展规律。安全刑法针对当前社会的风险现状,强调安全价值的发挥,因而对总体国家安全观的贯彻具有积极的承载意义。由于安全刑法具有较强的政策属性,所以应当注意其规范化边界,实现“风险”的自我克制。然而,安全刑法理念在域内外的立法具象表明,当前刑法学已然无法绕开立法“已经实现重大转向”这样的事实,即从结果导向转向行为导

---

〔1〕 参见俞小海:《高空抛物犯罪的实践反思与司法判断规则》,载《法学》2021年第12期。

向,从事后报应转向积极预防,立法思考从一种形而上的方式转向更为现实的具体思考,刑法立法具有明显的功能性。

尽管要实现刑事政策的立法化,尤其是涉及刑民交叉或行刑交叉的情形,刑法学上通常难以达成共识,但立法功能对社会影响作用的发挥并不会因对立法的批评与怀疑而消失。过度的立法怀疑主义会导致一开始就产生刑法理论与立法实践的对立,使刑法教义学与立法乃至司法脱节,立法难以从刑法教义学中获得合理化建议,不利于提升其合理性。因此,我们应当采取一种战略思维,明确安全刑法的变革立场,摒弃过度的立法怀疑主义。具体来讲,首先,采取积极主动的预防观念,正确把握安全刑法立法扩张的时代走向;其次,坚持与时俱进的创新观念,根据当前社会发展,尤其是科技进步带来的生活方式的改变及时调整安全刑法,因时因势制定、修改和废除相关罪名;最后,树立统筹兼顾的立法观念,促进安全刑法立法与民法、行政法的有效衔接与协同。

2. 安全刑法的本体要素

总体国家安全观运用系统思维,体现了鲜明的联系观点。根据通说,我国刑法采取四要件的犯罪论体系,包括客体、客观方面、主体、主观方面四大要件。[1] 刑法作为法律体系的子系统,内部的本体元素也是相互联系的,因此应当运用系统思维,推进安全刑法本体要素的发展。

首先,应当推进犯罪客体的发展。犯罪客体作为刑法保护的法益,其内容与形式是不断变化发展的,其不仅为立法提供正当性基础,也为罪名的增设、修改乃至删除提供重要依据。针对总体国家安全观提出的重点领域安全、社会安全、经济安全、网络安全等方面已成为当前的立法重点,但对于侵害重点领域安全的行为所侵害的法

---

〔1〕 参见齐文远主编:《刑法学》(第3版),北京大学出版社2016年版,第59页。

益具体内容应予以确认,发挥其立法和释法机能。例如,在社会安全领域,针对生活方式改变带来的高空抛物危险所增设的高空抛物罪,关于该罪的法益产生了公共安全说[1]与公共秩序说[2]的争论,而立法对该罪主要保护法益的选择直接影响定罪与量刑,从而影响安全与自由价值的平衡。又如,在经济安全领域,随着经济全球化的发展,商业秘密与国家秘密存在兼容甚至转化趋势。当权利人的商业秘密直接或间接与国家安全、利益相关时,商业秘密就可能兼具国家秘密的性质,此种情况主要集中于科学技术领域。[3] 因此,必须加强对科技领域的国家安全监管,通过完善商业秘密管理制度,加强与商业秘密权利人的信息沟通。可借助商业秘密国家安全价值清单的形式,通过具体指标对商业秘密进行国家安全关涉性评分,评分标准可参考《科学技术保密规定》进行指标细化。[4] 对于符合国家秘密评分标准的商业秘密,督促商业秘密权利主体通过一定程序进行国家秘密转化认定;对于间接与国家安全相关但未达到国家秘密评分标准的商业秘密,通过为权利人设立相关国家安全义务,要求其加强管理。如若违背相关义务,为境外的机构、组织或人员提供该商业秘密,可能构成为境外非法提供商业秘密罪。

其次,应当推进犯罪客观方面的发展。针对当前立法增设大量抽象危险犯的状况,既要采取归纳法,总结类型行为的特征,又要通过演绎法,实现具有预见性的规制效果。对于当前风险社会背景下的某些风险行为,既要立足于行为的危险,也不能忽视在具体案件中

---

〔1〕 参见夏伟:《风险预防逻辑下高空抛物罪的教义学阐释》,载《西南民族大学学报(人文社会科学版)》2021年第9期。

〔2〕 参见陈兴良:《公共安全犯罪的立法思路嬗变:以〈刑法修正案(十一)〉为视角》,载《法学》2021年第1期。

〔3〕 参见付音、于国红:《国家秘密与商业秘密关系问题探讨》,载《学理论》2010年第3期。

〔4〕 参见《科学技术保密规定》第9条、第11条。

缓和评价的意义。对于兼具“利”与“害”的风险行为,应在罪状中附加“情节”或数额等条件,保证其完全演化为“害”时才能入罪。[1]例如危险驾驶罪中的追逐竞驶要求“情节恶劣”,又如非法植入基因编辑、克隆胚胎行为构成犯罪要求“情节严重”。

再次,应当推动新型犯罪主体的更新。随着时代发展,人与单位构成的二元犯罪主体格局遭遇了越来越多的难题。例如,自然人与其衍生的共犯、聚众、有组织等刑法主体形式以及拟制的法人主体,都具有某种程度的网络化趋势,出现了智能主体、网络平台等新型主体类型。据此,在理论层面应推动基于网络化而产生的犯罪主体理论的转型,解决当前迫切需要解决的网络平台等新型主体的立法化问题。[2]

最后,主观方面必须兼具对行为和结果的罪过。为充分发挥刑法的社会保护机能,出现了大量的抽象危险犯、预备和帮助行为正犯化等现象。作为一种本质上具有前瞻性的预防责任,要求行为人主观上对自己的行为以及可能的结果都具备犯罪主观方面所要求的认识与意志因素,从而实现安全与自由价值的平衡。一方面,行为人应当认识到自己行为所蕴含的高度危险性;另一方面,行为人应当具有认识到自己蕴含高度危险性的行为具有导致结果的可能。如若由于技术等原因,行为人通常难以认识到行为导致危害结果的可能,则应当首先进行行为的危害性宣传,不宜直接规定为犯罪。

3. 安全刑法的责任分配

总体国家安全观采取了广泛的全球视野,不仅基于国情与世情

---

〔1〕 参见姜敏:《刑法预防性立法:罪型图谱和法治危机消解》,载《政法论坛》2021年第6期。

〔2〕 参见孙道萃:《网络时代的中国刑法发展研究:回顾与展望》,载《华南师范大学学报(社会科学版)》2021年第1期。

批判继承了本国的安全理论,也借鉴了世界大国的通行做法,[1]推进刑事责任功能的发挥亦应如此。根据我国刑法的规定与通行的“罪、责、刑平行说”,刑事责任作为犯罪的法律后果具有重要地位,但其在我国刑法中的重要地位并未得到充分反映,因而推动刑事责任功能的发挥,可谓立法的一项重要课题。[2] 在全球视野下,以我国当下刑法的罪责刑框架为基础,可考虑引入大陆法系的期待可能性理论,同时借鉴英美法系的刑事辩护事由特别是宽恕事由,为刑事责任提供具体化和类别化的内容。[3] 通过有效发挥刑事责任的功能,一方面,在定罪后评价责任,由于行为已被认定为犯罪,因而有利于发挥安全刑法的行为规范与犯罪预防功能;另一方面,通过宽恕事由的借鉴,可发挥刑法谦抑性,在刑法理论中为宽容开辟空间,有利于兼顾安全刑法的自由价值。此外,为了实现理论自洽性和责任合理分配,推动刑事责任理论的科学发展,必须构建立法与政治、道德、经济和社会等体系的交换关系。因而,除法教义学外,刑法立法应当同时重视法哲学与法社会学的指引,采取多种面向的理论向度。

(二)安全刑法的扩张与收缩

1. 刑法立法扩张的主要方向是行政犯

根据贯彻总体国家安全观所必须坚持的底线思维,对那些具有迟缓或者中断中华民族伟大复兴可能的、具有全局性的风险应进行重点防控。由于国家安全工作归结到底在于人民利益的保障,[4]所

[1] 参见陈文清:《全面践行总体国家安全观》,党建读物出版社、人民出版社 2019 年版,第 5 页。

[2] 参见齐文远主编:《刑法学》(第 3 版),北京大学出版社 2016 年版,第 210-211 页。

[3] 参见童德华:《英美刑法理论中刑事辩护事由之间的区别》,载《人民检察》2005 年第 5 期。

[4] 参见《习近平主持召开国家安全工作座谈会》,载中华人民共和国中央政府网,http://www.gov.cn/xinwen/2017-02/17/content_5168833.htm。

以在刑法所保护的个人法益与集体法益中,个人法益作为自然犯的法益,往往是民商法自治与刑法保护的目的,而集体法益作为行政犯的法益,通常是行政法他治和刑法保护的对象。[1] 尽管随着社会发展与技术变革,个人法益与集体法益的外延都有扩张之势,但由于文明的发展和人们生活方式的改变,在风险社会背景下受到冲击和挑战的主要还是集体法益。因此,当前刑法立法扩张的主要方向是行政犯而非自然犯。为防止刑法沦为人类"体感治安"的工具,要实现安全与自由的价值平衡。

一方面,在增设行政犯时,还是应当将侵害犯或具体危险犯作为主要类型。然而,对于那些具有迟缓或者中断中华民族伟大复兴可能的、具有全局性风险的行为,特别是从行为所侵害的集体法益与个人法益的关联性来讲,与人的生命、健康等重大个人法益关联性较强的侵害集体法益的行为,如恐怖主义犯罪,可以将抽象危险犯作为基础类型,并基于司法适用的考虑规定相应的情节或结果加重犯。

另一方面,应当有效解决行政法和刑法的衔接问题,实现罪刑法定原则的适当性要求。科技安全作为"大安全"的16种安全之一,与其相关的知识产权保护的行政法规和刑法的衔接问题也应受到重点关注。以专利保护为例,2008年,我国《专利法》取消了"冒充专利"与"假冒他人专利"的二元划分模式,将二者合一,采用外延更广泛的"假冒专利"概念,而刑法中假冒专利罪的规制仅限于"假冒他人专利",与作为前置法的《专利法》关于"假冒专利"的含义产生了一定程度的"法域冲突",至今仍是悬而未决的问题。针对此问题,学界产生了不同的解决方案。从立法论的进路出发,有观点认为应当增设

[1] 参见田宏杰:《立法扩张与司法限缩:刑法谦抑性的展开》,载《中国法学》2020年第1期。

“冒充专利罪”,[1]有观点认为直接删除刑法关于“假冒他人专利”规定中的“他人”二字即可。[2] 从解释论的进路出发,有观点认为,可对“假冒他人专利”的内涵进行扩张,使其涵摄“冒充专利”的行为。[3] 笔者认为冒充专利行为确有刑事可罚性,这是由于假冒他人专利与冒充专利本质上都是利用专利符号对消费者的认知造成影响,从而达到欺骗消费者进而获取非法利润的结果。但是,假冒他人专利对专利已有“他人”这一范围限制,因而将“假冒他人专利”的行为解释为涵盖“冒充专利”的行为有类推解释之嫌。因此,应从立法论的进路出发将冒充专利的行为纳入刑法的规制范围,实现行政法与刑法的有效衔接。至于“假冒他人专利”与“冒充专利”关于“真实”被假冒对象是否存在导致社会危害性的细微差别,可通过司法解释对二者“情节严重”进行入罪标准的区分和细化,实现安全与自由的平衡。

此外,应当看到,世界现代立法发展出现了“解法典化”的趋势。单行刑法和附属刑法作为刑法的重要表现形式,有利于解决单一法典化难以解决的刑法时效性和与部门法的衔接问题。因此,对于包括专利在内的知识产权的违法违规行为,由于已有较为成熟的行政法律法规的规制,所以对于包括专利犯罪的知识产权犯罪,可通过附属刑法的形式予以规制,有效解决行政法和刑法的衔接问题。而对于金融、数据等领域出现的手段新、变化快但具有迫切犯罪化需要的行为,可考虑采取单行刑法的立法和修法模式,为更好地实现行政法和刑法的衔接积累经验。确立以刑法典为中心,以单行刑法为例外,

---

〔1〕 参见余高能:《对我国侵犯知识产权犯罪刑事立法系统性的考量》,载《知识产权》2013年第12期。

〔2〕 参见金多才:《专利权的刑事司法保护实证研究》,载《河南科技》2020年第27期。

〔3〕 参见贺志军:《刑法中的“假冒他人专利”新释》,载《法商研究》2019年第6期。

以附属刑法为补充的立法、修法思路。[1]

2. 法益保护与比例原则的科学运用

总体国家安全观的提出与运用充分发挥了创新思维。创新作为国家安全保障能力提升的战略新支点,要求安全刑法运用新理念和新方法实现安全问题的有效解决。刑法立法应当实现安全与自由价值的平衡并不存在争议,然而在实践中安全与自由的平衡点究竟何在则难以回答。这就要求我们发挥创新思维,转化问题的解决路径,可通过法益保护与比例原则的运用反向说明何种情况会导致安全刑法的过度干预,进而导致侵害自由的风险。

首先,可运用法益保护原则限定安全刑法的范围。为了充分发挥法益明确处罚界限的机能,[2]应当防止法益的空洞与形象化。宪法作为刑法的上位法,要求刑法法益为宪法保护的公民基本权利所推导,这能够为刑法法益填充实质内涵。因此,就自然犯来讲,如果某种行为所侵害的利益完全与宪法规定的公民基本权利无关联,就不能为刑法所规制。反之,如果某种行为实质上属于公民行使基本权利的行为,就不可规定为犯罪。“国家安全工作归根结底是保障人民利益”,这也契合了表现为法律形式的作为中国各族人民奋斗成果的宪法。总体国家安全观是包括 16 种安全的“大安全”观,全面涵盖了关涉总体国家安全的方方面面并不断丰富发展,进一步为公民基本权利的保障提供了具体化内容。因此,就法定犯来讲,如果行为所侵害的利益不属于当前总体国家安全观所涵盖的 16 种安全,则同样不应当纳入刑法的规制范围。

其次,可运用比例原则作进一步限定安全刑法的范围。法益保护原则仅仅能对安全刑法作出初步限定,还需要比例原则作进一步

[1] 参见童德华:《当代中国刑法法典化批判》,载《法学评论》2017 年第 4 期。
[2] 参见张明楷:《法益初论》,商务印书馆 2021 年版,第 234-235 页。

补充。就限制处罚范围方面,比例原则可谓与刑法的谦抑性相契合,但比例原则的优势在于具有体系性的审查方法和全面的审查内容。通说认为,比例原则包含适当性、必要性和相当性三个子原则。[1]就具体考察来讲:

第一,考察手段是否适当,即立法能否有效保护法益,如果不能有效保护法益,则不宜规定为犯罪。这需要进行充分的实证调查,保证结论的正确性和科学性。第二,考察手段是否必要,即是否必须通过刑罚处罚才能有效规制犯罪。以《修十一》规定的冒名顶替罪为例,笔者认为在当前数字经济和信息化背景下,冒名顶替行为缺乏可操作性,事实上难以发生。此外,对于该行为,通过资格限制、罚款等行政处罚亦可实现预防效果,因此该罪名缺乏必要性,不宜规定为犯罪。第三,考察手段的损害与结果的效益之间是否相当,即刑罚处罚与保护法益之间的损益是否具有均衡性。由于刑罚是所有法律制裁手段中最严厉的一种,所以对其均衡性的要求也应相对较高,这就要求刑罚所造成的损害应明显小于保护的法益。如果刑罚所造成的损害没有明显小于保护的法益,则不应规定为犯罪。

事实上,当前热议的是否取消醉驾型危险驾驶罪的关键就在于对手段的损害与结果的效益之间是否相当的质疑。2022 年全国两会期间,有代表建议取消醉驾型危险驾驶罪,认为“醉驾行为本身的危害性与刑罚处罚带来的后果不成比例”,提出尽管该罪刑罚仅为拘役并处罚金,但对行为人及其子女此后带来的就业权限制等影响是深远且持续的。[2] 笔者认为,醉酒型危险驾驶罪刑罚本身的损害明显小于保护的法益。根据相关数据,“醉驾入刑”以来,醉驾案件的主要

---

〔1〕 参见熊亚文:《比例原则的刑法意义与表达》,载《中国政法大学学报》2021 年第 6 期。

〔2〕 参见《全国人大代表朱列玉:我为何建议取消醉驾型危险驾驶罪》,载澎湃新闻网 2022 年 3 月 3 日,https://m. thepaper. cn/baijiahao_16941365。

来源由事故调查处理发现逐步转变为交警现场查获，2020 年公安机关排查醉驾比例较“醉驾入刑”前减少 70%以上，醉驾肇事导致 3 人以上死亡的事故率下降了 26.6%。[1] 因此，该罪问题的关键在于解决因刑罚而产生附随效果超过轻罪刑罚本身的负担，而非简单地取消醉驾型危险驾驶罪。由于当前立法扩张的主要方向是行政犯，轻、微罪比重进一步上升，因而不仅是醉酒型危险驾驶罪，几乎所有高发性轻、微罪都存在该问题。

根据落实总体国家安全观的要求，在立足于防范风险的同时，应实现风险的有效处置。据此，应当考虑建立附条件的前科消灭制度，由“限定处罚”转向“妥当处罚”。可借鉴当前适用于未成年人的前科消灭制度，根据案件的具体情节，在某些高发性轻、微罪的行为人符合一定条件时免除其前科报告义务，由人民法院将其犯罪记录封存，仅办案机关或某些特定单位可通过程序申请查询。此外，为了充分发挥刑罚的规制与犯罪预防效果，高发性轻、微罪适用前科消灭制度的适用并非刑罚执行完毕以后立即封存犯罪记录，而应经过一定的考察期。而且，可充分利用我国社区矫正制度的优势，细化其中的监督管理和教育帮扶机制，从而通过刑罚规制犯罪行为，既有利于犯罪人改过和重返社会，也可防止前科制度对以醉酒型危险驾驶罪为代表的高发性轻、微罪犯罪人子女的不利影响，有效兼顾安全刑法的自由价值。

3. 建立公众参与刑法立法的有效机制

总体国家安全观强调人民是国家安全的根基和力量，而法律的有效性应从两方面同时予以保障：一是法律规范的社会有效性，即必要时通过制裁使规范得到接受；二是法律本身的合法性，即由于法律

---

〔1〕 参见《酒后不开车　平安伴你行》，载《人民日报》2021 年 4 月 29 日 19 版，https://baijiahao.baidu.com/s? id=1698343821691513005&wfr=spider&for=pc。

规范的合理可接受性，出于对法律的尊重而遵守规范。[1] 因此，应建立合理的刑法立法公众参与机制，通过公众“交谈”并达成“共识”，实现法律的有效性。

就公众立法参与的层次来讲，大致分为初级、中级和高级三个层次。[2] 初级层次的参与通常体现为公众对可能引起立法动议关键性事件的看法与情绪性表达，体现了公众朴素的正义观；中级层次的参与是指经过前期立法调研而提出的关于具体条款的立法建议；高级层次的参与则是通过恰当的程序促进民意与立法机关关于立法问题的双向沟通，最终达成共识，并纳入刑法文本。当前，安全刑法应当谨慎对待公众初级层次的参与导致的自由价值侵害，并注意充分发挥中级与高级层次参与的作用。

就中级层次的参与来讲，要进一步强化立法的实证基础。以当前热议的收买被拐卖的妇女、儿童罪为例，社会事件的发生引起了公众的激愤情绪，提出“买卖同罪”，要求加大该罪法定刑的情绪高涨。针对此种情形，可以采用问卷、抽样、实地调研与访谈，以及听证会等形式全面调查相关立法事实，重点调查收买行为的性质及其体现的基本生活意义、产生原因、发展情况、社会危害性程度以及其他部门法的规制效果等内容，尤其需要重视对作为被害人的被拐卖的妇女、儿童这两类特殊的“公众”调研，这是由于这两类特殊“公众”与案件具有直接利害关系，而他们的有序参与对立法质量具有直接影响。笔者认为，对于收买被拐卖的妇女儿童行为不宜提倡重刑。一方面，对被拐卖妇女、儿童人身权利侵害的关键在于“拐卖”而非“收买”；另一方面，收买被拐卖的妇女、儿童的行为有其社会因素，应当谨慎

---

〔1〕 参见[德]哈贝马斯：《在事实与规范之间——关于法律和民主法治国的商谈理论》，童世骏译，生活·读书·新知三联书店2003年版，第35-38页。

〔2〕 参见王群：《刑法立法公众参与：一个基本范畴的辨析》，载《重庆理工大学学报（社会科学）》2020年第12期。

对待公众初级层次的参与可能导致的情绪性立法问题。就高级层次的参与来讲,立法机关在强化立法实证调查的基础上,向公众公布草案时应当注重对立法的说理,结合相关实证数据和资料充分对立法事实进行分析,说明结论并征求公众建议,使公众在表达民意时基于对立法事实的充分了解得出理性观点。

第二节　总体国家安全观与刑法立法发展

一、总体国家安全观的基本内容

(一)总体国家安全观的提出背景

国家安全是一个国家生存和发展的重中之重,是安邦定国的基石,也是全国各族人民要维护的最根本的利益。总体国家安全观这一概念由习近平总书记在中央国家安全委员会第一次会议上首次提出,总结了我国的历史经验,因应国际社会风云变幻的复杂境遇,适应民族复兴的时代需要。[1]

思想渊源。我国古代安全战略的精髓在于,强调社会和谐,追求周边和睦。求和平、求稳定、求发展依然是我国与其他国家交往的方式。基于历史和现实的教训,我国始终保持忧患意识、危机意识,根据不同时期的国内国际形势,确定不同时期的国家战略思想。中华人民共和国成立初期,国家安全主要是政权稳固、领土完整和国家独立。改革开放后,军事安全与政治安全问题依然重要,不过经济安全、科技安全等问题也提上了日程,随着改革开放的深入和国家经济发展,国际安全、社会安全等先后发展成为国家安全的重要内容。

---

〔1〕 参见陈文清:《全面践行总体国家安全观》,党建读物出版社、人民出版社2019年版,第2-5页。

国际经验。重视国家安全是国际社会主要大国的普遍做法。总体国家安全观是国际社会主要大国普遍奉行的国家安全观。这些国家都设立了专门机构,制定了相对稳定的国家安全战略。如美国设立国家安全委员会、日本设立国家安全保障会议等,作为跨部门统筹协调机构。

现实境遇。我国经济社会迅猛发展,进入了新时代。但国家安全面临的形势不容乐观。一是传统国家安全与非传统国家安全相互影响、相互作用,问题交替重叠,经济安全、信息安全、生物安全等多重因素都发展成为决定国家安全的重要因素。二是国家安全的空间范围有了明显扩大。国家安全的重心和边界已经有了显著变化,如从陆地安全到海洋安全,从海洋安全到天空安全,进而到太空安全,从现实空间安全到网络空间安全。三是影响国家安全的因素更复杂。既有内部因素,如国内社会深刻变化,社会矛盾聚集,社会稳定风险点持续增加;也有外部因素,如美国与我国在军事、经济、科技等领域的摩擦冲击升级,其他一些周边国家的不断挑衅等。值得重视的是,内部因素与外部因素相互利用,高度联动。

(二)总体国家安全观的基本结构

总体国家安全观内容丰富、层次饱满,其谋求集政治安全、军事安全、国土安全等传统国家安全与经济安全、文化安全、社会安全、科技安全、信息安全、生态安全、资源安全、核安全、海外利益安全等非传统国家安全于一体的国家安全体系。其核心要义可以概括为五大要素和五对关系。

1. 五大要素

我国总体国家安全观以人民安全为宗旨,以政治安全为根本,以经济安全为基础,以军事、文化、社会安全为保障,以促进国际安全为依托。[1] 其中,国家安全最核心的就是人民安全,人民安全是国家安全的基石。在任何时候、任何情况下,人民安全感越强,国家政权就越能获得人民支持,国家就越稳定;反之,人民安全感越弱,甚至缺乏安全感,国家政权就越容易被推翻,国家安全就越脆弱。人民泛指作为社会基本成员主体的劳动群众,在宪法上指"全体社会主义劳动者、社会主义事业的建设者、拥护社会主义的爱国者、拥护祖国统一和致力于中华民族伟大复兴的爱国者"。从客体上看,国家安全工作归根结底是保障人民利益。[2] 维护人民安全的首要任务是保障人民群众的生命安全,毕竟生命是人的最高利益。当前,人民的生命、健康、财产和其他合法权益安全主要受到如下不利因素的影响:一是暴力和恐怖袭击;二是生产安全问题;三是海外公民人身安全;四是其他与生命健康有关的安全问题,包括生态环境问题、食品药品安全问题等;五是与公民财产安全有关的问题,包括无处不在的电信诈骗、无孔不入的非法集资、花样百出的养老诈骗等;六是其他权利相关的安全问题,包括政治权利的落实、劳动休息权的保障、就业权的平等保护、义务教育的落实、信息隐私权的保护等。

为了提高人民群众的安全感,必须作出如下努力:一是严厉打击各类犯罪活动,及时化解各类社会矛盾,加强公共安全管理;二是筑牢安全生产理念,落实安全生产责任,加强安全生产管理;三是抓好食品药品质量管理,整治伪劣商品生产销售行为,加强食品药品安全管理;四是明晰产权,完善产权制度,加强产权保护,随着网络信息的发展,尤其要加强数字产权的保护;五是重视民生问题,增强人民福祉,保障和改善民生;六是提高灾难监控水平,做好防灾、减灾和救灾

[1] 参见陈文清:《全面践行总体国家安全观》,党建读物出版社、人民出版社 2019 年版,第 19 页。

[2] 参见陈文清:《全面践行总体国家安全观》,党建读物出版社、人民出版社 2019 年版,第 46 页。

工作；七是深化安全合作，加强海外利益安全保护，同时，为了提升维护人民安全的能力水平，创新理念思路、体制、机制、方法手段。

政治安全是国家安全的根本，其核心是政权安全和制度安全。[1] 当前，我国政治安全面临的形势如下：第一，执政环境面临长期复杂考验。党风政纪还不容乐观，廉政建设、反腐败斗争形势依然严峻。第二，社会主义核心价值观面临拜金主义、享乐主义、唯利是图的挑战，国内外敌对势力试图从各个方面影响我国人民群众思想，削弱我国实力，阻碍我国发展。第三，对暴恐活动不能掉以轻心，“三股势力”即民族分裂势力、宗教极端势力、暴力恐怖势力合流，以宗教极端思想为依托，以暴力恐怖为手段，以民族分裂为目的，并与境外各种势力相互勾连进行破坏活动，[2] 海外利益安全风险增加。第四，网络增加了政治安全的保护难度。互联网传播快、受众广，社会动员能力日益增加，容易对现实社会问题和矛盾产生放大催化作用，使一些局部问题全局化、简单问题复杂化、国内问题国际化，给国际治理和国家安全带来挑战。个别强权国家的行径证明，网络不安全，国家难安宁。第五，经济风险传导蔓延趋势明显。我国经济已经由高速增长阶段进入高质发展阶段，所以国家处于社会转变发展方式、优化经济结构、转换增长动力的攻关期，如何防范和化解重大风险极为重要。第六，涉外问题也可传导到国内影响政治大局安全。2017年以来，境外对外消极因素开始在多个领域有所表现，并在持续扩展，同时周边形势中存在大量不确定因素，如朝鲜半岛前景忽明忽暗，南海问题暗流涌动。而我国海外利益安全风险增大，海外公民利益受到侵害，也容易引发国内民族情绪，影响国内社会政治大局

---

〔1〕 参见陈文清：《全面践行总体国家安全观》，党建读物出版社、人民出版社 2019 年版，第 70 页。

〔2〕 参见陈文清：《全面践行总体国家安全观》，党建读物出版社、人民出版社 2019 年版，第 86 页。

稳定。

为了维护政治安全，必须在制度上坚持和完善中国特色社会主义制度，在意识形态领域加强思想建设、道德建设工作，在技术上加强网络空间治理，在社会上加强稳控，在经济上保障和改善民生，防范各类风险叠加共振。

2. 五对关系

关系就是不同要素之间的相互作用、相互影响和促进的方式。总体国家安全观中的五对关系是辩证思维在总体国家安全观中的体现，它们构成了统筹多层次、多类型、多领域的国家安全的总体框架。总体国家安全观五对关系如下：第一，实现发展与安全有机统一，发展是安全的基础，安全是发展的条件，二者不可偏废。第二，实现内部安全与外部安全良性互动，安全问题已经超越国界，一个国家的安全问题可能外溢为国际安全问题。第三，实现国土安全与国民安全的共同巩固，国民和国土是构成国家的重要因素，国土是国家立足的根本，国民是国家发展的导向，国土安全与国民安全要并重。第四，实现传统安全与非传统安全统筹治理，传统安全与非传统安全只有先后区分，形式不同，而没有孰轻孰重的区分。传统安全与非传统安全相互影响、相互联系、相互转化。第五，实现自身安全与国土安全相辅相成，当今社会，国与国相互依存，成为不可割裂的命运共同体。任何国家都不可能成为安全的"孤岛"，为了维护国内安全，必须参与全球治理，谋求国土安全。[1]

二、总体国家安全观的立法意蕴

坚持总体国家安全观是习近平新时代中国特色社会主义思想的

---

〔1〕 参见陈文清：《全面践行总体国家安全观》，党建读物出版社、人民出版社 2019 年版，第 23–26 页。

重要组成部分。它作为中国国家安全理论的最新成果,具有重要的立法意蕴。

国家安全法律体系逐渐发展与完善。“加强国家安全法治建设,是全面依法治国的应有之义。”[1]在总体国家安全观的全面引领下,我国国家安全立法扎实推进,已经基本形成一套与维护国家需要相适应,立足我国国情、体现时代特点的国家安全法律体系。[2] 具体如下:(1)宪法。宪法是国家根本法。具体到国家安全的规定,既规定政治安全的,也包括经济安全、军事安全的,还包括公民组织的具体义务,等等。(2)国家安全领域综合性立法。1993 年我国制定《国家安全法》,2014 年随着《反间谍法》的颁布,1993 年版《国家安全法》同时废止。2015 年,第十二届全国人大常委会第十五次会议通过了新的《国家安全法》,明确了国家安全的内涵及指导思想,细化了国家安全的任务,规定了公民和组织的权利和义务。(3)确立了国家安全领域的专门立法。例如,确立了维护国家政治秩序和社会秩序的立法,包括集会游行示威法、戒严法、保守国家秘密法、反间谍法、国家情报法等。

面对百年未有之大变局,国家安全领域的刑事立法以刑法修订案、附属刑法、司法解释等形式确立了维护国家安全的条款与内容,成为国家安全法治体系的重要组成部分。《刑法修正案(九)》到《刑法修正案(十一)》,根据国内外形势变化,坚持总体国家安全观,充分发挥中国特色社会主义法治体系的刑法保障功能,有力地推动了刑事治理能力现代化建设。[3]

---

〔1〕 陈文清:《全面践行总体国家安全观》,党建读物出版社、人民出版社 2019 年版,第 105 页。

〔2〕 参见陈文清:《全面践行总体国家安全观》,党建读物出版社、人民出版社 2019 年版,第 111 页。

〔3〕 金强:《总体国家安全观视域下的刑事立法刍议》,载《上海公安学院学报》2021 年第 3 期。

国家安全与国家命运紧密相连,无国家安全,国家命运一定会一片黑暗,总体国家安全观是在充分研判当前我国面临的各种风险的背景下提出来的。其理论影响在于:其一,它对国家安全进行系统性定义,是具有极大包容性的国家安全观;其二,它突出了国家安全发展的重点方向,是具有鲜明中国特色的国家安全观;其三,它正确定位国家安全与发展的关系,是统筹发展与安全的国家安全观。其实践影响如下:其一,它突出了党对国家安全工作的绝对领导;其二,它维护国家利益,明确了国家安全的底线;其三,它倡导构建人类命运共同体,在全球事务中树立了普遍包容的国家安全理念。[1] 此外,总体国家安全观对刑法学发展也具有重要的引领意义:

第一,总体国家安全观引领刑法学范式转变。当前刑法理论研究存在明显的范式危机,为了促进刑法发展,刑法理论必须充分汲取社会科学的养分。过去,犯罪学原理被认为是刑法理论发展的驱动力,但应注意到,犯罪学重视对刑法框架下的犯罪的原因分析、防控之道的探寻,所以它往往被局限于既定的犯罪体系之中,从而无法使刑法洞见犯罪化的发展未来,这严重影响了刑法理论的创新。而国家安全观及国家安全学是研究国家安全现实与未来之需的科学,它必须时刻关注影响国家安全的各种因素,对其犯罪化的风险进行防控,所以它和犯罪学学科定位有根本性区别,犯罪学固然有助于刑法学发展,但是其局限性也很明显,它远远不及国家安全观那样能为刑法理论发展提供持续性、系统性、方向性的引领。国家安全观有利于刑法在社会与规范、既往与未来之间建立有机联系。我国刑法发展十分重视对日本、德国等国教义刑法的比较研究。在比较研究中不仅要重视学习不同的法律推理,而且要重视运用刑法基本原理处理

---

〔1〕 参见陈文清:《全面践行总体国家安全观》,党建读物出版社、人民出版社 2019 年版,第 9-16 页。

现实问题的社会根基,没有社会根基的教义刑法学是空架子,教义刑法学务必关照到我国司法实践的社会背景和文化背景。结果,当前一些很有影响力的刑法理论对刑法实践中出现的许多现实情况视而不见,无法将理论与现实贯通起来,结论自然空白乏力。例如刑法谦抑主义是很重要的刑法原理,有很多人认为我国刑法现在不谦抑,但也有学者意识到谦抑主义已经成为刑法研究中随意用于批判的标签。类似问题源于刑法理论满足于教义体系的逻辑与功能,忽视了教义和社会的依存关系,刑法理论移植往往停留于对外国制度和理论的介绍和比较,在其理论比较中却忽视了我国的文化传统与现实结构。我国当前社会矛盾比较独特,其中既存在现代性早期的传统问题,也面临很多现代之后的风险问题,不能忽视这些不同安全理念在型构理论前提中的影响。

第二,总体国家安全观引领刑事政策的研究。刑事政策是国家安全在刑法中的宏观决定。20 世纪下半叶到当下,安全刑法观念不断强化。这段并不太长的历史时期是人类社会发展的黄金时期,历经了两次世界大战的浩劫,人们对和平无比向往,冷战也未能阻挡政治、经济、文化全球化的趋势。技术发展成就非凡,发展中国家不断走上自主的道路,互联网技术深刻改变了人类的生活和交往。但是,技术在给社会制造财富的同时,也制造了诸多的负面影响,人类面临着来自风险社会的诸多挑战。环境污染、交通事故、经济诈骗等新领域都成为犯罪的温床。不同国家不得不祭出刑法利器,利用刑罚手段同各类严重危害国家安全、社会安全的犯罪作斗争。我国也在改革开放的历史探索中,在付出了一定代价后,意识到安全的地位,并不断寻求用刑法协调保障自由和保护安全关系的规律和奥秘。刑事政策是刑法实现协调自由与安全的灵魂,刑事政策以其鲜明时代性和地区性对刑法实践产生重要影响。刑事政策必须与国家安全的系统性要求挂钩。

第三,总体国家安全观引领刑事立法科学化发展。除了技术引发的犯罪问题外,全球化过程中不断出现一些其他危害社会安全、国家安全、人民安全的犯罪问题,如恐怖主义犯罪以及各种政治问题引起的犯罪。当下,全球化遇到了极大的挑战和障碍,局部战争不断,国与国的关系更加微妙复杂,不同国家的势力正在发生变化,不确定性问题越来越成为具有确定性的问题,逆全球化的态势悄然可见。可以说,安全既是21世纪的共同守望,也是21世纪的时代主题,刑法立法的活性化也被称为不可逆的现象。我国当前既面临着重大历史机遇,也承受着极大的挑战。维护国家安全无疑是刑法发展的重中之重。基于对国内国际局势的综合判断,习近平总书记提出了总体国家安全观,总体国家安全观作为一种新的国家安全观,是我国在全球化、现代化的历史过程中确立的有效维护国家安全的新思维、新理念和新思想。其最大的特点在于坚持发展性,特别是将自由与安全融为一体,打破了将自由和安全对立的思维定势。它创造性地提出了维护国家安全之目的何在的问题,并且以人民安全为宗旨,将个人的自由统一到人民安全的概念中,人民自由是目的性价值,国家安全是工具性价值,国家的发展就是为了人民自由的发展,安全则是为人民的自由发展提供最大公约数的保证。根据总体国家安全的观念,如下一些问题值得研究,一是《刑法》分则第一章的标题是否合适;二是分则的章节体系结构是否合理;三是现有罪名是否周延。

三、总体国家安全观对刑法立法发展的要求

当前,我国处于全面深化改革的重要时期,由于日益加剧的传统社会制度的解构和不断推进的技术变革,不确定安全隐患陡增,社会秩序存在失范风险。在此背景下,总体国家安全观应时而出并不断发展完善,科学引领维护新时代总体国家安全的方向。国家安全是发展的概念,随着法治发展,总体国家安全观对刑法立法发展提出了

新要求。

(一)完善国家安全刑事立法体制

立法体制是关于立法权及其运行、载体等方面体系和制度所构成的有机整体,我国国家安全刑事立法体制是我国立法体制的有机组成部分,2023年3月13日,第十四届全国人民代表大会第一次会议修改通过的《立法法》对我国国家安全刑事立法体制有明确规定,该法第10条规定:“全国人民代表大会和全国人民代表大会常务委员会根据宪法规定行使国家立法权。全国人民代表大会制定和修改刑事、民事、国家机构的和其他的基本法律。全国人民代表大会常务委员会制定和修改除应当由全国人民代表大会制定的法律以外的其他法律;在全国人民代表大会闭会期间,对全国人民代表大会制定的法律进行部分补充和修改,但是不得同该法律的基本原则相抵触。全国人民代表大会可以授权全国人民代表大会常务委员会制定相关法律。”第11条规定:“下列事项只能制定法律:(一)国家主权的事项;(二)各级人民代表大会、人民政府、监察委员会、人民法院和人民检察院的产生、组织和职权;(三)民族区域自治制度、特别行政区制度、基层群众自治制度;(四)犯罪和刑罚……”从这两条规定可以看出,我国国家安全刑事立法权由全国人大统一行使,属于单一的一级立法体制,国家把刑事立法权集中赋予最高国家权力机关行使,主要是因为刑事立法涉及公民的人身自由,甚至是生命,必须保障立法的质量和统一,这种权力不能下放和授予其他机关。但是,鉴于我国面临的国家安全形势比较严峻,“藏独”“疆独”“台独”势力时有抬头,我国现行国家安全刑事立法体制还不适应新形势下打击危害国家安全犯罪的客观需要,亟待完善。

(二)提高国家安全刑事立法技术和立法水平

立法技术是立法活动遵循的用以促使立法臻于科学化的方法和操作技巧的总称,立法技术的优劣直接影响立法水平的高低。与

1979 年《刑法》相比,我国现行国家安全刑事立法在立法技术和立法水平上有了较大的进步,具有一定的科学性,具体体现在我国 1997 年《刑法》中。1997 年《刑法》将 1979 年《刑法》中的“反革命罪”改为“危害国家安全罪”,减弱了这类犯罪的政治色彩,与我国 2004 年修正的《宪法》提出的尊重和保障人权的基本宪法原则保持了一致。但是,现行国家安全刑事立法技术和立法水平还存在不足,其立法体制还不适应新形势下打击危害国家安全犯罪的客观需要。根据总体国家安全观,国家安全分为传统国家安全和非传统国家安全。我国刑法可谓国家安全刑法的汇编,其中,《刑法》分则第一章、第七章、第十章体现了传统国家安全的内容。其他章节规定的是非传统国家安全的内容。据此,合并第一章、第七章、第十章固然是一种思路,但是对第一章的罪名作更为明确的规定更为急迫,这样才可能保证刑法立法与总体国家安全观的一致性。[1]

在当前的社会背景下,面对新出现的各种风险,为了更好地发挥刑法的事前预防功能,实现刑法立法的安全价值,维护国家和社会安全,刑法就不可避免地要进行频繁的修改和立法。需要明确的是刑法立法不仅仅是理论上的问题,更是实践中的问题,1997 年《刑法》之后,我国《刑法》立法和修改基本上采取了修正案的形式,采取刑法修正案的形式对《刑法》进行修改和补充,不改变《刑法》的条文序数,有利于维护《刑法》结构的稳定性和完整性。当前,我国《刑法》和 12 个修正案共同构成了我国刑法的主体。但是,随着刑法修改和补充的频繁,修正案这种抽取加填充式的立法模式必然会挑战刑法典结构的“承受能力”,最终会导致现有的刑法典体系难以保持稳定。

〔1〕 这个问题不仅是一个学术问题,也是一个制度建设的问题;作为学术问题,其不仅与刑法学有关,更与政治学有关,囿于时间限制,本书对这个问题暂时无法进行深入系统研究。

尽管单一法典的立法方式有利于暂时保证刑法结构的完整性,但是刑法作为其他部门法的保障和后盾,一概采取修正案的修法和立法模式,不能很好地做到刑法与其他部门法的有序衔接。此外,频繁的修法和立法不利于保持刑法典内部结构的完整性,而采取单行刑法和附属刑法能较为有效地解决刑法与其他部门法的有序衔接以及内部的结构稳定性问题。由于我国1979年《刑法》内容较为简略并不能适应当时的社会需要,所以在1979年《刑法》之后颁布了大量的单行刑法和附属刑法,使人们产生单行刑法和附属刑法的制定和运用会导致刑法体系混乱和缺乏系统化的错误印象。实际上当时刑法体系的混乱和不系统主要是当时立法技术水平不高和社会背景导致的,因此笔者认为只要根据实际的社会需要,提高立法技术和水平,采取单行刑法和附属刑法的模式并不会破坏立法体系的系统化。从比较刑法的视角出发,刑法立法多样化符合世界刑法的立法潮流。以德国刑法为例,德国刑法的立法就分为核心刑法和附属刑法,核心刑法即刑法典,在刑法典中仅规定了特别重要的犯罪及总则性的规定。与此相对应,附属刑法则是人们单独规定的与特定的法领域联系更加密切的特定犯罪。[1] 由于立法者的认识在一定层面上总是有限的,而且社会是在不断发展变化的,所以不可能制定出完美的无须修改和补充的理想主义刑法典。基于此,刑法典就不可避免地面临修改和补充问题,为平衡刑法的稳定性和适应社会之间的关系,无论是大陆法系还是英美法系国家,就刑法立法而言采用的都是多样化的刑法立法模式,[2]制定了大量的单行刑法和附属刑法。但这并不意味着我国在进行刑法的修法和补充时应一概采用单行刑法和附

---

〔1〕 参见[德]乌尔斯·金德霍伊泽尔:《刑法总论教科书》,蔡桂生译,北京大学出版社2015年版,第13-14页。

〔2〕 参见姚建龙、林需需:《多样化刑法渊源之再提倡——对以修正案为修改刑法唯一方式的反思》,载《河南警察学院学报》2018年第6期。

属刑法的修法和立法模式，对于新出现的金融、网络犯罪以及恐怖主义犯罪等具有严重社会危害性的犯罪，可采取单行刑法的立法和修法模式，对于属于行政法律法规保护范围但严重程度较高的犯罪，可通过附属刑法的形式予以规制。

简而言之，在总体国家安全观的视域下，为了更好地实现刑法立法的安全价值，充分发挥刑法的功能和作用，刑法立法的发展不应单一地采取修正案的模式，保持单一的法典化道路。当前单一的法典化道路并不是明智、理性或者科学的选择，要破除单一法典化的立法方式，使刑法立法表达方式呈现多样化，有必要确立以刑法典为中心，以单行刑法为例外，以附属刑法为补充的立法、修法思路。[1] 当然随着时代的发展，在现有的刑法典体系不能保持现有的结构稳定的情况下，并不排除对刑法典进行全面修改的可能。

---

〔1〕 参见童德华：《当代中国刑法法典化批判》，载《法学评论》2017 年第 4 期。

第六章 《刑法》分则内容立法完善

第一节 危害公共安全罪的立法完善

一、危害公共安全罪立法完善的历史逻辑

(一)危害公共安全罪的特征及立法特点

危害公共安全罪是指故意或过失地危害不特定多数人的生命、健康、重大公私财产安全的一类犯罪。[1]

本类罪的构成特征主要体现在其所侵害的犯罪客体"公共安全"上。所谓"公共安全",是指不特定多数人的生命、健康、重大公私财产安全;所谓"不特定多数人",是指犯罪对象的不特定,即犯罪

---

〔1〕 参见阮齐林:《中国刑法各罪论》,中国政法大学出版社2016年版,第19页。

行为危害的不是某个或某几个特定人或财产。[1] 在理论上,我们可以将危害公共安全罪分为五种类型:(1)以危险方法危害公共安全的犯罪;(2)破坏公用设施危害公共安全的犯罪;(3)实施恐怖、危险活动危害公共安全的犯罪;(4)违反枪支、弹药、爆炸物管理规定危害公共安全的犯罪;(5)造成重大事故危害公共安全的犯罪。[2]

在实践中,危害公共安全罪的法律适用通常会出现竞合的情况。危害公共安全罪的结果或加重结果通常包括两种要素:一是人身伤亡,二是财产损毁。因此当出现该种结果时,会与侵犯个人法益的侵犯公民人身权利、民主权利罪以及侵犯财产罪相竞合,在有些场合,也会与其他侧重于保护社会法益的犯罪,如破坏社会主义市场经济秩序罪等罪发生竞合。由于公共安全法益具有集体性特征,所以在法益还原论的影响下,如何根据立法明确性要求,为司法实践提供指引,将危害公共安全的行为从侵犯个人法益和其他社会法益的概念中甄选出来,具有重大意义。

(二)关于危害公共安全罪的刑法立法

1. 1979年《刑法》以前危害公共安全罪的立法探索

中华人民共和国成立以后,为巩固新生的政权,我国的刑事立法越来越重视打击危害公共安全的犯罪,以维护社会稳定,保障人民生命财产安全,为我国经济社会的发展和进步创造一个良好的环境。所以关于危害公共安全的犯罪,自中华人民共和国成立时起,就在刑法的制定和修改中不断完善和丰富,在历次的刑法制定和修改中都占据重要位置。如1950年7月25日《刑法大纲(草案)》就将放火罪、决水罪等这类性质的犯罪规定在该草案第五章危害国家统治秩

〔1〕 参见阮齐林:《中国刑法各罪论》,中国政法大学出版社2016年版,第19页。

〔2〕 参见高铭暄、马克昌主编:《刑法学》,北京大学出版社、高等教育出版社2000年版,第354-355页。

序当中,其中第61条规定:"放火、决水或破坏其他公共防险设备者比照前条规定(破坏或毁损交通军事设备罪)处罚。"[1]又如,1954年9月30日的《刑法指导原则草案(初稿)》将放火罪、决水罪等犯罪认定为故意破坏行为,规定在第三章第二节破坏公共财产的犯罪中;同时1957年刑法草案初稿第22次稿的规定又与1954年刑法草案中的规定不同,是根据放火、决水等行为对象的差异,区分为公共设施以内和公共设施以外的公私财产等,并就放火罪、决水罪规定了5个刑法条文;此后,1963年刑法草案修正稿第33稿对此作了具体的规定,并有相当大的改动。[2]

2. 1979年《刑法》关于危害公共安全罪的刑法立法完善

1979年《刑法》在分则第二章中规定了危害公共安全罪,内容较为概括,涉及条文从第105条到第115条共11条,计23个罪名,包括以危险方法危害公共安全的犯罪,破坏公用设施危害公共安全的犯罪,违反枪支、弹药、爆炸物管理规定危害公共安全的犯罪,造成重大事故危害公共安全的犯罪。立法对于打击各种危害公共安全的犯罪,保护人民生命、健康和公私财产安全,维护社会秩序稳定发挥了重要作用。

法律必须具有必要的前瞻性,尽量与社会发展保持同步。改革开放以后,中国社会不断迅猛发展,1979年《刑法》颁布实施以后,产生了必须进行立法完善以更好适应社会发展的时代需求,全国人大常委会在危害公共安全罪方面又通过了《1992航空器决定》,并在《铁路法》《枪支管理法》等数个有关行政法律中以附属刑法的方式对1979年《刑法》予以修改。这些新规定对危害公共安全罪作了必

[1] 参见黄锡亭:《危害公共安全罪的过去、现在和未来》,中国政法大学2010年硕士学位论文,第11页。

[2] 参见马克昌、丁慕英主编:《刑法的修改与完善》,人民法院出版社1995年版,第5页。

要的修订，也对 1979 年《刑法》起到了重要的补充作用。

3. 1997 年《刑法》以来危害公共安全罪的刑法立法及完善

1997 年《刑法》对危害公共安全罪的修订，在吸收了上述《1983 治安决定》等规定、决定中有关危害公共安全罪的内容的基础上，对上述新出现的问题进行了深入细致的分析，从而对 1979 年《刑法》中的危害公共安全罪作了必要的修改、补充。首先，危害公共安全罪在《刑法》分则体系中的地位不变，1997 年《刑法》仍然在分则第二章中规定危害公共安全罪。其次，条文数量和内容出现了很大变化。从第 114 条到第 139 条共 26 条，含 41 个罪名，即新增 15 个条文和 18 个罪名。主要变化包括：(1)根据实际情况和司法实践的需要增设了实施恐怖、危险活动危害公共安全的犯罪这一类型的罪名。如第 120 条组织、领导、参加恐怖组织罪，第 122 条劫持船只、汽车罪，第 123 条暴力危及飞行安全罪等。(2)扩大了部分犯罪的犯罪主体范围。如单位可以构成非法制造、买卖、运输、邮寄、储存枪支、弹药、爆炸物罪的犯罪主体，取消了对交通肇事罪犯罪主体必须是“从事交通运输的人员”的规定。[1] (3)扩大了一些犯罪的行为方式、行为对象等。如第 114 条、第 115 条，将投毒这一行为方式增加在放火、决水、爆炸这些方法之后，使其内容更加充实、明确，并增加了投毒罪这一新罪名；在 1979 年《刑法》第 112 条的基础上增加了邮寄、储存两种行为方式；第 128 条在原来关于行为规定的基础上增加了“持有”这一行为方式，使犯罪的涵盖面更为广泛。(4)罪名、罪状有所修改或增加，并规范了一些用语，使表述更加准确，规定更加周延。如第 116 条和第 117 条中，将破坏交通工具罪中的“飞机”修改为“航空器”等。这些规定从各个方面和环节弥补了 1979 年《刑法》的不足，使危害公共安全罪

---

〔1〕 参见鲍遂献、雷东生：《危害公共安全罪》，中国人民公安大学出版社 2003 年版，第 3 页。

的规定更加适应现代社会同危害公共安全的犯罪行为作斗争的需要。

随着改革开放不断深入,我国的政治、经济、文化等方面发生了巨大的变化,转型时期的中国多重风险共生,存在诸多公共安全问题。其中一些新的危害公共安全的犯罪,在1997年《刑法》中并没有予以规定。[1] 而2003年出现的非典型性肺炎与21世纪初开始在全球蔓延的恐怖主义,提升了立法者对公共安全问题的关注程度。为了适应社会惩治犯罪的需要,必须对这些规定予以修改、完善。我国刑法立法者在《刑法修正案(三)》《刑法修正案(六)》《刑法修正案(八)》《刑法修正案(九)》和《刑法修正(十一)》中,对恐怖活动、交通安全和生产安全等涉及公共安全的犯罪都作了必要修改。

二、危害公共安全罪立法完善的实践逻辑

从整体上看,我国现行刑法是一部结构完整、内容具体的刑法典。危害公共安全罪的立法修改适应了社会发展的需要,但同时,我们要承认,我国危害公共安全罪的立法体系还存在一定的缺陷,立法技术和立法内容还有很多不完善的地方。

(一)罪名、罪状中存在的问题

1. 罪名问题

我国《刑法》分则危害公共安全罪的规定中涉及许多选择性罪名,部分选择性罪名在设置上存在一定的弊端。如《刑法》分则第127条规定的“盗窃、抢夺枪支、弹药、爆炸物、危险物质罪”,该罪存在立法技术上的缺陷,因为盗窃和抢夺的行为性质不同,且仅就盗窃罪和抢夺罪这两种犯罪而言,是两种不同性质的犯罪,它们造成的危害后果也不一样,相应地,应判处的刑罚处罚也不同。而我国《刑法》

---

〔1〕 参见黄太云:《刑事立法的理解与适用——刑事立法背景、立法原意深度解读》,中国人民公安大学出版社2014年版,第3页。

第 127 条将这两种不同性质的犯罪规定在一起,未免有些抵牾。正如有的刑法学者所言,不同性质的犯罪社会危害性不同,即便是一些性质相近的犯罪,其造成的社会危害性也并不相同,应当受到不同的刑罚处罚,然而选择性罪名的条文中的法定刑几乎都是相同的,这显然违背了罪刑法定原则。〔1〕

在我国《刑法》中,除第 127 条外,第 125 条第 1 款和第 2 款、第 126 条等关于选择罪名的规定,在立法技术上都存在相同的弊端。因此,对于选择性罪名的确定,"如果行为手段不相联系,或者行为对象在性质上无相似性,则不应确定为选择性罪名"〔2〕。

2. 罪状问题

当前我国刑法关于危害公共安全罪的规定,分别采取了简单罪状、引证罪状、叙明罪状与空白罪状。立法机关在对罪状进行表达时,必然会受相关配套性法律的影响,如果配套性法律并不健全或者尚未制定,自然无法适用空白罪状,如《刑法》第 120 条规定:"组织、领导恐怖活动组织的,处……"这是简单罪状,即刑法条文并不就某种犯罪的具体罪状进行任何具体描述,只是将罪名列出。显然,这种表述过于简单,在缺乏前置法指引的情况下,它不利于统一理解恐怖活动组织。《刑法》第 119 条第 2 款规定:"过失犯前款罪的,处三年以上七年以下有期徒刑……"该条文仅对《刑法》分则的其他条文进行引用,但不对某种犯罪的具体罪状进行描述,此为引证罪状。《刑法》第 128 条规定:"违反枪支管理规定,非法持有、私藏枪支、弹药的……"需要参照枪支管理的有关规定才能确定是否构成犯罪,这就是空白罪状。而叙明罪状是指某种犯罪的具体状况在刑法条文中被

〔1〕 参见马克昌、丁慕英主编:《刑法的修改与完善》,人民法院出版社 1995 年版,第 192 页。

〔2〕 参见赵秉志、吴大华:《新刑法典罪名及司法解释要义》,中国人民公安大学出版社 1998 年版,第 31 页。

详细描述,以便说明该种犯罪构成的具体条件,如《刑法》分则第 116 条的规定。这些规定同 1979 年《刑法》相比,无论内容还是立法技术都有极大提高。但就笔者的观点,在立法上将四种罪状都予以运用,会导致某种罪状在适用比例上的降低,使得应该详细规定的条文未叙述明确,应该简略规定的条文显得烦琐,从而对起诉、审判等相关司法实践活动产生消极影响。

(二)法定刑配置问题

法定刑配置必须与罪行及刑事责任相适应。但我国现行刑法关于刑罚的配置与适用上的随意性较大,仍需完善。正如我国刑法学者所言,尽管罪刑法定原则这一基本原则已为我国刑法所规定,但在具体犯罪的规定上,仍然存在所谓基于刑法灵活运用目的而设立的"小口袋",与其他国家的规定有所不同。[1] 如我国《刑法》第 115 条第 2 款规定的"过失以危险方法危害公共安全罪",在量刑上规定了"构成该罪"与"情节较轻"两个量刑层次。我国刑法对于过失犯前款罪虽然也规定了两个法定刑档次,却是以情节的轻重为区分标准,且对于何为"情节较轻",法律也并未作出具体的规定,因此在司法实践中会产生适用上的分歧。此外,《刑法》第 115 条第 1 款对于放火、决水、爆炸、投毒或者以其他危险方法致人重伤、死亡或者使公私财产遭受重大损失的客观方面的规定显然不够具体、准确,而该罪的刑期从 10 年有期徒刑到无期徒刑,或者死刑,刑种的跨度较大,而在何种情况下适用死刑,该条并未规定,主观随意性较大,不利于执法的统一。[2]

此外,在刑罚设置上存在的另一不足之处在于:自由刑依然处于

---

〔1〕 参见赵秉志主编:《中国内地与澳门刑法分则之比较研究》,澳门基金会出版社 1999 年版,第 189 页。

〔2〕 参见林亚纲:《危害公共安全罪新论》,武汉大学出版社 2001 年版,第 12 页。

刑罚体系的中心,对于财产刑这一类的刑罚适用较少。刑法关于危害公共安全罪的刑罚设置主要包括自由刑和财产刑两类,基于该类犯罪的特性,在处罚上对财产刑弥补损害的作用需要予以考虑。然而,当前刑法对该类犯罪中的具体罪名设置罚金刑的数量并不多,主要集中在恐怖活动犯罪、枪支犯罪和危险物质犯罪中,而将没收财产作为刑罚处罚的犯罪更少,并且关于单位犯罪的规定中仅有三个罪名设置了罚金刑。总体来讲,罚金刑适用面相对较窄,未重视罚金刑对单位犯罪的重要意义,不利于对犯罪的打击和预防。

近年来,重大责任事故屡有发生,煤矿坍塌、有害气体泄漏、大型建筑工程质量问题、食药安全问题等层出不穷,极大威胁了广大人民群众的生命健康和公私财产安全,因此应当在立法上对我国刑法予以完善,以减少该类事故的发生。一方面,由于成立重大责任事故罪要求特定危害结果的发生,但是我国刑法关于各个责任事故危害结果的表述并不一致,如有的要求行为造成重大伤亡事故或造成其他严重后果,有的要求行为造成重大安全事故等。[1] 在笔者看来,无论运用何种表述方式,人员伤亡和财产损失必然包含在责任事故犯罪的危害后果中。因此,刑事立法中关于该类犯罪的规定也应包含这两个方面,这既对刑法的内容进行了完善,也便利了司法实践。另一方面,关于重大责任事故类犯罪,笔者同样认为需要对"涉及公共安全的责任事故犯罪增设过失的危险犯"。[2]

从法定刑的配置而言,各国刑法关于危害公共安全罪行为类型的繁简程度与刑罚设置的繁简程度一致。各国关于危害公共安全罪的刑罚规定主要包括两个方面:一是刑罚体系设置,二是刑罚裁量。

---

〔1〕 参见黄锡亭:《危害公共安全罪的过去、现在和未来》,中国政法大学 2010 年硕士学位论文,第 31 页。

〔2〕 参见王俊平:《责任事故犯罪构成要件之比较》,载高铭暄、赵秉志主编:《刑法论丛(第 3 卷)》,法律出版社 2003 年版。

在刑罚体系设置上,有刑罚和非刑罚处罚措施两种,且根据犯罪性质的不同规定了不同的刑罚。在刑罚裁量上,根据犯罪对象和犯罪情节的不同设置了不同的量刑幅度,以纵火罪为例:意大利刑法关于纵火罪的处罚分别规定了1年至5年有期徒刑、3年至7年有期徒刑、4年至10年有期徒刑等量刑幅度,比较详细;而瑞士和俄罗斯的刑法由于对危害公共安全行为的分类较为单一,也进行了相对简单的刑罚规定,一般针对故意和过失分别规定一至两个量刑幅度。[1]

三、危害公共安全罪的立法完善建议

(一)凸显公共安全的指引作用,合理设计罪名体系

1. 统一公共安全的观念

理论上关于"公共安全"内涵的争议大致有以下几种观点:第一,"公共安全是指不特定或者多数人的生命、健康、财产的安全"[2]。第二,"公共安全是指不特定多数人的生命、健康或者公私财产的安全"[3]。第三,"公共安全是指不特定人的生命、身体或者财产安全"[4]。第四,"公共安全是指特定或者不特定多数人的生命、身体或者财产安全,即不管是特定还是不特定,只要是对多数人的生命、身体或者财产造成威胁,就构成危害公共安全"[5]。虽然在理论上有多种观点,但我国刑法条文中对于"公共安全"的内涵并未作出明确的规定,且由于理论上和司法实务人员对其内涵界定不一,所以在认定犯罪构成时,容易产生理解偏差,导致此罪与彼罪的混淆,造成我国司法实务的混乱,因此必须对"公共安全"的内涵进行明确的

---

[1] 参见赵秉志、吴振兴主编:《刑法学通论》,高等教育出版社1993年版,第365页。
[2] 张明楷:《刑法学》(第5版),法律出版社2016年版,第538页。
[3] 陈兴良主编:《刑法学》(第2版),复旦大学出版社2009年版,第424页。
[4] 刘艳红主编:《刑法学各论》,北京大学出版社2004年版,第253页。
[5] 高格:《定罪与量刑》(上卷),中国方正出版社1999年版,第342页。

界定。

2. 明确公共安全的规范标准

我国刑法依据同类客体的不同将《刑法》分则划分为 10 个罪刑体系,其中危害公共安全罪这一章的同类客体为“公共安全”,也是该罪所要保护的法益。因此,抓住“公共安全”这一主旨是对该罪的罪名体系标准进行调整的关键,这也是本罪区分于其他罪的本质特征所在。

我国刑法条文中对于“公共安全”的内涵并未作出明确的规定,在认定犯罪构成时,容易产生理解偏差,从而造成司法实务的混乱。因此有必要以现行的司法解释为基础,吸收司法机关在长期实践中取得的宝贵经验,进一步通过立法的方式,明确公共安全的内涵和外延。刑法修正案是根据当下社会现实对刑法典进行的修正,在确保我国刑法稳定的基础上体现了与时俱进的特色。我国《刑法》总则共由五章构成,且前四章的规定与“公共安全”的内涵不相适应,因此可以在第五章“其他规定”中增加一条关于“公共安全”基本内涵的刑法条文,具体模式可参照《刑法》总则第五章中关于“公共财产”的相关规定。除刑法修正案外,对现有条文在坚持罪刑法定原则的基础上进行司法解释也是对刑法进行完善的适当选择。因此,“公共安全”的内涵也可以通过司法解释予以明确。虽然刑法学者已提出关于“公共安全”内涵的各种解释以及通说,但由于通说并未涵盖所有内容,学理解释也不具有法律效力,故通过刑法修正案或司法解释明确“公共安全”的内涵是行之有效的方法,具有可行性。

3. 增设危害公共安全罪的罪名

关于“公共安全”的范围,各个国家的刑法规定都有所不同,有的国家和地区规定得比较广泛,将环境污染、食品安全、药品安全等犯罪也纳入危害公共安全的犯罪,如新加坡、德国、挪威等,将“公共安全”作为食品安全犯罪的客体予以规定,日本将环境污染犯罪纳入危害公共安全的犯罪等。可见,世界各国对于“公共安全”的认定范围不一。笔者认为,目前我国《刑法》分则第二章内容相对单薄,可以加以丰富,一是化解《刑法》分则第三章过于复杂的规定,对其中的食品、药品安全犯罪,考虑相关犯罪对双重客体的侵犯,即侵犯了不特定多数人的生命、健康权和我国食品药品安全监管秩序。尽管就该罪的主要客体而言,应将其列入破坏社会主义市场经济秩序罪,但从该罪的实际危害性而言,该罪更多的是侵害了广大人民群众的生命和健康权利,且食药安全是公共安全的重要组成部分。因此,应将食药安全方面规定于生产、销售伪劣产品罪这一节中的个别罪名,调整至危害公共安全罪这一章中,这样既有利于保护人民群众的生命健康安全,又有利于严厉打击犯罪,保持罪责刑的一致性,使我国的罪刑体系更加合理完整。二是化解《刑法》分则第六章繁杂的问题,将公共卫生犯罪、破坏环境资源犯罪纳入公共安全犯罪体系,这些犯罪都将危害大多数人或者不特定人的人身安全,应该用人民利益优先于政府管理的法律理念,将这些犯罪置于危害公共安全犯罪中。三是对现有大的危害公共安全犯罪进一步分类成节,如按照日常公共安全、枪支弹药管理、交通运输安全、安全责任等分节。

4. 削减危害公共安全罪的罪名

恐怖主义犯罪主要以不特定的社会主体为行为对象,即便是特定主体,也往往是具有一定影响力的政治人物、公共人物和技术精英等,立法将其列入危害公共安全罪固然有一定根据,但无法适应国际形势的需要。在当前国际政治不确定发展的现实情形下,针对政府高级官员和技术精英的暗杀、迫害活动并不鲜见,我国未来的司法实践也不排除恐怖分子暗杀特定主体的可能性。这样一来,有些个案就无法用危害公共安全罪来处理。[1] 我们认为,将恐怖活动犯罪调整至危害国家安全罪更为可取,其理由主要有以下几点:第一,我国的恐怖活动犯罪涉及大量的国家分裂、民族分裂和极端宗教活动,这些犯罪侵害的客体主要是国家的统一安全和政治安全。第二,恐怖活动犯罪通常将分裂国家、危害我国主权统一和领土完整作为主要和最终目的,它们与危害公共安全、侵害广大人民群众生命健康和财产安全的犯罪有本质区别,而且针对后者的目的是附随目的,是为了达到其最终目的的必然过程。第三,2011 年出台的《关于加强反恐怖工作有关问题的决定》第 2 条第 1 款将"制造社会恐慌""危害公共安全""胁迫国家机关、国际组织"作为恐怖活动犯罪的恶劣影响,这也证明了将其从危害公共安全罪中分离出,纳入危害国家安全罪的必要性。[2] 第四,更符合传统观点。恐怖主义犯罪活动一般被认为是危害国家安全的主要方式之一。

(二)提升刑事违法的精准性,完善罪状表达方式

1. 参照既有的立法经验

危害公共安全罪具有极大的社会危害性,严重影响了人民的生命财产安全和社会稳定。据此,各个国家和地区刑法都对危害公共安全的行为进行了完备而具体的规定,以遏制这种犯罪行为。我国刑法也不例外,我国《刑法》分则第二章对危害公共安全罪进行了专章规定,其目的在于维护广大人民群众的生命、健康和财产安全,维护社会的发展与稳定,将危害公共安全罪放在危害国家利益罪后,足以说明该罪严重的社会危害性和我国刑法对于打击该类犯罪行为的高度重视。因此,一方面我们要以刑法的具体规定为依据,另一方面

---

〔1〕 参见周晓晶:《危害公共安全罪研究》,江西理工大学 2018 年硕士学位论文,第 36 页。

〔2〕 参见王利宾:《法律经济学视阈下民生犯罪刑法规制研究》,法律出版社 2015 年版,第 216 页。

我们要在学习了解其他国家和地区刑事立法的基础上,通过与其他国家和地区刑法关于危害公共安全罪的相关规定进行对比分析,充分借鉴和吸收先进的立法经验,使我国的刑法规定更加完善、具体。这对于保障人民安全、维护社会稳定、促进经济发展,具有重要的意义。本章将在对比分析过去对我国刑法立法有影响的俄罗斯刑法、现在对我国刑法有影响的德国和日本刑法的基础上,针对上述提出的我国在危害公共安全犯罪立法上的不足,提出一些思考和完善建议。

《俄罗斯联邦刑法典》于 1996 年颁布,1997 年开始实施,其间历经 60 余次修改。该法典规定得较为详细具体,主要包括总则、分则和附则三部分,分则第九编为危害公共安全和社会秩序的犯罪,该编中第二十四章危害公共安全的犯罪从第 205 条恐怖行为到第 207 条海盗行为。我们认为,由于俄罗斯恐怖主义犯罪较为猖獗,故而俄罗斯刑法典对此类犯罪规定得比较详实:第 205 条为恐怖主义行动,第 205-1 条和第 205-2 条对帮助和组织恐怖主义活动的相关行为进行了规定,第 207 条对恐怖主义活动的虚假举报行为也进行了专门规制。此外,第 206 条单独规定了劫持人质罪。我国刑法未单独规定该罪名,笔者认为,俄罗斯刑法典的这些规定对我国恐怖主义相关立法的完善有一定的参考借鉴意义。[1]

《日本刑法典》于 1907 年颁布,1908 年 10 月 1 日起实施。在一个多世纪的时间里,《日本刑法典》经历了多次修改。日本频繁修改刑法典,表明日本已从刑事立法的稳定化转向了刑事立法的活性化。一方面这是日本社会逐渐转变为比以往更加依赖刑罚的标志,在一定程度上适应了社会发展的需求;另一方面,这种频繁修改刑法典的方式并不值得借鉴,其不利于维持法典的稳定性,降低了广大人民群

---

〔1〕 参见黄锡亭:《危害公共安全罪的过去、现在和未来》,中国政法大学 2010 年硕士学位论文,第 23 页。

众关于行为法律性质的预测可能性。《日本刑法典》关于危害公共安全的犯罪较我国刑法的规定而言要更为详细、完整，无论在立法内容还是在立法技术上都有借鉴之处。《德国刑法典》颁布于 1988 年，并在承袭《法国刑法典》的基础上，为了不断适应社会需要进行了多次修改。其中与我国不同的内容包括：(1)危害公共安全的犯罪，主要规定在《德国刑法典》第二十八章，即“公共危险的犯罪行为”，但关于恐怖主义的犯罪，并没有规定在本章中，而是规定在《德国刑法典》分则第一章第三节“危害民主法治国家”中。[1] (2)《德国刑法典》对于危害公共安全罪中“不予救助”的犯罪进行了明确规定，[2]将救援伤者的道德义务上升为法律义务，有利于危害公共安全的事故发生后降低其后续的伤亡后果，最大限度减少社会和其他受害者的损失，有利于维护社会稳定。

由于我国特殊的政治体制，所以在港、澳、台地区实施的是各自不同的刑事法律规范，但我们必须强调的是，内地(大陆)和港、澳、台地区的刑事法律规范还是具有很大交集性，所以三个特别地区的刑事法律规范中关于危害公共安全罪的相关规定对内地(大陆)也有一定的借鉴意义。我国香港特区主要通过《刑事罪行条例》《侵犯人身罪条例》等条例对爆炸物和放火等相关危害公共安全的行为进行规定，而非对“危害公共安全罪”这一具体的类罪名进行专门的规定，澳门特区和台湾地区刑事法律规范将这一类犯罪行为称为公共危险罪。尽管港、澳、台地区刑事法律规范关于公共安全犯罪的分类标准并非一致，罪名也各不相同，但其都将放火、决水、爆炸、失火、过失决

---

〔1〕 参见徐久生：《德国刑法典的重大变化及其解读》，载《刑事法评论》2017 年第 1 期。由于将恐怖主义犯罪确定为一个全体学者都能接受的概念几乎是不可能的，且德国刑法中没有关于恐怖主义犯罪概念的规定，所以为了打击恐怖主义犯罪，在《德国刑法典》分则第一章第三节“危害民主法治国家”中新增了三个刑法条款(第 89a 条、第 89b 条、第 91 条)，并以“严重危及国家安全的暴力犯罪”予以定义。

〔2〕 参见《德国刑法典》第 323 条 c。

水以及破坏交通工具、破坏交通设施等行为归为危害公共安全犯罪这一类别。[1] 在笔者看来,澳门特区和台湾地区的刑事法律规范对内地(大陆)刑法的修改和完善具有重要的借鉴意义:首先,在涉及危害公共安全罪的立法方面,澳门特区和台湾地区对该类罪的规定无论是罪名还是内容都较内地(大陆)更加详实、具体,更有利于打击危害公共安全的行为;其次,从立法技术上看,澳门特区和台湾地区刑事法律规范采叙明罪状的方式,对危害公共安全罪中的具体个罪进行规定,均较之内地(大陆)刑法的简单概括规定更有利于司法人员正确依法定罪,消除分歧。[2]

2. 立法完善

实践中需要从如下方面着手开展立法完善活动。

(1)明示罪名

我国刑法未明示各种危害公共安全的罪名,这对我国的司法实践以及让公众更好地理解法律产生了一定的不便。相反,有的国家的刑法却明确规定了危害公共安全犯罪的各种具体罪名。如《俄罗斯联邦刑法典》关于危害公共安全的犯罪都规定了具体的罪名,如恐怖行为罪、组建或参加非法武装队伍罪、劫持人质罪、聚众骚乱罪等;《日本刑法典》第九章放火及失火罪、第十章决水及妨害水利罪、第十一章妨害交通罪等每一条都有具体的罪名,其中第十一章妨害交通罪中规定了危害交通罪、倾覆火车等致死罪、妨害交通及致死伤罪、过失危害交通罪等;《德国刑法典》第二十八章公共危险的犯罪行为从第306条到第323条,同样,每一条也规定了具体的罪名。由于我国刑法中并无具体罪名的规定,最高法和最高检分别通过了《关于执

---

〔1〕 参见黄锡亭:《危害公共安全罪的过去、现在和未来》,中国政法大学2010年硕士学位论文,第23页。

〔2〕 参见顾肖荣、吴志良、费成康编:《刑法比较》,福建人民出版社1999年版,第229页。

行〈中华人民共和国刑法〉确定罪名的规定》和《关于适用刑法分则规定的犯罪的罪名的意见》,以司法解释的形式对具体条文的罪名予以规定是必要的,但司法实践中也会出现不一致的情况。因此,笔者认为,随着我国立法技术和刑法理论的日益成熟,我国的刑事立法可以借鉴德国、日本以及俄罗斯、加拿大等国的法律,在刑法中明确各个危害公共安全罪的具体罪名,以真正实现罪刑法定、罪名法定。

(2)重构选择性罪名

我国危害公共安全罪一章中规定了大量的选择性罪名,这些选择性罪名中很多是性质不同且造成的后果也不尽相同的犯罪,但刑法规定了相同的法定刑,这与罪刑法定原则是相违背的。此外,要确定为选择性罪名,这些犯罪必须在行为性质上具有相似性或者行为手段上相互联系,例如我国《刑法》第 127 条规定的盗窃、抢夺枪支、弹药、爆炸物、危险物质罪,该罪中盗窃和抢夺是两种不同性质的行为,且二者之间一般无联系,只是行为对象在性质上具有相似性,都是杀伤力大的物品;同样,第 125 条第 1 款中非法制造、买卖、运输、邮寄和储存的行为亦如此。因此,笔者认为,对于我国《刑法》第 127 条第 1 款应确定为两个罪名,即盗窃枪支、弹药、爆炸物、危险物质罪和抢夺枪支、弹药、爆炸物、危险物质罪;第 125 条第 1 款也应确定为两个罪名,即非法制造、买卖枪支、弹药、爆炸物罪和非法运输、邮寄、储存枪支、弹药、爆炸物罪。

(3)完善罪状

虽然我国刑法无论在立法技术还是立法内容上都有了很大的进步,且在关于危害公共安全罪的立法上采取了简单罪状、引证罪状、叙明罪状和空白罪状的构造方式,但笔者认为,还应进行进一步的完善。正如前述所说:在立法上将四种罪状都予以运用,会导致某种罪状在适用比例上的降低,使应该详细规定的条文未叙述明确。因此,对于应如何完善,具体可借鉴我国澳门地区刑法典的相关立法方式,即以叙明罪状为主,同时采用空白罪状和叙明罪状相结合的方式,详细规定相关的行为方式、对象以及危害结果等构成要件。[1] 例如《澳门刑法典》第四章妨害交通罪,其中第 275 条"劫持航空器、船舶或者火车又或使之偏离路线罪",该条第 2 款详细解释了什么是飞行中的航空器、航行中的船舶以及行驶中的火车;第 276 条"妨害运输安全罪"对于将何种行为视为妨害运输安全的行为以列举的方式也进行了详细的规定。这种立法方式有利于消除各种具体犯罪行为理解上的歧义,方便司法实践。[2]

(三)消除法定刑配置的不合理,实现罪责刑相一致

针对上述我国刑法关于危害公共安全罪在刑罚设置上存在的不足,主要从以下几个方面进行完善:

第一,在刑种方面,增加财产刑。我国刑法在对危害公共安全罪的处罚方面以自由刑和财产刑为主,且自由刑适用的情况较多。而对危害公共安全的犯罪处以财产刑,如罚金和没收财产等,不仅能够剥夺犯罪人因实施犯罪行为而获得的非法财物,达到惩治和预防犯罪的效果,还能够就犯罪导致的损害后果进行补偿。我国刑法在危害公共安全罪中规定对犯罪人处以罚金刑的罪名并不多,即使规定了,处罚也相对较轻,导致财产刑未达到预期效果。此外,由于没收财产只适用在罪行极其恶劣的恐怖犯罪中,所以在对危害公共安全罪的处罚上,其适用的情况非常有限,可以通过扩大罚金刑的适用范围来达到惩治犯罪的目的。在司法实践中,可以适当提高罚金的数额规定,增大没收财产的适用范围,进而有利于保障公共安全。

---

〔1〕 参见黄锡亭:《危害公共安全罪的过去、现在和未来》,中国政法大学 2010 年硕士学位论文,第 28 页。

〔2〕 参见赵秉志主编:《中国内地与澳门刑法分则之比较研究》,澳门基金会出版社 1999 年版,第 181 页。

第二,增设单位犯罪的资格刑。我国刑法对于单位犯罪的处罚除财产刑之外并无其他形式的处罚。这种单一的处罚方式仅可以制裁犯罪单位的财产,而不利于对单位犯罪的打击、惩治和预防。因此,扩大对单位犯罪处罚的刑种,增设资格刑有其现实社会需求,具体内容可以包括:禁止从事特定业务,限制业务范围;禁止进入公共市场参与公共工程;永久或一定期限内吊销营业执照;强制破产、解散单位;剥夺荣誉称号等。[1] 其主要理由在于:单位作为我国刑法规定的犯罪主体,亦可通过资格刑对其予以处罚,倘若能通过资格刑剥夺单位的某些活动的资格,单位就失去了再犯的条件,从而有利于发挥刑罚特殊预防的效果。此外,在行政法中,《行政处罚法》对违法单位的处罚措施有罚款、责令停业整顿、吊销营业执照等,这些都与资格刑有相似的性质,且处罚力度较罚金刑更强。因此,在危害公共安全罪中,对犯罪单位增设资格刑的处罚方式,既能节约司法资源,又能有效遏制单位犯罪。

第二节 侵犯公民人身权利、民主权利罪立法完善

一、侵犯公民人身权利、民主权利罪立法完善的历史逻辑

(一)1979 年《刑法》及其完善

人身权利是公民生存发展最基本的权利,民主权利是公民从事政治生活最基本的权利,侵犯公民人身权利、民主权利罪历来是我国刑法打击的重点。由于缺乏刑事立法经验,加之当时的立法技术存在诸多不足,1979 年《刑法》总体上较为粗疏。其中侵犯公民人身权

---

〔1〕 参见周晓晶:《危害公共安全罪研究》,江西理工大学 2018 年硕士学位论文,第 37 页。

利、民主权利罪规定在《刑法》分则第四章的第 131 条至第 149 条，包括故意杀人罪，过失致人死亡罪，故意伤害罪，过失致人重伤罪，刑讯逼供罪，聚众“打砸抢”罪，诬告陷害罪，强奸罪，强迫卖淫罪，拐卖人口罪，破坏选举罪，非法拘禁罪，非法管制罪、非法搜查罪、非法侵入住宅罪，侮辱罪、诽谤罪，报复陷害罪，非法剥夺公民宗教信仰自由罪、侵犯少数民族风俗习惯罪，伪证罪，侵犯公民通信自由罪等 22 个罪名。

通过各个罪名及其罪状描述可以看出，1979 年《刑法》对侵犯公民人身权利、民主权利罪的规定存在以下时代特点：第一，罪状描述较为单一或简单。22 个罪名中绝大多数罪状都属于简单罪状，其表述通常为“以……的，处……”没有对罪名进行必要的规定。第二，用词、表述等具有较为明显的政治色彩。1978 年党的十一届三中全会的召开，开启了改革开放的新篇章，刑事司法也进入新时期，但之前近 30 年实施的政策制度等的影响还未完全消除，并通过刑法表现了出来。如第 137 条的聚众“打砸抢”罪；第 138 条诬告陷害罪中使用了“干部”“群众”等带有政治色彩的词语，而不是 1997 年《刑法》中的“国家工作人员”“他人”等中性表述；第 145 条侮辱罪、诽谤罪的客观行为方式包括用“大字报”“小字报”的方式。以上表述在一定程度上体现了当时的社会背景与社交方式。第三，刑罚中几乎未适用财产刑，并且很少适用附加刑。22 个罪名中只有聚众“打砸抢”罪的法定刑规定了财产刑，即退赔毁坏或抢走的公私财物；法定刑中规定了附加刑的只有聚众“打砸抢”罪、非法拘禁罪、侮辱罪及诽谤罪等 4 个罪名。第四，诬告陷害罪的处罚方式十分特殊。不同于现行刑法中诬告陷害罪的刑罚处罚方式，1979 年《刑法》对实施诬告陷害罪的犯罪分子的处罚采取的是按照其所诬陷的罪行的性质、情节、后果和量刑标准予以刑事处分，即定罪的罪名与所承担的刑罚处罚是分开的，对于诬告陷害罪，1979 年《刑法》分则没有规定单独的法定刑。

1979年《刑法》是在1963年《刑法草案》的基础上形成的,其颁布之后,我国就开启了改革开放的历史征程。在改革开放过程中,国家经济体制由单一的计划经济体制向市场经济体制转化,与之相随,实践中出现了很多新型犯罪,犯罪形势一度十分严峻。这导致1979年《刑法》生效后不久就不能适应社会发展和治理的客观要求。为此,1983年中共中央出台《关于严厉打击刑事犯罪活动的决定》,我国刑事司法进入"严打"时期,在这种背景下,立法先行无疑具有重要意义。当时,立法机关主要采取制定单行刑法的方式对1979年《刑法》进行补充修改,并通过附属刑法对刑法中的某些内容进行补充规定。

1979年《刑法》颁布后至1997年《刑法》出台前,立法机关一共制定了20多部单行刑法。单行刑法中涉及侵害公民人身权利、民主权利犯罪的有《1983治安决定》与《1991惩拐决定》两部。《1983治安决定》是对中央《关于严厉打击刑事犯罪活动的决定》的立法贯彻。如1979年《刑法》对于故意伤害罪的法定最高刑规定为无期徒刑;拐卖人口罪的法定最高刑为5年以上有期徒刑;强迫卖淫罪的法定最高刑为3年以上10年以下有期徒刑。但根据《1983治安决定》,它对6类严重危害社会治安的犯罪的处罚作出了加重的调整即可以在刑法规定的最高刑以上处刑,直至判处死刑,其中包括故意伤害罪(故意伤害他人身体,致人重伤或者死亡,情节恶劣的,或者对检举、揭发、拘捕犯罪分子和制止犯罪行为的国家工作人员和公民行凶伤害的)、拐卖人口罪(拐卖人口集团的首要分子,或者拐卖人口情节特别严重的)以及强迫卖淫罪(引诱、容留、强迫妇女卖淫,情节特别严重的)三类侵害公民人身权利的犯罪。在当时的社会背景下,犯罪猖獗、治安形势严重恶化,加大对相关犯罪的惩治力度,体现了"严打"的政策精神,因此,《1983治安决定》应运而生。《1991惩拐决定》是针对拐卖人口罪等严重限制人身自由行为而制定的。其颁布的背景是，当时某些地区绑架、拐卖妇女儿童的犯罪较为猖獗，并且相较过去表现出一些新特点：一是公开使用暴力抢劫妇女特别是婴幼儿的增多；二是更多以共同犯罪特别是犯罪集团的形式绑架、拐卖妇女、儿童；三是犯罪活动方式更加隐蔽，犯罪手段更加狡猾；四是拐卖的对象不仅有本国妇女，还有外国妇女。[1] 与1979年《刑法》相比，《1991惩拐决定》对拐卖人口罪从多方面进行了完善：一是补充规定了新的罪名，包括拐卖妇女、儿童罪；绑架妇女、儿童罪；收买妇女、儿童罪；绑架勒索罪（绑架勒索罪的对象包括成年男子，之前这种情况往往作为抢劫罪处理）等罪名。二是对每一罪名的客观行为方式都规定得较为具体详细，之前对拐卖人口罪的客观行为方式没有展开规定。三是法定刑规定的种类多样化，主刑与附加刑结合使用，之前只规定了5年以下或以上有期徒刑。以上单行刑法对于当时侵犯公民人身权利、民主权利犯罪的惩治起到了重要作用。在1979年《刑法》存在些许漏洞和不足的情况下，单行刑法是对《刑法》的补充和完善，也是立法机关为适应当时社会变化以及惩治犯罪的要求所作出的补充，但大量的单行刑法的制定在一定程度上会割裂其与《刑法》的关系，甚至架空《刑法》。

1981年至1997年，在1997年《刑法》通过之前，国家立法机关还设置了大量的附属刑法规范，对1979年《刑法》进行了补充和完善。附属刑法规范的表述通常为"……，构成犯罪的，依法追究刑事责任"。随着人权意识的觉醒，其中也不乏保护人身权利、民主权利的附属刑法规范。涉及侵犯公民人身权利、民主权利犯罪的有如下附属刑法规范：（1）1982年《全国人民代表大会和地方各级人民代表大会选举法》第43条（破坏选举罪）；（2）1994年《国家赔偿法》第15条

---

[1] 参见周道鸾：《试论〈关于严惩拐卖、绑架妇女、儿童的犯罪分子的决定〉的法律适用》，载《中国法学》1992年第4期。

(刑讯逼供罪、故意伤害罪);(3)1991 年《收养法》第 30 条(拐卖人口罪);(4)1997 年《行政监察法》第 45 条(报复陷害罪);(5)1995 年《人民警察法》第 22 条第 4 项、第 5 项、第 7 项和第 48 条(刑讯逼供罪、非法拘禁罪、非法搜查罪、非法侵入住宅罪、故意伤害罪)以及第 35 条第 1 款第 1 项(侮辱罪);(6)1994 年《监狱法》第 14 条第 1 款第 3 项、第 4 项、第 5 项(刑讯逼供罪、侮辱罪、故意伤害罪)和第 58 条第 1 款第 2 项(侮辱罪、故意伤害罪);(7)1993 年《教师法》第 35 条(侮辱罪、故意伤害罪)和第 36 条(报复陷害罪);(8)1994 年《审计法》第 48 条(报复陷害罪);(9)1992 年《妇女权益保障法》第 50 条第 2 款(报复陷害罪)和第 51 条(流氓罪);(10)1991 年《未成年人保护法》第 52 条(虐待罪、遗弃罪、故意杀人罪、玩忽职守罪);(11)1996 年《老年人权益保障法》第 46 条(侮辱罪、诽谤罪、虐待罪)和第 47 条(暴力干涉婚姻自由罪、遗弃罪);(12)1994 年《劳动法》第 96 条第 2 项(侮辱罪、故意伤害罪、非法搜查罪、非法拘禁罪);(13)1991 年《民事诉讼法》第 102 条第 1 款第 1 项、第 4 项(伪证罪、侮辱罪、诽谤罪、诬告陷害罪、故意伤害罪);(14)1989 年《行政诉讼法》第 49 条第 1 款第 2 项、第 6 项(伪证罪、侮辱罪、诽谤罪、诬告陷害罪、故意伤害罪)。行为人实施违法行为严重程度达到犯罪,根据以上附属刑法规范的规定按照《刑法》处理。附属刑法栖身于其他法律的刑法规范中,将一些具有专门性的刑法规范加以规定,是对刑事司法规范化的补充。

1978 年前,国家经历了“文化大革命”,社会后遗症较为明显,一批犯罪分子在这种环境下得以滋生,他们的犯罪活动猖獗,破坏社会治安,危害人民的生命财产。[1] 在历史积累与现实因素的诱发下,

---

〔1〕 参见严励:《“严打”刑事政策的理性审读》,载《上海大学学报(社会科学版)》2004 年第 4 期。

我国的犯罪总量开始增加。面对严峻的犯罪形势,为惩治犯罪,我国展开以加大惩治力度为基本政策的立法与司法活动。1997 年前发动了 2 次“严打”,分别发生在 1983—1987 年和 1996—1997 年。[1] 在此期间,立法机关制定的单行刑法以及附属刑法规定,为应对严峻的犯罪形势提供了有力的保障。

(二)1997 年《刑法》及其完善

20 世纪 90 年代后期,党中央明确确立了社会主义法治理念,“依法治国”的思想逐渐深入民心,加之社会主义经济改革的不断推进,刑法的政治色彩明显下降了。正如高铭暄教授所指出的,1979 年《刑法》出台以来的那种“革命驱动型刑法”在政治上失去了正当性,“阶级斗争”思维下的“敌人刑法”规范逐渐被抛弃。[2] 新的刑事法治理念为刑法的修改提供了必要的舆论基础和理论动力。1997 年《刑法》充分吸纳先前的各类刑法规定,对侵犯公民人身权利、民主权利罪作出了较为明显的修改:

第一,从罪名变化来看,由 22 个罪名增为 43 个罪名,1979 年《刑法》中的非法管制罪与聚众“打砸抢”罪被删除。其中新增罪名[3]包括组织出卖人体器官罪,强制猥亵、侮辱妇女罪等 20 个罪名。新增的罪名可以分为两个部分:一部分是吸收修改了 1979 年《刑法》颁布后,为满足打击犯罪的需要,立法机关制定的单行刑法中所规定的罪名以及 1979 年《刑法》规定的罪名;另一部分是 1997 年《刑法》颁布后为适应社会发展变化,惩治所出现的新的犯罪而通过刑法修正案对《刑法》进行修补所规定的罪名。

---

〔1〕 参见贾宇:《从“严打”到“宽严相济”》,载《国家检察官学院学报》2008 年第 2 期。

〔2〕 参见高铭暄:《中华人民共和国刑法的孕育诞生和发展完善》,北京大学出版社 2012 年版,第 4 页。

〔3〕 此处的新增罪名包括 1997 年《刑法》颁布后 12 个刑法修正案所修改或增加的罪名。

第二,从法定刑配置来看有以下三个变化。一是法定刑罚种类更加多样化。1979 年《刑法》分则第四章中犯罪的法定刑只有聚众"打砸抢"罪、非法拘禁罪、侮辱罪及诽谤罪等 4 个罪名规定了附加刑。1997 年《刑法》将主刑与附加刑相结合,自由刑、财产刑、资格刑等都根据惩治犯罪的需要合理规定。二是财产刑的适用范围更加广泛。1979 年《刑法》分则第四章罪名只有聚众"打砸抢"罪规定了财产刑。1997 年《刑法》分则第四章中有绑架罪;拐卖妇女、儿童罪;强迫职工劳动罪 3 个罪名规定有财产刑。三是在条文表述方面,摒弃了政治色彩,这也是"依法治国"的思想逐渐深入人心并为党中央接纳的结果。

侵犯公民人身权利、民主权利罪是自然犯,历来是刑法打击的重点之一,也是司法实践中发案率较高的一类犯罪。在当时的时代背景下,1997 年《刑法》对这类犯罪无论是罪状的描述还是法定刑罚的规定都体现了较高的立法水平,能够满足当时司法实践惩治犯罪的需要。

迄今为止,全国人大常委会已通过 12 部刑法修正案,其中涉及侵犯公民人身权利、民主权利罪立法完善的有 5 部:(1)《刑法修正案(四)》第 4 条在《刑法》第 244 条强迫职工劳动罪后增加一条作为第 244 条之一,规定雇用童工从事危重劳动罪。(2)《刑法修正案(七)》第 6 条将《刑法》第 239 条绑架罪进行修改,增加绑架行为情节较轻的情况及其法定刑的规定,绑架罪由原来的两款规定变更为三款规定;第 7 条在《刑法》第 253 条私自开拆、隐匿、毁弃邮件、电报罪后增加一条作为第 253 条之一,规定出售、非法提供公民个人信息罪与非法获取公民个人信息罪;第 8 条在《刑法》第 262 条之一组织残疾人、儿童乞讨罪后增加一条,作为该条之二,规定组织未成年人进行违反治安管理活动罪。(3)《刑法修正案(八)》第 37 条在《刑法》第 234 条故意伤害罪后增加一条,规定组织出卖人体器官罪与盗窃、侮辱、故意毁坏尸体、尸骨、骨灰罪；第 38 条将《刑法》第 244 条强迫职工劳动罪进行修改，之前强迫职工劳动罪的客观行为方式为“限制人身自由方法”，修正案将之修改为“以暴力、威胁或限制人身自由的方法”，并且将强迫职工劳动罪的共同犯罪行为作为第 2 款加以规定，法定刑也进行了修改，强迫职工劳动罪的规定增加为三款。(4)《刑法修正案(九)》第 13 条将《刑法》第 237 条强制猥亵、侮辱妇女罪修改为强制猥亵、侮辱罪，并在第 2 款增加“其他恶劣情节”；第 14 条将《刑法》第 239 条绑架罪的第 2 款修改为“……，或者故意伤害被绑架人，致人重伤、死亡的，处无期徒刑或者死刑，……”第 15 条将《刑法》第 241 条收买被拐卖的妇女、儿童罪的第 6 款的处罚方式由原来的“可以不追究刑事责任”修改为“可以从轻处罚”和“可以从轻或者减轻处罚”；第 16 条在《刑法》第 246 条侮辱罪、诽谤罪中增加第 3 款内容“通过信息网络实施……”第 17 条将《刑法》第 253 条之一出售、非法提供公民个人信息罪与非法获取公民个人信息罪由 3 款修改为 4 款，并将罪名修改为侵犯公民个人信息罪，将犯罪主体从“国家机关或者金融、电信、交通、教育、医疗等单位的工作人员”扩大到一般主体，将“违反国家规定”修改为“违反国家有关规定”；第 18 条将《刑法》第 260 条虐待罪的第 3 款由之前的“告诉的才处理”修改为“……，但被害人没有能力告诉，或者因受到强制、威吓无法告诉的除外”，考虑了被害人的特殊情况。(5)《刑法修正案(十一)》的突出表现是围绕未成年司法理念，下调了故意杀人罪、故意伤害罪的刑事责任年龄，即在特殊情况下，年满 12 周岁、不满 14 周岁的未成年人也应承担刑事责任。此外，对未成年女性采取更严格的保护，如在猥亵儿童罪、强奸罪中对部分情形加重了处罚，而且增设了负有照护职责人员的性侵罪。刑法修正案的功能主要是增设新罪与完善旧罪，其直接作用于《刑法》，实现《刑法》的最优化。

除《刑法》中的相关规定之外，在我国保护公民人身权利、民主权利的刑法法源还包括：

（1）在1997年之前有效的其他部门法律中设立的附属刑法。关于1997年《刑法》施行后原附属刑法的效力问题，有不同观点。[1]笔者认为，没有其他法律规定或者新《刑法》中并未明确规定废止附属刑法的适用，则附属刑法仍然有效。附属刑法是存在于非刑事法律中的一类庞大的刑事法律规范，其产生回应了社会的发展，其与《刑法》的分工协作重塑了刑事法规范体系，取得了良好的社会治理效果。[2] 考虑到附属刑法反映了各个领域可能出现的犯罪现象，对其修改或废止必须谨慎研判得出明确的结论才能对其效力予以判断。

（2）1997年之后其他部门法律中设立的附属刑法。不得不承认，在附属刑法不断虚化的背景下，我们看到一些法律依然对侵犯公民人身、民主权利的犯罪行为作了提示性规定。1997年后涉及侵犯公民人身权利、民主权利罪的附属刑法有如下几部：①2019年《法官法》第46条第4款（刑讯逼供罪）；②2019年《检察官法》第47条第1款第1项（刑讯逼供罪）；③《行政强制法》第68条；④《国防动员法》第71条；⑤2012年《治安管理处罚法》第2条和第116条第1款第1项（刑讯逼供罪、故意伤害罪）和第2项（非法拘禁罪）；⑥2021年《人口与计划生育法》第43条第1项；⑦2021年《医师法》第63条；⑧2016年《水法》第74条；⑨2020年《预防未成年人犯罪法》第67条；⑩2015年《反家庭暴力法》第33条；⑪2012年《劳动合同法》第88条第1项（强迫劳动罪）和第3项（侮辱罪、故意伤害罪、非法搜查罪、非法拘禁罪）。

---

〔1〕 参见汪本立、谢彤：《新刑法施行后原附属刑法的效力与适用问题》，载《山东法学》1997年第5期。

〔2〕 参见魏瀚申、丁友勤：《法定犯时代附属刑法立法模式之提倡》，载《福建警察学院学报》2021年第2期。

(3)立法解释和司法解释。全国人大机关虽然没有制定针对侵犯公民人身权利、民主权利罪的专门立法解释,但是,1997 年《刑法》颁行后,“两高”单独或者联合通过司法解释 200 多部,[1]其中多部涉及侵犯公民人身权利、民主权利罪。

总结中华人民共和国成立以来的刑法立法进程,其成就和经验表现为:第一,建立了体系完整、科学有效的刑法体系;第二,逐渐摆脱过去的重罚思想,转向刑法现代化和宽缓化兼顾的立法观念;第三,逐渐与国际接轨;第四,创造多种立法样式,包括《刑法》、刑法修正案、单行刑法、附属刑法规范等;第五,自 2000 年起,先后制定 13 个刑法立法解释,有利于促进刑事法制统一。[2] 这些成就在侵犯公民人身权利、民主权利的犯罪方面有突出的表现。根据对 1979 年至 1997 年与 1997 年至今两个阶段的侵害公民人身权利、民主权利的相关刑事立法的研究,可以归纳以下变化:第一,罪名设定更加全面。1997 年之前《刑法》中的关于侵犯公民人身权利、民主权利的罪名只有最基础的对他人身体造成伤害以及侵害最基本的民主权利的罪名,如故意杀人罪、强奸罪、破坏选举罪等。随着社会环境的变化与发展,出现了与传统犯罪不同的新的犯罪形式和组织,为了规制这些犯罪,就必须通过立法的方式将其写入刑法,实现刑法的惩罚与预防犯罪的功能。因此,刑法罪名设定也在“与时俱进”,如增设了组织出卖人体器官罪,负有照护职责人员性侵罪,雇佣童工从事危重劳动罪,侵犯公民个人信息罪,虐待被监护、看护人罪,组织残疾人、儿童乞讨罪,组织未成年人进行违反治安管理活动罪,等等。另外,降低了未成年人刑事责任年龄,并采取严格限制措施,防止扩大打击面。第二,法定刑的规定方面。通过对比可知 1997 年《刑法》的法定刑种

---

[1] 此数据为笔者课题组统计,非官方数据。

[2] 参见王作富:《新中国刑法立法的进程》,载《法学家》2009 年第 5 期。

类比 1979 年《刑法》丰富，自由刑、财产刑、资格刑都有规定，并且后两者的规定次数并不少。第三，罪状的描述方面。1979 年《刑法》的罪状描述极为简单，一个条文很少有规定两款及以上的，对于罪名的理解容易出现偏差。而 1997 年《刑法》对于罪状的描述较为详细，有助于在司法实践中理解犯罪行为方式、犯罪主体等。

二、侵犯公民人身权利、民主权利罪立法完善的实践逻辑

我国现行刑法体系仍主要体现为刑法典的体系。《刑法》由总则、分则及附则组成，侵犯公民人身权利、民主权利罪规定在《刑法》分则第四章。该类犯罪在《刑法》分则中的位置、具体罪名的布局等存在一定不足还须完善。

（一）体系地位中存在的问题

我国《刑法》分则是根据犯罪所侵害的同类客体为标准进行划分的，每一类犯罪按照各类犯罪的危害性质和程度由重到轻进行排列。[1] 对此，理论上有不同观点和意见。有些意见是中肯的，有些意见则有待商榷。以下针对一些较为突出的观点予以分析。

1. 体系地位有待提升

侵犯公民人身权利、民主权利罪在《刑法》分则中的排列位置有待提升。有学者指出 1997 年《刑法》在当时的背景下，将侵犯公民人身权利、民主权利罪规定在分则第四章是合理的，体现了当时刑法对各种具体社会关系进行刑事保护的价值取向和打击重点，1997 年《刑法》修订时，中国正处于社会转型时期，东欧剧变和苏联解体余波尚未平息，西方国家对我国的和平演变方兴未艾，把安全问题摆在第一位是合理的，因此对《刑法》分则进行排列时，安全价值被置于价值

---

〔1〕 参见储槐植、梁根林：《论刑法典分则修订的价值取向》，载《中国法学》1997 年第 2 期。

构造的中心统帅地位。[1]

将危害国家安全、公共安全、经济安全的犯罪行为排位为最严重的犯罪,有利于保持我国长期的安全稳定,经济的高速发展。二十多年过去,国内外形势发生巨大变化,我国综合实力大幅提升,社会主义市场经济蓬勃发展,应当重视刑法的人权保障功能,维护人的权利,保障人的尊严。[2] 20世纪90年代以来,大多数国家和地区修订刑法都力图契合当代刑法改革的人权保障主题,1992年《法国刑法典》、1996年《俄罗斯刑法典》等都将侵害公民人身权利的犯罪放在《刑法》分则的首章。[3]

而我国1982年《宪法》也将公民基本权利和义务列于总纲之下的首章,突显了公民基本权利的重要性,反映了保护公民权利的立法价值取向,因此,部分学者认为应当将侵犯公民人身权利、民主权利罪列在分则第三章破坏社会主义市场经济秩序罪之前。[4] 域外的立法只能作为参考,关键问题还在于我国立法体系优化方案是否符合中国实际情况。

我们认为,第一,我国有将社会法益优先于个人法益的文化传统,在此意义上,个人法益并非必然要置于首要地位。第二,在传统观念中,生命、身体的法益重要性不言而喻,以至于成为刑法中不可由权利人本人随意承诺的特殊法益,所以人身权利又并非要居于所有的社会法益之后。民主权利和人身权利不同,但是在民主政治社

---

〔1〕 参见司伟森:《侵犯公民人身权利、民主权利罪浅析》,载《中国刑事法杂志》2015年第3期。

〔2〕 参见司伟森:《侵犯公民人身权利、民主权利罪浅析》,载《中国刑事法杂志》2015年第3期。

〔3〕 参见陈长均:《刑法分则第三章和第四章的顺序应当调整》,载《人民检察》2008年第17期。

〔4〕 参见赵秉志、肖中华:《关于侵犯公民人身权利犯罪立法完善之探讨》,载《检察理论研究》1996年第4期。

会,其具有和人身权利同等的意义,所以,它的地位也应被凸现出来。第三,国家安全是一个复合性法益,涉及政治安全、军事安全、国家统一安全等,如果国家安全受到威胁或者影响,大多数人的生命、健康和政治权利将受到直接威胁或影响,所以将国家安全作为最重要的法益并无不可。第四,与之相似,公共安全法益主要由人身安全和财产权利复合而成,而且人身安全在其中占比更大,且为不特定人或者多数人的人身安全,所以,将其排列在国家安全之后的理由还是很充分的。第五,经济秩序直接影响社会经济发展的秩序,虽然经济基础决定上层建筑,但是,这种作用终究是间接性的,考虑到破坏经济秩序的犯罪很少直接侵犯公民人身权利和民主权利,所以一般量刑也远远不及侵犯公民人身权利和民主权利的犯罪,将其置于侵犯公民人身权利、民主权利罪之前并没有合理基础。所以,将侵犯公民人身权利、民主权利罪置于分则第四章,难以凸显个人人身权利、民主权利的重要性。

2. 章节罪名不周延

《刑法》第四章标题为侵犯公民人身权利、民主权利罪,但理论上有观点认为,该章犯罪应分类设立。其主要理由为:(1)侵犯公民人身权利犯罪与侵犯公民民主权利的犯罪明显属于侵犯不同客体的犯罪,将二者规定为同一章会导致《刑法》分则的犯罪分类体系不协调。(2)单独将侵犯公民民主权利罪列为一章能体现保护公民民主权利的迫切需要,也是强化社会主义民主法治建设的重要途径,并且这种做法能够体现刑法对于公民不同类型的权利持有的同等重视和保护的态度。(3)国外有立法例可供借鉴。[1] 此外需要注意,在1997年《刑法》修订研讨之时,就有很多学者建议将侵犯公民人身权利罪与

〔1〕 参见赵秉志主编:《刑法修改研究综述》,中国人民公安大学出版社1990年版,第84页。

侵犯公民民主权利罪分章设立,可惜该建议最终并未被采纳。[1]

本书认为,随着法治进步,特别是民法典时代的到来,《刑法》必须和《民法典》发展保持协同性。

在《民法典》中,人身权利、民主权利以及婚姻家庭权利属于不同的权利类型。在我国《民法典》中,婚姻家庭编与人格权编相互独立,而在人格权编之下,并列设立第六章:第一章为一般规定;第二章为生命权、身体权和健康权;第三章为姓名权和名称权;第四章为肖像权;第五章为名誉权和荣誉权;第六章为隐私权和个人信息保护。基于民法典的体系结构,《刑法》分则第四章的罪名从规范性和科学性出发应该作如下调整:

首先,应考虑将该章犯罪分为三节,第一步使侵犯公民民主权利的犯罪与侵犯公民人身权利的犯罪彼此独立,毕竟公民人身权利与民主权利存在根本性不同,前者是自然权利,后者是政治权利。其次,将侵犯人身权利的犯罪替换为侵犯公民人格权利的犯罪,因为《刑法》分则第四章的犯罪并非完全可以由公民人身权利、民主权利涵盖,例如侵犯公民个人信息罪,就难以认为是侵犯公民人身权利。而且在实践中,其关联犯罪主要和侵犯他人肖像权、名誉权、隐私权以及财产权有关。最后,凸现《刑法》对婚姻家庭的保护。早期有学者认为应当将分则第四章分为侵犯公民人身权利罪、侵犯公民民主权利罪以及妨害婚姻家庭罪等单独的三章。1997 年《刑法》将妨害婚姻、家庭罪也并入《刑法》分则第四章中,并没有在章节名中专门提出妨害婚姻、家庭罪。针对不同权利的犯罪分别侵害不同的犯罪客体,侵犯公民人身权利、民主权利罪将三者融为同一客体作为同一类罪名予以规定是缺乏科学性的,也与我国刑法将同类客体作为犯罪

---

〔1〕 参见赵秉志、赫兴旺、肖中华:《关于侵犯公民民主权利罪和侵犯公民劳动权利罪立法完善的构想》,载《现代法学》1996 年第 4 期。

分类标准相违背。[1] 婚姻家庭关系是独立的社会关系,在许多国家的刑法典中,都给涉及婚姻家庭关系的罪名独立地位,将妨害婚姻罪并入侵犯人身权利罪的直接后果就是婚姻家庭制度这一同类客体不再存在。[2] 因此,侵犯公民人身权利、民主权利罪的罪名不周延,其分类不科学,应当将不同种类罪名单独成章。

3. 具体犯罪地位较为混乱

侵犯公民人身权利、民主权利罪的具体罪名也应根据犯罪的社会危害性程度由大到小排序,但实际排列顺序却较为混乱。例一是,非法拘禁罪与绑架罪为侵犯同种客体的犯罪,但前者与后者相比侵犯人身自由的社会危害性要低一些,但非法拘禁罪排列在绑架罪之前。例二是,诬告陷害罪与刑讯逼供罪、暴力取证罪、虐待被监管人罪都属于借助国家权力侵害公民权利的犯罪,但诬告陷害罪却未与其他罪名排列在一起,显得较为混乱。例三是,破坏选举罪当前的罪名序列也并不恰当。选举权与被选举权是公民一项极为重要的政治权利,在 1979 年《刑法》中破坏选举罪就被规定在侵犯公民民主权利罪之首。此外,出于对私自开拆、隐匿、毁弃邮件、电报罪与侵犯通信自由罪的危害程度大小以及对国家工作人员从严的双重考虑,应当将私自开拆、隐匿、毁弃邮件、电报罪列于侵犯通信自由罪之前。[3] 因此,《刑法》分则第四章的具体犯罪的排列顺序应当进行调整,尤其是侵犯公民民主权利罪这一类罪,应做到具体犯罪排列与《刑法》分则整体的排列标准相一致,并且方便实际运用。

---

〔1〕 参见莫洪宪、王明星:《侵犯公民人身权利、民主权利罪之立法反思》,载《铁道警官高等专科学校学报》2003 年第 2 期。

〔2〕 参见孟庆华、李佳芮:《重构我国刑法分则体系若干问题探讨》,载《河北师范大学学报(哲学社会科学版)》2012 年第 1 期。

〔3〕 参见莫洪宪、王明星:《侵犯公民人身权利、民主权利罪之立法反思》,载《铁道警官高等专科学校学报》2003 年第 2 期。

(二)罪状问题

侵犯公民人身权利、民主权利罪中的大部分具体罪名与人身权利保护相关,有关民主权利犯罪的罪名较少。前者大多数为自然犯罪,较好界定;后者根据不同学者对"民主权利"的解读不同,对于现行《刑法》分则规定的民主权利的犯罪是否符合"民主权利"这一标准存在不同看法。

1. 规范保护的目的不明确

刑法规定的侵犯公民民主权利罪有部分犯罪并没有侵害民主权利。有学者认为侵犯公民人身权利、民主权利罪中的"民主权利"与宪法中的"政治权利"具有相同的内涵和外延,侵犯公民民主权利罪可与侵犯公民政治权利罪作相同理解。严格从具体罪名出发,则只有破坏选举罪可归类于侵犯民主权利罪。问题是,刑法中的选举仅仅限于人大代表和国家机关领导人员,而不包括在我国有重要意义的基层组织的自治选举和党代表选举。这样理解不符合社会的需要,侵犯公民民主权利罪中的"民主权利"应当有一定的包容性。此外,为了弥补报复陷害罪的缺陷,针对特定主体、被害人和场合专门设立了打击报复会计、统计人员罪。有人认为,将打击报复会计、统计人员罪归于侵犯公民民主权利罪是不妥的,公民的基本权利和义务与公民的社会事务管理权和集体经济组织劳动者的民主管理权分别在《宪法》不同章节中有规定,后者对应的公民的基本权利只能是劳动权。[1] 也有学者认为打击报复会计、统计人员侵犯了会计、统计人员的劳动权,但这种权利又是会计、统计人员享有的依法履行职责的民主权利。[2] 当然,这种行为也会破坏经济秩序或者政务管

---

〔1〕 参见石磊:《侵犯公民民主权利罪是什么》,载《国家检察官学院学报》2012 年第 5 期。

〔2〕 参见魏东等:《民主权利的宪法基础与刑法保障》,人民法院出版社 2004 年版,第 263-268 页。

理，所以该罪的地位的确比较突兀。

2. 规范保护范围的广度和深度不充分

从《刑法》分则第四章第232—248条、第257条、第260—262条的规定可以看到，《刑法》规定的各种犯罪行为，明确地保护了公民的各项人身权利，这与我国《民法典》人格权编和婚姻家庭编所列举的权利基本一致。从内容上看，刑法对公民人身权的保障是全面、充分的，但并不是所有侵犯公民人身权的行为都由刑法调整，只有侵害达到一定程度才会被纳入刑法的规制范围。而《刑法》分则较多采用"情节严重""情节恶劣"等量化的表述方式作为犯罪成立的条件，与其他发达国家关于犯罪成立通常仅有性质要求而无数量要求的做法显然不同，致使刑法不能完整地保护公民人身权利，只能对重大的人身权利予以保护，存在忽视轻微人身利益保护之嫌。[1] 根据国际人权法的相关要求，国家应避免采用过于严厉的刑罚以求得轻微人身权的保护。当前，3个月的管制是我国最轻微的对人身自由进行限制的刑罚；1个月拘役是我国最轻微的剥夺人身自由权利的刑罚，罪行和刑罚之间的平衡关系根据罪刑法定原则应当得到尊重。[2] 因此，现行刑法对人身权利的保护应当更加重视，将其他具有严重社会危害性，但并未被刑法规定为犯罪的行为纳入规制范围，或者去掉部分侵犯人身权利罪的定量因素，由立法定性司法定量。

（三）法定刑问题

1. 法定刑起刑点过高

有学者认为我国刑法使用了不彻底的犯罪概念来规定犯罪，在

---

〔1〕 参见马冬梅：《我国公民人身权保护的刑事政策思考》，载《河北法学》2008年第10期。

〔2〕 参见王世洲：《国际人权标准与我国刑法人身权保护的发展方向》，载《法学家》2006年第2期。

刑法中较多使用“情节严重”“情节恶劣”作为犯罪成立的条件。[1]这导致刑法对于公民权利的保护，存在结构性缺损的问题。当前，我国刑法关于公民权利的保护起刑点较高，进而导致“厉而不严”，保护范围较窄的结果。适当地降低侵犯公民人身权利罪的起刑点，实际上可以将犯罪圈进行扩大，将某些侵犯公民人身权利的行为犯罪化。总之，我国刑事法网存在“厉而不严”的特点，为弥补这种结构性缺损，实现刑法的“严而不厉”，可以考虑适当下调犯罪构成的定量标准，降低起刑点。[2]

2. 法定刑升格条件的规定以及刑罚配置不协调

我国现行《刑法》侵犯公民人身权利、民主权利罪中的很多的罪刑罚配置不协调。例如，现行《刑法》第260条第2款规定了虐待罪的法定刑升格条件，即虐待家庭成员致人重伤、死亡的，处2年以上7年以下有期徒刑，但第260条之一虐待被监护、看护人员罪却没有同样规定法定刑升格条件。虐待被监护、看护人罪的法定最高刑为3年有期徒刑，而虐待罪的法定最高刑为7年有期徒刑。这样看来，如果出现重伤、死亡结果，刑法对于侵害对象为家庭成员的虐待罪的打击重于侵害对象为被监护人、看护人的虐待犯罪。但是如果不考虑法定加重情形，则刑法对虐待罪的打击力度要轻于虐待被监护、看护人罪。从侵害对象的角度加以审视，家庭成员和被监护人、被看护人处在同一位阶，不应因被害人与加害人之间所具有的关系的不同，就对之加以区别对待。[3] 另外，故意杀人罪是最古老的犯罪，一般《刑法》对故意杀人罪都规定了较为合理的刑罚档次，但是我国《刑法》

---

〔1〕 参见樊文：《罪刑法定与社会危害性的冲突——兼析新刑法第13条关于犯罪的概念》，载《法律科学(西北政法大学学报)》1998年第1期。

〔2〕 参见马冬梅：《我国公民人身权保护的刑事政策思考》，载《河北法学》2008年第10期。

〔3〕 参见王志祥、韩雪：《局部性的调适 断裂中的前行——侵犯公民人身权利、民主权利犯罪条款的缺陷及其完善》，载《学习论坛》2015年第3期。

只规定了两个档次，如果仅仅以结果为导向则实践中难以根据行为人的行为方式和主观恶性作出合理评价，不利于控制故意杀人罪的死刑适用。

三、侵犯公民人身权利、民主权利犯罪的立法完善建议

人身权利和民主权利是公民个人法益最重要的组成部分。人身权利是人从事正常活动不可缺少的基础，是参与社会、政治生活的必要前提。只有人身权利得到切实保障，人们才能享受和行使其他政治、经济、文化、社会交往等权利。如果生命安全受到威胁，人身自由受到限制，人应该享有的政治、经济、文化、社会交往等权利就不可能得到有效行使。同时，公民的民主权利又是人身权利的有力保障。保护公民的人身权利、民主权利和其他权利免受非法的侵害，是中国刑法的一项重要任务。正是此类权利的重要性，决定了侵犯公民人身权利、民主权利的犯罪大多属于“自然犯”而非“法定犯”，其危害性更容易被一般人认识，社会危害性的变易性较小。[1] 侵犯公民人身权利、民主权利罪的案件在我国刑事案件中占比较大，在司法实践过程中存在很多疑难问题，只有解决这些疑难问题才能维护审判的公正，维护社会的稳定。侵犯公民人身权利、民主权利罪的构成要件如下：侵犯的客体为公民的人身权利或民主权利；客观方面为非法侵犯公民人身权利、民主权利的行为；犯罪主体大多数为一般主体，也有一些犯罪为特殊主体；主观方面除过失致人死亡罪和过失致人重伤罪由过失构成以外，其余各罪只能由故意构成。由于侵犯人身权利、民主权利罪的具体罪名很多，下文将摘取几个重点罪名讨论其在司法实践中存在的重难点问题。

---

〔1〕 参见阎二鹏：《侵犯个人法益犯罪研究》，中国人民公安大学出版社2009年版，第7页。

(一)故意杀人罪

在某种意义上故意杀人罪是最严重的犯罪。《刑法》第 232 条对故意杀人罪进行了规定,但关于罪状的表述较为简单。这种立法有其优点,也有诸多不足。因为杀人在传统观念中是最为严重的犯罪行为,杀人者一般都被认为是最具有人身危险性和主观恶性的罪犯,需要动用最严厉的刑罚予以制裁。可是,在故意杀人罪中存在许多特殊情况,有待通过立法予以合理规制与配刑。

1. 教唆、帮助自杀行为应单独规制

教唆自杀,指的是唆使没有自杀意图的人产生自杀决意,使他人实施自杀的行为;帮助自杀是指通过传授自杀方法、精神鼓励或物质援助等方法,使已有自杀意图的人更容易实现自杀意图的行为。[1]

我国《刑法》分则中并无专门条文规制教唆自杀或帮助自杀行为,因此,对这类行为只能借鉴刑法理论并比照类似案件处理。21 世纪以来,该种处理方式受到越来越多的批判,许多学者认为,帮助、教唆自杀行为不能简单被定性为故意杀人罪。[2] 帮助、教唆自杀行为属于我国刑法学中的共犯理论问题,共犯成立以正犯的存在为前提,因而教唆与帮助行为只有在实行行为构成犯罪的基础上才具有可罚性。

关于教唆、帮助自杀行为的定性有以下几种观点:第一种观点认为,此类行为属于法无明文规定的情形,不应以故意杀人罪论处。[3] 第二种观点认为,生命法益的特殊性导致国家的必然干涉,因而自杀行为本身是违法的,但自杀行为欠缺可罚的违法性,以及对国家干涉

---

〔1〕 参见曲新久主编:《刑法学》(第 4 版),中国政法大学出版社 2011 年版,第 400 页。

〔2〕 参见冯军:《刑法的规范化诠释》,载《法商研究》2005 年第 6 期。

〔3〕 参见陈兴良:《教唆或者帮助他人自杀行为之定性研究——邵建国案分析》,载《浙江社会科学》2004 年第 6 期。

需要加以消极的限制，所以其是不可罚的。但是这种不可罚只会减弱教唆、帮助者的违法性，并不会使其不被处罚。〔1〕 第三种观点认为，我国耦合式的犯罪构成体系是将教唆、帮助杀人行为等同为故意杀人行为的重要原因之一，在确证自杀行为的构成要件符合性和违法性后，遵循共犯正犯区分制和共犯从属性的原理，采用“修正引起说”得出处罚教唆、帮助自杀行为的逻辑结论。对于自杀行为，则以其不具有期待可能性作为免除罪责的理由。〔2〕 第四种观点认为，教唆、帮助自杀行为不具有刑事可罚性，不应当犯罪化。学者从教唆自杀不符合故意杀人罪的犯罪构成，教唆自杀不符合间接正犯的要求，教唆自杀行为不具有应受刑罚处罚的社会危害性，外国刑事立法不足为凭以及违背伦理道德不能成为入罪理由等五个方面分析原因，认为教唆自杀不应当犯罪化。〔3〕 此外，学者认为帮助自杀行为不同于共同犯罪中的帮助行为，也不成立间接正犯，原因在于现代社会中自杀不再被视为犯罪行为，自杀体现的是自杀者自主决定的权利，帮助自杀行为未对此起到关键作用。根据罪刑法定的原则、刑法谦抑性的要求以及情理法相结合的要求也应当否定帮助他人自杀行为入罪。〔4〕

本书认为，考虑到教唆、帮助自杀行为导致的危害结果的严重性，以及学界处理观点的复杂程度，我国立法者应当高度重视这一问题并对此作如下处理：

第一，自杀是一种自我处置行为，这种行为的法律性质极其复

---

〔1〕 参见李洁、谭堃：《论教唆、帮助自杀行为的可罚性》，载《政治与法律》2013 年第 6 期。

〔2〕 参见王海军：《教义学视角下教唆、帮助自杀行为的刑法处断再认识》，载《政法论丛》2017 年第 6 期。

〔3〕 参见张永红、吴茵：《教唆自杀新论》，载《法学杂志》2011 年第 1 期。

〔4〕 参见韩跃广：《论刑法教义学视野下的“帮助自杀行为”——以我国“孝子弑母案”为例》，载《中国刑事法杂志》2013 年第 6 期。

杂,我们无法断言自杀是合法行为,也不能宣称其为非法行为。准确而言,自杀是一种法外空间行为,自杀者的自我决意导致法律无法对其进行令人满意的评价,所以,自杀不属于犯罪,至少在现代社会是如此。

第二,对与自杀有关联的教唆行为、帮助行为必须单独评价。上述观点无论是认为对自杀关联的行为要单独定罪还是不应定罪,都表明其与故意杀人存在很大区别,不宜同等对待二者。不仅如此,根据所谓共犯原理无法对与自杀关联的教唆行为和帮助行为进行处罚,因为在缺乏实行行为违法性的情况下,难以对教唆行为和帮助行为的违法性进行评价,只有将与自杀有关的教唆行为与帮助行为作为实行行为专门规定才能明确其违法性。

第三,自杀关联的教唆行为与帮助行为并非没有刑事违法性。尽管在法理中存在道德与法律关系的争议,但是这种争议只存在于司法场合,法律作为"最低限度的伦理"的观点在立法场合并无争议的余地。根据社会相当性理论,任何行为都必须在社会通常的观念、传统公共道德可以允许的范围内实施,才具有合法性。在我国现阶段,个人的生命权高于其他一切权利,"人命大于天"的传统观点也禁止任何人随意介入他人生命处置的行为,哪怕他人决意自杀,其他人都不得借口自杀者的自由决意随意提供帮助,更不允许教唆。故而,认为教唆、帮助自杀行为不构成犯罪行为的观点,并不符合我国的社会现实情况。

第四,司法实践凝聚了我国的文化传统和社会现实需要,其中隐含的经验值得我们重视。在我国司法实践中,一般将教唆、帮助自杀的行为认定为故意杀人罪,但考虑到自杀者的自由意志,可以对其从轻处罚。这种理解是符合当前社会实际发展水平和需要的。这也表明我国刑法有必要将与自杀有关的教唆、帮助行为的处罚在故意杀人罪中单独予以规定。

第五,国外立法例的做法值得我们借鉴。在人类历史上,故意杀人罪是最古老的、最严重的自然犯罪,其立法中蕴含着人类悲悯的共同情感,其他国家的立法值得我们借鉴。即便在奉行自我决定的大陆法系国家的刑法中,一般也将教唆、帮助自杀行为独立规定为一种具体犯罪。如《日本刑法典》第202条和《意大利刑法典》第580条关于教唆、帮助自杀的规定。

综上,我国有必要在故意杀人罪的立法之下,对教唆、帮助自杀行为予以明确规定,以解决毫无必要的理论争讼。因此,可以在故意杀人罪的现有法定刑之下予以配刑,如在《刑法》第232条之内新设一款或者在第232条之下新增一条,即"帮助他人自杀或者教唆他人自杀的,处3年以下有期徒刑或者拘役"。

2. 故意杀人罪中的法定刑的配置

故意杀人罪一直是我国适用死刑的主要罪名。这一方面和该罪的性质严重性有关,另一方面和该罪法定刑的配置方式有关。在《刑法》分则规定的具体犯罪条文中,绝大多数法定刑是由轻到重排列的,但我国《刑法》第232条关于故意杀人罪的法定刑则采取由重到轻的排列方式。这种立法方式导致死刑成为优先选择项。对于故意杀人罪的犯罪分子应当优先适用死刑的原因在于:第一,立法折射的偿命理念。有学者认为,立法对故意杀人罪配置刑罚的法定刑模式反映了中国社会里"杀人者偿命"的观念。[1] 第二,立法提供的刑种位次信息。如有学者认为,个罪的法定刑内含两种以上主刑的,其排列顺序表明了立法考虑的重点,据而决定司法决定的重点。[2] 因此,在司法实践中,对故意杀人案件的犯罪人优先适用死刑成为较为

---

〔1〕 参见王世洲:《论中国死刑的保留与限制及其对故意杀人罪的适用》,载《政法论坛》2001年第6期。

〔2〕 参见周光权:《法定刑研究》,中国方正出版社2000年版,第74-75页。

常见的情势,这一点也为我国学者的实证研究所证实。[1]

以法定刑配置方式为由对故意杀人罪优先适用死刑扩大了死刑的适用范围,在一定程度上曲解了罪责刑相适应的原则,也不符合刑罚的目的。否定死刑优先适用论的理由如下:第一,死刑优先适用论并不具有充分理由。有学者认为死刑优先适用论并没有被刑法明文规定,其布局也不符合目的理性的主观解释。它强调"杀人者死",不利于死刑适用在我国司法实践中的限制,不利于提高刑事文明和正确指导法定刑的适用。[2] 第二,死刑优先适用论不符合限制死刑、慎重适用死刑的政策要求。在当前的时代背景下,严格限制、减少乃至逐步废止死刑已经成为一种不可阻挡的时代潮流,因此,死刑适用优先论是不可取的。根据刑罚个别化原则,即便同为故意杀人罪,也有必要根据行为人的犯罪动机、犯罪手段、犯罪结果存在的较大差异决定刑罚。尽管严格限制死刑的适用是刑法学界的一贯态度,纯粹的优先适用死刑不符合时代潮流,也忽视了复杂的实际情况,但死刑作为故意杀人罪的法定刑在我国当前社会背景下仍有其正当性。因此,本书认为,应当仅否定故意杀人罪的死刑优先论。

毫无疑问,立法者需要对故意杀人罪的法定刑配置采取更为具体的模式。其一,立法者在设置死刑时要坚持主客观相统一原则,即必须贯彻"罪行极其严重"之规定。故意杀人罪的死刑配刑,要考虑如下一些因素:通过被害人的数量体现出来的结果的严重程度,通过手段是否残忍及残忍的程度加以衡量的行为手段的严重程度,杀人的动机等会影响主观恶性的判断;是否有自首坦白等情节,是初犯、偶犯还是累犯、惯犯,是否进行了赔偿等则会对人身危险性判断产生

---

〔1〕 参见尹明灿、李晓明:《故意杀人罪实证研究——以 493 例故意杀人罪案例为视角》,载《中国刑事法杂志》2009 年第 6 期。

〔2〕 参见黎其武:《故意杀人罪优先适用死刑否定论》,载《河北法学》2011 年第 6 期。

影响。[1] 其二,对故意杀人罪的死刑配刑模式还可以尝试改变法定刑的递减机制。具体而言,应要将死亡结果作为故意杀人罪配置死刑的必要且非充分条件。针对死刑配置的弊端,要建立从严情节和从宽情节体系。仅对其中有死刑从严情节的判处死刑,对于无死刑从严情节且有从宽情节的,不判处死刑。[2] 以上两种方式都是对故意杀人罪死刑适用有意义的立法限制。

根据《刑法》第 48 条第 1 款的规定,只有对罪行极其严重的犯罪分子才能适用死刑。但对于该条款如何在《刑法》分则中适用则有待进一步明确。对于故意杀人的刑罚配置,立法者有必要对司法者发出更为明确的指引信息。在故意杀人的案件中,死刑只有在确实必要的、不得已的情况下,才考虑适用。作为立法选择,可以做如下考虑:首先,对于故意杀人的行为,应结合我国当前限制死刑的政策和刑法适用之实际需要,明确以无期徒刑作为故意杀人罪的基础法定刑。其次,对于有必要加重处罚,适用死刑的情况应当予以明确规定。再次,对于需要予以从轻处罚的情况,也有必要吸纳司法实践的经验,通过立法明确规定。如司法实践中,对于民间矛盾激化所引发的故意杀人案件,一般会根据被害人过错、对被害人积极赔偿以及取得被害方谅解等因素决定刑罚。[3] 这些都可以在刑法立法中得到更有权威性的规定。此外,最高法 1999 年 10 月发布《全国法院维护农村稳定刑事审判工作座谈会纪要》,对“把握故意杀人犯罪适用死刑的标准”提出了明确的要求,即是否判处死刑,被害人死亡结果并非唯一的考量因素,还要对案件的全部情况进行综合考虑。因此,对

---

[1] 参见付立庆:《案例指导制度与故意杀人罪的死刑裁量》,载《环球法律评论》2018 年第 3 期。

[2] 参见王越:《故意杀人罪死刑裁量机制的实证研究》,载《法学研究》2017 年第 5 期。

[3] 参见阴建峰:《故意杀人罪死刑司法控制论纲》,载《政治与法律》2008 年第 11 期。

于故意杀人罪的死刑裁量有必要进行深入研究。这些经验都值得立法借鉴。

3."手段特别残忍"的立法确认

"手段特别残忍"是司法实践中衡量故意杀人罪严重程度的重要指标,对于是否将犯罪人判处死刑具有重要决定意义。但立法并没有对"手段特别残忍"之外延内涵予以明确规定,所以它在司法实践中逐渐变为一种现在判决书中的格式化、概念化的表述。究竟哪些情形属于手段特别残忍?我国学者一般采取列举的方式来明确故意杀人罪的"手段特别残忍",例如,有学者将挖眼、割耳、低温冷冻、高温暴晒、火烫、针刺界定为特别残忍手段。[1] 也有学者认为特别残忍手段是指采取朝人面部泼镪水、用刀划破面部等方法严重毁人容貌,挖人眼睛,砍掉手脚,剜掉髌骨等手段,造成他人严重残疾的行为,不是指一般重伤。[2] 以列举的方式将特别残忍手段特定化,对司法实践有参考意义,但并未揭示"手段特别残忍"的内涵,有不足之处。所以有必要对特别残忍之手段的本质特性予以探究,供司法和学理参考。

有学者以10个以故意杀人罪定罪判刑的刑事指导案例为基础(其中8个被认定为手段残忍;2个被认定为手段特别残忍),较为深入地分析了"手段特别残忍"之内涵,认为故意杀人罪的手段特别残忍是指在杀人时故意对被害人进行折磨,导致其死亡之前肉体与精神都处于痛苦状态,其应当作为故意杀人罪的一个独立的量刑要素,强调的是在被害人死亡前,行为人故意对被害人增加的额外折磨。并且应当区分手段残忍与情节严重、情节恶劣以及后果严重等评价

---

〔1〕 参见黎宏:《刑法学》,法律出版社2012年版,第648页。

〔2〕 参见周道鸾、张军主编:《刑法罪名精释(上)》(第4版),人民法院出版社2013年版,第518页。

性用语，如果行为人仅以导致被害人死亡为目的，采取了一种会导致被害人产生重大的肉体与精神痛苦的杀人手段，则不属于手段特别残忍的故意杀人罪，可以评价为情节严重或者情节恶劣的故意杀人罪。〔1〕 这种界定方式一方面使得手段特别残忍特定化，另一方面限缩了手段特别残忍的范围，也对其内涵作了分析。其不足在于，手段特别残忍本身并非一个纯粹的客观事实，它或许隐含着规范的评价。如我国有学者认为，《刑法》第 232 条中没有关于手段特别残忍的明文规定，但并不意味着缺乏对以特别残忍手段杀人的行为人判处死刑的法理依据。以特别残忍手段杀人应予从重处罚的法律依据有三：一为《刑法》故意伤害罪中判处何种刑罚取决于是否以特别残忍手段实施伤害行为；二为《刑法修正案（八）》对《刑法》第 49 条增设第 2 款，审判时年满 75 周岁的人以特别残忍的手段致人死亡不免死刑；三为故意杀人罪的条文中规定了"情节较轻"的情况，而故意杀人罪又是以从重刑到轻刑的顺序考虑的，在不具备"情节较轻"的情况时，杀人行为的量刑应当从死刑开始考虑，那么手段特别残忍又能被合理地视作一种从重处罚情节。论者还从社会伦理角度出发，认为手段特别残忍重在强调行为对善良风俗和人类恻隐之心的挑战，不仅仅针对具体被害人，而是以社会一般观念为判断基准的规范性概念。〔2〕 将手段特别残忍的本质上升到伦理高度是值得肯定的，故意杀人罪侵犯的是被害人的生命法益，而手段特别残忍更加体现了客观行为的残酷性和行为人主观心态的恶劣性，违背了社会善良风俗和伦理道德。一般人根据社会一般伦理对故意杀人案件中手段特别残忍进行判断，法官在判案时也需要从社会伦理规范出发，法官个人

---

〔1〕 参见陈兴良：《故意杀人罪的手段残忍及其死刑裁量——以刑事指导案例为对象的研究》，载《法学研究》2013 年第 4 期。

〔2〕 参见车浩：《从李昌奎案看"邻里纠纷"与"手段残忍"的涵义》，载《法学》2011 年第 8 期。

的道德感也来自社会一般观念。此外,还有学者从体系性解释出发,认为手段特别残忍是故意杀人行为具有附加其他法益侵害的效果,不应将其作为酌定量刑规则;其认为应当采取一种二元的观点,即区分纯正的与不纯正的手段特别残忍,认为纯正的手段特别残忍是故意杀人罪的规范构成要件要素。[1] 将手段特别残忍通过立法加以明确,并作为加重构成要件具有妥当性。这种做法能够与故意杀人罪优先适用重刑之规范相适应,并积极发挥一般预防的作用,但不可忽视社会一般观念的规范判断。因此,只有在立法上采取概括加列举的方式,才能有效明确手段特别残忍的内涵及特征。

(二)组织出卖人体器官罪

器官移植技术在为人类生存带来福祉的同时,诱发了许多与人体器官有关的犯罪行为。组织出卖人体器官罪是《刑法修正案(八)》新增的罪名之一,《刑法》第 234 条之一规定了组织出卖人体器官罪。

在刑法中,有必要明确组织出卖人体器官罪的行为方式,这是因为该罪涉及重大法益,属于重罪。在立法中,单纯的出卖人体器官行为并不属于组织出卖人体器官罪的规制范围,该罪处罚的是组织出卖人体器官的行为。该罪组织的手段方式多种多样,存在较为明显的不确定性。“组织”一词通常指行为人实施领导、策划、控制他人进行其所指定行为的活动,其手段可以是招募、拉拢、利诱等。[2] 在实践中除上述行为外,连接供体与受体之间的黑中介或管理联络可从器官买卖中获得巨大的利润,并可能形成黑色商业犯罪链,但这是否属于组织行为呢? 一方面,考虑到组织器官买卖行为相较于其他组

---

〔1〕 参见王复春:《“手段残忍”裁判规则研究——以 680 件故意杀人案件为样本》,载《中国刑事法杂志》2018 年第 6 期。

〔2〕 参见莫洪宪、杨文博:《刑法中的人体器官犯罪——〈对刑法修正案(八)〉第三十七条的理解》,载《人民检察》2011 年第 9 期。

织类犯罪,对生命健康的威胁更大,还会诱发其他犯罪行为;另一方面,不同组织型犯罪有不同的特性,组织出卖人体器官罪与其他组织型犯罪相比有明显特殊性,所以应当根据该罪名的自身特性和立法宗旨对组织行为进行立法界定,故本书对于该罪中的组织行为作如下认定:

第一,明确排除组织框架行为。在刑法中,涉及组织行为的犯罪,一般是作为共同犯罪的犯罪集团的组织行为,即具有一定组织框架的组织行为,问题是该罪是否应当这样理解?当前理论大多不采取这样的表述,相关学者认为,该罪不应当定位于犯罪组织框架内组织行为,它仅仅是一个单纯的组织行为。不过,与组织卖淫罪、非法组织卖血罪这类与人身有关系的犯罪相比较,组织出卖人体器官罪对人体健康、生命安全具有更直接和现实的威胁,从有效保护法益的要求出发,对该罪组织行为的标准应当适当从宽把握,因此,不宜对该罪的组织架构、被组织者人数及其人身自由上做过多要求。[1] 这一种观点考虑到了组织出卖人体器官罪自身的严重社会危害性,因此主张放宽该罪的组织行为认定尺度,以便于打击犯罪。

第二,明确规定组织的行为方式。基于上述理由,该罪属于组织行为正犯化的表现。据此,组织行为实质上就是正犯行为,这种组织行为本身就具有相当大的社会危害性,对整个器官买卖行为具有一定的支配性,为顺利出卖人体器官创造了条件。

第三,明确规定组织对象。尽管行为对象的数量不做要求,但是哪些人是该罪的行为对象,在立法上有明确的必要。有观点认为,该罪的"组织"是指从事使他人出卖人体器官的活动,不能将其解释为

---

〔1〕 参见金铁、李刚:《出卖、摘取人体器官犯罪司法实务分析——〈刑法〉第 234 条之一的司法适用问题刍议》,载《法学杂志》2011 年第 12 期。

组织他人从事人体器官买卖活动。[1] 根据这种观点,被组织的对象只能是出卖人体器官的人,而不包括收买人体器官的人。但有不同观点认为,该罪的组织行为与仅处罚组织者行为而不处罚被组织者行为的犯罪相似,如组织卖淫罪,组织残疾人、儿童乞讨罪等犯罪。立法者使用"组织"的表述方式,旨在将供体的单纯出卖与受体的单纯购买行为排除在外,除此之外参与人体器官买卖的行为,例如医生明知人体器官移植条件不符合仍旧移植人体器官的行为,均可能成立组织出卖人体器官罪。组织行为基本不受对象的限制,范围极其宽泛。[2] 由此可见,由于立法规定过于抽象,理论上和实践中不存在对组织行为较为合理的共识。本书认为,上文中前一种观点过于限制犯罪的主体,后一种观点则无限扩张了犯罪主体的范围。买卖是对象行为,在组织出卖人体器官的过程中,不能缺少出卖人体器官的人,也不能缺少收买人体器官的人。在最简单的犯罪行为关系中,一个人可以充当出卖者和收买者之间的直接中介,此时,将出卖信息和收买信息连通起来的行为就是组织行为。但是实践中,由于器官提供者有限,器官需求者信息涉及隐私,在供需之间直接组织的行为实际很困难,由此会形成行为的合作,如有行为人负责发现器官提供者,也有人负责联系器官需求者,进而实现供需信息的联通。此时,负责发现器官提供者与负责联系器官需求者的行为共同成为组织行为。但是将器官使用者的行为(如器官移植的医疗行为)也视为组织行为,就不当扩大了打击的范围。

为了发挥立法的行为规范功能,预防此类犯罪行为,必须明确该罪的行为对象和方式。立法上至少可以明确如下两点:第一,虽然法

〔1〕 参见张明楷:《组织出卖人体器官罪的基本问题》,载《吉林大学社会科学学报》2011 年第 5 期。

〔2〕 参见陈洪兵:《解读〈刑法修正案(八)〉关于人体器官犯罪之规定》,载《同济大学学报(社会科学版)》2013 年第 3 期。

条采用“组织”的表述方式,但该罪并非组织犯罪或集团犯罪,所以不必考虑组织架构和被组织者的人数以及是否对其人身自由采取了限制等因素。该罪作为行为犯,既遂的标准在于组织行为是否完成。第二,该罪的组织行为,是一种将供体以及受体连接起来提供便利的行为,实践中,由于器官移植具有保存和配型移植的需要,非法器官移植交易常常形成包括供体、招募供体、器官移植中介服务以及和患者的直接联系在内的完整链条。可以说,不管是三线的招募,二线的中介、管理、供养,还是一线的联系促成,都并未超出组织出卖的语义范围。[1] 总之,除单纯购买和单纯的出卖行为以及器官移植行为以外,一切围绕器官买卖的中介、管理行为都应当明确为本罪的组织行为。

(三)非法拘禁罪

1. 明确索债型非法拘禁的行为定性

为了索要债务剥夺他人人身自由的索债型非法拘禁行为,在犯罪构成上往往涉及是适用非法拘禁罪还是适用绑架罪的问题。一般认为,只要债务是客观存在的,无论其是合法形成的还是非法形成的,都应保护被拘禁者的利益,所以应以非法拘禁罪对行为人定罪处罚。[2] 由于立法对此没有明确规定,最高法于 2000 年出台《关于对为索取法律不予保护的债务非法拘禁他人行为如何定罪问题的解释》(以下简称《索债解释》)规定,据此,对于索债型(包括法律不予保护的债务)非法拘禁行为按非法拘禁罪论处。但是,《索债解释》并不完全符合法理,其存在如下问题:

第一,《刑法》第 238 条第 3 款规定:“为索取债务非法扣押、拘禁

---

〔1〕 参见王强:《组织出卖人体器官罪之解读——解析〈刑法修正案(八)〉第 37 条》,载《政治与法律》2011 年第 8 期。

〔2〕 参见刘宪权、钱晓峰:《关于绑架、拘禁索债型犯罪定性若干问题研究》,载《法学》2001 年第 9 期。

他人的，依照前两款的规定处罚。”在此条款中，如果本身就包括非法债务，那么就不必出台《索债解释》。《索债解释》的出现，表明有相当一部分人认为，非法债务不应在该条款的保护范围之内。

第二，债务保护范围过于宽泛，无法得到合法性证成。在生活中，当所谓的债权人采取拘禁手段索要债务时，其索要行为可根据债务的性质分为五种，即索要合法债务、索要超过合法债务合理数额的“债务”、索要非法债务、索要根本不存在的债务、索要难以证明的债务。在司法实践中，应根据行为人索取的不同债务情形，对剥夺他人自由的行为人的行为进行差异化的定性的处理。首先，《索债解释》所规定的“法律不予保护的债务”既包括合法债务也包括非法债务，即法律不予保护的债务是“非法债务”的上位概念。但是，非法债务包括形式上非法的债务和实质非法的债务，对不同的形式是否等同处理值得研究。其次，《索债解释》承认有现实依据的非法债务的做法，本身的合法性就不可取，毕竟非法债务缺乏有效的法律关系，因此在理论上不应得到承认。据此，基于非法债务而剥夺他人自由进而索要财物的行为就符合绑架罪的犯罪构成。

第三，“他人”之概念限定不明容易引发保护不周全的问题。如为了索债而非法拘禁他人，被拘禁者可以为债务人，也可以为与债务人有特定关系的第三人。如果被拘禁者为第三人，该人并无任何过错，却成为非法行为人索债的手段，自身人身安全受到侵害，据此处罚行为人有一定道理。但是，如果被拘禁者为债务人，被索要债务的人为无过错的第三人，假定被索要债务者和债务人之间并无法律上的财产共有关系，却要因为债务人承受不必要的财产损失，此时，法律仅仅关注了被拘禁者的利益，而罔顾被胁迫者的利益，存在保护不周全的问题，至少第三人的合法财产受到了侵犯。

第四，行为方式限定不明确容易引发保护不到位的问题。有学者指出，索债型非法拘禁行为的定性应当取决于绑架罪与非法拘禁罪的手段行为性质,凡是以杀害、伤害被绑架者相威胁,向第三人提出索债要求的,无论双方之间是否存在合法或者非法的债务关系,无论索取的数额是否超过债务数额,都构成绑架罪;若不以杀害、伤害被绑架者相威胁,应视情形认定为非法拘禁罪、敲诈勒索罪或者抢劫罪等犯罪。[1] 这种观点严格区分非法拘禁罪与绑架罪的犯罪行为性质,从犯罪构成方面入手将二者的犯罪手段区分明确,再确定构成何罪,具有一定的合理性。

基于上述观点,我们认为对于为了索要非法债务而非法拘禁债务人,并以杀害、伤害被拘禁人相威胁,向第三人索要非法债务的,应以绑架罪论处。但是对这种情况应当在确定法定刑时从轻配刑。原因之一是随着市场经济的快速发展,民间债务纠纷增多,为索取债务拘禁债务人的行为较为多发。原因之二是实施索债型非法拘禁行为的行为人的目的是索取债务,被害人具有一定的过错,并且双方互为熟识之人,而典型的绑架行为通常以勒索财物或其他不法目的为追求,并且为了实现目的可能会不计后果、不择手段,索债型绑架行为的社会危害性通常要低于典型的绑架行为。原因之三是索债型绑架行为在实质上并没有完全符合绑架罪的犯罪构成要件,构成该罪必须是行为人基于勒索财物或者其他不法目的而实施绑架行为,属于短缩的二行为犯,索债型绑架行为的行为人不具有勒索财物或者其他不法目的。但现实的债权债务关系往往更为复杂,简单地将"为索取债务非法扣押、拘禁他人"的行为依照非法拘禁罪处理,容易在司法实践中的事实认定以及法律适用方面出现问题。在绑架罪的法定最低刑降至 5 年有期徒刑的情况下,《刑法》规制索债型绑架行为时应适当降低对该种行为的处罚强度,可以在《刑法》第 239 条新增 1 款为第 4 款,规定:"为索取债务而绑架他人的,依照第一款的规定从

---

〔1〕 参见黄丽勤:《索债型非法拘禁案件的定性分析》,载《法学》2012 年第 4 期。

轻或减轻处罚。"[1]这种观点从司法实践出发,通过对非法拘禁罪的限制解释和扩大绑架罪的保护范围,在一定程度上弥补了立法缺陷,为解决司法困境提供了法律上的保证。

2. 非法拘禁罪条款第2款的规制目的有待明确

《刑法》第238条第2款规定:"犯前款罪,致人重伤的,处三年以上十年以下有期徒刑;致人死亡的,处十年以上有期徒刑。使用暴力致人伤残、死亡的,依照本法第二百三十四条、第二百三十二条的规定定罪处罚。"在理论上,对该款后半段是注意规定还是法律拟制还存在争议。如果立法属性不明确导致定罪和处罚有区别,则从侧面说明该款立法规制目的还有待明确。具体理由如下:

其一,暴力与故意杀害、故意伤害存在包容关系,但理论上认为,暴力可分为具有造成人体机能损害的物理力和仅仅造成他人神经性应激性疼痛的物理力,后者导致的重伤害或者死亡结果通常应作为过失犯罪认定。例如,在争吵中,存在因为情绪激动对他人打耳光进而导致他人重伤或者死亡的情况,将这种情形认定为故意伤害罪或者故意伤害致人死亡并不合理。只有实施具有伤害身体机能的可能性的伤害行为造成的重伤害或者死亡结果才可能被认定为故意犯罪。因此,立法有必要区分暴力和伤害行为,并围绕这种差异配置法定刑。

其二,由于使用暴力并不必然得出故意犯罪的结论,所以《刑法》第238条第2款后半段的规定就容易出现争议。《刑法》分则法定刑的设置基本是由轻到重的不间断样态,"使用暴力"间接阐释了行为人的主观故意并没有范围和程度的限制。基于法律因果关系的判断,立法将非法拘禁行为进行了双层次的划分,非法拘禁行为的基本

[1] 王刚、万洪亮:《论索债型非法拘禁的刑法规制》,载《中国人民公安大学学报(社会科学版)》2017年第5期。

犯罪构成是第一层次,第二层次则是指非法拘禁行为不仅对被害人的人身自由进行了限制,而且侵犯了被害人的健康权或生命权这一加重的犯罪构成。在加重的犯罪构成中,可以进一步根据侵害健康权或生命权法益的严重程度分为两种情形。此时,如果将其认定为法律拟制,则是直接将致人伤残、死亡的情形均认定为故意伤害罪、故意杀人罪,这显然是不可取的。[1] 非法拘禁罪条款第 2 款后段规定是指使用严重暴力致人伤残、死亡,显然排除了单纯过失致人重伤、死亡的情形,行为人的心理状态至少为放任形态的伤害的故意。但是,在理论上,行为人完全可能基于伤害的故意,过失造成了死亡的结果,也就是说,可能存在两种情况,一种是行为人对死亡结果持过失心理,其行为成立故意伤害(致人死亡)罪;另一种是行为人对死亡结果持故意心理,应直接定故意杀人罪。[2]

其三,使用暴力致人伤残或者死亡,分别定罪处罚,是否符合立法本意和行为人心理态度也值得商榷。在非法拘禁的情况中,的确存在基于杀害故意实施暴力的情况,但是大多数情况是基于伤害故意,且并非基于造成对方重伤的故意。如果不考虑基于伤害导致的死亡情况,仅仅根据死亡结果将其认定为故意杀人行为,此时的立法容易在司法实践中滋生结果导向,即完全不考虑行为的主观心理态度,仅仅根据结果确定行为人的罪名。所以,简单化立法的做法并不可取。故意伤害的法定最高刑的配刑情形及法定刑与故意杀人罪的基本法定刑的差别还是比较显著的。如果仅仅因为造成了死亡结果就按照故意杀人罪论处,显然不合理。

其四,立法对非法拘禁行为存在评价不一致的情形。在《刑法》

---

〔1〕 参见侯毅:《非法拘禁罪法律适用问题浅析》,载《中国刑事法杂志》2014 年第 2 期。

〔2〕 参见吴江:《刑法分则中注意规定与法律拟制的区分》,载《中国刑事法杂志》2012 年第 11 期。

第238条第2款前半段规定中,立法充分考虑了非法拘禁的情况,就重伤或者死亡结果予以加重处罚的情况来看,其明显超过单纯过失致人死亡罪或者过失致人重伤罪的法定刑。但是后半段规定值得推敲。在后半段规定中,非法拘禁行为完全被吸收,因此无法明确与前半段的法定刑相区分。认为该款后半段属于注意规定的观点,主要考虑到非法拘禁罪包括对人身自由法益的侵害以及对人身健康法益的侵害,属于侵犯复杂法益的犯罪。而认为该款后半段属于法律拟制是因为当行为人具有伤害、杀人的故意时,非法拘禁使用暴力致人伤残、死亡的,当然应以非法拘禁罪和故意伤害罪、故意杀人罪数罪并罚。立法者本可直接规定非法拘禁中使用暴力致人伤残、死亡的,处无期徒刑或者死刑,但考虑到现代文明社会限制适用死刑的要求,立法者并未在非法拘禁罪中直接设置死刑,而是规定按照故意伤害罪、故意杀人罪定罪,进而既能实现该种行为的严惩,又有利于死刑罪名的减少。[1] 还有观点认为行为人非法拘禁他人后,又使用暴力致人死亡的,其法益侵害性质与故意杀人罪的性质相同,且两种罪名的条文在内容上有所不同,只有将其解释为法律拟制才具有意义。[2] 上述解释具有一定合理性,但是完全忽视刑法基本理论,未必有效。

所以,对于上述规定是否存在必要,如果有必要,立法者应该如何就不同类型的情况予以合理规定,还值得研究。

(四)绑架罪的立法完善

1. 绑架罪主观要件的立法合理性反思

《刑法》第239条规定了"以勒索财物为目的绑架他人""绑架他

---

〔1〕 参见杜文俊:《以故意伤害罪、故意杀人罪论处的规定应属法律拟制》,载《河南社会科学》2011年第6期。

〔2〕 参见陈洪兵:《刑法分则中注意规定与法律拟制的区分》,载《南京农业大学学报(社会科学版)》2010年第3期。

人作为人质”“以勒索财物为目的偷盗婴幼儿”三种行为表现方式，第一种和第三种突出勒索财物的目的，第二种是为了满足其他目的性要求。刑法理论界对于绑架罪主观要件的通说为“明知是非法剥夺他人的人身自由，而故意为之，其目的是勒索财物或满足其他非法利益”[1]，即必须具备勒索财物或其他实现不法目的的主观目的要素，但现在有部分学者认为绑架罪的主观目的要素不论是在司法上还是在立法上都不具备必要性。因此，出现了绑架罪的主观目的要素肯定说与否定说之争。本书部分支持否定说的观点，认为对本罪没有必要刻意突出“以勒索财物为目的”这一主观要件。

首先，犯罪是主客观的统一，任何犯罪都表现出一定的主观心理态度。由此，不能否定绑架罪的主观心理态度，所以不能完全支持否定论的观点。根据否定论，绑架行为的目的不同并不影响行为性质的认定，持这一观点的学者认为绑架罪的实行行为为单一行为。如有观点认为绑架罪的本质要素在于以暴力、胁迫或者其他类似暴力、胁迫的方式控制被害人，不管行为人是否在绑架被害人后进一步实施勒索行为，都不能从根本上改变绑架行为的性质。而且勒索行为对绑架行为的影响在于，它进一步加重了绑架行为的社会危害性，增加了适用较重刑罚的必要性。取消绑架罪主观构成的目的要素，不仅能消除关于绑架罪客观行为的不必要论争，也能更加清晰地认识绑架行为的本质。[2] 的确，绑架罪与非法拘禁罪以及敲诈勒索罪相比，其社会危害性更加严重，对被害人生命安全的侵害更为严重，将主观目的限制在勒索财物或者其他不法目的上，既容易造成以上几种犯罪的混淆，也容易轻视绑架罪严重的法益侵害性。但是，论者反

---

[1] 高铭暄主编：《刑法专论》(第2版)，高等教育出版社2006年版，第677页。

[2] 参见杨建军：《绑架罪主观目的的要件要素否定之研究》，载《政治与法律》2010年第9期。

复强调的是,不要将“以勒索财物为目的”作为主观要素。

其次,对该罪主观要件予以主观限制是必要的,但是没有必要限制为“以勒索财物为目的”。有观点认为绑架罪的主观目的要素应限缩为向第三人勒索巨额赎金或者其他重大不法要求,这是为了与绑架罪的刑罚处罚相匹配,“一些人因一时冲动或因存在纠纷或者抓住被害人的某些弱点绑架人质索要少量钱财或其他条件的……与非法拘禁、敲诈勒索、寻衅滋事的不法程度差别不大,完全可以按照非法拘禁罪或敲诈勒索罪论处”[1]。前述观点虽然具有一定道理,但其中还是存在值得商榷的地方,如索要不合法债务而非法扣押他人,并不完全排除满足不法要求的目的性,其行为本身也具有危害被扣押人安全之可能,所以,通过一般性主观限制无法实现绑架罪与其他犯罪的区分。“以勒索财物为目的”的主观限制,导致司法机关对绑架罪的认定通常需要同时对绑架行为与勒索财物等不法目的进行考量,但是,行为人主观目的要素对绑架行为的影响只体现在社会危害程度上,并不会对行为性质有决定性影响,因此,认为该罪必须具备勒索财物或者其他不法目的,甚至客观上限制为勒索“巨额赎金”或者其他“重大”不法要求的行为的观点也存在不妥之处。

最后,绑架罪的主观要件隐含在“绑架他人作为人质”中,绑架罪侵害的是人质的生命安全、人身自由以及第三人的自决权,该罪的罪质特征为行为人绑架他人作为人质,利用第三方对人质生命安全的担忧,迫使第三方根据行为人的指示实现其不法目的。至于行为人主观上是为了勒索财物还是为了实现其他不正当目的,均不会影响绑架罪的成立,并且《刑法》规定的第二种行为方式——绑架人质型的绑架罪未限制行为人的主观目的,故而,勒索财物或者满足其他不

---

〔1〕 阮齐林:《绑架罪的法定刑对绑架罪认定的制约》,载《法学研究》2002 年第 2 期。

法目的并非绑架罪的主观要件内容。[1]

2. “杀害被绑架人”的理解和适用

《刑法修正案(九)》第14条将绑架罪的法定升格事由和法定刑修改为“犯前款罪,杀害被绑架人的,或者故意伤害被绑架人,致人重伤、死亡的,处无期徒刑或者死刑,并处没收财产”。将“致使被绑架人死亡”修改为“故意伤害被绑架人,致人重伤、死亡”。对于“杀害被绑架人”是结果加重犯还是情节加重犯,又或者是结合犯,学界有不同观点。

有观点认为,“杀害被绑架人”属于结果加重犯,行为人故意杀害被绑架人是绑架罪的加重结果,不能适用于杀人未遂和预备行为。[2] 此外,有学者认为将其作结果加重犯理解,符合罪责刑相适应原则,有利于发挥刑法的保障功能。若仅将其理解为一个行为过程,则会出现罪刑失衡的情况。[3] 仅从字面上解释,“杀害被绑架人”既可以是一个行为过程,也可以是一种结果状态,但探求立法的含义必须要遵循立法者的原意,作为加重结果理解符合立法原意。如果认为“杀害被绑架人”是一种加重情节,那么只要行为人对被绑架人实施了杀害行为,无论是未遂还是中止,就都要承担极其严重的刑罚惩罚,容易加大被绑架人的人身危险性,这显然是不合适的。[4]

也可能出现如下理解:“杀害被绑架人”为情节加重犯,“杀害被绑架人”应为加重情节,而不是加重结果。故可将杀死被绑架人和未

---

[1] 参见谢治东:《绑架罪构成要件认定新解——兼论绑架罪限制性解释之废止》,载《湖北社会科学》2009年第10期。

[2] 参见王作富主编:《刑法分则实务研究(上)》(第2版),中国方正出版社2003年版,第1069页。

[3] 参见赵新彬:《关于办理绑架案件若干问题的思考》,载《中国人民公安大学学报(社会科学版)》2010年第4期。

[4] 参见钱叶六:《绑架罪司法认定中的几个疑难问题探究——从陈某绑架、抢劫案开始谈起》,载《云南大学学报(法学版)》2007年第3期。

杀死被绑架人分别认定为两种加重情节。笔者认为情节加重犯的理解失之偏颇,“杀害被绑架人”这一行为,不是一个基本犯罪行为造成加重结果从而加重法定刑,绑架罪作为短缩的二行为犯,行为人为勒索财物或满足其他不法目的绑架他人就构成绑架罪,不需要实际实现不法目的,更不需要造成人身伤害等结果,基本行为完全不包括故意杀人的行为。情节加重犯的理解站不住脚,主张结果加重犯的学者对情节加重犯理解的批评有一定道理,并且不是所有犯罪过程中的情节都属于情节加重犯的情节,要根据行为所侵犯的法益是否属于该种刑法规范所保护的法益进行判断,若超出该种刑法规范所保护的法益,则不属于加重情节。

本书认为,“杀害被绑架人”属于结合犯。绑架杀人既不属于结果加重犯,也不属于情节加重犯。这是由于绑架罪结果加重犯的加重结果,即绑架行为的暴力、胁迫行为致人死亡,这一行为主观上通常为过失,而“杀害被绑架人”的行为人主观上显然为故意。情节加重犯的成立则要求基本犯本身的情节加重,故意杀人显然并非绑架行为本身的情节,也非该行为造成的结果,所以不属于情节加重犯,[1]即“绑架的基本行为不包括故意杀人行为,即使现实的绑架犯罪中多有‘撕票’的现象,也不能把人质被杀死作为绑架中的正常现象,不能认为绑架行为包括可以杀死人质,而仍应作另外的评价、非难”[2]。这种观点提醒我们,杀人和绑架本身并无必然的牵连关系,所以,不宜将“杀害被绑架人”视为结果加重的情形。将其理解为结合犯,虽然要突破现有理论和罪名,但是也并无不可。“杀害被绑架人”不属于绑架罪的基本行为,不管是杀死还是未出现死亡结果等,

[1] 参见张明楷:《绑架罪中“杀害被绑架人”研究》,载《法学评论》2006 年第 3 期。

[2] 曾庆云:《绑架罪及其类型化分析》,载《西南民族大学学报(人文社会科学版)》2014 年第 12 期。

都是行为人在绑架行为之外所造成的严重后果,将其理解为绑架罪与故意杀人罪的结合犯(绑架杀人)便于研究绑架杀人的犯罪类型。

3. 对“情节较轻”的理解

由于绑架罪的动机、手段多种多样,而且该罪的法定刑配刑较高,所以,实践中应对从宽处罚的情形予以严格把握。在有关该罪的刑法规范被修改之前,绑架罪的最低法定刑为10年有期徒刑。较高的法定起刑点使绑架罪成为刑法规制的十分严重的一种犯罪,但犯罪分子仍然没有因畏惧较高的法定起刑点而放弃犯罪,并且只要行为构成绑架罪就一律处以10年以上的法定刑的做法忽视实际案件的复杂性,缺乏刑罚制定的层次性。刑法修正案回应刑法理论界和实务界要求,增加了一档“情节较轻”的刑罚,将绑架罪的起刑点从之前的10年降为5年,这一修改是值得肯定的。在司法实践中,有较多绑架案件犯罪人被判处10年以下有期徒刑,但是法条并未明确规定何种情形为“情节较轻”,需要法官自由裁量,容易产生不同理解。所以立法上应遵循刑法法理和现实要求予以明确。

首先,“情节较轻”是一种规范性要素,需要法官进行价值判断,而价值判断需要在事实的基础上进行。绑架罪本身的危险程度对被害人受到伤害的程度有直接影响,当绑架行为本身的暴力程度较低时,对被害人造成伤害的可能性也较低;如果行为人还采取方法降低对被害人造成的伤害的危险性程度时,从行为人主观意识方面以及客观情况方面都表明情节较轻。虽然对于是否只有主动降低或消解行为危害程度才属于情节较轻有争议,但这不影响即使不是主动行为也有被评价为情节较轻的可能。

其次,根据刑法一般理论,在判断是否属于“情节较轻”时,要考虑法益侵害的结果以及绑架行为本身的危险性及其程度。构成“情节较轻”需要满足两个条件:一是绑架行为本身的危险性较轻;二是绑架行为虽然对被绑架人人身安全形成了严重威胁(未造成实害后果),但行为人主动降低或消解了行为的危险性程度。就后者而言,行为的暴力程度、手段、行为人的目的与动机、被绑架人的身份以及造成的危害后果等都是需要考虑的因素。[1] 以上因素在认定"情节较轻"时都有考虑的可能,但某一具体案件会存在几个较为突出的体现情节较轻的因素,需要根据具体案件具体分析,而不是必须都考虑。

最后,绑架罪作为一个重罪,对其"情节较轻"的适用也需要严格限制。由于绑架所涉及的情节较多,所以在必要时,应对一些较为成熟的类型通过立法确定下来,即有必要将绑架罪情节较轻的情况一一列举。有观点认为,"情节较轻"只能是对绑架罪的社会危害性程度有影响的事实因素,并且应排除《刑法》总则中规定的从轻、减轻情节以及违反禁止重复评价原则的事实因素,所以具体包含以下几种:第一,特殊中止犯的情形;第二,未对被绑架人造成轻伤以上伤害的;第三,绑架行为仅仅侵害被害人"可能的自由"而不是"现实的自由"的场合;第四,行为人与被害人之间具有亲属(熟人)关系;第五,行为人与被害人之间存在债权债务关系;第六,行为人为争取合法正当利益而采取了绑架人质的过激行为以及其他情形。[2] 上述观点可以参照运用,虽然列举式的缺点在于实际情况往往十分复杂,不可能穷尽所有可能的情况,但是其优点在于清晰明了地将"情节较轻"的情况列举出来,方便适用。而且与指控性兜底条款不同的是,我们可以运用辩护性兜底条款的"其他情形"来充分实现有利于被告人的刑法保障。

---

〔1〕 参见吴情树:《绑架罪中"情节较轻"的辩证分析——基于对〈刑法修正案(七)〉第六条的思考》,载《政治与法律》2010年第3期。

〔2〕 参见朱艳萍、应金鑫:《对绑架罪"情节较轻"的理解》,载《法律适用》2010年第11期。

(五)拐卖妇女、儿童罪

拐卖妇女、儿童的犯罪行为在全国范围内较为猖獗,根据民政部门研究,在河南、云南以及广东、广西沿海等地的乡村地区已经形成拐、骗、抢、买—中转—运输—贩卖的产业链,且进一步衍生出了生娃—卖娃—办证落户黑色产业链,犯罪行为市场化特征明显。[1] 拐卖妇女、儿童罪历年来是我国刑法打击的重点犯罪,该罪具有涉案人员多、犯罪环节多以及涉及地域广等特点,导致公安司法机关对拐卖妇女、儿童的犯罪行为的查处有一定困难,最高法、最高检则多次出台司法解释打击拐卖妇女、儿童的犯罪行为。本书认为,应当对该罪作以下立法修正。

1. 扩大该罪的保护对象

在世界各地,拐卖人口的行为在古代历史中就有记载。但是现代以来,根据人权观念,人不得作为商品进行交易,所以现代法治明确禁止拐卖人口的行径。我国在1979年《刑法》中规定了拐卖人口罪,即“拐卖人口的,处五年以下有期徒刑;情节严重的,处五年以上有期刑”,对保护对象没有进行限制,即包括不满14周岁的儿童、年满14周岁的女性以及年满14周岁的男性。1991年全国人大常委会颁布《关于严惩拐卖、绑架妇女、儿童的犯罪分子的决定》,对拐卖人口罪进行了修改。当时一些地方拐卖、绑架妇女、儿童的犯罪活动猖獗,并且出现了一些新的犯罪情况,据此,该决定将拐卖人口罪相关犯罪修改为拐卖妇女、儿童罪,绑架妇女、儿童罪,收买被拐卖、绑架的妇女、儿童罪,聚众阻碍解救妇女、儿童罪;利用职务阻碍解救妇女、儿童罪等数个罪名。1997年《刑法》吸收了1991年《关于严惩拐卖、绑架妇女、儿童的犯罪分子的决定》的规定,将拐卖妇女、儿童罪

---

〔1〕 参见郑海、向发佳:《乡村地区拐卖妇女儿童犯罪的整体性治理研究》,载《青少年犯罪问题》2023年第3期。

的保护范围限缩为妇女和儿童,14 周岁以上的男子被排除在拐卖妇女、儿童罪的规范保护范围之外。如果 14 周岁以上的男子被拐卖,通常按非法拘禁罪、强迫劳动罪定罪处罚。但是,在理论上有观点认为应当将 14 周岁以上的男子也纳入保护范围,将拐卖妇女、儿童罪重新修改为拐卖人口罪。我们认为这种观点值得立法者重视,理由如下:

第一,1997 年《刑法》规定的拐卖妇女、儿童罪反映了立法对特定弱势群体的关注。妇女、儿童具有先天的弱势这一点不可否定,但是对这两类弱势群体进行特殊保护,并不意味着对成年男子的人权的忽视。任何人都具有不被作为商品买卖的尊严和权利,不受性别、年龄等心理因素左右。现行刑法的规定传达了“男子不会被拐卖”的信息,但事实是拐卖行为不仅仅指向妇女和儿童,传统型的拐卖行为逐渐被以强迫被拐卖人提供色情服务或体力劳动为目的的拐卖所取代,将拐卖人口行为纳入刑法规制范围,符合世界各国和地区刑法立法的发展趋势。[1] 无论是在事实层面还是理念层面,成年男子都有被剥削的可能,也应受到刑法的平等保护,随着社会的转型和新兴需求的出现,成年男性越来越有可能成为人口贩卖犯罪的犯罪对象。

第二,至少在现阶段应将未成年人纳入保护范围,应将儿童的范围扩展为未成年人。已满 14 周岁不满 18 周岁的男性未成年人自我保护能力不足,其在提供性服务和人体器官方面的特殊价值,导致其相较于一般成年人更容易成为犯罪侵害的对象,以 2007 年山西黑砖窑事件为例,被拐卖的绝大部分是 14 周岁以上的男性,由于其不是拐卖妇女、儿童罪的犯罪对象,我国《刑法》也没有规定贩运人口罪,

---

〔1〕 参见张红:《关于拐卖妇女、儿童罪的反思》,载《西部法学评论》2010 年第 4 期。

现行刑法无法对山西黑砖窑事件中的被害人作出有效回应。[1] 事实上,年满14周岁、不满18周岁的未成年男性本身就存在值得法律专门保护的价值,为此我国有专门法律如《未成年人保护法》等予以保护。那么《刑法》也应该适应专门性法律的要求,对此予以立法回应。

第三,《刑法》应与国际人权法相衔接,将14周岁以上的男子纳入刑法的保护范围之内。我国于2003年向联合国交存加入《联合国打击跨国有组织犯罪公约》及其补充议定书之《打击贩卖人口议定书》的批准书,而我国现行《刑法》的规定与该议定书的内容并不完全相同,我国拐卖犯罪的保护对象的范围比该议定书的保护范围要窄,前者只包括妇女和14周岁以下的儿童,后者的儿童是指18周岁以下自然人,与我国未成年人范围相同。而且该议定书的保护范围包括但不限于妇女、儿童。[2]

第四,对于拐骗成年男子、买卖成年男子的案件如果按照非法拘禁罪、强迫劳动罪等犯罪定罪处罚,就会存在罪责刑不相适应的问题。相比非法拘禁罪、强迫劳动罪等的法定刑,拐卖妇女、儿童罪的法定刑显然更高。尽管相对于妇女、儿童,成年男子具有更强的自我防卫能力,但犯罪分子针对不同的对象有不同的拐骗方法,从现实情况和危害后果来看,应当将14周岁以上的男子包含在拐卖妇女、儿童罪的保护对象范围内[3]。我们认为,将拐卖妇女、儿童的犯罪直接扩大修改为拐卖人口罪是符合现实需要的。

---

〔1〕 参见赵军:《略论我国拐卖犯罪的立法缺陷——以山西黑砖窑事件及联合国“The UN Trafficking Protocol”为视角》,载《法学评论》2008年第1期。

〔2〕 参见张苏:《我国拐卖妇女儿童犯罪立法与国际公约的衔接》,载《中国青年政治学院学报》2014年第3期。

〔3〕 参见杜庆贵:《试论拐卖妇女儿童罪的立法完善》,载《人民论坛》2011年第17期。

2. 对“奸淫被拐卖的妇女”行为的立法

刑法对八种拐卖妇女、儿童罪的法定刑升格情形进行了规定，其中第三种情形为“奸淫被拐卖的妇女”。拐卖妇女、儿童罪既侵害被拐卖者的人身自由与人格尊严，又破坏了婚姻家庭关系，社会危害性极其严重，而在实施拐卖行为过程中还对被拐卖者实施奸淫行为，是对被害人甚至其家庭成员的二次伤害。尽管在某些场合，犯罪分子没有采取暴力、胁迫等方式强制被害人，但考虑到被拐卖妇女处于陌生恐怖的环境中具有自我保全的本能，所以不排除为了保护自己而委曲求全，强制自己满足犯罪分子的要求的可能。因此，立法对于“奸淫被拐卖的妇女”的条件、对象和方式应根据全面保护被拐卖者权益的需要作进一步的完善。

(1)要明确奸淫行为的方式。在拐卖妇女的过程中奸淫妇女的，究竟包括哪些情形可能存在认识上的分歧。第一种观点认为，无论是否取得被拐卖的妇女的同意，犯罪分子在拐卖过程中与被拐卖妇女发生性关系的行为都属于“奸淫被拐卖的妇女”。据此，不论行为人是否采取暴力或胁迫手段，也不论被拐卖妇女是否反抗，奸淫被拐卖妇女的行为都应作为拐卖妇女、儿童罪的从重情节对行为人从重处罚。[1] 第二种观点认为，要突出“奸淫被拐卖的妇女”行为中的强制性，“如果与妇女(不包括幼女)的性行为不具有强制性，则应排除在外，对于强制性的判断应当充分考虑被拐卖妇女是否处于行为人非法支配的特殊环境中，只要相关事实表明性交行为违反被拐卖妇女的意志，就足以认定为具有强制性”[2]。第三种观点认为，应当“将拐卖妇女的犯罪分子与被拐卖妇女之间发生的不违背妇女意志

[1] 参见周道鸾、张军主编：《刑法罪名精释(上)》(第4版)，人民法院出版社2013年版，第550页。

[2] 张明楷：《刑法学(下)》(第5版)，法律出版社2016年版，第897页。

的性交行为同违背妇女意志的性交行为区分开来”，拐卖妇女和拐卖妇女后与被拐妇女发生性关系行为的违法性应分开评价。要注意到如下情形的差异：一是犯罪分子使用暴力、胁迫等手段侵犯人身自由的情况下强行与被拐卖妇女发生性关系，二是犯罪分子尽管没有使用暴力、胁迫等手段，但通过利用被拐卖妇女不敢反抗的心理与其发生性关系的，也属于“奸淫被拐卖的妇女”的情形。[1] 应该认为，第二种观点和第三种观点较为近似。根据上述观点，我们认为，应当对拐卖过程中拐卖者与被拐卖妇女发生性关系的情形进行区分：一是拐卖者基于被拐卖者的意愿，而与之发生性关系，在此情形中，被拐卖者在发生性关系的决意上具有较大的主动性。即便是由拐卖者主动提出发生性关系的，被拐卖者也完全接受或者赞同。二是拐卖者在拐卖过程中，经常打骂被拐卖者，被拐卖者基于拐卖者的粗暴行为方式以及特殊环境，对于拐卖者不得不顺从，并在这种心理状态下接受拐卖者的要求，与其发生性关系。三是拐卖者对被拐卖者实施物理或者心理上的强制，进而与被拐卖者发生性关系。后两种情形可以考虑为需要加重处罚的情况。

(2)要对未成年女性予以特殊保护。拐卖妇女、儿童罪法定刑升格情形中并未规定对于拐卖过程中奸淫被拐卖的幼女或者与被拐卖的年满 14 周岁不满 18 周岁的未成年女性发生性关系的行为如何处理，对此，理论上也存在不同观点。一种观点认为，应当将幼女与妇女相区别，将奸淫被拐卖的幼女认定为拐卖儿童罪与强奸罪数罪并罚。拐卖行为与强奸行为侵犯的是不同客体，二者之间不存在包含或者牵连关系，将二者作一罪处理是我国刑罚制度的缺陷。[2] 但

---

[1] 参见王志祥：《拐卖妇女罪中“奸淫被拐卖的妇女”新论》，载《法商研究》2014 年第 1 期。

[2] 参见王圆圆：《拐卖女性儿童并奸淫的行为定性之分析》，载《学术论坛》2016 年第 2 期。

是,在立法中,之所以对某些犯罪行为按照加重处罚情节处理,主要是为了避免按照数罪并罚可能出现的罪责刑不相适应的问题。如果将强奸罪与拐卖妇女、儿童罪的基本犯罪形态的法定刑数罪并罚,其处罚将明显低于法定加重处罚的情形,所以这种观点并不符合立法宗旨。还有一种观点认为,《刑法》第240条第1款第3项中的“妇女”应当包括“幼女”,奸淫幼女的行为也属于拐卖妇女罪的法定加重刑情形。在法条仅规定“妇女”而没有并列规定儿童的情况下,认为妇女包括未满14周岁的幼女的解释具有刑事合理性,这样处理既能保证定罪准确又能保证量刑适当。[1]

我们认为,立法必须对奸淫幼女的行为作出回应。其一,扩大解释的初衷是正确的,但是其未必符合现实情况的需要。因为在司法实践中,将年满14周岁不满18周岁的女性解释为妇女已经具有明显扩大的特点,而将幼女视为妇女,则完全超出了一般人的认知范围,如果将幼女作为妇女解释就有类推解释之嫌疑。其二,我国《刑法修正案(十一)》第26条对强奸罪加重处罚情形进行了修改,将“在公共场所当众强奸妇女的”修正为“在公共场所当众强奸妇女、奸淫幼女的”,这足以说明将幼女涵摄在妇女之下是不可取的,幼女有独立保护的必要。因此,应对幼女予以明确保护。此外,结合《未成年人保护法》的立法精神,对于未成年女性也应加以特殊保护。在拐卖过程中,被拐卖妇女的主动同意排除了奸淫行为的成立,但这种情况不必然适用于年满14周岁不满18周岁的女性同意的场合。对此应参考《刑法修正案(十一)》第27条增设负有照护职责人员性侵罪的缘由,对与年满14周岁不满18周岁的女性发生性关系的,无论是否获得同意,都应作为加重处罚情节。

---

[1] 参见付立庆:《拐卖幼女并奸淫行为之定罪量刑》,载《法学》2007年第10期。

3. 被害人承诺是否阻却拐卖妇女、儿童罪的成立

由于拐卖妇女、儿童罪中不涉及被害人承诺，所以在理论上容易引起争议。被害人承诺作为一种违法阻却事由，一般可以阻却犯罪的成立，但在拐卖妇女、儿童罪中，被拐卖的妇女、儿童同意是否能阻却犯罪的成立，则需要另当别论。理论上也有不同看法。一种观点认为，拐卖行为如果征得妇女的同意，可阻却犯罪的成立，但即便征得儿童的同意，也构成犯罪。联系《刑法》第 234 条之一第 2 款的规定可知，妇女有效同意的年龄应为 18 周岁以上，因此，拐卖儿童的，即使征得儿童同意，也成立拐卖妇女、儿童罪。[1] 要作出有效的同意，承诺的主体必须具备自然意义上的认识能力和判断能力，心智健康的妇女的同意可以阻却违法。儿童虽然在一定程度上具备这种能力，但一般认为其没有形成健全的心智，无法作出有效的同意，人身自由和本来的生活场所的安全对于儿童来说属于重要的个人法益，其没有对此作出承诺的能力。[2] 还有一种观点认为，该罪的客体是人身权利中人身不受买卖的权利，因而拐卖行为是否违背人的意志，不影响该罪的成立，但妇女自愿被出卖可以作为从宽量刑情节考虑。[3] 以上两种观点对被拐卖儿童的承诺无效意见一致，但对被拐卖妇女的承诺能否阻却犯罪则意见不一，其关键在于该罪所保护的法益不同，本书更加赞同第二种观点。根据联合国《联合国打击跨国有组织犯罪公约关于预防、禁止和惩治贩运人口特别是妇女和儿童行为的补充议定书》的规定，一旦行为人采取不正当手段，被害人对剥削所作的承诺就无效，并且拐卖妇女、儿童罪必然会侵犯被害人的人身不受买卖的权利，现代社会在任何情况下人都不可以作为商品

---

〔1〕 参见张明楷：《刑法学(下)》(第 5 版)，法律出版社 2016 年版，第 895 页。

〔2〕 参见杨金彪：《拐卖妇女儿童罪的几个问题》，载《现代法学》2004 年第 5 期。

〔3〕 参见高铭暄、马克昌主编：《刑法学》(第 5 版)，北京大学出版社、高等教育出版社 2011 年版，第 478 页。

进行买卖，被拐卖的妇女对这一法益并不具备处分权限。所以，立法上有必要排除立法中“拐骗”造成的消极影响，增设“无论被拐卖者是否愿意”的字样。拐骗应当作为一种加重处罚的情节。

4. 买卖妇女、儿童行为之刑罚是否需要调整

2022年春节期间，一则爆炸性新闻导致学界关于买卖妇女、儿童行为有关犯罪的立法加重了理论上的争议，社会对于严惩买卖妇女、儿童犯罪分子的呼声日益高涨。[1] 在这一背景下，我国有学者提出应当增加拐卖妇女、儿童罪的对向犯即收买被拐卖的妇女、儿童罪的法定刑刑量。例如，罗翔教授就提出，《刑法》对于拐卖妇女、儿童罪设置的基本刑与收买被拐卖妇女、儿童罪的基本刑之间差异巨大。这种失衡现象在共同对向犯中很少见，其与共同对向犯的理论难以兼容，罗翔教授主张应当适当提升其法定刑，以避免刑法招致人不如物的批判。[2] 但是，也有学者认为，不能以这种理由加重对收买被拐卖妇女、儿童的罪处罚。例如车浩教授就提出，对向犯本来就有共同对向犯与片面对向犯之分，片面对向犯不处罚其中一方也应当被考虑在内，例如对于收买毒品自用的人我国《刑法》就不处罚。因此不能说收买被拐卖妇女、儿童罪的法定刑设置不符合对向犯理论。不仅如此针对罗翔教授人不如物的批判，车浩教授特别指出收买人与收买动物行为有不同的罪质，二者不能等同比较，收买被拐卖妇女、儿童罪应当综合《刑法》第241条所有条款考虑成一重罪，其基本刑不需要进一步提升。[3]

本书认为，我国《刑法》关于收买被拐卖的妇女、儿童罪的法定刑

---

〔1〕 参见察客：《下午察：江苏丰县八孩母亲的背后》，载联合早报，https://www.zaobao.com/realtime/china/story20220204-1239461。

〔2〕 参见罗翔：《论买卖人口犯罪的立法修正》，载《政法论坛》2022年第3期。

〔3〕 参见车浩：《罗翔：收买被拐妇女、儿童罪的刑罚要不要提高?》，载微信公众号“北大法律信息网”2022年2月8日，https://mp.weixin.qq.com/s/YmTbUR1_VY_BIOaMEK8U-Q。

设置具有现实合理性。收买被拐卖的妇女、儿童罪的法定刑是否合理,在很大程度上建立在它与拐卖妇女、儿童罪的法定刑的比较上。总体而言,刑法对前者配置的法定刑应比后者低,原因在于:第一,就行为人的人身危险性来说,收买行为通常仅有一次,而拐卖行为往往有多发的可能,拐卖人的人身危险性明显比收买人的人身危险性大。第二,从行为侵犯的行为对象数量看,收买对象一般为一人,而拐卖对象往往是多人,即便是一次拐卖活动也存在拐卖多名妇女、儿童的情况,二者由此显现出社会危害性的差异。第三,收买行为造成的后果比拐卖行为造成的后果轻。拐卖行为既严重侵犯被拐卖妇女、儿童的人身权利,也致使被拐卖人被迫与家人分离,甚至可能导致其家破人亡,最终严重危害社会和谐稳定,其社会危害性极大,因此成为立法严厉打击的重点。而收买是拐卖的下游行为,其主要危害在于不把人当人而当物品进行交易,贬损了被拐卖人的人格,但它本身并不足以成为造成被拐卖人骨肉分离、家破人亡,严重危害社会和谐稳定的客观危害。第四,在特殊案件中,收买行为在客观上将被拐卖人从拐卖者手中带离,减轻了后者在颠沛流离的拐卖过程中受到的身心痛苦。第五,惩罚收买行为难以取得一般预防效果。收买者主观恶性相对较小,主要是主观上受到了传统婚姻家庭观念的影响,只要传统婚姻家庭观念不改变,就必然存在收买妇女、儿童的社会动机。但拐卖者与之不同,他们往往只追求个人获得非法利益,完全无视他人利益,采取损人利己的做法,并无任何值得宽宥和同情的地方,其主观恶性大,因此,严厉打击拐卖行为可以取得一般预防效果。

此外,针对所谓"人不如物"的批判,不能根据法定刑将买卖人口与买卖动物进行比较,这是因为:其一,两罪的犯罪构成条件不同。我国刑法关于非法猎捕、收购、运输、出售陆生野生动物罪的犯罪构成条件,必须达到情节严重的程度,而买卖人口只要行为人实施了行为就构成犯罪,并不要求情节严重。其二,两种犯罪背后刑法所保护的法益不同,非法猎捕、收购、运输、出售陆生野生动物罪保护的是作为社会法益的生态环境,拐卖妇女、儿童罪保护的作为个人法益的人格权,二者难以等量齐观,而且不能因为二者有区别就断言后者保护乏力,我们完全可以反过来认为前者保护存在重刑化问题。其三,将人和动物进行比较的做法,本身就贬低了人格。

综上,为了全面保护被拐卖妇女、儿童利益,《刑法》应强化对适法行为的期待,提升对次生犯罪的打击力度。我国现行《刑法》的问题在于立法对拐卖犯罪人实施次生犯罪与收买人实施次生犯罪的定罪处罚规定不同,前者根据情节、结果直接加重处罚,后者则规定数罪并罚,一般在最重刑期以上,总和刑期以下由司法人员选处刑罚,二者在实践中的结论往往很悬殊。就目前的实践而言,主要存在针对收买后发生严重犯罪的量刑畸轻、没有充分评价行为人责任的情况。本书主张在《刑法》第 240 条中明确规定拐卖妇女、儿童罪的次生情况之法定刑,并在《刑法》第 241 条中彰显社会对于收买者的期待并对其作出明确规定,即针对事后行为提高期待的标准和要求,用情节或者结果加重犯的立法模式,直接比照《刑法》第 240 条的规定提高法定刑。

第三节 经济刑法立法完善

一、经济刑法立法完善的理论逻辑

(一)经济犯罪

经济犯罪与传统财产犯罪有很大的渊源性,但经济犯罪还破坏了社会主义市场经济秩序,此为其未在刑法立法被独立成章的现实根据。[1] 需要澄清的问题在于,经济犯罪与财产犯罪有明显的内在联系,因此回答哪些犯罪属于经济犯罪或者应归属于经济犯罪,是经济刑法罪名体系独立化研究的理论前提。理论上关于经济犯罪含义的研究进路有二。

第一种是法律社会学进路,即从犯罪学的视角展开经济犯罪发生原因的探究。这是一种典型的英美研究模式。最早提出经济犯罪概念的为英国学者希尔,其在英国伦敦召开的国际会议上,以“犯罪的资本家”为题,第一次提出经济犯罪的重要性。早期的犯罪学着重研究工人阶级以及穷人所实施的犯罪行为,而对社会上层、中层阶级所实施的犯罪行为视而不见。萨瑟兰认识到上层阶级与下层阶级在适用法律时所面临的不公,在此种背景下,他提出白领犯罪的理论与学说,随后更是出版了《白领犯罪》一书。美国犯罪学家昆尼则进一步扩大了对“白领犯罪”的认知范围,其提出白领犯罪的主体并不局限于社会的上、中层阶级,而可以涵盖社会的一切主体。与此同时,他建议将其更名为“职业犯罪”。但美国立法采纳了“白领犯罪”的提法,该词首次出现在1979年美国国会通过的司法体系改革方案中。瑞典学者汉斯·舍格伦进一步限定了经济犯罪的范围,主张经济犯罪,是指发生于合法商业领域,以牟利为目的的犯罪,这些犯罪的侵害对象包括自然人、企业以及公共利益。[2]

第二种是刑法教义学进路,也就是从刑法学的视角对经济的规范因素展开研究。这是大陆法系刑法学界惯常的研究模式。德国刑法学家林德曼通过明确经济犯罪的对象,将经济犯罪与传统的财产犯罪相区别。[3] 也有学者认为对经济犯罪的范围作出统一明确的

---

〔1〕 为了表述便利,以下将破坏社会主义市场经济秩序罪的刑法立法简称经济刑法。

〔2〕 参见杨维林:《经济犯罪的法律规制》,吉林大学2012年博士学位论文,第6页。

〔3〕 参见林山田:《经济犯罪与经济刑法》,台北,三民书局1981年版,第11页。

界定是不可能的。德国学者汉斯·施耐德教授认为可以从一些共识性的特征如违反刑法、保护的是超个人的法益等入手把握经济犯罪。

在我国,关于经济犯罪的概念,在理论中形成了经济领域说、经济法规说、经济关系说、主体行为方式说、主观图利说以及职能违反说等学说。经济领域说认为,如果犯罪发生在经济领域,那么这种犯罪就是经济犯罪。经济法规说则主张经济犯罪是对经济领域内法规以及刑事法规的同时违反。经济关系说又称为客体说,认为一切侵害社会主义经济关系,依照法律规定应受处罚的就是经济犯罪,经济犯罪的本质就在于侵害了社会主义的经济关系。[1] 主体行为方式说提出“经济犯罪是指行为人为谋取不法利益,滥用经济交易所允许的经济活动方式,违反所有直接或间接规定经济活动的法规,危害正常的经济活动的行为”[2]。主观图利说则强调所有经济犯罪的共同点在于图利的目的,从行为人的主观目的与心态出发界定经济犯罪。[3] 职能违反说则主张“经济犯罪是妨碍国家经济管理职能,依法应当受到处罚的犯罪”[4]。上述观点因为分析问题的重点不同,所以各自表述存在较为明显的差异,但是其中并非没有共同之处。结合这些观点,我们从立法视角上发现经济犯罪具备如下基本特征。

首先,经济犯罪发生在经济领域。我国 20 世纪 50—60 年代是国家的经济恢复与社会主义经济改造的时期,在这一时期经济犯罪往往被定性为反革命行为。20 世纪 80 年代改革开放之初,国民经济主要实行计划经济模式,并未意识到经济犯罪问题的重要性,随着市场经济模式的发展,我国社会主义市场经济活动日趋活跃和繁荣,此时经济犯罪开始受到重视,因为其明显破坏了以自由、平等为基础的

---

〔1〕 参见孙国祥主编:《中国经济刑法学》,中国矿业大学出版社 1989 年版,第 19 页。

〔2〕 宫厚军:《经济犯罪与经济刑法研究》,中国方正出版社 2003 年版,第 5 页。

〔3〕 参见王昌学主编:《市场经济犯罪纵横论》,法律出版社 2001 年版,第 99 页。

〔4〕 赵长青主编:《经济刑法学》,重庆出版社 1991 年版,第 14 页。

市场秩序。[1]

其次,大多数的经济犯罪具有法定犯的色彩。就法定犯来说,追究其刑事责任的根源在于其违反了法律的规定,而不是其本身违背社会的伦理道德。经济犯罪往往以违反一定的经济管理的行政法为前提,例如违反《反不正当竞争法》《公司法》《商业银行法》《土地管理法》等。

最后,经济犯罪以侵害市场经济秩序为内容,也可以说经济犯罪所侵犯的法益主要是秩序法益。现代意义上的经济犯罪伴随市场经济的出现而产生。市场经济秩序表现为超个人的法益,受到刑法保护。纯粹的市场经济会导致市场的崩盘,因此需要政府这双"有形之手"与市场的"无形之手"形成合力,进而保证经济的持续健康运行。对于严重损害市场经济秩序、违反经济法规的行为应当适用刑法,保护市场主体的经济利益,维护市场秩序的良好运行。

(二)经济刑法

刑法学不同于犯罪学对于经济犯罪的研究,后者以严重的社会危害性为唯一要素,而不受刑事违法性制约,[2]前者则更注重规范性的研究。

以经济犯罪的外延为根据,李晓明教授将经济刑法的概念分为最广义的、广义的以及狭义的三种。最广义的经济刑法包括破坏社会主义经济秩序罪、侵犯财产罪以及以获取经济利益为目的的其他犯罪。广义的经济刑法包括破坏社会主义经济秩序罪和侵犯财产罪。狭义的经济刑法仅指破坏社会主义经济秩序的犯罪,而不包括盗窃、抢劫等财产犯罪以及贪污、受贿等国家公职人员的职务犯

---

〔1〕 参见曲新久:《对当前经济犯罪特征的再认识》,载《河北学刊》2007年第4期。

〔2〕 参见张远煌:《犯罪理念之确立——犯罪概念的刑法学与犯罪学比较分析》,载《中国法学》1999年第3期。

罪。[1] 曲新久教授则肯定了李晓明教授的主张,认为最广义经济刑法观、狭义经济刑法观以及折中说的存在都有其特定的时空背景。其中"大经济犯罪观,是一种传统的观念,符合计划经济年代的经济刑法特点"[2]。1982年由全国人大常委会颁布的《关于严惩严重破坏经济的罪犯的决定》(已失效)将现在《刑法》独立成章的财产犯罪、贿赂犯罪纳入了经济犯罪的范畴,这是因为在计划经济的时代,工商业、金融业均为行政管理的应有之义,并不具有实质上的独立地位。但在市场经济的现在,工商业、金融业具有较为明显的独立性,故此,不能再将财产犯罪、贪污犯罪纳入经济刑法的范畴中。

林东茂教授提出经济刑法的广义和狭义两种概念,广义的经济刑法,是指间接以整体经济秩序为保护对象的刑法规范。狭义的经济刑法,则是指直接将整体经济秩序及其重要部门作为保护对象的刑法规范。[3] 林东茂教授遵循刑法学的研究路径,以法益为基本的分析工具,形成了广义的经济刑法概念与狭义的经济刑法概念,有一定的说服力。

最广义的经济刑法、广义的经济刑法以及狭义的经济刑法都具有其指称性,它在很大程度上取决于国家打击经济犯罪的现实需要。在现阶段采取狭义的经济刑法概念可能最为合理。理由在于:经济犯罪的法益具有秩序性特征,针对经济犯罪的概念形成诸多学说、观点的原因在于其自身的不稳定性。随着经济的发展、经济社会的转型,一些新兴经济犯罪层出不穷,并非限定于特定的、传统的法律制度框架内。但可以肯定的是对于经济刑法的定义要抓住其内涵,特别是经济秩序,而不能仅限于实体法。从立法角度看,经济刑法具有

---

[1] 参见李晓明:《经济刑法学》,群众出版社2000年版,第77页。
[2] 曲新久:《对当前经济犯罪特征的再认识》,载《河北学刊》2007年第4期。
[3] 参见林东茂:《危险犯与经济刑法》,台北,五南图书出版公司1996年版,第73页。

如下特点:

第一,经济犯罪以超个人法益为保护客体。主流观点认为经济犯罪的保护法益为社会主义市场经济的秩序。此种观点有利于将经济犯罪与传统财产犯罪和职务犯罪区分开来。有观点认为,这种观点忽视了对个体利益的保护。“超个人法益又称为社会法益、集体法益,此种法益并不为某一特定公民个体所完全占有,而是社会成员共同分享进而形成某一领域有序的状态。”[1]对于超个人法益的属性,理论上存在性质相异说与质同量异说两种观点。性质相异说认为超个人法益与个人法益之间存在本质的差异,质同量异说则认为二者并不是质的不同,而仅是数量的差别。[2] 本书认为,个人法益和超个人法益之间无疑具有一定的转换关系,但是不能由此将二者等同起来。质同量异说混淆了个人法益和超个人法益的本质关系,认为超个人法益仅仅是个人法益的机械结合,忽视了超个人法益是个人法益的有机结合的属性,这种有机结合导致超个人法益已经发生了质的变化。对于个人法益而言,刑法保护侧重于确定性危险的规制,而对于超个人法益而言,刑法可能侧重于不确定性风险的规制。

第二,在构成要件上,经济刑法多采取空白罪状。这种立法方式主要是考虑到法定之罪与非罪的判断在很大程度上依赖于其他经济领域的法律法规的填充与补充。这就涉及刑法与行政(经济)法的衔接,即两者的行为规范究竟为同一的还是有区分的问题。德国刑法学家克劳德·梯德曼认为两者的行为规范是有区分的,其主张在刑法中至少要“规定了构成犯罪的行为,只是将继续进行评价之问题转

---

〔1〕 钟宏彬:《法益理论的宪法基础》,台北,元照出版公司2012年版,第299-300页。

〔2〕 参见时方:《我国经济犯罪超个人法益属性辨析、类型划分及评述》,载《当代法学》2018年第2期。

托给额外的法律规定和行政命令”[1]。

第三,经济刑法中应当避免组织化的不负责任(正犯者就是应当承担责任者),因此,对企业犯罪需要在立法上予以特殊对待。

二、我国经济刑法完善的历史逻辑

在1979年之前,新中国并未制定刑法,但是颁布了若干单行刑法,例如《惩治反革命条例》(1951年)、《妨害国家货币治罪暂行条例》(1951年)和《惩治贪污条例》(1952年)。这些单行刑法具有专门法的性质,仅规制某个特定领域内的犯罪。[2] 随后基于历史原因,这些单行刑法也逐渐被停止使用,惩治犯罪更多的是依靠政策与实践中的司法经验。

1. 1979年《刑法》及其完善

1979年,在新中国成立之初的刑法草案的基础上,我国的第一部《刑法》正式颁布,第一次较为系统地对经济犯罪予以规定。1979年《刑法》分则第三章中规定破坏社会主义经济秩序罪,从第116条到第130条的15个条文规定了15项罪名。因为在当时我国普遍实行计划经济模式,经济犯罪并不多,常见的主要是投机倒把犯罪,所以1979年《刑法》对经济犯罪的规制范围较为狭窄。但是,值得肯定的是1979年《刑法》将经济犯罪与财产犯罪、公职人员渎职犯罪进行了区分。20世纪70年代末,我国逐渐实施改革开放的政策,即对内改革经济制度,对外开放经济市场,1979年《刑法》颁行之时,就已经难以适应经济社会全面变革的需要。例如1979年《刑法》第120条对伪造或倒卖计划供应票证的行为进行了规制,而在市场经济背景下,

[1] [德]克劳德·梯德曼、周遵友:《德国经济刑法导论》,载《刑法论丛》2013年第2期。

[2] 参见陈兴良:《回顾与展望:中国刑法立法四十年》,载《法学》2018年第6期。

坐地转手批发、转包渔利、买空卖空等曾被认为是投机倒把的行为，被认为属于正当的经济行为。简而言之，当时的刑法规定与经济变革的要求存在不合拍的问题。为了适应经济政策的变化，随后全国人大及其常委会颁布了20多个单行刑法，其中有9个是专门针对经济犯罪的单行刑法。在这9个单行刑法中，不仅包括涉及对国家财政税收的走私罪、偷税罪、抗税罪的规定，而且包括知识产权类犯罪，如假冒注册商标罪、侵犯著作权犯罪。虚开增值税发票罪更是能够有效遏制我国税制改革后，一些犯罪主体通过虚开增值税发票骗取国家财政税款的行为。

2. 1997年《刑法》及其完善

在吸收1979年《刑法》及相关单行刑法、附属刑法规定的基础上，我国1997年《刑法》得以全面修订，形成了现行《刑法》的基本架构。但是，在社会经济发展不断推进的时代大潮中，经济刑法的修订始终没有停止。1998年12月29日全国人大常委会通过了《关于惩治骗购外汇、逃汇和非法买卖外汇犯罪的决定》。之后，立法机关用修正案的方式对《刑法》进行修正。如1999年全国人大常委会颁布《刑法修正案》，修改与经济犯罪相关罪名7个，新增罪名1个。1990年郑州粮食批发市场经国务院批准设立，批发市场以现货交易为基础，引入期货交易机制，迈出了中国期货市场的第一步。反映在修正案的修改中，多款罪状增加了期货交易的内容，例如内幕信息交易、泄露内幕信息罪，编造并传播证券交易虚假信息罪，操纵证券、期货交易价格罪以及非法经营罪。陆续出台的12个修正案中除《刑法修正案(二)》《刑法修正案(十)》以外，其他修正案均对经济犯罪的内容有所修改或者新增。由此可见刑法修正中经济犯罪居于刑法立法的显著地位。

1997年《刑法》颁布后的12个修正案，见证了中国经济的不断发展，也代表了经济刑法的逐步完善。刑法修正案对于经济刑法的修改可以从以下两方面加以剖析，一是罪名、罪状，二是法定刑。前者决定具体经济犯罪的犯罪构成，为其定性提供依据；后者则体现实施相关经济犯罪所要负担的法律后果，为其定量提供标准。

三、经济刑法立法完善的实践逻辑

（一）经济刑法规制范围扩大化

我国经济刑法在过去的发展与完善中表现出以下特征。

1. 通过增设新的罪名进一步扩大处罚范围

刑法修正案新增的经济犯罪罪名包括妨害药品管理罪，隐匿、故意销毁会计凭证、会计账簿、财务会计报告罪，虚假破产罪，背信损害上市公司利益罪，骗取贷款、票据承兑、金融票证罪，妨害信用卡管理罪，窃取、收买、非法提供信用卡信息罪，背信运用受托财产罪，违法运用资金罪，虚开发票罪，持有伪造的发票罪，组织、领导传销活动罪等。

2. 通过修改相关犯罪的犯罪构成进一步扩大处罚范围

修改相关罪名的犯罪构成，具体而言有对行为主体、行为方式、行为对象等构成要件的修改。

（1）对行为主体修改。例如《刑法修正案（六）》第 5 条在《刑法》原第 161 条中增加“企业”作为行为主体。第 7 条将公司、企业人员受贿罪改为非国家工作人员受贿罪，并且增加“其他单位的工作人员”作为主体。通过增加行为主体的方式，明确对非国家工作人员受贿、行贿行为的处罚。《刑法修正案（十一）》第 14 条删除《刑法》原第 191 条中“协助”等字样，将自洗钱纳入规制范围中，也可认为是扩大主体的一种方式。

（2）对行为方式修改。例如，《刑法修正案（五）》第 2 条对信用卡诈骗罪增加了“使用以虚假的身份证明骗领的信用卡的”行为方式；《刑法修正案（十一）》第 5 条、第 6 条对涉及假药、劣药违法犯罪行为进行规制,从生产、销售两种方式扩大为生产、销售和提供三种方式。

(3)对行为对象修改。例如,《刑法修正案》第5条、第6条在编造并传播证券交易虚假信息罪以及操纵证券交易价格罪中增加期货交易作为行为对象。《刑法修正案(四)》第2条将走私固体废物罪改为走私废物罪,增加"液态废物和气态废物"作为行为对象。《刑法修正案(六)》第8条将对公司、企业人员行贿罪改为对非国家工作人员行贿罪,增加"其他单位的工作人员"为行为对象。

(4)将结果犯修改为危险犯,或者将具体危险犯修改为抽象危险犯。例如,《刑法修正案(四)》第1条将生产、销售不符合标准的医用器材罪中要求的"对人体健康造成严重危害的"改为"足以严重危害人体健康的"。《刑法修正案(十一)》第7条将严重妨害药品管理的行为纳入刑法规制范围中来。

(二)罚金刑的无限额化

对法定刑的修正体现了宽严相济的刑事政策,实现了惩办与宽大的有机结合。法定刑的修正既注重惩办,例如《刑法修正案(三)》第7条针对洗钱罪,对于"直接责任人员"增加了"情节严重的,处五年以上十年以下有期徒刑"。在《刑法修正案(八)》第36条针对强迫交易罪,增加一档法定刑"情节特别严重的,处三年以上七年以下有期徒刑,并处罚金"。又注重宽大,例如《刑法修正案(十一)》中将骗取贷款罪或罪门槛提高,将原有的"造成重大损失或者有其他严重情节"修改为"造成重大损失",立案标准从原先的造成直接经济损失二十万元以上提升为五十万元以上。

回顾历次修正案对刑罚的修改,罚金刑方面的修改尤为明显,主要体现在将倍比罚金改为罚金或者无限额罚金。例如《刑法修正案(六)》第11条将操纵证券、期货市场罪中"情节严重"的适用罚金刑由"并处或者单处违法所得一倍以上五倍以下罚金"改为"并处或者单处罚金"。《刑法修正案(七)》第3条将逃税罪的罚金由固定数额改为不固定数额。从原先的“并处偷税数额一倍以上五倍以下罚金”改为“并处罚金”。《刑法修正案(八)》第23条、第24条、第25条同样将生产、销售假药罪,生产、销售不符合安全标准的食品罪,生产、销售有毒、有害食品罪等犯罪的刑罚由倍比罚金制改为非固定数额的罚金。《刑法修正案(十一)》将多个犯罪倍比罚金刑修改为无限额罚金。将倍比罚金修改为非固定数额的罚金给予了司法裁判足够的自由裁量空间,并且有利于实现对个案的惩罚与预防目的。

(三)经济犯罪死刑废止化

《刑法修正案(八)》以及《刑法修正案(九)》则针对经济犯罪领域仍然存在死刑的现象予以了大范围的修正。两次刑法修正案删除了走私类犯罪的死刑,包括走私武器、弹药罪,走私核材料罪,走私假币罪,走私文物罪,走私贵重金属罪以及走私珍贵动物、珍贵动物制品罪。《刑法修正案(八)》第27条则将走私普通货物、物品罪的刑罚顺序从原先的由重到轻排列改为由轻到重排列。同时,《刑法修正案(八)》第32条、第34条删除了虚开增值税专用发票、用于骗取出口退税、抵扣税款发票罪以及伪造、出售伪造的增值税专用发票罪的死刑。《刑法修正案(九)》则删除了《刑法》第199条关于死刑的规定。

经济犯罪几近是刑法废除死刑最集中的领域,其中最大的原因是经济犯罪通常以牟利为目的,与侵犯公民人身权利的故意杀人罪,侵犯公共安全的放火罪、爆炸罪相比,其对社会的现实危害性相去甚远,其行为人的主观恶性也不如后者,倘若适用死刑,就不符合罪责刑相适应原则。而且刑罚实施的最终目的是要实现一般预防或者特殊预防。但实践中是“经济犯罪的死刑并未使经济犯罪减少,反而有愈演愈烈的趋势,表现出事与愿违的态势”。[1] 刑法修正案对死刑

〔1〕 参见唐福齐:《论经济犯罪刑罚的立法完善——兼论经济犯罪的死刑废止》,载《政治与法律》2008年第3期。

的废除，则是立法对学界讨论以及实践中经济刑法出现的问题的积极回应。

四、经济刑法的立法完善建议

（一）经济刑法立法的法益观再认识

在当代刑法理论中，针对犯罪的本质问题，存在规范违反说与法益侵害说的对立。规范违反说与法益侵害说的对立体现在有关经济刑法的立法根据中，就形成了规范违反的经济刑法观与法益侵害的经济刑法观的争论。

支持规范违反的经济刑法观的学者强调规范价值在经济刑法中的重要作用，主张如果理论上片面夸大刑法的利益保护功能，就会忽略经济刑法自身的规范逻辑和特点。[1] 王安异教授认为，刑事立法中是否犯罪化不能仅取决于利益需要，而是要在立法中通过明确经济犯罪的行为样态、手段与类型，实现规范明确化的目的。他对利益概念抽象化、精神化的倾向进行批驳，提出"利益受损与否本为相对的标准，取决于利益主体的评价"[2]。在此基础上，其提出必须基于规范逻辑承认经济刑法规范的独属性。

在法益侵害的经济刑法观内部发生了分化，出现秩序法益侵害说与利益法益侵害说的对立。秩序法益侵害说将经济秩序作为经济刑法的保护法益，其也是刑法学界主流的观点。有学者对秩序法益侵害说质疑，认为这种观点是对刑法的行政管制理念放大，导致经济刑法加速扩张。[3]

---

〔1〕 参见王安异：《我国经济刑法的立法根据质疑》，载《中国刑事法杂志》2011年第3期。

〔2〕 王安异：《我国经济刑法的立法根据质疑》，载《中国刑事法杂志》2011年第3期。

〔3〕 参见魏昌东：《中国经济刑法法益追问与立法选择》，载《政法论坛》2016年第6期。

利益法益侵害说则主张将超个人利益作为经济刑法的保护法益。其中由于对超个人法益与个人法益关系的理解不同,形成了实质二元论与形式二元论的分歧,前者认为超个人法益独立且平行于个人法益,后者则主张超个人法益必须间接源于个人法益。利益法益侵害说遭受质疑的地方在于超个人法益自身过于抽象。有的学者提出,简单来说,经济秩序就是经济刑法的超个人法益,但其仅是一种抽象性概念,并非真实地存在。[1] 根据形式二元论,不能将经济犯罪与财产犯罪进行实质上的区分,否则容易忽视企业等法律拟制主体的责任追究。对于经济刑法而言,则必须从经济系统中寻求"超个人法益"的真实内涵。魏昌东教授主张应将该"超个人利益"理解为资本配置利益,[2]并主张在经济刑法中应当适当限缩刑法规制的范围,对于非法吸收公众存款罪、非法经营罪以及高利转贷罪进行适当的限缩解释,将环境犯罪与劳动犯罪重新纳入经济刑法的范畴并且将单纯破坏秩序,而并未侵害资本配置利益的行为非犯罪化。

在支持规范违反的经济刑法观的学者眼中,"利益"这个概念既具备抽象性又具有相对性。抽象性决定了不能确定"利益"的准确范围;相对性决定了不同评价主体会对"利益"有不同的认知,最终会产生一种不公平。上述学者主张经济刑法的独立规范性,强调经济刑法的规范本身及其背后所蕴含的"公平""正义"的核心价值观。但具体到经济刑法的立法中,两者均不能成为经济刑法的立法根据。原因在于以下几点:第一,刑法本身不能成为认定行为违法性的根据。就如同"人们可以说犯罪违反了法律,但不能说犯罪'违反和损害了刑法',此乃语言谬误;恰恰相反,某行为符合刑法之规定,才是

---

〔1〕 参见[德]克劳斯·梯德曼、周遵友:《德国经济刑法导论》,载《刑法论丛》2013年第2期。

〔2〕 参见魏昌东:《中国经济刑法法益追问与立法选择》,载《政法论坛》2016年第6期。

犯罪"[1]。第二,"公平""正义"的价值具有更高的抽象性,其不能有效地实现对立法的限定与引导。最终易于使得刑法规范中的"立法目的"或者说"立法原意"成为引导立法与司法实践工作的根据。

相较于规范违反的经济刑法观,秩序法益侵害说本身包含对规范的要求与评价,所以更能为经济刑法的立法提供根据。利益法益侵害说面临的主要困境在于,经济刑法中"利益"的含义难以确定。用"资本配置利益"阐释经济刑法中的法益,无法消除利益和财产配置之间的区别,无法明确个人法益和超个人法益之间的界限。而秩序法益本身就是超个人法益的一种表现形式,并且对于现行刑法的经济犯罪具有较强的解释力。相较于规范违反说将"立法目的"或者"立法原意"作为经济立法的根据,秩序法益侵害说更能为刑事立法提供客观现实、统一可操作的标准,也有助于为经济刑法立法提供现实化场景。

无疑,社会市场经济秩序,是一个内容复杂、含义广泛的概念。但从市场经济秩序的发展看,其包括市场进入、退出以及行为秩序。从经济秩序的内容看,它包括商品市场、销售秩序、公司企业管理秩序、税收征管和市场秩序等,具体而言:

(1)市场进入秩序,又称为市场准入秩序,其中包括主体进入秩序与客体进入秩序。前者是指哪些人通过何种途径可以进入市场。进入市场的主体必须具有一定的行为能力与权利能力,在此基础上要经过法定程序,如登记注册,获得从事特定生产经营活动的授权。

同样,进入市场客体(商品或者服务)也可能有一定限制,即哪些商品或者服务允许进入市场进行交易。首先,商品或者服务必须获得批文才能交易,如果没有获得批准进行交易,就破坏了客体进入秩

---

[1] 参见马克昌主编:《近代西方刑法学说史》,中国人民公安大学出版社2016年版,第340页。

序。其次,进入市场的商品必须满足基本功能,达到一定的品质。最后,跨国跨境销售还需符合对外贸易管制的条件,即走私品禁止进入市场。

(2)行为秩序。公司、企业进入市场后、退出市场前,在中间环节从事生产、经营的行为还必须符合市场行为秩序。市场行为秩序主要包括:合同行为秩序,广告行为秩序,禁止垄断行为秩序,知识产权取得、使用和转让的行为秩序,倾销秩序,定价行为秩序,反不正当竞争秩序,计量行为秩序,股票、证券和期货交易秩序等。同时,企业在生产经营中还应恪守企业、公司的社会责任,维护社会公共利益的生产经营秩序。

(3)市场退出秩序。市场主体即便退出市场,也要遵循必要的秩序,并非可以随意退出市场。市场主体退出市场秩序包括破产、公司企业兼并、重组等方面的秩序。

经济刑法立法应当根据市场秩序运行的实际情况,围绕上述法益观进行完善与发展。

(二)非法集资与民间融资的立法界限

非法集资是犯罪学中的称谓,关联到刑法学中则包含非法吸收公众存款、集资诈骗等罪名。在实践中,民间融资可以包括以下几种主要方式:民间直接借贷、通过标会等民间互助组织进行融资、典当融资、单位内部集资、私募基金类融资(包括私募证券基金与私募股权基金)、民间票据贴现融资、融资租赁以及通过民间借贷网络平台进行的融资(P2P)。

1. 对民间融资进行刑法规制的历史发展

自中华人民共和国成立后到1978年,我国经济体制主要实行计划经济体制。在金融领域,则长期处于"大一统"的金融体制时期,即中国人民银行在履行金融监管职能的同时,从事信贷业务。在这一时期,我国基本不存在所谓的金融市场,因此金融领域的法规也处于空白状态。

在1979年《刑法》中,针对金融领域的犯罪行为尚无专门规定。对于一些集资诈骗行为只将其作为普通诈骗行为予以规制,对于一些高利贷行为则由投机倒把罪加以规制。不过在改革开放之后,银行业务逐步放开。根据1984年《关于国家预算内基本建设投资全部由拨款改为贷款的暂行规定》,国有企业的资金使用由原先的拨款改为银行贷款,在这一时期民间金融开始发展起来。1986年出台的《银行管理暂行条例》禁止非金融机构经营金融业务,其中确立了中国人民银行对利率管理、金融机构设立等审批权限的集中控制权,并且对“其他金融机构”的范围进行了限定。1987年公布的《企业债券管理暂行条例》对企业发行债券的行为进行了限定,规定企业债券的发行必须经中国人民银行批准。在这一时期,先后出台了多部相关行政法规,加强了对金融领域的管控。以国有银行为主体加强管控,最后就导致了其对金融市场的高度垄断。[1] 在民间融资领域,《民法通则》第90条对民间借贷行为的合法性予以肯定。最高法又通过司法解释规定民间借贷利率最高不得超过银行同类贷款利率的四倍。

自1993年至1996年,随着国有企业改制的启动,我国私营经济得到了快速发展,各类市场主体对资金的需求也越发突出。过去金融领域被管控,私营企业贷款难,因此市场主体尝试着通过民间借贷实现融资。但是民间融资的规范性很差,而且其中夹杂着一些以诈骗为目的的借款行为,一旦出现借款人无法归还借款的问题,就容易诱发群体性事件。为了制止存在的不法融资行为,立法机关开始规范经济领域的集资行为。1995年2月和6月,全国人大常委会先后

---

〔1〕 参见殷俊华:《金融缺口、非正规金融与农村金融制度改革——沈阳农村民间借贷研究》,载《金融研究》2006年第8期。

以决定的形式通过了两部单行刑法[1],对违反公司法的犯罪和破坏金融秩序的犯罪进行了进一步规定。

1997年《刑法》吸收了之前所颁布的两部单行刑法的规定,并且对构成要件进行了一定程度的修改,最终形成了集资类罪名,形成了以非法吸收公众存款罪、集资诈骗罪为核心罪名,以欺诈发行股票、债券罪,擅自发行股票、公司、企业债券罪为边缘罪名,以擅自设立金融机构罪,非法经营罪,组织、领导传销活动罪为补充罪名的罪名体系。[2]

2. 非法集资入罪的重点

非法集资行为破坏了金融市场进入秩序与金融行为秩序,加之出资者一般人数较多,所以该行为可能对出资者的利益产生较为广泛的、潜在的体系性风险,所以,将严重的非法集资行为作为犯罪并无不可。问题在于,行为人在何种情境下融资属于非法吸收公众存款?由于刑法没有对"公众"作出明确规定,司法实践中不得不通过司法解释解决问题。一般认为,社会公众为社会上的不特定对象。但在司法实践中对于"不特定"范围的理解仍存在争议。

在理论上可以明确非法吸收公众存款罪中的"社会公众"不同于以危险方法危害公共安全罪中的"公共"。前者是针对行为对象,而后者是针对行为结果。此外,"不特定"应当被进一步限定为不特定的多数人。因为非法吸收公众存款罪所保护的法益是金融秩序,行为人仅吸收少数人的资金并不能构成对金融秩序的侵害。在日本以及我国台湾地区直接用"不特定"与"多数"表述行为指向的

---

[1] 即1995年2月通过的《关于惩治违反公司法的犯罪的决定》和1995年6月通过的《关于惩治破坏金融秩序犯罪的决定》。

[2] 参见何小勇:《我国金融体制改革视域下非法集资犯罪刑事规制的演变》,载《政治与法律》2016年第4期。

对象。[1]

在具体的司法实践中,行为人既针对亲友或者单位员工,又针对社会上的人集资是否属于"社会公众"? 根据《关于审理非法集资刑事案件具体应用法律若干问题的解释》第 1 条第 2 款的规定,"未向社会公开宣传,在亲友或者单位内部针对特定对象吸收资金的,不属于非法吸收或者变相吸收公众存款"。据此行为人向亲友或者单位员工内部集资体现非社会性,而向除此以外的社会人士集资则体现社会性。"亲友或者单位内部"不属于"不特定"的范围,其原因在于亲友或者单位内部之间往往具有更为紧密的内部关系,出资者对于集资的相关信息与风险也能够较为真实、全面地掌握,资金风险较小,排除了"杀熟"的可能性。但是,当行为对象的范围进一步扩张时,首先要判断其亲友关系是因集资活动而产生,还是自然就存在的。其次要判断集资行为本身是否具有彻底的封闭性,即行为人集资是否仅仅限定于亲友之间或者单位内部,是否存在只要愿意出资,就可加入投资中来的情况。前者不应当认定为"社会公众",而后者则存在认定为"社会公众"的可能性。

3. 集资行为中违法性判断的难点

司法实践中,对非法集资犯罪的认定,往往以以下四个特性作为判断标准:非法性、公开性、利诱性以及社会性。根据此标准,许多出于继续或者扩大生产经营目的的融资行为被认定为非法吸收公众存款罪。张明楷教授指出,只有当行为人非法吸收公众存款,用于货币、资本的经营时,例如发放贷款,才能被认定为扰乱金融秩序的行为。[2]

---

〔1〕 参见贺卫、王鲁峰:《论非法吸收公众存款罪的"公众"的界定标准》,载《法学》2013 年第 11 期。

〔2〕 参见张明楷:《刑法学》(第 5 版),法律出版社 2016 年版,第 779 页。

该罪属于法定犯，考虑到行政违法与刑事犯罪之间不仅存在量的差异还有质的区别。因此，非法集资行为构成犯罪首先要体现为对相关金融法规的违反，通过违反金融法规的行政违法行为表征，非法集资行为构成犯罪的形式违法性，但刑法还必须就实质违法性作出进一步的专门评价。

司法解释中对于“非法性”的认定存在采用形式标准回答实质违法性之嫌。《关于审理非法集资刑事案件具体应用法律若干问题的解释》第 1 条第 1 款第 1 项将非法集资中的“非法性”限定为，未经有关部门依法批准吸收资金以及借用合法经营的形式吸收资金的行为。其中对于有关行政法规的理解过于宽泛，不利于对集资行为入罪的合理控制。对于行为人吸收公众存款进行正当生产经营活动的，《关于审理非法集资刑事案件具体应用法律若干问题的解释》第 6 条第 2 款采取了折中的态度，认为如果行为人“能够在提起公诉前清退所吸收资金”则可以根据情节免予刑事处罚或不作犯罪处理。理论与实务上的通说观点认为，非法吸收公众存款的行为违反了《商业银行法》的相关规定。[1] 其中《商业银行法》的第 11 条规定了商业银行的准入制度，第 81 条第 1 款则明确规定了非法吸收公众存款、变相吸收公众存款行为的法律责任。

然而，将直接融资行为作为犯罪处理不利于经济社会的健康发展，而将出于经营生产目的非法吸收公众存款的行为认定为犯罪，不仅不符合立法者的初衷，而且限制了中小微企业的融资活动，不利于中小微企业的发展。

4. 非法吸收公众存款罪与集资诈骗罪的区分

集资诈骗罪与非法吸收公众存款罪之间的区别在于前者需要具有非法占有的目的，而后者不需要。《关于审理非法集资刑事案件具

---

〔1〕 参见彭冰：《非法集资活动的刑法规制》，载《清华法学》2009 年第 3 期。

体应用法律若干问题的解释》第 7 条第 2 款对于“以非法占有为目的”的判断列出了 8 种较为详尽的情形,但即便司法解释中已经提供了具体的标准,在理论上“非法占有目的”的认定仍存在较大争议。支持的观点主张,司法解释运用了由果溯因的反推思维模式,从行为人“无法返还”“拒不返还”的事实推出行为人主观上具有非法占有的目的。[1] 反对的观点则主张这是对法律推定理论的滥用,由果溯因的思维模式并不一定会引导出正确的原因。[2] 由果溯因的危害在于,其违反了责任主义的要求,将行为人实施行为后才产生非法占有目的的情形同样纳入了“以非法占有为目的”中。更是有学者指出,这种观点促使了司法实践中出现仅仅凭借集资款不能得到及时返还或者偿还便推定行为人具有非法占有目的的现象。此种客观归罪的现象普遍存在。因此笔者主张在对非法目的进行认定时,应当以直接认定为原则,而以司法推定为补充,并且在具体认定过程中要注意行为时的标准,避免客观归罪的出现。

(三)非法经营罪的口袋化

非法经营罪沿袭自 1979 年《刑法》规定的投机倒把罪。1997 年《刑法》重新修订时将投机倒把罪进行了拆解,将其中非法经营的行为统一规定为非法经营罪,并具体规定了非法经营的三种情形。非法经营罪的设立体现了国家对某些特殊领域或者行业市场经济的适当干预。此后,《刑法修正案》《刑法修正案(七)》先后对非法经营罪罪状进行了扩张,适应了中国经济的发展现状。但是,该罪在实践中也引发了较大争议,争议焦点集中于《刑法》第 225 条第 4 项的“其他严重扰乱市场秩序的非法经营行为”的适用。司法机关通过司法解

〔1〕 参见刘宪权:《金融犯罪刑法理论与实践》,北京大学出版社 2008 年版,第 441 页。

〔2〕 参见姚万勤:《集资诈骗罪中“非法占有目的”的理论回归——以吴英案为例的探讨》,载《四川师范大学学报(社会科学版)》2014 年第 1 期。

释的方式,不断扩张对该罪的适用范围,使得非法经营罪成为一个十足的"口袋"罪名。司法解释针对第 4 项规定了违反规定生产、运输、销售食盐,以营利为目的,有偿提供删除信息服务等 19 项行为。

1."违反国家规定"应予以必要限定

非法经营罪的成立以违反相关行政法规范为前提,属于空白罪状,空白罪状需要援引行政法规定。"司法者只有通过空白刑法的指示性表达才能找到具体补充规范。"[1]因此对于刑法中指示性表达的理解就显得至关重要。但非法经营罪没有规定明确的指引规范,而是笼统地规定"违反国家规定"。《刑法》第 96 条仅仅划定了"违反国家规定"能够适用的范围,对于具体的补充规范指引性并不强。因此在司法实践以及理论中对于"违反国家规定"范围的理解仍存在较大争议。

有学者提出"违反国家规定"是非法经营罪成立的前提,但是在该罪的四项条款中并没有实质的意义,而应当结合具体各条款进行分析。[2] 同样有否定论者提出非法经营罪设立了两种不同层级的指引规范,包括总括性指引规范"国家规定"以及《刑法》第 225 条第 1 项和第 2 项中更加具体的指引规范"法律、行政法规"。[3] 而被架空的总括性指引规范"已经不具有实体意义"。[4] 肯定论者则主张,由于《刑法》第 225 条第 1 项、第 2 项中规定有更为严格的指引性规范,因此应当优先适用,而对于《刑法》第 225 条第 3 项,则仍应受到

---

〔1〕 葛恒浩:《非法经营罪口袋化的成因与出路》,载《当代法学》2016 年第 4 期。

〔2〕 参见马春晓:《非法经营罪的"口袋化"困境和规范解释路径——基于司法实务的分析立场》,载《中国刑事法杂志》2013 年第 6 期。

〔3〕 参见葛恒浩:《非法经营罪口袋化的成因与出路》,载《当代法学》2016 年第 4 期。

〔4〕 参见张明楷:《刑法分则的解释原理(下)》(第 2 版),中国人民大学出版社 2011 年版,第 562 页。

"违反国家规定"的约束。[1]

理论上大多数学者倾向于支持否定论的观点。因为《刑法》第225条第1项、第2项、第3项均与行政许可息息相关。根据《行政许可法》第14条、第15条、第16条的规定，在设置行政许可权限上，法律、行政法规具有优先权。只有法律、行政法规尚无规定的，地方性法规方才可以设定行政许可且该行政许可所能设置的内容受到地域限制。国务院的决定以及省、自治区、直辖市人民政府制定的规章则只能设定临时性的行政许可。实施满一定期限后，前者或废止或提请制定法律、行政法规，后者或废止或提请制定地方性法规。作为最为严厉的制裁手段，刑法的适用要具有稳定性，不能朝令夕改，同样需要具备普遍适用性，不能因为适用主体的不同而有所区别。临时性的行政许可以及受地域限制的行政许可，不能成为该罪的补充规范。而长期性的、全国性的行政许可则只能由法律、行政法规加以规定。因此，以"法律、行政法规"作为该罪的指引规范具有合理性，而总括性的指引规范在该罪的适用中不具有实体的意义，可以当作"非法"加以理解。

作为指引规范的"法律、行政法规"应当包含二次授权的情形。例如非法经营汽油的行为违反《危险化学品安全管理条例》，而非法经营柴油的行为却违反《成品油市场管理办法》，前者属于行政法规，而后者属于部门规章。[2] 如果认为"法律、行政法规"不包括二次授权的情形，那么就会出现非法经营汽油的行为构成该罪，而非法经营柴油的行为不构成犯罪的情况。《行政许可法》第16条第2款、第3款规定，"地方性法规可以在法律、行政法规设定的行政许可事项范

---

〔1〕 参见王恩海：《最高人民法院对非法经营罪中"违反国家规定"的适用》，载《法治研究》2015年第4期。

〔2〕 参见马春晓：《非法经营罪的"口袋化"困境和规范解释路径——基于司法实务的分析立场》，载《中国刑事法杂志》2013年第6期。

围内,对实施该行政许可作出具体规定。规章可以在上位法设定的行政许可事项范围内,对实施该行政许可作出具体规定”。相关地方性法规、规章是对法律、行政法规规定的具体化,其所规定的内容受到上位法的限制。因此“法律、行政法规”授权的地方性法规以及规章可以作为非法经营罪的补充规范,而与“法律、行政法规”作为指引规范之间并不冲突。综上所述,考虑到对这一问题存在的种种争议,在立法上需要明确该罪的规范保护目的以及空白规范的范围。

2. 兜底条款的限制性

相关行为构成犯罪的前提是违反法律、行政法规。非法经营罪作为法定犯,以违反相关法律、行政法规为前提。“非法经营”中“非法”对“经营”进行修饰表明其可罚性,而“经营”的含义既包括筹划并管理,也包含计划和组织。虽然行政法中不存在“非法经营”的法律术语,但是其却以市场经营活动为规制对象。该罪采取的为列举式的立法规定,第 1 项规制专营、专卖或者其他限制买卖的物品,第 2 项规制经营许可证以及批准文件,第 3 项规制证券、期货、保险或者资金结算业务。前三项所规制的内容均与市场准入制度相关联。

一般行政许可制度不能作为非法经营罪的保护法益。行政许可从性质上可以区分为一般许可与特别许可,前者是指要满足一定条件才能获得实施相关行为的条件与资格,例如营业执照。而后者则是对一般禁止行为的特别准许,其往往因为涉及公共利益而受到严格限制,例如烟草专卖、期货经营等。那么该罪的法益是针对一般许可与特别许可,还是仅仅针对特别许可?大多数学者支持违反一般许可的经营行为不能作为非法经营罪的规制对象。[1] 原因在于:一方面,行政违法与刑事犯罪之间不仅有量的差异,更有质的区别。例

〔1〕 参见郑伟、葛立刚:《刑行交叉视野下非法经营法律责任厘定》,载《法律适用》2017 年第 3 期。

如,《行政许可法》第 12 条第 5 项将商事登记作为行政许可事项,因此对于未进行商事登记便开展商业活动的商事主体而言,其行为因违反了《行政许可法》而应当受到相应的行政处罚。那么对于无照经营的商事主体而言,是否要将其不经登记便从事商业活动的行为作为犯罪处罚?显然是没有必要的,对于无照经营的主体而言,只要符合法定条件申请商事登记即可,不会对市场经济秩序造成严重冲击。另一方面,根据体系性解释,可以判断出该罪保护的法益不包括一般许可制度。《刑法》第 225 条第 1 项中专营、专卖物品或者其他限制买卖的物品以及第 3 项中证券、期货、保险以及资金结算业务均属于须经特别许可的事项。第 2 项中的进出口许可证、原产地证明等经营许可证或者批准文件则属于禁止交易的事项。

许多学者主张非法经营罪保护的法益仅指特别许可制度。不过,值得注意的是,《刑法》第 225 条第 1 项、第 3 项与第 2 项保护的法益并不相同。根据上文分析,第 1 项、第 3 项皆是对违反特别许可制度行为的规制,而第 2 项则是对违反法律规定买卖禁止交易物品行为的规制。第 2 项中以进出口许可证、原产地证明等经营许可证或者批准文件为犯罪对象。以进出口许可证为例,根据《货物进出口管理条例》《技术进出口管理条例》,对进出口货物、技术实行分类管理,其中对于限制进出口的货物或者技术实行许可证管理制度。第 1 项、第 3 项与第 2 项的区别在于前者是对许可行为本身的违反,而后者则是对进出口许可证等经营许可证或者批准文件禁止交易的违背。后者不强调对特别许可制度的侵害,而强调对于禁止交易相关物品法律、行政法规的违背。因为国务院办公厅在 1995 年便公布行政法规,规定禁止倒卖进口许可证,并且规定触犯法律的,依法追究其刑事责任。[1] 由

---

〔1〕 参见《国务院办公厅关于严禁倒卖进口配额、进口登记证明和进口许可证的通知》第 6 条。

此,《刑法》第225条第1项、第3项与第2项保护的法益并不相同。

对于兜底条款的适用、罪量要素的确认要通过司法解释以及法官阐释的方式明确其适用范围与界限。肯定说是学界的通说,该主张对于兜底条款的解释应当遵循同类解释规则。同类解释规则作为解释理由的体系解释,是指对于兜底条款按照所列举的内容、性质进行解释。正如法谚所提及的“例示事项之末,所设之概括性文句,不包括与例示事项中明示事物性质相异之事项”[1]。据此可以看出同类解释规则的关键在于对“同类”的判断。究竟何者为同类?是侧重于形式例示所属类型,还是侧重于实质中条文所保护的法益?多数学者对于“同类”的判断是对两者的结合,并且主张先进行形式判断,后予以实质考量。张明楷教授提出相当性说,此处的相当性不仅限于法益保护的考量。部分学者则将形式与实质的判断标准并列。刘宪权教授就将“同类”的标准解释为该罪明示的行为类型或者与该罪的实质具有相同的特征。前者体现了对例示形式上所属类型的重视,以背信损害上市公司利益罪为例,其将《刑法》第169条之一第1款所列举的5类行为类型归纳为通过明显不正当、不公平的资产运作损害上市公司利益的行为,并将此作为“兜底条款”的同质性信息。后者则解决这样的问题,即个别犯罪条文明示的行为类型的共同特征与该罪事实上的实质特征及其规范抽象并不完全等同时,同类规则如何适用。以“抢帽子”行为是否构成操纵证券、期货市场罪为例。其主张虽然“抢帽子”行为不能被评价为符合例示所表现的行为类型(价量操纵),但是其属于市场操纵中的资本操纵类型,符合操纵证券、期货市场罪的实质。[2]

---

〔1〕 郑玉波:《法谚(一)》,法律出版社2007年版,第34页。

〔2〕 参见刘宪权:《操纵证券、期货市场罪“兜底条款”解释规则的建构与应用 抢帽子交易刑法属性辨正》,载《中外法学》2013年第6期。

具体到非法经营罪而言,肯定说主张非法经营罪列举的三项例示的共同性在于对行政特别许可制度的保护。因此根据同类解释规则,《刑法》第 225 条第 4 项的适用范围也应当受限于对行政特别许可制度的侵害。支持肯定说的学者,往往主张该司法解释的规定没有体现对行政特别许可制度的侵害,因而将新冠疫情期间哄抬物价的行为作为非法经营罪处理不符合同类解释规则,是对兜底条款的滥用。

也有学者对同类解释规则在兜底条款解释中的适用持否定态度。持否定说的学者主张只含有同类规则属于文本原则的范畴,总体上具有限制解释的倾向。对于非法经营罪来说,如果按照只含同类规则推导的所谓"同类标准",一方面,限制了兜底条款的适用,会放纵更严重的犯罪;另一方面,同类解释规则始终仅将《刑法》的列举事项作为关注重点,忽视了不同部门法之间以及刑法体系内的衔接,较大限制了体系性思考的运用。其中不同部门法之间的衔接,是指在体系解释中,参照其他部门法的规定对兜底条款的行为类型予以明确。关于刑法体系内的衔接,王安异教授则指出,在我国附属刑法不发达的条件下,为了对相关罪名予以补充,可将其作为兜底罪名。基于此主张按照文义解释—体系解释〔1〕—目的解释的位阶发掘兜底条款的真实含义。首先要对兜底条款进行文义解释,回归总括性语词的文义。当文义解释不能发现兜底条款的真实含义时,则应当进一步考察其体系特征,具体而言则需要参照其他部门法的刑事罚则以及体系内部的关联性进行解释。其他方法不足以明确兜底条款时,则要依据目的进行更为严格的限缩解释。〔2〕 姜涛教授则提出将

---

〔1〕 王安异教授主张同类规则源于美国司法中的"文本原则",因而此处的体系解释不包括同类解释规则。

〔2〕 参见王安异:《对刑法兜底条款的解释》,载《环球法律评论》2016 年第 5 期。

类推解释作为对经济刑法兜底条款进行解释的一种可能。姜涛教授主张兜底条款的设置具有开放性,兜底条款的设置目的在于在刑法规范可能的文义范围内进行法律内的“法的续造”。针对兜底条款开放性与规范性之间的冲突,他提出先例与兜底条款彼此制约,一方面,先例对于兜底条款具有明显的限制作用,对于兜底条款的解释必须与先例之间保持同质性。另一方面,兜底条款对先例同样具有限缩意义,将符合构成要件但不具有兜底条款内涵本质的行为排除在外。在这样的“解释循环”中,他主张只有运用类推解释方能保证两者的一致性。[1]

还有学者对于同类解释规则的适用持折中说的观点。其主张位于列举项之后的兜底条款是对应列举相同类型事物的“一揽子规定”。而具体到我国的刑事立法中,许多例示条文属于非典型例示条文,具体表现为同质性信息与规范目的不符、单一列举项的同质性信息不足以及类型多元化而无同质性信息等三种非典型例示条文。该学者主张对于典型的例示条文应当适用同类解释规则予以解释,而对于非典型的例示条文则应当适用目的解释弥补同类解释规则的不足。就非法经营罪而言,其主张第 1 项中“其他限制买卖的物品”以及第 2 项“其他法律、行政法规规定的经营许可证或者批准文件”同样是该项的兜底条款,其本身已经穷尽了所在类型中的所有情形。非法经营中列举的各项不具有同质信息,彼此分立,各自闭合。对于此种非典型的例示条文应当适用目的解释,以规范的目的实现对兜底条款内容的限缩。[2]

综合上述三种不同的观点,本书认为折中说更具合理性。其一,

---

〔1〕 参见姜涛:《经济刑法之“兜底条款”的解释规则》,载《学术界》2018 年第 6 期。

〔2〕 参见李军:《兜底条款中同质性解释规则的适用困境与目的解释之补足》,载《环球法律评论》2019 年第 4 期。

运用类型化思维解释，为此，要肯定同类规则的适用对于兜底条款的解释具有积极意义。例示的适用是类型化思维在立法中的体现，立法者根据经验总结与价值评判列举特定的行为方式以及行为方法作为例示，而以"其他方式或者手段"的形式避免法律漏洞、实现刑法规范的弹性化。其二，运用同类解释规制。运用同类解释旨在实现例示对于兜底条款的制约作用，从而避免兜底条款的"口袋化"。而以非法经营罪为例，《刑法》第225条第4项表述为"其他严重扰乱市场秩序的非法经营行为"。如果按照平义解释，则对于兜底条款的理解过于宽泛。基于体系解释的立场，则可以适用同类解释规则限制第4项的适用范围。姜涛教授主张兜底条款对先例同样具有限制作用，具体到非法经营罪中，对先例采取的是叙明罪状，而兜底条款所规定的范围较为宽泛不能对其适用起到真正的限制作用。其三，发挥类推解释的积极限制作用。上述主张属于类推解释，其实质上与同类解释规则的适用区分不大，实际上，同类解释规则就是建立在类推的基础之上的。王安异教授主张，同类解释规则的适用会限制《刑法》条文的体系性。原因在于，其将类推理解为文义解释中的一种，但事实是学者普遍将类推解释作为体系解释的一种。以非法经营罪为例，例示中的规定是空白罪状与叙明罪状的结合。因此在适用同类解释规则对兜底条款进行解释时，同样会考虑对相关法律、行政法规的援引。而其所称的《刑法》内的体系性，则是指分则第三章破坏社会主义市场经济秩序罪中以非法经营罪作为兜底条款。以网络游戏"私服""外挂代练"为例。其主张我国刑法中侵犯著作权的行为具有明显的立法漏洞，并且该行为具有实质的可罚性，因此对其评价需要适用兜底罪名。[1] 将非法经营罪作为分则第三章的兜底条款，过于侧重对兜底条款的实质性解释，破坏了《刑法》明确性的要求。而

---

〔1〕 参见王安异：《对刑法兜底条款的解释》，载《环球法律评论》2016年第5期。

其所提出的文义解释—体系解释—目的解释的解释位阶,则可以被包含在同类解释之中。同类解释自身并不排斥对于刑法条文的文义解释,在将例示进行类型化时一定会涉及对例示自身文义的解读。同类解释规则在适用时,就是将具体中例示的规定抽象为保护特定法益的类型,当某一行为造成法益侵害并且与该保护法益的特定类型相契合时,即属于兜底条款所涵盖的范围。

(四)生产、销售、提供假药罪的完善

《刑法修正案(八)》第23条将生产、销售假药罪从原先的具体危险犯修改为抽象危险犯。[1] 此次修改有利于更好地打击假药类犯罪。在《刑法》修订后,如何理解该罪保护的法益,生产、销售、提供假药罪究竟是抽象危险犯还是行为犯?如何发挥危害结果的限制入罪作用?

1. 将该罪定位于抽象危险犯

理论上,针对违法性的本质存在立场的争论,形成了结果无价值论与行为无价值论的分歧。结果无价值论的立场认为,刑法的目的与任务在于保护法益,而违法性的实质则指法益的侵害或者危险。[2] 行为无价值论则又可以区分为一元的行为无价值论与二元的行为无价值论。前者主张违法性的根据在于相关行为对社会伦理秩序的破坏,或者相关行为对行为秩序的违反。二元的行为无价值

---

[1] 《刑法修正案(八)》修正前,生产、销售假药罪表述为“生产、销售假药,足以严重危害人体健康的,处三年以下有期徒刑或者拘役,并处或者单处销售金额百分之五十以上二倍以下罚金;对人体健康造成严重危害的,处三年以上十年以下有期徒刑,并处销售金额百分之五十以上二倍以下罚金;致人死亡或者对人体健康造成特别严重危害的,处十年以上有期徒刑、无期徒刑或者死刑,并处销售金额百分之五十以上二倍以下罚金或者没收财产”。修正后更改为“生产、销售假药的,处三年以下有期徒刑或者拘役,并处罚金;对人体健康造成严重危害或者有其他严重情节的,处三年以上十年以下有期徒刑,并处罚金;致人死亡或者有其他特别严重情节的,处十年以上有期徒刑、无期徒刑或者死刑,并处罚金或者没收财产”。

[2] 参见张明楷:《刑法学》(第6版),法律出版社2021年版,第140页。

论则吸收结果无价值论的法益保护要素,主张将违法性的本质理解为违反义务的行为无价值与作为客观事态的结果无价值的统一。在行为无价值理论的发展中,二元论已经成为通说观点。因此,可以认为对于刑法的根本目的在于法益保护上,刑法学界已经形成了基本的共识。[1]

关于抽象危险犯的理解,在理论上同样存在争议。有学者主张,抽象危险犯是指因行为本身具有危险而被禁止的犯罪类型。[2] 其将抽象危险犯中的抽象危险理解为"行为的危险"。在大陆刑法理论中,"行为的危险"是指行为所导致的某种结果发生的可能性。而"结果的危险"则是指事物所正处的某种状态。两者在通常情况下同时发生,前者是后者存在的前提。[3] 就该罪而言,在司法认定中依然要考虑在结果上,是否产生了法益侵害的危险。而抽象危险犯的设置是对法益前置保护的需要,即为了避免重大法益遭受侵害而在侵害发生前使用刑法的手段对其进行干预。将该罪从具体危险犯修改为抽象危险犯的好处在于,在司法实践中,如果实害结果出现无法鉴定因果关系的情况,在具有严重情节或者其他更严重情节时依然能够作为该罪加以处理。

2. 该罪的保护法益与假药的界定

通说认为该罪保护的是复杂客体,即国家对药品正常的监督、管理秩序和不特定多数人的身体健康、生命安全。[4] 也有学者将两种客体进行区分,认为其中主要保护的客体是国家对药品正常的监督、

---

〔1〕 参见陈璇:《结果无价值论与二元论之争的共识、误区与发展方向》,载《中外法学》2016 年第 3 期。

〔2〕 参见王志祥:《危险犯研究》,中国人民公安大学出版社 2004 年版,第 48 页。

〔3〕 参见陈京春:《抽象危险犯的概念诠释与风险防控》,载《法律科学(西北政法大学学报)》2014 年第 3 期。

〔4〕 参见张军主编:《刑法[分则]及配套规定新释新解(上)》,人民法院出版社 2013 年版,第 261 页。

管理秩序，而将不特定多数人的身体健康、生命安全作为次要客体。[1] 此种观点遵循了通说对分则第三章破坏社会主义市场经济秩序罪的一贯认知，即强调规制经济犯罪的目的是维护我国市场经济秩序的良好运行，侧重于法的秩序价值。但是经济犯罪同样对某一社会群体、人群的人身、财产权益造成了侵害，而且秩序得以维护的前提是每个个体个人权益得到保障。具体到该罪的保护法益时，生产、制造假药的行为损害了不特定多数人的身体健康和生命安全，因此该罪的保护法益也应当对此予以侧重。

自从《刑法修正案（八）》将该罪由具体危险犯改为抽象危险犯后，司法适用中便产生了关于"假药"认定问题的争议，即能否将刑法中的假药范围与行政管理中的假药范围视为一致。

《药品管理法》修正了有关"假药"的规定。原《药品管理法》第48条规定了关于假药的两种情形，包括"假药"与"按假药论处"。[2] 2019年《药品管理法》修订后，有关假药的认定规定在第98条。此次修订缩小了行政法中对假药的认定范围，删除了"按假药论处"，而在原先"假药"规定的基础上，增加了部分原先"按假药论处"的规定。但是此次修订并没有彻底解决在刑事司法实践中"假药"认定的有关争议。

在刑事司法实践中认定假药时，应当结合形式与实质进行认定。《药品管理法》对于假药的规定，往往是基于行政监督、管理的目的对

〔1〕 参见孙国祥、魏昌东：《经济刑法研究》，法律出版社2005年版，第191页。

〔2〕 修订前《药品管理法》第48条："禁止生产（包括配制，下同）、销售假药。

"有下列情形之一的，为假药：（一）药品所含成份与国家药品标准规定的成份不符的；（二）以非药品冒充药品或者以他种药品冒充此种药品的。

"有下列情形之一的药品，按假药论处：（一）国务院药品监督管理部门规定禁止使用的；（二）依照本法必须批准而未经批准生产、进口，或者依照本法必须检验而未经检验即销售的；（三）变质的；（四）被污染的；（五）使用依照本法必须取得批准文号而未取得批准文号的原料药生产的；（六）所标明的适应症或者功能主治超出规定范围的。"

不符合某种标准的假药的规制。其规制的假药属于“法律拟制的假药”,例如药品所含成分与国家规定标准不符,并不一定意味着该药的使用会给人体造成损伤。因此,虽然从形式判断上其符合了《药品管理法》的规定,但具体的案件中则要予以进一步的实质认定。在实质认定中要考虑该罪所保护的法益,并在其中强调对不特定个人健康进行的保护。以陆勇案为例,按照当时的《药品管理法》,其所采购的印度仿制“格列卫”没有取得我国的药品批准文号,属于“假药”的范围,但就其成分与疗效进行认定时,该药品并未对不特定人的健康造成威胁或损害。或许正是基于这种考虑,《刑法修正案(十一)》在关于假药和劣药的立法中,删除了参引前置法的指引性规定,为司法机关实现形式解释与实质解释的有机结合提供了必要空间。

(五)生产、销售不符合安全标准的食品罪

《刑法修正案(八)》第24条对生产、销售不符合安全标准的食品罪进行了修正,主要体现在以下几个方面:第一,将犯罪对象从原先的不符合食品“卫生”标准的食品修改为不符合食品“安全”标准的食品。第二,将危害结果,从原先的其他严重食源性“疾患”修改为其他严重食源性“疾病”。在第二档量刑幅度中,增加了“其他严重情节”的兜底条款。第三,在量刑上,删除了第一档量刑幅度中的单处罚金并且将原先的以销售金额为比例的罚金制修改为抽象的罚金制。

1. 生产、销售行为的对标

生产是指以任何形式进行实际的制作、制造、加工食品的行为。销售则是指以任何形式进行实际的推销交换和出售食品的行为。根据《食品安全法》的规定,应当对“生产、销售”作广义理解,即这里的生产、销售包括食品生产经营过程的一系列环节。[1] “两高”公布的

---

〔1〕 参见杜菊、刘红:《食品安全刑事保护研究》,法律出版社2012年版,第101页。

《关于办理危害食品安全刑事案件适用法律若干问题的解释》更是对生产、销售行为进行了明确的界定。[1]

2."不符合食品安全标准的食品"的对标

现行食品安全领域包括以《食品安全法》《食品安全法实施细则》为主的中央法规758部,其中涵盖基本法律法规100多部、专项法律法规680多部、相关法律法规50多部。[2] 根据《食品安全法》的第150条第1款关于食品的界定,食品的范围包括各种供人食用或饮用的成品和原料以及按传统既是食品又是中药材的物品,但不包括以治疗为目的的物品。根据同条第2款的规定,"食品安全,是指食品无毒、无害,符合应当有的营养要求,对人体健康不造成任何急性、亚急性或者慢性危害"。根据该法第25条、第26条关于食品安全标准的性质和内容的规定,判断行为人生产、销售的食品是否属于符合食品安全标准的食品,应将其规定的"食品安全标准"作为唯一认定标准。

3.危害结果的认定

该罪属于具体危险犯,该罪的成立要求应当具有"足以造成严重食物中毒事故或者其他严重食源性疾病"的危险结果。根据《食品安全法》第150条第9款的规定,食源性疾病,是指"食品中致病因素进入人体引起的感染性、中毒性等疾病",其中包括食物中毒。而《刑法》中规定的"其他严重食源性疾病"显然是指食物中毒以外的严重的食源性疾病。

该罪的第二档法定刑要求"对人体健康造成严重危害或者有其他严重情节"的危害结果。2021年"两高"发布的《关于办理危害食

---

[1] 参见2021年12月"两高"《关于办理危害食品安全刑事案件适用法律若干问题的解释》第8条。

[2] 参见赵福江、罗承炳、孙明:《食品安全法律保护热点问题研究》,中国检察出版社2012年版,第16页。

品安全刑事案件适用法律若干问题的解释》第 2 条对其进行了明确解释。《刑法修正案(八)》在修正该罪时,不仅降低了入罪门槛,而且在第二档法定刑中增加了情节犯的规定。在对相应情节的考量中,兼顾了国家对食品正常的监督、管理秩序的维护的需要,以生产、销售金额为量刑标准以及特定的食品类型(如婴儿食品),考虑到了对不特定人安全的维护。

(六)背信损害上市公司利益罪

《刑法修正案(六)》中增加了背信损害上市公司利益罪。而至今该条规定仍然没有与之配套的司法解释出台,因此在理论与司法实务的认定上仍存在较大争议。

1. 该罪保护的法益

理论上,针对该罪所保护的法益主要形成了以下两种观点:第一种观点认为该罪所侵犯的是国家对上市公司正常的管理制度。[1] 第二种观点认为该罪侵犯的是上市公司的利益。[2]。综合的观点则是前两种观点的结合,主张该罪同时侵犯了二者。[3] 在综合以上观点的基础上,有学者认为背信损害上市公司利益罪的保护法益还包括高管人员对公司的忠实义务。[4] 理由在于该罪属于背信性质的犯罪,行为体现了高管人员对其公司的忠实义务的违背,此种利益应当受到法律的保护。

本书认为,第三种观点可取,因为如果仅仅着眼于公司管理制度,那么没有增设该罪的必要。一方面,该罪处于"妨害对公司、企业

---

〔1〕 参见陈立、黄永盛主编:《刑法分论》,厦门大学出版社 2007 年版,第 242 页。

〔2〕 参见李玉福、杨晓静等:《公司运作的刑法保障》,中国检察出版社 2006 年版,第 211 页。

〔3〕 参见王作富主编:《刑法分则实务研究》(第 3 版),中国方正出版社 2007 年版,第 438 页。

〔4〕 参见张镇:《试论背信损害上市公司利益罪》,载《河南公安高等专科学校学报》2008 年第 3 期。

的管理秩序罪”一节中,这表明了《刑法》对于该罪的保护侧重于国家对公司的管理秩序,因此该罪的保护法益就应当是国家对上市公司的管理秩序。另一方面,上市公司高管损害上市公司利益的行为,同样违反了《公司法》《证券法》的规定。而该行为构成犯罪的前提是,高管人员在实施背信损害上市公司利益的行为时,给公司利益造成了重大损失。而仅适用民事法律不足以实现对相关行为的惩戒。该罪所保护的法益之所以是综合的,是因为不仅行为人的行为妨害了上市公司的管理制度,而且由于上市公司的特殊性质,要求对公司投资人的利益予以必要保护。但现在公司的产权和管理权可能分开,公司管理制度很大程度上由管理人员操持,因此不排除公司管理制度异化的可能性,不排除公司经理人员为私利损害投资者利益的可能性,所以该罪还兼顾保护投资主体的利益,从而保证公司市场化的秩序需要。

2.“违背对公司的忠实义务”的认定

我国《公司法》第179—185条规定了上市公司高管的义务以及禁止从事的行为,这是关于这些人员的忠实义务的规定。但是,其中也存在一些不足,对此可以借鉴公司法较为发达的国家和地区的理论与做法。在英美法系中,“董事忠实义务的本质就在于避免董事等与公司发生利益冲突”[1]。也有学者提出董事与公司之间存在利益冲突在所难免,而且此种冲突并不一定会对两者造成损害,反而可能惠及两者。因此,有学者提出只有禁止不公平的利益冲突行为才是董事忠实义务的宗旨。而对于“不公平”的判断则需要立法者从程序要求与实质内容两方面同时规定,不能顾此失彼。

我国《刑法》的规定存在程序规范过于抽象、近乎缺失的问题,无

---

〔1〕 参见李军:《背信损害上市公司利益罪中“违背对公司忠实义务”的认定》,载《政治与法律》2016年第7期。

法合理判断公司与高管利益是否存在冲突。而且在实践中,形式化审查是我国审判实践中最为显著的特点,故而"被告是否忠实、行为是否合理",法院通常不会对此进行实质化的判断。[1]

为了具体体现行为人损害上市公司的意图,需要规制的行为程序应是禁止不经过非利害关系的股东或者非利害关系的董事的同意而进行特定交易。从实质内容来看,则应根据交易内容考察上市公司利益是否受到人为的损害。刑法对此作了较为具体的规定。人为因素可以从程序规定中得到反应,损失则可以根据公司目的是否实现进行衡量。程序和实质的结合,一方面更有利于保护公司高管的利益,避免法院作出不当的裁决,即只要法院认为交易行为不违反公平原则的实质要求,即使该行为违反了程序性的规定,该交易行为就也是有效的。另一方面,也可以实现司法对公司利益的最大保护,即该交易行为即便符合相关程序的要求,法院也可以根据实质审查发现其并不符合公平原则,进而宣告该交易行为的无效性。[2] 而根据我国《公司法》所规定的董事等违背忠实义务的具体行为类型中,出现的"未向董事会或者股东会报告""按照公司章程的规定""经董事会或者股东会决议通过"等程序限定的用语,可以体现出其主要通过程序限定来实现对利益冲突的交易行为"公平性"的判定,其应成为完善立法的前置法依据。

3. "操作上市公司从事行为"的类型化

我国《刑法》针对该罪规定了六种行为方式,并对控股股东或实际控制人的指使行为作出了特别规定,具体来讲包括以下几种。

---

〔1〕 参见王军:《公司经营者忠实和勤勉义务诉讼研究——以 14 省、直辖市的 137 件判决书为样本》,载《北方法学》2011 年第 4 期。

〔2〕 参见李军:《背信损害上市公司利益罪中"违背对公司忠实义务"的认定》,载《政治与法律》2016 年第 7 期。

(1)无偿提供型背信行为

无偿提供型背信行为是指“无偿向其他单位或者个人提供资金、商品、服务或者其他资产”。此处的“无偿”是指,在某项“交易行为”中,一方在不支付相应对价的情况下,享有获利的权利。实践中,所谓的“无偿”往往会以应收账款的形式作为掩盖。“其他单位或者个人”是指除上市公司外的任何单位或个人。“资金”指货币,“商品”相对是一种有形产品,“服务”则相当于无形产品,“其他资产”则包括知识产权类资产,或者相关商业机会的获取等。

(2)不公平对价型背信行为

不公平对价型背信行为是指“以明显不公平的条件,提供或者接受资金、商品、服务或者其他资产”。在司法实践中,该种行为多表现为上市公司的董事、高管或实际控制人,施加影响力,违背公平原则滥用表决权,与外部公司或自然人串通,将公司的利益转移到相关主体自己或者受自己实际控制的公司、个人手中的过程,即所谓的不公平关联交易。对于“明显不公平的条件”的认定,可以从主客观两个方面来加以考量:从客观上来判断,“明显不公平”表现为严重违背市场规律且对上市公司产生不利的结果。从主观上来判断,则需要以类型人为判断标准,具体则应当以公司董事、监事等高管所应具有的职业素养为依据。

(3)不合理提供型背信行为

不合理提供型背信行为是指“向明显不具有清偿能力的单位或者个人提供资金、商品、服务或者其他资产”,即行为人明知对方将来没有能力支付相应对价而依旧与其进行业务往来提供资金、商品、服务或者其他资产。

(4)不合理担保型背信行为

不合理担保型背信行为是指“为明显不具有清偿能力的单位或者个人提供担保,或者无正当理由为其他单位或者个人提供担保”。

对于“无正当理由”的判断，可以以相关规范性文件为参考依据。

(5)无理由自损型背信行为

无理由自损型背信行为是指“无正当理由放弃债权、承担债务”。关键在“无正当理由”的判断较为困难，此处并没有相关的规范性文件作为参考，而只能以类型人为标准，考虑这一类型人的职业素养，并以此为判断依据。在司法实践中，具体可以表现为债权到期后的诉讼时效期间内，相关行为人故意对其相关权利不主张，导致诉权丧失。

(6)其他方式的背信行为

其他方式的背信行为是指“采用其他方式损害上市公司利益”的行为。在对该兜底条款进行解释时，应当遵循同类解释规则，并且可以参考《公司法》关于违背忠实义务的不法行为类型的规定。而在司法实践中，为了避免该罪成为“口袋罪”，则应当由最高法尽快颁布相关司法解释对其适用范围予以明确的限定。

第四节　个人信息安全刑法保护的立法完善

一、个人信息安全保护刑法立法完善的历史逻辑

(一)1979年《刑法》立法及其完善

鉴于当时的社会发展水平，我国1979年《刑法》不可能有专门针对公民个人信息保护的丰富的立法规定，刑法规制的主要是侵犯公民通信自由的行为，私自开拆或者隐匿、毁弃邮件、电报的行为。1979年《刑法》之所以如此立法，一方面客观上受立法理念和立法技术的限制，另一方面也受制于当时的社会发展现状。总体而言，当时并无个人信息安全观念，刑法主要是从通信自由的角度对邮件、电报等对象加以必要保护。

（二）1997 年《刑法》及立法发展

到了 20 世纪 90 年代，计算机与互联网技术取得了显著进步，并且开始在我国普及起来。较 1979 年《刑法》，1997 年《刑法》对公民个人信息保护的立法已经有了较大的进步，除针对传统侵犯公民个人信息行为进行规制外，如《刑法》第 252 条、第 253 条专门针对侵犯公民通信自由进行了立法，为了及时应对新型侵犯公民个人信息的行为，1997 年《刑法》还专门针对非法使用窃听、窃照专用器材，非法侵入计算机系统的行为进行了立法。

因此，较 1979 年《刑法》，1997 年《刑法》立法更加精准，不仅关注到了计算机相关领域的犯罪，也针对侵犯公民信息的手段进行了扩充和规制，立法理念更为先进，立法技术行业更为成熟。但客观而论仍有不足，当时并没有将以计算机为工具的犯罪包含至计算机犯罪中，通过与第 285 条、第 286 条的结合，在网络犯罪的罪名体系中呈现出“两点一面”的局面。[1]

此后，随着互联网在国内的普及以及在经济生活中的广泛运用，一些以互联网为手段的犯罪开始大量出现。为此，立法机关 2009 年 2 月通过《刑法修正案（七）》对刑法作了完善。主要内容是：第一，《刑法修正案（七）》对公民个人信息首次确立全面保护的立法模式。第二，以叙明罪状详尽规定犯罪成立的全部要素。《刑法修正案（七）》第 7 条在《刑法》第 253 条增加了第 253 条之一，通过三款内容对侵犯公民个人信息的犯罪进行了较为翔实的规定，并在第 1 款对该罪的行为主体等内容进行了详尽描述，有效提高了该罪在司法认定中的可操作性。第三，立法机关以“情节严重”的概括性表述应对

---

[1] 参见于冲：《网络犯罪罪名体系的立法完善与发展思路——从 97 年刑法到〈刑法修正案（九）草案〉》，载《中国政法大学学报》2015 年第 4 期。

现实问题,具有一定的灵活性。[1] 第四,进一步将刑法的打击范围予以扩展和延伸,加强了刑法对于网络犯罪上游帮助行为的打击。[2] 第五,首次规定了侵犯个人信息的专属犯罪,体现了刑法对个人信息保护需求的积极应对,正式承认了个人信息自主作为刑法独立保护法益的地位。[3]

但是,当时刑法立法完善的基础并不充分,缺乏完备的行政法律制裁前提,互联网却已经发展到了必须全面规范的程度。2012 年 3 月 15 日实施的《规范互联网信息服务市场秩序若干规定》明确了网络服务提供者的监管义务,为后续立法修改创设了制度基础。2012 年 12 月 28 日全国人大常委会《关于加强网络信息保护的决定》将公民个人电子信息纳入保护范围,规定任何组织和个人不能窃取、以非法方式获取、出售或者非法提供该类信息。2013 年 2 月 1 日实施的《信息安全技术公共及商用服务信息系统个人信息保护指南》,是我国第一个个人信息保护国家标准。该指南最明显的是规定个人敏感信息在收集和利用之前,必须先获得信息主体明确的授权。上述规定为司法机关作出司法解释提供了依据。2013 年 4 月 23 日最高法、最高检、公安部联合发布《关于依法惩处侵害公民个人信息犯罪活动的通知》,不仅对公民个人信息的概念进行了进一步的明确,还细化了出售、非法提供公民个人信息罪,非法获取公民个人信息罪的构罪情形,落实了该类犯罪的刑罚适用。

司法解释在某种意义上为之后的进一步立法提供了实践论证。2015 年 11 月 1 日开始施行的《刑法修正案(九)》中,多个条文都与

---

〔1〕 参见赵秉志:《公民个人信息刑法保护问题研究》,载《华东政法大学学报》2014 年第 1 期。

〔2〕 参见于冲:《网络犯罪罪名体系的立法完善与发展思路——从 97 年刑法到〈刑法修正案(九)草案〉》,载《中国政法大学学报》2015 年第 4 期。

〔3〕 参见李川:《个人信息犯罪的规制困境与对策完善——从大数据环境下滥用信息问题切入》,载《中国刑事法杂志》2019 年第 5 期。

公民个人信息有关,如第 17 条、第 26 条、第 27 条、第 28 条、第 29 条。相较之前的立法,本次修正的进步之处表现在如下方面:第一,信息数据安全防护凸显。以“公民个人信息”为核心概念,对犯罪主体与犯罪对象进行适度扩张,充分回应个人信息安全保护的现实需求。第二,确立网络服务者的刑事责任,在罪名增设中展现空间思维。第三,强化制裁以网络为工具实施的犯罪,网络犯罪预备行为进行实行化。第四,通过帮助行为正犯化等方式强化网络犯罪的打击力度。[1] 第五,《刑法修正案(九)》关于侵犯公民个人信息犯罪采取统一模式,即规定一个统一的、不区分主体的侵犯公民个人信息犯罪,并针对特殊主体规定了从重处罚的情形。这一立法模式,既能实现对不同的侵犯公民个人信息犯罪的统一定罪,又能实现不同主体侵犯公民个人信息犯罪的分别处罚,具有基本的合理性。[2] 第六,借助扩大主体范围、丰富行为样态的方式进一步保障个人信息保护需求,对非法提供(包括出售)、非法获取(包括窃取)个人信息的行为进行全面规制防范,形成侵犯公民个人信息罪这一专属犯罪。[3] 第七,行为方式的明确。对“提供”这种侵犯公民个人信息的方式删去了“非法”的前缀表述,代之以“提供公民个人信息”,包括向特定人提供信息、通过网络提供信息。而“以其他方法非法获取公民个人信息”包括在履职、提供服务过程中获取信息。[4]

---

〔1〕 参见于冲:《网络犯罪罪名体系的立法完善与发展思路——从 97 年刑法到〈刑法修正案(九)草案〉》,载《中国政法大学学报》2015 年第 4 期。

〔2〕 参见赵秉志、袁彬:《我国网络犯罪立法的合理性及其展开》,载《南都学坛》2019 年第 3 期。

〔3〕 参见李川:《个人信息犯罪的规制困境与对策完善——从大数据环境下滥用信息问题切入》,载《中国刑事法杂志》2019 年第 5 期。

〔4〕 参见徐翕明:《“网络隐私权”刑法规制的应然选择——从“侵犯公民个人信息罪”切入》,载《东方法学》2018 年第 5 期。

二、个人信息安全保护刑法立法完善的实践逻辑

（一）大数据时代完善信息安全刑法保护的必要性

1. 大数据改变了制度设计的基础

大数据（big data），即不能在一定的时间范围内通过常规软件工具予以捕捉、管理和处理的数据集合，借助新处理模式获得更优的决策力、洞察发现力和流程优化能力以及多样化的信息资产。大数据概念肇始于20世纪80年代，首次使用大数据概念的是高德纳公司，但真正让大数据走入公众视野并为人们所熟知的是英国教授维克托·迈尔的《大数据时代》。大数据时代与以往不同，其通过信息的流动、共享，建立起一个看不见但是却真实存在的映射社会。在新的大数据环境中，传统的中央控制模式被弱化，以用户需求为中心汇聚成的巨大信息流成为大数据环境最重要的社会内容。当前，大数据时代已经来临。

但究竟如何界定大数据，学界的认识并不统一。概括而言，主要存在以下几种观点。

观点一认为，大数据是指伴随可作为处理对象的数据外延不断扩大，依靠互联网、云计算等新数据收集、传输和处理的一种新型数据挖掘和应用模式。[1]

观点二认为，大数据借助新数据处理技术，在对海量的、内容丰富且结构复杂的数据进行集中的基础上，较快解析出某种规律性的判断或预见。[2]

观点三认为，对当下时代而言，应当从动静两个侧面而非单纯的

---

〔1〕 参见王忠：《大数据时代个人数据隐私规制》，社会科学文献出版社2014年版，第6页。

〔2〕 参见官建文、刘振兴、刘扬：《国内外主要互联网公司大数据布局与应用比较研究》，载《中国传媒科技》2012年第17期。

静态侧面解读大数据。从动态看,大数据是数据的处理过程,即在海量数据中,通过运用技术手段,快速解析其中的规律性,进而指导判断和预见。从静态看,大数据则是对海量信息进行数据化的数据本身,海量数据的规律性或者非规律性变化,以及人们对数据信息判断或预见本身也是大数据的体现。[1]

大数据内涵应当采取静动结合的界定模式,"静"指的是数据的存在和表现形式,数据是客观存在的,网络乃至现实中的所有痕迹都会被记录封存;"动"指的是对于数据的采集、分析、结合、运用,是通过网络中不断增删流动的数据流综合处理数据运用。在对大数据进行动静分析的过程中,实质上主要体现了大数据三个方面的内容,即数据技术、数据分析和数据方法。简言之,大数据本身不仅是使计算能力和算法精度最大化的技术,而且是通过数据筛选、对比继而进行分析的工具,更是能够产生更加真实、客观和精准的结果的一种方法理念。

大数据的种类多种多样,包括轨迹数据、cookie 数据等,包括但不限于关键词检索记录、网页浏览记录、URL 记录、session、cookies 以及 IP 地址等具有网络社会属性的一系列信息数据资料。大数据技术完全可以脱离人脑进行数据处理,进而从根本上提高人类的信息处理能力。鉴于此,大数据时代背景下,人类自身行为模式以及相关联的制度设计将可能发生巨大变化。[2]

2. 大数据改变了法律生活的方式

(1)数据信息化、信息数据化

大数据时代的到来蕴含着刑法变革时代的到来。人类世界和自

---

〔1〕 参见黄晓亮:《从虚拟回归真实:大数据时代刑法的挑战与应对》,载《中国政法大学学报》2015 年第 4 期。

〔2〕 参见吴伟光:《大数据技术下个人数据信息私权保护论批判》,载《政治与法律》2016 年第 7 期。

然世界一起进入了数字时代。有些人甚至将社会场看作主体在符号与数字中得以重新建构的超级全景监狱。〔1〕个人的相关信息和行动轨迹都以数据的形式被记录封存,人格通过网络数据运算并反映出来。人们通过数据和他人、社会沟通,数据取代物理世界的行为成为人格的标识和标签。大数据的本质即人类对自身和世界信息的数据化。这导致了个人信息一反常态,与公民重大人身、财产法益产生了密切联系。数据化全方位地影响着世界、社会和个人的日常生活。数据是信息的生成方式,信息是数据的生存根据,二者密不可分,信息即数据,数据即信息。

(2)信息数据财产化

20 世纪后半叶,计算机科学进入上升期,信息作为一种资源进入了人们的视野,它被视为与人力资源、物质资源、财务资源和自然资源同等重要的资源,在高校、经济管理组织中,信息资源是非常必要的,数据开始成为一种资产。在我国,数据资产这一概念就是由信息资源和数据资源的概念逐渐演变而来的。2017 年,数据资产被明确界定为由企业拥有或控制,以特定方式记录,具有经济效益的数据资源。〔2〕这一概念强调了数据具备的可带来经济利益的资产特征。2020 年 3 月 30 日公布的中共中央、国务院《关于构建更加完善的要素市场化配置体制机制的意见》对数据要素市场的培育、数据管理制度的统一规范、数据隐私制度与安全审查制度和数据分级分类安全保护制度的丰富完善等内容予以进一步明确,强化了对信息数据财产化的保护。

---

〔1〕 参见[美]马克·波斯特:《第二媒介时代》,范静哗译,南京大学出版社 2000 年版,第 120-127 页。

〔2〕 参见闫树:《大数据:发展现状与未来趋势》,载《中国经济报告》2020 年第 1 期。

(3)信息数据权力化

在大数据时代,网络空间发展成为新的社会公共空间,原先被信息隔绝的不同群体和阶层可以高效、广泛地开展交流,网络逐渐发展为一种新权力方式——网络权力,它可以将网络空间与网络文化、政治串联起来,其中个人权力、技术权力和想象力共同发挥作用。[1] 网络权力取决于对数据的控制和运用,其本质上是数据权力化的结果。对国家而言,其积极作用在于,助力国家在精确的数据量化基础上准确把握民生状况,以实行更好的决策。[2] 但其对国家治理的负面作用也是存在的,即社会成员的优劣势地位明显,社会组织成员之间的竞争平衡状态被破坏了。一部分社会组织成员处于不利的竞争地位,从而丧失更多的自由。[3] 从犯罪控制的角度看,一方面,它诱发各类网络犯罪的蔓延,并且呈现产业化、智能化、跨国化的特点。网络犯罪较之传统意义上的犯罪更体现出隐蔽性,进一步加剧了公安侦查人员调查取证的难度。[4] 但在另一方面,司法机关可以通过使用通话监听、截取邮件、调取监控、行迹跟踪、卫星定位等措施来侦破案件,有效保持社会秩序。

(4)信息数据人格化

人格权包括生命权、身体权、健康权、姓名权、名称权、肖像权、名誉权、荣誉权、隐私权等权利。在大数据时代,数据与人格权广泛联系起来,呈现出人格化特点:第一,数据具有秘密性,与隐私权密切联

---

[1] 参见叶娟丽、徐琴:《移动互联网·大数据·智能化:人工智能时代权力的规训路径》,载《兰州大学学报(社会科学版)》2020年第1期。

[2] 参见张新宝:《从隐私到个人信息:利益再衡量的理论与制度安排》,载《中国法学》2015年第3期。

[3] 参见吴伟光:《大数据技术下个人数据信息私权保护论批判》,载《政治与法律》2016年第7期。

[4] 参见陈兴良:《网络犯罪立法问题思考》,载《公安学刊(浙江警察学院学报)》2016年第6期。

系,网络犯罪的前置条件往往是以不法方法获取他人的隐私信息,侵犯他人隐私权;第二,数据信息与姓名权、名称权、肖像权、名誉权和荣誉权产生更为密切的联系,网络空间中的言行很容易侵害他人的姓名权、名称权、肖像权、名誉权和荣誉权;第三,随着科学技术的发展,对远程医疗的不当操纵行为也会构成对生命权、身体权和健康权的侵犯。例如,用户在网络上使用、浏览的所有信息通过大数据技术就可以很简单地分析出可以体现其性格的关键信息。比如购物消费足迹、送货地址信息、通信号码,微博、微信、位置、留言评论、电子邮件、定位系统所保存的信息、日常轨迹等。通过这些数据的整理,就可以分析出一个人的数字人格和身份。[1]

3. 大数据时代个人信息面临诸多风险

(1)信息被不当收集

大数据背景下,信息隐私成为值得重视的新问题。隐私利益密度很小的个人数据经由大数据技术汇集后,可由数据优势方获得其中信息相关方的隐私利益,即形成数字人。[2] 在我国安徽聚思文化传播有限公司、王某某侵犯公民个人信息一案中,为了发展业务,被告公司要求业务员广泛收集有关潜在客户信息(主要是安徽省内各公司管理层的身份信息),在操作过程中指示业务员输入客户信息并通过互联网与其他人交换以获得更多的客户信息,但是这种行为可能造成了大量的信息外露。[3]

(2)信息被不当泄露

人们在网络上行动所留下的足迹将被分类到庞大的数据库,然

---

〔1〕 参见张里安、韩旭至:《大数据时代下个人信息权的私法属性》,载《法学论坛》2016 年第 3 期。

〔2〕 参见吴伟光:《大数据技术下个人数据信息私权保护论批判》,载《政治与法律》2016 年第 7 期。

〔3〕 合肥市蜀山区人民法院刑事判决书,(2018)皖 0104 刑初 268 号。

后通过信息集成平台进行处理以充分利用隐藏在数据身后的价值与资源。在这样的过程中,个人、公司乃至国家秘密都可能被暴露,从而面临被滥用或伪造的风险。[1] 大数据的应用加剧了个人信息的泄露。当前公民的数字人格不断受到侵扰,已影响了现实生活,保护个人信息也是对人性尊严和生活和平的保证。[2] 个人信息滥用的重要威胁是来自内部的。对内部权限的滥用应当予以充分重视:一方面,相较于外部黑客,内部雇员更易掌握内部数据的获取方式,犯罪成本较低;另一方面,在履行职能或提供服务的过程中,侵犯有信任关系的用户的个人信息,不仅会造成普通数据犯罪的侵害,还会有背信的可能,故应予以关键打击。另外,内部实施不仅便于避开公司安全系统,还能借助虚拟身份实施,具有技术上的便利性,进一步提升了调查取证的难度,故应在数据下游犯罪中重视内部实施问题。[3]

(3)信息被非法利用

在犯罪产业化下,侵犯个人信息的犯罪行为的中心已悄然从获取行为转为利用行为。其一,非法利用行为是最终目的,非法获取与非法提供行为只是手段,强化对非法利用行为的惩治才能真正实现对侵犯个人信息的产业链的精准打击;其二,非法利用行为造成的法益侵害后果更为直接、严重;其三,非法利用个人信息的行为已经愈演愈烈,对其放任将难以实现对信息权利的有效保护。[4] 心理学家

---

〔1〕 参见黄晓亮:《从虚拟回归真实:大数据时代刑法的挑战与应对》,载《中国政法大学学报》2015 年第 4 期。

〔2〕 参见张里安、韩旭至:《大数据时代下个人信息权的私法属性》,载《法学论坛》2016 年第 3 期。

〔3〕 参见李源粒:《网络数据安全与公民个人信息保护的刑法完善》,载《中国政法大学学报》2015 年第 4 期。

〔4〕 参见皮勇、王肃之:《大数据环境下侵犯个人信息犯罪的法益和危害行为问题》,载《海南大学学报(人文社会科学版)》2017 年第 5 期。

认为,仅仅获取网络上的数据,就可以了解数据拥有者的性取向。目前手机的移动端大多会有健康软件等贴身设备记录存储个人的健康数据,而搜集到的数据会帮助公司了解用户的个人信息和生活习惯。这数据或许比传统医学数据更加全面并且富有商业价值。比如,思科作为传统的网络通信产品供应商占有全球60%以上的数据份额,保有着政府各部门与电信运营商等重要部门的网络,对拓扑结构也烂熟于胸。非法利用这些信息,会对隐私和国家安全造成极大的破坏。[1]

(4)信息被非法控制

进入21世纪,人的肉体和精神本身也将被数字化,形成某种无孔不入的大数据权力。数字技术正从单纯的监控向主动的操控过度,在信息被控制之后,人也容易被控制。如网民成为互联网公司进行“资本积累”的“数字劳工”[2],寄生于网络信息平台的劳动者不得不接受有关平台的不平等劳动合约。他们被后者以不易察觉的方式进行行为监视并在数据分析之后被诱导改变自己的态度和行为,在这一过程中,普通网民往往丧失了知觉和抵抗力。

新时代背景下,信息犯罪不断出现异化。一方面,个人信息频频被某些机构非法获取、处理甚至输送,关键在于其内部包含公共管理与商业价值。也就是说,信息犯罪呈现公共化特征,不仅侵犯个人法益,还会对社会法益与国家法益造成威胁。[3] 另一方面,行为表现方式日益多样化,信息犯罪,尤其是非法利用个人信息的行为方式不

---

[1] 参见黄晓亮:《从虚拟回归真实:大数据时代刑法的挑战与应对》,载《中国政法大学学报》2015年第4期。

[2] 参见吴鼎铭、石义彬:《“大数据”的传播政治经济学解读——以“数字劳工”理论为研究视角》,载《广告大观(理论版)》2014年第6期。

[3] 参见赵秉志:《公民个人信息刑法保护问题研究》,载《华东政法大学学报》2014年第1期。

断扩张。[1] 因此,个人信息在现在不仅含有更大的价值,同时面临从未有过的威胁,故而需要体系化的风险防控思维,以规避大数据时代的风险。[2]

(二)个人信息安全刑法保护现存问题

1. 立法模式单一

目前的刑事立法对公民个人信息采取统一保护模式,此种模式虽有助于实现规范上的形式统一,但并不利于解决司法实务中的意见分歧,未充分重视信息的利用利益与利益衡量方法。另外,从“可以单独识别”扩大到“可以单独或与其他信息结合识别”,“可识别性”的定义变广,除了可以独立识别的“直接型可识别信息”,还涵盖可以与其他信息结合识别的“间接型可识别信息”。分类保护模式会使刑事立法、司法与执法围绕利益衡量结果展开,实现对信息保护与信息利用的兼顾,以保障人格尊严为前提,最大化提升信息效益目标。[3]

我国早有学者强调制定个人信息保护法的必要性,以适应国际范围内的个人信息专门立法保护潮流,甚至制定了学者建议版本的个人信息保护法。[4] 我国于2021年8月20日在十三届全国人大常委会第三十次会议上通过了《个人信息保护法》,该法第71条规定了“构成犯罪的,依法追究刑事责任”的内容,但是,刑法与该法如何衔接还值得研究。

---

〔1〕 参见皮勇、王肃之:《大数据环境下侵犯个人信息犯罪的法益和危害行为问题》,载《海南大学学报(人文社会科学版)》2017年第5期。

〔2〕 参见黄晓亮:《从虚拟回归真实:大数据时代刑法的挑战与应对》,载《中国政法大学学报》2015年第4期。

〔3〕 参见董悦:《公民个人信息分类保护的刑法模式构建》,载《大连理工大学学报(社会科学版)》2020年第2期。

〔4〕 参见周汉华:《中华人民共和国个人信息保护法(专家建议稿)及立法研究报告》,法律出版社2006年版,第1-109页。

2. 保护对象不周延

刑法与行政法的保护对象不衔接。《网络安全法》第22条、第27条、第41条、第43条、第44条、第45条、第47条、第48条等多个条文都涉及个人信息。《网络安全法》虽然不是针对个人信息保护的专门立法,但其对行政法律在一定程度上的补位,构筑了个人信息保护的新起点。在此背景下,以《网络安全法》为根本,行政法律在公民个人信息保护中的地位将逐渐凸显,刑法也将一步步回归其辅助地位。[1]

《网络安全法》对个人信息进行了重新定义。第76条第5项规定:"个人信息,是指以电子或者其他方式记录的能够单独或者与其他信息结合识别自然人个人身份的各种信息,包括但不限于自然人的姓名、出生日期、身份证件号码、个人生物识别信息、住址、电话号码等。"可以看出,《网络安全法》的定义将单独或者与其他信息结合识别个人身份的信息都认定为个人信息。我国的信息经济发展虽然起步较晚,但发展势头迅猛。由于未能培育好行业主体的个人隐私保护观念与规则,信息收集的合法与非法界限仍待明晰。[2] 这说明刑法还有完善的空间和可能。2021年的《个人信息保护法》第4条第1款规定:"个人信息是以电子或者其他方式记录的与已识别或者可识别的自然人有关的各种信息,不包括匿名化处理后的信息。"根据相关司法解释的规定,个人信息是指以电子或者其他方式记录的能够单独或者与其他信息结合识别特定自然人身份或者反映特定自然人活动情况的各种信息。《个人信息保护法》概括式地对个人信息进行了规定,刑法中个人信息则采取了列举方式。刑法为了追究适

---

〔1〕 参见陈璐:《论〈网络安全法〉对个人信息刑法保护的新启示——以两高最新司法解释为视角》,载《法治研究》2017年第4期。

〔2〕 参见陈璐:《论〈网络安全法〉对个人信息刑法保护的新启示——以两高最新司法解释为视角》,载《法治研究》2017年第4期。

用的明确性和可操作性,采用列举的方式无可厚非。问题在于,就当前的实践而言,个人生物信息、个人指纹等内容是否应扩张性地纳入刑法的保护范围之中,不仅有理论研究的余地,也有实务探讨的必要。

3. 规制行为链条存在断裂

2021 年实施的《个人信息保护法》第 10 条规定:"任何组织、个人不得非法收集、使用、加工、传输他人个人信息,不得非法买卖、提供或者公开他人个人信息;不得从事危害国家安全、公共利益的个人信息处理活动。"依据该法第 4 条第 2 款的规定,"个人信息的处理包括个人信息的收集、存储、使用、加工、传输、提供、公开、删除等"。目前的刑法表述不能与之对应,造成不得不进行司法解释的局面。而司法解释的行为类型并没有完全包含这些行为,如泄露他人信息固然可能构成犯罪,那么在信息人格化的时代,不当删除他人信息的行为是否值得刑法规制呢?这个问题显然还值得研究。

4. 行为指向的空间不合时宜

有学者认为,应该取消《刑法》第 285 条第 2 款规定的"违反国家规定,侵入前款规定以外的计算机信息系统或者采用其他技术手段"和"获取该计算机信息系统中存储、处理或者传输的数据"这两个条件,从固有的计算机内部存储的数据扩展到云端的数据,弥补对云端数据犯罪打击的漏洞。

基于上述原因,有学者提议修改侵犯公民个人信息罪,将个人信息直接修改为"个人数据"。并按照保护程度的不同建立和完善筛选机制,构建分类保护模式。[1] 也有学者认为,我国刑法规制的范围较小。我国现有的网络犯罪体系不仅在罪名上数量少,而且刑法所

---

〔1〕 参见董悦:《公民个人信息分类保护的刑法模式构建》,载《大连理工学报(社会科学版)》2020 年第 2 期。

保护的范围也较狭窄，刑法面对层出不穷的、具备严重社会危害性的网络不法行为，还没有办法及时地给出惩处。[1] 总之，这些看法或多或少反映出立法中尚存在的一些遗憾与不足。

三、个人信息安全刑法保护的立法完善建议

（一）个人信息的法益属性具有集束性

信息从所有关系上可以分为个人信息和非个人信息。一旦有关信息涉及国家安全或者经济安全，它就不再是个人信息，而可能成为国家秘密、情报或者商业秘密，并受到有关法律规定的保护。这并不意味着自然人的个人信息不重要，恰恰相反，在现代社会，应重视对个人信息予以刑法保护。

刑法规范中的个人信息，指通过电子或者其他方式记录的能够单独或者与其他信息结合识别特定自然人身份或者反映特定自然人活动情况的各种信息。学界一般认为，个人信息指可以识别公民的个人情况，在被非法利用之时可能损害或威胁公民个人生活与安宁的信息。[2]

公民个人信息一般具有以下三个特点：一是具有经济价值性。公民个人信息的整理出售已成为某种新的经济收入来源，其具体价值由公民个人信息的人格属性与财产属性决定。二是具有内容指称性，即信息内容与特定主体相指称，借助公民个人信息对不同信息主体进行区分。三是具有主体性。这些信息由中国国籍公民所有，具有主体性，即属于信息拥有者。[3]

---

〔1〕 参见王文华、姚图、孟庆松等：《网络犯罪案件适用法律问题研究》，载《人民检察》2019年第4期。

〔2〕 雷建斌：《中华人民共和国刑法修正案（九）解释与适用》，人民法院出版社2015年版，第126页。

〔3〕 参见徐腾：《公民个人信息的刑法保护问题探究》，载《净月学刊》2017年第5期。

刑法的目的在于保护法益。数据或者信息具有何种法益属性，是决定其保护机制的关键所在。作为刑法上可以保护的个人信息，其究竟具备何种法益属性？理论上有如下争议。

(1)人格权说。这是学界的主流观点，认为侵犯公民个人信息罪的客体简单理解就是公民的人身权利。

(2)信息权说。认为关键是因为不法行为侵犯的是公民的信息权益，造成了对法益的侵害，才将此种行为规定为犯罪。[1] 也有学者认为，除可识别身份的个人信息外，不能识别身份但涉及隐私的信息也属于信息权的对象。[2] 有学者认为信息财产属于新类型的民事法律关系客体，由物权、信息财产权与知识产权三个部分构成。[3] 此类学说依据所有权原理，将个人信息法益理解为公民对其信息享有的占有、使用和处分的权利。

(3)隐私权说。认为立法者是出于对个人隐私权的保护，而将该类犯罪放于《刑法》第253条之一进行规制。[4] 以此逻辑往下推演，隐私权作为信息权的下位概念之一，仅有涉及公民隐私的个人信息需要由刑法保护。[5]

(4)公共管理秩序说。认为以财产权、隐私权等权利作为个人信息犯罪的保护法益无法实现对个人信息的充分保护，应当将其等同

---

〔1〕 参见付强：《非法获取公民个人信息罪的认定》，载《国家检察官学院学报》2014年第2期。

〔2〕 参见晋涛：《刑法中个人信息“识别性”的取舍》，载《中国刑事法杂志》2019年第5期。

〔3〕 参见齐爱民：《论信息财产的法律保护与大陆法系财产权体系之建立——兼论物权法、知识产权法与信息财产法之关系》，载《学术论坛》2009年第2期。

〔4〕 参见蔡军：《侵犯个人信息犯罪立法的理性分析——兼论对该罪立法的反思与展望》，载《现代法学》2010年第4期。

〔5〕 参见皮勇、王肃之：《大数据环境下侵犯个人信息犯罪的法益和危害行为问题》，载《海南大学学报(人文社会科学版)》2017年第5期。

为公共物品进行保护。[1]

大数据时代的个人信息和个人信息保护制度不同,如前所述,个人信息最直接的法益属性是隐私权,其次是人格权,再次是财产权。所以个人信息权属于一种权利的复合体,很难用单一法益概念确定其属性。而且个人信息安全已经与社会信息安全、国家信息安全实现深度结合,公民难以凭借自己的个人能力保护信息安全。此外,加强个人信息安全保护,是实现社会信息安全和国家信息安全的基础性工作。个人信息安全保护制度也不能再被理解为公共管理。从提升国家治理体系和治理能力现代化的要求出发,网络信息保护必须从数据提供者、数据平台、数据使用者、数据管理机构等多方位确立立体保护的体系。

(二)对行为链进行全面规制

围绕公民个人信息的犯罪有四类:第一类犯罪以公民个人信息,尤其是身份信息为犯罪对象。如《刑法》第 253 条之一的侵犯公民个人信息罪。第二类犯罪将个人信息作为犯罪手段,主要包括经由侵犯公民个人信息而衍生的犯罪。如《刑法》第 287 条规定:"利用计算机实施金融诈骗、盗窃、贪污、挪用公款、窃取国家秘密或者其他犯罪的,依照本法有关规定定罪处罚。"第 287 条之一的非法利用信息网络罪以及与这类犯罪有关的帮助行为,第 287 条之二的帮助信息网络犯罪活动罪。第三类是针对信息运行系统的犯罪。如非法侵入计算机信息系统罪,提供侵入、非法控制计算机信息系统程序、工具罪等。第四类是对公民个人信息承担业务监管义务的单位及其工作人员滥用监管权利(权力)或者不认真履行监管义务的犯罪行为,如拒不履行信息网络安全管理义务罪等。就行为而言,目前刑法完善的

[1] 参见吴伟光:《大数据技术下个人数据信息私权保护论批判》,载《政治与法律》2016 年第 7 期。

目标在如下几方面。

1. 完善信息获取行为的规制

信息的获取主要包括对信息的合法或非法收集、对信息合法或违法使用以及泄露信息的情形。信息获取是信息犯罪中最基础的行为。对于违法的信息获取行为，如果情节轻微或情节一般，可以按照行政法进行处理。在情节严重，且造成或具有造成严重危害后果的可能性时，应当经由立法纳入刑法的保护范畴。理论上有观点认为，应当以国家立法机关确立的标准作为入罪的依据。就获取型侵犯公民个人信息罪而言，有关司法解释一律将其作为犯罪处理较为武断。单纯窃取行为或者非法获取的行为并未违反法益侵害的犯罪原理，行为在此阶段内并不具有任何社会危险性，只有非法获取后又出售给他人牟利才属于该罪规制的情形。[1]

上述观点值得商榷，即便认为刑法的目的是保护法益，但也并非意味着只有在法益遭受了现实侵害的情形之下才能将侵犯法益的行为作为犯罪处理。即便行为没有造成现实的法益侵害，但在具有可能性的场合，也可以作为犯罪论处。就获取信息行为的社会危害性而言，其本身是否具备法益侵害之可能性，在大数据背景下往往难以根据过往的社会经验判断，所以保留对此类行为规制的余地是必要的。泄露是指将信息告知不知道其内容者，并未限定告知的具体方法与途径。[2] 可以认为，泄露作为非法提供个人信息的一种侵犯行为，与出售行为相对立，是指在不以牟利为目的的情形下，不顾当事人不愿公开的意愿，将他人的信息公之于众。泄露与信息收集行为有密切关系，具体类型包括以下两种。

---

〔1〕 参见庄绪龙：《侵犯公民个人信息罪的基本问题——以“两高”最新颁布的司法解释为视角展开》，载《法律适用》2018 年第 7 期。

〔2〕 参见[日]西田典之：《日本刑法各论》，刘明祥、王昭武译，中国人民大学出版社 2007 年版，第 85 页。

第一,借助组建信息平台实行的公开收集行为。此类行为的犯罪性质并不依赖于行为人后续的出售、提供行为。有学者认为,整合、分析借助网络搜索引擎技术获取的人物定位等信息类型的收集行为,也应当被视为侵犯行为。〔1〕本书认为这应限于民法规范或者行政法规范的范畴中,而不宜直接适用到刑法规范中。理由在于,单纯将云端平台的个人信息进行收集、流转,并非刑法规范中认定的侵犯行为类型,不具有侵犯法益的关联性判断可能。个人信息收集行为犯罪化应限于法益侵害具有极大可能性的场合、兴趣、定位等纯粹的信息收集行为,不属于侵犯公民个人信息罪的实行行为。〔2〕

第二,"告知"信息管理系统存在的漏洞行为。此种行为主体多为云端信息平台的管理者、服务者和监控者。此类行为是指云端信息平台的管理、服务、监控者在发现系统管理漏洞的情况下,不及时进行反馈或维修,而是将该漏洞公开,导致公民个人信息被泄露,属于泄露型信息侵犯行为。有学者从不法到有责的思维模式出发,基于民众的知情权需要与发挥舆论监督效力的目的,认为此类行为虽不合理,但无归责必要性。〔3〕但是,如果信息平台的管理者、服务者和监控者有意利用该漏洞造成秘密信息被散布、传播、出售,则属于刑法应当规制的行为方式。

2. 完善信息持有行为的规制

信息持有行为可以理解为和平占有信息。具体而言,刑法中涉及信息犯罪的持有主要是指基于非法占有个人信息的目的,通过骗取等间接手段对他人个人信息的和平占有。有观点认为,为周全保

---

〔1〕参见文立彬:《风险社会语境下个人信息犯罪刑事防控体系之优化》,载《重庆邮电大学学报(社会科学版)》2016年第3期。

〔2〕参见陈伟、熊波:《侵犯公民个人信息罪"行为类型"的教义分析——以"泛云端化"的信息现象为研究视角》,载《宁夏社会科学》2018年第2期。

〔3〕参见陈伟、熊波:《侵犯公民个人信息罪"行为类型"的教义分析——以"泛云端化"的信息现象为研究视角》,载《宁夏社会科学》2018年第2期。

障个人信息自决权之法益,可以适当突破刑法文本约束,针对无法在法教义学领域进行规范评价的侵犯个人信息行为设置相应的持有行为。[1]

在立法上,应当注意对秘密窃取信息与持有信息的行为予以适当区分。第一,秘密窃取行为的重点在于认识到自己的行为是秘密窃取,是否在公开场合施行并不重要。也就是说,秘密窃取行为并不排斥公开场合的窃取行为。行为人只需认识到自己是在秘密窃取个人信息即为秘密窃取,其重心并不在于行为场合的公开与否。第二,非法方法的前提限制并不适用于窃取行为。第三,窃取行为的核心在于其行为的法益侵害程度,窃取行为之后的持有信息行为应达到促使信息泄露而违背受害者不愿将信息予以公开的意愿的程度。[2]

3. 完善信息利用行为的规制

非法利用信息行为是某种特定犯罪的手段行为,但是在信息犯罪中,它往往是其他行为手段的目的,如利用他人信息进行电信诈骗,利用信息行为是诈骗的手段行为,但是利用行为在前端还有搜集、不法获取信息等行为。因此,有观点主张单独将非法利用信息行为进行规定,并作为侵犯个人信息犯罪的重点行为给予规范。[3] 这种观点是合理的。一方面,非法利用信息的行为已经逐渐占据侵犯个人信息犯罪中的中心地位,不仅成为数据产生、流转的基础,而且其独立性得到不断提高。另一方面,非法利用信息行为已有类型化

---

〔1〕 参见陈伟、熊波:《侵犯公民个人信息罪"行为类型"的教义分析——以"泛云端化"的信息现象为研究视角》,载《宁夏社会科学》2018 年第 2 期。

〔2〕 参见陈伟、熊波:《侵犯公民个人信息罪"行为类型"的教义分析——以"泛云端化"的信息现象为研究视角》,载《宁夏社会科学》2018 年第 2 期。

〔3〕 参见皮勇、王肃之:《大数据环境下侵犯个人信息犯罪的法益和危害行为问题》,载《海南大学学报(人文社会科学版)》2017 年第 5 期。

基础,且可以借鉴国际上将该行为入罪化的立法经验。[1] 考虑到个人信息法益的重要性日益突出,本书建议对利用个人信息的行为给予明确规制,在刑法上设立严格的标准。

4. 完善信息出售或提供行为的规制

向他人出售或提供信息的行为是中性的行为,单纯出售和提供公民个人信息的行为本身并无所谓的合法或非法问题。但是,会出现该行为导致他人信息被泄露,进而引发其他连锁性的社会问题的情况,为了有效防控这类问题,出售信息或者提供信息的行为应当被犯罪化处理。

为了进一步明确刑法规制的范围,有必要对行为的违法性质进行更深入的探讨。有观点认为,出售或提供公民个人信息的行为在刑法中的实质违法性判断的落脚点并不在于出售和提供信息的行为方式上,而在于公民个人信息。公民个人信息不仅关乎公民隐私、人格尊严,甚至与公民的财产具有直接联系,它本身具有十分明显的法律属性。而出售或提供公民个人信息不具有直接危险性,不会直接对国家安全造成威胁或影响国家市场经济秩序,且个人信息的利用与流通具有巨大的价值。因此,刑法不应完全禁止出售或提供公民个人信息的行为。从实质违法的角度来看,其认为纳入刑法保护的应当只限于能够直接识别公民个人身份的个人信息。[2] 这种观点虽然揭示了个人信息在现代社会的地位,但是并不足以表明相关犯罪的违法性质。犯罪的实质违法性,或存在于行为的规范违法性中,或存在于法益的侵害性中。围绕个人信息的犯罪,或者以个人信息为对象,或者以个人信息为手段,因此,个人信息并非揭示此类犯罪

---

〔1〕 参见韩赤风:《互联网服务提供者的义务与责任——以〈德国电信媒体法〉为视角》,载《法学杂志》2014 年第 10 期。

〔2〕 参见高富平、王文祥:《出售或提供公民个人信息入罪的边界——以侵犯公民个人信息罪所保护的法益为视角》,载《政治与法律》2017 年第 2 期。

的最好注脚。

根据刑法一般性理解,该罪的违法性质在于通过信息流动来满足行为人的需要,不同之处仅仅在于出售与非法提供的行为方式。通说对出售与非法提供行为进行了区分,出售以获得等价交换为目的,非法提供则更强调在对国家规定、职业操守的违背基础上提供。对于出售而言,有观点将其定义为以获益为目标的有偿转让行为,〔1〕有观点认为其是有偿的转让、交付行为,〔2〕有观点强调其是以牟利为中心的利益转移行为。〔3〕 但是可以发现,在上述观点中,信息犯罪的核心在于信息如何流动,这是从行为方式中进行的分析。它说明,该罪的违法性质应从行为的规范违反性上把握。

交换行为则是客观物体之间的纯粹的空间维度转移,故以抵消为目的采取的提供行为同样属于交换行为。交换行为的立法量刑应当注意:第一,以特定人为交换主体对象,在云端平台进行的信息交换行为同样应当在特定人群间进行。第二,交换并不要求以牟利为目的,对不以牟利为目的的单纯信息交换行为不需要作为犯罪行为予以规制。〔4〕 事实上,这种分析更能适应大数据时代信息保护的要求,它最终将信息平台服务商的日常经营行为拉入规制的范围中。

5. 严重社会危害性的法定化

严重的社会危害性是一切犯罪的本质特征。在信息犯罪中,严重的社会危害性往往与情节严重有关系。如《刑法》第 253 条之一、

---

〔1〕 参见赵秉志主编:《刑法修正案(七)专题研究》,北京师范大学出版社 2011 年版,第 153 页。

〔2〕 参见张明楷:《刑法学》(第 5 版),法律出版社 2016 年版,第 769 页。

〔3〕 参见陈伟、熊波:《侵犯公民个人信息罪"行为类型"的教义分析——以"泛云端化"的信息现象为研究视角》,载《宁夏社会科学》2018 年第 2 期。

〔4〕 参见陈伟、熊波:《侵犯公民个人信息罪"行为类型"的教义分析——以"泛云端化"的信息现象为研究视角》,载《宁夏社会科学》2018 年第 2 期。

第 287 条之一都明确以情节严重为基本犯罪的构成条件,个别犯罪(如第 286 条之一)虽然没有此类规定,但结合《刑法》第 13 条的规定,也需要对情节是否具有严重性进行判断。根据相关理论,情节是一个综合性概念,判断的要素较为复杂,根据相关解释,涉及信息犯罪的情节判断依据如下五个标准:一是信息类型和数量;二是信息用途;三是信息犯罪主体身份;四是信息犯罪的违法所得数额;五是信息犯罪行为人的人身危险性。[1]

值得重视的问题是,信息分类与信息类型息息相关,如行踪轨迹信息,与人身安全、财产安全直接相关的信息是否属于高敏感性的信息?当涉及信息数量时,应当根据不同信息类型确定信息数量。如《关于办理侵犯公民个人信息刑事案件适用法律若干问题的解释》第 5 条第 1 款试图通过信息类型的划分将信息犯罪的入罪标准设置为三类。[2] 虽然司法机关对于信息的性质试图作出划分,但是其合理性并不明确。如通信内容和通信记录之间的区别何在、为何前者 50 条就可能达到入罪标准,后者则要求 500 条才可能达到入罪标准?此外,司法机关将这些信息的重要性作出差异化对待的根据也并不明确。不过,至少有一点应当予以明确,也即,当某些信息与人身、财产安全相关联的时候,应该将其作为最重要的个人信息。

---

〔1〕 参见周加海、邹涛、喻海松:《〈关于办理侵犯公民个人信息刑事案件适用法律若干问题的解释〉的理解与适用》,载《人民司法(应用)》2017 年第 19 期。

〔2〕 第一类是非法获取、出售或者提供行踪轨迹信息、通信内容、征信信息、财产信息 50 条以上的;第二类是非法获取、出售或者提供住宿信息、通信记录、健康生理信息、交易信息等其他可能影响人身、财产安全的公民个人信息 500 条以上的;第三类是非法获取、出售或者提供前两类信息以外的公民个人信息 5000 条以上的。

第五节 生态安全的刑法立法完善

一、我国生态安全刑法立法的历史逻辑

(一)我国古代刑法中的环境保护规定

受“天人合一”思想的影响,在我国历史长河中,很早就出现了用刑法保护生态环境的规定。我国现存最早的、涉及生态环境保护的法律可见于周文王时期颁布的《伐崇令》。[1] 再如,《逸周书·大聚》对捕杀动物的行为予以了规定,对山林、鸟兽的保护早在西周时期就受到了重视。战国时期的各诸侯国采取正式的法律条文对滥伐林木行为进行规制。齐国对林木的采伐需求较大,齐桓公认为当林木伐尽时,齐国将无以守备,便针对这种厚葬之风,发布了“棺椁过度者戮其尸,罪夫当丧者”的命令。[2]

随后各个朝代的法律都不断增加关于保护生态环境的规定,但内容主要涉及农田耕作和山林保护。在湖北省云梦县发现的睡虎地秦简中,包含了《田律》,记载了对农田耕作与山林的保护制度,具体有农田林牧渔粮食等项的法令。如“春二月,毋敢伐材木山林及雍(壅)堤水。不夏月,毋敢夜草为灰,取生荔、麛(卵)鷇,毋毒鱼鳖,置罔(网),到七月而纵之”。汉朝同样高度重视环境保护,桑弘羊主持在各郡设置盐铁官营,严禁私人生产。[3]

唐朝是中国古代法制的一个盛世时期。《唐律疏议·杂律》中详细规定了生态环境保护的内容。如“诸失火及非时烧田野者,笞五

〔1〕 参见《伐崇令》:“毋坏屋、毋填井,毋伐树木,毋动六畜。有不如令者,死无赦。”

〔2〕 参见《管子·地数》:“苟山之见荣者,谨封而为禁。有动封山者,罪死而不赦。有犯令者,左足入,左足断,右足入,右足断。”

〔3〕 参见《汉书·食货志》:“敢私铸铁器,煮盐者,釱左趾,没入其器物。”

十”“诸弃毁官私器物及毁伐树木、庄稼者,准盗论”。甚至对破坏环境责任人与环境管理部门的主管人员的失职行为进行了处罚规定。如“诸占固山野陂湖之利者,杖六十”等。随后各朝代便延续了唐朝时期的相关规定。

(二)近现代的环境保护刑法立法

《大清新刑律》是中国历史上第一部近代刑法典。在沈家本的主持下,制定起草两编53章411条。其中,涉及环境的内容,也主要依附于传统型的法益。如在《大清新刑律》分则第13章中放火、决水及妨害水利罪中,第192条至第195条分别规定了故意决水与过失决水毁坏他人农田的犯罪以及故意决水与过失决水毁坏自己农田的犯罪。当然,虽然《大清新刑律》规定了破坏自己农田的犯罪,但刑法的考虑主要在于维护与发展国家的经济与保障税收,刑法目的不在于独立保护环境法益。但该法律实施不久,清王朝就灭亡了。北洋政府颁布的《暂行新刑律》是在稍加删改《大清新刑律》的基础上制定的,于1912年颁行,内容与《大清新刑律》基本相同。

南京国民政府时期,在1928年以前,仍然继续沿用北洋政府颁布的《暂行新刑律》。随后在当时司法部长的主持下,颁布了1928年《中华民国刑法》,但这部法律只是对民国此前十多年刑事立法实践的总结与继续,本质上并未突破《暂行新刑律》,是《暂行新刑律》向1935年《中华民国刑法》的过渡。1935年《中华民国刑法》全文357条,但其分则中也并未设计独立的环境类犯罪,依旧依靠保障土地的经济价值同时保障土地的自然价值。

(三)当代的环境刑法立法

1. 1979年环境刑法保护之由来

自中华人民共和国成立之后,这种情况仍未有所改变,1979年之前,并不存在真正意义上的环境刑法立法,当时处理破坏环境的行为多是依赖于行政手段,偶尔使用民事与刑事手段。原因大抵在于当时我国经济发展尚处于起步阶段,环境类犯罪并不是主要的犯罪类型,即便有所涉及,也通常不是基于环境保护的角度,而主要是出于保护生产资料或者公共安全的角度所进行的附带性保护。简言之,在 1979 年《刑法》之前,主要采取的是附带性的立法保护方式,并不存在真正意义上的独立环境刑事立法。如其将残害耕畜作为破坏生产经营罪的罪状,更多体现了农耕时代耕畜作为促进经济发展工具的重要性,因此要从维护社会稳定的角度对其进行专门性保护。

1979 年《刑法》的制定,是新中国环境刑法立法的起点。但 1979 年《刑法》却并未专章规定破坏环境资源的犯罪,而是将相关内容分散在其他章节之中。如在破坏社会经济秩序罪第 128 条至第 130 条规定的盗伐、滥伐林木罪,非法捕捞水产品罪与非法狩猎罪。另外,有部分学者还认为在危害公共安全罪中也存在环境刑事立法的规定。如第 105 条、第 106 条处罚因破坏环境而危害公共安全的犯罪;第 114 条重大责任事故罪中,由于规定的犯罪地点中包含了工厂、矿山、林场等单位,故该罪可能惩处重大责任事故导致的破坏环境行为;第 115 条违反危险物品管理肇事罪同样包含了不当生产、储存、运输、使用危险物品而造成重大破坏或污染环境的行为。[1] 在某种意义上,上述立法表明立法者还没有完整的环境保护意识,他们更在意的是保护对象本身存在的经济价值,而不是其环境价值。法条要保护的是经济利益而不是生态利益。

而随着我国经济建设的快速发展,环境受到了人为的破坏,简单说,经济发展是以环境的破坏为代价的。在经济开发中破坏环境的行为日益增多,已然对环境与生态资源造成了严重的破坏。环境被污染的问题越来越严重,其负面影响也越来越凸显。环保问题最终

---

〔1〕 参见高铭暄、徐宏:《改革开放以来我国环境刑事立法的回顾与前瞻》,载《法学杂志》2009 年第 8 期。

受到了方方面面的重视。为了解决立法不足的问题，国家以附属刑法与单行刑法的立法模式规定了惩治污染和破坏环境与资源的犯罪的条文。在单行刑法方面，全国人大常委会制定颁布了《关于惩治捕杀国家重点保护的珍贵、濒危野生动物犯罪的补充规定》。而在附属刑事立法方面，主要是在各种法律和行政法规中对环境刑法条款进行附带规定，如《森林法》《水污染防治法》《野生动物保护法》《环境保护法》《大气污染防治法》《土地管理法》《渔业法》等。

但这些条款，尤其是附属刑法的刑事条款中，主要采用立法类推形式，并未取得良好的实践效果。[1] 如在曹某章案中，行为人因在水中投入含氰废物而造成严重水污染，情节严重，司法机关在处理该案时适用投毒罪进行处罚，而不是按照《水污染防治法》规定的污染水体的罪名进行处罚。[2] 而更多条款由于缺乏可操作性与可适用性，难以在司法实践中被司法机关具体直接地运用。[3]

20 世纪 90 年代市场经济背景下，环境问题日益凸显，环境保护问题需要进行整治。当时，在利益驱使下，部分单位与个人并不重视环境保护规定，不仅不断降低治污排污成本，还不依法采取环境保护措施进行环境治理，造成了环境状况的恶化，国家遭受巨大损失。国内环境保护意识的抬头，推动了刑事立法的完善。

2. 1997 年《刑法》立法及其完善

(1) 1997 年《刑法》立法变化

1997 年《刑法》的修订颁布，标志着我国环境刑事立法迈入初步成熟阶段。其主要有两大立法突破：第一，采取专节模式对环境犯罪

---

[1] 参见王灿发：《论我国新刑法关于环境犯罪的规定及其实施（上）》，载《环境保护》1997 年第 7 期。

[2] 参见解振华主编：《中国环境典型案件与执法提要》，中国环境科学出版社 1994 年版，第 66 页。

[3] 参见王灿发：《论我国新刑法关于环境犯罪的规定及其实施（上）》，载《环境保护》1997 年第 7 期。

进行规定，共 9 条条文、15 项罪名。以犯罪表现手段与犯罪侵害对象为标准，破坏环境资源保护罪主要包括以下三类：第一类是污染环境型犯罪，条文内容为第 338 条、第 339 条，即重大环境污染事故罪、非法处置进口的固体废物罪、擅自进口固体废物罪与走私固体废物罪；第二类是破坏生态型犯罪，条文内容为第 340 条、第 341 条，即非法捕捞水产品罪，非法捕猎、杀害珍贵、濒危野生动物罪，非法收购、运输、出售珍贵、濒危野生动物、珍贵、濒危野生动物制品罪，非法狩猎罪；第三类是破坏资源型犯罪，条文内容为第 342 条至第 345 条，包括非法占用耕地罪，非法采矿罪，破坏性采矿罪，非法采伐、毁坏珍贵树木罪，盗伐林木罪，滥伐林木罪，非法收购盗伐、滥伐的林木罪。上述 14 项罪名中，除盗伐、滥伐林木罪，非法捕捞水产品罪与非法狩猎罪外，均为 1997 年《刑法》的新增条款。第二，增加单位犯罪的规定。刑法明确规定该节的犯罪可由单位构成，即单位成为环境犯罪的主体，并将双罚制作为处罚原则。1997 年《刑法》关于环境犯罪的规定，标志着中国环境刑事立法保护体系的诞生。

(2)1997 年《刑法》修正

在 1997 年《刑法》之后，立法机关又相继以修正案与立法解释的方式对环境刑事立法保护体系进行修正与完善。

其一，《刑法修正案(二)》将《刑法》第 342 条非法占用耕地罪中的犯罪客体扩张为“耕地、林地等农用地”，罪名也随之从“非法占用耕地罪”变更为“非法占用农用地罪”。同时，全国人大常委会也通过了《关于〈中华人民共和国刑法〉第二百二十八条、第三百四十二条、第四百一十条的解释》，明确了这些条文中关于的“违反土地管理法规”是指违反《土地管理法》《森林法》《草原法》等法律以及行政法规中关于土地管理的规定。

其二，《刑法修正案(四)》第 6 条将《刑法》第 344 条规定由“违反森林法的规定”变更为“违反国家规定”，将犯罪对象从“珍贵树木”扩展至“珍贵树木或者国家重点保护的其他植物及其制品”，行为方式新增了“非法收购、运输、加工、出售”的行为，该条的罪名也由“非法采伐、毁坏珍贵树木罪”变为“非法采伐、毁坏国家重点保护植物罪”与“非法收购、运输、加工、出售国家重点保护植物、国家重点保护植物制品罪”。另外，第 7 条删除了《刑法》第 345 条第 3 款中“以牟利为目的”的犯罪目的规定和“在林区”的犯罪地点的规定，新增“非法运输”的行为方式，罪名也由“非法收购盗伐、滥伐的林木罪”变为“非法收购、运输盗伐、滥伐的林木罪”。

其三，《刑法修正案（八）》第 46 条修改了《刑法》第 338 条重大环境污染事故罪所要求的具体犯罪结果，将其修正为“严重污染环境的”。有学者指出，该罪不仅由过失犯修改为故意犯，还从实害犯修改为危险犯。相应地，该罪的罪名也由“重大环境污染事故罪”变更为“污染环境罪”。此外第 47 条将《刑法》第 343 条第 1 款的非法采矿罪中的“擅自开采国家规定实行保护性开采的特定矿种，经责令停止开采后拒不停止开采，造成矿产资源破坏的”修改为“或者擅自开采国家规定实行保护性开采的特定矿种，情节严重的”，即该条不仅将“擅自开采国家规定实行保护性开采的特定矿种”与“擅自进入国家规划矿区”“对国民经济具有重要价值的矿区和他人矿区采矿”并列，增加了一种非法采矿的行为，而且删去了曾要求该条处罚存在的两个条件，即“经责令停止开采后拒不停止”与“造成矿产资源破坏”，将其修改为情节严重，扩大了该罪的涵盖范畴与处罚范围。可见，在部分犯罪中，曾经要求侵害环境行为必须同时造成传统法益遭受侵害的立法得到了改变。行为人只要实施污染环境的行为，严重污染环境的就能构成犯罪。

其四，《刑法修正案（十一）》第 40 条修改《刑法》第 338 条的规定，同时规定，“有前款行为，同时构成其他犯罪的，依照处罚较重的规定定罪处罚”。除此之外，第 41 条在《刑法》第 341 条中增加一款作为第 3 款；第 42 条在《刑法》第 342 条后增加一条，作为第 342 条之一，同时规定，"有前款行为，同时构成其他犯罪的，依照处罚较重的规定定罪处罚"；第 43 条在《刑法》第 344 条后增加一条，作为第 344 条之一。

目前，我国关于环境刑法立法的特点表现为：第一，刑法规制内容日益严密化，即刑法惩治污染和破坏生态环境资源行为的范围逐步扩大，如 1997 年《刑法》较 1979 年《刑法》而言，环境犯罪圈日益扩张，频繁的犯罪化活动已然成为这段时期的刑事立法基轴。第二，立法形式的集约化。如 1997 年《刑法》将规定于单行刑法与附属刑法的相关内容予以吸纳，同时将曾置于《刑法》分则第三章破坏社会主义经济秩序罪的盗伐、滥伐林木罪，非法捕捞水产品罪与非法狩猎罪统合置于分则第六章妨害社会管理秩序罪中，并专节规定破坏环境资源保护罪。第三，生态环境主义成为环境刑法立法的主旋律。早期的环境刑事立法主要依循传统意义上的人类环境主义的思想。

(3) 司法机关的司法解释

为了明确环境刑法立法条文，提高刑法条文的适用性，处理司法实践中的疑难问题。我国相继颁布了七部司法解释，分别为《关于审理破坏土地资源刑事案件具体应用法律若干问题的解释》《关于审理破坏野生动物资源刑事案件具体应用法律若干问题的解释》《关于审理破坏森林资源刑事案件具体应用法律若干问题的解释》《关于审理非法采矿、破坏性采矿刑事案件具体应用法律若干问题的解释》《关于审理破坏林地资源刑事案件具体应用法律若干问题的解释》《关于审理环境污染刑事案件具体应用法律若干问题的解释》《关于公安机关管辖的刑事案件立案追诉标准的规定(一)》。以上七部刑事解释，对环境刑法中的专业术语进行具体化，比如"珍贵树木""珍贵、濒危野生动物""出售""运输"等，对环境刑法中的定罪量刑情节进行标准化以及对罪数形态进行准确界定。

值得一提的是,由于立法理念的变化,司法解释也随之变化,2013年"两高"颁布《关于办理环境污染刑事案件适用法律若干问题的解释》(以下简称2013环境解释),2016年再次颁布《关于办理环境污染刑事案件适用法律若干问题的解释》(以下简称2016环境解释),2013环境解释同步废止。在2013环境解释中,第1条规定了14项被司法评价为严重污染环境的行为,而前5项的严重污染环境行为中并不包括财产损失与人身伤亡等结果。在2016环境解释中,第1条规定了18项严重污染环境的行为,前8项的污染环境的行为不包含财产损失与人身伤亡等结果。但本条的后几项均是有关于财产损失与人身伤亡等结果的规定。2023年8月9日发布的《最高人民法院、最高人民检察院关于办理环境污染刑事案件适用法律若干问题的解释》(以下简称2023环境解释),对2016环境解释作了全面修订和调整。2023环境解释以行为入罪为主,列举了11种情形,同时在从重处罚情形、环境造假行为处理规则等全面进行了调整和优化,体现了对环境污染犯罪更加严格和精准的打击力度,同时兼顾宽严相济的司法政策。

二、生态安全刑法保护的实践逻辑

(一)生态安全刑法保护的基本理念

立法理念决定立法行动。从立法理念出发,当前就环境刑法的立法根据存在人类环境主义与生态环境主义两大理论流派之争。据此,持不同立场的学者对于环境刑法保护法益的争议、立法体例、环境法益保护提前化、环境行政从属性问题都存在不同的看法。

根据1972年联合国大会人类环境会议的精神,所谓的人类环境是指环境是以人类为中心和主体的外部世界。这一做法将环境保护置于人类环境的视角下,局限于在保护人类生命健康免受危害的同时保障环境。[1] 正因为人类可以通过自己的行为改变环境,所以只要人类改变环境的行为没有造成直接侵害人类自身的生命和健康,就被认定为不存在犯罪化问题,即人类环境概念下的环境刑法的适用与启动以特定行为对人或财产造成实际损害为条件。生态环境是指以整个生物界为中心的主体而构成的,为生物生存所必要的外部空间和无生命物质的总和。根据生态环境主义的观点,环境刑法应将生态环境直接作为保护的对象。行为人只要破坏了环境,即便未危害人类自身的生命、健康或财产,就仍可能因为污染或破坏环境而受到刑事处罚。就立法例而言,各国立法表明的立法理念有所不同。如德国环境刑法彰显"人类环境"的法益,将人的生命、财产、健康等法益作为环境犯罪直接保护的法益。当然,也有彰显"生态环境"的法益的犯罪,直接将环境本身或环境要素作为保障对象,如土地、水等。[2] 俄罗斯生态犯罪的立法充分体现了生态环境主义价值理念。俄罗斯生态犯罪的 17 个罪名都是将生态利益或环境要素作为保护的必要要件,甚至大部分罪名将生态利益和人的利益同时予以保护,且生态利益具有优先性。[3]

笔者认为,刑法立法不应将人与生态对立起来,而是应强调人与生态、环境和谐发展的观念。有人认为,生态环境仅仅是一种人类所设想的高尚道德理想,本质是作为扩展人们道德关怀范围的一种尝试,故对人们的道德理性与道德能力提出了更高的要求。但其毕竟是一种道德关怀,"立法可以推进道德,但是立法推进道德应有限

---

[1] 参见王世洲:《德国环境刑法中污染概念的研究》,载《比较法研究》2001 年第 2 期。

[2] 参见王世洲:《德国环境刑法中污染概念的研究》,载《比较法研究》2001 年第 2 期。

[3] 参见刘晓莉、刘迪:《俄罗斯生态犯罪的立法评析及借鉴》,载《东北亚论坛》2007 年第 4 期。

度"[1],因而生态环境主义能否由法律加以强制推行值得商榷。[2]本书不同意这种论调。从道德与法律的关系来看,法律要维护最低限度的公共道德。那么哪些道德应由刑法保护本身就是一个难以得到实证检验的问题,由此我们需要关注的是环境值不值得保护,且保护环境究竟是为了保护环境还是为了保护人?

毫无疑问,环境值得保护。人本身就是生态、环境的一部分,没有生态、环境,人将失去生存的必要资源和条件。同时,法律是处理人类事务的规制,没有了人,法律终将失去效力,忽视人讨论生态、环境的重要性,具有伪善性和空洞性,缺乏实际意义。在此基础上,值得注意的问题在于以下几方面。

第一,人类中心主义之下的"人"并非狭隘的概念,它是"人类"的代名词,涵盖当今时代与未来时代所有的人。它强调环境保护对于整体人类利益的保障,重视代内公平与代际公平,因此最终与可持续发展的内涵基本吻合。[3] 所以,环境刑法不保护个人的一己私利,它着眼于人类及其可持续的利益,并在此基础上兼顾自然资源的独立性与有限性,限制人类的非理性需求。重新定义人与自然、人与社会的关系,并将人与自然的和谐发展看作是可持续发展的前提与根本条件。[4]

第二,环境兼具自然与社会双重属性。环境立法中隐藏着民众的法律诉求,自然也就包含对人的主体性的关注。纯粹的生态中心主义一味注重生态,忽视了对人类利益的保障,有违立法初衷。此外,基于人的社会性,环境立法中也会派生环境法律社会学,要在发

---

〔1〕 周永坤:《法理学:全球视野》,法律出版社 2000 年版,第 127 页。

〔2〕 参见孟伟:《环境刑法的伦理基础》,载《法商研究》2004 年第 6 期。

〔3〕 参见孟伟:《环境刑法的伦理基础》,载《法商研究》2004 年第 6 期。

〔4〕 参见张福德:《生态伦理的演变与环境刑法的发展趋向》,载《河北学刊》2009 年第 5 期;张磊:《低碳经济背景下我国环境刑法立法面临的挑战与对策》,载《河南大学学报(社会科学版)》2011 年第 1 期。

展独立、自主且具有社会性的个人的基础上，在环境犯罪中落实人的尊严。〔1〕从生态危机的本质中发现人与自然的关系危机，其在本质上仍是人与人之间在生态利益上的危机，而这种生态利益的危机最终必须通过生产关系的变革才能完成。所以只有人的利益才能成为刑法所保护的对象。〔2〕

第三，生态环境具有相对独立的地位。将生态环境视为刑法所保护的法益，不仅是对生态环境法律价值的提升，还避免了只有在环境污染造成人的生命健康和财产损失的情况下，才能对污染环境的行为加以惩治的被动局面，从而提高了环境保护的水平。〔3〕在这种背景下，独立于人的环境利益被纳入刑法保护并成为一种超个人的法益。〔4〕环境污染行为说明了环境法益的独立性，在生态学的意义上，污染环境犯罪是一种对于环境法益的实害犯，即便证明其所规制的行为对于人体健康只是一种危险，该行为也构成犯罪。〔5〕

第四，只有重视环境的独立性才能重视对环境的保护。也就是说，如果国家不顾生态规律，即便制定了一部谓之"环境刑法"的法律，却容忍、放任或无法防控一味掠取自然资源的行为，那么由此带来经济效益也将随着自然资源的枯竭而递减，导致再也没有环境刑法存在的物质基础。〔6〕

（二）生态安全刑法保护立法形式

沿袭立法形式的不同看法，学界对于生态安全刑法的立法体例

---

〔1〕参见张晓媛：《生态文明视野下环境刑法的立场转换——以环境损害的二元特征为视角》，载《中国刑事法杂志》2019年第4期。

〔2〕参见陆敏：《生态刑法的生态学马克思主义解读》，载《社会科学家》2016年第11期。

〔3〕参见廖斌：《论环境问题与刑事法律保护》，载《河北法学》2006年第1期。

〔4〕参见杜万平：《论环境刑法的法益》，载《环境资源法论丛》2004年第0期；孙思佳：《重大环境污染事故罪之探讨——以法益为中心》，载《学术交流》2008年第2期。

〔5〕徐翔：《生态环境的刑法保护路径》，载《重庆社会科学》2018年第2期。

〔6〕参见江海：《环境刑法的特有机能——生态维护》，载《环境保护》2008年第4期。

有两种分歧:一是法典化方式,主张将有关环境刑法的内容纳入《刑法》分则第六章第六节中,或另起一章规定环境刑法。二是特殊刑法方式,一部分学者支持采取单行刑法或附属刑法的立法体例,将环境刑法作为刑法的独立系统分支,规定在《刑法》之外。针对现状,本书支持后一种观点并主张多样化立法。

从理性角度看,法典化方式面临繁杂的工程。在法典内部存在章节集中的问题,因此又出现了赞成专节立法与专章立法两种不同观点。〔1〕 毫无疑问,任何法典都必须采取集中化和体系化的方式呈现规范,所以在《刑法》分则中出现了分章以及分节现象。分节的出现,是因为相关专章内容庞杂,需要进一步对有关问题的规范予以集中。显然,法益依然构成分章、分节的基础,具体而言,是否独立成章或者成节,要考虑法益的重要性以及所涉及的法益保护方式与内容,即法条数量的多少。就章的内容看,可以分大章和小章。我国可谓大章制的代表,数百个罪名分解在10章之内;日本、韩国、德国、法国等国的刑法分则采取的是小章制,《日本刑法》分则罪名分解在41章之内;韩国分解在42章之内;德国在30章内;法国则分多卷编,共50多章。章越多意味着本章类罪的法益越具体明确。以我国当前的情况看,将危害生态安全的犯罪独立成章,必然打乱现有的立法体例。〔2〕 但是,分章也不无道理,随着生态安全重要性的提高,一方面,设立专章有助于彰显刑法对环境犯罪的治理,增强刑法在环境保护上的威慑力,表明国家重视环境保护的精神态度,增强人民保护环

---

〔1〕 参见焦艳鹏:《法益解释机能的司法实现——以污染环境罪的司法判定为线索》,载《现代法学》2014年第1期;付立庆:《中国〈刑法〉中的环境犯罪:梳理、评价与展望》,载《法学杂志》2018年第4期;高铭暄、徐宏:《改革开放以来我国环境刑事立法的回顾与前瞻》,载《法学杂志》2009年第8期;游伟、肖晚祥:《环境刑法的伦理属性及其立法选择》,载《华东政法大学学报》2009年第4期。

〔2〕 参见付立庆:《中国〈刑法〉中的环境犯罪:梳理、评价与展望》,载《法学杂志》2018年第4期。

境的自觉性。[1] 另一方面,有助于做好环境犯罪的立法类型化,将散见于其他章节的相关环境犯罪,如"走私国家禁止进出口的货物、物品罪""走私珍贵动物、珍贵动物制品罪""环境监管失职罪""违法发放林木采伐许可证罪""动植物检疫徇私舞弊罪""动植物检疫失职罪""非法批准征收、征用、占用土地罪"等纳入专章进行规定。[2]

考虑到法典化立法的种种利弊,以附属刑法的方式立法更为妥当。生态环境保护的对象多,包括土地资源、矿产资源、水资源、大气资源等;其构成因素包括微生物、动植物、废物等,因此在《刑法》中应根据危害等级或者行为方式确定基本罪名及其法定刑,行为针对不同对象所构成的具体罪名则由附属刑法规定,充分利用好附属刑法所具有的优势:其一,附属刑法能够保持《刑法》与其他法律之间的协调性;其二,由附属刑法直接规定罪状,有利于预防犯罪。我国环境刑法的立法方向应由传统的集中式立法转向散在型立法。在《刑法》中规定若干基本罪名及其法定刑,其他犯罪均可在附属刑法中规定,并明确适用的《刑法》条文,以应对环境风险的多变性。[3]

但是,从立法经验看,再法典化是基本趋势。国外做法大致包括四种不同立法方式:第一种,趋向刑法典型立法,即以刑法典为核心,以其他形式为辅助,如苏联 1960 年的《苏俄刑法典》并辅之以许多环保单行法与环保综合法。第二种,趋向特别刑法型立法,即以特别刑法为核心,以其他形式为辅助。第三种,则是趋向环保法型立法,即以环保法为核心,以其他形式为辅助,如传统的英美法系。第四种,则是均衡发展型立法,既不偏重刑法典,也不偏重环保法。如匈牙

〔1〕 参见赵秉志:《中国环境犯罪的立法演进及其思考》,载《江海学刊》2017 年第 1 期;王鹏祥、孟昱含:《论污染环境行为的刑法治理》,载《中州学刊》2019 年第 6 期。

〔2〕 参见赵秉志:《中国环境犯罪的立法演进及其思考》,载《江海学刊》2017 年第 1 期。

〔3〕 参见苏彩霞、邓文斌:《环境风险防控理念下我国环境刑法的调适》,载《环境保护》2014 年第 10 期。

利、罗马尼亚在刑法典与环保法中均有相关的规定,难以断定以谁为核心。[1] 在大陆法系国家,如日本,附属环境刑法与刑法典并存;英美法系的判例法的特征则决定了环境刑法的立法多以附属刑法的方式存在。[2] 但从总体看,法典化方式的立法属于少数国家的做法,而采取多样化立法的国家则占多数。这说明附属刑法必然在较长时间内将会是环境刑法的重要部分。

(三)生态安全法益保护早期化

我国刑法学界对于环境法益保护提前化的争论,主要集中在三个方面:生态环境主义法益观是否合理,环境行政执法与刑事司法手段的取舍以及提前化评价应注重现实必要性还是理论合理性。反对说的主要理由在于积极生态环境安全法益缺乏合理性、有过度干预自由之嫌、不利于人权保障。[3] 可以说,这种观点没有基于社会发展的现实情况和生态安全重要性提升的限制,以古典主义刑法理想作为挡箭牌,不具有现实意义和说服力。笔者赞成提前保护,理由如下。

第一,将危害生态环境的行为纳入环境污染犯罪的范畴,是由其所具有的严重社会危害性决定的。环境污染犯罪对不特定多数生命、财产和自然资源造成的损害具有影响范围广、危害结果严重、影响时间较长的特征,因而必须将危害生态环境的行为纳入环境污染犯罪的调控范围。

---

〔1〕 参见付立忠:《再论"环境刑法"》,载《当代法学》1995 年第 4 期。

〔2〕 参见侯艳芳:《环境刑法行政化的基本问题探析》,载《武汉理工大学学报(社会科学版)》2008 年第 5 期。

〔3〕 参见程兰兰:《对环境犯罪生态法益的追问及反思》,载《理论视野》2018 年第 3 期;侯艳芳:《环境法益刑事保护的提前化研究》,载《政治与法律》2019 年第 3 期;刘艳红:《环境犯罪刑事治理早期化之反对》,载《政治与法律》2015 年第 7 期;刘润发:《论环境侵权的刑法规制》,载《河北法学》2008 年第 4 期;刘之雄:《环境刑法的整体思维与制度设计》,载《法学论坛》2009 年第 5 期。

第二,生态环境犯罪的后果具有潜伏性,即危害生态环境的行为实施后,实害结果往往历经较长时间才能出现。此类犯罪危害行为具有复杂性,污染物常常经过各种反应之后才会导致实害结果。但不可否定的是,在实害结果实现前,危险状态已然存在。所以将结果犯模式的"重大环境污染事故罪"修改为"污染环境罪"是正确的。此外,还有一个重要的理由在于简化此类犯罪的因果关系证明难题。按照危险犯模式确定危害生态环境的犯罪,有效降低了污染环境罪的证明难度,更加准确地契合行为规范原理和风险社会理论。

第三,早期介入适应风险社会的客观要求。在贝克的风险社会理论中,生态环境恶化问题是其构建风险社会理论的重要基础。在生态环境犯罪立法中,应当将有效控制风险作为目标,强化环境犯罪立法的预防功能。从预防环境犯罪的角度出发,引入危险犯是必要的。[1] 风险刑法理论与积极的一般预防理论系提前化的主要理论依据,表现出由结果无价值向行为无价值的转变。法益提前保护本身是理论对司法实践的理性回应,其生命力也源于良好的实践效果。提前化的界限应着眼于环境法益的二元性特征,即兼具环境法益本身包含了自然独立性法益(超个人法益)与人类传统法益。刑法对环境法益保护的界限划定也应体现二元化特征,主张运用累积犯的理论,确认具体的界限。环境保护领域的累积犯对人类法益的实害结果具有诱发性,对自然法益则已经造成了实害结果。主张累积犯是由环境侵害因果关系的复杂性和环境资源犯罪的行政犯特征共同决定的。[2] 在累积犯的构造中,并不要求行为与法益侵害之间的关联

---

〔1〕 参见张旭:《我国环境犯罪立法的梳理与前瞻》,载《东北师大学报(哲学社会科学版)》2016 年第 4 期。

〔2〕 参见侯艳芳:《环境法益刑事保护的提前化研究》,载《政治与法律》2019 年第 3 期。

性，即累积犯已然突破危险犯的传统构造。[1] 累积犯中并未实行整体归责，每个累积性行为人只需对自己的行为与过错负刑事责任。[2] 因而，立法者设计累积犯时，一方面要注意到累积危险行为是仅具有微量风险的行为，另一方面，要注意到累积犯并非要绝对地禁止所有可能具有累积性危险的行为，而在实践层面能够同时实现这两方面要求的，只能由行政规范设定累积犯的标准。[3]

第四，法益保护的早期化能够有效治理污染环境犯罪，但并不意味着消解法益概念，也不会动摇刑法谦抑主义。随着社会的发展进步，犯罪圈在客观上不断扩大已成为我们不得不承认的事实。基于因果流程的渐进性和危害结果的重大性，采取早期治理的手段是有必要的。在污染环境罪法益保护的早期化中，虽然不以实害结果为犯罪成立条件，但对于表征"严重污染环境"的行为地点、排放物重量、超标倍数、排放方式、人身危险性等情节的规定无不显示了刑法谦抑主义。[4]

（四）是否采取严格责任模式

严格责任是英美法系的一种特殊责任模式。在环境犯罪中是否采取严格责任制度，或者立法是否体现了严格责任制度，在理论上有很大争议。反对者普遍以大陆法系传统责任主义为基础，要求"谁主

---

〔1〕 参见张志钢：《论累积犯的法理——以污染环境罪为中心》，载《环球法律评论》2017年第2期。

〔2〕 参见张志钢：《论累积犯的法理——以污染环境罪为中心》，载《环球法律评论》2017年第2期。

〔3〕 参见张志钢：《论累积犯的法理——以污染环境罪为中心》，载《环球法律评论》2017年第2期。

〔4〕 参见黄旭巍：《污染环境罪法益保护早期化之展开——兼与刘艳红教授商榷》，载《法学》2016年第7期。

张、谁举证”，认为其违背罪责刑相适应原则，所以不赞成严格责任制度。[1] 笔者认为，刑法理论具有发展性，不能简单以传统做法为借口对严格责任制度进行否定。关键的问题在于，严格责任存在哪些问题，这些问题是否违背了责任主义原则和刑事举证原则？如前文所述，严格责任并不违反刑法的基本原则。而且严格责任主要规制侵害公共福祉的犯罪，在作为维护公共福祉的生态环境立法中援用该制度，可以更好实现生态环境刑法保护的目标。

首先，“无罪过即无犯罪”的原则适用于发展节奏缓慢的社会，然而在发展飞速、日新月异的现代社会，高度危险性行业兼具便利性与严重的危险性两重特点，而其主观罪过却难以判定，尤其是破坏环境类犯罪，通常由多种因素交互反应，最终导致危害结果。在此种情形下若还是一味恪守“无罪过即无犯罪”的刑法原则，那么反而会使某些严重破坏环境的行为得不到应有的惩罚。[2]

其次，对于风险性犯罪而言，结果是否出现，如何出现本身具有高度不确定性，这导致证明行为与结果之间的关系是极其困难的事，进一步证明行为人的主观意志更是难上加难。[3] 放纵危险行为只会给公众利益和生态环境的保护带来风险。严格责任并非绝对责任，它允许行为人自己证明已经充分尽到了责任，属于有利于被告人的举证，并不违反举证责任要求。严格责任并非在犯罪构成中排除主观罪过这一要件，而是并不要求司法机关对此承担举证责任，同时

---

〔1〕 参见张梓太：《环境犯罪归责的主观要件分析》，载《现代法学》2003 年第 5 期；汪维才：《污染环境罪主客观要件问题研究——以〈中华人民共和国刑法修正案（八）〉为视角》，载《法学杂志》2011 年第 8 期。

〔2〕 参见彭俊：《科学发展观视野下环境资源的刑法规制》，载《湖北大学学报（哲学社会科学版）》2008 年第 4 期；陈异慧：《当前我国生态环境犯罪的刑法规制及其完善》，载《学术论坛》2011 年第 6 期。

〔3〕 参见邓琳君、吴大华：《风险社会语境下环境犯罪的立法思考》，载《中国社会科学院研究生院学报》2013 年第 6 期。

行为人可以采取自证的方式证明其并无主观过错或者证明危害行为与其结果是由第三人实施的进而免责。可见,过错推定责任符合刑法的主客观相一致的原则,避免了司法机关主观罪过证明困难,维护生态和谐。[1]

最后,在刑事领域适用严格责任,有利于对环境犯罪行为的认定,避免出现行为人具有主观过错但难以证明而逃脱刑事制裁的情形。[2]

中国环境刑法理论完全排斥严格责任的运用,不仅不利于过错原则在环境刑法中的贯彻,而且会削弱刑罚的威慑力,难以满足社会对保障环境的客观需求。我们应从整体、宏观、未来等多个动态角度考察严格责任的合理性与可行性。可以对刑法中的罪责原则进行修改,确定以过错责任原则为基础。具体而言:其一,当法律有特别规定时,以适用严格责任为例外。[3] 其二,对于适用严格责任的环境犯罪,其设置的法定刑应偏轻,并尽量采用罚金刑。[4] 其三,对适用罪名进行限制,即仅限于个别严重污染、破坏环境或危险性程度较高的环境犯罪。[5] 毋庸置疑,适用严格责任既有利于风险社会环境法益的有效保护,也加强了企业责任人的社会责任感。

---

〔1〕 参见曾粤兴、周兆进:《环境犯罪严格责任研究》,载《宁夏社会科学》2015 年第 1 期。

〔2〕 参见李劲:《我国环境刑法的困境与重构——以法律移植与本土化为视角》,载《社会科学辑刊》2013 年第 3 期;喻永红:《论环境犯罪中的严格责任在我国的适用》,载《鄂州大学学报》2001 年第 2 期;宋旭平、梁分:《环境污染犯罪中严格责任的引入及适用研究》,载《山东社会科学》2018 年第 8 期。

〔3〕 参见赵秉志、陈璐:《当代中国环境犯罪刑法立法及其完善研究》,载《现代法学》2011 年第 6 期。

〔4〕 参见张道许:《风险社会视阈下环境刑法的发展变化与立法面向》,载《江西社会科学》2019 年第 9 期。

〔5〕 参见李劲:《我国环境刑法的困境与重构——以法律移植与本土化为视角》,载《社会科学辑刊》2013 年第 3 期。

(五)处罚模式

关于生态环境犯罪的处罚,目前有如下几点值得考虑。

1. 合理配置法定刑

在我国刑法内,部分罪刑设置不均衡,因此常常引起争议。由于环境刑事立法重视传统法益,有些罪刑设置背离了罪刑均衡原则,如非法收购珍贵、濒危野生动物制品构成犯罪的,法定最高刑高达15年,其中涉案金额超过200万元即达到该标准;反观污染环境罪,行为人对环境造成严重污染的,法定刑最高是7年以上有期徒刑,并且在法律中详细规定了具体适用情形。[1] 在一般观念中,人的死亡与金钱显然是无法比较的。何以在人的生命、健康受到直接侵犯的情况下所受的处罚反而轻?究竟是有些犯罪的处罚轻了还是有些犯罪的处罚重了?这是立法必须进行合理论证和解决的问题。

2. 特殊的缓刑

有学者指出,针对污染环境的犯罪行为人,可以采取设置独特的缓刑制度的方式,使环境犯罪行为人在特定条件下在缓刑考验期具有自由,能采取恢复、改善环境的行为。对于在缓刑考验期内的环境保护方面卓有成效的行为人,不再执行原判刑罚;反之,则收监执行。[2] 这种建议值得重视。就环境犯罪而言,我们应推崇恢复性司法理念,惩罚不是目的,保护环境才是目的,当环境被破坏后,如果行为人愿意采取积极举措,修复被破坏的生态环境,这比消极的监禁或者罚金更有意义和价值。

---

〔1〕 具体包括:(1)致使疏散、转移群众五千人以上的;(2)致使三十人以上中毒的;(3)致使一人以上重伤、严重疾病或者三人以上轻伤的;(4)致使三人以上重伤、严重疾病,或者一人以上严重残疾、死亡的,等等。

〔2〕 参见李景义:《生态文明视野下的环境刑事立法新探》,载《学术交流》2009年第8期。

3. 非刑罚处罚方法

对于破坏环境的犯罪分子，辅以非刑罚处罚方法的效果远远比只适用刑罚处罚理想。问题在于，对破坏环境的犯罪应适用哪些非刑罚处罚方法。虽然我国《刑法》第37条对非刑罚处罚方法作了规定，但是非刑罚处罚方法具体包括哪些类型，理论上有不同看法。(1)法定说。有学者认为，我国现行《刑法》规定的非刑罚处罚措施即可适用于环境刑法之中，即训诫、责令具结悔过的教育性非刑罚处罚方法，赔偿损失的民事性非刑罚处罚方法以及包含行政处罚和行政处分的行政性非刑罚处罚方法。同时肯定了在实践中出现的不少法院对盗伐、滥伐林木或者失火毁林的行为人判罚植树还木的判决。[1] (2)法定方式完善说。认为非刑罚处罚措施包括训诫、赔偿损失、公开悔过、限期治理。但因为环境犯罪危害较大，以公开悔过取代具结悔过更为合理。责令补救与限期治理的内容本质上是重复的，两相比较，取限期治理更为合理。而限制活动的实质是限制或剥夺法人的能力，应与勒令解散同归资格刑中而不是非刑罚处罚措施。[2] (3)权利限制说。认为非刑罚处罚措施包含补救性措施与恢复性措施，而责令停业整顿，限制从事一定生产、经营活动则是附加刑。[3] (4)综合治理说，即在刑法判决中结合环境保护法的有关规定，采取责令停产整顿、限期整顿、恢复补救、消除危险，以及责令其支付犯罪行为导致的恢复环境或预防环境犯罪所支出的费用。[4] 还有学者认为针对环境犯罪的非刑罚处罚措施可创设为三类五种：

---

〔1〕 参见高铭暄、徐宏：《改革开放以来我国环境刑事立法的回顾与前瞻》，载《法学杂志》2009年第8期。

〔2〕 参见赵瑛、滕文浩：《论西部开发中环境犯罪的刑法对策》，载《内蒙古社会科学（汉文版）》2003年第3期。

〔3〕 参见李劲：《我国环境刑法的困境与重构——以法律移植与本土化为视角》，载《社会科学辑刊》2013年第3期。

〔4〕 参见刘彩灵：《环境刑法的理论评析与制度重构》，载《法律适用》2009年第7期。

第一类,教育性的非刑罚处罚措施,即公开悔过;第二类,民事性的非刑罚处罚措施,即限制活动和责令补救;第三类,行政性的非刑罚处罚措施,即限期治理和勒令解散。[1]

笔者认为,上述方式都试图探索我国环境犯罪治理的有效方式。但是作为对犯罪的反应的刑罚或者非刑罚处罚方法,应当坚持法定性,并符合比例性原则的要求。从不利于犯罪人的处罚方式看,要严格坚持法定的处罚种类和方式;但是根据人身危险性原理,在犯罪人以实际行动降低主观人身危险性的场合,只要不是为了躲避承担刑事不利后果,其实施的证明人身危险性降低的行为就值得肯定。例如,行为人不愿意公开悔过,但愿意采取实际行动表示悔罪的,也应该视为有效的处罚方式。

第六节 公职人员职务犯罪立法完善

一、公职人员职务犯罪立法完善的历史逻辑

(一)贪污贿赂犯罪的立法沿革

中华文化源远流长、博大精深,在中国长期的历史进程中,铸就了光辉灿烂的法制文明。对贪污贿赂犯罪进行严惩,是中国传统法律体系的重要内容。我国关于惩治贪污贿赂犯罪的历史之久远,在世界上也是屈指可数的。以刑法为主要手段对贪污贿赂犯罪进行规制,是中国贪污贿赂犯罪治理的观念基础,如在古汉语中,便有"贪墨"一词。新中国成立以来,同样重视贪污贿赂的治理工作,对我国

---

[1] 参见付立忠:《再论"环境刑法"》,载《当代法学》1995 年第 4 期;杨华:《生态环境的保护与刑法功能完善》,载《云南民族大学学报(哲学社会科学版)》2008 年第 2 期;李景义:《生态文明视野下的环境刑事立法新探》,载《学术交流》2009 年第 8 期。

贪污贿赂犯罪的立法沿革进行回顾和研究,对于审视当前贪污贿赂犯罪在我国司法实践方面存在的问题与立法完善具有重要意义。

中华人民共和国的成立使人民真正成为国家的主人,开辟了中国历史上的新纪元。新中国成立之初,我国并没有一部系统的刑法典,因而也就无法对贪污贿赂犯罪进行系统的立法规定。面对当时存在的腐败和官僚主义现象,新生政权分别在 1951 年和 1952 年在党内开展了"三反""五反"运动,并于 1952 年 4 月 21 日由中央人民政府委员会第十四次会议批准《惩治贪污条例》作为惩治贪污贿赂犯罪的法律依据,具体规定了贪污罪、行贿罪、介绍贿赂罪、非国家工作人员贪污罪等罪名,并将强索他人财物、收受贿赂以及其他假公济私违法取利的行为也规定为贪污罪。由于受到各种政治运动特别是"文化大革命"的影响,我国刑法法典化的步伐一度停滞不前。直到 1978 年,党的十一届三中全会作出"以经济建设为中心实行改革开放"的决策,提出了发展社会主义民主、健全社会主义法制的基本方针,推动了我国《刑法》的法治建设步伐,我国于 1979 年制定了新中国成立以来的第一部《刑法》,使我国的刑法立法实现了真正意义上的零的突破,对打击贪污贿赂犯罪、维护社会稳定、促进经济发展具有重要的意义。

1. 1979 年《刑法》及其完善

1979 年《刑法》关于职务犯罪的分类及体系划分与现行刑法存在较大差异,在 1979 年《刑法》中,并没有专门对贪污贿赂犯罪设置专门的章节,而是将贪污贿赂犯罪的具体罪名分别规定在分则第三章"破坏社会主义经济秩序罪"、第五章"侵犯财产罪"与第八章"渎职罪"中。主要包括以下罪名。

(1)贪污罪

1979 年《刑法》第 155 条规定:"国家工作人员利用职务上的便利,贪污公共财物的,处五年以下有期徒刑或者拘役;数额巨大、情节严重的,处五年以上有期徒刑;情节特别严重的,处无期徒刑或者死刑。犯前款罪的,并处没收财产,或者判令退赔。受国家机关、企业、事业单位、人民团体委托从事公务的人员犯第一款罪的,依照前两款的规定处罚。"

1979 年《刑法》将贪污罪归于分则第五章"侵犯财产罪"一章中,首次将"利用职务上的便利"纳入贪污罪客观方面的内容当中,对贪污罪罪状的表述较为简单,只将其行为方式概括说明为"贪污"行为。关于贪污罪的主体,除了"国家工作人员",将"受国家机关、企业、事业单位、人民团体委托从事公务的人员"也纳入其中。在法定刑的规定上,对贪污罪量刑档次的划分并无具体的数额规定,依据数额是否巨大和情节是否严重(特别严重)共规定三种量刑档次,最高可以处无期徒刑或者死刑。

(2)受贿罪

1979 年《刑法》第 185 条对受贿罪进行了规定,将其从贪污罪中分离出来规定为独立的罪名,体现了我国立法技术的进步。不过,当时的受贿罪被归置在渎职罪之中。该条规定"国家工作人员利用职务上的便利,收受贿赂的"应被认定为受贿罪。1979 年《刑法》将受贿罪纳入分则第八章"渎职罪"当中,与贪污罪相同,1979 年《刑法》在受贿罪罪状的描述上也将"利用职务上的便利"作为受贿罪的成立条件,并将受贿罪的行为方式简化为"收受贿赂"。这一规定事实上严格了受贿罪的成立条件,这也就意味着如若国家工作人员并没有"利用职务上的便利",而是利用其地位形成的便利条件收受贿赂,就不构成受贿罪,从而限制了受贿罪的成立范围。根据 1979 年《刑法》第 185 条的规定,受贿罪的主体为"国家工作人员",并在总则第 83 条中将"国家工作人员"规定为"一切国家机关、企业、事业单位和其他依照法律从事公务的人员"。在法定刑的规定上,相较于贪污罪,1979 年《刑法》对受贿罪规定了较轻的刑罚,并以是否致使国家或者公民遭受严重利益损失为标准,分别规定了5年以下有期徒刑、拘役和5年以上有期徒刑两种量刑档次,并未设置无期徒刑和死刑这两种刑种。这说明在当时的社会背景下受贿这一行为并不突出,相较于贪污罪,刑法将受贿罪看作一种较轻的犯罪。

(3)行贿罪和介绍贿赂罪

1979年《刑法》仍将行贿与介绍贿赂行为规定为犯罪,并将行贿罪和介绍贿赂罪与受贿罪同在第185条予以规定。在当时的社会背景下,相较于贪污而言,受贿和行贿的情形相对较少且社会危害性相对较小,因而1979年《刑法》对行贿罪同样规定了较轻的刑罚,其规定"向国家工作人员行贿的,处三年以下有期徒刑或者拘役"。而对于受贿和行贿的居间行为介绍贿赂罪的刑罚,1979年《刑法》第185条同样规定了"处三年以下有期徒刑或者拘役"。

(4)挪用特定款物罪

除贪污、受贿以及作为其对向和居间行为的行贿和介绍贿赂这四种最常见的贪污贿赂犯罪以外,1979年《刑法》还规定了挪用特定款物罪这一贪污贿赂类犯罪,将挪用特定款物的行为纳入了刑法的规制范围。由于构成这一犯罪的主体并不限于国家工作人员,因而将其规定在1979年《刑法》分则第三章破坏社会主义经济秩序罪中。需要指出的是,这里的挪用特定款物罪与我国现行刑法中的挪用特定款物罪并不完全相同,这里的挪用特定款物罪既包含现行刑法中的挪用特定款物罪,也与现行刑法中的挪用公款罪存在交叉关系。根据1979年《刑法》第126条规定,行为人成立该罪挪用的款物仅限于国家"救灾、抢险、防汛、优抚、救济"这五种款物,对于挪用国家其他种类公款和款物的行为则不构成犯罪。此外,挪用国家这五种用于特定作用的款物只有在"致使国家和人民群众利益遭受重大损害"的情况下才对"直接责任人员"追究刑事责任,如若行为人没有造成重大损害,就不构成犯罪,可谓是大大缩小了挪用公款行为的入罪范围。在法定刑的规定上,1979年《刑法》以情节是否特别严重为标准对该罪规定了"三年以下有期徒刑或者拘役"和"三年以上七年以下有期徒刑"两个量刑档次。

由于1978年党的十一届三中全会后我国进入了改革开放的新时期,社会环境急剧变化,我国开始由计划经济向市场经济转变,出现了各种新型犯罪和新问题。在此种情形下,贪污贿赂犯罪率的上升,特别是索贿、受贿情形的增加,对国家和社会稳定造成了威胁。而1979年《刑法》基于制定准备不充分以及社会急剧发展等原因,其并不能适应当时快速发展的社会,在此背景下,全国人大常委会于1982年3月8日通过《关于严惩严重破坏经济的罪犯的决定》。该决定第1条第2项对1979年《刑法》第185条的受贿罪作了修改和补充,在一定程度上对1979年《刑法》关于受贿罪定罪量刑的缺陷进行了弥补。该决定取消了受贿罪中"利用职务上的便利"的客观要件,增加了"索取贿赂"这一行为方式。在法定刑的设置上,该决定加重了受贿罪的刑罚,规定将受贿罪的刑罚比照贪污罪论处,增设了死刑和无期徒刑这两种刑罚,改变了此前受贿罪刑罚畸轻的问题。可以说,该决定关于受贿罪的刑罚比照贪污罪的规定为当前我国刑法关于受贿罪的刑罚规定奠定了基础。此外,该决定对受贿罪的共犯也进行了规定。根据该决定第1条第3项的规定,国家工作人员犯徇私舞弊罪、国家工作人员的亲属或者已离职的国家工作人员犯包庇罪,以及行为人犯伪证罪和报复陷害罪,事前与索取、收受贿赂的国家工作人员通谋的,以共同犯罪论处。

为了更好地处理和解决司法实践中关于贪污贿赂犯罪的相关问题,"两高"于1985年7月8日联合发布《关于当前办理经济犯罪案件中具体应用法律的若干问题的解答(试行)》,对贪污罪、受贿罪、行贿罪和介绍贿赂罪的认定和量刑过程中的一些具体问题进行了细化规定。针对1979年《刑法》关于贪污罪罪状描述过于简单,在司法实践中难以认定的问题,该解释将贪污罪的行为方式规定为"国家工作人员利用职务上的便利,侵吞、盗窃、骗取或者以其他手段非法占有公共财物的行为",除此之外还对"利用职务上的便利"这一客观方面要件以及"集体生产资料、资金"这一贪污罪的犯罪对象进行了界定。对于贪污罪的主体,该解释在1979年《刑法》的基础上将集体经济组织工作人员纳入了贪污罪的主体范围。对于在司法实践中两人以上相互勾结实行贪污或者盗窃活动的共同犯罪定性问题,该解释规定应按照主犯犯罪的基本特征进行决定。对于1979年《刑法》对贪污罪的数额入罪标准未进行规定的问题,该解释也进行了规定和解决,根据该解释,个人贪污2000元以上的,应进行定罪量刑,而对于贪污2000元以下的行为人,则根据具体情节决定是否对其定罪量刑。此外,1979年《刑法》对于挪用公款的行为规定的犯罪范围较窄,仅规定了挪用特定的五种款物的行为,对于挪用其他公款的行为并未进行刑法规制。为解决这一问题,该解释将其他挪用公款的行为进行了规定,对于行为人挪用公款的行为,个人使用超过6个月不予退还以及进行非法活动的行为应以贪污罪论处。尽管该解释将挪用公款的行为直接规定为贪污罪导致挪用款物的行为在罪名的设定上存在一定问题,但其弥补了1979年《刑法》难以规制挪用公款行为的缺陷,体现了我国刑事法治的进步。此外,关于在司法实践中存在的贿赂犯罪的认定及刑事责任的追究问题,该解释同样进行了规定。对于司法实践中存在的为他人谋取利益然后收取费用的情形,该解释根据为他人谋取利益是否利用职务便利、收取的费用是否合法以及是否有利于经济和发展生产为标准对行为人的行为是否构成受贿罪进行了详细规定。由于在1979年《刑法》中并不存在单位受贿罪和单位行贿罪的规定,因此对于单位实行的行贿和受贿行为应该如何处理的问题,该解释根据具体情形的不同对相关责任人员的责任追究进行了不同的规定。

随着改革开放的不断深入,我国的经济实现了飞速发展,但与此同时,贪污贿赂犯罪呈现出严重态势。为了遏制实践中出现的危害经济社会发展,侵蚀党的肌体的腐败行为,全国人大常委会及时制定了单行刑法。全国人大常委会以1979年《刑法》为基础,在总结“两高”《关于当前办理经济犯罪案件中具体应用法律的若干问题的解答(试行)》的经验后,于1988年1月21日通过《关于惩治贪污罪贿赂罪的补充规定》(以下简称《贪污贿赂补充规定》),对贪污贿赂犯罪进行了较为全面的修改完善,主要体现在以下方面。

第一,明确了贪污贿赂犯罪中具体罪名的概念。《贪污贿赂补充规定》在1979年《刑法》和“两高”《关于当前办理经济犯罪案件中具体应用法律的若干问题的解答(试行)》规定的基础上,对贪污贿赂犯罪中具体罪名的概念进行了明确,从而提高了司法机关办理贪污贿赂案件的效率,增强了司法适用性。

第二,进一步扩大了贪污罪、受贿罪的主体范围。《贪污贿赂补充规定》对贪污罪、受贿罪的主体范围进行了扩大,受贿罪的主体被扩大为“国家工作人员、集体经济组织工作人员或者其他从事公务的人员”,特别是将“其他经手、管理公共财物的人员”纳入贪污罪的主体范围,可谓极大地扩展了贪污罪的主体范围。这就意味着即使行为人并不具备国家工作人员身份,但只要行为人曾经经手公共财物,行为人就也可以被纳入贪污罪的主体范围。尽管该规定的确使贪污罪适用范围不当扩大,但在当时贪污贿赂犯罪大量增加的背景下,对于打击和遏制贪污贿赂犯罪还是具有较大的积极作用。

第三,对受贿罪的罪状进行了完善。《贪污贿赂补充规定》第4条第1款将受贿罪的行为方式分为索贿型受贿和普通受贿两类,并首次将“为他人谋取利益”纳入普通受贿罪的成立条件当中,对于索贿型受贿罪则无须“为他人谋取利益”。

第四,明确违规收取的“回扣、手续费”及对外交往中接受的未交公的“礼物”的性质。《贪污贿赂补充规定》对违规收取的“回扣、手续费”的性质进行了明确，并在第4条第2款中强调“在经济往来中，违反国家规定收受各种名义的回扣、手续费，归个人所有的以受贿论处”，但第10条规定，“国家工作人员在对外交往中接受礼物，依照国家规定应当交公而不交公，数额较大的，以贪污罪论处”。

第五，对贪污罪和受贿罪的共犯进行了明确规定。《贪污贿赂补充规定》第1条第1款和第4条第1款在对贪污罪和受贿罪的构成进行规定的同时，分别在第1条第2款和第4条第2款对贪污罪和受贿罪的共犯进行了规定，即构成贪污罪和受贿罪的共犯并不需要行为人具备国家工作人员身份，行为人勾结国家工作人员，伙同实施贪污、受贿便可构成贪污罪和受贿罪的共犯。

第六，基于贪污贿赂犯罪增设了大量外围体罪名。针对当时社会上国家工作人员挪用公款、单位行贿和受贿以及国家工作人员巨额财产来源不明现象的大量出现，《贪污贿赂补充规定》分别通过第3条、第6条、第9条以及第11条第1款、第2款增设了挪用公款罪、单位受贿罪、单位行贿罪、巨额财产来源不明罪以及隐瞒境外存款罪五大罪名。将这些行为纳入刑法的规制范围，进一步丰富和完善了我国刑法关于贪污贿赂犯罪的内容。

第七，法定刑设置上首次采用数额和情节相结合的模式。在贪污罪和受贿罪的刑罚设置上，《贪污贿赂补充规定》首次采用了数额和情节结合的立法模式，即在对贪污罪和受贿罪的犯罪分子进行量刑时，首先以其贪污和受贿的数额为标准，然后考虑其情节严重与否，决定是否加重处罚。此外，对于存在自首、立功、悔改表现以及积极退赃情节的也可以减轻或者免予处罚，但其贪污和受贿的数额必须在2000元到1万元，而对于行为人贪污数额在2000元以下且情节较轻的，则可以免予刑事处罚。可谓综合考虑了数额和情节，增强了司法实践中的可操作性。

第八，提高了行贿罪的法定刑。对于行贿罪法定刑的设置，《贪污贿赂补充规定》第 8 条第 1 款规定了三个量刑档次，对于犯行贿罪情节特别严重的犯罪分子，最高可判处无期徒刑并处没收财产。相较于 1979 年《刑法》关于行贿罪最高只能判处 3 年以下有期徒刑的法定刑设置，可谓大大提高了行贿罪的法定刑。

《贪污贿赂补充规定》对贪污贿赂犯罪的全面修改和完善，在改革开放时期对于打击贪污贿赂犯罪具有重大的意义，不仅完善了立法，增强了司法实践的可操作性，也为后来我国刑法关于贪污贿赂犯罪的立法奠定了坚实的基础。

1992 年党的十四大正式提出建立社会主义市场经济体制，社会主义市场经济的繁荣发展促进了非公有制经济的快速成长，成为社会主义市场经济的重要力量。非公有制经济组织在促进经济快速发展的同时，对中国的廉政建设提出了挑战。为遏制公司等非公有制经济组织的犯罪，促进市场经济的健康发展，全国人大常委会于 1995 年 2 月 28 日通过了《关于惩治违反公司法的犯罪的决定》。该决定共包括 15 个条文，分别通过第 9 条、第 10 条和第 11 条增设了公司、企业人员受贿罪，侵占罪和挪用资金罪三个罪名，将贪污贿赂行为的刑罚规制范围扩大至非公领域和非国家工作人员。由于该决定是专门针对违反公司法的犯罪所进行的规定，因而关于这三个罪名的犯罪主体范围也仅限于公司董事、监事和职工，而对于其他单位工作人员的受贿行为、侵占行为以及挪用资金的行为则未进行规制。除此之外，该决定规定国家工作人员有受贿、侵占和挪用资金行为的则依据 1988 年 1 月 21 日通过的《贪污贿赂补充规定》进行处罚，从而使非国家工作人员的受贿、侵占以及挪用资金的犯罪与国家工作人员的受贿、贪污和挪用公款的犯罪相区别。

2. 1997 年《刑法》立法及其完善

随着反腐败斗争和打击职务犯罪的不断深入，各类犯罪随着时代的发展呈现出一些新的特点,各种新型犯罪行为不断出现,1979 年《刑法》、单行刑法以及相关的司法解释的规定已难以适应时代的需要。基于此,1988 年我国提出了对 1979 年《刑法》的初步修改方案。经过 10 年的努力,实现了对 1979 年《刑法》的全面修订,并于 1997 年颁布了全面修订后的《刑法》,1997 年《刑法》的颁布,标志着我国刑法的发展取得了重大成果,这也是 1979 年《刑法》颁布后第一次也是唯一一次的全面修订。1997 年《刑法》在 1979 年《刑法》的基础上,将在 1979 年《刑法》颁布后的单行刑法中关于贪污贿赂犯罪的相关规定体系化地纳入 1997 年《刑法》的规范当中,单独设置了分则第八章贪污贿赂罪,同时,将一些本质上属于违反职务廉洁性,但又表现为不同行为特征的新型罪名纳入了贪污贿赂犯罪中,充分体现了国家准确、严厉惩治贪污贿赂犯罪的需要。[1] 1997 年《刑法》是我国关于贪污贿赂犯罪立法的分水岭,展示了党和国家对于打击贪污贿赂犯罪的信心和决心。

1997 年《刑法》的规定突出了国家工作人员在贪污贿赂犯罪的大多数具体犯罪中的犯罪主体身份,并参考司法解释的相关规定以及结合社会实际情况,在总则中重新界定了国家工作人员和司法工作人员的内涵,在分则根据第 93 条、第 94 条规定了国家工作人员与司法工作人员的具体内涵。“本法所称国家工作人员,是指国家机关中从事公务的人员。国有公司、企业、事业单位、人民团体中从事公务的人员和国家机关、国有公司、企业、事业单位委派到非国有公司、企业、事业单位、社会团体从事公务的人员,以及其他依照法律从事公务的人员,以国家工作人员论。”“本法所称司法工作人员,是指有侦查、检察、审判、监管职责的工作人员。”

---

〔1〕 参见秦新承:《40 年腐败犯罪刑法规制与反腐政策的演进》,载《犯罪研究》2019 年第 4 期。

在分则中,1997 年《刑法》第八章贪污贿赂罪中共计 15 个条文,12 个罪名。其中,只能由自然人构成的有贪污罪、挪用公款罪、受贿罪、行贿罪、介绍贿赂罪、巨额财产来源不明罪和隐瞒境外存款罪这 7 个罪名。关于贪污罪和受贿罪的法定刑设置,1997 年《刑法》同样采取数额和情节相结合的模式划分为四个量刑档次。不同的是随着经济的快速发展和人民生活水平的提高,1997 年《刑法》提高了贪污罪和受贿罪量刑起点和法定最高刑的数额标准,将原本的 2000 元的量刑起点提高至 5000 元,而对于法定最高刑的数额标准则由原来的 5 万元以上提高到 10 万元以上。关于挪用公款罪,1997 年《刑法》改变了《贪污贿赂补充规定》中对于挪用公款数额较大不退还的认定为贪污罪的规定,而是规定"挪用公款数额巨大不退还的,处十年以上有期徒刑或者无期徒刑",可以看出,"不退还"是加重处罚情节,以此避免司法实践中将行为人主观上只是想暂时挪用公款,但由于客观上的其他情形而无法归还挪用的公款,进而被认定为贪污罪这一不当情况的发生,进而划清了贪污罪和挪用公款罪之间的界限,使挪用公款罪的认定具有更大灵活性和科学性。此外,为了进一步规范挪用公款罪的认定,第九届全国人大常委会第二十七次会议通过了关于挪用公款罪的司法解释〔1〕,对挪用公款"归个人使用"的含义进行了列举式的说明。〔2〕 关于巨额财产来源不明罪和隐瞒境外存款罪,1997 年《刑法》对于巨额财产来源不明和隐瞒境外存款的数额达到多少属于"差额巨大"和"数额较大、隐瞒不报"未作明确规定,基于此,1997 年 12 月 31 日,最高检发布了《关于检察机关直接受理立

〔1〕《关于〈中华人民共和国刑法〉第三百八十四条第一款的解释》。

〔2〕 全国人大常委会讨论了《刑法》第 384 条第 1 款规定的国家工作人员利用职务上的便利,挪用公款"归个人使用"的含义问题,解释如下。

有下列情形之一的,属于挪用公款"归个人使用":(1)将公款供本人、亲友或者其他自然人使用的;(2)以个人名义将公款供其他单位使用的;(3)个人决定以单位名义将公款供其他单位使用,谋取个人利益的。

案侦查案件中若干数额、数量标准的规定(试行)》,明确巨额财产来源不明和隐瞒境外存款行为的立案要求数额在10万元以上。

在1997年《刑法》分则第八章贪污贿赂罪的12个罪名中只能由单位构成的有4个罪名,即单位受贿罪、单位行贿罪、私分国有资产罪和私分罚没财产罪;既可以由自然人也可以由单位构成的有1个罪名,即对单位行贿罪。其中,对单位行贿罪、私分国有资产罪、私分罚没财产罪为1997年《刑法》新增罪名。除对单位和国家工作人员的行贿行为之外,1997年《刑法》将对公司、企业的行贿行为也纳入了规制范围,新增对公司、企业人员行贿罪。而对于当时广泛存在于各种单位中的在单位账目外以回扣、手续费等之名行受贿之实的情形,1997年《刑法》对这些"回扣、手续费"的性质进行了规定,将单位的这种行为定性为单位受贿罪。

此外,这12个罪名全部为单一罪名,没有选择性罪名;其中有死刑的有两个罪名,即贪污罪和受贿罪;有罚金刑的有5个罪名,且均属单位犯罪,即单位受贿罪、对单位行贿罪(仅限于单位犯本罪)、单位行贿罪、私分国有资产罪和私分罚没财产罪;可并处没收财产的涉及3个罪名,即贪污罪、受贿罪、行贿罪。[1]

1997年《刑法》对贪污贿赂犯罪的相关规定基本上形成了相对较为严密的体系,但仍然存在不足。在1997年《刑法》颁布实施后,全国人大常委会又相继颁布了12个刑法修正案对1997年《刑法》进行了修改和完善,其中涉及贪污贿赂犯罪的主要包括下列内容。

(1)《刑法修正案》

1997年《刑法》颁布后的第一个刑法修正案基本不涉及对分则

---

〔1〕 参见杨兴国:《贪污贿赂犯罪认定精解精析(修订版)》,中国检察出版社2015年版,第2页。

第八章贪污贿赂罪立法体系的调整。[1] 但在当时社会主义市场经济快速发展的背景下，各种金融机构种类不断增多，面对难以准确对各类国有和非国有金融机构的工作人员挪用客户资金等行为予以定性的问题，《刑法修正案》第 7 条对 1997 年《刑法》第 185 条进行了修改，将国有金融机构的工作人员挪用公款的行为和非国有金融机构的工作人员挪用资金的行为进行了区分和定性，进一步明晰了挪用公款罪和挪用资金罪之间的界限。此外，为了进一步增强刑法的适用性，该条规定还采取列举式的方式列明了当前主要的"金融机构"种类，并采取"其他金融机构"的表述对金融机构的种类作了兜底。

(2)《刑法修正案(六)》

2003 年联合国通过《联合国反腐败公约》，标志着全球腐败治理迈上了新征程。我国作为第一批签署《联合国反腐败公约》的国家，用行动展示了对《联合国反腐败公约》的支持，并将《联合国反腐败公约》作为我国国内反腐败立法的导向。《联合国反腐败公约》对我国正式生效仅 4 个月后，我国便及时对我国刑法进行修改，通过了《刑法修正案(六)》，对相关贪污腐败犯罪进行了立法完善。考虑到我国刑法关于洗钱罪和受贿犯罪规定的不足及与《联合国反腐败公约》规定的冲突，扩大商业受贿罪的主体范围已成为当时刑法立法发展的趋势，[2]《刑法修正案(六)》通过第 7 条、第 8 条修改了"公司、企业人员受贿罪"和"对公司、企业人员行贿罪"，将"公司、企业人员受贿罪"的犯罪主体的范围与"对公司、企业人员行贿罪"的行为对象的范围均扩大至"公司、企业或者其他单位的工作人员"。这两个罪名也被"两高"重新命名为"非国家工作人员受贿罪"和"对非国家

---

〔1〕 参见孙国祥、魏昌东：《反腐败国际公约与贪污贿赂犯罪立法研究》，法律出版社 2011 年版，第 102 页。

〔2〕 参见赵秉志主编：《反腐败犯罪的国际视野》，法律出版社 2008 年版，第 218 页。

工作人员行贿罪”。同时将国有公司和企业中从事公务的人员等特定主体收受贿赂的行为，定为受贿罪。此外，该修正案第16条将贪污贿赂犯罪纳入洗钱罪的上游犯罪，将洗钱罪的上游犯罪增加至七种。

(3)《刑法修正案(七)》

该修正案第13条增设了利用影响力受贿罪，该罪名的增设也是我国刑事立法对《联合国反腐败公约》作出的强有力回应，具有重大意义。[1] 相较于《联合国反腐败公约》的规定，《刑法修正案(七)》明确了利用影响力受贿罪的主体，“国家工作人员的近亲属或者其他与该国家工作人员关系密切的人”以及“离职的国家工作人员或者其近亲属以及其他与其关系密切的人”被规定为该罪的主体。对于1997年《刑法》关于国家工作人员巨额财产来源不明的法定刑设定畸轻，难以对拥有不能说明来源的数额特别巨大的财产的国家工作人员处以适当刑罚，以及对于国家工作人员“不能说明其来源是合法的”，但可以说明其非法来源而导致的罪名认定不适当的问题，《刑法修正案(七)》第14条将原条文中“不能说明其来源是合法的”改为“不能说明来源的”，并对巨额财产来源不明罪增加了一档法定刑，规定“差额特别巨大的，处五年以上十年以下有期徒刑”。

(4)《刑法修正案(八)》

随着全球化的发展和世界各国联系的日益密切，对于贿赂外国公职人员或者国际公共组织官员的行为在我国仍然存在立法空白，面对此种情形，《刑法修正案(八)》第29条增设了对外国公职人员、国际公共组织官员行贿罪，拓宽了行贿罪的对象范围，实现了行贿罪犯罪对象的全面化。

---

[1] 参见蔡雅奇：《晚近八个刑法修正案与相关国际公约关系论》，载《湖南警察学院学报》2012年第5期。

(5)《刑法修正案(九)》

该修正案对贪污贿赂犯罪进行了较大的修改,严密了贪污贿赂犯罪的刑事法网,进一步提高了贪污贿赂犯罪的打击力度,增强了罪刑体系的科学性和可操作性。由于贪污贿赂犯罪更多表现为贪利性,因而《刑法修正案(九)》加大了对贪污贿赂犯罪罚金刑的适用,对非国家工作人员行贿罪、贪污罪、行贿罪、对单位行贿罪、介绍贿赂罪、单位行贿罪都增加了罚金刑的规定。此外,面对贪污贿赂犯罪数额日益增大、各种巨额贪腐案频发的情形,原有的"具体"数额和情节相结合的贪污受贿量刑模式难以实现罪责刑相一致原则。基于此,《刑法修正案(九)》第44条规定对贪污罪的量刑取消具体数额的规定,而是通过"数额较大、数额巨大、数额特别巨大"的表述方式规定了不同的量刑标准,同时为了进一步加大对贪污罪的打击力度,《刑法修正案(九)》增设了终身监禁制度,贪污而被判处死缓两年期满后减为无期徒刑的犯罪分子在具体情形下可适用终身监禁。关于行贿罪,《刑法修正案(九)》第45条限制了对行贿罪从轻或减轻处罚的条件,从而提高了对行贿这一犯罪行为的打击力度。由于贿赂罪是典型的对向型犯罪,必须同时存在受贿与行贿的行为[1],而当时仅规定了利用影响力受贿罪而未将对有影响力的人行贿的行为纳入刑法的规制范围,因此《刑法修正案(九)》第46条增设了对有影响力的人行贿罪,规定自然人和单位都可成为该罪的犯罪主体,根据情节的严重与否以及是否特别严重设置了三个量刑档次,并对每个量刑档次都设置了罚金刑。

为了解决司法实践中存在的法律冲突,填补法律空白,除通过修正案的形式对贪污贿赂犯罪进行修改完善外,"两高"先后发布《关

---

[1] 参见童德华、王一冰:《国际合作原则与我国反腐败立法完善》,载《广西社会主义学院学报》2019年第3期。

于审理贪污、职务侵占案件如何认定共同犯罪几个问题的解释》[1]《关于办理商业贿赂刑事案件适用法律若干问题的意见》[2]《关于办理贪污贿赂刑事案件适用法律若干问题的解释》[3]《关于贪污养老、医疗等社会保险基金能否适用〈最高人民法院、最高人民检察院关于办理贪污贿赂刑事案件适用法律若干问题的解释〉第一条第二款第一项规定的批复》[4]等司法解释和文件,使我国刑法关于贪污贿赂犯罪的规定更加符合实践需要。

(二)渎职罪立法的历史逻辑

渎职罪是职务犯罪的另外一大类,其立法源远流长。尽管我国古代以君王为至尊,但政权的稳固与国家的治理和吏治是分不开的。因此,对于官吏滥用职权、以权谋私等行为的规制,我国古已有之,只是未采取“渎职罪”这一称谓。[5] 中华人民共和国成立初期,并没有制定统一的《刑法》,因而主要通过一些单行条例对渎职行为进行规制。如1951年的《保守国家机密暂行条例》,1952年的《惩治贪污条例》等。尽管中华人民共和国成立初期关于渎职罪的规定只是散见于一些法律、法规及规范性文件中,缺乏系统性和全面性,但这些规定为我国第一部《刑法》关于渎职罪的专章立法奠定了一定的基础。

---

[1] 2000年6月30日最高法发布《关于审理贪污、职务侵占案件如何认定共同犯罪几个问题的解释》。

[2] 2008年11月20日“两高”发布《关于办理商业贿赂刑事案件适用法律若干问题的意见》。

[3] 2016年4月18日“两高”发布《关于办理贪污贿赂刑事案件适用法律若干问题的解释》。

[4] 2017年7月26日最高检发布《关于贪污养老、医疗等社会保险基金能否适用〈最高人民法院、最高人民检察院关于办理贪污贿赂刑事案件适用法律若干问题的解释〉第一条第二款第一项规定的批复》。

[5] 参见王杨:《渎职罪的基本理论问题研究》,武汉大学2014年博士学位论文,第2页。

1. 1979 年《刑法》立法及其完善

1979 年我国颁布了第一部《刑法》,将渎职罪列为分则第八章并对渎职罪进行了较为系统和全面的规定,标志着我国关于渎职罪的立法进入了一个新时期。在 1979 年《刑法》中,关于渎职罪这一章共 8 个条文,9 个罪名,规定在第 185 条至第 192 条中。与贪污贿赂犯罪主要危害的是国家工作人员的廉洁性不同,渎职罪的社会危害性主要体现在危害国家机关的正常活动。1979 年《刑法》将渎职罪的主体界定为"国家工作人员",[1]其内涵范围较为宽泛。根据主体的不同,1979 年《刑法》规定的渎职罪主要可分为普通渎职罪、司法工作人员渎职罪和邮电工作人员渎职罪三种。[2]

(1)普通渎职罪

普通渎职罪包括泄露国家秘密罪和玩忽职守罪,这两种犯罪对犯罪主体国家工作人员的身份并无特殊要求,一般国家工作人员即可构成该罪。1979 年《刑法》第 186 条规定:"国家工作人员违反国家保密法规,泄露国家重要机密,情节严重的,处七年以下有期徒刑、拘役或者剥夺政治权利。非国家工作人员犯前款罪的,依照前款的规定酌情处罚。"由该条规定可知,行为人构成该罪在主观上并不区分故意或者过失,只要行为人的行为在客观上符合构成要件,无论行为人主观上是故意抑或过失,都不影响该罪的成立,也不必然要求行为人具备国家工作人员身份,即使行为人不具备此身份,仍然可构成该罪。对于玩忽职守罪,1979 年《刑法》第 187 条对玩忽职守行为采取了概括规定,对该罪的行为方式并未给予明确的限定,即只要行为人具有玩忽职守的行为并造成严重后果就成立玩忽职守罪。由于玩

---

[1] 1979 年《刑法》第 83 条规定:"本法所说的国家工作人员是指一切国家机关、企业、事业单位和其他依照法律从事公务的人员。"

[2] 参见蒋小燕、王安异:《渎职罪比较研究》,中国人民公安大学出版社 2004 年版,第 12 页。

忽职守这一概念所涉范围较广且在司法实践中难以界定,因而该罪易沦为“口袋罪”。

(2)司法工作人员渎职罪

司法工作人员的渎职罪则包括徇私枉法罪、虐待被监管人员罪以及私放罪犯罪。根据1979年《刑法》第188条关于徇私枉法罪的规定,只对在起诉和审判环节徇私枉法的司法人员的行为进行规制,而对于负责执行判决和裁定的司法工作人员的徇私枉法、不依法执行判决和裁定的行为则并不构成该罪。就虐待被监管人员罪来讲,尽管行为人实施虐待被监管人的行为危害了国家机关的正常活动,但该罪的主要客体应为被监管人的人身权利。因此,我国1997年《刑法》不再将虐待被监管人员罪规定在渎职罪中,而是将其规定在侵犯公民人身权利、民主权利罪一章中。对于私放罪犯罪,1979年《刑法》只将司法工作人员私放罪犯的行为进行了规定,并根据情节是否严重规定了两个量刑档次,但对于私放其他在押人员的行为则并没有进行规定。

(3)邮电工作人员渎职罪

邮电工作人员渎职罪是指私自开拆以及隐匿、毁弃邮件、电报罪。在当时的社会背景下,邮电工作人员属于国家工作人员,故犯该罪而窃取财物的,依贪污罪从重处罚。此外,由于被1979年《刑法》置于渎职罪一章的受贿罪、行贿罪和介绍贿赂罪应属于贪污贿赂犯罪,笔者在此不再赘述。

尽管1979年《刑法》关于渎职罪的规定还存在不完备之处,但1979年《刑法》的颁布,不仅为打击渎职犯罪提供了较为全面的法律依据,而且在当时改革开放的背景下有利于社会的稳定和经济的发展。在当时社会飞速发展的背景下,渎职犯罪也出现了一些新情况和新特点。关于国家工作人员的渎职行为,在司法实践中,不仅存在国家工作人员不行使或不认真行使职权的玩忽职守行为,也存在国家工作人员滥用其职权的行为,而国家工作人员滥用职权的行为相较于玩忽职守来讲其后果往往更为严重。1979年《刑法》仅规定了国家工作人员玩忽职守的行为,对国家工作人员滥用职权的行为并未进行刑法规制。此外,针对1979年《刑法》关于渎职罪的规定过于笼统、不够完善以及部分渎职犯罪刑罚设置较轻的问题,全国人大常委会颁布了一系列单行刑法和附属刑法以对1979年《刑法》进行补充和完善。

1982年3月8日全国人大常委会通过了《关于严惩严重破坏经济的罪犯的决定》,该决定不仅对受贿罪进行了补充和修改,而且对1979年《刑法》中关于渎职罪规定中存在的一些问题也进行了及时的解决。根据该决定第1条第3项的规定,无论行为人是否属于司法人员,其利用职务包庇、窝藏犯走私、套汇、投机倒把牟取暴利罪,盗窃罪,贩毒罪,盗运珍贵文物出口罪以及受贿罪的犯罪分子,隐瞒、掩饰犯罪分子的犯罪事实的,按照刑法关于徇私舞弊罪的规定进行处罚。此外,该条第4项对于国家工作人员存在玩忽职守、徇私舞弊,对某些特定犯罪的犯罪分子不依法追究处理的渎职行为进行了相对细化的规定。[1] 1984年9月20日全国人大常委会通过了《森林法》,该法第35条对于滥用职权发放林木采伐许可证的直接责任人员根据1979年《刑法》关于玩忽职守罪追究刑事责任进行了规定。这些规定事实上是对国家工作人员滥用职权的行为进行了刑法规制,并将其纳入了渎职罪的范围,打破了当时人们对于国家工作人员不依法行使职权往往只限于消极的不履行的观念,从而引起社会对

---

〔1〕 全国人大常委会《关于严惩严重破坏经济的罪犯的决定》第1条第4项规定:"对于本条(一)、(二)、(三)所列的犯罪人员,有追究责任的国家工作人员不依法处理,或者因受阻挠而不履行法律所规定的追究职责的;对犯罪人员和犯罪事实知情的直接主管人员或者仅有的知情的工作人员不依法报案和不如实作证的,分别比照刑法第一百八十七条、第一百八十八条、第一百九十条所规定的渎职罪处罚。"

于"滥用职权"这一渎职行为的关注和思考。除此之外,针对玩忽职守罪罪状的规定较为简略,极易沦为"口袋罪"的问题,我国分别通过了 1985 年《会计法》、1985 年《公民出境入境管理法》、1987 年《海关法》、1988 年《野生动物保护法》等法律,其中的附属刑法相对细化了国家工作人员玩忽职守、滥用职权的规定,尽管有些部门法并未具体规定犯罪行为的罪状和法定刑,仍需参照《刑法》的规定,但这些附属刑法还是对 1979 年《刑法》关于渎职罪的规定进行了修改和完善。

2. 1997 年《刑法》对渎职罪的规定及完善

如上所述,由于 1979 年《刑法》关于渎职罪的规定较为简略且罪名种类较少,因此通过大量的单行刑法和附属刑法对渎职罪的罪名进行了修改和补充,从而导致我国刑法关于渎职罪的规定过于分散。此外,由于附属刑法中关于渎职罪的罪状和刑罚规定并不完整,往往采取"依照""比照"刑法规定的方式追究行为人的刑事责任,这既与罪刑法定原则的精神相背离,也不利于司法实践中关于渎职罪具体罪名的认定和处罚,造成了司法实践效率低下和司法资源的浪费。针对上述问题,1997 年《刑法》在 1979 年《刑法》的基础上,总结吸收了各种部门法、单行刑法、补充规定以及司法解释中关于渎职罪的规定,解决了部门法与《刑法》之间关于渎职罪的认定难以衔接的问题。此外,对于当时社会中新出现的国家工作人员的渎职行为给国家和人民利益造成巨大损失的情况,1997 年《刑法》又根据实际情况规定了一些内容较为具体的渎职犯罪,包括徇私舞弊不征、少征税款罪,放纵走私罪,国家机关工作人员签订、履行合同失职被骗罪,商检徇私舞弊罪和商检失职罪,招收公务员、学生徇私舞弊罪以及失职造成珍贵文物损毁、流失罪等罪名,对渎职罪一章的内容进行了充实和完善。而对于 1979 年《刑法》中原置于渎职罪一章的受贿罪、行贿罪、介绍贿赂罪这三种贪污贿赂犯罪和虐待被监管人罪以及私自开拆、隐匿、毁弃邮件、电报罪这两种侵犯公民人身权利、民主权利罪,1997

年《刑法》则将其归入其应编入的章节内。

在1997年《刑法》中,分则第九章渎职罪共23个条文,规定了包括滥用职权罪、玩忽职守罪以及徇私枉法罪等33种具体罪名。以犯罪主体为分类标准,分为一般国家机关工作人员的渎职罪、司法工作人员的渎职罪和特定部门工作人员的渎职罪三类。从1979年《刑法》到1997年《刑法》关于渎职罪一章的立法演进,其特点主要体现在以下几个方面。

(1)缩小了渎职罪的主体范围。在1979年《刑法》中渎职罪的主体是国家工作人员,而1997年《刑法》则将渎职罪的主体规定为国家机关工作人员,相对缩小了渎职罪的主体范围。虽然此举在督促国家机关工作人员依法行使职权方面有重要意义,但将渎职罪的主体范围严格限制为"国家机关工作人员"可能导致有的渎职行为由于主体不适格而不能进行责任追究,有的渎职行为则被迫牵强地适用其他条款,因而此后又通过立法和司法解释对渎职罪的主体范围进行了扩大解释。

(2)将滥用职权罪和玩忽职守罪相分离。如上所述,1979年《刑法》只规定了玩忽职守罪,但司法实践中除了国家工作人员玩忽职守的行为,更包括国家工作人员滥用职权的行为,且较之玩忽职守行为,滥用职权的行为有着更大的社会危害性。据此,1997年《刑法》将滥用职权罪规定为独立罪名。

(3)采取一般规定和具体规定相结合的立法模式。1997年《刑法》既通过作为一般规定的第397条规定了滥用职权罪和玩忽职守罪,又通过作为具体规定的第397条到第419条对滥用职权型渎职犯罪和玩忽职守型渎职犯罪规定了具体的罪名。采取一般规定与具体规定相结合的立法模式,使一般规定与具体规定统一起来,既有利于司法实践中关于渎职罪具体罪名的认定,也有利于防止出现遗漏的情形。

（4）加大了对渎职罪的处罚力度。一方面，1997 年《刑法》调整了渎职罪法定刑的量刑档次。在 1979 年《刑法》中关于渎职罪的罪名往往只有一到两个量刑档次，而在 1997 年《刑法》中则增加了部分渎职罪的量刑档次，如私放在押人员罪增加了“情节特别严重”的量刑档次。另一方面，1997 年《刑法》提高了渎职罪的法定刑，如徇私枉法罪的最高刑由原来的“处五年以上有期徒刑”提高到“处十年以上有期徒刑”。

除国家机关工作人员外，国有公司、企业、事业单位的工作人员在行使职权时亦存在渎职行为，具有严重的社会危害性，同样应当受到刑法规制。但是，由于国家机关工作人员行使国家权力和国有公司、企业、事业单位的工作人员行使企业管理权的渎职行为在性质上并不相同。因此在当时政企分开的背景下，1997 年《刑法》对国有公司、企业、事业单位直接负责的主管人员玩忽职守、徇私舞弊的渎职行为进行了具体规定。1997 年《刑法》通过第 168 条增设了徇私舞弊造成破产、亏损罪，并根据其行为的性质将该罪置于分则第三章破坏社会主义市场经济秩序罪中。尽管 1997 年《刑法》试图对非国家机关工作人员的渎职行为进行规制，但此罪的适用范围过窄，仅限于国有公司、企业直接负责的主管人员实施徇私舞弊行为，其他一般的渎职行为往往难以受到刑法规制。此外，该罪的犯罪主体仅限于国有公司、企业直接负责的主管人员，但在特殊情况下，国有公司、企业的其他工作人员的渎职行为也可能造成严重后果。例如，国有银行的工作人员徇私舞弊导致银行收取巨额假汇票，从而造成国有银行严重亏损的情形。由于该条规定难以适应经济体制改革的社会实践，而后我国便通过修正案的形式将该条进行修正。另外，1997 年《刑法》通过第 167 条规定了签订、履行合同失职被骗罪，规制国有公司、企业、事业单位直接负责的主管人员在签订、履行合同的过程中存在的渎职行为。

3. 1997 年后我国刑法关于渎职罪的修改完善

1997 年《刑法》对渎职罪的罪刑体系进行了相对细化和较为完善的规定,但由于社会的飞速发展和法律固有的滞后性特征,其规定不免存在疏漏之处。基于此,我国先后颁布了 12 个刑法修正案对 1997 年《刑法》进行了修正和完善,其中涉及渎职犯罪的主要包括下列内容。

(1)《刑法修正案》扩大了对非国家机关工作人员渎职行为的规制范围。如上所述,1997 年《刑法》第 168 条关于徇私舞弊造成破产、亏损罪的规定存在适用范围较窄、一般的渎职行为难以受到刑法规制的问题。基于此,《刑法修正案》第 2 条对该条进行了修正,将国有公司、企业、事业单位的工作人员滥用职权和失职的渎职行为纳入了刑法的规制范围,并规定对徇私舞弊者从重处罚,加大了对该罪的处罚力度。由于《刑法修正案》对该条规定的罪状进行了较大程度的改动,因而根据该罪的罪状,该条的罪名随之变更为国有公司、企业、事业单位人员失职罪和国有公司、企业、事业单位人员滥用职权罪。

(2)《刑法修正案(四)》第 8 条对《刑法》第 399 条进行了修改,增设执行判决、裁定失职罪与执行判决、裁定滥用职权罪,对负责执行判决和裁定的司法机关工作人员的渎职行为进行了规定。[1] 为了避免处罚范围过大,刑法条文关于渎职罪的规定大多要求将有形的危害结果作为具体罪名的构成要件要素。[2] 因此,构成该罪还必须产生“致使当事人或者其他人的利益遭受重大损失”的危害结果,此外,为了进一步增强刑法条文体系的统一性和适用的准确

[1] 依据《刑法修正案(四)》第 8 条,具体罪状包括:“在执行判决、裁定活动中,严重不负责任或者滥用职权,不依法采取诉讼保全措施、不履行法定执行职责,或者违法采取诉讼保全措施、强制执行措施。”

[2] 参见张明楷:《刑法学》(第 5 版),法律出版社 2016 年版,第 1240 页。

性,将原来第3款中“司法工作人员贪赃枉法”改为“司法工作人员收受贿赂”。

(3)《刑法修正案(六)》第20条在《刑法修正案(四)》的基础上对《刑法》第399条进行了修改,增设了枉法仲裁罪作为第399条之一,将“依法承担仲裁职责的人员,在仲裁活动中故意违背事实和法律作枉法裁决”,并且情节严重的行为规定为犯罪。由于仲裁所涉及的往往是合同纠纷以及其他财产纠纷,因此枉法仲裁罪相较于徇私枉法罪和民事、行政枉法裁判罪的刑罚来讲,刑罚较轻。

(4)《刑法修正案(八)》第49条增设了食品监管渎职罪作为《刑法》第408条之一。针对当时社会上存在的食品安全监管机关不作为、食品安全事故频发的现象,《刑法修正案(八)》第49条规定了该罪的罪状,即“负有食品安全监督管理职责的国家机关工作人员,滥用职权或者玩忽职守,导致发生重大食品安全事故或者造成其他严重后果的行为”,进一步增加了渎职罪所涵盖的国家机关工作人员渎职行为种类。之后,随着立法内容的变化,该罪名变更为食品、药品监管渎职罪。

(5)《刑法修正案(十一)》第3条、第4条增设了组织他人违章冒险作业罪,危险作业罪,第45条修改了食品、药品监管渎职罪的规定,等等。

除以修正案的形式对渎职犯罪的规定进行修正和补充外,还通过立法、司法解释的方式促进了我国刑法关于渎职犯罪的修改完善,在提高办理渎职案件的司法效率的同时,维护了社会的公平正义。2002年12月,全国人大常委会颁布了《〈中华人民共和国刑法〉第九章渎职罪主体适用问题的解释》,对渎职罪的主体范围进行了扩大解释。2006年,最高检颁布《关于渎职侵权犯罪案件立案标准的规定》,对渎职犯罪案件的立案标准进行了细化规定。此后,为进一步增强我国刑法关于渎职罪条文规定的司法适用性,“两高”联合发布

《关于办理渎职刑事案件适用法律若干问题的解释(一)》,进一步细化解释了渎职罪在司法实践中的若干问题。

二、公职人员职务犯罪立法完善的实践逻辑

(一)贪污贿赂犯罪

正如上文所述,随着我国市场经济的迅速发展,社会环境日益复杂。贪污贿赂、渎职犯罪的犯罪率不断上升,各种新型贪污贿赂、渎职犯罪频发,在这种社会背景下,我国先后颁布了12个刑法修正案,不断对我国《刑法》进行修改和完善,以弥补法律空白,实现罪刑相适应。

此外,为更好地实现刑法惩罚犯罪、保护人民利益的任务,我国也通过司法解释的方式解决司法实践中出现的刑法适用问题,使理论更好地服务于实践。尽管我国不断对法律进行修改和解释,但社会也是在不断变化和发展的,由于刑法不可避免地具有滞后性,并不能与时代的发展完美契合,对于当前《刑法》中存在的问题,我们还需进一步研究和修正。

1. 贪污贿赂犯罪的章节体系问题

(1)贪污贿赂罪的罪名序数问题

罪名在章节体系中的排序,体现了刑法的矛头所向和打击重点,表明了立法者对各类犯罪的认识和态度。《刑法》分则在章节排序中既要考虑各个具体犯罪的社会危害性大小,又要对各项犯罪间的内在联系予以充分考虑。[1] 但是,我国《刑法》分则第八章贪污贿赂罪的具体罪名的排序并没有充分考虑犯罪之间的联系。在贪污贿赂罪一章中共有17个条文,条文对应的具体罪名根据其性质可分为侵占型犯罪和交易型犯罪两大类。该章第382—384条以及第394—396

[1] 参见齐文远主编:《刑法学》(第3版),北京大学出版社2016年版,第306-307页。

条所规定的罪名主要是贪污罪、挪用公款罪以及巨额财产来源不明罪等与贪污犯罪相关的罪名，而第 385—393 条所规定的罪名则是各种受贿、行贿犯罪以及介绍贿赂罪等贿赂类犯罪。第 382—384 条以及第 394—396 条所规定的贪污类犯罪的罪名被贿赂类犯罪分割开来，分别位于贪污贿赂罪一章的首尾两端，具有体系上的不连续性。此外，当前我国对于《刑法》的修改完善主要采取的是刑法修正案的方式。为了不改变《刑法》原有的框架，保持《刑法》结构的稳定性和完整性，刑法修正案在增设罪名时便采取在近似的条文后增加新的条文作为该条之一的方式。该章在增设利用影响力受贿罪和对有影响力的人行贿罪这两个具有对向关系的犯罪时就采取了这种方式，将其分别规定为第 388 条之一和第 390 条之一，但事实上将这两个罪名分别与斡旋受贿犯罪和行贿罪的处罚规定放在同一条文中并不具有合理性。

笔者认为如果长期采取修正案的方式对《刑法》进行修改和完善必将导致《刑法》原有的结构体系难以承受，进而造成《刑法》章节体系内部的混乱，因此在必要时可以考虑对《刑法》进行全面修改，从而改变其条文序数以及《刑法》结构混乱的境况。在对《刑法》进行全面修改时，针对《刑法》分则第八章贪污贿赂罪一章，应将该章的具体罪名进行重新排序。首先，在该章中设置贪污罪的罪名序列，将《刑法》第 394 条贪污罪（特殊情形），第 395 条巨额财产来源不明罪、隐瞒境外存款罪，第 396 条私分国有资产罪、私分罚没财物罪提前，置于《刑法》第 384 条挪用公款罪之后，第 385 条受贿罪之前，组成贪污罪序列。其次，是受贿罪序列。最后，是行贿罪序列，这两个序列中的罪名保持原有顺序即可。此外，关于利用影响力受贿罪和对有影响力的人行贿罪这两个罪名的条文则应分别独立占一条，对于这两个条文后面的条文，按顺序依次排列即可。

(2)贪污贿赂犯罪的罪名体系的完善性问题

我国在立法上对单位犯罪主要采取较为宽宥的态度,如单位受贿罪的法定刑远远轻于受贿罪的法定刑。此外,刑法关于单位犯罪的规定较为混乱,单位腐败的相关罪名规定也并不完备,有关单位贪污、利用影响力受贿等的行为均未被规定为犯罪行为。随着各国经济联系的日益紧密,我国的公司、企业等单位在国际市场中的影响不容忽视,对单位腐败的规制在国家廉政体系建设中的作用日益突出。2006年《联合国反腐败公约》在我国生效后,我国及时通过刑法修正案对贪污贿赂罪进行了修改和完善,从而使我国刑法条文的相关规定与《联合国反腐败公约》内容相协调。根据《联合国反腐败公约》第26条的规定,缔约国应当对法人的相关腐败犯罪进行责任追究,我国目前在此问题上因为立法技术不完善等存在立法空白问题。此外,根据《联合国反腐败公约》第16条的规定,外国公职人员和国际公共组织官员同样属于受贿罪的主体,我国刑法目前仍尚未将其纳入受贿罪的行为主体,不利于我国更加积极顺畅地处理相关外交事务。

笔者认为,针对我国刑法关于贪污贿赂犯罪罪名体系不完善的问题,我国刑法需要对以下罪名进行完善。

第一,增设单位贪污罪。长期以来,一些地方、部门和单位私自设立"单位内部资金"的现象较为严重,[1]这不仅会导致我国国有资产和税收的流失,引发相关腐败行为,侵犯国家对于国有资产的所有权以及对税收的管理秩序,还会间接危害我国经济的健康发展。对于相关行为,我国刑法立法规定了私分国有资产罪,并对该罪名规定了至多不超过7年的有期徒刑。笔者认为,该罪名在本质上属于单位贪污的行为,然而其刑罚却轻于贪污罪,并不合理。因此,笔者认

[1] 北京市第二中级人民法院刑事裁定书,(2009)二中刑终字第1274号。

为应取消私分国有资产罪，增设单位贪污罪，在我国《刑法》第 382 条后增加一款，即规定：国家机关、国有公司、企业、事业单位、人民团体有第一款行为的，对单位判处罚金，并对其直接负责的主管人员和其他直接责任人员，依照贪污罪的规定处罚。

第二，增设单位利用影响力受贿罪。在实务中，经常有单位利用与某些国家工作人员之间具有的密切关系等便利条件，借助国家工作人员的影响力为请托人谋取不正当利益，继而收取“介绍费”等费用。此种行为实质上与自然人利用影响力受贿行为的性质并无太大差异，由于我国刑法并未将其作为规制对象，因此对于此种行为并不能进行刑罚处罚。笔者认为我国应增设单位利用影响力受贿罪，将其作为刑法的规制对象。在《刑法》第 388 条之一后增加一款，规定与国家工作人员关系密切的单位实施第 1 款行为的，对单位判处罚金，对其直接负责的主管人员和其他直接责任人员，依照第 1 款的规定处罚。

第三，增设外国公职人员或国际公共组织官员受贿罪。笔者认为，可将该罪名在我国《刑法》第 163 条非国家工作人员受贿罪中予以补充规定，将外国公职人员或国际公共组织官员作为行为主体在该条文中增加。此举不但利于进一步严密我国关于贪污贿赂犯罪的刑事法网，也便于实现对于跨国受贿行为的惩治，加大对于贿赂犯罪的打击力度。

2. 贪污贿赂犯罪的客观要件问题

贪污贿赂犯罪中的各个罪名作为不同的犯罪，其犯罪构成的客观要件有其特殊性，但共同作为《刑法》分则第八章贪污贿赂罪中的罪名，其犯罪构成的客观要件又有一定的相通性。

(1)“利用职务上的便利”的内涵界定

“利用职务上的便利”是贪污受贿犯罪的共同成立要件，但该要件在我国刑法关于受贿罪的立法沿革上却处于“苍黄反复”的状态。

1979年《刑法》首次将"利用职务上的便利"纳入贪污罪与受贿罪的客观要件当中。但《刑法》实施后不久,受贿罪犯罪率呈现高发态势。为了进一步加大对受贿罪的打击力度,1982年全国人大常委会通过的《全国人民代表大会常务委员会关于严惩严重破坏经济的罪犯的决定》中将"利用职务上的便利"从受贿罪的犯罪构成要件中去除。由于受贿罪是身份犯,因此无论是收受还是索取他人"财物"都必须具有职务上的相关性。基于此,1988年《关于惩治贪污贿赂的补充规定》,重新恢复了"利用职务上的便利"这一要件;1997年《刑法》肯定了"利用职务上的便利"在受贿罪犯罪构成要件的地位,成为贪污罪和受贿罪共同的成立要件。

尽管根据现行《刑法》的规定,成立贪污罪和受贿罪都要求行为人"利用职务上的便利",但"利用职务上的便利"在贪污罪和受贿罪中的具体含义并不完全相同。依据最高法2003年发布的《全国法院审理经济犯罪案件工作座谈会纪要》,受贿罪中的"利用职务上的便利"不仅包括利用本人职务上主管、负责、承办某项公共事务的职权,同时包括利用职务上有隶属、制约关系的其他国家工作人员的职权。据此,担任单位领导职务的国家工作人员借助不属于自己主管的下级部门的国家工作人员的职务实施为他人谋利益的行为的,同样属于"利用职务上的便利"为他人谋利。2012年最高法在关于发布第三批指导性案例的通知中,进一步明确了贪污罪中"利用职务上的便利"的内涵。[1]

关于"利用职务上的便利"的认定,在中国学界主要存在两种观点:一种是"法定职务权限说",该种观点认为行为人"职务权限"的

---

〔1〕 该通知将"利用职务上的便利"界定为:利用职务上主管、管理、经手公共财物的权力及方便条件,既包括利用本人职务上主管、管理公共财物的职务便利,也包括利用职务上有隶属关系的其他国家工作人员的职务便利。

内容必须以法律规定为准则，因此在认定“利用职务上的便利”时必须以法定职权为标准。[1] 另一种是“实际职务权限说”，该说认为这里的“职权”应从广义上理解，应从行为人实际拥有的职务权限角度进行认定，而不能仅限于法律的规定。[2] 民法侧重形式、刑法侧重实质，据此，相较于“法定职务权限说”，本书更倾向于“实际职务权限说”，该说从行为人实际拥有的职务权限上对“利用职务上的便利”进行认定，有利于打击各种新型、复杂的职务犯罪。此外，根据《全国法院审理经济犯罪案件工作座谈会纪要》的规定可知，受贿罪中“利用职务上的便利”是一个极为宽泛的含义，可谓也采取了“实际职务权限说”，但该说也并非全然没有问题。如若采取“实际职务权限说”，“利于职务上的便利”与“利用地位和职务形成的便利条件”之间的界限就将不够明晰，导致在司法实践中关于“利用职务上的便利”的认定混乱问题。[3] 例如，在“孙杰受贿案”中，原审法院认为行为人利用职务上的便利构成受贿罪，而二审法院则认为行为人并未利用职务上的便利，因而不构成受贿罪。

在贪污罪中，“利用职务上的便利”这一要件更多强调的是一种“手段型”的利用，因此对于贪污罪的“利用职务上的便利”范围不宜认定过宽。如上所述，贪污罪关于“利用职务上的便利”的客观要件范围较受贿罪而言更窄，可以参考当前司法解释中对贪污罪“利用职务上的便利”的规定。但在受贿罪中，“职务便利”的范围则相对较宽。受贿罪包括收受型受贿罪和索贿型受贿罪两类，收受型受贿罪的构成以为他人谋利为要件，索贿型受贿罪则无此要求。若主张接

---

〔1〕 参见肖扬主编：《贿赂犯罪研究》，法律出版社 1994 年版，第 182 页。

〔2〕 参见欧阳本祺：《我国刑法中“利用职务便利”的类型化解释》，载《江苏行政学院学报》2019 年第 6 期。

〔3〕 参见王惠敏、蔡士林：《受贿罪中“利用职务上便利”界定的困顿与超越》，载《广西民族大学学报（哲学社会科学版）》2018 年第 4 期。

收财物需要"利用职务上的便利"不符合现实情形,那么为他人谋取利益需要"利用职务上的便利"则也存在问题,因为构成该罪仅需行为人的许诺,并未对是否现实谋利进行要求。[1] 但这并不意味着收受或索取的"贿赂"与职务无关,从司法实践中看,行贿人通常有求于行为人,且该请求与行为人的"职务"相关,但行为人构成受贿罪并不必然要"利用"职务便利。

此外,当前无论是德日刑法还是相关国际公约,在受贿罪的构成要件中均未采用"利用职务上的便利"的表述,[2][3]而是采取了"在执行公务时作为或者不作为的条件"的表述方式对贿赂与职务之间的关系进行描述。再如,《德国刑法典》第 331 条对受贿罪进行了规定,其是指"公务员或对公务员负有特别义务的人员,针对履行其职务行为而为自己或者他人索要、让他人允诺或者收受他人利益"的行为。因此,笔者认为,针对上述问题,可以通过"针对履行其职务行为"的表述方式替换受贿罪中的"利用职务上的便利"的表述,如此既可以体现该罪名与职务的关联性,又可解决行为人事实上未"利用"职务便利受贿的司法认定问题。

(2)贪污贿赂犯罪的犯罪对象的范围扩展问题

根据《刑法》第 382 条和第 394 条的规定,贪污罪的犯罪对象为"公共财物"与"在国内公务活动中或者对外交往中接受礼物"。而在贿赂罪中,受贿与行贿的内容被规定为财物。学界当前关于受贿罪的内容与范围主要存在四种主张:①财物说。该观点认为贿赂仅指金钱和物品。[4] ②财产性利益说,这是现在的通说。有学者主张

---

[1] 参见张明楷:《刑法学》(第 5 版),法律出版社 2016 年版,第 1210 页。

[2] 《联合国反腐败公约》第 15 条第 2 项:公职人员为其本人或者其他人员或实体直接或间接索取或者收受不正当好处,以作为其在执行公务时作为或者不作为的条件。

[3] 参见《联合国反腐败公约、联合国打击跨国有组织犯罪公约》,中国方正出版社 2004 年版,第 34 页。

[4] 参见高铭暄主编:《中国刑法学》,中国人民大学出版社 1989 年版,第 604 页。

应将“财物”进行扩大解释,即贿赂的内容涵盖了包括金钱和物品在内的所有的可用金钱进行价值衡量的财产性利益。〔1〕 ③利益说。有学者认为,如果仅将贿赂的范围理解为财物和财产性利益则不能很好地实现预防和打击贿赂犯罪的目的,应将其范围扩大至一切利益,以间接方式行受贿之实的,一律可视作贿赂。〔2〕 ④财产性利益和部分非财产性利益说。如有学者主张财产性利益和部分非财产性利益可作为贿赂的内容,当前对于价值的衡量存在两种途径,一是官方市场,二是民间市场。凡是可以第二种途径即民间市场进行价值衡量的非财产性利益均被包括在贿赂的范围当中,如“女色”。〔3〕 当前刑法以财物为有体物这一认知为基础建构了公共财物、礼物与财物的概念内涵,但随着无体物与财产性利益的重要性日益凸显,该概念的内涵不免过于狭窄。基于此,司法解释为适应现实需要,将贿赂的内涵扩张至财产性利益,〔4〕虽显示出一定的突破,但该范围仍比较狭窄,并不能适应现实生活中复杂的贿赂行为,存在不完善之处,致使各种“变相贿赂”行为不能有效得到刑法的规制。《联合国反腐败公约》则是将贿赂的范围规定为“不正当好处”,囊括了性贿赂等非财产性利益。

3. 贪污贿赂犯罪的主观要件问题

根据传统的四要件体系,主观要件包括主体和主观方面。在贪污贿赂犯罪中,要求行为人主观方面为故意,无论从立法上还是在司法实践中并不存在什么疑问。贪污受贿犯罪作为传统职务犯

---

〔1〕 参见高铭暄、马克昌主编:《刑法学》(第3版),北京大学出版社、高等教育出版社2007年版,第712页。

〔2〕 参见齐文远主编:《刑法学》(第3版),北京大学出版社2016年版,第568页。

〔3〕 参见高艳东:《“贿赂”范围的比较研究与新探》,载《河北法学》2004年第2期。

〔4〕 参见2003年最高法《全国法院审理经济犯罪案件工作座谈会纪要》;2007年“两高”《关于办理受贿刑事案件适用法律若干问题的意见》;2008年“两高”《关于办理商业贿赂刑事案件适用法律若干问题的意见》。

罪的内容,对行为主体的身份存在特殊要求。根据我国《刑法》分则第八章的规定,贪污受贿犯罪都要求行为人具有国家工作人员的身份,然而怎样区分国家工作人员和非国家工作人员的身份仍然存在争论。

由于国家工作人员并非一个法定概念,所以理论上关于其实质特征并未形成一致观点。有学者认为认定国家工作人员时应根据行为人是否具备国家工作人员的身份来确定,即所谓的“身份说”。[1]我国《刑法》第93条以“从事公务”为国家工作人员的实质性界定标准。2003年最高法出台的司法解释进一步界定了“从事公务”的含义。[2] 然而,“从事公务”并未在实际上作为我国立法的实质性标准。例如,受委托经营、管理国有资产的人员并未被纳入国家工作人员的范围。[3]

在强调公有制主体地位的我国,公权力长期以来被等同于国家公权力,不免限缩了公权力的范围。[4] 改革开放以来,非公有制经济迅猛发展,国家公权力机关开始以合法形式将部分职责转让给社会组织,社会公权力的地位得到稳步提升。据此,我国也应当适当扩大从事公务的国家工作人员的身份范畴。目前,我国监察法以“行使公权力的公职人员”界定从事公务的国家工作人员,与《联合国反腐败公约》相一致,从侧面凸显了扩大其认定范围的趋势。

因此,我们应进一步规范国家工作人员的身份。国家机关、国有公司、企业、事业单位、人民团体委托管理、经营国有财产的人员不可

---

〔1〕 参见江礼华:《论国家工作人员范围的界定》,载《中央检察官管理学院学报》1998年第4期。

〔2〕 参见2003年11月最高法在《全国法院审理经济犯罪案件工作座谈会纪要》中关于“从事公务”的理解。

〔3〕 参见2001年5月23日最高法《关于在国有资本控股、参股的股份有限公司中从事管理工作的人员利用职务便利非法占有本公司财物如何定罪问题的批复》。

〔4〕 参见姜明安:《公法学研究的几个基本问题》,载《法商研究》2005年第3期。

避免会行使权力，同样属于从事公务的人员，其实施的贪污贿赂行为同样属于贪污贿赂犯罪的范畴，故应扩大贪污贿赂犯罪的犯罪主体身份。另外，应当在相关司法解释中适当将国有公司、企业的范围扩大至国家控股比例相对较大的公司、企业，以适应实践需要，更好地实现保护国有资产的目的。

4. 贪污贿赂犯罪的刑罚问题

(1)贪污贿赂犯罪的死刑存废问题

我国刑法规定中，部分贪污贿赂犯罪仍以死刑为最高刑，如贪污罪与受贿罪。随着科学技术的发展和全球化趋势的加强，交通日益便利，越来越多的贪污贿赂分子潜逃至国外，腐败犯罪的引渡与国际合作问题应当引起重视。尽管根据《联合国反腐败公约》的规定，我们可将《联合国反腐败公约》作为引渡的法律依据对与我国没有引渡协议的签署国提出引渡请求，但由于《联合国反腐败公约》仍然肯定"死刑犯不引渡"的国际惯例，因而当贪污贿赂犯罪的行为人有可能被判处死刑时，我们就可能难以将其引渡回国，从而使潜逃至国外的犯罪分子逍遥法外。

我国刑法对于贪污贿赂犯罪仍然规定了死刑，这对于外逃的腐败犯罪分子的引渡是十分不利的。此外，并没有理论根据可以完全证明贪污贿赂犯罪死刑的存在能在遏制贪污贿赂犯罪方面发挥良好作用。从各国的实际情况看，对贪污贿赂犯罪废除死刑并不会导致贪污贿赂犯罪现象的增多。贪污贿赂犯罪发生的原因在于行为人的贪利性，其社会危害性程度不能与杀人、放火等严重危害社会行为的社会危害性程度达到同一水平。因此，笔者认为在当前刑罚轻缓化的趋势下，我们应废除贪污罪和受贿罪的死刑，[1]将刑法中规定的贪污罪和受贿罪的最高刑规定为处无期徒刑，并处没收财产。相对

〔1〕 参见李希慧主编：《刑法修改研究》，武汉大学出版社2011年版，第219页。

应的将对被判处死缓的犯罪分子终身监禁的条款更改为对于贪污贿赂犯罪情节极其严重被判处无期徒刑的犯罪分子可根据其具体情节终身监禁，不得减刑、假释。

(2)受贿罪的刑罚罚则独立问题

《刑法修正案(九)》取消了贪污罪、受贿罪量刑的具体数额规定，而是采用数额较大、巨大、特别巨大或者有其他较重、严重以及特别严重情节这样情节与数额并重的概括性表述方式。为进一步明确不同数额标准和情节严重的标准，2016年“两高”《关于办理贪污贿赂刑事案件适用法律若干问题的解释》规定了贪污受贿罪的情节和数额标准。由于受贿罪存在处罚规定不独立的问题，需要依照贪污罪的规定进行处罚，因此该解释对贪污罪和受贿罪规定了相同的数额认定标准。虽然贪污罪与受贿罪都存在于《刑法》分则第八章贪污贿赂罪一章当中，但两罪在客体、客观方面以及主观方面都存在较大差异。受贿罪的社会危害性并不主要表现为受贿金额的大小，而主要表现为为他人谋取利益的行为，因此更侧重于渎职性。而贪污罪的社会危害性主要表现为贪污金额的大小，因此更侧重于贪利性。因此，二者的罪质不同，在刑事司法上应当对贪污罪重视数额，对受贿罪重视情节。〔1〕

笔者认为，贪污罪与受贿罪作为性质不同的犯罪，在犯罪构成上存在较大差别，受贿罪的刑罚并不适用于贪污罪的刑罚，应将受贿罪的刑罚从贪污罪的刑罚中独立出来，适用独立的刑法条文对受贿罪的刑罚种类与刑罚幅度进行规定。

(二)渎职犯罪

1997年《刑法》从加强对渎职犯罪的惩治与预防角度对渎职犯

---

〔1〕 参见张明楷:《贪污贿赂罪的司法与立法发展方向》，载《政法论坛》2017年第1期。

罪进行了较大的修改和补充，经过 12 个刑法修正案的不断修正完善，当前我国刑法关于渎职犯罪的罪名多达 37 个。可以说我国已经建立了较为严密的渎职罪犯罪体系，这对于打击渎职犯罪具有很大的积极作用。但这并不意味着我国关于渎职罪的立法规定是完美无缺的，从长期的司法实践来看，我国关于渎职犯罪的立法规定仍然存在许多不足之处。

1. 渎职罪的客观要件问题

在我国《刑法》分则第九章渎职罪的相关罪名中，"徇私舞弊"一词具有重要地位，在该章 25 个条文中，有关徇私舞弊的条文多达 13 条，可谓占据渎职罪的"半壁江山"。有的条文将徇私舞弊作为犯罪的成立要件，作为罪状的一部分，如《刑法》第 402 条的徇私舞弊不移交刑事案件罪；有的条文将徇私舞弊作为整个罪状加以表述，如《刑法》第 418 条规定的招收公务员、学生徇私舞弊罪；还有的条文将"徇私舞弊"作为加重处罚的情节进行规定，如《刑法》第 397 条第 2 款关于滥用职权罪和玩忽职守罪的情节加重犯的规定。从上述条文规定可以看出，"徇私舞弊"一词在该章中承担了多项任务，存在定位不清、适用混乱的问题。这导致了司法实践中对徇私舞弊类渎职犯罪的认定困难。

除徇私舞弊的定位问题外，其含义也存在不甚明确的情况，这更是加剧了司法实践中对徇私舞弊类渎职犯罪认定的困难程度。对将徇私舞弊作为犯罪成立条件的渎职罪而言，对于"徇私舞弊"一词究竟是应该从整体上进行考量，还是应该将"徇私舞弊"区分为"徇私"和"舞弊"两种；如果将"徇私"和"舞弊"进行分别讨论，那么是将"徇私"作为客观的行为方式，还是作为主观要素，或是两者兼有；徇私的含义究竟是仅限于徇"个人"之私，还是包括徇"单位"之私，在理论界和实务界都引起了广泛的争论。[1]

关于徇私的性质，当前刑法理论上存在三种观点：一是行为说[2]，该观点认为徇私作为一种客观行为，是客观构成要件要素。二是动机说[3]，该观点认为徇私是一种主观超过要素，是作为犯罪的动机而存在的。三是目的说[4]，该观点认为徇私是犯罪的目的。四是动机和行为说[5]，该观点认为徇私不仅是一种客观要素，也是一种主观要素。笔者认可动机说，一方面，从文理上讲，"徇私"必然体现的是行为人的主观内容，而不是一种行为。另一方面，以徇私为犯罪目的，就会简单认为"以徇私为要件的渎职罪均属于直接故意犯罪"，[6]从而缩小了渎职罪的处罚范围。

关于徇私舞弊中"徇私"一词的含义，当前存在狭义说、广义说两种观点。其中，狭义说认为徇私仅限于徇"一已"之私，对于超越徇个人私利的徇单位、团体之私的则不能认定为"徇私"。[7] 广义说则认为徇私不仅包括徇个人私利，也包括徇单位之私。[8] 还有一种观点认为徇私还包括徇与个人私益相关的集体之私。该观点从根本上还是以徇个人之私进行理解的，因此应将其归入狭义说。笔者认同狭义说，即徇私仅为徇"一已"之私。首先，广义说的观点会使徇私舞弊

---

[1] 参见包健：《渎职罪研究》，华东政法大学2008年博士学位论文，第172页。

[2] 参见王福生：《浅谈徇私枉法罪客观方面的认定》，载《人民检察》2001年第3期。

[3] 参见张明楷：《渎职罪中"徇私"、"舞弊"的性质与认定》，载《人民检察》2005年第23期。

[4] 参见刘生荣主编：《施刑范典》，中国方正出版社1999年版，第1243页。

[5] 参见李文生：《关于渎职罪徇私问题的探讨》，载《中国刑事法杂志》2002年第4期。

[6] 参见张明楷：《渎职罪中"徇私"、"舞弊"的性质与认定》，载《人民检察》2005年第23期。

[7] 参见牛克乾、阎芳：《试论徇私枉法罪中"徇私"的理解与认定》，载《政治与法律》2003年第3期。

[8] 参见徐伟、刘峰、徐德臣：《渎职罪中"徇私"问题探析》，载《山东理工大学学报（社会科学版）》2017年第3期。

低价折股、出售国有资产罪出现逻辑错误，因为该罪的设立目的即在于保护单位利益。其次，在现实生活中，常常存在“小单位”“小团体”的利益与个人的利益密切相关的情形，个人之私与单位之私难以完全区分，因此在这种情况下即使行为人存在徇“单位”之私舞弊的情形，其在本质上还是徇“个人”之私。最后，行为人为了维护单位利益而实施渎职行为的，完全可以通过滥用职权罪等罪名进行调整。

如上所述，“徇私舞弊”一词在我国刑法条文中的使用是极其混乱的，由于其概念不清，因而理论和实践上对“徇私舞弊”的理解各异，限制了刑法条文本身的功能。笔者认为对于“徇私舞弊”一词而言，应将其区分为“徇私”与“舞弊”两方面的内容，因为“徇私舞弊”的行为本身就包括“徇私”的主观内容和“舞弊”的客观行为两方面。事实上，司法实践中的渎职罪往往是出于徇私的主观动机而实施的客观行为。基于此，笔者认为应当统一“徇私舞弊”在条文中的法律定位，使用统一标准，取消“徇私舞弊”中“徇私”这一犯罪构成要件，而是将其作为量刑情节进行考虑，可考虑仿照《刑法》第 397 条的规定，将出于“徇私”目的而实施的渎职行为进行从重处罚，以体现刑法的打击重点。

2. 渎职罪的主观要件问题

(1)渎职罪的主体

依据刑法规定，除泄露国家秘密罪外，渎职犯罪的犯罪主体均为国家机关工作人员，即以国家机关工作人员为主要犯罪主体。1979 年《刑法》规定渎职罪的主体是“国家工作人员”，相较于当前”国家机关工作人员”的界定来讲，内容是较为宽泛的。第九届全国人大常委会通过的《关于〈中华人民共和国刑法〉第九章渎职罪主体适用问题的解释》相对扩大了渎职罪的犯罪主体。[1] 可以看出，渎职犯罪的犯罪主体规定展现出由大到小再扩大的历程。

从我国的社会实际来看，我国国家机关的部门及人事制度处于不断改革发展之中，因而存在许多名义上并无国家机关工作人员身份，实际上却行使国家机关管理职权的人员。对于这些人员的渎职行为究竟该如何处理？例如，在我国《刑法》第418条招收公务员、学生徇私舞弊罪中，招收工作的主管人员就多为教师或事业单位的工作人员。存在类似问题的还有《刑法》第409条的传染病防治失职罪，我国主要由卫生防疫站负责传染病防治工作，但卫生防疫站并不属于我国的国家机关。尽管我国最高法、最高检都对其作了相关的司法解释，全国人大也作出了相应的扩大的立法解释，但事实上实践中对该问题仍充满争议，若将其视为国家机关工作人员，则国家机关工作人员与国家工作人员之间的认定界限将不够明晰；若不将其视为国家机关工作人员，则将不符合我国刑法规定，有违罪刑法定原则。

尽管当前我国已经建立了较为严密的渎职罪犯罪体系，对于打击渎职犯罪具有很大的积极作用。但这并不意味着我国关于渎职罪的立法规定是完美无缺的，我们仍需要对渎职罪的相关立法进行修改和完善。

《刑法》第397条第1款对滥用职权罪与玩忽职守罪的罪状与法定刑进行了规定，[2] 渎职罪主要以“国家机关工作人员”为犯罪主

[1] 该解释规定：在依照法律、法规规定行使国家行政管理职权的组织中从事公务的人员，或者在受国家机关委托代表国家机关行使职权的组织中从事公务的人员，或者虽未列入国家机关人员编制但在国家机关中从事公务的人员，在代表国家机关行使职权时，有渎职行为，构成犯罪的，依照《刑法》关于渎职罪的规定追究刑事责任。

[2] 《刑法》第397条第1款规定：国家机关工作人员滥用职权或者玩忽职守，致使公共财产、国家和人民利益遭受重大损失的，处3年以下有期徒刑或者拘役；情节特别严重的，处3年以上7年以下有期徒刑。本法另有规定的，依照规定。

体。基于该规定，当前我国刑法关于渎职罪的犯罪主体规定主要是“国家机关工作人员”。但是，就不具有国家机关工作人员身份，但是实际行使国家机关工作人员管理职权的人员所实施的渎职行为的性质界定已成为司法实践中的难题，也引起了很大的争论。基于此，目前主张对渎职罪主体进行修改的观点主要在于以下几种。

第一种，主张直接将渎职罪的犯罪主体修改为“国家工作人员”。[1] 在1997年《刑法》正式颁布实施后，就有专家学者对渎职罪的犯罪主体提出了疑问，在1998年第九届全国人大常委会第二次会议上，有许多人大代表提出该观点，认为渎职罪的犯罪主体应与贪污贿赂罪保持一致，但是要区别规定法定刑，突出对国家机关工作人员渎职行为的打击力度。

第二种，主张将渎职罪的犯罪主体修改为“公务人员”。该观点主张国家机关工作人员的范围仍应限定为五大机关工作人员。根据相关司法解释，渎职罪的主体范围不仅涵盖了五大机关工作人员，还包括其他具有行政管理职权的准国家机关工作人员，因此，应当进行修改，理由包括：一是使用“公务人员”这一称谓使得渎职罪的主体范围更具有高度概括性，有利于维护刑法的稳定性，同时能够表明主体从事公务的实质特点；二是我国立法史上和外国刑法多规定为“公务人员”（公职人员）；三是理论界对于渎职罪主体的本质特征的争论也从侧面体现了对“公务人员”的倾向。[2]

第三种，主张将渎职罪分为国家工作人员渎职罪与违反职业义务罪，[3]实质上取消了对渎职罪的身份限制。

第四种，主张仍将渎职罪的犯罪主体限定为“国家机关工作人

---

〔1〕 参见敬大力主编：《渎职罪》，中国人民公安大学出版社2003年版，第25页。

〔2〕 参见李希慧、贾济东、廖焱清：《渎职罪主体解释回顾及立法建言》，载《国家检察官学院学报》2003年第4期。

〔3〕 参见敬大力主编：《刑法修订要览》，法律出版社1997年版，第215页。

员”,但在《刑法》总则中明确其内涵与外延[1]。其认为只有国家机关工作人员才有渎职的可能性,其主体限定不仅展示了对国家机关工作人员渎职行为从严惩处的决心,还顺应了当前国家机构的发展方向,符合我国的国情。此外,在《刑法》总则中将国家机关工作人员的内涵和外延予以明确也避免了理论纷争,体现了罪刑法定的原则。

本书认为,只有国家机关工作人员才有渎职可能的观点并不符合我国的经济管理体制和行政管理制度。其一,在实践中,国家机关工作人员的范围已不再局限于国家机关中从事公务的人员,有必要对其内涵进行扩大性定义,并且基本上必须根据行为人所从事的具体工作的机能进行界定,其范围已经明显扩大了。其二,在我国,部分在国有公司、企业、事业单位中从事公务的人员也具有一定的管理公共事务的职能,在这些单位的所谓国家工作人员渎职犯罪造成的社会危害在很多时候并不亚于所谓国家机关工作人员所造成的社会危害。所以,从国家治理的视角看,将二者区别处理的做法值得反思。其三,刑法立法中虽然对国家机关工作人员与国家工作人员分别定罪处罚,但就其罪状与法定刑比较的话,难以发现二者的本质性差异。其四,立法发展要适应国家经济、政治与社会发展的需要。我国自2018年以来,已经基本上确定了国家监察制度的法律框架,国家监察制度与过去的行政监察制度相比,已经有了很大变化。毫无疑问,刑法在职务犯罪方面也应当适应这种变化。就立法而言,必须改变过去以行政监察为重心的渎职犯罪立法体制,根据监察法律制度所规制的主体范围重新构造渎职罪的刑法立法体系。

总之,维系现状的观点不合时宜,而修改该类罪主体的观点值得重视,至于如何修改,除上述修改观点之外,还应当注意与我国国家

---

[1] 参见黄现师:《渎职罪犯罪构成研究》,中国政法大学出版社2013年版,第159页。

监察制度的衔接。本书建议以“公职人员”作为统一主体予以立法。将“国家机关工作人员”修改为“公职人员”主要有以下几点理由：第一，公职人员的概念有法律依据，更具有规范性。我国监察体制改革后，国家立法机关颁布了一些重要的法律规定，明确了公职人员这一概念的内涵与外延。我国《监察法》第 1 条明确其对象是“所有行使公权力的公职人员”。〔1〕 2020 年通过的《公职人员政务处分法》根据《监察法》的规定，在法律名称中再次确定了“公职人员”这一概念。第二，公职人员的概念与现有国家工作人员的概念在范围上基本一致，规制范围具有务实性和延续性。《刑法》第 93 条虽然规定了国家工作人员的含义，但对“其他依照法律从事公务的人员”缺乏明确规定。故而，立法机关通过立法解释对此予以明确。2009 年全国人大常委会《关于〈中华人民共和国刑法〉第九十三条第二款的解释》就对此进行了细化规定。〔2〕 可以说，关于国家工作人员，已经不能用在某个机关从事公务加以限定，其范围在不断扩大。《监察法》第 15 条就很好地体现了现实的要求。〔3〕

综上，用公职人员的概念比用国家工作人员的概念在形式上更

---

〔1〕《监察法》第 1 条规定：为了深化国家监察体制改革，加强对所有行使公权力的公职人员的监督，实现国家监察全面覆盖，深入开展反腐败工作，推进国家治理体系和治理能力现代化，根据宪法，制定本法。

〔2〕 该解释规定，村民委员会等村基层组织人员协助人民政府从事下列行政管理工作，属于《刑法》第 93 条第 2 款规定的“其他依照法律从事公务的人员”：(1)救灾、抢险、防汛、优抚、扶贫、移民、救济款物的管理；(2)社会捐助公益事业款物的管理；(3)国有土地的经营和管理；(4)土地征收、征用补偿费用的管理；(5)代征、代缴税款；(6)有关计划生育、户籍、征兵工作；(7)协助人民政府从事的其他行政管理工作。

〔3〕《监察法》第 15 条规定为，监察机关对下列公职人员和有关人员进行监察：(1)中国共产党机关、人大及其常委会机关、人民政府、监察委员会、人民法院、人民检察院、中国人民政治协商会议各级委员会机关、民主党派机关和工商业联合会机关的公务员，以及参照《公务员法》管理的人员；(2)法律、法规授权或者受国家机关依法委托管理公共事务的组织中从事公务的人员；(3)国有企业管理人员；(4)公办的教育、科研、文化、医疗卫生、体育等单位中从事管理的人员；(5)基层群众性自治组织中从事管理的人员；(6)其他依法履行公职的人员。

规范,在实质上更符合惩罚职务犯罪的要求。考虑到我国《刑法》总则已对国家工作人员进行了明确规定,因此不仅有必要修改具体条文的主体,而且还需要对总则中规定国家工作人员概念的条款进行相应的修改。

(2)渎职罪的主观方面

任何犯罪的成立都要求行为人具备犯罪成立的主观要件,渎职罪自然也不例外。主观方面是犯罪构成中的一个复杂问题,行为人在主观方面是故意还是过失,主要取决于行为人对其行为及其后果等的认识和意志,然而我国刑法规定的渎职罪的具体罪名中却很少明文规定其罪过形式。学界一般通过故意型渎职罪和过失型渎职罪对渎职罪进行分类。在造成相同后果的情况下,犯罪故意比犯罪过失具有更为严重的主观恶性,所以理应受到更严厉的处罚。但是,在我国刑法中,滥用职权罪与玩忽职守罪规定在同一条款之中,其法定刑也完全相同,笔者认为,这种规定导致了复合形态的主观要素,而且无法对故意犯罪与过失犯罪根据主观恶性的差异分别处罚,有违罪责刑相适应的原则。由此可见,当前刑法立法关于渎职罪的主观方面的规定存在故意与过失界定不清的问题。自1997年《刑法》颁布实施后,关于渎职罪主观方面的争论就从未停息。

理论上的主要争议在于,滥用职权罪和玩忽职守罪的主观方面究竟是故意抑或过失,还是说二者均可?对滥用职权罪而言,第一种观点认为,其主观方面只能是故意而不能是过失。[1] 第二种观点认为,其主观方面仅包括间接故意,并不包括直接故意和过失。[2] 第

〔1〕 参见肖本山:《食品监管渎职罪的若干疑难问题解析》,载《法律科学(西北政法大学学报)》2012年第3期。

〔2〕 参见周道鸾、单长宗、张泗汉主编:《刑法的修改与适用》,人民法院出版社1997年版,第87页。

三种观点认为,滥用职权罪主观方面既可以是间接故意,也可以是过失。〔1〕第四种观点认为,滥用职权罪的主观方面只能是过失。〔2〕至于玩忽职守罪属于过失型渎职犯罪在理论上并不存在争议,其争论点在于玩忽职守罪的主观方面是否包括直接故意和间接故意。第一种观点认为,玩忽职守罪的主观方面只能是过失。〔3〕第二种观点认为,玩忽职守罪的主观方面通常为过失,但也可能存在故意。〔4〕第三种观点则认为,玩忽职守罪的主观方面包括过失和间接故意。〔5〕从教义学的要求解释滥用职权罪与玩忽职守罪的主观差异,自然是有必要的,但是解释的目的在于发现立法背后的合理性。因此立法本身的合理性是解释不可逾越的前提。

从理论上看,本书支持滥用职权罪在主观形态上属于故意的观点。简言之,作为故意型犯罪,其主观方面包括直接故意与间接故意。首先,如果说滥用职权罪的主观方面只能是过失,那么这就意味着在行为人主观上明知自己滥用职权的行为会发生危害社会的后果,在希望或者放任这种危害后果发生的主观心理态度下,实施了滥用职权的行为并且客观上导致危害后果发生,在此明显故意犯罪的场合,如果该行为不符合其他罪名的犯罪构成,那么行为人的行为将无法为刑法所规制,从而导致了故意犯罪行为被放纵的结果。这显然有违1997年《刑法》在原来玩忽职守罪的基础上增设滥用职权罪以进一步规制故意型渎职犯罪的初衷。其次,若是认为滥用职权罪

〔1〕参见储槐植、闫雨:《刑事一体化践行》,载《中国法学》2013年第2期。

〔2〕参见陈忠林:《刑法散得集(Ⅱ)》,重庆大学出版社2012年版,第10页。

〔3〕参见高铭暄、马克昌主编:《刑法学(下编)》,中国法制出版社1999年版,第165页。

〔4〕参见孙谦主编:《国家工作人员职务犯罪研究》,法律出版社1998年版,第226页。

〔5〕参见李希慧:《关于玩忽职守罪几个问题的思考——以洛阳东都商厦大火案为中心》,载《湖北警官学院学报》2003年第2期。

的主观方面只能是间接故意,那么行为人在主观上存在直接故意时同样存在上述问题。再次,有观点认为主张该罪的主观方面包括间接故意与过失的观点是为了逃避区分难题而形成的“复合罪过形式”。但是,不能因为难以区分而一味采取回避的方式。既然《刑法》总则将故意犯罪与过失犯罪的主观意志分为了四种,那么就一个罪名中采取两种罪过形态并不合适。而且,故意与过失之间的非难可能性差异明显,不能相提并论。最后,在滥用职权罪的主观方面既包括直接故意又包括间接故意时,可以妥善解决上述问题,既不会放纵犯罪,也与我国的刑法体系相符合。行为人在主观上存在直接故意,以期通过滥用职权的手段实现其犯罪目的同时构成其他犯罪的,依照想象竞合的相关原则进行处断。

从理论上,将玩忽职守罪的主观心态解释为过失犯罪较为合理。首先,若主张玩忽职守罪的主观方面可以包括间接故意和过失,则存在上述与滥用职权罪无法区别的问题。其次,认为玩忽职守罪主观方面同时包括故意和过失,不仅与罪责刑相适应原则相违背,也否认了两种罪过形式的界限和所代表的主观恶性程度的区别。[1] 再次,从“玩忽职守”一词的文义上来看,“玩忽职守”一词强调的是行为人不履行或未认真履行职责而导致的严重后果的发生,将故意的主观心态纳入玩忽职守罪中并不合适。最后,1997 年《刑法》增设滥用职权罪,其立法原意也是更好地区分作为故意犯罪的滥用职权罪与作为过失犯罪的玩忽职守罪。由于这两罪存在同条规定的情形,如上所述,滥用职权罪的主观方面是故意,如若认为玩忽职守罪的主观心态包括故意,则极易导致司法实践中滥用职权罪与玩忽职守罪的界定不清。

但是上述解释仅仅限于理论层面,其在实践当中是否具有合理

---

〔1〕 王杨:《渎职罪的基本理论问题研究》,武汉大学 2014 年博士学位论文,第 72 页。

性还值得进一步研究。从司法实践的角度来讲,犯罪的主观方面一直都面临难以准确界定的问题。立法规定的模糊性导致了理论认识的分歧,加剧了司法实践中渎职罪主观方面的认定难度,在滥用职权罪与玩忽职守罪的区分方面得到了清晰体现。据实践观察,在检察机关所办理的渎职罪案件中,滥用职权罪和玩忽职守罪占绝大多数。而立法对主观方面界定不清势必导致法律不能很好服务于司法实践,因此只有解决立法中对渎职犯罪故意与过失的界定不清问题,才能从根本上解决司法实践问题。

而滥用职权罪与玩忽职守罪罪过形式的不完善更是导致了司法机关认定罪与非罪、此罪与彼罪以及刑事责任的困境。面对此种困境,只有从立法上改变才能根本解决此问题。其中一种方式是将各个犯罪在条文上进行拆分,分别定罪量刑。滥用职权罪与玩忽职守罪被《刑法》规定在一个条文中,两罪规定的不同之处仅在于滥用职权和玩忽职守的区别,而两罪的罪过形式没有明确的规定。对此,或许可以尝试改变滥用职权罪与玩忽职守罪共同规定在同一条文中的现状,将滥用职权罪与玩忽职守罪分别用不同的条文进行规定。《刑法》将两罪放在同一条文中进行规制,一般会给司法实践造成不便,为了进一步解决两罪罪过形式不明确的问题,实现两罪的罪过形式在立法上的准确界定,将两罪分条文规定的确有其必要性和合理性。而且还可以在立法上明确规定滥用职权罪属于故意犯罪,将其罪过形式规定为故意,而玩忽职守罪属于过失犯罪,将其主观的罪过形式规定为过失。

但是,如果采取更为大胆的立法尝试的话,或许我们可以取消玩忽职守构成的职务犯罪。首先,从立法历史的纵向上看,故意犯罪是原则型的立法例,过失犯罪是例外型的立法例。一个主体的行为并不因为其故意行为构成犯罪,就必须要求其过失行为也随之不构成犯罪。刑法中规定故意犯罪而不规定过失犯罪的情况在立法上并不少见，如在财产犯罪中，一般并不规定过失犯罪。但在没有故意犯罪的背景下，如果立法规定了过失犯罪，那么显然就是不合理的，因为刑法处理了轻的行为而不处罚重的行为，这是一个显著的立法漏洞。在以往的刑法中，在不存在故意犯罪的情况下，立法规定了基于过失的玩忽职守罪，不具有立法合理性，因此后来的立法对此作出了回应和改正。其次，从立法经验的横向上看，我们很少发现其他国家或者地区的刑法规定过失的职务犯罪。如日本刑法在不包括贿赂、泄密的职务犯罪中，只规定了公务员滥用职权、特别公务员滥用职权的罪状与法定刑，其中的滥用职权通常是指对形式上属于一般职务权限的事项，出于不当的目的或者采取不法的方法，实施违反职务本旨的行为，使人实施没有义务的行为或者妨害权利的行使。〔1〕显然，日本的滥用职权罪只基于故意的心理态度构成。在德国刑法中，与之类似的职务犯罪行为包括不为职务上的行为、枉法、职务上的伤害、刑讯逼供、对无罪人进行追诉、对无罪人执行刑罚、职务上的虚伪记录、超收费用、超收税款、克扣支付等。可见，德国也没有规定过失的职务犯罪。再次，过失的职务犯罪并不具有刑罚上的处罚性。在法治国家，职务行为受到严格的程序限制。从总体上看，基于过失的职务犯罪并不多见，如果存在类似情况，只有在少数场合，才可能出现基于一般经验无法预见或者超出人的能力无法排除的损害，在此情形下，哪怕公职人员的行为不合情理，但是只要其符合法定的程序，遵守了职务上的必要规则，就不宜将有关不良后果归属于公职人员的行为。最后，实践中绝大多数职务犯罪是故意所致。公职人员在从事公务的过程中，能做哪些行为、不能做哪些行为，都受法定责任范围的明确限制，即便存在遇到疑难的问题，也可以遵循上报请示制

---

〔1〕 参见[日]大塚仁：《刑法概说(各论)》，冯军译，中国人民大学出版社 2003 年版，第 583 页。

度处理。就行为而言,行为人应为而不为、应不为而为都与规定直接抵触,所以就行为而言,行为人都是故意的。就结果而言,要注意到公职人员都接受过与所在专业相关的严格训练,因此其在专业上都具有较高的预见能力。公职人员对不严格依据职责处理公务的行为可能造成的直接后果和间接后果更不可能缺乏认知可能性,而且这些行为构成犯罪的法定情节或者后果都是通常人可能预见到的,并不需要过高的专业能力,所以行为人本身上具有追求或者放任的心理态度,如接受贿赂滥用权力为请托人牟利,就是直接故意,而不依法办事,虽然未必追求结果,但一般属于放任结果的发生。所以,职务犯罪行为应限于故意犯罪的范围之内,而不能由过失构成。综上所述,笔者认为,在我国职务犯罪中,应明确废除过失犯罪的规定,而将其明确为故意犯罪。在造成特别严重后果的情况下,可以依据一般过失犯罪论处,不必担心行为人得不到应有的处罚。

(三)渎职罪的刑罚问题

在渎职罪中,一般分为基本渎职罪(滥用职权罪与玩忽职守罪、故意泄露国家秘密罪、过失泄露国家秘密罪)与由特殊身份构成的渎职罪,后者一部分是特殊主体构成的滥用职权罪,一部分是特殊主体构成的玩忽职守罪。其实,渎职罪本身就是由特殊主体构成的犯罪,特殊身份构成的渎职犯罪显然属于特殊的主体犯罪。基于立法的考量,特殊身份主体犯罪单独立法是基于对量刑有加重或者减轻处罚。但是,这一点在我国渎职罪一章中表现并不明显。

在不涉及徇私舞弊的情况下,我国基本渎职罪的处罚分为 2 档,即 3 年以下有期徒刑和 3 年以上 7 年以下有期徒刑。围绕这两档法定刑进行比较,可见特殊身份构成的渎职罪有三类。

第一类是法定刑与基本渎职罪一致的犯罪,它们是故意泄露国家秘密罪,过失泄露国家秘密罪,枉法仲裁罪,徇私舞弊减刑、假释、暂予监外执行罪,国家机关工作人员签订、履行合同失职被骗罪,非法批准征收、征用、占用土地罪,非法低价出让国有土地使用权罪,办理偷越国(边)境人员出入境证件罪,放行偷越国(边)境人员罪,等等。

就法定刑基本一致的立法规定看,除泄露国家秘密的犯罪之外,其他犯罪是否有必要单独立法值得反思。第一,这些犯罪的主体涵盖在滥用职权罪、玩忽职守罪之中,运用基本渎职罪完全可以实现规制的目的。第二,即便在犯罪构成的条件上可能存在不同要求,但是,这个问题一般应由司法机关结合现实要求来认定。正因如此,立法也没有对其构成犯罪的条件作出明确规定,所以无法凸显其独立的必要性。这样的立法除了表征立法中部分工作的重要性,毫无现实意义和价值。

第二类是明显减轻处罚的犯罪,它们是滥用管理公司、证券职权罪,环境监管失职罪,不解救被拐卖、绑架妇女、儿童罪,违法发放林木采伐许可证罪,招收公务员、学生徇私舞弊罪,传染病防治失职罪,商检失职罪,失职造成珍贵文物损毁、流失罪,等等。

法定刑减轻,要么是为了在立法上保护某些特殊身份的公职人员的利益,要么是认为某些特殊身份公职人员的工作的重要性没有其他机关高。前一种情况无法成为我们讨论的问题,但是就后一种判断而言,现实表现恰恰相反,这些事务不仅不能被忽视,而且应该受到重视。其一,如 2003 年与 2020 年在我国出现的两次疫情,表明传染病防治工作的重要性,与之关联,商检、动植物检疫工作也很重要。其二,如前些年,由于管理上有漏洞,社会上出现了冒用、盗用他人身份,顶替他人取得高等教育入学资格、公务员录用资格、就业安置待遇等行为,此类行为反复发生,引起社会广泛关注,以至于刑法修正过程中不得不新增冒名顶替罪。这些问题与当事人不无关系,但是如果没有国家公职人员从中帮助的话,此类行为一般是无法完成的。我们或许应该反思立法是否存在对涉案公职人员处罚不严的问题。遗憾的是,在威科法律信息网中,截至2022年2月16日,我们共检索到近5年的案件数为5件,说明实践中相关问题并没有引起应有的重视。其三,如拐卖妇女、儿童的案件,其中很多案件也不乏公职人员渎职行为,可是近5年以来,我们检索到的不解救被拐卖、绑架妇女、儿童罪案件和阻碍解救被拐卖、绑架妇女、儿童罪的案件各1起,共3件。可见该罪立法的实践意义并不突出,公职人员实施相关问题的严重性没有受到重视,立法处罚也不严厉。还有环境监管,过去对环境监管的意义认识不到位,而且在经济发展与环境保护之间,1997年《刑法》立法的优先立足点是发展经济。但是时过境迁,如今环境问题已然引起了社会的普遍关注,在此情况下,环境监管失职行为也应受到更为严厉的惩罚,至少不应低于其他公职人员的失职行为。

第三类是明显加重处罚的犯罪。它们是徇私枉法罪,民事、行政枉法裁判罪,徇私舞弊发售发票、抵扣税款、出口退税罪,执行判决、裁定失职罪,徇私舞弊不征、少征税款罪,执行判决、裁定滥用职权罪,帮助犯罪分子逃避处罚罪,私放在押人员罪,放纵走私罪,失职致使在押人员脱逃罪,违法提供出口退税凭证罪,等等。其中司法人员知法犯法,从道理上应"罪加一等",所以对其加重处罚的道理不言自明,而且在国外也有立法先例可循。如日本刑法对特别公务人员滥用职权罪的规定,德国刑法中枉法、刑讯逼供、对无罪人进行追诉、对无罪人执行刑罚的规定,都蕴含着这种朴素的道理。但是,有些职务犯罪,是否有必要加重处罚,也值得反思,如放纵走私罪,其法定刑之所以比较重,是因为在过去,国际贸易具有特殊性,所以海关监管具有突出主要的地位,但是随着国际贸易越来越频繁,走私犯罪的社会危害性评价受到一定影响,在此背景下,是否还应维持对放纵走私罪的加重处罚,自然成为一个新的时代问题。

此外,除一些核心的国家事务之外,国家公共事务管理范围会随着社会发展而调整,与之有关的国家机关也将随之被调整,有的被精简,有的被增设。例如,在过去,邮政工作人员被作为渎职罪的特殊主体类型,但是,社会发展到一定阶段之后,邮政工作人员已经不再被认为是国家机关工作人员。如果为了凸显某一部门主体的特殊性,而将其独立规定下来,一旦出现机构改革,就势必影响《刑法》的稳定。因此,在没有特殊必要性的情况下,刑法应对国家机关工作人员进行平等规制,而不能厚此薄彼,区别对待。通过对渎职罪法定刑的简要梳理,可以发现渎职罪的刑罚规定存在以下问题。

(1)刑罚种类单一问题

我国刑法中的刑罚方法包括主刑和附加刑两大类,将刑罚从性质上进行分类又可以分为自由刑、生命刑、财产刑和资格刑。然而我国《刑法》分则对于渎职罪的刑罚仅规定了拘役和有期徒刑,即只规定了自由刑,并未规定其他刑种。可以说除渎职罪一章的罪名以外,《刑法》分则对具体章节的罪名都规定了多种类的刑罚。渎职罪刑罚种类单一的立法缺陷不利于实现刑罚惩罚和预防犯罪的目的和功能。

在不考虑非刑罚处罚的情况下,笔者认为渎职犯罪的法定刑还存在不合理的地方。首先,渎职罪的情况表现不一,单纯拘役和幅度并不大的有期徒刑不足以实现罪责刑相一致的评价要求。考虑到该罪不宜使用过高的法定刑,因此应考虑配置管制刑种。其次,渎职罪的刑罚种类方面的主要问题是刑罚种类较为单一,缺乏资格刑的规定。尽管我国出台了有关法律法规,对公职人员犯罪如何处理作出了规定,但还是应当增设资格刑。资格刑是以剥夺犯罪人的资格为内容的刑罚方法。[1] 在我国当前的刑罚体系中,剥夺政治权利属于资格刑。渎职罪的认定关键是行为人具有国家机关工作人员身份。资格刑具有有效性、剥夺性和保障性的特点,通过对行为人有效的政

[1] 参见陈兴良:《本体刑法学》,商务印书馆 2001 年版,第 719 页

治否定评价，剥夺了行为人的再犯能力，保障了国家机关的公信力。[1] 此外，纵观中外刑法，许多国家对渎职犯罪规定了资格刑，例如，《德国刑法》第358条就对行为人存在职务犯罪行为，规定了在一定条件下由法院剥夺行为人担任公职的资格这一附随后果。[2] 因此，对于渎职罪应增设剥夺政治权利的刑罚，对于情节较为严重的渎职罪可以附加适用剥夺政治权利，而对于情节较轻微的渎职罪可以独立适用剥夺政治权利，以体现刑罚的个别化。

(2)刑罚设置轻刑化与不同罪名间的刑罚协调问题

纵观《刑法》分则对渎职罪一章具体罪名的规定，该章的第1条即《刑法》第397条滥用职权罪和玩忽职守罪与该章的其他罪名之间具有法条竞合关系。我国刑法就滥用职权罪和玩忽职守罪仅规定了最高档5年以上10年以下的有期徒刑，而我国刑法对于有些特别法的规定则更是体现了轻刑化的特点。例如，《刑法》第409条传染病防治失职罪，处3年以下有期徒刑或者拘役，且法定刑仅有一档。此外《刑法》第408条、第412条第2款、第413条第2款等规定的罪名法定刑都是如此。从一定意义上讲，这些罪名都属于行为人滥用职权或者玩忽职守的特殊情形，虽然刑法基于这些罪名的特殊社会危害性进行了专门规定，但其法定刑规定较之滥用职权罪与玩忽职守罪的刑罚幅度相距较远，有轻纵相关犯罪之嫌。

当前我国刑法对于渎职罪的设置体现为轻刑化，其刑罚配置出现了罪刑失衡的特点，有违“从严治吏”的法治精神，违背了罪责刑相一致原则，而且易引发社会的不满情绪，有损党和国家的形象。笔者认为，应将滥用职权罪这一故意型渎职罪的法定最高刑提升至15年有期徒刑，保持玩忽职守罪这一过失型渎职罪10年有期徒刑的最高

---

[1] 参见吴明：《玩忽职守罪研究》，苏州大学2008年硕士学位论文，第37页。

[2] 参见《德国刑法典》，徐久生、庄敬华译，中国方正出版社2004年版，第174页。

法定刑,其他具体罪名应根据具体情况将其法定刑予以一定程度的提高,宽严相济,罚当其罪,从而更好地实现刑法对渎职犯罪的预防和打击作用。

(3)故意型渎职犯罪与过失型渎职犯罪"刑罚不分"的问题

从《刑法》分则对渎职犯罪具体罪名的规定来看,我国《刑法》分则第九章渎职罪将故意犯罪与过失犯罪同款规定的条文多达 3 条,分别是第 397 条玩忽职守罪与滥用职权罪,第 398 条故意泄露国家秘密罪与过失泄露国家秘密罪和第 399 条第 3 款的执行判决、裁定滥用职权罪与执行判决、裁定失职罪。以渎职罪中最为高发的滥用职权罪与玩忽职守罪为例,滥用职权罪与玩忽职守罪的行为人主观方面具有不同的主观恶性,因而其体现的社会危害性也具有较大差距,然而立法将两罪规定在同一条款中并适用相同的法定刑显然并不合理,其与罪责刑相一致原则相冲突,易导致司法不公的现象。此外,我国刑法以处罚故意犯罪为原则,处罚过失犯罪为例外,因而刑法的关注重点应当是滥用职权罪,以处罚滥用职权罪为主,处罚玩忽职守罪为辅,而并非将二者规定在同一条款中并适用同一法定刑。

基于故意型渎职犯罪与过失型渎职犯罪在社会危害性上的明显差异,因此将二者共用一个刑罚种类和幅度是一个明确不合理的问题,需要进行立法修改和完善。基于此,对故意型渎职罪与过失型渎职罪的刑罚应分别使用独立的条文进行规定,明确每个罪名各自的刑罚种类和幅度,而不是采用故意与过失犯罪的法定刑规定在同一条文中的不合理方式,从而导致罪责刑不一致这一不合理现象。

三、公职人员职务犯罪的立法完善建议

(一)挪用公款罪的立法完善

1. 挪用公款罪的关键在于"挪用"而非"利用"

根据我国《刑法》第 384 条关于挪用公款罪的具体规定,行为人

对于公款同时具有“挪”和“用”的行为,并符合相关情节规定的自然构成挪用公款罪,这并不存在争议。然而,囿于立法之规定,司法实践中对于公款“挪而未用”的情形如何处理产生了分歧。例如,甲作为某国家机关的工作人员,负责该单位的财务工作。甲为了购买股票将单位的公款转至自己的银行账户。半个月后,审计机关查账时甲的行为被发现。但此时甲还没有决定好究竟购买哪一只股票,因此尚未动用该笔公款。对于此种“挪而未用”的行为究竟应如何定性,存在如下不同的观点和看法:(1)不构成挪用公款罪说。该种观点认为“挪而未用”的行为不构成挪用公款罪,其理由在于“挪用”是由“挪”和“用”两部分组成的。其中“挪”意味着转移,“用”则表示利用、使用,“挪”和“用”这两个行为都是作为挪用公款罪客观方面而存在的,二者缺一不可。因此,行为人只有同时存在将公款挪走和使用的行为才能构成挪用公款罪,“挪而未用”的行为是不能构成挪用公款罪的。〔1〕 (2)构成挪用公款罪说。该种观点认为“挪而未用”的行为构成挪用公款罪,“挪用”是一个整体的行为,挪用不仅包括“挪而已用”,也包括“挪而未用”“挪而不用”的情形,因此只要行为人将公款挪出使其脱离单位,即使尚未使用,也属于挪用公款。〔2〕 在承认“挪而未用”构成挪用公款罪的观点内部,针对“挪而未用”的情形究竟应属于该罪的何种形态,又存在不同的观点。第一种观点认为“挪而未用”的情形构成挪用公款罪既遂。该种观点认为“挪用”的关键在于对公款的支配进行了改变,只要行为人将公款脱离单位的控制,将其转移至自己的支配之下,挪用公款罪即告既

〔1〕 参见王作富主编:《刑法分则实务研究(下)》(第2版),中国方正出版社2003年版,第1950页;王瑛:《挪用公款罪司法认定的困境与出路》,西南大学2019年硕士学位论文,第20页。

〔2〕 参见程兰兰:《挪用公款罪犯罪构成之重构——以模糊性立法为视角》,载《政治与法律》2013年第1期。

遂。[1] 第二种观点认为"挪而未用"的情形构成挪用公款罪未遂。该观点认为行为人在改变公款的支配后,出于意志以外的原因而未使用的,应成立挪用公款罪未遂。[2] 这两种观点是对立性的,前者得出无罪的结论,后者得出有罪的结论。立法对此不能视而不见。

笔者认为,刑法应将"挪而未用"的行为明确规定为挪用公款罪的基本犯罪形态。为实现刑法的法益保护目的,在对刑法规定的构成要件进行解释时,必须保证结论有利于实现该条文目的。从我国传统的犯罪论体系出发,通说认为挪用公款罪的犯罪客体主要是国家工作人员的廉洁性,其次才是公共财产所有权的部分权能。[3] 只要行为人利用职务便利非法将公款挪出单位的支配之下,无论行为人是否在事实上对公款进行使用,行为人的行为就都侵犯了国家工作人员的廉洁性,并使得国家对公款的占有、使用等权利受到了一定程度的侵害。此外,我国《刑法》分则将挪用公款罪作为贪污贿赂罪章节的罪名之一规定在该章中,仍以国家工作人员职务的廉洁性为主要的保护法益,而国家对于公款占有、使用和收益权则是该罪次要保护的法益。因此行为人关于公款之"挪"才是该罪的本质特征,而并非"用"。

其次,为了最大限度地保护主要法益,应当在保证与罪刑法定原则不相违背的基础上,以有利于保护主要法益为目的进行解释。只要行为人非法改变了公款的支配关系,将公款转移至自己或者第三人的占有之下,即使其尚未对公款进行利用,国家工作人员的廉洁性也必然会受到侵害且难以弥补,而在行为人没有使用公款的情况下,

---

〔1〕 参见陈洪兵:《论挪用公款罪实行行为》,载《福建江夏学院学报》2015 年第 3 期。

〔2〕 参见刘家琛主编:《新刑法新问题新罪名通释》,人民法院出版社 1997 年版,第 969 页。

〔3〕 参见《刑法学》编写组编写:《刑法学(下册 · 各论)》,高等教育出版社 2019 年版,第 263 页。

国家对于公款的占有、使用等权利仍可恢复。关于公款的利用规定，该罪则根据用途的风险程度规定了三种不同的入罪情形，以体现对次要保护法益的充分保护。因此，必须以保护国家工作人员的廉洁性为目的通过相关解释对该罪的构成要件进行厘清。基于此，2003年《全国法院审理经济犯罪案件工作座谈会纪要》规定行为人挪用公款归个人使用的，只要达到数额和期限的规定，即使未实际使用公款，仍成立该罪。[1] 而对于挪用公款进行营利活动和非法活动的情形，由于其严重程度重于归个人使用的情形，因此对于这两种情形的"挪而未用"行为，只要符合该罪的入罪标准，就应认定为挪用公款罪。

最后，如上所述，行为人利用职务便利非法改变公款的占有后实际上已侵害了法益，即构成该罪的既遂，而行为人是否出于其他原因未使用公款对该罪的定性并不产生影响。事实上，行为人对公款的"挪"就包括"用"的因素，因为此时公款已在行为人的占有和控制之下。即使行为人后来改变了原有的使用目的，继续将挪用的公款置于自己的占有之下，这种"占有"状态也是"挪用"的一种现实表现，构成既遂。

2. "谋取个人利益"的定位问题

《刑法》分则对挪用公款罪中被挪用公款的使用方式规定了三种情形，其中对"归个人使用"这一情形的界定产生了较大争议。2002年4月28日，全国人大常委会在通过的《关于〈中华人民共和国刑法〉第三百八十四条第一款的解释》中，对挪用公款"归个人使用"的

---

[1] 根据2003年11月13日最高法《全国法院审理经济犯罪案件工作座谈会纪要》第4条第7项"挪用公款后尚未投入实际使用的行为性质的认定"规定："挪用公款后尚未投入实际使用的，只要同时具备'数额较大'和'超过三个月未还'的构成要件，应当认定为挪用公款罪，但可以酌情从轻处罚。"

三种情形进行了明确,[1]其中第三种“个人决定以单位名义将公款供其他单位使用”的情形,要求行为人“谋取个人利益”。尽管该解释解决了“归个人使用”的含义争议问题,但如何对“谋取个人利益”进行定位又成了司法实践中一个新的争议点。结合2003年《全国法院审理经济犯罪案件工作座谈会纪要》关于受贿罪“为他人谋取利益”的规定,“谋取个人利益”在司法实践中可包括以下情形:一是行为人主观上以谋取个人利益为目的,实际上并未谋得利益;二是行为人主观上以谋取个人利益为目的,实际上也谋取到了利益;三是行为人主观上并不以谋取个人利益为目的,事后客观上获得了利益。对于前两种情形,行为人“谋取个人利益”为构成该罪的主观构成要件并没有疑问,但在第三种情况下对于“谋取个人利益”的定位问题则不免产生争议。例如,甲与乙分别为A国企和B私企的负责人,甲与乙私下关系甚好。B私企资金出现了周转问题,乙便向甲寻求帮助。甲在未经单位集体决定的情况下,私自以单位名义将本单位公款供B私企使用,并约定期限为半年,半年后乙如约将公款归还并另给了甲5万元表示答谢,甲欣然接受。

对于此种情形,第一种观点提出,“谋取个人利益”在现实生活中的表现方式极其复杂,难以判断,如果强调这个要件,就不利于对挪用公款行为的打击,因此应该直接取消“谋取个人利益”这一要件。[2] 第二种观点认为,“谋取个人利益”是挪用公款罪规定的所有情形的主观要件,对“人情关系”的顾及属于“谋取个人利益”的主观

---

〔1〕 全国人大常委会《关于〈中华人民共和国刑法〉第三百八十四条第一款的解释》规定,有下列情形之一的,属于挪用公款“归个人使用”:(1)将公款供本人、亲友或者其他自然人使用的;(2)以个人名义将公款供其他单位使用的;(3)个人决定以单位名义将公款供其他单位使用,谋取个人利益的。

〔2〕 参见曾乐非:《如何理解挪用公款罪中的“归个人使用”——兼评九届全国人大常委会第二十七次会议对刑法第384条第1款“归个人使用”的解释》,载《国家检察官学院学报》2003年第2期。

目的。[1] 第三种观点认为,"谋取个人利益"并非行为人的主观目的,而是一种客观构成要件要素。[2] 本书赞同第一种观点,但是理由有所不同。如果将"谋取个人利益"作为一种主观要件,那么在受贿后依据行贿人的请求挪用公款的场合,将导致挪用公款罪与受贿罪共享一个要件,造成重复评价的问题。否则就会存在刑法评价要素的缺损问题,将难以兼顾受贿罪或者挪用公款罪的评价。如果将其作为客观要件,那么问题将表现得更为突出,很可能将"挪而未用"的行为不评价为犯罪。所以无论是作为客观要件还是主观要件,都与刑法规制的目的不相吻合。如前所述,该罪的主要保护客体与其他职务犯罪大体相同,"谋取个人利益"明显属于公职人员职务廉洁性范畴内的评价问题,但是该罪要保护的次要客体不是公职人员的职务廉洁性,而是财经的管理制度,恰恰是次要客体凸显了该罪与贪污罪、受贿罪之间的差异,受贿罪是行贿人与受贿人之间发生的权钱交易,本身不直接涉及公共财产,而贪污罪是行为人对公共财产的不法占有,造成国家资产所有权的丧失,而挪用公款罪仅仅侵犯了国家财经制度,导致国家无法充分实现对国有资产的管理,但国家的所有权并未因此丧失。所以只要行为人采取违规行为,将公款提供给他人使用,就具有违法性。将谋取个人利益作为要件,背离了该罪立法目的。

(二)巨额财产来源不明罪的实行行为

正所谓"无行为则无犯罪亦无刑罚",犯罪的实行行为可谓决定了一种行为在何种情况下踏入了刑法的"领地"。因此,对于实行行为的不同认识往往决定了司法实践中关于犯罪认定的最终结果。

---

〔1〕 参见程兰兰:《挪用型犯罪研究》,华东政法大学 2009 年博士学位论文,第 115 页。

〔2〕 参见田旭、刘志伟:《论谋取利益行为的构成要件地位与规范意义——以挪用公款罪与受贿罪的共存形态为切入点》,载《贵州警官职业学院学报》2016 年第 1 期。

我国《刑法》分则规定了巨额财产来源不明罪,然而如何认定该罪的实行行为却一直存在争论。有一种消极的观点认为,从立法推定的视角出发,巨额财产来源不明罪不具备完整的构成要件内容,因而其并不存在客观的行为要件。[1] 笔者认为,任何犯罪在本质上都是一种行为,巨额财产来源不明罪也不例外。根据我国《刑法》第13条关于犯罪概念的界定可知,任何犯罪都必须是严重危害社会的行为。故而,对巨额财产来源不明罪的实行行为进行否定的观点,从根本上颠覆了现代犯罪论体系的基石,实质上是与罪刑法定原则相违背的,所以对这种观点应当予以否定。而在肯定巨额财产来源不明罪存在实行行为的积极观点中,关于该罪实行行为的内容也存在不作为说、持有说和复合行为说。其中,不作为说认为巨额财产来源不明罪的实行行为是"不能说明来源"的不作为,行为人的财产、支出超过合法收入只是作为该罪的前提条件而存在。[2] 持有说认为行为人"不能说明来源"是客观超过要素的构成之一,而对于明显超过应有的合法收入,且与其合法收入差额巨大的支出的相关财产的持有则是该罪的实行行为。[3] 复合行为说内部关于巨额财产来源不明罪的行为内容存在分歧,一种观点认为巨额财产来源不明罪的行为内容既包括对来源不明财产的持有行为,也包括"不能说明来源"的不作为;[4]另一种观点则认为该罪的行为内容包括非法获取财产的

---

[1] 参见于冲:《关于巨额财产来源不明罪客观要件的反思与重构》,载《法学论坛》2013年第3期。

[2] 参见张明楷:《论巨额财产来源不明罪的实行行为》,载《人民检察》2016年第7期。

[3] 参见马晓萌:《巨额财产来源不明罪实行行为研究》,载《东南大学学报(哲学社会科学版)》2009年S2期。

[4] 参见高铭暄、马克昌主编:《刑法学(下编)》,中国法制出版社1999年版,第1152页。

作为和拒绝说明巨额财产来源的不作为。[1]

笔者认可持有说,并认为该罪的实行行为内容不应包括不作为,主要理由如下。

首先,巨额财产来源不明罪并不存在作为义务的来源,在主张不作为说的学者中,有观点认为该罪的作为义务源于国家工作人员的财产申报制度;[2]也有观点认为该罪的作为义务源于行为人所拥有的巨额财产状况对国家工作人员职务的廉洁性造成侵害的风险,因此在有关机关责令说明来源时,其就具有说明巨额财产来源从而消灭危险的义务。[3] 事实上,我国并不存在国家工作人员财产申报制度,尽管我国存在一些关于财产申报的政策性文件,但这些政策性文件关于财产申报在实际中的操作性还存在诸多问题,因此,财产申报制度实质上并未建立。此外,财产申报制度要求国家工作人员将个人的财产、收入状况向所在机构进行事前的主动申报,而该罪则是在行为人拥有巨额财产被查明后由国家司法机关责令其说明来源,但行为人不能说明的情况下构成,因此,国家工作人员的财产申报制度并不能作为该罪的作为义务来源。此外,如果行为人拥有的来源不明的巨额财产是通过腐败行为获得的,那么其在实行相关腐败行为时就已经对国家工作人员职务的廉洁性造成了侵害,无论行为人是否履行说明巨额财产来源的义务,其侵害结果均已造成。因此,行为人是否说明财产的来源并不能消除国家工作人员职务的廉洁性受到侵害的危险。

其次,由于"法律不强人所难",因此不作为犯的成立要求行为人

---

〔1〕 参见孟庆华:《巨额财产来源不明罪研究新动向》,北京大学出版社 2002 年版,第 92 页。

〔2〕 参见曹华:《巨额财产来源不明罪构成要件探析》,载《商业时代》2009 年第 17 期。

〔3〕 参见张明楷:《论巨额财产来源不明罪的实行行为》,载《人民检察》2016 年第 7 期。

具有作为的可能性。而巨额财产来源不明罪是在行为人被责令说明其拥有的巨额财产来源时“不能说明”财产来源才构成。根据我国的司法解释,“不能说明”不仅应当包括拒绝说明、虚假说明的情形,同时包括无法说明的状况。也就是说即使行为人不存在说明的可能性也构成该罪,这与不作为犯的理论是互相矛盾的。在司法实践中,必然存在国家工作人员出于记忆有限等原因而无法说明其基于腐败行为所获财产的来源情况,而根据不作为犯理论,行为人记忆力好、获得巨额非法财产的时间点较近因而有能力说明其来源的入罪,行为人记忆力较差、获得巨额非法财产的时间点较远因而没有能力说明其来源的则不构成犯罪,这显然并不适当。

再次,不作为说存在无法合理适用刑法中的自首、溯及力以及追诉时效等制度的问题。[1] 由于不作为说认为行为人具有如实说明财产来源的义务,以及实行行为是行为人被责问财产来源而“不能说明来源”的不作为,因此该罪实际上就不存在适用自首的可能。此外,如果该罪的溯及力以及追诉时效的起算点都为行为人“不能说明来源”时,那么这些制度在该罪中将无适用可能。而对于复合行为说来讲,其不仅具备不作为说的全部缺陷,而且该观点将巨额财产来源不明罪的实行行为认定为行为人非法获取财产这一行为,不仅脱离了加大对贪污贿赂犯罪的惩治力度而将其作为兜底罪名的立法原意,而且加大了司法工作人员的证明责任。[2] 因此,巨额财产来源不明罪的实行行为内容并不是不作为和复合行为。

最后,持有说更有利于司法实践中关于该罪具体问题的解决。巨额财产来源不明罪作为身份犯,要求行为人在行为时具有国家工

---

〔1〕 参见薛进展:《巨额财产来源不明罪行为本质的实践检示——从〈刑法修正案(七)〉修改后的法律适用展开》,载《法学》2011 年第 12 期。

〔2〕 参见陈洪兵:《论巨额财产来源不明罪的实行行为》,载《刑事法评论》2015 年第 1 期。

作人员的身份。根据持有说的观点,只要行为人在持有来源不明的巨额财产时具有国家工作人员的身份,哪怕其是在不再具有国家工作人员身份后才被查处,仍然构成该罪。这样就避免了不作为说和复合行为说对于实行行为的认定过于滞后而导致的由于行为人被查处时不具备主体身份而放纵犯罪的问题。此外,在采取持有说的情况下,巨额财产来源不明罪是存在自首可能的,一方面,行为人可以在尚未归案之前对自己的"持有行为"进行自首,如实说明自己持有无法说明来源的巨额财产。另一方面,行为人也可在相关腐败犯罪被查处后如实说明自己还持有无法说明来源的财产以构成准自首。因此,应将巨额财产来源不明罪的实行行为认定为对不能说明来源的巨额财产的持有。

根据持有说的观点,我们认为该罪的立法应当予以修正,并对该罪审查的重点予以明确。第一,该罪的实行行为是行为人持有与其本人合法收入存在明显差额的财产。公职人员拥有巨额财产,在其无法提供合法来源的情况下,根据一般经验,其财产无非是行为人贪污或者受贿所得,故此,巨额财产来源不明在很大程度上是作为贪污罪或者受贿罪的兜底性规定出现,主要用于对一些查无实据的财物进行必要的处理,所以该罪的重点是行为人持有与其合法收入明显不相称的财产。第二,现行立法规定凸显了公职人员说明来源的要求,容易造成误解。一是有人认为要求国家工作人员说明财产来源是要其自证其罪,属于举证倒置,违反了举证原则性规定。二是误认为说明是义务,不履行说明义务是不作为犯。其实不然。公务人员的说明是一种程序性的保障规定,它本质上是有利于犯罪嫌疑人或者被告人的,不能将其作为犯罪构成的实体性条件。因此,该罪立法应当明确前半段在犯罪评价中的积极意义和后半段在犯罪评价中的程序保障意义。可以考虑将该规定修改为:"国家工作人员本人及其家庭拥有明显超过其本人及其家庭成员合法收入的非法所得财产,数额巨大的,处五年以下有期徒刑或者拘役;数额特别巨大的,处五年以上十年以下有期徒刑。国家工作人员及其家庭成员能说明其财产合法来源的部分,不得认定为非法所得财产。”

(三)受贿罪的保护法益

特定保护法益构成立法的逻辑起点。关于受贿罪的保护法益问题,在全球范围内都存在争论。从比较法的视角看,主要存在两种立场:第一种是职务行为的不可收买性,第二种是职务行为的公正性或纯洁性。第一种立场,即认为受贿罪的保护法益是职务行为的不可收买性,起源于罗马法。根据这种观点,只要行为人索取或收受与职务行为相关的贿赂,无论其是否实施了违法或者不正当的职务行为,就都构成受贿罪。第二种立场,即将受贿罪的保护法益认定为职务行为的公正性或纯洁性,这起源于日耳曼法,根据这一立场,只有行为人实施了不正当的职务行为并收受或索取贿赂,才能构成受贿罪。〔1〕职务行为一旦被收买,其纯洁性或者公正性通常就会被破坏,因此,第二种立场获得了更大范围的承认,具有较大的影响。但在这种基本立场下,又形成了意志说、纯洁性说、国家意志篡改说、不可收买性说、清廉义务说以及折中说等观点。〔2〕

自我国1979年《刑法》颁布以来,我国刑法学界关于受贿罪的法益问题产生了较大的争论,主要包括以下学说:一是国家机关的正常管理活动说;二是国家机关、企事业单位、军队团队的正常活动和公私财产所有权说;三是国家工作人员的职务廉洁性说;四是以国家机关、集体经济组织和其他社会组织公务活动的正常进行以及声誉为

〔1〕 参见[日]大塚仁:《刑法概说(各论)》,中国人民大学出版社2003年版,第590页。

〔2〕 参见张明楷:《刑法学》(第5版),法律出版社2016年版,第1199-1201页。

基本法益,并包括社会经济管理秩序和公私财产所有权说[1]。当前认为受贿罪的保护法益为国家工作人员职务的廉洁性的观点已经成为通说,但由于廉洁性一词含义较为模糊,对于其究竟是以不可收买性说为立场还是以公正性说为立场不甚明朗。从语义上进行理解,该说更加倾向于不可收买性说的立场。不可收买性说的立场比较符合打击贿赂犯罪的需要,有利于实现对腐败"零容忍"的政策要求,应以此为出发点确定受贿罪的罪刑,主要理由如下。

首先,将职务行为的公正性界定为受贿罪的保护法益,易导致无法对受贿罪涵盖的行为类型作出合理解读,且缩小了受贿罪的认定范围。根据我国刑法关于受贿罪的规定,受贿罪可分为两种情形,即收受型受贿罪和索贿型受贿罪。在索贿型受贿罪中,并不要求行为人实施相关职务行为为行贿人谋取利益,只要行为人具有利用职务便利索取贿赂的行为即可成立该罪。除此之外,在收受型受贿罪中,该罪的成立也并不要求行为人必然要违背职务行为的公正性为行为人谋取到利益。此外,公正性说的立场会导致以下几种行为无法被认定为受贿罪:一是事后受财行为。这里的"事"指的是职务行为的实施,所谓事后受财,是指行为人在实施职务行为之前并未与行贿人对"贿赂"有所约定,而在其正常实施职务行为后,行贿人给予行为人所谓的"感谢金",行为人收受该财物的行为。根据公正性说的观点,在事后受财的情况下,行为人正常实施其职务行为并未损害职务行为的公正性,因此该行为并不构成受贿罪。根据我国相关司法解释的规定,事先没有与行贿人约定,但事后基于行为人的履职行为而收受他人财物的,仍然构成受贿罪。二是虚假许诺行为。所谓虚假许

[1] 参见高铭暄主编:《中国刑法学》,中国人民大学出版社 1989 年版,第 601 页;刘白笔、刘用生:《经济刑法学》,群众出版社 1989 年版,第 504 页;韩建国、韦亚力:《受贿罪客体新论》,载《法学研究》1991 年第 3 期;徐松林主编:《刑法学》(第 4 版),华南理工大学出版社 2016 年版,第 467 页。

诺行为是指国家工作人员在行贿人有求于自己的情况下,主观上并不打算为行贿人谋取利益,但作出虚假承诺,收受他人贿赂的行为。在虚假承诺的情况下,行为人也并没有实施不公正的职务行为,根据公正性说的观点,行为人的行为不能被认定为受贿罪,这显然是不合适的。

其次,将受贿罪的保护法益认定为职务行为的公正性会导致刑罚体系的不协调。如果认为职务行为的公正性为受贿罪的保护法益,由于在索贿型受贿罪中并不要求行为人为他人谋取利益,而在收受型受贿罪中,即使行为人正常执行公务行为,但只要其收受他人贿赂,就也构成受贿罪,因此受贿罪必然是危险犯而非实害犯。而对于渎职罪中的滥用职权罪来讲,其滥用职权必然对职务行为公正性造成侵犯,且构成该罪还要求造成实害后果。但是从刑法教义学的角度来看,受贿罪的刑罚明显高于滥用职权罪。此外,根据公正性说,如果行为人收受了他人数额较大的财物,但仅仅是客观公正地实施了职务行为,应当处以较轻的刑罚。但事实并非如此,根据我国刑法对受贿罪的规定,受贿的数额是裁定刑罚的关键因素。因此,以职务行为的公正性为该罪的保护法益并不合适。

再次,将受贿罪的保护法益认定为职务行为的不可收买性与宪法的规定相符合。我国《宪法》第 6 条第 1 款规定:我国坚持“按劳分配为主体、多种分配方式并存的分配制度”。国家工作人员已获得其应得的工资待遇,因此不得从他人或其他单位那里接受不正当的报酬,即职务行为不能被交换和收买。如果职务行为能够被收买,那么大概率会进一步侵害职务行为的公正性以及国民对国家机关的信赖,并产生其他不利后果。因此必须首先对职务行为的不可收买性进行保护才能进一步对其他法益进行保护。

最后,将职务行为的不可收买性作为受贿罪的保护法益,能有效解决以公正性说为立场所存在的问题。将受贿罪的法益界定为职务行为的不可收买性,能正确揭示事后受财行为和虚假承诺行为被认定为受贿罪的本质,防止受贿罪范围的不当缩小。此外,将受贿罪的保护法益界定为职务行为的不可收买性也合理地解释了受贿罪以受贿数额为依据规定量刑幅度和裁定刑罚的原因,同时避免了在公正性说下产生的受贿罪与渎职犯罪的刑罚不协调问题。因此,将职务行为的不可收买性认定为受贿罪的保护法益是适当的。

参考文献

一、专著部分

(一)中国学者专著

[1][汉]刘向撰、向宗鲁校证:《说苑校证》,中华书局出版社1987年版。

[2]李山、轩新丽译注:《管子》,中华书局出版社2019年版。

[3]张永雷、刘丛著译:《汉书》,中华书局出版社2011年版。

[4]王世舜、王翠叶译注:《尚书》,中华书局出版社2011年版。

[5]郭超、夏于全主编:《传世名著百部·周易参同契·太上感应篇》,蓝天出版社1998年版。

[6]林山田:《经济犯罪与经济刑法》(第3版),台北,三民书局1981年版。

[7]法学教材编辑部《西方法律思想史编写组》编:《西方法律思想史资料选编》,北京大学出版社1983年版。

［8］甘雨沛、何鹏主编：《外国刑法学》（上册），北京大学出版社1984年版。

［9］高铭暄主编：《中国刑法学》，中国人民大学出版社1989年版。

［10］刘白笔、刘用生：《经济刑法学》，群众出版社1989年版。

［11］赵秉志主编：《刑法修改研究综述》，中国人民公安大学出版社1990年版。

［12］赵长青主编：《经济刑法学》，重庆出版社1991年版。

［13］马克昌主编：《中国刑事政策学》，武汉大学出版社1992年版。

［14］陈兴良：《刑法哲学》，中国政法大学出版社1992年版。

［15］赵秉志、吴振兴主编：《刑法学通论》，高等教育出版社1993年版。

［16］解振华主编：《中国环境典型案例与执法提要》，中国环境科学出版社1994年版。

［17］肖扬主编：《贿赂犯罪研究》，法律出版社1994年版。

［18］马克昌、丁慕英主编：《刑法的修改与完善》，人民法院出版社1995年版。

［19］林东茂：《危险犯与经济刑法》，台北，五南图书出版公司1999年版。

［20］敬大力主编：《刑法修订要览》，法律出版社1997年版。

［21］周道鸾等主编：《刑法的修改与适用》，人民法院出版社1997年版。

［22］高铭暄、马克昌主编：《刑法学》（下），中国法制出版社1999年版。

［23］欧阳康主编：《社会认识方法论》，武汉大学出版社1998年版。

[24]孙谦主编:《国家工作人员职务犯罪研究》,法律出版社1998年版。

[25]刘家琛主编:《新刑法新问题新罪名通释——根据最高人民法院最新司法解释修订》(修订本),人民法院出版社1998年版。

[26]赵秉志、吴大华:《新刑法典罪名及司法解释要义》,中国人民公安大学出版社1998年版。

[27]欧阳康主编:《社会认识方法论》,武汉大学出版社1998年版。

[28]陈兴良:《刑事法评论》(第4卷),中国政法大学出版社1999年版。

[29]张明楷:《刑法格言的展开》,法律出版社1999年版。

[30]赵秉志主编:《中国内地与澳门刑法分则之比较研究:兼论两地刑事司法协助问题》,澳门基金会出版社1999年版。

[31]高格:《定罪与量刑》(上卷),中国方正出版社1999年版。

[32]顾肖荣等主编:《刑法比较》,福建人民出版社1999年版。

[33]江礼华:《论国家工作人员范围的界定》,载《刑法问题与争鸣》,中国方正出版社1999年版。

[34]刘生荣主编:《施刑范典》,中国方正出版社1999年版。

[35]高铭暄、马克昌主编:《刑法学》,中国法制出版社1999年版。

[36]张明楷:《法益初论》,中国政法大学出版2000年版。

[37]高铭暄、马克昌主编:《刑法学》,北京大学出版社、高等教育出版社2000年版。

[38]周光权:《法定刑研究:罪刑均衡的建构与实现》,中国方正出版社2000年版。

[39]李晓明:《经济刑法学》,群众出版社2000年版。

[40]周永坤:《法理学:全球视野》,法律出版社2000年版。

[41]李国如:《罪刑法定原则视野中的刑法解释》,中国方正出版社 2001 年版。

[42]林亚刚:《危害公共安全罪新论》,武汉大学出版社 2001 年版。

[43]王昌学主编:《市场经济犯罪纵横论》,法律出版社 2001 年版。

[44]孟庆华:《巨额财产来源不明罪研究新动向》,北京大学出版社 2002 年版。

[45]张世英:《哲学导论》,北京大学出版社 2002 年版。

[46]马克昌:《比较刑法原理:外国刑法学总论》,武汉大学出版社 2002 年版。

[47]马克昌主编:《刑罚通论》,武汉大学出版社 1999 年版。

[48]张明楷:《刑法的基本立场》,中国法制出版社 2002 年版。

[49]陈兴良:《本体刑法学》,商务印书馆 2001 年版。

[50]敬大力主编:《渎职罪》,中国人民公安大学出版社 2003 年版。

[51]王作富主编:《刑法分则实务研究》(上),中国方正出版社 2003 年版。

[52]王作富主编:《刑法分则实务研究》(下),中国方正出版社 2003 年版。

[53]李惠斌:《全球化与公民社会》,广西师范大学出版社 2003 年版。

[54]鲍遂献、雷东生:《危害公共安全罪》,中国人民公安大学出版社 2003 年版。

[55]宫厚军:《经济犯罪与经济刑法研究》,中国方正出版社 2003 年版。

[56]赵秉志主编:《单位犯罪比较研究》,法律出版社 2004 年版。

[57]刘艳红主编:《刑法学各论》,北京大学出版社2004年版。

[58]魏东等:《民主权利的宪法基础与刑法保障》,人民法院出版社2004年版。

[59]王志祥:《危险犯研究》,中国人民公安大学出版社2004年版。

[60]杜万平:《论环境刑法法益》,法律出版社2004年版。

[61]蒋小燕、王安异:《渎职罪比较研究》,中国人民公安大学出版社2004年版。

[62]《联合国反腐败公约》,中国方正出版社2004年版。

[63]《德国刑法典》,徐久生、庄敬华译,中国方正出版社2004年版。

[64]薛晓源、周战超主编:《全球化与风险社会》,社会科学文献出版社2005年版。

[65]马克昌主编:《犯罪通论》,武汉大学出版社1999年版。

[66]刘长秋:《器官移植法研究》,法律出版社2005年版。

[67]孙国祥、魏昌东:《经济刑法研究》,法律出版社2005年版。

[68]罗克辛:《刑法的目的难道不是保护法益吗?》,樊文译,载陈兴良主编:《刑事法评论》第19卷,北京大学出版社2006年版。

[69]高秀东等:《刑事犯罪定罪量刑情节热点案例释评》,人民法院出版社2006年版。

[70]李玉福等:《公司运作的刑法保障》,中国检察出版社2006年版。

[71]周汉华:《中华人民共和国个人信息保护法(专家建议稿)及立法研究报告》,法律出版社2006年版。

[72]高铭暄主编:《刑法专论》,高等教育出版社2006年版。

[73]王作富:《刑法分则实务研究》,中国方正出版社2006年版。

[74]郑玉波:《法谚》(一),法律出版社2007年版。

[75]陈立主编:《刑法分论》,厦门大学出版社 2007 年版。

[76][日]西田典之:《日本刑法各论》(第 3 版),刘明祥、王昭武译,中国人民大学出版社 2007 年版。

[77]高铭暄、马克昌主编:《刑法学》(第 3 版),北京大学出版社、高等教育出版社 2007 年版。

[78]张明楷编著:《外国刑法纲要》(第 2 版),清华大学出版社 2007 年版。

[79]高铭暄:《刑法学》,北京大学出版社 2007 年版。

[80]高铭暄、马克昌主编:《刑法学》,北京大学出版社、高等教育出版社 2007 年版。

[81]黎宏:《日本刑法精义》(第 2 版),法律出版社 2008 年版。

[82]刘宪权:《金融犯罪刑法理论与实践》,北京大学出版社 2008 年版。

[83]贾东军、国章成:《严打刑事政策:反犯罪的中国经验》,中国人民公安大学出版社 2008 年版。

[84]蔡圣伟:《刑法问题研究》(一),台北,元照出版公司 2008 年版。

[85]阎二鹏:《侵犯个人法益犯罪研究》,中国人民公安大学出版社 2009 年版。

[86]陈兴良主编:《刑法学》(第 2 版),复旦大学出版社 2009 年版。

[87]陈雪平:《立法价值研究——以精益学理论为视阈》,中国社会科学出版社 2009 年版。

[88]李行健主编:《现代汉语规范词典》(第 2 版),外语教学与研究出版社 2010 年版。

[89]赵秉志主编:《英美刑法学》(第 2 版),科学出版社 2010 年版。

[90]余振华:《刑法违法性理论》,台北,瑞兴图书股份有限公司

2010 年版。

[91]童德华:《外国刑法导论》,中国法制出版社 2010 年版。

[92]杨剑波:《刑法明确性原则研究》,中国人民公安大学出版社 2010 年版。

[93]张文显主编:《法理学》(第 4 版),高等教育出版社、北京大学出版社 2011 年版。

[94]孙国祥、魏昌东:《反腐败国际公约与贪污贿赂犯罪立法研究》,法律出版社 2011 年版。

[95]曲新久主编:《刑法学》(第 4 版),中国政法大学出版社 2011 年版。

[96]陈兴良:《本体刑法学》(第 2 版),中国人民大学出版社 2011 年版。

[97]李希慧主编:《刑法修改研究》,武汉大学出版社 2011 年版。

[98]张明楷:《刑法分则的解释原理》(下)(第 2 版),中国人民大学出版社 2011 年版。

[99]赵秉志主编:《刑法修正案(七)专题研究》,北京师范大学出版社 2011 年版。

[100]高铭暄、马克昌主编:《刑法学》(第 4 版),北京大学出版社、高等教育出版社 2010 年版。

[101]马克昌:《宽严相济刑事政策研究》,清华大学出版社 2012 年版。

[102]李林:《危险犯与风险社会刑事法治》,西南财经大学出版社 2012 年版。

[103]陈忠林:《刑法散得集》(Ⅱ),重庆大学出版社 2012 年版。

[104]赵福江等:《食品安全法律保护热点问题研究》,中国检察出版社 2012 年版。

[105]杜菊、刘红:《食品安全刑事保护研究》,法律出版社 2012

年版。

[106]钟宏彬:《法益理论的宪法基础》,台北,春风煦日学术基金2012年版。

[107]黎宏:《刑法学》,法律出版社2012年版。

[108]高铭暄:《中华人民共和国刑法的孕育诞生和发展完善》,北京大学出版社2012年版。

[109]陈金林:《积极一般预防理论研究》,武汉大学出版社2013年版。

[110]顾肃:《自由主义基本理念》,译林出版社2013年版。

[111]周光权:《法治视野中的刑法客观主义》(第2版),法律出版社2013年版。

[112]黄现师:《渎职罪犯罪构成研究》,中国政法大学出版社2013年版。

[113]张军主编:《刑法(分则)及配套规定新释新解》(上)(第3版),人民法院出版社2013年版。

[114]周道鸾、张军主编:《刑法罪名精释》(上册)(第4版),人民法院出版社2013年版。

[115]吴苌弘:《个人信息的刑法保护研究》,上海社会科学院出版社2014年版。

[116]王忠:《大数据时代个人数据隐私规制》,社会科学文献出版社2014年版。

[117]黄太云:《刑事立法的理解与适用——刑事立法背景、立法原意深度解读》,中国人民公安大学出版社2014年版。

[118]张明楷:《责任刑与预防刑》,北京大学出版社2015年版。

[119]陈兴良:《刑法哲学》(第5版),中国人民大学出版社2015年版。

[120]王利宾:《法律经济学视阈下的民生犯罪刑法规制研究》,

法律出版社 2015 年版。

[121]劳东燕:《风险社会中的刑法社会转型与刑法理论的变迁》,北京大学出版社 2015 年版。

[122]杨兴国:《贪污贿赂犯罪认定精解精析》(修订版),中国检察出版社 2015 年版。

[123]张明楷:《刑法学》(第 5 版),法律出版社 2016 年版。

[124]齐文远主编:《刑法学》(第 3 版),北京大学出版社 2016 年版。

[125]于冲:《网络刑法的体系构建》,中国法制出版社 2016 年版。

[126]张明楷:《刑法学》(上册)(第 5 版),法律出版社 2016 年版。

[127]阮齐林:《中国刑法各罪论》,中国政法大学出版社 2016 年版。

[128]马克昌主编:《近代西方刑法学说史》,中国人民公安大学出版社 2016 年版。

[129]张道许:《风险社会的刑法危机及其应对》,知识产权出版社 2016 年版。

[130]徐松林主编:《刑法学》(第 4 版),华南理工大学出版社 2016 年版。

[131]郝艳兵:《风险社会视域下产品犯罪的刑法规制》,法律出版社 2017 年版。

[132]陈家林:《外国刑法理论的思潮与流变》,中国人民公安大学出版社 2017 年版。

[133]陈文清主编:《全面践行总体国家安全观》,党建读物出版社、人民出版社 2019 年版。

[134]高铭暄、马克昌主编:《刑法学》(第 9 版),北京大学出版

社、高等教育出版社2019年版。

[135]贾宇主编:《刑法学》(各论)(上册),高等教育出版社2019年版。

[136]付立庆:《刑法总论》,法律出版社2020年版。

[137]张明楷:《法益初论》(增订本)(下册),商务印书馆2021年版。

[138]张明楷:《刑法学》(第6版),法律出版社2021年版。

[139]高铭暄、马克昌:《刑法学》(第10版),北京大学出版社、高等教育出版社2022年版。

(二)外国学者专著

[1][法]孟德斯鸠:《论法的精神》(上册),张雁深译,商务印书馆1961年版。

[2][古希腊]柏拉图:《理想国》,郭斌和、张竹明译,商务印书馆1986年版。

[3][英]J. W. 塞西尔·特纳·肯尼:《肯尼刑法原理》,王国庆等译,华夏出版社1989年版。

[4][德]汉斯·约阿希姆·施奈德:《犯罪学》,吴鑫涛、马君玉译,中国人民公安大学出版社1990年版。

[5][日]木村龟二主编:《刑法学词典》,顾肖荣等译,上海翻译出版公司1991年版。

[6][美]哈罗德·J. 伯尔曼:《法律与革命——西方法律传统的形成》,中国大百科全书出版社1993年版。

[7][意]贝卡里亚:《论犯罪与刑罚》,黄风译,中国大百科全书出版社1993年版。

[8][德]格吕恩特·雅科布斯:《行为责任刑法机能性描述》,冯军译,中国政法大学出版社1997年版。

[9][美]理查德·A. 波斯纳:《法律的经济分析》(上),蒋兆康

译,中国大百科全书出版社 1997 年版。

[10][美]希拉里·普特南:《理性、真理与历史》,童世骏、李光程译,上海译文出版社 1997 年版。

[11][意]杜里奥·帕多瓦尼:《意大利刑法学原理》,陈忠林译,法律出版社 1998 年版。

[12][法]卡斯东·斯特法尼等:《法国刑法总论精义》,罗结珍译,中国政法大学出版社 1998 年版。

[13][德]弗兰茨·冯·李斯特:《德国刑法教科书》,徐久生译,法律出版社 2000 年版。

[14][美]马克·波斯特:《第二媒介时代》,范静哗译,南京大学出版社 2000 年版。

[15][英]埃德蒙·柏克:《自由与传统——柏克政治论文选》,蒋庆等译,商务印书馆 2001 年版。

[16][德]汉斯·海因里希·耶塞克等:《德国刑法教科书(总论)》,徐久生译,中国法制出版社 2001 年版。

[17][德]乌尔里希·贝克等:《自反性现代化:现代社会秩序中的政治、传统与美学》,赵文书译,商务印书馆 2001 年版。

[18][德]阿图尔·考夫曼、[德]温弗里德·哈斯默尔主编:《当代法哲学和法律理论导论》,郑永流译,法律出版社 2002 年版。

[19][日]大塚仁:《刑法概说(各论)》,冯军译,中国人民大学出版社 2003 年版。

[20][德]哈贝马斯:《在事实与规范之间——关于法律和民主法治国的商谈理论》,童世骏译,三联书店 2003 年版。

[21][德]乌尔里希·贝克:《风险社会》,何博闻译,译林出版社 2004 年版。

[22][德]考夫曼:《法律哲学》,刘幸义等译,法律出版社 2004 年版。

[23][英]H. L. A. 哈特:《法理学与哲学论文集》,支振锋译,法律出版社2005年版。

[24][德]克劳斯·罗克辛:《德国刑法学总论》(第1卷),王世洲译,法律出版社2005年版。

[25][德]安塞尔姆·里特尔·冯·费尔巴哈:《德国刑法学总论》(第1卷),徐久生译,法律出版社2005年版。

[26][英]芭芭拉·亚当等编著:《风险社会及其超越——社会理论的关键议题》,赵延东等译,北京出版社2005年版。

[27][英]弗里德利希·冯·哈耶克:《自由秩序原理》,邓正来译,三联书店1997年版。

[28][美]路易斯·卡普洛、[美]斯蒂文·沙维尔:《公平与福利》,冯玉军、涂永前译,法律出版社2007年版。

[29][美]马库斯·德克·达博:《一般积极预防理论与法益理论》,杨萌译,载陈兴良主编《刑事法评论》第21卷,北京大学出版社2007年版。

[30][意]切萨雷·贝卡里亚:《论犯罪与刑罚》,黄风译,北京大学出版社2008年版。

[31][美]罗伯特·所罗门:《大问题:简明哲学导论》(第2版),张卜天译,广西师范大学出版社2008年版。

[32][韩]金日秀、[韩]徐鹤辅:《韩国刑法总论》,郑军男译,武汉大学出版社2008年版。

[33][英]大卫·丹尼:《风险与社会》,马缨等译,北京出版社2009年版。

[34][德]安塞尔姆·里特尔·冯·费尔巴哈:《德国刑法教科书》,徐久生译,中国方正出版社2010年版。

[35][法]卢梭:《社会契约论或政治权利的原理》,李平沤译,商务印书馆2011年版。

[36][德]迪特儿·格林:《宪法视野下的预防问题》,刘刚译,载刘刚编译:《风险规制:德国的理论与实践》,法律出版社 2012 年版。

[37][日]松原芳博:《刑法总论》,日本评论社 2013 年版。

[38][德]乌尔斯·金德霍伊泽尔:《刑法总论教科书》,蔡桂生译,北京大学出版社 2015 年版。

[39][日]关哲夫:《讲义刑法总论》,成文堂 2015 年版。

[40][日]前田雅英:《刑法总论讲义》,曾文科译,北京大学出版社 2017 年版。

[41][日]大塚仁:《刑法各论》(下卷),青林书院新社 1968 年版。

[42][日]曾根威彦:《刑法中的正当化理论》,成文堂 1980 年版。

[43][日]大塚仁:《犯罪论的基本问题》,有斐阁 1982 年版。

[44][日]川端博:《违法性的理论》,成文堂 1990 年版。

[45][日]西原春夫:《刑法总论》(上卷),成文堂 1993 年版。

[46][日]清水一成:《行为无价值和结果无价值》,载阿部纯二等编:《刑法基本讲座》(第 3 卷),成文堂 1994 年版。

[47][日]城下裕二:《量刑基准研究》,成文堂 1995 年版。

[48][日]大谷实:《刑法讲义总论》,成文堂 1996 年版。

[49][日]佐久间修:《刑法讲义(总论)》,成文堂 1997 年版。

[50][日]山中敬一:《刑法总论Ⅰ》,成文堂 1999 年版。

[51][日]山中敬一:《刑法总论Ⅱ》,成文堂 1999 年版。

[52][日]松宫孝明:《刑法总论讲义》,成文堂 1999 年版。

二、论文部分

(一)中文论文

[1]杜平、郭克强:《略论美国刑法中的代理责任》,载《法学评

论》1988 年第 2 期。

[2]韩建国、韦亚力:《受贿罪客体新论》,载《法学研究》1991 年第 3 期。

[3]周道鸾:《试论〈严惩拐卖、绑架妇女、儿童的犯罪分子的决定〉的法律适用》,载《中国法学》1992 年第 4 期。

[4]杨金彪:《拐卖妇女儿童罪的几个问题》,载《现代法学》2004 年第 5 期。

[5]刘志远、刘丁炳:《试论英美刑法中的代理责任》,载《广西法学》1995 年 Z1 期。

[6]付立忠:《再论"环境刑法"》,载《当代法学》1995 年第 4 期。

[7]秦喜清:《元叙事的危机与知识分子的坟墓》,载《国外社会科学》1996 年第 2 期。

[8]赵秉志:《刑法修改中的宏观问题研讨》,载《法学研究》1996 年第 3 期。

[9]陈兴良:《刑法谦抑的价值蕴含》,载《现代法学》1996 年第 3 期。

[10]赵秉志、肖中华:《关于侵犯公民人身权利犯罪立法完善之探讨》,载《检察理论研究》1996 年第 4 期。

[11]储槐植、梁根林:《论刑法典分则修订的价值取向》,载《中国法学》1997 年第 2 期。

[12]李双元、蒋新苗、沈红宇:《法律理念的内涵与功能初探》,载《湖南师范大学社会科学学报》1997 年第 4 期。

[13]汪本立、谢彤:《新刑法施行后原附属刑法的效力与适用问题》,载《山东法学》1997 年第 5 期。

[14]王灿发:《论我国新刑法关于环境犯罪的规定及其实施(上)》,载《环境保护》1997 年第 7 期。

[15]樊文:《罪刑法定与社会危害性的冲突——兼析新刑法第

13 条关于犯罪的概念》,载《法律科学(西北政法大学学报)》1998 年第 1 期。

[16]苗有水:《持有型犯罪与严格责任》,载《法律适用》1998 年第 5 期。

[17]张远煌:《犯罪理念之确立——犯罪概念的刑法学与犯罪学比较分析》,载《中国法学》1999 年第 3 期。

[18]江维龙:《危害国家安全罪若干问题探讨》,载《法学》1999 年第 8 期。

[19]刘为波:《诠说的底线——对以社会危害性为核心话语的我国犯罪观的批判性考察》,载陈兴良主编:《刑事法评论》第 6 卷。

[20]劳东燕:《社会危害性标准的背后——对刑事领域"实事求是"认识论思维的质疑》,载陈兴良主编:《刑事法评论》第 7 卷。

[21]童德华:《刑事代理责任理论介评》,载《法学评论》2000 年第 3 期。

[22]叶继红:《萨瑟兰与白领犯罪》,载《福建公安高等专科学校学报・社会公共安全研究》2000 年第 6 期。

[23]刘仁文:《刑法中的严格责任研究》,载《比较法研究》2001 年第 1 期。

[24]邱兴隆:《报应刑的价值悖论——以社会秩序、正义与个人自由为视角》,载《政法论坛》2001 年第 2 期。

[25]王世洲:《德国环境刑法中污染概念的研究》,载《比较法研究》2001 年第 2 期。

[26]喻永红:《论环境犯罪中的严格责任在我国的适用》,载《鄂州大学学报》2001 年第 2 期。

[27]童德华:《国外现代刑法学中主、客观主义源流论》,载《浙江社会科学》2001 年第 3 期。

[28]王福生:《浅谈徇私枉法罪客观方面的认定》,载《人民检

察》2001 年第 3 期。

[29]童德华:《刑事替代责任制度研究》,载《中国刑事法杂志》2002 年第 1 期。

[30]阮齐林:《绑架罪的法定刑对绑架罪认定的制约》,载《法学研究》2002 年第 2 期。

[31]李文生:《关于渎职罪徇私问题的探讨》,载《中国刑事法杂志》2002 年第 4 期。

[32]王世洲:《论中国死刑的保留与限制及其对故意杀人罪的适用》,载《政法论坛》2001 年第 6 期。

[33]刘宪权、钱晓峰:《关于绑架、拘禁索债型犯罪定性若干问题研究》,载《法学》2001 年第 9 期。

[34]梁根林、付立庆:《刑事领域违法性的冲突及其救济》,载陈兴良主编:《刑事法评论》第 10 卷。

[35]方鹏:《纠缠于法益与社会危害性之间》,载陈兴良主编:《刑事法评论》第 10 卷。

[36]李希慧:《关于玩忽职守罪几个问题的思考——以洛阳东都商厦大火案为中心》,载《湖北警官学院学报》2003 年第 2 期。

[37]曾乐非:《如何理解挪用公款罪中的"归个人使用"——兼评九届全国人大常委会第二十七次会议对刑法第 384 条第 1 款"归个人使用"的解释》,载《国家检察官学院学报》2003 年第 2 期。

[38]莫洪宪、王明星:《侵犯公民人身权利、民主权利罪之立法反思》,载《铁道警官高等专科学校学报》2003 年第 2 期。

[39]张旭:《社会演进与刑法修改——以德国为视角的研究》,载《法制与社会发展》2003 年第 2 期。

[40]牛克乾、阎芳:《试论徇私枉法罪中"徇私"的理解与认定》,载《政治与法律》2003 年第 3 期。

[41]李希慧、贾济东、廖焱清:《渎职罪主体解释回顾及立法建

言》,载《国家检察官学院学报》2003 年第 4 期。

[42]赵瑛、藤文浩:《论西部开发中环境犯罪的刑法对策》,载《内蒙古社会科学(汉文版)》2003 年第 3 期。

[43]梁根林:《责任主义刑法视野中的持有型犯罪》,载《法学评论》2003 年第 4 期。

[44]张梓太:《环境犯罪归责的主观要件分析》,载《现代法学》2003 年第 5 期。

[45][德]乌尔里希·贝克:《从工业社会到风险社会(下篇)——关于人类生存、社会结构和生态启蒙等问题的思考》,王武龙译,载《马克思主义与现实》2003 年第 5 期。

[46]王俊平:《责任事故犯罪构成要件之比较》,载《刑法论丛》2003 年 9 月第 7 卷。

[47][德]乌尔里希·贝克:《"9·11"事件后的全球风险社会》,王武龙译,载《马克思主义与现实》2004 年第 2 期。

[48]高艳东:《"贿赂"范围的比较研究新探》,载《河北法学》2004 年第 2 期。

[49]陈洪兵、郝建田:《持有型罪群证明责任、立法评析及司法适用》,载《政治与法律》2004 年第 4 期。

[50]严励:《"严打"刑事政策的理性审读》,载《上海大学学报(社会科学版)》2004 年第 4 期。

[51]杜万平:《论环境刑法的法益》,载《环境资源法论丛》2004 年第 00 期。

[52]陈兴良:《教唆或者帮助他人自杀行为之定性研究——邵建国案分析》,载《浙江社会科学》2004 年第 6 期。

[53]孟伟:《环境刑法的伦理基础》,载《法商研究》2004 年第 6 期。

[54]李希慧、廖梅:《我国刑法立法解释性质问题探讨》,载《法

学》2004 年第 8 期。

[55]曾亚杰:《如何理解“杀害被绑架人”》,载《人民法院报》2004 年 9 月 20 日。

[56]曾庆云:《绑架罪及其类型化分析》,载《西南民族大学学报(人文社会科学版)》2004 年第 12 期。

[57]钱振林、皮荷芳:《英美刑法中的刑事代理责任》,载《南昌航空工业学院学报(社会科学版)》2005 年第 2 期。

[58]张明楷:《注重体系解释　实现刑法正义》,载《法律适用》2005 年第 2 期。

[59]薛晓源、刘国良:《法治时代的危险、风险与和谐——德国著名法学家、波恩大学法学院院长乌·金德霍伊泽尔教授访谈录》,载《马克思主义与现实》2005 年第 3 期。

[60]姜明安:《公法学研究的几个基本问题》,载《法商研究》2005 年第 3 期。

[61]童德华:《犯罪本质的新诠释》,载《湖北警官学院学报》2005 年第 3 期。

[62]刘霜、任彦君:《论英美刑法中的严格责任及其借鉴》,载《河北法学》2005 年第 3 期。

[63]张明楷:《论财产罪的非法占有目的》,载《法商研究》2005 年第 5 期。

[64]童德华:《英美刑法理论中刑事辩护事由之间的区别》,载《人民检察》2005 年第 5 期。

[65]冯军:《刑法的规范化诠释》,载《法商研究》2005 年第 6 期。

[66]张明楷:《渎职罪中“徇私”、“舞弊”的性质与认定》,载《人民检察》2005 年第 23 期。

[67]廖斌:《论环境问题与刑事法律保护》,载《河北法学》2006 年第 1 期。

[68]王世洲:《国际人权标准与我国刑法人身权保护的发展方向》,载《法学家》2006 年第 2 期。

[69]张明楷:《绑架罪中“杀害被绑架人”研究》,载《法学评论》2006 年第 3 期。

[70]刘作翔:《我国为什么要实行案例指导制度》,载《法律适用》2006 年第 8 期。

[71]王水明、王志祥:《绑架罪基本要件问题探讨》,载《河北法学》2006 年第 8 期。

[72]殷俊华:《金融缺口、非正规金融与农村金融制度改革——沈阳农村民间借贷研究》,载《金融研究》2006 年第 8 期。

[73]王世洲:《我国刑法人身权保护现状和问题》,载《河北法学》2006 年第 11 期。

[74]钱叶六:《绑架罪司法认定中的几个疑难问题探究——从陈某绑架、抢劫案开始谈起》,载《云南大学学报(法学版)》2007 年第 3 期。

[75]曲新久:《对当前经济犯罪特征的再认识》,载《河北学刊》2007 年第 4 期。

[76]刘晓莉、刘迪:《俄罗斯生态犯罪的立法评析及借鉴》,载《东北亚论坛》2007 年第 4 期。

[77]郎胜:《在构建和谐社会的语境下谈我国刑法立法的积极与谨慎》,载《法学家》2007 年第 5 期。

[78]付立庆:《拐卖幼女并奸淫行为之定罪量刑》,载《法学》2007 年第 10 期。

[79]储槐植:《要正视法定犯时代的到来》,载《检察日报》2007 年 6 月 7 日,第 3 版。

[80]赵军:《略论我国拐卖犯罪的立法缺陷——以山西黑砖窑事件及联合国“The UN Trafficking Protocol”为视角》,载《法学评论》

2008 年第 1 期。

[81]孙思佳:《重大环境污染事故罪之探讨——以法益为中心》,载《学术交流》2008 年第 2 期。

[82]江海:《环境刑法的特有机能——生态维护》,载《环境保护》2008 年第 4 期。

[83]杨华:《生态环境的保护与刑法功能完善》,载《云南民族大学学报(哲学社会科学版)》2008 年第 2 期。

[84]张镇:《试论背信损害上市公司利益罪》,载《河南公安高等专科学校学报》2008 年第 3 期。

[85]唐福齐:《论经济犯罪刑罚的立法完善——兼论经济犯罪的死刑废止》,载《政治与法律》2008 年第 3 期。

[86]李晓明:《行政刑法属性的论争及其定位》,载《北方法学》2008 年第 4 期。

[87]刘润发:《论环境侵权的刑法规制》,载《河北法学》2008 年第 4 期。

[88]彭俊:《科学发展观视野下环境资源的刑法规制》,载《湖北大学学报(哲学社会科学版)》2008 年第 4 期。

[89]马克昌:《我国刑法也应以谦抑为原则》,载《云南大学学报法学版》2008 年第 5 期。

[90]侯艳芳:《环境刑法行政化的基本问题探析》,载《武汉理工大学学报(社会科学版)》2008 年第 5 期。

[91]刘宪权:《交易型受贿犯罪的刑法界定》,载《法学杂志》2008 年第 6 期。

[92]白建军:《坚硬的理论,弹性的规则——罪刑法定研究》,载《北京大学学报(哲学社会科学版)》2008 年第 6 期。

[93]马冬梅:《我国公民人身权保护的刑事政策思考》,载《河北法学》2008 年第 10 期。

[94]阴建峰:《故意杀人罪死刑司法控制论纲》,载《政治与法律》2008 年第 11 期。

[95]朱苏力:《中国司法的规律》,载《国家检察官学院学报》2009 年第 1 期。

[96]王作富:《新中国刑法立法的进程》,载《法学家》2009 年第 5 期。

[97]尹明灿、李晓明:《故意杀人罪实证研究——以 493 例故意杀人罪案例为视角》,载《中国刑事法杂志》2009 年第 6 期。

[98]谢治东:《绑架罪构成要件认定新解——兼论绑架罪限制性解释之废止》,载《湖北社会科学》2009 年第 10 期。

[99][日]井田良:《围绕最近刑事立法的方法论的诸问题》,载《法学家》2008 年第 12 期。

[100]陈长均:《刑法分则第三章和第四章的顺序应当调整》,载《人民检察》2008 年第 17 期。

[101]齐爱民:《论信息财产的法律保护与大陆法系财产权体系之建立——兼论物权法、知识产权法与信息财产法之关系》,载《学术论坛》2009 年第 2 期。

[102]彭冰:《非法集资活动的刑法规制》,载《清华法学》2009 年第 3 期。

[103]付立庆:《论绑架罪的修正构成的解释与适用——兼评修正案对绑架罪的修改》,载《法学家》2009 年第 3 期。

[104]游伟、肖晚祥:《环境刑法的伦理属性及其立法选择》,载《华东政法大学学报》2009 年第 4 期。

[105]刘之雄:《环境刑法的整体思维与制度设计》,载《法学论坛》2009 年第 5 期。

[106]沈玉忠:《罪刑法定原则视域下兜底性条款的限界设定——以非法经营罪为视角》,载《吉林师范大学学报(人文社会科

学版)》2009 年第 6 期。

[107]刘彩灵:《环境刑法的理论评析与制度重构》,载《法律适用》2009 年第 7 期。

[108]舒洪水、张晶:《法益在现代刑法中的困境与发展——以德、日刑法的立法动态为视角》,载《政治与法律》2009 年第 7 期。

[109]高铭暄、徐宏:《改革开放以来我国环境刑事立法的回顾与前瞻》,载《法学杂志》2009 年第 8 期。

[110]李景义:《生态文明视野下的环境刑事立法新探》,载《学术交流》2009 年第 8 期。

[111]张福德:《生态伦理的演变与环境刑法的发展趋向》,载《河北学刊》2009 年第 5 期。

[112]杨志国:《认定绑架罪"情节较轻"的几个理论问题》,载《中国刑事法杂志》2009 年第 11 期。

[113]马晓萌:《巨额财产来源不明罪实行行为研究》,载《东南大学学报(哲学社会科学版)》2009 年第 S2 期。

[114]曹华:《巨额财产来源不明罪构成要件探析》,载《商业时代》2009 年第 17 期。

[115]付音、于国红:《国家秘密与商业秘密关系问题探讨》,载《学理论》2010 年第 3 期。

[116]陈洪兵:《刑法分则中注意规定与法律拟制的区分》,载《南京农业大学学报(社会科学版)》2010 年第 3 期。

[117]吴情树:《绑架罪中"情节较轻"的辩证分析——基于对〈刑法修正案(七)〉第六条的思考》,载《政治与法律》2010 年第 3 期。

[118]蔡军:《侵犯个人信息犯罪立法的理性分析——兼论对该罪立法的反思与展望》,载《现代法学》2010 年第 4 期。

[119]赵新彬:《关于办理绑架案件若干问题的思考》,载《中国

人民公安大学学报(社会科学版)》2010年第4期。

[120]张红:《关于拐卖妇女、儿童罪的反思》,载《西部法学评论》2010年第4期。

[121]龙敏:《秩序与自由的碰撞——论风险社会刑法的价值冲突与协调》,载《甘肃政法学院学报》2010年第5期。

[122]杨建军:《绑架罪主观目的要件要素否定之研究》,载《政治与法律》2010年第9期。

[123]朱艳萍、应金鑫:《对绑架罪"情节较轻"的理解》,载《法律适用》2010年第11期。

[124]劳东燕:《罪刑规范的刑事政策分析——一个规范刑法学意义上的解读》,载《中国法学》2011年第1期。

[125]张磊:《低碳经济背景下我国环境刑法立法面临的挑战与对策》,载《河南大学学报(社会科学版)》2011年第1期。

[126]张永红、吴茵:《教唆自杀新论》,载《法学杂志》2011年第1期。

[127]关明凯、谭彧:《法律世俗化转变下的功利主义法学——边沁功利主义法学的分析与批判》,载《社会科学战线》2011年第1期。

[128]谢杰、王延祥:《抽象危险犯的反思性审视与优化展望——基于风险社会的刑法保护》,载《政治与法律》2011年第2期。

[129]王安异:《我国经济刑法的立法根据质疑》,载《中国刑事法杂志》2011年第3期。

[130]陈家林:《〈刑法修正案(八)〉器官犯罪规定之解析》,载《法学论坛》2011年第3期。

[131]刘艳红:《"风险刑法"理论不能动摇刑法谦抑主义》,载《法商研究》2011年第4期。

[132]高铭暄:《风险社会中刑事立法正当性理论研究》,载《法

学论坛》2011 年第 4 期。

[133]陈兴良:《刑法的明确性问题:以〈刑法〉第 225 条第 4 项为例的分析》,载《中国法学》2011 年第 4 期。

[134]苏彩霞:《"风险社会"下抽象危险犯的扩张与限缩》,载《法商研究》2011 年第 4 期。

[135]王军:《公司经营者忠实和勤勉义务诉讼研究——以 14 省、直辖市的 137 件判决书为样本》,载《北方法学》2011 年第 4 期。

[136]张明楷:《组织出卖人体器官罪的基本问题》,载《吉林大学社会科学学报》2011 年第 5 期。

[137]张明楷:《"风险社会"若干刑法理论问题反思》,载《法商研究》2011 年第 5 期。

[138]陈兴良:《违法性论的重塑——一个学术史的考察》,载《政法论坛》2011 年第 5 期。

[139]姜保忠:《法律解释及其在法律适用中的作用》,载《法学杂志》2011 年第 6 期。

[140]杜文俊:《以故意伤害罪、故意杀人罪论处的规定应属法律拟制》,载《河南社会科学》2011 年第 6 期。

[141]杜庆贵:《试论拐卖妇女儿童罪的立法完善》,载《人民论坛》2011 年第 17 期。

[142]陈异慧:《当前我国生态环境犯罪的刑法规制及其完善》,载《学术论坛》2011 年第 6 期。

[143]黎其武:《故意杀人罪优先适用死刑否定论》,载《河北法学》2011 年第 6 期。

[144]赵秉志、陈璐:《当代中国环境犯罪刑法立法及其完善研究》,载《现代法学》2011 年第 6 期。

[145]汪维才:《污染环境罪主客观要件问题研究——以〈中华人民共和国刑法修正案(八)〉为视角》,载《法学杂志》2011 年第

8 期。

[146]王强:《组织出卖人体器官罪之解读——解析〈刑法修正案(八)〉第 37 条》,载《政治与法律》2011 年第 8 期。

[147]车浩:《从李昌奎案看“邻里纠纷”与“手段残忍”的涵义》,载《法学》2011 年第 8 期。

[148]莫洪宪、杨文博:《刑法中的人体器官犯罪——〈对刑法修正案(八)〉第三十七条的理解》,载《人民检察》2011 年第 9 期。

[149]刘艳红:《我国应该停止犯罪化的刑事立法》,载《法学》2011 年第 11 期。

[150]班克庆:《论美国食品药品规制中的严格刑事责任及其借鉴》,载《特区经济》2011 年第 11 期。

[151]薛进展:《巨额财产来源不明罪行为本质的实践检示——从〈刑法修正案(七)〉修改后的法律适用展开》,载《法学》2011 年第 12 期。

[152]金轶、李刚:《出卖、摘取人体器官犯罪司法实务分析——〈刑法〉第 234 条之一的司法适用问题刍议》,载《法学杂志》2011 年第 12 期。

[153]吴江:《刑法分则中注意规定与法律拟制的区分》,载《中国刑事法杂志》2012 年第 11 期。

[154]孟庆华、李佳芮:《重构我国刑法分则体系若干问题探讨》,载《河北师范大学学报(哲学社会科学版)》2012 年第 1 期。

[155][美]保罗·H. 罗宾逊:《进行中的刑罚理论革命:犯罪控制意义上的公正追求》,王志远译,载《当代法学》2012 年第 2 期。

[156]房清侠:《食品安全刑法保护的缺陷与完善》,载《河南财经政法大学学报》2012 年第 2 期。

[157]肖本山:《食品监管渎职罪的若干疑难问题解析》,载《法律科学(西北政法大学学报)》2012 年第 3 期。

[158]王晨光:《法律移植与转型中国的法制发展》,载《比较法研究》2012年第3期。

[159]黄丽勤:《索取型非法拘禁案件的定性分析》,载《法学》2012年第4期。

[160]刘宪权:《刑法严惩非法集资行为之反思》,载《法商研究》2012年第4期。

[161]陈银珠:《〈刑法修正案(八)〉的保守与激进:立法、民意和理论》,载《湖南大学学报(社会科学版)》2012年第4期。

[162]孙道萃:《反思刑法保障法》,载《国家检察官学院学报》2012年第5期。

[163]石磊:《侵犯公民民主权利罪是什么》,载《国家检察官学院学报》2012年第5期。

[164]蔡雅奇:《晚近八个刑法修正案与相关国际公约关系论》,载《湖南警察学院学报》2012年第5期。

[165]赵秉志、金翼翔:《论刑罚轻缓化的世界背景与中国实践》,载《法律适用》2012年第6期。

[166]官建文、刘振兴、刘扬:《国内外主要互联网公司大数据布局与应用比较研究》,载《中国传媒科技》2012年第17期。

[167]古承宗:《风险社会与现代刑法的象征性》,载《科技法学评论》2013年第1期。

[168]魏汉涛:《环境公害犯罪适用严格责任的必要性》,载《河海大学学报(哲学社会科学版)》2013年第1期。

[169]程兰兰:《挪用公款罪犯罪构成之重构——以模糊性立法为视角》,载《政治与法律》2013年第1期。

[170]董桂文:《人体器官犯罪的刑法规制——对〈刑法修正案(八)〉第37条的分析解读》,载《法律科学(西北政法大学学报)》2013年第1期。

[171]成协中:《风险社会中的决策科学与民主——以重大决策社会稳定风险评估为例的分析》,载《法学论坛》2013 年第 1 期。

[172]李忠夏:《作为社会整合的宪法解释——以宪法变迁为切入点》,载《法制与社会发展》2013 年第 2 期。

[173]杨兴培:《索取非法“债务”拘押他人的刑法定性》,载《华东政法大学学报》2013 年第 2 期。

[174]储槐植、闫雨:《刑事一体化践行》,载《中国法学》2013 年第 2 期。

[175]王彪、卢大林:《完善国家安全刑事立法　巩固国家安全法律基础》,载《新疆社科论坛》2013 年第 2 期。

[176][德]克劳斯·梯德曼:《德国经济刑法导论》,周遵友译,载《刑法论丛》2013 年第 2 期。

[177]于冲:《关于巨额财产来源不明罪客观要件的反思与重构》,载《法学论坛》2013 年第 3 期。

[178]陈洪兵:《解读〈刑法修正案(八)〉关于人体器官犯罪之规定》,载《同济大学学报(社会科学版)》2013 年第 3 期。

[179]李劲:《我国环境刑法的困境与重构——以法律移植与本土化为视角》,载《社会科学辑刊》2013 年第 3 期。

[180]敦宁:《拐卖妇女罪中被害人承诺之司法功能》,载《国家检察官学院学报》2013 年第 3 期。

[181]郝艳兵:《风险社会中刑法保护机制的转型》,载《南通大学学报(社会科学版)》2013 年第 4 期。

[182]陈兴良:《故意杀人罪的手段残忍及其死刑裁量——以刑事指导案例为对象的研究》,载《法学研究》2013 年第 4 期。

[183]李洁、谭堃:《论教唆、帮助自杀行为的可罚性》,载《政治与法律》2013 年第 6 期。

[184]马春晓:《非法经营罪的“口袋化”困境和规范解释路

径——基于司法实务的分析立场》，载《中国刑事法杂志》2013 年第 6 期。

[185]刘宪权:《操纵证券、期货市场罪“兜底条款”解释规则的建构与应用》，载《中外法学》2013 年第 6 期。

[186]邓琳君、吴大华:《风险社会语境下环境犯罪的立法思考》，载《中国社会科学院研究生院学报》2013 年第 6 期。

[187]李春雷、任韧、张晓旭:《我国被拐卖儿童救助保护现状及完善对策研究——基于对近年 133 个公开报道案例的分析》，载《中国人民公安大学学报(社会科学版)》2013 年第 6 期。

[188]韩跃广:《论刑法教义学视野下的“帮助自杀行为”——以我国“孝子弑母案”为例》，载《中国刑事法杂志》2013 年第 6 期。

[189]贺卫、王鲁峰:《论非法吸收公众存款罪的“公众”的界定标准》，载《法学》2013 年第 11 期。

[190]余高能:《对我国侵犯知识产权犯罪刑事立法系统性的考量》，载《知识产权》2013 年第 12 期。

[191]陈兴良:《风险刑法理论的法教义学批判》，载《中外法学》2014 年第 1 期。

[192]李晓辉:《中国式法律移植之反思》，载《国家检察官学院学报》2014 年第 1 期。

[193]焦艳鹏:《法益解释机能的司法实现——以污染环境罪的司法判定为线索》，载《现代法学》2014 年第 1 期。

[194]王志祥:《拐卖妇女罪中“奸淫被拐卖的妇女”新论》，载《法商研究》2014 年第 1 期。

[195]姚万勤:《集资诈骗罪中“非法占有目的”的理论回归——以吴英案为例的探讨》，载《四川师范大学学报(社会科学版)》2014 年第 1 期。

[196]赵秉志:《公民个人信息刑法保护问题研究》，载《华东政

法大学学报》2014 年第 1 期。

[197]牟绿叶:《论指导性案例的效力》,载《当代法学》2014 年第 1 期。

[198]侯毅:《非法拘禁罪法律适用问题浅析》,载《中国刑事法杂志》2014 年第 2 期。

[199]付强:《非法获取公民个人信息罪的认定》,载《国家检察官学院学报》2014 年第 2 期。

[200]张建军:《论刑法中兜底条款的明确性》,载《法律科学(西北政法大学学报)》2014 年第 2 期。

[201]陈京春:《抽象危险犯的概念诠释与风险防控》,载《法律科学(西北政法大学学报)》2014 年第 3 期。

[202]邹兵建:《两高指导性案例效力新论》,载《时代法学》2014 年第 3 期。

[203]刘宪权、李振林:《刑法中的法律拟制与注意规定区分新论》,载《北京社会科学》2014 年第 3 期。

[204]张苏:《我国拐卖妇女儿童犯罪立法与国际公约的衔接》,载《中国青年政治学院学报》2014 年第 3 期。

[205]陈金林:《刑罚的正当化危机与积极的一般预防》,载《法学评论》2014 年第 4 期。

[206]刘宪权、金华捷:《论互联网金融的行政监管与刑法规制》,载《法学》2014 年第 6 期。

[207]吴鼎铭、石义彬:《"大数据"的传播政治经济学解读——以"数字劳工"理论为研究视角》,载《广告大观(理论版)》2014 年第 6 期。

[208]于志刚:《寻求对食品药品刑事案件定罪量刑的新路径》,载《人民公安报》2014 年 6 月 25 日,第 6 版。

[209]张淼:《危险驾驶罪的立法与司法省思》,载《南京大学法

律评论》2014 年第 2 期。

[210]崔化河:《刑法中严格责任原则的法律内涵及适用》,载《山西省政法管理干部学院学报》2014 年第 3 期。

[211]苏彩霞、邓文斌:《环境风险防控理念下我国环境刑法的调适》,载《环境保护》2014 年第 10 期。

[212]韩赤风:《互联网服务提供者的义务与责任——以〈德国电信媒体法〉为视角》,载《法学杂志》2014 年第 10 期。

[213][德]汉斯·约格·阿尔布莱希特:《安全、犯罪预防与刑法》,赵书鸿译,载《人民检察》2014 年第 16 期。

[214]陈洪兵:《论巨额财产来源不明罪的实行行为》,载《刑事法评论》2015 年第 1 期。

[215]曾粤兴、周兆进:《环境犯罪严格责任研究》,载《宁夏社会科学》2015 年第 1 期。

[216]何荣功:《社会治理"过度刑法化"的法哲学批判》,载《中外法学》2015 年第 2 期。

[217]陈洪兵:《论挪用公款罪实行行为》,载《福建江夏学院学报》2015 年第 3 期。

[218]司伟森:《侵犯公民人身权利、民主权利罪浅析》,载《中国刑事法杂志》2015 年第 3 期。

[219]王志祥、韩雪:《局部性的调适　断裂中的前行——侵犯公民人身权利、民主权利犯罪条款的缺陷及其完善》,载《学习论坛》2015 年第 3 期。

[220]张新宝:《从隐私到个人信息:利益再衡量的理论与制度安排》,载《中国法学》2015 年第 3 期。

[221]黄晓亮:《从虚拟回归真实:大数据时代刑法的挑战与应对》,载《中国政法大学学报》2015 年第 4 期。

[222]李源粒:《网络数据安全与公民个人信息保护的刑法完

善》,载《中国政法大学学报》2015 年第 4 期。

[223]王恩海:《最高人民法院对非法经营罪中“违反国家规定”的适用》,载《法治研究》2015 年第 4 期。

[224]于冲:《网络犯罪罪名体系的立法完善与发展思路——从 97 年刑法到〈刑法修正案(九)草案〉》,载《中国政法大学学报》2015 年第 4 期。

[225]孙立红:《论报应主义刑罚的积极价值》,载《环球法律评论》2015 年第 5 期。

[226]贾健:《人类图像与刑法中的超个人法益——以自由主义和社群主义为视角》,载《法制与社会发展》2015 年第 6 期。

[227]魏昌东:《中国经济刑法法益追问与立法选择》,载《政法论坛》2016 年第 6 期。

[228]任孚婷:《大数据时代隐私保护与数据利用的博弈》,载《编辑学刊》2015 年第 6 期。

[229]刘艳红:《环境犯罪刑事治理早期化之反对》,载《政治与法律》2015 年第 7 期。

[230]刘志伟、宋久华:《论刑法中的职业禁止制度》,载《江西社会科学》2016 年第 1 期。

[231]田旭、刘志伟:《论谋取利益行为的构成要件地位与规范意义——以挪用公款罪与受贿罪的共存形态为切入点》,载《贵州警官职业学院学报》2016 年第 1 期。

[232]刘宪权:《刑事立法应力戒情绪——以〈刑法修正案(九)〉为视角》,载《法学评论》2016 年第 1 期。

[233]魏昌东:《新刑法工具主义批判与矫正》,载《法学》2016 年第 2 期。

[234]黄云波:《论“对称式”贿赂犯罪罪名体系之立法构建》,载《暨南学报(哲学社会科学版)》2016 年第 2 期。

[235]王圆圆:《拐卖女性儿童并奸淫的行为定性之分析》,载《学术论坛》2016 年第 2 期。

[236]孙道萃:《积极一般预防主义的理论逻辑与中国话语》,载《河南财经政法大学学报》2016 年第 2 期。

[237]陈璇:《结果无价值论与二元论之争的共识、误区与发展方向》,载《中外法学》2016 年第 3 期。

[238]何荣功:《"预防性"反恐刑事立法思考》,载《中国法学》2016 年第 3 期。

[239]齐文远:《修订刑法应避免过度犯罪化倾向》,载《法商研究》2016 年第 3 期。

[240]金翼翔:《报应主义的历史梳理》,载《刑法论丛》2016 年第 3 期。

[241]文立彬:《风险社会语境下个人信息犯罪刑事防控体系之优化》,载《重庆邮电大学学报(社会科学版)》2016 年第 3 期。

[242]储槐植、何群:《刑法谦抑性实践理性辨析》,载《苏州大学学报(哲学社会科学版)》2016 年第 3 期。

[243]张里安、韩旭至:《大数据时代下个人信息权的私法属性》,载《法学论坛》2016 年第 3 期。

[244]周光权:《积极刑法立法观在中国的确立》,载《法学研究》2016 年第 4 期。

[245]何小勇:《我国金融体制改革视域下非法集资犯罪刑事规制的演变》,载《政治与法律》2016 年第 4 期。

[246]葛恒浩:《非法经营罪口袋化的成因与出路》,载《当代法学》2016 年第 4 期。

[247]张旭:《我国环境犯罪立法的梳理与前瞻》,载《东北师大学报(哲学社会科学版)》2016 年第 4 期。

[248]王安异:《对刑法兜底条款的解释》,载《环球法律评论》

2016 年第 5 期。

[249]陈兴良:《网络犯罪立法问题思考》,载《公安学刊(浙江警察学院学报)》2016 年第 6 期。

[250]苏永生:《刑法谦抑主义的西方图景与中国表达》,载《法学杂志》2016 年第 6 期。

[251]杜邈:《强制穿戴宣扬恐怖主义、极端主义服饰、标志罪的司法认定》,载《西部法学评论》2016 年第 6 期。

[252]李军:《背信损害上市公司利益罪中"违背对公司忠实义务"的认定》,载《政治与法律》2016 年第 7 期。

[253]黄旭巍:《污染环境罪法益保护早期化之展开——兼与刘艳红教授商榷》,载《法学》2016 年第 7 期。

[254]张明楷:《论巨额财产来源不明罪的实行行为》,载《人民检察》2016 年第 7 期。

[255]吴伟光:《大数据技术下个人数据信息私权保护论批判》,载《政治与法律》2016 年第 7 期。

[256]何群:《论我国刑法立法的科学化发展》,载《学术论坛》2016 年第 9 期。

[257]陆敏:《生态刑法的生态学马克思主义解读》,载《社会科学家》2016 年第 11 期。

[258]张明楷:《贪污贿赂罪的司法与立法发展方向》,载《政法论坛》2017 年第 1 期。

[259][德]托马斯·魏根特:《德国刑法向何处去?——21 世纪的问题与发展趋势》,张志钢译,载《刑法论丛》2017 年第 1 期。

[260]赵秉志:《中国环境犯罪的立法演进及其思考》,载《江海学刊》2017 年第 1 期。

[261]高富平、王文祥:《出售或提供公民个人信息入罪的边界——以侵犯公民个人信息罪所保护的法益为视角》,载《政治与法

律》2017 年第 2 期。

[262]马春晓:《法益理论的流变与脉络》,载《中德法学论坛》2017 年第 2 期。

[263]张志钢:《论累积犯的法理——以污染环境罪为中心》,载《环球法律评论》2017 年第 2 期。

[264][德]格吕恩特·雅科布斯:《罪责原则》,徐玉秀译,载《刑事法杂志》第 40 卷第 2 期。

[265]张凯:《法益嬗变的困境与坚守》,载《中国刑事法杂志》2017 年第 2 期。

[266]徐久生:《德国刑法典的重大变化及解读》,载《刑事法评论》2017 年第 1 期。

[267]徐伟、刘峰、徐德臣:《渎职罪中"徇私"问题探析》,载《山东理工大学学报(社会科学版)》2017 年第 3 期。

[268]刘艳红:《象征性立法对刑法功能的损害——二十年来中国刑事立法总评》,载《政治与法律》2017 年第 3 期。

[269]简爱:《一个标签理论的现实化进路:刑法谦抑性的司法适用》,载《法制与社会发展》2017 年第 3 期。

[270]童德华:《主体间性理论对刑法现代化的再造》,载《当代法学》2017 年第 3 期。

[271]郑伟、葛立刚:《刑行交叉视野下非法经营法律责任厘定》,载《法律适用》2017 年第 3 期。

[272]陈璐:《论〈网络安全法〉对个人信息刑法保护的新启示——以两高最新司法解释为视角》,载《法治研究》2017 年第 4 期。

[273]徐伟:《论积极一般预防的理论构造及其正当性质疑》,载《中国刑事法杂志》2017 年第 4 期。

[274]何荣功:《预防刑法的扩张及其限度》,载《法学研究》2017 年第 4 期。

[275]童德华:《当代中国刑法法典化批判》,载《法学评论》2017年第4期。

[276]陈璐:《论〈网络安全法〉对个人信息刑法保护的新启示——以两高最新司法解释为视角》,载《法治研究》2017年第4期。

[277]何荣功:《预防刑法的扩张及其限度》,载《法学研究》2017年第4期。

[278]皮勇、王肃之:《大数据环境下侵犯个人信息犯罪的法益和危害行为问题》,载《海南大学学报(人文社会科学版)》2017年第5期。

[279]徐腾:《公民个人信息的刑法保护问题探究》,载《净月学刊》2017年第5期。

[280]赵秉志:《中国刑法立法晚近20年之回眸与前瞻》,载《中国法学》2017年第5期。

[281]梅传强、张永强:《金融刑法的范式转换及立法实现——从"压制型法"到"回应型法"》,载《华东政法大学学报》2017年第5期。

[282]王刚、万洪亮:《论索债型非法拘禁的刑法规制》,载《中国人民公安大学学报(社会科学版)》2017年第5期。

[283]王越:《故意杀人罪死刑裁量机制的实证研究》,载《法学研究》2017年第5期。

[284]凌萍萍、焦冶:《侵犯公民个人信息罪的刑法法益重析》,载《苏州大学学报(哲学社会科学版)》2017年第6期。

[285]劳东燕:《风险社会与功能主义的刑法立法观》,载《法学评论》2017年第6期。

[286]李国庆:《风险社会之法益:样态展望、保护限度与伦理基底》,载《暨南学报(哲学社会科学版)》2017年第12期。

[287]程红:《象征性刑法及其规避》,载《法商研究》2017年第

6期。

[288]王海军:《教义学视角下教唆、帮助自杀行为的刑法处断再认识》,载《政法论丛》2017年第6期。

[289]张明楷:《法益保护与比例原则》,载《中国社会科学》2017年第7期。

[290]宋盈:《互联网金融刑法规制谦抑说之反驳——兼与刘宪权教授商榷》,载《学术界》2017年第7期。

[291]曹金林:《英美刑事代理责任制度在我国适用之否定》,载《西部学刊》2017年第8期。

[292]周铭川:《奸淫被拐卖的"妇女"包括奸淫"幼女"》,载《中国检察官》2017年第20期。

[293]孟璐:《网络虚拟财产的刑法保护——以谦抑刑法观为分析视角》,载《法学杂志》2017年第11期。

[294]林广:《20世纪90年代美国治理犯罪研究》,载《社会科学家》2017年第11期。

[295]周加海、邹涛、喻海松:《〈关于办理侵犯公民个人信息刑事案件适用法律若干问题的解释〉的理解与适用》,载《人民司法(应用)》2017年第19期。

[296]刘涛:《实质法益观的批判:系统论的视角》,载《刑事法评论》2017年第1期。

[297]高铭暄、孙道萃:《预防性刑法观及其教义学思考》,载《中国法学》2018年第1期。

[298]姜涛:《当代刑事立法应当遵循明确性原则》,载《国家检察官学院学报》2018年第2期。

[299]储陈城:《刑法立法向法益保护原则的体系性回归》,载《刑法论丛》2018年第2期。

[300]时方:《我国经济犯罪超个人法益属性辨析、类型划分及

评述》,载《当代法学》2018 年第 2 期。

[301]陈伟、熊波:《侵犯公民个人信息罪“行为类型”的教义分析——以“泛云端化”的信息现象为研究视角》,载《宁夏社会科学》2018 年第 2 期。

[302]徐翔:《生态环境的刑法保护路径》,载《重庆社会科学》2018 年第 2 期。

[303]陈骞、张志成:《个人敏感数据的法律保护:欧盟立法及借鉴》,载《湘潭大学学报(哲学社会科学版)》2018 年第 3 期。

[304]张明楷:《责任论的基本问题》,载《比较法研究》2018 年第 3 期。

[305]付立庆:《案例指导制度与故意杀人罪的死刑裁量》,载《环球法律评论》2018 年第 3 期。

[306]程兰兰:《对环境犯罪生态法益的追问及反思》,载《理论视野》2018 年第 3 期。

[307]付立庆:《平衡思维与刑法立法的科学化》,载《法学》2018 年第 3 期。

[308]徐伟:《改革开放 40 年来中国刑法结构的动态走势和变化规律》,载《深圳大学学报(人文社会科学版)》2018 年第 3 期。

[309]付立庆:《中国〈刑法〉中的环境犯罪:梳理、评价与展望》,载《法学杂志》2018 年第 4 期。

[310]廖兴存:《法益保护原则视阈下儿童色情制品持有入罪论》,载《当代青年研究》2018 年第 4 期。

[311]王惠敏、蔡士林:《受贿罪中“利用职务上便利”界定的困顿与超越》,载《广西民族大学学报(哲学社会科学版)》2018 年第 4 期。

[312]李忠夏:《“中国特色社会主义”的宪法结构分析》,载《政法论坛》2018 年第 5 期。

[313]项婷婷:《刑法解释僭越刑事立法的危害与规避》,载《湘潭大学学报(哲学社会科学版)》2018年第5期。

[314]徐翕明:《"网络隐私权"刑法规制的应然选择——从"侵犯公民个人信息罪"切入》,载《东方法学》2018年第5期。

[315]向朝阳、王耀忠、刘传稿:《刑法立法理念的审视与发展》,载《人民检察》2018年第5期。

[316]魏昌东:《刑法立法"反向运动"中的象征主义倾向及其规避》,载《环球法律评论》2018年第6期。

[317]姚建龙、林需需:《多样化刑法渊源之再提倡——对以修正案为修改刑法唯一方式的反思》,载《河南警察学院学报》2018年第6期。

[318]卢建平:《刑法法源与刑事立法模式》,载《环球法律评论》2018年第6期。

[319]王复春:《"手段残忍"裁判规则研究——以680件故意杀人案件为样本》,载《中国刑事法杂志》2018年第6期。

[320]陈兴良:《回顾与展望:中国刑法立法四十年》,载《法学》2018年第6期。

[321]姜涛:《经济刑法之"兜底条款"的解释规则》,载《学术界》2018年第6期。

[322]孙国祥:《集体法益的刑法保护及其边界》,载《法学研究》2018年第6期。

[323]张家铭:《美国恐怖主义犯罪规制探析》,载《长春师范大学学报》2018年第7期。

[324]庄绪龙:《侵犯公民个人信息罪的基本问题——以"两高"最新颁布的司法解释为视角展开》,载《法律适用》2018年第7期。

[325]宋旭平、梁分:《环境污染犯罪中严格责任的引入及适用研究》,载《山东社会科学》2018年第8期。

[326]恽纯良:《抽象危险犯作为对抗环境犯罪的基本制裁手段》,载《月旦刑事法评论》2018 年第 8 期。

[327]陈璐:《论刑法谦抑主义的消减》,载《法学杂志》2018 年第 9 期。

[328]张志钢:《改革开放 40 年来中国刑法立法检视》,载《学术探索》2018 年第 10 期。

[329]付立庆:《论积极主义刑法观》,载《政法论坛》2019 年第 1 期。

[330]童德华:《刑法再法典化的知识路径及其现实展开》,载《财经法学》2019 年第 1 期。

[331]付玉明、徐桢清:《犯罪圈划定的实践取向与学理基底——社会治理视角下的法益观》,载《刑法论丛》2019 年第 1 期。

[332]高楚南:《刑法视野下公民个人信息法益重析及范围扩充》,载《中国刑事法杂志》2019 年第 2 期。

[333]何能高、许双燕:《个人信息保护新型路径研究——以刑法保护为侧重点》,载《中国人民公安大学学报(社会科学版)》2019 年第 2 期。

[334]赵秉志:《改革开放 40 年我国刑法立法的发展及其完善》,载《法学评论》2019 年第 2 期。

[335]童德华、王一冰:《国际合作原则与我国反腐败立法完善》,载《广西社会主义学院学报》2019 年第 3 期。

[336]黄云波、黄太云:《论稳健型刑法立法观》,载《中国刑事法杂志》2019 年第 3 期。

[337]赵秉志、袁彬:《我国网络犯罪立法的合理性及其展开》,载《南都学坛》2019 年第 3 期。

[338]侯艳芳:《环境法益刑事保护的提前化研究》,载《政治与法律》2019 年第 3 期。

[339]康均心、徐翔:《习近平新时代总体国家安全观理论的构建与发展》,载《河南警察学院学报》2019年第3期。

[340]程红:《德国刑事立法的最新动态及解读》,载《国外社会科学》2019年第4期。

[341]张明楷:《日本刑法的修改及其重要问题》,载《国外社会科学》2019年第4期。

[342]秦新承:《40年腐败犯罪刑法规制与反腐政策的演进》,载《犯罪研究》2019年第4期。

[343]李军:《兜底条款中同质性解释规则的适用困境与目的解释之补足》,载《环球法律评论》2019年第4期。

[344]张晓媛:《生态文明视野下环境刑法的立场转换——以环境损害的二元特征为视角》,载《中国刑事法杂志》2019年第4期。

[345]王文华、姚图、孟庆松等:《网络犯罪案件适用法律问题研究》,载《人民检察》2019年第4期。

[346]刘艳红:《以科学立法促进刑法话语体系发展》,载《学术月刊》2019年第4期。

[347]王钰:《功能刑法与责任原则 围绕雅科布斯和罗克辛理论的展开》,载《中外法学》2019年第4期。

[348]叶小琴、刘彦修:《积极刑法立法观的司法检视与反思——基于组织考试作弊罪158个案例的实证研究》,载《贵州大学学报(社会科学版)》2019年第4期。

[349]姚建龙、罗建武:《我国反黑刑法立法四十年回顾与展望》,载《犯罪研究》2019年第5期。

[350]涂龙科、周兰曲:《光荣与期许:40年刑法立法现代化之路》,载《犯罪研究》2019年第5期。

[351]高铭暄、孙道萃:《我国刑法立法的回顾与展望——纪念中国共产党十一届三中全会召开四十周年》,载《河北法学》2019年

第5期。

[352]李川:《个人信息犯罪的规制困境与对策完善——从大数据环境下滥用信息问题切入》,载《中国刑事法杂志》2019年第5期。

[353]晋涛:《刑法中个人信息“识别性”的取舍》,载《中国刑事法杂志》2019年第5期。

[354]朱建华、谷超:《论我国刑法平等原则之实质欠缺及立法规制》,载《河南警察学院学报》2019年第5期。

[355]詹红星:《我国反恐刑法立法:轨迹、缺陷与展望》,载《广西警察学院学报》2019年第6期。

[356]姜敏:《危害原则与法益保护原则比较研究》,载《比较法研究》2019年第6期。

[357]贺志军:《刑法中的“假冒他人专利”新释》,载《法商研究》2019年第6期。

[358]贾健、杨雪嵋:《核安全刑法保障的缺陷与立法完善》,载《广西警察学院学报》2019年第6期。

[359]马春晓:《现代刑法的法益观:法益二元论的提倡》,载《环球法律评论》2019年第6期。

[360]王鹏祥、孟昱含:《论污染环境行为的刑法治理》,载《中州学刊》2019年第6期。

[361]欧阳本祺:《我国刑法中“利用职务便利”的类型化解释》,载《江苏行政学院学报》2019年第6期。

[362]曾粤兴:《我国刑法立法的回顾与展望》,载《法治研究》2019年第6期。

[363]张道许:《风险社会视阈下环境刑法的发展变化与立法面向》,载《江西社会科学》2019年第9期。

[364]冀洋:《法益保护原则:立法批判功能的证伪》,载《政治与法律》2019年第10期。

［365］王利明：《民法要扩张刑法要谦抑》，载《中国大学教学》2019 年第 11 期。

［366］陈家林：《法益理论的问题与出路》，载《法学》2019 年第 11 期。

［367］焦旭鹏：《回顾与展望：新中国刑法立法 70 年》，载《江西社会科学》2019 年第 12 期。

［368］高铭暄：《刑法基本原则的司法实践与完善》，载《中国检察官》2019 年第 13 期。

［369］田宏杰：《立法扩张与司法限缩：刑法谦抑性的展开》，载《中国法学》2020 年第 1 期。

［370］童德华：《附属刑法：实现刑法参与国家治理的有效形式》，载《时代法学》2020 年第 1 期。

［371］姜敏：《刑法预防性立法对犯罪学之影响：困境与出路》，载《政治与法律》2020 年第 1 期。

［372］王利宾：《食药环犯罪规制对策研究》，载《北京警察学院学报》2020 年第 1 期。

［373］闫树：《大数据：发展现状与未来趋势》，载《中国经济报告》2020 年第 1 期。

［374］叶娟丽、徐琴：《移动互联网·大数据·智能化：人工智能时代权力的规训路径》，载《兰州大学学报（社会科学版）》2020 年第 1 期。

［375］李洁、孔祥参：《刑法的扩张对谦抑性的悖离》，载《社会科学辑刊》2020 年第 2 期。

［376］董悦：《公民个人信息分类保护的刑法模式构建》，载《大连理工大学学报（社会科学版）》2020 年第 2 期。

［377］王钢：《德国近五十年刑事立法述评》，载《政治与法律》2020 年第 3 期。

[378]陈璇:《法益概念与刑事立法正当性检验》,载《比较法研究》2020年第3期。

[379]黄鹏:《刑法法益的学术谱系》,载《西部法学评论》2020年第3期。

[380]王登辉:《降低未成年人刑事责任年龄的基本问题研究》,载《西南政法大学学报》2020年第4期。

[381]姜涛、杨睿雍:《法益理论之立法检视功能的困境与出路》,载《学术界》2020年第4期。

[382]冯文杰:《法益抽象化、精神化问题的中国型塑》,载《北京理工大学学报(社会科学版)》2020年第4期。

[383]张明楷:《增设新罪的原则——对〈刑法修正案十一(草案)〉的修改意见》,载《政法论丛》2020年第6期。

[384]李琳:《立法“绿色化”背景下生态法益独立性的批判性考察》,载《中国刑事法杂志》2020年第6期。

[385]田宏杰:《刑法法益:现代刑法的正当根基和规制边界》,载《法商研究》2020年第6期。

[386]苏桑妮:《从数据载体到数据信息:数据安全法益本位之回归》,载《西南政法大学学报》2020年第6期。

[387]任颖:《数据立法转向:从数据权利入法到数据法益保护》,载《政治与法律》2020年第6期。

[388]王钢:《论刑法对意志自由的保护——增设强制罪的立法建议》,载《政法论丛》2020年第6期。

[389]夏伟:《对法益批判立法功能的反思与确认》,载《政治与法律》2020年第7期。

[390]房慧颖:《预防刑法的天然偏差与公共法益还原考察的化解方式》,载《政治与法律》2020年第9期。

[391][日]高桥则夫:《日本2000年之后的刑事法动向:现状与

课题》,王兵兵译,载《国外社会科学前沿》2020 年第 9 期。

[392]王群:《刑法立法公众参与:一个基本范畴的辨析》,载《重庆理工大学学报(社会科学版)》2020 年第 12 期。

[393]金多才:《专利权的刑事司法保护实证研究》,载《河南科技》2020 年第 27 期。

[394]孙道萃:《网络时代的中国刑法发展研究:回顾与展望》,载《华南师范大学学报(社会科学版》2021 年第 1 期。

[395]陈兴良:《公共安全犯罪的立法思路嬗变:以〈刑法修正案(十一)〉为视角》,载《法学》2021 年第 1 期。

[396]赵龙:《个人信息权法益确证及其场景化实践规则》,载《北京理工大学学报(社会科学版)》2021 年第 5 期。

[397]张明楷:《论实质的法益概念——对法益概念的立法批判机能的肯定》,载《法学家》2021 年第 1 期。

[398]李世阳:《正当防卫中法益侵害急迫性的存立根据与司法认定》,载《中外法学》2021 年第 1 期。

[399]郭栋磊:《形式的法益之理论基础、功能及其解释效力——从形式的法益与实质的法益之关系中展开》,载《中国政法大学学报》2021 年第 1 期。

[400]童德华:《古典主义刑法理想在积极预防立法中的坚守与发展》,载《荆楚法学》2021 年第 2 期。

[401]高铭暄、孙道萃:《总体国家安全观下的中国刑法之路》,载《东南大学学报(哲学社会科学版)》2021 年第 2 期。

[402]康均心、谷曼曼:《总体国家安全观与刑法保障》,载《甘肃政法大学学报》2021 年第 2 期。

[403]魏瀚申、丁友勤:《法定犯时代附属刑法立法模式之提倡》,载《福建警察学院学报》2021 年第 2 期。

[404]马宝成:《中国国家治理现代化的理论与现实逻辑》,载

《国家治理》2021 年第 19 期。

[405]金强:《总体国家安全观视域下的刑事立法刍议》,载《上海公安学院学报》2021 年第 3 期。

[406]曹波:《国家治理现代化视阈中生物安全刑法保护探究》,载《西北大学学报(哲学社会科学版)》2021 年第 3 期。

[407]姜敏:《刑法预防性立法:罪型图谱和法治危机消解》,载《政法论坛》2021 年第 6 期。

[408]张明楷:《刑法的解法典化与再法典化》,载《东方法学》2021 年第 6 期。

[409]李正新:《总体国家安全观的刑法实践理性思考》,载《政法论丛》2021 年第 6 期。

[410]刘艳红:《化解积极刑法观正当性危机的有效立法——〈刑法修正案(十一)〉生物安全犯罪立法总置评》,载《政治与法律》2021 年第 7 期。

[411]俞小海:《高空抛物犯罪的实践反思与司法判断规则》,载《法学》2021 年第 12 期。

[412]史令珊:《不作为犯新形态与公民积极义务的限制》,载《法学》2022 年第 5 期。

[413]罗翔:《论买卖人口犯罪的立法修正》,载《政法论坛》2022 年第 3 期。

[414]姜涛:《现代刑法的立法转型与再法典化》,载《中国刑事法杂志》2023 年第 2 期。

[415]刘艳红:《我国刑法的再法典化:模式选择与方案改革》,载《法制与社会发展》2023 年第 3 期。

(二)外文文献

[1]Rewi *v*. United States,401U. S. 808,812,91S. Ct. 1056,1059,28L. Ed. 2d 493(1971).

[2] George Mousourakis, *Criminal Responsibility and Partial Excuses*, Athenaeum, 1998.

[3] Nicola Padfield, *Criminal Law*, Butterworths, 2000.

[4] Jonathan Herring & Marise Cremona, *Criminal Law*, Macmilllan Press Ltd, 1998(2nd).

[5] J. Herring, *Marise Cermona*: *Criminal Law*, Macmillan Press Ltd, 1998(2nd).

[6][日]井田良:《结果无价值和行为无价值》,载日本《现代刑事法》1999 年第 1 期。

[7][日]奥村正雄:《结果无价值和行为无价值的对立之构造——自行为无价值的立场》,载日本《现代刑事法》1999 年第 3 期。

[8][日]木村光江:《结果无价值和行为无价值的对立之构造的意义和机能与范围——自结果无价值的立场》,载日本《现代刑事法》1999 年第 3 期。

[9][日]川端博、曾根威彦、日高义博:《结果无价值和行为无价值》,载日本《现代刑事法》1999 年第 3 期。

后　记

刑法立法是人类文明、进步的历史见证者和记载者。自现代化以来，刑法立法还扮演着社会文明、进步的推动者一角。在刑法中国现代式发展的大道上，刑法立法起着首要的牵引作用。如果说，刑法现代化是一项未竟的事业，那么，刑法立法就蓄势待发。

关于刑法立法之理念、模式与方案的选择，无疑是一个具有包容性、系统性的概念，此前项目组虽然努力探索刑法立法的基本原理及尝试运用这些理论指导我国立法实践，但是，这些方案是否具有现实可行性，还有待研究。

本项目在刑法的再法典化方面留下了遗憾。“再法典化”已经在我国刑法学界受到了关注，张明楷教授、姜涛教授和刘艳红教授等先后就此发表了具有很高学术水准的论文。但他们的视角、观点也不全然一致，所以，刑法的再法典化问题今后将成为刑法立法领域的一个重要课题。

为了提高研究的理论深度，本项目侧重于刑法立法的基本理论研究,而且耗时较长。内容存在不足在所难免,在此敬请专家学者不吝指正。

本项目在初期和收尾阶段获得了我的学生的大力支持。张成东、王一冰、史艺婕、魏瀚申、刘晶、刘钰栋为项目的顺利进行承担了收集文献的繁重工作,王一冰、赵莹莹、刚青卓玛和尚凡洁对最后的文本进行了认真细致的校对,其他同学也对项目做了很优秀的文字校对工作。在此要对他们表示由衷的感谢。